CONTRATO DE DIREITO DE AUTOR

A AUTONOMIA CONTRATUAL
NA FORMAÇÃO DO DIREITO DE AUTOR

ALBERTO DE SÁ E MELLO
Doutor em Direito
Advogado

CONTRATO DE DIREITO DE AUTOR

A AUTONOMIA CONTRATUAL NA FORMAÇÃO DO DIREITO DE AUTOR

Dissertação de Doutoramento em Direito

CONTRATO DE DIREITO DE AUTOR

AUTOR
ALBERTO DE SÁ E MELLO

EDITOR
EDIÇÕES ALMEDINA. SA
Av. Fernão Magalhães, n.º 584, 5.º Andar
3000-174 Coimbra
Tel.: 239 851 904
Fax: 239 851 901
www.almedina.net
editora@almedina.net

PRÉ-IMPRESSÃO I IMPRESSÃO I ACABAMENTO
G.C. GRÁFICA DE COIMBRA, LDA.
Palheira – Assafarge
3001-453 Coimbra
producao@graficadecoimbra.pt

Março, 2008

DEPÓSITO LEGAL
273833/08

Os dados e as opiniões inseridos na presente publicação
são da exclusiva responsabilidade do(s) seu(s) autor(es).

Toda a reprodução desta obra, por fotocópia ou outro qualquer
processo, sem prévia autorização escrita do Editor, é ilícita
e passível de procedimento judicial contra o infractor.

Biblioteca Nacional de Portugal - Catalogação na Publicação

MELO, Alberto de Sá e

Contrato de direito de autor : a autonomia contratual
na formação do direito de autor
ISBN 978-972-40-3420-1

CDU   347

Surge et Ambula!

À Minha Família
À Memória de meu Pai

Um agradecimento especial ao Professor Doutor Carlos Rogel Vide, Catedrático da Universidad Complutense de Madrid, meu Mestre e Amigo, a quem este escrito tanto deve.

A minha gratidão ao Professor Doutor Inocêncio Galvão Telles, meu Orientador.

NOTA PRÉVIA

A presente dissertação refere, na medida do que nos foi possível coligir, a textos legais portugueses e estrangeiros e a instrumentos normativos convencionais internacionais e supranacionais, a decisões de tribunais superiores de Portugal e a escritos doutrinários portugueses e estrangeiros publicados (distribuídos com acesso público) até 30 de Abril de 2003.

[Confrontamos a alteração do CDA* pela Lei n.º 50/2004, de 24-8. No entanto, nenhuma das alterações que introduz a preceitos citados neste escrito (*v.g.* arts. 68º, 76º, 176º e 184º) incide sobre parágrafo (n.º ou alínea) de disposição citada ou, no caso do art. 184º, altera a essência do visado com a citação.]

[Deparamos com a publicação de um novo Código da Propriedade Industrial – aprovado pelo Decreto-lei n.º 36/2003, de 5-3; entra em vigor em 1-7-2003 e revoga o supramencionado CPIndustr.*. Assinalam-se no lugar próprio, sempre que citadas normas pertinentes, as alterações que introduz e, ponto por ponto, procuramos dar nota do reflexo das alterações introduzidas nas posições que sustentamos.]

[Verificamos a publicação da Lei n.º 99/2003, de 27 de Agosto (que aprova o "Código do Trabalho") e da Lei n.º 35/2004, de 29-7 (dita "Regulamentação do Código do Trabalho"). Assinalam-se no lugar próprio, sempre que citadas normas pertinentes, as alterações que introduz e, ponto por ponto, procuramos dar nota do reflexo das alterações introduzidas nas posições que sustentamos.]

[Foi publicada a Lei n.º 23/2004, de 22-6, que alterou e revogou preceitos do Dec.-lei n.º 427/89. Assinalam-se no lugar próprio, sempre que citadas normas pertinentes, as alterações que introduz, fundamentalmente quanto ao "regime do contrato individual de trabalho na Administração Pública" e, ponto por ponto, procuramos dar nota do reflexo das alterações introduzidas nas posições que sustentamos.]

ABREVIATURAS DE USO FREQUENTE[1]

art. – *artigo* de diploma legal.
art. ... / ... – refere o *número* (subdivisão em parágrafos) *de artigo* de diploma legal.
art. ... / ... –) – refere *alínea* em que se subdivide artigo ou número de artigo de diploma legal (ex.: art. 2º/1-c) CDA* = *alínea c) do número 1 do artigo 2º do Código do Direito de Autor e dos Direitos Conexos de Portugal*).
BGB* – *Código Civil* da Alemanha (*"Bürgerliches Gesetzbuch"*), de 18-8-1896, [segundo versão em original alemão e versões em espanhol em: *"Tratado de Derecho Civil – Apéndice"*, por Melón Infante, C.; e em *"Código Civil Alemán – Comentado (BGB)"*, por Eiranova Encinas, E., citt.].
BMJ* – *Boletim do Ministério da Justiça*, de Portugal.
CB* – *Convenção de Berna "para a protecção das obras literárias e artísticas"*, de 9-9-1886; completada em Paris, em 4-5-1896; revista em Berlim, em 13-11-1908; completada em Berna, em 20-3-1914; revista: em Roma, em 2-6-1928; em Bruxelas, em 26-6-1948; em Estocolmo, em 14-7-1967; em Paris, em 24-7-1971, por Acto modificado em 2-10-1979. O Acto de Paris desta Convenção foi aprovado, para adesão, em Portugal, pelo Decreto-lei n.º 73/78, de 26-7.
C.Civil* – *Código Civil* de Portugal, aprovado pelo Decreto-lei n.º 47344, de 25-11-1966, com alterações sucessivas (registamos como mais recentes as introduzidas pelo Decreto-lei n.º 272/2001, pelo Decreto-lei n.º 273/2001, ambos de 13 de Outubro, pelo Decreto-lei n.º 323/2001, de 17-12 e pelo Decreto-lei n.º 38/2003, de 8-3).
C.Civ.esp.* – *Código Civil de Espanha* (*"Codigo Civil"*) [segundo versao publicada por "Civitas", Madrid, 1996].

---

[1] Sem prejuízo de, para maior comodidade na leitura, os instrumentos legais ou convencionais a que referem estas abreviaturas aparecerem por vezes completamente identificados no escrito principal, optamos por aditar este elenco remissivo. Quando uma abreviatura referir a texto legal ou convencional ali apenas parcialmente identificado, aparece no escrito principal seguida de asterisco [*] que indica que aqui poderá encontrar-se a sua identificação completa.

C.Civ.fran.* – *Código Civil* de França (*"Code Civil"*) [segundo versão publicada (actualizada em 1999) em *"Code Civil 1998-1999 (Annoté)"*, por Lucas, A., cit.].

C.Civ.ital.* – *Código Civil* de Itália (*"Codice Civile"*), aprovado por "Regio decreto, de 16-3-1942, n. 262 [segundo versão publicada em *"Commentario breve al Codice Civile"*, por Cian, G. / Trabucchi, A., cit.].

C.Civ./C.Obrig.Sui.* – *Código Civil e Código das Obrigações* da Suíça (*"Code Civil Suisse et Code des Obligations"*), de 10-12-1907 e de 30-3-1911, respectivamente [segundo versão publicada (actualizada em 1-1-1993) em *"Code Civil Suisse et Code des Obligations (Annotés)"*, por Scyboz, G. / Gilliéron, P.-R., cit.].

CDA* – *Código do Direito de Autor e dos Direitos Conexos* de Portugal, aprovado pelo Decreto-lei n.º 63/85, de 14 de Março, alterado por ratificação pela Lei n.º 45/85, de 17 de Setembro; também alterado pela Lei n.º 114/91, de 3 de Setembro, pelo Decreto-lei n.º 332/97 e pelo Decreto-lei n.º 334/97, ambos de 27 de Novembro.

[Confrontámos a alteração do CDA* pela Lei n.º 50/2004, de 24-8. *No entanto, nenhuma das alterações que introduz a preceitos citados neste escrito (v.g. arts. 68º, 76º, 176º e 184º) incide sobre parágrafo (n.º ou alínea) de disposição citada ou, no caso do art. 184º, altera a essência do visado com a citação.*]

cit. / citt.– refere obra/s citada/s com descrição bibliográfica completa no final deste escrito, em *"Bibliografia"*.

Col.Jur.* – *Colectânea de Jurisprudência*, publicação periódica editada por Associação de Solidariedade Social "Casa do Juiz", Coimbra (ISSN 0870-7979; depósito legal n.º 246/82). [Os Acórdãos dos Tribunais superiores de Portugal que se citam a partir desta publicação vão referenciados como nos *"Sumários"* desta Colectânea. Assim, os excertos que citamos e comentamos vão precedidos de: indicação do Tribunal que proferiu a decisão; pela sua data, tomo *(relativo ao volume em que, em cada ano civil, aparecem publicados na referida Colectânea, seguido da indicação "S.T.J." no caso de Tomo com Acórdãos desse Supremo Tribunal)*, número de página de publicação e respectivo Relator].

CPI fran.* – lei de autor[2] de França (*"Code de la Propriété Intellectuelle"*), que resulta da aprovação de Lei de 1-7-1992 e que funde nomeadamente as leis de autor francesas de 11-3-1957 e de 3 de Julho de 1985, alterado pela *Loi n.º 98-536*, de 1-7-1998 [segundo versão publicada em *"Traité de la Propriété Littéraire et Artistique"*, cit., por Lucas, A. / H.-J.].

---

[2] Usamos a expressão "lei de autor", salvo outra mais específica que ao caso caiba, referida ao conjunto de disposições legais que constituem, em cada Estado, o núcleo da

CPIndustr.* – *Código da Propriedade Industrial* de Portugal, aprovado pelo Decreto-lei n.º 16/95, de 24-1; rectificado pela Declaração de Rectificação n.º 35-A/95, de 29-4; alterado pelo Decreto-lei n.º 141/96, de 23-8, e pelo Decreto-lei n.º 375-A/99, de 20-9. [Deparámos com a publicação de um novo *Código da Propriedade Industrial – aprovado pelo Decreto-lei n.º 36/2003, de 5-3*; entrou em vigor em 1-7-2003 e revogou o *supra*mencionado CPIndustr.*].

C.Publ.* – *Código da Publicidade* de Portugal, aprovado pelo Decreto-lei n.º 330/90, de 23-10; alterado pelo Decreto-lei n.º 74/93, de 10-3; pelo Decreto-lei n.º 6/95, de 17-1; pelo Decreto-lei n.º 61/97, de 25-3; pelo Decreto-lei n.º 275/98, de 9-9 (com re-publicação em anexo); pela Lei n.º 31-A/98, de 14-7; pelo Decreto-lei n.º 51/2001, de 15-2; pelo Decreto-lei n.º 332/2001, de 24-12; e pela Lei n.º 32/2003, de 22-8.

CRP* – *Constituição da República Portuguesa*, aprovada em 2-4-1976, revista pela Lei constitucional n.º 1/82, de 30-9, pela Lei constitucional n.º 1/89, de 8-7, pela Lei constitucional n.º 1/92, de 25-11, pela Lei constitucional n.º 1/97, de 20-9, e pela Lei constitucional n.º 1/2001, de 12-12.

CRoma* – *Convenção internacional "para a protecção dos artistas intérpretes ou executantes, dos produtores de fonogramas e dos organismos de radiodifusão"*, assinada em Roma, em 26-10-1961. Esta Convenção foi aprovada, para adesão, em Portugal, pela Resolução da Assembleia da República n.º 61/99 (aprovada em 16-4-1999) e ratificada por Decreto do Presidente da República n.º 168/99, 22-7.

CUniv.* – *Convenção Universal "sobre Direito de Autor"*, assinada em Genebra, em 6-9-1952, revista em Paris em 24-7-1971. Em Portugal, a revisão de 1971 foi aprovada por Decreto (do Governo) n.º 140-A/79, de 26-12.

DBD* – *Directiva*, do Parlamento Europeu e do Conselho (União Europeia), *"relativa a protecção jurídica das bases de dados"*, n.º 96/9/CE, de 11 de Março de 1996, publicada no JOCE* L 77, de 27-3-96. A DBD* foi transposta para o ordenamento jurídico português pelo *Decreto-lei n.º 122/2000, de 4-7*.

Dig.Mil.Copyr.Act* – *"Digital Millennium Copyright Act"* dos Estados Unidos da América, H.R.2281, de 27 1 1998, que *«altera a US Copyr.Law* (ver US Copyr.Law*) *e põe em execução o WIPO/WCT e o WIPO/WPPT* (ver OMPI/TDA* e OMPI/TIEF*).

---

regulação do Direito de Autor (assim, por exemplo, em Portugal, a principal "lei de autor" é hoje o CDA*, sem prejuízo de menção a legislação complementar pertinente que será devidamente assinalada caso a caso quando não integre aquela). Naturalmente, o presente *índice* de "Abreviaturas de uso corrente" permitirá que se substitua, sempre que possível e quando desejada a particularização, a expressão "lei de autor" pelas iniciais do instrumento normativo correspondente.

DPC* – *Directiva*, do Conselho (Comunidade Económica Europeia), *"relativa à protecção jurídica dos programas de computador"*, n.º 91/250/CEE, de 14-5-1991, publicada no JOCE*. L 122, de 17-5-1991, com a redacção dada pela Directiva n.º 93/98/CEE*. A DPC* foi transposta para a ordem jurídica portuguesa pelo *Decreto-lei n.º 252/94, de 20-10*.

Directiva 92/100/CEE* – *Directiva*, do Conselho (Comunidade Económica Europeia), *"relativa ao direito de aluguer, ao direito de comodato e a certos direitos conexos aos direitos de autor"*, n.º 92/100/CEE, de 19-11-1992, publicada no JOCE* L 346, de 27-11-1992. A Directiva 92/100/CEE* foi transposta para a ordem jurídica portuguesa pelo *Decreto-lei n.º 332/97, de 27-11*.

Directiva 93/83/CEE* – *Directiva*, do Conselho (Comunidade Económica Europeia), *"relativa à coordenação de determinadas disposições em matéria de direito de autor e direitos conexos aplicáveis à radiodifusão por satélite e à retransmissão por cabo"*, n.º 93/83/CEE, de 27-9-1993, publicada no JOCE* L 248, de 6-10-1993. A Directiva 93/83/CEE* foi transposta para a ordem jurídica portuguesa pelo *Decreto-lei n.º 333/97, de 27-11*.

Directiva 93/98/CEE* – *Directiva*, do Conselho (Comunidade Económica Europeia), *"relativa à harmonização do prazo de protecção dos direitos de autor e de certos direitos conexos"*, n.º 93/98/CEE, de 29-10-1993, publicada no JOCE* L 290, de 24-11-1993. A Directiva 93/98/CEE* foi transposta para a ordem jurídica portuguesa pelo *Decreto-lei n.º 334/97, de 27-11*.

Dir.Soc.Inf.* – *Directiva*, do Parlamento Europeu e do Conselho (União Europeia), n.º 2001/29/CE, de 22-5-2001, *"relativa à harmonização de certos aspectos do direito de autor e dos direitos conexos na sociedade da informação"*, publicada no JOCE* L 167, de 22-6-2001. A Dir.Soc.Inf.* foi transposta para a ordem jurídica portuguesa pela *Lei n.º 50/2004, de 24-8*.

DR* – *"Diário da República"* de Portugal.

JOCE* – *Jornal Oficial das Comunidades Europeias* (União Europeia).

L.aut.bel.* – lei de autor da Bélgica (*"Loi relative au droit d'auteur et aux droits voisins"*), de 30-6-1994, alterada por Lei de 3-4-1995 e por Lei de 31-8-1998 [segundo texto em idioma francês fornecido pela OMPI*].

L.aut.bras.* – lei de autor do Brasil (*"Lei n.º 9610, de 19-2-1998, da República Federativa do Brasil"*), que substitui a *"Lei n.º 5988, de 14-12-1973"*.

L.aut.fin.* – lei de autor da Finlândia (*"Tekijänoikeuslaki"*) n.º 404, de 8-7-1961, na versão que vigora segundo a última alteração pela Lei n.º 365, de 25-4-1997 [segundo texto em idioma francês fornecido pela OMPI*, publicado in *"La propriété industrielle et le droit d'auteur"* – 1998/01 1-01 "IPLEX disc": 2000].

L.aut.hol.* – lei de autor dos Países Baixos (*"Auteurswet"* 1912), de 23-9-1912, conforme ao texto oficial publicado *in* "Staatsblad", 1912, *item* 308, com sucessivas actualizações em 1914 , 1915, 1917, 1931, 1932, 1956, 1958 e 1972 (esta última, em 27 de Outubro de 1972 – "Staatsblad", 1972, n.º 579) [segundo texto em idioma inglês fornecido pela OMPI*]; seguiram-se actualizações em transposição da Directiva 92/100/CEE*, da Directiva 93/83/CEE*, da Directiva 93/98/CEE*, da DPC* e da DBD* [inseridas na versão a que acedemos, segundo texto em idioma inglês fornecido pelo Ministério da Justiça dos Países Baixos]

L.aut.ital.* – lei de autor de Itália (*"Legge sulla protezione del diritto d'autore e di altri diritti connessi al suo esercizio"*), n. 633., de 22 de Abril de 1941, sucessivamente alterada, mais recentemente, pelos d.legisls. n. 581/96, de 23-10-1996, e n. 154/1997, de 26-5-1997 e pelo "d.legisl. n. 169, de 6-5-1999 (*"Attuazione della direttiva 96/9/CE relativa alla tutela giuridica delle banche di dati"*, publicado em 15-6-1999) [segundo texto publicado em *"Commentario Breve al Diritto della Concorrenza (Antitrust, Concorrenza Sleale, Pubblicità, Manchi, Brevetti, Diritto d'Autore)"*, por MARCHETTI, P. / UBERTAZZI, L. C., cit.].

L.aut.sue.* – lei de autor da Suécia (*"Act on Copyright in Literary and Artistic Works"*), n. 729, de 30-12-1960, em vigor após alteração pela Lei n. 1274, de 7-12-1995 [segundo texto em idioma inglês fornecido pela OMPI*].

LCT* – *"Lei do Contrato (individual) de Trabalho"* / *"Regime jurídico do contrato individual de trabalho"*, de Portugal, aprovada pelo Decreto-lei 49408, de 24-11-1969. Foi objecto de múltiplas alterações [a versão citada corresponde à publicada na colectânea *"Legislação do Trabalho"*, 17ª ed., Coimbra, 2002, por JORGE LEITE / F. JORGE COUTINHO DE ALMEIDA].
[Verificámos a publicação da Lei n.º 99/2003, de 27 de Agosto (que aprova o *"Código do Trabalho"*) e da Lei n.º 35/2004, de 29-7 (dita *"Regulamentação do Código do Trabalho"*)].

LDA sui.* – lei de autor da Suíça/Confederação Helvética (*"Loi Fédérale sur le Droit d'Auteur et les Droits Voisins"*), de 9-10-1992, que veio substituir, com entrada em vigor em 1-7-1993, a *"Loi fédérale concernant le droit d'auteur sur les oeuvres littéraires et artistiques"*, de 7-12-1922 [segundo versão publicada *in* *"Le Nouveau Droit d'Auteur (Commentaire de la loi fédérale sur le droit d'auteur et les droits voisins)"*, Berna, 1994, por BARRELET, D. / EGLOFF, W., cit.].

LPI esp.* – lei de autor de Espanha (*"Ley de Propiedad Intelectual"*) – BOE n.º 97, de 22-4-1996), segundo texto refundido pelo R.D.Leg. 1/1996, de 12-4-1996, alterado designadamente pela *Ley 5/1998*, de 5-3-1998 e pela *Ley 1/2000, de 7-1* [em versão em idioma espanhol, conforme ao publicado em *"Legislación sobre Propiedad Intelectual"*, por PÉREZ DE CASTRO, N. sob direcção de BERCOVITZ RODRÍGUEZ-CANO, R., cit.].

Music Online Competition Act* – *"Music Online Competition Act"*, de 2-8-2001, dos Estados Unidos da América, que regula a utilização de obras telecomunicadas via Internet, que também altera a US.Copyr.Law*.

Ob. cit. / *ob.* e loc. citt.– obra citada / obra e local citados.

OMPI/WIPO* – *Organização Mundial da Propriedade Intelectual* (da ONU), concluída em Estocolmo, em 14-7-1967. A Convenção internacional que institui a OMPI/WIPO* foi aprovada, para ratificação, em Portugal, pelo Decreto do Governo n.º 9/75, de 14-1.

OMPI/TDA* – *Tratado*, da Organização Mundial da Propriedade Intelectual (OMPI/WIPO*), *"sobre Direito de Autor"*, adoptado em Genebra em Dezembro de 1996, aberto à assinatura para qualquer Estado membro da OMPI* e para a União Europeia (por vezes também referenciado na versão inglesa como WCT*).

OMPI/TIEF* – *Tratado*, da OMPI/WIPO*, *"sobre Interpretações ou Execuções e Fonogramas"*, adoptado em Genebra em Dezembro de 1996, aberto à assinatura para qualquer Estado membro da OMPI* e para a União Europeia (por vezes também referenciado na versão inglesa como WPPT*).

pag./pags. – página/páginas.

pag. ... ss. – página ... e seguintes.

pag. ... (...) – *página ...* e (*número de margem ...*); sendo este último usado, sobretudo nas obras de autores alemães citados, para identificar parágrafos dos escritos e que é colocado, como o nome indica, à margem de certos parágrafos do corpo da página, no que constitui uma precisão útil para a localização do trecho referenciado.

RIDA* – *"Revue Internationale du Droit d'Auteur"*.

RJEP* – *"Regime de constituição, modificação e extinção da relação jurídica de emprego na Administração Pública"*, de Portugal, aprovado pelo Decreto-lei n.º 427/89, de 7-12, e sucessivamente alterado pelo: Dec.-lei n.º 407/91, de 17-10; Dec.-lei n.º 102/96, de 31-7; Dec.-lei n.º 218/98, de 17-7.

[*Em fase de revisão deste escrito, foi publicada a Lei n.º 23/2004, de 22-6, que alterou e revogou preceitos do Dec.-lei n.º 427/89. Assinalam-se no lugar próprio, sempre que citadas normas pertinentes, as alterações que introduz, fundamentalmente quanto ao "regime do contrato individual de trabalho na Administração Pública"*].

sec. – refere *disposição* ("*section*") de diploma legal – normalmente de Estados anglo-norte-americanos – assim designada no texto de lei original.

t. – *tomo* (de obra literária citada).

TRIPS/ADPIC* – *Acordo*, anexo ao Tratado da Organização Mundial de Comércio, de 1994, sobre *"aspectos relacionados com a propriedade intelectual nas relações comerciais"*. Em Portugal, este Acordo foi aprovado para ratificação pela Resolução da Assembleia da República n.º 75-B/94, de 27-12 (Anexo 1C).

TUE* – *Tratado da União Europeia* (versão consolidada), assinado em Maastrich em 7-2-1992, *aprovado, para ratificação* (em Portugal), *pela Resolução da Assembleia da República n.º 40/92, 10-12-1992, e ratificado pelo Decreto do Presidente da República n.º 63/92, de 30-12*. Foi alterado: pelo Tratado de Amesterdão, assinado em Amesterdão em 2-10-1997, *publicado* (em Portugal) *no DR* I-A série, de 19-2-1999*; e pelo Tratado de Nice, assinado em Nice em 26-2-2001, *publicado* (em Portugal) *no DR* I-A série, de 18-12-2001*.

UK CDPA* – lei de autor do Reino Unido da Grã-Bretanha e Irlanda do Norte (*"UK Copyright, Designs and Patents Act"*), de 15-11-1988, com recente alteração pelas UK CRDR* (*"Copyright and Rights in Databases Regulations-1997"*), n.º 3032, de 18-12-97).

UrhG alemã* (por vezes, também assinalada UrhG*) – lei de autor federal da Alemanha (*"Gesetz über Urheberrecht und verwandte Schutzrechte – Urheberrechtsgesetz"* (*"Bundesgesetzblatt"* Teil I, 1965, pag. 1273, e/até *"Bundesgesetzblatt"*, T. I, n.º 27, de 8-5-1998, pag. 902), de 9-9-1965, com alterações designadamente por: *"Informations- und Kommunikationsdienste-Gesetz"* (Art. 7) – IuKDG*, de 22-7-1997 (*"Bundesgesetzblatt"*, I pag. 1870); pela *"Viertes Gesetz zur Änderung des Urheberrechtsgesetzes"*, de 8-5-1998 (*"Bundesgesetzblatt"*, I pag. 902) [a versão consultada, em idioma alemão, é conforme ao publicado em "(FROMM/ NORDEMANN), *Urheberrecht: Kommentar zum Urheberrechtsgesetz und zum Urheberrechtswarnehmungsgesetz; mit den Texten der Urbeherrechtsgesetze Österreichs und der Schweiz"*, 9ª ed. cit.]. A UrhG alemã* foi ultimamente alterada pela *"Gesetz zur Stärkung der vertraglichen Stellung von Urhebern und ausübenden Künstlern"*, de 22-3-2002, (*"Bundesgesetzblatt"*, I, pag. 1155) [a versão consultada, em idioma alemão, é conforme ao publicado em *"Das neue Urhebervertragsrecht"*, ed. 2002 cit., por Lothar HAAS].

UrhG austríaca* – lei de autor da Áustria (*"Bundesgesetz BGBl 1936/111 über das Urheberrecht an Werken der Literatur, der Kunst und über verwandte Schutzrechte – "Urheberrechtgesetz"*), aprovada pela Lei Federal n.º 111/ 1936, alterada pelas Leis BGBl n.ºs 1949/206, 1953/106, 1963/175, 1972/ 492, 1980/321, 1982/295, 1988/601, 1989/612, 1993/93 e 151/1996 e BGBl 1973/142 [segundo texto em idioma francês fornecido pela OMPI*].

US Copyr.Law* – lei de autor dos Estados Unidos da América (*"United States Code, Title 17 – Copyrights"*), aprovado pela "Public Law" 94-553, de 19-10-1976, na redacção após a revisão pela "Public Law" 104-39, de 1-11-1995 [segundo texto fornecido pela OMPI (ver também Dig.Mil.Copyr.Act* e Music Online Competition Act*)].

vol. – *volume* (de obra literária citada).

VerlG alemã* – lei alemã que regula a edição ("*Gesetz über das Verlagsrecht*"), de 19-6-1901, em versão actualizada até Lei de 9-9-1995, *in* BGBl. I S. 1273.

WCT* – "*WIPO* Copyright Treaty*" (o mesmo que OMPI/TDA*).

WPPT* – "*WIPO* Performances and Phonograms Treaty*" (o mesmo que OMPI/TIEF*).

INTRODUÇÃO

Em explanação dos pressupostos e do objecto e método da dissertação

I. Prólogo

A nossa indagação nasceu de uma suposição: que o direito de autor poderia constituir-se na esfera jurídica do sujeito que o autor designasse; mais, que a situação jusautoral poderia conformar-se originariamente de acordo com a vontade do autor sempre que a criação de obra intelectual visasse, também primariamente, proporcionar a utilização desta por outrem, em especial aquele que *contratasse o autor para criar*.

Inspirou tal suposição um conjunto de disposições angulares no Código do Direito de Autor e dos Direitos Conexos de Portugal (CDA*).

A) Trata-se, em primeiro lugar, da norma do art. 27º CDA* que – apesar de equívoca, como se verá – parece consentir que se quebre a identidade entre *"autoria"* e *"criação intelectual da obra"*. Transporta-nos esta para outra que lhe é correlativa (no art. 11º CDA*) que admite disposição que afaste a *titularidade (originária) do direito de autor* do "criador intelectual da obra". Poderá então *não ser* "autor" o que cria a obra? Será antes que é a autoria que pode vestir sujeito que não é titular originário do direito de autor? A ser assim, estabelece-o a lei ou pode operar a vontade? E, se for deixado à autonomia da vontade a determinação da titularidade originária do direito, a situação jusautoral poderá também ser conformada pela vontade de um ou mais sujeitos, em particular os que contratam a criação?

Pelo menos esta última dúvida parece dissipar-se no confronto de um segundo conjunto notável de disposições legais, em particular nos termos dos arts. 14º e 15º CDA*. Regulam o que é designado *"obra feita por encomenda"* ou *"por conta de outrem"* e estabelecem:

a) que se presume a constituição do direito na titularidade do autor ("criador intelectual da obra"), ainda que este crie a obra intelectual «quer em cumprimento de dever funcional quer em execução de contrato de trabalho»;

b) que se admite que tal presunção só opera na falta de convenção;

c) que, pelo menos na letra do preceituado, pode estabelecer-se, por convenção, que o direito de autor se constitua na titularidade de quem as partes estipulem – e não especificamente apenas, ainda ao pé da letra da lei, dos que sejam parte da convenção;

d) que se presume que a falta de menção que identifique a autoria pelo criador da obra faz constituir o direito de autor na titularidade da «*entidade por conta de quem a obra é feita*» – parece (apenas com recurso à sistemática do preceito legal e ao último inciso transcrito entre aspas) que tão-só nos casos em que a obra seja criada «quer em cumprimento de dever funcional quer de contrato de trabalho».

B) As disposições legais enunciadas logo acrescentam, porém, normas que moderam as indicações interpretativas que a letra do já citado faz aparente. Assim:

e) segue a fixação, também por lei (ainda no mesmo art. 14º CDA*), de direito a "remuneração especial" ("para além da remuneração ajustada e independentemente do próprio facto da divulgação ou publicação"):
- ainda que a titularidade do conteúdo patrimonial do direito pertença àquele para quem a obra é criada (art. 14º/4, proémio);
- sempre que a criação intelectual (julga-se dever entender o *resultado* dessa criação) «exceda claramente o desempenho, ainda que zeloso, da função ou tarefa que lhe estava confiada» (art. 14º/4-a));

- quando «da obra vierem a fazer-se utilizações ou a retirar-se vantagens não incluídas nem previstas na fixação da remuneração ajustada» (art. 14º/4-b)).

E surgem novas hipóteses construídas sobre o fundamento da consagração deste "direito a remuneração especial". Se é dado que o direito de autor se constitui *sempre* íntegro, na plenitude das faculdades patrimoniais e pessoais (como estabelece, sem excepção, o art. 6-*bis* CB* e o art. 9º CDA*) na titularidade do autor-criador – ou, por efeito de convenção, na titularidade do que contrata a criação –, de que se trata quando se prevêem utilizações ou vantagens «*não previstas* na remuneração ajustada» ou quando se antecipa a possibilidade de um resultado da acção criadora que «*exceda claramente o desempenho zeloso da função ou tarefa confiada*»? Nem uma atribuição originária da titularidade do direito patrimonial de autor a um não criador nem a sua transmissão (total) permitiria antecipar tal regra, considerado que, em ambos os casos, o direito de autor se constitui na plenitude das faculdades (patrimoniais e pessoais) que a lei estabelece, apenas limitado pelos imperativos gerais de direito civil comuns ao exercício de qualquer direito subjectivo. Já a explicaria a atribuição de faculdades de utilização da obra conforme as finalidades pré-estabelecidas na convenção, visto que a "compensação por lesão enorme" a que alude o art. 49º CDA* – excepcional – tem pressupostos muito particulares que, aqui, manifestamente não se reproduzem.

C) Também o art. 15º CDA* impressiona. Assim:

- Que "utilizações", *pelo autor* que «cria em cumprimento de dever funcional ou por conta de outrem», são estas que se lhe reservam (art. 15º/1)?
- Visto que, nas situações previstas no parágrafo anterior, o direito de autor pertence ao autor-criador, a que *fins de utilização* «previstos na respectiva convenção» refere a norma que limita a exploração da obra em conformidade (art. 15º/1): os que expressamente se estipulem, os que se deduzam da própria actividade contratada de criação para outrem?
- E como explicar que a faculdade de na obra fazer *modificações* dependa (sempre) de «acordo nos termos convencionados» (art. 15º/2)?

Não será então que a mesma convenção que vincula à criação para outrem define também os limites da utilização consentida (art. 15º/3)? E com isto servirá também para *conformar a situação* jusautoral que nasce da (e com a) criação de obra intelectual "por encomenda ou por conta de outrem"?

É na resposta a estas dúvidas que reside parte importante da construção que demandamos em *tese*: da possibilidade – e do modelo (se tal existe) – de *conformação voluntária da situação primordial de direito de autor*. Para além da mera atribuição voluntária da titularidade do direito de autor ao comitente da obra "criada (por encomenda ou por conta de outrem) em cumprimento de dever funcional ou de contrato de trabalho", que os preceitos legais citados já indiciam.

II. Objecto e método

A) *Objecto*

Notamos que o percurso para a formulação de uma explicação dos fenómenos jurídicos acima apenas enunciados revela uma realidade mais rica – e menos linear – do que deixaria antever o simples desenho de um modelo de interpretação dos contratos para criação de obras intelectuais, fundamentalmente por três ordens de razões que se encadeiam.

   a) Em primeiro lugar, porque se encararmos a possibilidade de o direito de autor se constituir na titularidade de um não autor – *v.g.* aquele para quem/por conta de quem a obra é criada –, seguir-se-á que temos também de admitir que ou bem que a titularidade originária do direito não coincide necessariamente com a autoria ou antes que não é de titularidade originária (do comitente) que se trata, mas de uma situação jusautoral que revela conteúdo distinto daquele que lhe aponta o art. 6-*bis* CB* e o art. 9º CDA*.
   b) Em segundo lugar, porque mesmo que se confirme a segunda hipótese enunciada no ponto anterior, deverá então reconhecer-se também a obra como bem jurídico inteiramente

separado da pessoa do seu criador, visto que pode – logo desde o momento da sua exteriorização/formalização criativa – proporcionar um exclusivo de aproveitamento da sua utilização estranho aos interesses do autor.

c) Em qualquer caso, não pode deixar de verificar-se:
   i) se em todas as situações em que a autoria não identifica um ente humano (como nas obras colectivas), se depara uma situação jusautoral de origem voluntária;
   ii) se todo o concurso para criação de obras intelectuais (como nas obras de colaboração) tem origem contratual.

Indicamos o *método* que seguimos para a construção de uma tese compreensiva desta fenomenologia.

B) *Método*

1. Em evocação do que tem parecido evidente, dir-se-ia que, se o direito de autor nasce pela criação da obra intelectual, deveria constituir-se íntegro, porventura de acordo com um modelo legal predefinido, na esfera jurídica de quem criasse a obra[3]; esta, como bem revelado pela criação do autor, "pertencer-lhe-ia" em exclusivo como consequência natural da imputação dessa autoria. Procuraremos demonstrar que a correcção daqueles primeiros axiomas não faz acertada a afirmação dos postulados subsequentes.

A imputação de autoria de uma obra intelectual, quando revela o agente do acto criador, pouco diz sobre a conformação da situação jusautoral primordial. E a demonstração de que assim é assenta numa

---

[3] Encontram-se disseminadas ao longo do texto da CB*, na versão que vigora após as assinaladas sucessivas revisões que sofreu, disposições que desenharam um *conteúdo-padrão* da situação de direito de autor que foi recebido pela generalidade dos Estados aderentes e de que encontramos a que consideramos ser uma boa primeira enumeração *analítica* nos §§ 12 a 15, 23, 25 e 42 da UrhG alemã* (de que os mais recentes arts. 56º/1, 62º e 68º/2 do CDA* constituem, mercê sobretudo da infeliz técnica a que recorrem, sucedâneo menor). Em contrapartida, apontamos como exemplar a *síntese* desse mesmo conteúdo-padrão enunciada pelo art. 9º do citado Código de Portugal, em contraponto à que consta plasmada no § 11 da mesma lei de autor alemã (por razões que se verá respeitarem à crítica que tecemos à "concepção personalista-naturalista" do direito de autor que consideramos estar subjacente a este último preceito legal).

verdade simples: a obra literária ou artística a que o direito de autor respeita *não é*, por sua condição natural, um bem jurídico que deixe antever direitos que limitem o seu desfrute; pelo contrário, deve a sua individualidade objectiva à circunstância de nela se reconhecerem características só intelectualmente perceptíveis, logo universalmente desfrutáveis por qualquer ser inteligente que lhe aceda. É mesmo a principal característica distintiva da obra intelectual – a sua criatividade – que prenuncia a vacuidade da reserva de qualquer exclusivo ou posição de vantagem quanto ao seu aproveitamento ... intelectual: *aquilo que só o espírito percebe e a inteligência apreende é, por natureza, insusceptível de domínio.*

Se demonstrado, o reconhecimento quer da autoria (colectiva) quer o da titularidade originária (nomeadamente de origem convencional) por pessoas meramente jurídicas consente também na objectivação do pressuposto de tutela: a obra aparece então como o objecto do direito de autor (faculdades pessoais incluídas); a tutela conexa de produtos instrumentais da exteriorização daquela revela-se como isso mesmo, a extensão da protecção jusautoral aos instrumentos e processos de revelação de obras, ainda que o "factor humano" se desvaneça na tecnologia industrial e o processo criativo fique obnubilado pela valorização dos instrumentos (produtos, serviços) que permitem trazer a obra intelectual ao comércio jurídico. É desta separação da obra da personalidade do autor-criador que tratamos em introdução – na PARTE I.

2. O Direito de Autor (melhor se diria então, o Direito das Obras Intelectuais) será então o conjunto de comandos e permissões normativas que regula o aproveitamento da obra intelectual para os fins de utilização pelos sujeitos que, por lei ou vontade do autor-criador, se definem como titulares de direitos subjectivos relativos à exploração económica deste bem jurídico.

Pretende-se uma indissociabilidade (lógica jurídica) da obra da pessoa do seu criador[4], como algo de intimamente ligado à personali-

---

[4] Em obediência nomeadamente ao que, exemplar até demonstração que o infirme, parte da doutrina alemã tem designado *"princípio do criador/da criação"* ["Schöpferprinzip", no original], que explicamos adiante, especialmente no n.º 3-I.

dade daquele de que constituiria suposto "reflexo" e justificaria nomeadamente a atribuição de faculdades pessoais de autor indisponíveis e (pelo menos) vitalícias. Percebe-se, mesmo sem grande esforço conceptual, que tal resiste dificilmente à verdade factual aparente no processo criador: obras há – porventura as mais disseminadas na criação hodierna e, seguramente, as que maior relevância económica social e cultural revestem – que são reveladas mercê de um processo criativo colectivo sob égide de uma organização de índole empresarial (como em todas em que o componente técnico e organizacional do processo de produção é relevante e, porventura, até predominante). Nestas, como em todas as criadas para os fins imediatos de (utilização por) outrem que "contrata a criação" – seja no âmbito de contrato de trabalho ou de prestação de serviço, seja porque são divulgadas como contributos (criativos) para obra de conjunto mais ampla –, a individualidade do autor-criador, ainda que este seja determinável, resulta desvanecida na organização que o contrata – e, no que ao Direito mais importa, sem que se descortine na sua esfera jurídica qualquer manifestação do reconhecimento de um exclusivo de exploração económica da obra que criou.

Falta então – e é o de que essencialmente nos ocupamos – que se determine a possibilidade de *conformar voluntariamente um monopólio de aproveitamento de vantagens económicas* que esse bem proporcione. Os autores (enquanto titulares originários dos direitos relativos à obra) estariam, por conseguinte e também devido à especial característica desse bem assim trazido ao tráfego jurídico, naturalmente limitados a uma exploração economicamente relevante, pelo que a própria delimitação positiva da situação jusautoral comporta a *liberdade do uso privado*, que não bule com aquela.

Segue-se, vista a natural susceptibilidade de essa utilização patrimonial poder ser empreendida por não criadores – designadamente aqueles "para quem" a obra foi criada, ainda que adquiram tão-só faculdades de utilização patrimonial especificamente definidas –, que a situação jusautoral pode comportar delimitação negativa, resultante da *contratação da utilização patrimonial da obra logo a partir do momento da sua exteriorização sob expressão formal criativa*. É o que descobriremos ao determinar se a vontade contratual é ou não operante na própria conformação da situação jusautoral primordial – na PARTE III.

Não o faremos, porém, sem antes esclarecer a *génese não voluntária de situações jurídicas em que a "individualidade criativa" se funde* num conjunto de co-autores ou num colectivo personalizado – sustentamo-lo na PARTE II. E este é um exercício essencial para que se evidencie, a final, que a conformação voluntária da situação de direito de autor não revela qualquer faceta inerente – como nesses casos - à *natureza* do processo criativo, mas uma verdadeira e própria manifestação da autonomia da vontade.

PARTE I

CONFIGURAÇÃO ORIGINÁRIA DA SITUAÇÃO JURÍDICA DE DIREITO DE AUTOR

CAPÍTULO I

Constituição do direito de autor e configuração da situação jusautoral

SECÇÃO I
A constituição do direito de autor pela criação de obra intelectual

1. Constituição do direito de autor – a criação de obra intelectual como acção

I – Definimos criação como o acto de exteriorização formal da obra intelectual[5/6].

Se é a *expressão formal criativa* que distingue a obra, seguir-se-á que a constituição das situações jurídicas relevantes para o Direito de Autor depende sempre da separação da obra do seu autor/criador,

---

[5] Assim, nomeadamente, ALOIS TROLLER, *"Immaterialgüterrecht"*, cit., § 41, IV-1, pag. 715: «[...] *a criação é acto jurídico* [...] *e não negócio jurídico.*». Ou um "Realakt", como o refere HAIMO SCHACK, *"Urheber- und Urhebervertragsrecht"*, cit., § 9-III.1 (221), pag. 109: «*A criação da obra é acto material. Não pressupõe nenhuma vontade do criador dirigida à constituição do direito de autor.*». Veremos já de seguida que uma e outra asserção não invalidam que consideremos que, quando deparamos com o que chamamos "criação funcional", além de facto jurídico, a criação (acto de exteriorização da obra, na acepção que lhe demos) é também acção, pois que a mesma vontade que mobiliza o acto criador é apta à produção de efeitos jurídicos que ultrapassam a simples constituição do direito de autor.

[6] Sobre a caracterização do acto criador como facto jurídico, pode confrontar-se o que deixamos exposto de seguida em caracterização da noção. Cfr. I. GALVÃO TELLES, in *"Manual dos Contratos em Geral"*, 4ª ed. cit., n.º 2.

segundo forma que a faça inteligível por outrem como objecto autónomo do sujeito que a cria. Chamemos exteriorização (segundo expressão formal criativa) a este (f)acto[7], a separação objectiva da obra do seu autor-criador.

A "exteriorização" assim entendida significa criação – um acto criador que revela uma obra intelectual –, na acepção mais simples e porventura mais acertada do termo. É um (f)acto material que a lei reveste de força jurígena, mediante a tutela de situações que liga ao feito da exteriorização da obra em forma perceptível por outros seres inteligentes, dotados de espiritualidade (logo humanos)[8]. Dependente,

---

[7] A propósito da caracterização do acto criador, confrontamos, por todos, INOCÊNCIO GALVÃO TELLES, *"Manual dos Contratos em Geral"*, 4ª ed. cit., n.º 2-b), pags. 12/13 (com intercalados nossos), em qualificação dos (f)actos jurígenos: «*A tendência natural seria para supor que os factos se estremam dos actos por uma razão de ordem psicológica e estritamente psicológica. Os factos produzir-se-iam sem intervenção da vontade do homem, os actos com essa intervenção e em consequência dela. Os factos seriam involuntários, os actos voluntários.* […] *Esse critério, que só teria a vantagem da simplicidade, não satisfaria as exigências da Ciência do Direito,* […]*.*». E continua em importante delimitação do conceito: «*Todos os factos não voluntários, puros factos naturais, como um tufão, um abalo sísmico, uma erupção vulcânica, todos são indiscutivelmente factos jurídicos, no sentido restrito da expressão, desde que produtores de efeitos jurídicos; mas em tal conceito devem ingressar também certos factos voluntários. Quais? Aqueles que o Direito torna jurídicos sem atenção pela vontade que os impele, como se não existira, e cuja eficácia determina sem entrar em linha de conta com essa vontade.*» (*ibidem*, n.º 2-d), pag. 13). Conclui, no que a este particular respeita: «*O critério de distinção está, pois, na maneira como o ordenamento jurídico encara e aprecia os factos. Se olha a conduta humana em si, como conduta, e ao atribuir-lhe efeitos jurídicos toma em consideração a vontade que* […] *a acompanha e impulsiona, desenha-se deste modo a noção de acto jurídico. Pelo contrário, o conceito que adquire consistência e se afirma é o de facto sempre que para o Direito apenas conta o fenómeno natural, relegada para a sombra e desprezada uma vontade que com ele eventualmente concorra;* […]» – última *ob*. cit., n.º 2-e), pags. 13/14, intercalado nosso.

Retomamos esta importante caracterização adiante, quando nos ocupamos da génese da situação jusautoral conformada voluntariamente (cfr. n.ºs 40, 74-III, 75-III e 85).

[8] Ou, na síntese feliz de ULRICH LOEWENHEIM, in *"Urheberrecht – Kommentar"*, coordenado por GERHARD SCHRICKER, 2ª ed. cit., em anotação III, pag. 219 (5) ao § 7 UrhG alemã*, sobre o que designa "Der Schöpfungsakt": «*O direito de autor constitui-se com o acto de criação, portanto no momento em que a obra adopta a sua forma/se formaliza. O acto de criação determina a aquisição originária do direito. O acto de criação não é negócio jurídico, mas acto material* ["Realakt", na expressão original]. *Não é necessária vontade do autor dirigida à aquisição do direito nem pode uma vontade contrária impedir a constituição do direito de autor. Não podem ser aplicadas as disposições de direito civil*

como dissemos, do reconhecimento da criatividade da sua expressão formal, supomos então que é a intelecção da criatividade da expressão formal da obra intelectual que justifica a tutela de situações pertinentes ao Direito de Autor[9]. Logo o demonstraremos.

II – A *situação jusautoral de direito de autor* a que referimos é aquela, a que corresponde a constituição do direito de autor na titularidade de um sujeito ou de um conjunto de sujeitos, que nasce com a exteriorização (segundo expressão formal criativa) de uma obra intelectual[10/11].

sobre declaração de vontade [negocial]. *Isto significa que não é relevante a capacidade negocial do autor; também os incapazes de contratar podem adquirir direitos de autor. Tão-pouco existe no acto de criação a possibilidade de representação. É criador aquele que realiza a criação pessoal espiritual pessoalmente.*» – intercalados nossos. Logo se verá em que medida e com que sentido consideramos, sem prejuízo destas proposições, que o acto criador pode ser, em circunstâncias dadas, além de acto material jurígeno, uma acção.

[9] Ver-se-á adiante, quando ligamos este conceito de "inteligibilidade" à ideia de imaterialidade da obra intelectual, o exacto sentido desta proposição e as consequências que dela retiramos sobre a própria natureza do direito de autor – cfr. n.os 3-I e 85-I.

[10] Em formulação da noção de situação jurídica:
OLIVEIRA ASCENSÃO, *"Direito Civil – Teoria Geral – vol. III – (Relações e situações jurídicas)"*, cit., n.º 2-II, pag. 11, sobre as que designa "situações jurídicas subjectivas": «[...] *situações de pessoas, resultantes da valoração histórica da ordem jurídica.*».
OLIVEIRA ASCENSÃO (última *ob.* cit., n.º 2-III, pag. 12) apresenta-as como: «[...] *situações de sujeitos, embora resultantes de determinações objectivas. As situações jurídicas são uma realidade normativa. O seu plano é o da validade. Resultam da aplicação de uma ou mais normas, mas não se confundem com as normas que se aplicaram. Passou-se do geral para o individual.*».
MENEZES CORDEIRO, *"Tratado de Direito Civil Português – I ..."*, t. I, 2ª ed. cit., § 11.º, n.º 35-I, pag. 139, apresenta a situação jurídica como: «[...], *o acto e o efeito de realizar o Direito, solucionando um caso concreto.*». O mesmo Autor (última *ob.* e *loc.* citt.*,* pag. 139) explica que se trata de: «[...] *uma situação de pessoas: o direito soluciona sempre problemas humanos. Pode considerar-se subjectiva por ser atinente ao sujeito; não tem, no entanto, uma essência psicológica: sendo jurídica, ela compartilha da natureza cultural – logo objectiva e exterior – do Direito. Tão-pouco tem natureza fáctica: ela traduz o Direito concretizado, exprimindo, nessa medida, uma síntese valor-facto.*».

[11] Também MARCELO REBELO DE SOUSA / SOFIA GALVÃO, *"Introdução ao Estudo do Direito"*, cit., n.º 37.1., esclarecem: «*A situação jurídica é* [...] *o resultado da juridificação de uma situação concreta da vida. O resultado da aplicação do Direito a essa situação concreta da vida.*» (pag. 258, intercalado nosso). Salientam, porém (*ob.* cit., n.º 35.4.), uma outra noção conexa a esta, a de "interdependência das pessoas e das suas ambições [que] mantém coeso o tecido social [...] contra a força desagregadora dos interesses conflituantes",

A situação jusautoral nasce – sempre e só – da criação exteriorizada de uma obra pela qual se constitui um direito relativo quer à conservação (de índole pessoal) quer ao aproveitamento (patrimonial) exclusivo desse bem imaterial. É este direito – o "direito de autor", que compreende um conjunto complexo de faculdades pessoais e de exploração económica da obra intelectual – que pode ser objecto de atribuição patrimonial em cumprimento de obrigação civil de origem contratual[12].

---

na "ponderação e adequação dos quais o Direito terá um papel decisivo" ao "hierarquizar necessidades e bens jurídicos": «[...], *reconhecer a prevalência de um interesse é muito mais do que declarar passivamente qual a solução que correctamente responde a uma prévia e adequada ponderação da realidade. Reconhecer a prevalência de um interesse revela uma intervenção do poder na composição do conflito.*» - pags. 247/248, intercalados nossos. É desta concepção de "composição de interesses conflituantes" – dir-se-ia que pelo reconhecimento pelo Direito de interesses prevalecentes na sociedade para a satisfação dos quais se definem esferas de actuação jurígena subjectivas – que estes Autores partem para a construção da ideia de direito subjectivo: «*A situação jurídica activa corresponde à satisfação do interesse tido por prevalecente.* [...]. *O direito subjectivo é a situação jurídica mais importante.* [...]. *Visa reconhecer um interesse. É conferido pela regra do Direito, não se confundindo com ela. Pode definir-se como a protecção jurídica directa e imediata de um interesse, mediante a concessão de um feixe de poderes ou faculdades, destinado a assegurar a realização do interesse protegido e que inclui o recurso à tutela jurisdicional.*» - ob. cit. n.ºˢ 36.1. e 36.4., pags. 249/250, intercalados nossos. E reencontramos a noção de esfera de liberdade de actuação individual, sob tutela jurídica, para satisfação de interesses próprios (que o Direito reconhece como "prevalecentes").

[12] Sem prejuízo de ulterior exame, adoptamos por ora a caracterização de atribuição patrimonial de A. Von Thur, *apud* L. Diez-Picazo, "*Fundamentos del Derecho Civil Patrimonial*", vol. I, cit., § 2.-13, pag. 81: «[...] *por atribuição patrimonial deve entender-se todo o negócio e, eventualmente, todo o acto de carácter ou natureza não negocial, em virtude do qual alguém proporcione a outra pessoa um benefício ou uma vantagem patrimonial. Este benefício pode consistir: a) Num acréscimo do valor do património do beneficiário, que pode produzir-se pela agregação de novos direitos, pela circunstância de que certos direitos que já existiam adquiram maior valor ou pela cessação de uma obrigação que onerava esse património. b) Em evitar uma diminuição patrimonial, o que pode produzir-se quando se oferece uma garantia para a satisfação de um crédito, se poupa um desembolso ou se evita um acontecimento por efeito do qual se destruiria ou se reduziria um activo patrimonial.*» - intercalado nosso.

Reputamos muito importante a chamada de atenção de Diez-Picazo, *ibidem*, quando salienta que «[...] *o conceito de atribuição não coincide necessariamente com o de disposição* ...»: «*Um acto pode ser ao mesmo tempo de disposição e de atribuição (v. gr.: a transmissão de um direito). Pode haver disposição sem que exista atribuição (v. gr.: o abandono ou renúncia de um direito). Pode, finalmente, existir atribuição e não haver disposição (v. gr.: quando se presta um serviço ou se realiza um trabalho).*». Logo procuraremos demonstrar as virtualidades desta caracterização para o esclarecimento de questões que focamos.

Quando essa atribuição se verifique a título originário, ver-se-á se – e em que medida – é a própria estrutura da situação jusautoral que pode resultar modificada. Em todo o caso, fica desde já enunciado o propósito da indagação subsequente: determinar se – e em que medida – é por efeito desta atribuição patrimonial que se verifica o fenómeno que descrevemos como *"conformação voluntária da situação primordial de direito de autor"*[13].

---

[13] Visto que o recurso a expressões como "poderes" e "faculdades" transcorre naturalmente toda esta dissertação que se funda em matéria de Direito Civil, fixamos terminologia com apelo a súmula de posições doutrinárias portuguesas. Salientamos a evidência: que a nota que segue não é – nem pretendemos que seja – exaustiva, senão mero auxiliar que visa explicar ao leitor a nossa opção, guiada por quem nos ensina e fundada – sem lhe fazer justiça, é certo – na importante doutrina construída em torno do tema nas Faculdades de Direito. Mais consideramos que representa uma excepção à sistematização geral adoptada, porquanto não julgamos ser método aconselhável que nos detenhamos – salvo motivo ponderoso que o faça inevitável – em "análise", que é pouco mais do que a transcrição em excerto imperfeito, de temas que, sem contribuir para a construção da nossa tese, têm importância que muito transcende a exiguidade do tratamento que o objecto deste escrito consente dedicar-lhes. Assim:
MANUEL GOMES DA SILVA, *"O dever de prestar e o dever de indemnizar"* – vol. I, cit., n.º 12, pags. 27/28, usa aquelas expressões, sem destrinça aparente, como crítica às construções doutrinárias (*maxime* de Windscheid – *apud* Gomes da Silva, *ob*. cit., n.º 10, pag. 23 e n.º 12, pag. 28) que, segundo afirma, tomam indevidamente como classificação de direitos subjectivos a distinção entre "poderes naturais" «que são meras faculdades naturais cujo exercício a lei declara lícito ["como o poder que ao proprietário pertence de, em certas condições arrancar e cortar as raízes de árvores ou arbustos em prédio alheio, quando elas se introduzirem no seu – *ex* art. 2317º do Código Civil português de 1867"]» e «poderes que representam a disponibilidade dum meio, que o titular naturalmente não possuía, de realizar certos objectivos de natureza jurídica ["como o poder de o comproprietário exigir a divisão da coisa comum"]» – intercalados nossos. O mesmo Autor, *ob*. cit., n.º 20, pag. 46, sintetiza: «*Dissemos atrás que o poder consistia na disponibilidade, em favor duma pessoa, de meios declarados legítimos para atingir certo fim, aos quais a lei em certos casos "atribui" a eficácia de produzirem modificações na vida jurídica. Esses meios, esclarecemo-lo também, podem ser faculdades humanas, coisas materiais, bens imateriais cujo uso a lei reserva para determinadas pessoas, ...*» – intercalado nosso; e conclui (*ob.* cit., n.º 20, pag. 48): «[...]; *poder será, portanto, nesta acepção técnica* ["analisada em atenção ao papel que desempenha a respeito da vontade"], *a disponibilidade dum meio para atingir determinado fim ou conjunto de fins, cuja utilização o direito regula de modo unitário.*» – intercalado nosso.
A propósito da definição de direito subjectivo que formula, MANUEL DOMINGUES DE ANDRADE, *"Teoria Geral da Relação Jurídica"*, vol. I, cit., n.º 2, pag. 3, no que chama "uma ideia aproximada dos conceitos que estes termos (direito subjectivo, dever e sujeição)

III – É certo que a constituição da situação jurídica de direito de autor pela exteriorização da obra não depende da vontade do seu autor-criador, pelo que *o efeito jurídico* desta acção é independente

---

designam", ensina: «[...] *definir-se-á direito subjectivo como a faculdade ou poder atribuído pela ordem jurídica a uma pessoa de exigir ou pretender de outra um determinado comportamento ...*».

João de Castro Mendes, *"Teoria Geral do Direito Civil"*, vol. I, cit., n.º 91-X, pag. 476, explica: «*Poder significa a situação pessoal de vantagem que advém da existência de meios que tornam atingível um fim. O poder que forma a essência do direito subjectivo é um conceito semelhante: é uma situação pessoal de vantagem que advém da existência de meios jurídicos que afectam certo bem aos interesses de certa pessoa.*». O mesmo Autor, *ob.* cit., n.º 92-A-II, pags. 479/480, acrescenta: «*O termo faculdade não tem um sentido jurídico perfeitamente estabelecido. Usa-se sobretudo para designar possibilidades jurídicas de agir contidas num direito subjectivo, portanto algo que faz parte dos meios jurídicos em que um direito se desdobra e que não tem existência autónoma.*».

José De Oliveira Ascensão, *"Direito Civil – Teoria Geral"*, vol. III, cit., n.ºˢ 26 a 28, pags. 58 ss. (*maxime* n.º 28-I e – II, pags. 60-62),esclarece que, "entre as situações jurídicas mais simples, uma vez que para a sua definição basta atender à respectiva estrutura como conteúdo de direitos", encontramos: «*Os poderes elementares (também chamados faculdades, por falta de terminologia específica) são as posições activas mais simples que podemos descortinar nas situações jurídicas.*»; e acrescenta (ibidem): «*Os poderes, juntamente com os deveres, são os elementos mais simples de que a ordem jurídica lança mão quando confia às vontades individuais a obtenção das finalidades que prossegue.* [...]. *Juridicamente, tem-se um poder quando se dispõe dos meios que permitem atingir um objectivo.*» - intercalado nosso. O mesmo Autor - que toma como exemplo de "faculdade, ou poder de gozo" «..., *o poder concedido ao dono de uma coisa de a usar,* ...» (*ibidem*), nota que "a diferença de terminologia não coincide com a do Código Civil" e "não tem por seguro que tal diferença de terminologia implique uma tomada de posição doutrinária do legislador" que "não deixou de assinalar os grandes tipos de direitos subjectivos, como o usufruto, tendo em conta um elemento aglutinador que não poderia deixar de se lhe impor" – conclui (última *ob.* cit., n.º 28-III): «*Se a unificação não passou despercebida, degrada-se para mera questão terminológica o determinar se os vários elementos integrantes de um direito subjectivo se deverão chamar poderes, faculdades, direitos ou outra coisa ainda.*».

Carlos Alberto da Mota Pinto, *"Teoria Geral do Direito Civil"*, 3ª ed. cit., n.º 80-I, pag. 329, explica: «*O direito subjectivo traduz-se num poder atribuído a uma pessoa. Este poder, e as faculdades que o integram, podem, quase sempre, ser exercitados sobre um determinado "quid", corpóreo ou incorpóreo.*». E, mais adiante (*ob.* cit., n.º 80-II, pag. 330): «*Facilmente se distinguem* [...] *as noções de objecto de um direito e de conteúdo do mesmo direito.* [...]. *O conteúdo é o conjunto de poderes ou faculdades que o direito subjectivo comporta.*» - intercalados e nossos.

António Menezes Cordeiro, *"Tratado de Direito Civil Português – I (Parte Geral)"*, t. I, 2ª ed. cit., § 13.º, n.º 51-II a – IV, pags. 177-179, sustenta a necessidade da distinção entre poderes jurídicos e faculdades. Discorrendo a partir da noção de Manuel Gomes da Silva, Menezes Cordeiro, *ob.* cit., n.º 51-II, pag. 178, postula: «*O poder é uma*

da vontade do sujeito[14]; e, neste sentido, é mero facto jurídico. Contudo, a acção criadora é, além de desencadeada pela vontade do agente criador, frequentemente orientada para a realização de fins (juridicamente relevantes) queridos pelo autor, quais sejam a constituição do direito de autor na esfera jurídica de pessoa determinada e a conformação, também nestes casos, dos limites das utilizações consentidas – e, em consequência, do próprio conteúdo originário desse direito. Neste sentido, consideramo-la mais do que mero acto jurídico[15].

---

situação analítica; obtém-se por via lógica e surge como factor componente elementar das realidades jurídicas. Além disso, ele configura-se como uma situação simples: nada mais se pode, dele, retirar.»; e continua (última *ob.* cit., n.º 51-IV, pag. 179: «*Propõe-se [...] um significado autónomo para faculdade: conjunto de poderes ou de outras posições activas, unificado numa designação comum.*» – intercalado nosso. MENEZES CORDEIRO mais acrescenta (última *ob.* cit., n.º 51-IV, pag. 179): «*A contraposição entre poderes e faculdades é de apreensão fácil, se se atentar em que os primeiros correspondem a realidades analíticas e, as segundas, a compreensivas; [...]*» – intercalado nosso.

[14] A ideia aqui expressa – "não intencionalidade" – não deve confundir-se com a de destinação, a que alude OLIVEIRA ASCENSÃO, *"Direito Civil – Direito de Autor e Direitos Conexos"*, cit., n.º 57, pags. 93-95, que refere a "destinação utilitária" como um requisito especial de (apenas) certas obras (como as "de artes aplicadas" – *ex* art. 2º/1-i), CDA* –, as "fotografias" – *ex* art. 164º/1 CDA* –, os "lemas e divisas" – *ex* art. 2º/1-m) CDA* –, os "títulos com autonomia da obra que encabecem" – *ex* art. 4º/1 CDA*). O que aqui significamos é que a protecção jusautoral não depende de uma valoração prévia ou posterior do agente (como de terceiros) em relação ao objecto a que dá expressão formal. A tutela também não requer a "intenção de criar" – é indiferente o componente volitivo no acto criador desde que dele resulte um objecto que se reconheça com a dita expressão formal criativa. Já temos dúvidas, por se aproximar da acção reflexa (ou "humana-simplesmente-mecânica"), se uma atitude inconsciente ou completamente involuntária (como nos exemplos académicos: uma "lata de tinta que se entorna sobre uma tela, configurando uma composição plástica" apreciável; ou "um conjunto de pneus que se amontoam ao acaso num armazém, a que é atribuída uma expressão artística subliminar por um crítico especialmente clarividente") poderá resultar em objecto relevante para o direito de autor.

Nestes últimos casos, que nada dizem sobre o "mérito" ou "banalidade" dos objectos a que já referimos, desconsiderando-os, parece que o critério orientador deverá ser: por incipiente que seja a manifestação da personalidade do agente, não pode escamotear-se que a obra intelectual é – e é sempre – feito da razão, por isso humana; como expõe H. SCHACK, *"Urheber- und Urhebervertragsrecht"*, cit., § 9-I.1-a), pag. 83 (156): «*Apenas quando a vontade humana governa/dirige o processo concreto de criação pode surgir uma obra artística.*».

[15] Neste sentido, a criação, exteriorizada segundo expressão formal criativa, de uma obra intelectual é mais do que simples acto jurídico *stricto sensu*. Segundo definição de CASTRO MENDES, *"Introdução ao Estudo do Direito"*, cit., n.º 85: «*Acto jurídico é a manifestação*

É nesta contraposição conceptual, entre acto jurídico (o acto criador) e acção (o acto que opera a atribuição originária do direito ou a atribuição de faculdades de utilização neste compreendidas a pessoa por aquele designada), que fazemos repousar o axioma: o acto que consiste na criação exteriorizada em obra intelectual com expressão formal criativa pode ser também acção[16/17]. É ideia que retomamos adiante quando avaliamos o papel da vontade na conformação da situação jurídica primordial de direito de autor.

---

de vontade que, como tal, produz efeitos jurídicos. Não é rigorosamente o mesmo que facto jurídico voluntário. Pode haver actos humanos cujos efeitos jurídicos se produzam com completa independência da vontade – nessa altura, estamos perante um facto jurídico stricto sensu.».

[16] Em apoio da caracterização do acto criador de obra intelectual como acto jurídico – na linha do sustentado também, nomeadamente por RABINDRANATH CAPELO DE SOUSA, *"O Direito Geral da Personalidade"*, cit., pags. 431/432 –, pode confrontar-se ACÓRDÃO DA RELAÇÃO DE LISBOA, de 26-3-1998, in Col.Jur.*, t. II (1998), pags. 100 ss. (*maxime pag.* 104), que tem como Relator PESSOA DOS SANTOS: «[...], *relativamente à operação jurídica constituída com a criação da obra (que não é mais do que um simples acto jurídico), e nesta objectivada, apenas poderá ser qualificado como terceiro* [para efeito de registo], *a pessoa que, não sendo autor, utilize ou explore a obra musical, mas de modo directo.*» – intercalados nossos.

[17] Seguimos para este feito a explicação de OLIVEIRA ASCENSÃO, *"Direito Civil – Teoria Geral ..."*, vol. II, 2ª ed. cit., n.º 5-III, pag. 22, que considera antes: «[...] *a distinção entre acção e acto jurídico em sentido estrito se terá de fazer, não atendendo à finalidade ontológica, pois esta existe sempre, mas ao facto de a ordem jurídica dar ou não relevo a essa finalidade.*» - intercalado nosso; para depois (*ob. cit.*, n.º 6-I, pag. 22) enunciar: «[...] *a acção, como acto jurídico, é caracterizada, não por implicar uma finalidade – uma vez que todo o acto humano pressupõe essa finalidade – mas por a finalidade ser relevante para a ordem jurídica. Há acção, para o direito, quando a finalidade ontológica é juridicamente relevante.*» – intercalado nosso. E continua, (*ibidem*): «[...], *enquanto no acto jurídico em sentido restrito há apenas a vontade do movimento corpóreo e na declaração há além disso a consciência e vontade da declaração como tal, na acção há ainda uma vontade de realização de fins que é juridicamente relevante.*» – intercalado nosso.

Explica-o também MENEZES CORDEIRO, *"Tratado de Direito Civil Português – I (Parte Geral)"*, t. I, 2ª ed. cit., § 23.º, n.º 99-III, pag. 295, ao expor: «*A acção humana não pode ser entendida como puramente causal, no sentido de o agente provocar, de forma mecânica, determinadas alterações no mundo exterior: a acção é final porque o agente, consubstanciando previamente o fim que visa atingir põe, na prossecução deste, as suas possibilidades.*». E: «*O acto jurídico em sentido estrito é sempre uma acção humana que, como tal, é considerada pelo Direito. Quando este dispense a finalidade, deparamos já com um facto jurídico em sentido estrito, nos termos acima explicitados.*» – MENEZES CORDEIRO, última *ob. cit.*, n.º 99-V, pag. 296.

A ideia de finalidade-na-acção é verificável nas condutas juridicamente relevantes que consistam na atribuição – ainda que originária – de faculdades de exploração da obra intelectual, a que acrescentamos a inerente delimitação do conteúdo dos direitos atribuídos, em termos que adiante se explicitam quando analisamos a estrutura originária da situação jusautoral.

Muito expressiva é outrossim a explicação de Luís Carvalho Fernandes, *"Teoria Geral do Direito Civil – II"*, cit., n.º 370-II, pag. 16: «*Os factos humanos são sempre acções, ou seja, comportamentos ontologicamente caracterizados por serem dirigidos a um fim que o Homem mentalmente antecipa e neste sentido quer atingir ou realizar.*». Remete-nos depois – no que designa "casos em que o Direito toma a acção humana na sua estrutura própria, atende nomeadamente ao seu carácter voluntário, mas desinteressa-se, na fixação das suas consequências jurídicas, do fim que a determinou" (*ob.* cit., n.º 370-III, pags. 16/17) – para a distinção entre "actos jurídicos simples ou não intencionais" e "actos jurídicos intencionais"; e, a propósito desta classificação, esclarece: «*A distinção entre actos voluntários simples, não intencionais (ou espontâneos) e intencionais (ou calculados) não põe em causa a sua voluntariedade, mas atende à diferente relevância da vontade no regime de efeitos do acto jurídico. Há, na verdade, actos jurídicos que se bastam com uma vontade do agente dirigida apenas ao comportamento adoptado em si mesmo. Este tem, em qualquer caso, de ser querido, tem pois, de constituir uma acção humana; mas isso é suficiente para se produzirem os efeitos jurídicos previstos na norma. Se a vontade do autor se dirige também aos efeitos do acto, ou não, é indiferente para o Direito. […]. Designam-se estes actos como simples ou não intencionais (ou espontâneos) ou actos jurídicos em sentido estrito.*» (*ob.* cit., n.º 377-I, pag. 25, intercalado nosso), dos quais aponta expressamente como exemplos "a ocupação de uma *res nullius* ou a feitura de um livro": «*Desde que o seu autor queira apreender a coisa sem dono ou escrever o livro, adquire o direito […]*» (*ibidem*).

Esta noção quadra perfeitamente na tese geral que formulamos, porquanto:
a) a caracterização do acto criador como "acto jurídico (voluntário) simples" só confirma o que a seguir aduzimos em comentário à sua pretensa "não intencionalidade" – aliás, mesmo na acepção citada de Carvalho Fernandes (*ob.* cit., n.º 377-II e respectiva nota (1), pag. 26): «*Nem por isso se deve entender que os actos jurídicos simples não são também acções; acontece apenas que o Direito desconsidera neles a finalidade última visada pelo autor do comportamento para atender, digamos assim, à sua finalidade imediata.*»;
b) a afirmação da produção de efeitos deste acto (a constituição do direito de autor como consequência da mera exteriorização da obra intelectual) independentemente da vontade do autor não desmente que, quando acompanhada da atribuição originária de faculdades jusautorais a um não autor, a criação de obra intelectual seja (também) acção finalista/"acto jurídico intencional".

Ainda, Pedro Pais de Vasconcelos, *"Teoria Geral do Direito Civil - I"*, cit., n.º 29, pag. 150: «*O que caracteriza a acção é a síntese da intencionalidade e do fim, num todo incindível, numa unidade que exprime o agir humano.*». E continua, primeiro a propósito dos factos jurídicos, *ob.* cit., n.º 30-II: «*Diferentemente do que sucede com a acção, a relevância do facto jurídico não é influenciada pela finalidade ou pela intencionalidade.*

2. Coincidência subjectiva entre autoria e titularidade originária do direito de autor – esboço de um princípio

I – A ideia de autoria reflecte a imputação de uma obra intelectual ao acto criador de uma ou mais pessoas; contudo, *a "imputação de autoria" não é naturalista*, não revela necessariamente uma paternidade espiritual (logo humana) da obra intelectual, antes serve – como também melhor se demonstrará – a investidura de um ou mais sujeitos jurídicos na titularidade originária do direito de autor.

Dir-se-ia que tal concepção permite que se removam quaisquer resquícios de ligação da obra ao seu autor-criador[18]. A questão não se põe, porém, com o dramatismo que a afirmação anterior anuncia, posto que, ao estipular por convenção o que aparenta ser a atribuição originária do direito de autor a outrem, o autor contratado mais não faz do que convencionar que, caso a actividade contratada se concretize na criação de uma ou mais obras intelectuais, o direito correspondente (ou faculdades neste compreendidas) logo se constitui subordinado aos fins de utilização pelo comitente (aquele que com ele contrata a criação): *subordina assim a utilização da obra aos fins desta atribuição, não aliena a autoria nem sequer* necessariamente (logo se confirmará) *a titularidade originária do direito*.

Poder-se-ia também considerar que abalaria os fundamentos e características – como a inalienabilidade – que dão substância ao

---

O simples facto jurídico é intencional e juridicamente neutro. [...]. *Na relevância reconhecida pelo Direito aos factos jurídicos não tem qualquer papel, nem a intencionalidade, nem a finalidade. Mesmo quando se trata de factos humanos, só é relevante para o Direito o seu simples acontecer.»* - pag. 155. Depois, sobre os actos jurídicos, *ob. cit.*, n.º 31-I: «*O autor do acto jurídico não tem o poder de determinar quais as suas consequências jurídicas. Pratica-o ou não o pratica, mas as consequências jurídicas da sua prática estão pré-determinadas pelo Direito, são fixas, e não se alteram ou modificam segundo a intencionalidade do acto.* [...], *no domínio do acto jurídico, o papel da autonomia privada é acentuadamente reduzido.»* – pag. 156, intercalado nosso.

[18] Parece ser esse o sentido da afirmação de A. Macedo Vitorino, "A eficácia dos contratos ...", cit., § 6º-I, pag. 86: «*Afirmando-se* [...] *o principio de que só ao criador intelectual pode ser atribuído originariamente o direito de explorar a obra, não deverá admitir-se tal excepção* [a que traduz a atribuição originária do direito patrimonial de autor ao comitente, *ex art*. 14º/1 CDA*], *porque se considerarmos possível despojar o autor do seu direito abriremos caminho à destruição do fundamento do próprio Direito de Autor.»* – intercalado nosso.

direito pessoal de autor[19]. A objecção não procede, porquanto não existe regra universal – mormente nos ordenamentos jurídicos que não adoptam um "sistema monista" de direito de autor – que consagre a unicidade pessoal/patrimonial no direito de autor[20/21]. Não se

---

[19] Citamos ainda MACEDO VITORINO, ob. cit., § 6º-I, pag. 87: «[...] reconhecemos ao autor a titularidade de direitos pessoais, justificada pelo princípio da incindibilidade da ligação destes direitos à pessoa do autor porque derivados de direitos de personalidade. A regra da inalienabilidade dos direitos pessoais, [...], tem como razão de ser essa inseparabilidade, não sendo justo que se admita a constituição originária por mero efeito contratual quando se proíbe a aquisição derivada.» – intercalado nosso. No entanto, é o mesmo Autor, ob. cit., § 6º-I, pag. 92, que admite a aquisição originária do direito de autor por uma entidade que, podendo ser pessoa meramente jurídica, não será necessariamente um "autor" do ponto de vista "naturalista".

Logo diremos o que pensamos sobre as suas características e limites admissíveis ao exercício do direito pessoal de autor – cfr. infra, n.ºˢ 79 a 84 (maxime n.º 84-I).

[20] OLIVEIRA ASCENSÃO, "Direito Civil – Direito de Autor e Direitos Conexos", cit., parece pronunciar-se no sentido da existência de uma pluralidade de faculdades de diferente índole na estrutura do direito de autor, que marcam a sua natureza no ordenamento jurídico português. Assim, ob. cit., n.º 469-IV, pag. 682, é explícito no reconhecimento de uma diferente natureza ao direito de sequência (ex art. 54º CDA*): «A situação é diferente no direito de sequência, embora este seja um puro direito de crédito. Sendo direito de crédito, o objecto seria a prestação. [...]. Tudo isto é muito diverso do que se passa nos direitos de autor propriamente ditos.» - intercalado nosso. Já que, por outro lado e segundo o mesmo Autor (ibidem): «As actividades reservadas serão o objecto imediato ou conteúdo do direito; a obra literária é o objecto mediato do exclusivo de exploração económica.».

Mesmo se olvidarmos a controvérsia em torno da natureza dos direitos conexos entre as faculdades jusautorais (do mesmo Autor, última ob. cit., n.º 459-IV), afigura-se claro que, ao assinalar um diferente objecto para direitos pessoais e "personalíssimos", primeiro (ob. cit., n.º 457, pags. 662/663), para os que chama "direitos de remuneração", depois (ob. cit., n.º 458, pags. 663 ss.), e para as faculdades patrimoniais, por fim, não parece poder sustentar-se que assuma uma perspectiva monista do conjunto de faculdades jusautorais em sentido estrito: «Como vimos, o dualismo (direito pessoal/direito patrimonial) funda-se no regime legal. Como a lei estabeleceu vicissitudes diferentes para direitos pessoais e direitos patrimoniais de autor, conclui-se que se trata de vicissitudes diferentes.» – ainda OLIVEIRA ASCENSÃO, ob. cit., n.º 459-IV, pag. 666 – intercalado nosso.

Também L. F. REBELLO, "Introdução ao Direito de Autor", vol. I, cit., n.º 15, pag. 57, sintetiza: «As diferenças que separam aqueles destes ["direitos patrimoniais" e "direitos pessoais", respectivamente] – a transmissibilidade e a finitude dos primeiros, a inalienabilidade e a imprescritibilidade dos segundos – não permitem que, em rigor, se fale de um carácter unitário a seu respeito.» – intercalado nosso.

Já em 1990, no nosso "O direito pessoal de autor no ordenamento jurídico português", cit., IV-2., pag. 140: «As vicissitudes objectivas e subjectivas sofridas pela generalidade dos direitos de conteúdo patrimonial [...] não implicam que o conteúdo pessoal do

segue pois que o distrate das faculdades patrimoniais da esfera jurídica do criador – mesmo que originária – implique vicissitude idêntica do núcleo pessoal do seu direito, nem outra que estabeleça a inadmissibilidade da limitação voluntária ao exercício de certas faculdades pessoais pelo autor, quando incompatível com a "normal exploração económica" da obra por outrem, titular do direito patrimonial (ou de faculdades neste compreendidas).

Por agora, importa-nos sobretudo registar que se admite que a atribuição contratual de faculdades de utilização patrimonial da obra a pessoa diferente do autor – ainda que não acompanhada da titularidade originária do direito no seu todo, mas admitida que é pela evidência do regime legal – também não bule com as características do direito pessoal que permanece na esfera jurídica do criador intelectual[22].

---

direito sofra idênticas variações, apresentando [...] características diferentes os poderes que integram um e outro núcleo de faculdades. Conclui-se então pela coexistência de pelo menos dois complexos de faculdades, de características diferentes entre si, que evidenciam obedecer a regras próprias, também diversas. [...], *somos forçados a concluir pela existência, no âmbito do ordenamento jurídico português vigente, de mais do que um tipo de direito relativo à obra intelectual. Emergem, assim, da criação intelectual exteriorizada na obra não uma, mas pelo menos duas situações jurídicas, integradas por direitos de conteúdo, características e, certamente, natureza distintos.».*

[21] Macedo Vitorino, *"A eficácia dos contratos ..."*, cit., § 6º-I, pag. 87, admite: «Nos sistemas monistas é mais clara essa impossibilidade pelo que a encomenda de obra é definida como um negócio jurídico constitutivo.». Cita então como exemplo – cfr. nota (8) à mesma pag. 87 – o que resulta plasmado no ordenamento jurídico alemão, que, como expomos adiante, consagra a intransmissibilidade do direito de autor no todo ou em parte, patrimonial e pessoal, ex § 29 UrhG alemã*. Ora, mesmo face a um instituto como este, que aqui sumariamente se referencia, é o mesmo Autor – ainda nota (8) à pag. 57 da *ob. cit.* – que admite verificar-se, a propósito do que Dietz (*apud*) nomeia "primäre Urhebervertragsrecht": «[...] *designa a primeira vinculação contratual que constitui um direito de exploração da obra intelectual, implicando a cisão do lado patrimonial em relação ao lado pessoal mesmo nos sistemas monistas.*» – intercalado nosso.

É certo que Macedo Vitorino, *ibidem*, logo ali qualifica o efeito daqueles "contratos primários" como «uma separação derivada, que leva à constituição de direitos de 2º grau, uma vez que o direito de autor pertencerá sempre em 1º grau ao autor», mas tal não desmente a "cisão" assinalada que faz explícita a separação de regimes aplicáveis a um e outro núcleo de faculdades jusautorais.

[22] Neste sentido, confronte-se como exemplo o exposto por P. Greco / P. Vercellone, *"I diritti sulle opere dell'ingegno"*, cit., n.º 82, pags. 256/257, em exegese de um ordenamento jusautoral como o italiano que não prevê – senão no art. 23 das

II – A constituição da situação jurídica de direito de autor que concebemos assenta em pressupostos que passamos a sumariar.

- Pressupõe – sempre e tão-só – a exteriorização segundo uma expressão formal de um bem imaterial que a ordem jurídica reconhece como criativo e qualifica como "obra intelectual".

Muito embora resulte pouco óbvia a "expressão formal criativa" de certos bens imateriais, quais sejam as bases de dados e os programas de computador, é inequívoco que a lei expressamente os qualifica como "obras intelectuais" e os faz objecto de exclusivo de aproveitamento económico segundo faculdades (que pelo menos se assimilam às) compreendidas no direito patrimonial de autor.

"disposizioni legislative in materia di brevetti per invenzioni industriali" (R.D. 29-6-1939, n. 1127), por vezes aplicado por analogia ao direito de autor – qualquer outro titulo originário de aquisição do direito de autor que não seja o facto material da criação da obra (cfr. art. 6 L.aut.ital.*), sem prejuízo do consagrado na mesma lei (arts. 38 ss.) para "opere collettive, riviste e giornale". Aduzem então aqueles Autores: «*A distinta titularidade dos direitos patrimoniais e dos direitos morais* [que designamos "pessoais"] *é admitida no nosso ordenamento, inspirado* [...] *na concepção dualista dos direitos resultantes da criação de uma obra intelectual* ["opera dell'ingegno", no original]. *E este fenómeno traduziu-se não apenas como efeito dos negócios translativos dos direitos de utilização económica, mas também imediatamente, no momento em que a obra nasce* ["allo stesso venire ad esistenza dell'opera"] – *ob.* cit., pag. 256 – intercalados nossos.

E continuam, *ob.* cit., pag. 257: «[...] *quando a obra é criada em cumprimento de um contrato de trabalho em que a actividade criativa é prevista como objecto da relação e retribuída com esse fim, os direitos patrimoniais pertencem ao dador de trabalho, ao autor cabem só os direitos morais.*». Contra este último entendimento, ainda face à ordem jurídica italiana, perfilham a tese da aquisição derivada, designadamente: P. Marchetti / L. C. Ubertazzi, in *"Commentario breve al Diritto della Concorrenza"*, cit., pags. 1793/ 1794, em anotações I-2, III-5 e IV-3 ao art. 6 "legge autore" (L.aut.ital.*); bem como T. Ascarelli, *"Teoría de la Concurrencia y de los Bienes Inmateriales"* (tradução da 3ª ed. de 1960), cit., XIII-31., pags. 731/732; e Valerio de Sanctis, *"Contratto di Edizione – Contratti di Rappresentazione e di Esecuzione"*, cit., n.º 8, pags. 28-30. É tema que nos merece tratamento desenvolvido autónomo – cfr. n.º 52, *infra*.

[Deparámos com a publicação de um novo Código da Propriedade Industrial de Portugal – aprovado pelo Decreto-lei n.º 36/2003, de 5-3; entrou em vigor em 1-7-2003 e revoga o *supra*mencionado CPIndustr.*. O art. 59º/1 deste Código da Propriedade Industrial estatui a expressa atribuição do "direito de patente" nas invenções «feitas durante a execução de contrato de trabalho em que a actividade inventiva esteja prevista», à respectiva empresa. Como se verá, a principal lei de autor portuguesa é bastante para o tratamento desta questão sem recurso a analogia com a lei reguladora da propriedade industrial.].

- A situação jurídica originária de direito de autor não se constitui necessariamente na esfera jurídica do criador, senão na da pessoa jurídica do autor (pessoa física ou colectiva) a quem se imputem originariamente faculdades de aproveitamento económico da obra que tendem a coincidir com o conteúdo do direito patrimonial de autor.

Esta formulação anuncia um princípio de coincidência subjectiva entre autoria e titularidade originária do direito de autor[23]. A aquisição originária de faculdades jusautorais por pessoa diferente do autor – por efeito de acto atributivo anterior à formação do direito – só quebrará este princípio se se verificar que o direito de autor deixa de constituir-se (também) na esfera jurídica do autor.

- O carácter humano da autoria parece questionado pelo acolhimento sob o direito de autor de obras imputáveis a empresas, bem como pelo que certos ordenamentos jurídicos supõem ser "obras geradas por instrumentos da acção humana, como os programas de computador". Não é assim.

---

[23] Sem que se belisque necessariamente o dito "princípio de coincidência subjectiva entre a autoria e a titularidade originária", o direito de autor pode configurar-se – logo no momento da sua constituição (ver-se-á se a título originário ou derivado) – com conteúdo distinto daquele que tipicamente se lhe reconhece.
Há casos concretos que nos interpelam sobre este assunto.
A) Assim, por exemplo, se o autor de obra literária atribuir a um editor as faculdades correspondentes ao tipo contratual "edição", não se negará que – com o direito patrimonial intacto na sua esfera jurídica – conserva nomeadamente o direito de autorizar a sua adaptação cinematográfica (nos termos da lei portuguesa, salvo estipulação diversa – como parece resultar do art. 88º/2 e /3 CDA*).
B) Já se a mesma obra literária for criada no âmbito de contrato que estipule (também) a atribuição de faculdades de utilização ao co-contratante, o conteúdo do direito deste – e do autor – ficará primariamente limitado ao que convencionem (assim, à primeira vista, nos termos do art. 14º/1 CDA* que melhor explicamos depois).
C) Se, enfim, se tratar de um contrato de realização/produção audiovisual, então, por efeito típico presumido do contrato, são as próprias faculdades correspondentes à utilização da obra em modalidade de exploração audiovisual que sofrem atribuição a entidade diferente do autor/titular originário – o produtor audiovisual, um não autor – por efeito do mesmo contrato, de realização/produção audiovisual, que determinou a criação da obra (é o que se afigura decorrer do disposto no art. 127º CDA*).

Como se verá, afirmar que a autoria de uma obra é imputável a uma empresa – e não apenas que a esta é atribuída uma titularidade originária do direito de autor – figura tão-só uma "autoria não humana" que é menos improvável do que conceber uma "obra intelectual sem autor" – e que confirma que os contornos da personalidade jurídica não se esgotam em centros de imputação de índole naturalista; além de que, numa realidade dita de cariz "empresarial", não é de forma alguma desprezível o elemento humano, ainda que humano--plural ou orgânico[24].

- Por outro lado, se "toda a criação de obra intelectual é humana", já nem toda a autoria o é.

À ideia de "obras não intelectuais" (criadas sem qualquer intervenção humana), contrapomos o assomar de um conceito de "individualidade expressiva" revelada no objecto (ainda assim obra intelectual na acepção que damos à noção) que, sem negar a humanidade da criação, já não "reflecte" – se é que alguma vez reflectiu – qualquer "espírito criador"; trata-se de um objecto em que releva – e que revela – a expressão criativa da sua forma, em detrimento da "personalidade literária ou artística" do criador.

III – Vimos que a constituição da situação de direito de autor resulta do facto da exteriorização da obra intelectual segundo expressão formal (inteligível como) criativa. Cumpre verificar se a autoria da obra literária ou artística não apenas pode não coincidir com a titularidade originária como pode estar desligada da personalidade "espiritual" reservada aos entes humanos; será feito em exame da conformação da situação jurídica nos casos em que o direito de autor se constitui originariamente na titularidade de pessoas meramente jurídicas, *quer por efeito da vontade conformadora do autor* (que contrata a criação para outrem) *quer porque tal decorre da própria natureza do processo criador* (colectivo empresarial).

Descobriremos que, quando ocorre a atribuição de faculdades de utilização da obra a entidade diferente do criador por efeito de acto anterior à criação, a vontade que mobiliza o acto criador produz

---

[24] Factores humano-plural e orgânico que, como se expõe adiante, estão omnipresentes na formação das chamadas obras colectivas, por exemplo.

simultaneamente efeitos jurídicos que ultrapassam a simples constituição do direito de autor na esfera jurídica de um determinado sujeito, porquanto delimitam também o conteúdo desse direito.

A confirmar-se que, no momento da sua constituição e por acto voluntário do autor, uma ou mais destas faculdades integra a esfera jurídica de outrem, a indagação deve prosseguir.

A) Em primeiro lugar, deve verificar-se se tal fenómeno corresponde à atribuição originária da titularidade do direito a um não autor: assim será se o direito de autor se constituir íntegro (no seu conteúdo típico) na esfera jurídica de um outro sujeito.

B) Caso não se confirme a hipótese anterior, deve apurar-se se, para uma mesma obra intelectual, *por efeito de contrato celebrado entre o autor e um beneficiário de atribuição patrimonial*:

a) a situação jusautoral conserva o seu conteúdo típico na titularidade do autor e ocorre o *desmembramento* do direito de autor (quanto a certas faculdades que se transmitiriam, logo com a constituição do direito ou em momento ulterior a determinar);

b) o direito de autor se constitui *onerado* na esfera jurídica do autor, dado que certas faculdades de utilização se formam primariamente na esfera jurídica de um não autor.

Será então legítimo afirmar que a utilização da obra – o exercício do direito de autor, segundo uma ou mais das faculdades instrumentais da exploração económica da obra intelectual que integram tipicamente o seu conteúdo[25] – pode caber, por efeito de atribuição

---

[25] Em distinção entre titularidade e exercício de um direito, ocorre-nos um notável conjunto de asserções contidos em formulação de PESSOA JORGE: «*Tomemos os direitos subjectivos atribuídos por lei. Quando se preenche a previsão desta, que de forma abstracta concede um direito a quem se encontre em certa situação, alguém torna-se titular efectivo e real desse direito: a partir de então, a pessoa em causa tem o referido direito. Mas ter um direito é coisa diferente de o exercer, ...*» (FERNANDO PESSOA JORGE, *"Ensaio sobre os Pressupostos da Responsabilidade Civil"*, cit., n.º 62-II, pags. 194/195). E continua (*ibidem*, pags. 194/195): «*A mera titularidade ou pertença de um direito (mesmo sem haver qualquer acto de exercício deste) tem eficácia, não só na esfera do titular, como na das outras pessoas: estas passam a ter o dever de se absterem das actuações que o*

voluntária, a pessoa diferente do autor que é titular originário do direito que lhe respeita? Tratar-se-á de verdadeira atribuição originária voluntária da titularidade ou de atribuição derivada (constitutiva ou translativa) de faculdades de utilização que coincide com a formação da situação jusautoral? Tem então cabimento que se enuncie "novo princípio", segundo o qual "a atribuição de faculdades de utilização da obra a um não criador não coincide necessariamente com a atribuição (originária) da titularidade do direito de autor"? É o que tentamos dilucidar no Capítulo conclusivo desta dissertação.

SÍNTESE EM RECAPITULAÇÃO

A conformação da situação jusautoral primordial

1. O facto constitutivo da situação jusautoral é a exteriorização da obra intelectual segundo expressão formal criativa, não qualquer negócio jurídico ainda que determinante da titularidade originária do direito de autor ou conformador do conteúdo do direito. O acto criador de obra intelectual é, pois, facto material jurígeno.

2. Supomos – até confirmação em tese final – que a situação jurídica originária de direito de autor não se constitui necessariamente na esfera jurídica do indivíduo/criador da obra intelectual, senão na da pessoa jurídica do autor (pessoa física ou colectiva) a quem se imputem originariamente faculdades de aproveitamento económico da obra.

---

possam lesar; o direito, se tiver valor pecuniário, altera a situação patrimonial do titular; sendo penhorável, passa a funcionar como garantia dos credores; [...]. Todavia, a plenitude dos efeitos do direito só se atinge quando o titular o exerce. Exercer um direito é realizar as possibilidades de acção que constituem o conteúdo dele: [...], numa palavra, assumir comportamentos, mesmo que estes se destinem só a defender o direito.» – intercalados nossos. O Autor citado (cfr. PESSOA JORGE, *"Ensaio sobre os Pressupostos ..."*, cit., n.º 62-III, pag. 195) parte destas asserções para distinguir «três momentos logicamente distintos: o desenho legal (e portanto abstracto) do direito, a sua titularização (necessariamente concreta e real) e o exercício dele.» – intercalados nossos.

3. Antecipamos que a atribuição voluntária de faculdades de utilização a entidade diferente do criador se afigura finalista, na medida em que a vontade que mobiliza o acto criador produz efeitos jurídicos que ultrapassam a simples constituição do direito de autor na esfera jurídica de um determinado sujeito, porquanto delimita também o conteúdo desse direito em função de um ou mais fins de utilização da obra intelectual por aquele para quem a obra é criada.

4. Fica, ainda assim, por escrutinar se essa atribuição implica também que o exercício do direito pelo titular originário – nesse caso, sempre o autor – sofre limitações que permitam postular que as faculdades de utilização que se quedam na sua esfera jurídica estão também descaracterizadas, visto o modelo legal que define o conteúdo típico do direito de autor. Se assim for, confirmar-se-á que a situação jusautoral está originariamente conformada à destinação que a atribuição de faculdades de utilização determina, precisamente nos casos em que tal atribuição é efeito do que chamamos "contratos para criação de obras intelectuais".

SECÇÃO II
Autoria e titularidade originária do direito de autor

3. Criação de obra intelectual e autoria

I – A indagação sobre a identidade do titular originário do direito de autor surge, à primeira vista, como um exercício inútil, visto que a resposta verdadeira parece surgir óbvia: o direito de autor pertence, pelo menos originariamente, àquele(a) que cria a obra intelectual (dito "criador intelectual da obra"). Do passo seguinte, tudo se sintetizaria nesta fórmula simples: *autor é o criador "intelectual" da obra (investido também na titularidade originária do direito)*. E esta afigura-se ser norma universal sob a Convenção de Berna (CB*)[26].

---

[26] Assim, o "Código do Direito de Autor e dos Direitos Conexos" (CDA*] português que, no seu art. 11º estabelece que «*o direito de autor pertence ao criador intelectual da obra, ...*» – em expressão bem assinalada como menos feliz já por Oliveira Ascensão, "*Direito Civil – Direito de Autor e Direitos Conexos*", cit., *maxime* n.º 65, pag. 107 -, pois deveria antes estatuir, em nome da simplicidade e do rigor: "...é atribuído ao criador da obra". Assim também, designadamente: o § 7 da UrhG alemã*: «*autor é o criador da obra*»; o art. 5º/1 da LPI esp.*, que estatui que «*se considera autor a pessoa natural que cria alguma/uma dada obra literária, artística ou científica*»; em expressão igualmente naturalista/personalista (como a da disposição legal alemã assinalada], o art. 6 da LDA sui.* estabelece que «*se entende por autor, a pessoa física que criou a obra*»; por seu lado, o art. 6 da L.aut.ital.*, em fórmula que reproduz o estatuído no art. 2576 do C.Civ.ital.*, consagra que «*o título originário de aquisição do direito de autor é constituído pela [a partir da] criação da obra, [...]*»; o art. L.113-1 do CPI fran.* que estabelece – na expressão legal mais próxima que encontramos das anteriormente enunciadas, se bem que em sentido e com finalidade não exactamente coincidentes, como veremos – que «*a qualidade de autor pertence, [...], àquele ou àqueles sob o nome de quem a obra é divulgada*»; com formulação original, o art. 4/1 da L.aut.hol.* que «*presume autor, [...], a pessoa como tal indicada na obra ou, na ausência de indicação, a pessoa que, quando a obra é publicada, é dada a

[O Direito germânico exponencia mesmo tal regra até lhe conferir honras de "princípio fundador" do Direito de Autor. H. Schack designa-o *"Schöpferprinzip"* [traduzimo-lo, ao pé da letra, por *"princípio do criador"* ou *"da criação"*] que: «*fixado no § 7 UrhG* [UrhG alemã*], *é uma afirmação central do Direito de autor alemão: "autor é o criador da obra". O direito de autor constitui-se com o acto de criação na pessoa natural que criou a obra. Só ela merece o reconhecimento e remuneração pela sua prestação criativa. O "Schöpferprinzip", hoje em dia, é aplicado de forma rigorosa: autor só pode ser uma pessoa natural, nunca uma pessoa jurídica, e muito menos um animal ou uma máquina.*»[27]. Ou, segundo U. Loewenheim, sobre o que identifica como "Urheberschaftsprinzip": «*O § 7* [ainda UrhG alemã*] *deixa claro que autor é aquele que realizou a criação pessoal espiritual; na sua pessoa constituem-se os direitos que o Direito de autor atribui ao autor. Tal corresponde ao princípio do Direito de Autor fundado no Direito natural, segundo o qual são atribuídos ao autor de uma obra, devido ao acto de criação, os seus direitos como propriedade espiritual dada pela natureza.*»[28]. E, do mesmo Autor: «*No sentido do § 7, criador é quem realiza a criação espiritual pessoal, segundo o § 2(2)* [também da UrhG alemã*]. *Para tal só podem ser consideradas pessoas naturais. Através do acto de criação, o espírito individual do criador manifesta-se na obra. Portanto, criação pressupõe espírito individual que apenas o ser humano possui.*»[29].

E, em refutação de possíveis objecções: «*Esta restrição do conceito de autor a pessoa natural é criticada por muitos, que consideram o direito de autor menos como direito pessoalíssimo e mais*

---

conhecer como tal pelo que a publica»; a sec. 9(1) do UK CDPA* que designa «*autor* [de uma obra] *a pessoa que a cria*»; ou a sec. 201(a) da US Copyr.Law* – na redacção aditada em 1990 – que consagra que «*o autor ou os autores da obra são originariamente investidos na titularidade "ownership" do copyright numa obra protegida*».

[27] H. Schack, *"Urheber – und Urhebervertragsrecht"*, cit., § 10-I, 1, pag. 130 (267), intercalado nosso. Neste sentido, também Alois Troller, *"Immaterialgüterrecht"*, cit., § 41, IV-1, pag. 715.

[28] Ulrich Loewenheim, em anotação I-1, pag. 218, ao § 7, *in "Urheberrecht – Kommentar"*, cit., coordenado por Gerhard Scricker, intercalados nossos.

[29] Ainda Loewenheim, em anotação II-2, pag. 218, ao § 7, *in "Urheberrecht – Kommentar"*, cit., coordenado por Gerhard Scricker, pag. 218, intercalado nosso.

como bem económico. Com o apelo para a aceitação das realidades económicas (ou seja: os interesses da economia), remete-se frequentemente para o, alegadamente exemplar, sistema de copyright anglo--americano. Assim, terminologicamente de forma mais clara nos Estados Unidos da América, separa-se o "creator" e o "author" como sendo este o primeiro "copyright owner". Esta distinção permite, em caso de obras criadas por empregados, fazer constituir o direito de autor originariamente na pessoa (até jurídica) do empregador. [...]. Nos termos do Direito de autor alemão, as pessoas jurídicas nunca podem ser autor, mas unicamente detentores de direitos de utilização derivados ["... Inhaber abgeleiteter Nutzungsrechte", no original].»[30]].

Logo veremos se esta concepção, em estreita ligação com o sistema monista germânico do direito de autor, (ainda) traduz bem a realidade do processo de criação e, sobretudo, em que medida se conforma a uma explicação satisfatória universal – e útil – da relação entre *autoria* e *atribuição originária do direito de autor*.

II – É tentador dizer-se que "criar" uma obra intelectual é um *acto ou sequência de actos pelos quais alguém objectiva algo* – que o Direito identifica como obra intelectual[31] – *que não preexiste à sua exteriorização*. Por outras palavras, obra intelectual é (seria) todo o objecto referenciado como tal pela lei de autor. Na sua singeleza e formalismo, esta afirmação é, porém, vaga e errónea.

Revela uma má técnica, porque se dispensaria face à prévia descrição compreensiva do *género* e dos *pressupostos de tutela* desses objectos jurídicos: que sejam «*do domínio literário ou artístico*», que *revistam expressão formal criativa*. Engana também sobre o universo em vista, na medida em que, como todos os enunciados legais não taxativos de espécies de um género, fica sujeito a constantes aditamentos de objectos que revelem *outras formas de expressão formal criativa* (como se vê no caso dos *programas de computador* e das *bases de dados*, recentemente acolhidos sob a mesma tutela).

---

[30] Ainda conforme H. Schack, *ob. cit.*, § 10-I, 1, pag. 131 (268), intercalado nosso.
[31] O enunciado de um elenco exemplificativo de *objectos* que se reconhecem como obras intelectuais *"literárias e artísticas"* é técnica seguida pela generalidade dos ordenamentos jurídicos sob a Convenção de Berna (CB*) – por todos, cfr. art. 2/1 CB*.

Traduz normalmente uma deficiente expressão – na origem de tantos equívocos – sobre a natureza dos objectos referenciados, pois que tais enunciados (ainda *ex* art. 2/1 CB*) aparecem como uma miscelânea nada elucidativa de *bens imateriais* (as verdadeiras obras intelectuais) e de *suportes* destas – assim, por exemplo: «*livros, folhetos*», quando se referem as *obras escritas* nestes fixadas. Apuremos então o conceito.

III – Sabe-se também que a referida *exteriorização formal* não equivale a "divulgação" ou a "publicação" da obra, visto que as situações jusautorais se constituem *independentemente da revelação pública do objecto criado*[32]. A *divulgação* e a *publicação* de uma obra intelectual são actos a que a lei liga efeitos jurídicos de algum significado: a primeira, sobretudo no que respeita o núcleo *pessoal* do direito de autor, como expomos adiante; a segunda porque é já manifestação do aproveitamento *patrimonial* da obra, pois que a *publicação* de uma obra supõe já um exclusivo quanto à sua utilização (cfr. art. 68º/2-a) CDA*[33/34].

---

[32] As expressões "*divulgação/publicação*" são aqui apresentadas pelo seu valor jusautoral comum: *ex* art. 3/3 CB* e art. 6º/1 e /3 CDA*, como actos que levam a obra ao conhecimento público.
    JOSÉ DE OLIVEIRA ASCENSÃO, "*Direito Civil - Direito de Autor e Direitos Conexos*", cit., *maxime* n.º 28-II e n.º 102-II, refere ambas à *utilização patrimonial*. E expõe: «*Na verdade, a divulgação é o passo necessário para qualquer dos modos de utilização concedidos.*» (*ob.* cit., n.º 103-II, pag. 158). E continua, *ibidem*: «*Concretamente em relação ao direito de publicação, o art. 68º/2-a* [CDA*] *atribui ao autor esse direito, englobado entre os direitos patrimoniais. Publicação e divulgação respeitam portanto às formas de utilização económica da obra, ...*» – intercalados nossos. No nosso "*O direito pessoal de autor...*", cit., III-1., 2.1., pag. 63, sustentámos já: «*Será então que divulgação e publicação traduzem a mesma realidade? [...] que a publicação é apenas uma modalidade de divulgação? Entendemos que não, muito embora ambas as noções tenham em comum a ideia de "levar a obra ao conhecimento público"...*».].
[33] Confrontámos a alteração deste preceito do CDA* pela Lei n.º 50/2004, de 24-8. No entanto, a alínea a) do n.º 2 do citado art. 68º não sofreu alteração.
[34] Nos termos expressos do art. 1º/3 CDA*, pese embora a confusa expressão legal da norma que as enuncia a par da "exploração" e da "utilização" da obra, das quais a *publicação* pode figurar não mais do que uma modalidade.

Por ora, contudo, basta-nos registar que a *divulgação* e a *publicação* de uma obra intelectual são acções que correspondem já à manifestação do exclusivo jusautoral: pressupõem a exteriorização da obra intelectual pelo seu autor/criador, pois são aptas a proporcionar o seu desfrute espiritual e patrimonial (*lícitos, i.e.*, consentidos pelo titular do direito). Logo, sucedem necessariamente à constituição do direito de autor e não são factos constitutivos da situação jusautoral.

IV – Por outro lado, pouco se acrescenta ao postular que a *objectivação* – pela exteriorização segundo *expressão formal criativa* – do que apenas "existe" no espírito do autor gera uma situação jurídica relacionada com uma "coisa nova". Mais, é perigosamente desacertado, pois pode induzir na convicção, errónea, de que a originalidade de uma qualquer acção – trate-se de um especialmente virtuoso desempenho futebolístico, tauromáquico, circense ou de um simples trejeito idiossincrásico – revela sempre obras intelectuais[35]. Escrevemos recentemente sobre este tema[36].

---

[35] De algumas dessas "*actuações espectaculares*" diz-se impropriamente que se trata de "interpretações artísticas".

Ora, expressões como "*interpretação*" ou "*execução*" pressupõem a existência - sempre, se corresponderem a prestações que aspiram à tutela jusautoral (conexa) - de *obra* que se interpreta ou executa, ainda que o objecto dessas actuações se revele (exteriorize, formalize) no próprio acto da interpretação/execução. Nada obsta, obviamente, a que a uma dada actuação – "de improviso" – constitua ela mesma o próprio acto de revelação/exteriorização/formalização de uma obra sob o direito de autor: trate-se de uma lição ou uma conferência proferidas sem exteriorização/formalização prévia da obra que revelam; seja a *interpretação ad hoc* de uma peça musical; ou aquela que a lei de autor portuguesa designa "*obra de arte aleatória*", «*em que a contribuição criativa do ou dos intérpretes se ache originariamente prevista*» (art. 16º/2 CDA*). Todas estas actuações são relevantes para o Direito de autor. A primeira, como acto criador de obra intelectual (*ex* art. 2º/1-b) CDA*) em que, sem prejuízo dos dotes oratórios do agente, muito dificilmente se distinguirá uma "interpretação artística", senão o testemunho de um acto criador de obra *proprio sensu*. A segunda, em que se conjugará – como em certas interpretações de "jazz" – a criação (*ad hoc*) de uma obra musical (neste caso não apenas *inédita*) e uma execução musical tutelada por direitos conexos ao direito de autor. A última que a lei caracteriza confusamente como *obra em colaboração* (cfr. o citado art. 16º/2, *in fine*, CDA*) e que, como OLIVEIRA ASCENSÃO (OLIVEIRA ASCENSÃO, "*Direito Civil – Direito de Autor e Direitos Conexos*", cit., n.º 81-III, pags. 128/129), consideramos uma *conexão de obras*. Em todos os casos, contudo, está presente obra intelectual *formalizada*, o que é indispensável para que possa falar-se com propriedade em "interpretação ou execução artísticas" que revelem a constituição de situações jusautorais (conexas).

Assim, para que a interpretação ou execução sejam "artísticas" no sentido que interessa ao Direito Intelectual, para que constituam situações jusautorais, devem revelar objectos que sejam obras literárias ou artísticas (cfr. as noções constantes em, nomeadamente, art. 3-a) CRoma*, art. 2-a) OMPI/TIEF* e art. 176º/2 CDA*).

[36] O trecho a seguir transcrito é extracto (adaptado) do que tratamos especialmente no nosso *"Filmagem de espectáculos desportivos e «direito de arena»"*, cit. (publicado apenas em Espanha, mas disponível no acervo de várias Bibliotecas de Portugal), III-3.1., a propósito da relação entre o direito de autor e os direitos em eventos ("espectáculos") que envolvem actuações técnicas, vulgar mas impropriamente designadas "artísticas".

Na parte que aqui importa: «*Pensamos que o direito remuneratório, reconhecido aos «atletas participantes do espectáculo» pela* (anterior) *lei brasileira em regulação do direito de arena [...] – em 20% dos proventos obtidos pela «entidade a que esteja vinculado o atleta», e hoje [...] «em benefício das entidades de prática desportiva» –, encontra o seu fundamento na sua participação como colaboradores técnicos na realização e actuação "espectacular". Esta intervenção/colaboração é, aliás, elemento essencial da mais-valia patrimonial que a exploração do espectáculo proporciona - muito embora apenas quando este requeira figuração humana, que não é condição comum a todos, [...]. Em todo o caso, não se reconduz certamente à tutela sob o direito à imagem, que não explicaria que o repartissem com a "entidade de (que organiza a) prática desportiva".*

Recorda-se que o art. 26º do CDA* de Portugal – diga-se que um pouco em estatuição do óbvio – nega o reconhecimento de «quaisquer poderes incluídos no direito de autor» aos "colaboradores técnicos", entre os quais enumera «pessoas singulares ou colectivas intervenientes a título de «colaboradores, agentes técnicos, desenhadores, construtores ou outro semelhante na produção e divulgação de obras radiofónicas, cinematográficas, fonográficas ou videográficas». A mesma norma prevê, no entanto, que aqueles «possam ser titulares de direitos conexos», no que é muito provavelmente pensado para o caso de esses colaboradores serem também produtores de suportes. Ora, se a mera colaboração técnica (sem vestígio de autoria) em obras de empresa como as indicadas, que têm em comum uma forte componente organizativa, vê excluída a atribuição da titularidade de direitos de autor, também não se vê justificável a atribuição de direitos conexos jusautorais a desportistas e outros que, sem interpretação/execução de obras, figurem em eventos não criativos.

Será então a intervenção técnica dos que figuram em espectáculos [ainda que impropriamente designada "interpretação artística"]*, sob égide e enquadramento organizacionais, que justificará a sua participação nos proventos que possam advir do espectáculo em que figuram. Fique, no entanto, a nota sobre este direito a uma participação pecuniária nos proventos obtidos pela exploração do espectáculo, que não é contrapartida da sua prestação desportiva ou outra. Essa será normalmente já assegurada pela entidade que contrata o desempenho ou directamente pelo próprio atleta junto de terceiros que o financiam/"patrocinam" (nomeadamente como contrapartida pela exploração publicitária, essa sim, da sua imagem)*». Continuamos convencidos do que aí, assim, expressamos, bem como do que ali, em sequência, identificámos (e identificamos) como "*direito ao espectáculo*" do que organiza o evento (*ob*. cit., 3.5.).

V – Por outro lado, considerar que qualquer acto que revele uma qualquer faceta (quiçá "original e nova" – e como não sê-lo?) da personalidade do seu agente é susceptível de gerar uma situação jurídica relevante para o Direito de Autor, que "toda acção humana que revele uma faceta original e nova da personalidade do agente gera uma obra intelectual", é dar um passo ... a caminho do erro! No entanto, apesar da evidência do equívoco, é curiosamente o mais frequente vício subjacente a algumas concepções sobre o que seja uma situação jusautoral. Em vez de procurar as características do *objecto que resulta da acção humana criadora*, buscam nas manifestações exteriores desta um enigmático *"reflexo da personalidade"* do criador da obra intelectual[37/38]. Como procuramos demonstrar já

---

[37] Julgamos sintomático deste entendimento o que transparece, por exemplo, em trechos de GERALDO DE ALMEIDA, *"O direito pessoal de autor ..."*, cit., n.º 1., pags. 1060/1061, que se enunciam de seguida, com intercalados nossos.

Assim, segundo este Autor: «[...] *à obra resultante da actividade criadora ou produtora liga a lei determinados efeitos* – em que imputa à "actividade criadora" e à "actividade produtora" (de obras intelectuais) *"efeitos"* que, assim ditos de modo indiferenciado, se diriam equivalentes, o que é desacertado como se verá.

Ou, ainda conforme G. DE ALMEIDA, *ibidem*: «Esta [a obra] *recebe a qualificação jurídica de coisa – neste particular, coisa incorpórea – e são reconhecidos ao autor os poderes de usar, fruir e dispor dela, poderes que configuram o conteúdo tradicional do direito de propriedade –* [...]*, com as especialidades próprias do exercício do direito de autor.*». E aqui se combinam várias imprecisões, porquanto: *a)* começa por iludir a distinção entre "coisa incorpórea" e o *bem imaterial-obra intelectual* [sobre este assunto, pode ver-se o que expomos *infra*, n.ᵒˢ 8-III e 9]; e *b)* desta falta de especialização resulta muito provavelmente o equívoco maior na assimilação dos poderes do autor (*maxime* das faculdades que integram o núcleo patrimonial do direito de autor – o Autor citado, *ibidem*, reporta explicitamente ao art. 9º/2 CDA* – ao conteúdo do *direito de propriedade*. É que, enquanto o último consubstancia uma afectação exclusiva de uma coisa corpórea ao domínio de um sujeito com exclusão de todos os demais quanto ao seu uso, fruição e disposição, o exclusivo patrimonial do autor a ninguém afasta do seu desfrute intelectual: reserva ao titular do direito correspondente o aproveitamento das vantagens que possam resultar da exploração económica de um bem imaterial, a obra intelectual, o que não é seguramente coincidente com a posição jurídica do proprietário.

Consuma-se a posição daquele Autor, *ibidem*, com o seguinte conjunto de afirmações: «*Ao conjunto dos poderes de agir como proprietário da obra chama a lei direitos de carácter patrimonial* [...]*, por contraposição aos direitos de natureza pessoal,* [...]*, que constituem a expressão da tutela normativa da personalidade do autor vertida na obra literária e artística.*». Ora, não pode ficar sem reparo a ideia de "contraposição direitos pessoais/direitos patrimoniais", que consideramos não reflectir fielmente a tutela outorgada à

de seguida, o Direito imputa a autoria de uma obra a determinado sujeito – *presumindo-a* – com o único fito de o investir na titularidade de um direito, não investiga "reflexos literários ou artísticos" da personalidade de cada um.

É na *objectivação da acção criadora* do agente-autor, pela exteriorização da obra intelectual, que devem buscar-se os requisitos da tutela jusautoral. E esta só distingue aqueles objectos em que a inteligência reconhece – ainda que despojada de qualquer valia estética – uma *expressão formal criativa*[39].

---

posição dos titulares de direitos na situação jusautoral, em qualquer ordenamento que acolha a disposição do art. 6-*bis* da Convenção de Berna (CB*): nesta – naqueles – consagra-se a independência-em-coexistência da tutela jurídica de um e outro núcleo de faculdades, nunca a "contraposição" destes.

[38] Aliás, que proveito colhe a imputação de autoria à "*personalidade*" de Autores, como Fernando Pessoa, de quem, a propósito dos múltiplos heterónimos a que recorreu, dizem ANTÓNIO JOSÉ SARAIVA / ÓSCAR LOPES, "*História da Literatura Portuguesa*", 17ª ed., Porto, 1996, pag. 997: «*Podemos talvez compreendê-los supondo que cada heterónimo corresponde ao ciclo de uma atitude de aparência implausível, mas experimentada até às últimas consequências – como se fosse um repto a dada convicção ou opinião aceite, cada heterónimo parece apostado em invalidar uma tese consagrada – e acaba por também se invalidar (em teoria) como antítese*. E concluem, *ibidem*, pag. 999: «*Pessoa apreende, assim, todo um conjunto de vivências, intuições, em pleno conflito.* [...] *Quase não há recanto na sua personalidade que não tenha noutro recanto uma antítese justa, mas também precária.*» – intercalado nosso.

Ora, se tal é magistralmente afirmado como Análise Literária da escrita de Pessoa, como (e para quê) entregar a Ciência do Direito a um exercício sem qualquer significado jurídico, tendo em vista designadamente as *presunções* de *autoria* a que recorre, qual fora o de descortinar em cada obra intelectual uma "*personalidade criativa*" (ou "recanto" desta) que fundamentaria a imputação da respectiva autoria?

[39] Com razão, ANDRÉ LUCAS, "*Droit d'auteur et numérique*", cit., n.º 67, pags. 33 ss., afirma que: «*Nos países de direito de autor continental, a originalidade define-se como a marca da personalidade do autor.* [...] *a manifestação de personalidade pode no limite entender-se como uma simples marca da individualidade, ou seja da paternidade. A obra original poderia então definir-se também como obra não copiada.*». Depois de refutar este como o entendimento "tradicional", o mesmo Autor, *ibidem*, acrescenta: «*A obra original é aquela na qual um homem ou uma mulher pôde exprimir a sua sensibilidade ou, pelo menos, a sua fantasia. Entendida assim, a exigência não é nem mais (nem menos) forte que nos sistemas de copyright, é sobretudo de uma outra natureza.*» – intercalado nosso.

Esta, que LUCAS caracteriza como «*concepção subjectiva "à la française* [sic]"», não resiste – como o próprio reconhece – à extensão do direito de autor a novas realidades da era digital que tutela (como os programas de computador e as bases de dados), para as quais é necessária a "objectivação" da noção de originalidade: «*Dir-se-á assim que programa de computador original é aquele que não é copiado e que revele um mínimo de actividade criativa (ou seja, exactamente o que ensina a tradição dos países de copyright).*» – A. LUCAS, *ob. cit.*, n.º 79.

Consiste isto em assimilar a noção de autoria à sua expressão anglo-americana sob o instituto do "copyright"? Vejamos.

4. A noção de autoria em confronto sob o instituto do "copyright" ("authorial works" e "entrepreneurial works")

I – É comum fazer radicar nos ordenamentos jurídicos anglo/norte-americanos a separação entre a titularidade originária do direito ("copyright") e a autoria. Merecem pois particular atenção as normas que, nas leis de autor do RU e EUA, estabelecem a ligação entre "authorship" e "ownership of the copyright". Examinemo-las.

II – Nos Estados Unidos da América, a propósito da relação *autoria-titularidade originária* do direito nas obras intelectuais, verifica-se que a US Copyr.Law* estabelece: «*"Titular do copyright", no que respeita a qualquer das faculdades exclusivas compreendidas no "copyright", refere-se ao titular desse direito.*»; e «*O "copyright" numa obra protegida [...] é atribuído originariamente ao autor* ["... vests initially in the author ...", no original] *ou autores da obra.*» – cfr. sec. 101, proémio, e sec. 201(a), respectivamente.

Mau grado não definir "*author*" – muito embora recorra frequentemente às expressões "author" e "authorship" (cfr., por todos, o disposto na já referida sec. 201(a) US Copyr.Law*) –, pode afirmar-se que, nesta lei norte-americana, se encontra um princípio de separação entre autoria e titularidade originária do direito (o "copyright") relativo à obra. Citamos apenas um exemplo que julgamos revelador: encontramo-lo logo na diversa denominação do titular (*originário*) dos direitos de exclusivo relativos às faculdades *patrimoniais* compreendidas no "copyright": «*... the owner of copyright ... has the exclusive rights to do and to authorize [...]: [...]*» – como na sec. 106 US Copyr.Law*; em contraponto ao disposto sobre a titularidade das *faculdades pessoais*: «*... independent of the exclusive rights provided in section 106, the author of a work ... shall have the right to: ...*» – como no original, na sec. 106A da mesma Lei.

Não é, contudo, suficientemente esclarecedor para que se estabeleça um princípio de distinção.

III – Já o UK CDPA* estatui que «"author", *no que respeita a uma obra, significa a pessoa que a cria*» e «*O "author" de uma obra é a o primeiro titular de qualquer "copyright" nesta* ["relativo a esta" – "...in it", no original]» – secs. 9(1) e 11(1), respectivamente. E, do passo seguinte (sec. 9(2)(a)): «*Considera-se "author": de uma gravação sonora* [primeira fixação de fonograma][40] *ou de um filme*[41] *a pessoa que tenha promovido as diligências necessárias à feitura da gravação ou do filme*[42].».

Como explicam BENTLY / SHERMAN: «*Ao contrário do que ocorre com as obras literárias, dramáticas, musicais e artísticas, não é requerido* [para a protecção sob o "(entrepreneurial) copyright"] *que os "films, sound recordings, broadcasts, cable programmes* [ou]

---

[40] Como assinalamos em comentário – *infra*, n.º 62 –, em que tratamos o *"contrato de criação e de produção audiovisual"*, a lei de autor do RU reconhece o "copyright" nas próprias *gravações de sons* ("sound recordings"): os *suportes materiais que são resultado de uma actividade empresarial*, a que corresponde um "género" particular de "copyright", os *"entrepreneurial copyrights"*. O UK CDPA* define expressamente o "sound recording" como «*uma gravação de sons, a partir da qual os sons podem ser reproduzidos; uma gravação total ou parcial de uma obra literária, dramática ou musical, mediante a qual podem ser reproduzidos sons que reproduzam a obra, independentemente do medium no qual a gravação é feita ou do método ...*» - cfr. sec. 5(1) UK CDPA*.

[41] Como analisamos exaustivamente a propósito dos *contratos de produção audiovisual*, deve ser cuidadosa a interpretação da expressão inglesa "film", aqui assim traduzida (por enquanto) sem maior preocupação de rigor no confronto entre terminologia e conceito. Nos termos expressos da sec. 5(1) UK CDPA* «*"film" significa a gravação em qualquer medium a partir da qual pode ser produzida uma imagem em movimento.*». Parece referir-se indistintamente o *suporte material, o que nele se fixa/grava* e o *acto de fixar*.

Logo procuraremos demonstrar como a criação/produção audiovisual é, para nós, paradigmática de um *tipo contratual distinto*, em que se funde uma *convenção para criação de obras intelectuais* (com efeitos jusautorais) e a *actividade* (empresarial) *de produção* da obra audiovisual. Por agora, retenha-se apenas que importa distinguir a noção induzida pela expressão inglesa "film" e o que veremos dever definir uma *obra* audiovisual.

[42] A expressão original da lei de autor britânica – sec. 9(2) UK CDPA* – que, aqui assim, traduzimos («[…], *the person by whom the arrangements necessary for the making of the recording or film are undertaken.*») evidencia bem a incerteza, veremos que não apenas terminológica, na caracterização destas "entrepreneurial works". Sem prejuízo do que adiante expomos sobre a natureza desta actividade – a propósito do *contrato de criação/ produção cinematográfica-audiovisual* –, sempre realçamos o seu carácter "híbrido" (entre a autoria, no sentido romano-germânico e a *produção* de objectos-suporte de bens jusautorais).

published editions[43]*"* sejam originais, sendo suficiente *que não se limitem a reproduzir outros objectos de idêntica natureza»*[44]. Ou, como expõe CORNISH: «*o "autor-criador"* [para efeito de atribuição do "entrepreneurial copyright"] *não será a pessoa de cujo engenho, critério ou esforço* [os referidos como "skill, labour and judgement", que determinam a apreciação da criatividade/originalidade das obras intelectuais como critério da atribuição do "copyright"] *resulte uma expressão formal particular a estas* ("entrepreneurial works"). [...]. *Ele, ela ou, mais provavelmente "it"* [aqui referido à organização/ empresa] *é a pessoa que promove/toma as providências necessárias à fixação/gravação sonora,* [...]. *Apesar da sua nova faceta, estes são na verdade direitos conexos»*[45]. E conclui (CORNISH, *ibidem*):

---

[43] O direito de autor britânico – cfr. secs. 8 e 9(2)(d) UK CDPA* – consagra, entre as que designa "entrepreneurial works", «o *arranjo/composição tipográfica* ["typographical arrangement"] *de uma edição publicada»*; por "published edition" significa-se «*a edição publicada da totalidade ou de uma parte de uma ou mais obras literárias, dramáticas ou musicais* [não das artísticas]» – intercalado nosso. Tutela, por esta via – com atribuição originária do "copyright" ao editor –, segundo L. BENTLY / B. SHERMAN, *"Intellectual Property Law"*, cit., I-3, 10., pag. 77: «[...] *a apresentação da imagem na página* [o "layout" tipográfico] *da obra literária, dramática ou musical.* [...] *protege-se o investimento do editor na impressão tipográfica, bem como os processos de desenho gráfico e selecção que se reflectem na aparência do texto* [impresso]» – intercalado nosso.

Como explicam os mesmos Autores (*ibidem*), não é requisito de protecção nem que a obra seja inédita (não antes publicada) nem que se trate de obra ainda protegida (segundo afirmam, este direito poderia incidir sobre uma edição moderna das obras completas de Shakespeare).

[44] LIONEL BENTLY / BRAD SHERMAN, *"Intellectual Property Law"*, cit., I-4, 4., pags. 98/99, com intercalados nossos. E continuam (*ob. cit.*, I-4, 4., pag. 98): «*o único exclusivo reservado ao titular deste "entrepreneurial copyright" é – no caso apontado do "typographical arrangement" de uma "published edition" – o da reprodução servil/cópia* ["facsimile reprography", no original] *e não o da reprodução da obra impressa desde que realizada segundo um novo arranjo tipográfico.»; em contrapartida, se – agora no caso do "film" ou do "sound recording" – «uma câmara de vídeo ou um gravador de som for ligado e deixado sobre uma mesa, o filme ou gravação sonora resultantes serão protegidos.»*. Para evitar que, sob tal "entrepreneurial copyright", a protecção de tais "obras" se *perpetuasse* independentemente da sua criatividade, uma vez que poderia merecer tutela toda a cópia (ainda que se tratasse de reprodução de cópia anterior), a lei de autor britânica – cfr. secs. 5A(2) e 8(2) UK CDPA* – estabelece que apenas são protegidas como "entrepreneurial works" as que, por sua vez, não constituam reprodução de cópia anterior.

[45] W. R. CORNISH, *"Intellectual Property ..."*, cit., n.º 10-30, pag. 396, com intercalados nossos.

«[Estes "entrepreneurial copyrights"] *são* atribuídos para proteger o investimento, não a criatividade, *pelo que não dependem de um desempenho estético de qualquer grau* [...].».

Sem prejuízo de exame de pormenor que depois dedicamos às "entrepreneurial works", não passa em claro que o "author" que assim se descreve é *não um criador de obra*, mas inequivocamente *um empreendedor de tipo empresarial.*

Quando pensamos nos "entrepreneurial copyrights", não se trata, porém, da constituição de direito de conteúdo e característica idêntica aos do direito de autor (mesmo na concepção britânica do "copyright"). O ordenamento jurídico do Reino Unido marca a distinção:

- quer as "authorial works" quer as "entrepreneurial works" resultam de "skill, labour and judgement";
- contudo, nas "authorial works", o "copyright" é outorgado na medida em que reflictam uma expressão formal criativa; nas "entrepreneurial works", o direito é reconhecido, desconsiderando a expressão formal, desde que revelem resultar de um investimento significativo na produção dos suportes que fixem texto escrito, sons ou imagens (criativos ou não);
- o "entrepreneurial copyright" constitui-se como um exclusivo quanto à reprodução dos exemplares em que se promova a fixação de texto escrito, sons ou imagens, o que o aproxima da característica dos direitos (*conexos*, mesmo segundo a qualificação dos Autores citados) do produtor de fono/videogramas (cfr. *infra*, n.º 47).

Retiramos duas conclusões:

a) sob o instituto do "copyright" do RU, não se inova na consagração de direitos que ordenamentos jurídicos como o português já ligam ao investimento na "(primeira) fixação" em suporte material de sons ou imagens, com ou sem expressão formal criativa (cfr. ainda, n.º 47 *infra*): os "entrepreneurial copyrights" revelam conteúdo distinto do direito constituído pela formalização de obra segundo expressão formal *criativa*;

b) esta figura revela, porém, uma progressiva assimilação dos *pressupostos de tutela*: revela-se a progressiva assimilação do *investimento empresarial* à *criatividade* como fundamentos da outorga de exclusivo jusautoral, o que afinal não constitui novidade pelos parâmetros que se generalizam na outorga de direitos conexos e de direitos *sui generis* (cfr. n.ºs 16, 47 e 78, *infra*).

IV – É certo que o ordenamento jusautoral do Reino Unido veio, após 1-7-1994[46], consagrar uma peculiar co-autoria realizador principal/produtor audiovisual nas obras cinematográficas[47]. Ora, se tal não reflecte "a verdade" do processo criativo destas obras – porquanto imputa autoria ("authorship", no sentido indicado) ao "híbrido não natural"[48], realizador principal/produtor audiovisual –, também

---

[46] Curiosamente apenas por força da Directiva UE 93/98/CEE* (*maxime* art. 2º), nos termos da "regulation" 36 das "*Copyright and Related Rights Regulations 1996, S.I. 1995, n.º 3297; 1996, n.º 2967*" do Reino Unido, aplicável aos "films" *feitos após 1-7-1994*.

[47] No que W. R. CORNISH, "*Intellectual Property: patents, copyright, ...*", cit., n.º 10-23, pag. 393, classifica como: «[...] *a resolução de um dos maiores conflitos entre o "copyright" Britânico e os direitos de autor Continentais* ["sistemas" de...]»; «[...] *o derradeiro híbrido entre direitos de propriedade intelectual,* [que] *demonstra a firme determinação Britânica em não subscrever a dicotomia direitos de autor-direitos vizinhos* [conexos]*»* – intercalado nosso.

Logo se explicará porque, segundo certa acepção – e não apenas britânica –, o *direito do produtor audiovisual* é caracterizado como um dos direitos conexos, quanto a nós mal.

[48] Em COPINGER / SKONE JAMES, "*(On) Copyright ...*", vol. I, 14ª ed. cit., n.º 4-03, pag. 183 e respectiva nota (14), é afirmado que, nos que ali se designam "civil law systems of copyright", a que chamámos "sistemas de raiz romano-germânica": «*Uma consequência da postura conforme a qual o direito de autor é um direito pessoal que brota da criatividade individual é que as obras protegidas não podem ser criados por uma empresa, pelo que os produtores de fonogramas, produtores de "films" e entidades de radiodifusão não estão investidos de qualquer direito de autor* [...]. [...] *esses objectos são protegidos por direitos conexos.*» – intercalados nossos. E continuam (*ibidem*): «*O "film" pertence a uma categoria híbrida, umas vezes protegido por direito de autor, sendo encarado como produto da criatividade do realizador, do argumentista, da equipa de técnicos, dos actores principais, do compositor da banda sonora musical, etc., outras por direitos conexos ou vizinhos, outras ainda por ambos.*» – intercalados nossos.

Já de acordo com o que ali é chamado «["common law system", a que corresponde] *uma visão mais pragmática do "copyright", fundada na remuneração do "skill and effort" na criação de uma "propriedade intangível" que pode ser explorada pela reprodução, representação, teledifusão, etc..*», é referido em COPINGER / SKONE JAMES, última *ob. cit.*, n.º 4-04, pags. 183/184, que: «*Apesar de o verdadeiro criador intelectual de obras literárias, dramáticas, musicais e artísticas ver outorgado o estatuto de autor, pode não ser titular de direitos "económicos".*». Exemplificam, nomeando as *obras criadas no âmbito de uma relação de emprego* ["employment", no original, que é expressão que traduz

não constitui ficção maior do que a que estabelecem alguns dos ordenamentos jurídicos de raiz germânica ou romanística – como o português[49] –, como também se verá. Por outro lado, certamente não por acaso, verificar-se-á que a consequência desta imputação de "authorship" nas obras audiovisuais[50] – que se diria estranha, pelos parâmetros tradicionais europeus continentais que definem a autoria

---

conceito que logo veremos aplicado à "criação de obras sob contrato" no instituto do "copyright", cfr. n.º 54, *infra*], bem como a consagração parcelar das faculdades que integram os "moral rights" – mesmo após a aprovação do UK CDPA*, em 1988 -, e bem assim a recente (*post* UK CDPA*) *tutela sob o "copyright" daqueles objectos* (fonogramas, "films"). E concluem: «*... este direito* [o "copyright"] *foi atribuído originariamente aos que assumiram o risco financeiro da criação. Os legisladores do "Act" de 1988 não experimentaram qualquer dificuldade doutrinária em descrever essas pessoas como "autores".*» – intercalado nosso.

[49] Ou o francês, ou outros latino-americanos como o brasileiro, como, em geral em comentário à L.aut.bras.* (art. 11/1 e § único, e art. 17 § 2º), expõe OLIVEIRA ASCENSÃO, *"Obra audiovisual. Convergência de tecnologias. Aquisição originária do direito de autor"*, cit., n.º 1, pag. 240: «*De generalização em generalização, a própria categoria das obras intelectuais começa hoje a estar ameaçada. A prevalência dos interesses ligados à exploração económica leva a que cada vez mais se fale em filmes, simplesmente, em vez de obras audiovisuais. Isto significa que se estabelece um regime comum a todas as composições que permitam a visualização de imagens em movimento, quer contenham quer não obras literárias ou artísticas.* [...] *o copyright anglo-americano encaminha-se decididamente neste sentido, porque se baseia fundamentalmente no valor económico da reprodução.*» – intercalado nosso.

Coincidimos na avaliação do enquadramento. No entanto, do exame do regime aplicável às situações jusautorais pertinentes à criação/produção destas obras retiramos ali outras conclusões, *em tese geral*.

[50] É de verdadeira "authorship" do "film" que aqui se trata – e não apenas de "initial ownership" deste muito peculiar (mesmo pela bitola anglo-americana) "copyright". Deste facto pode dar-se conta pelo simples confronto do regime anterior às "Regulations" britânicas citadas, em que o "copyright" nas obras cinematográficas – ou, mais precisamente, nos "films", visto que, por ora, ainda falta o esclarecimento do sentido, neste âmbito, da noção correspondente a esta expressão inglesa – era originariamente atribuído como *direito exclusivo do produtor cinematográfico*, mas enquadrado na categoria dos *"entrepreneurial copyrights"*, e não como o "copyright in classical works" ligado à *autoria* - cfr. CORNISH, última *ob.* cit., n.º 10-23, -26, pags. 393/394 ss. .

Também em COPINGER / SKONE JAMES, *"(On) Copyright ..."*, vol. I, 14ª ed. cit., em nota (17) ao n.º 4-04, pag. 184, a expressão "author" aplicada aos "films" é usada em sentido *não tradicional*, que tendem a equiparar ao que a lei de autor do Reino Unido, de 1956 (substituída pelo UK CDPA* vigente), designava "the maker of the film".

como tem sido concebida[51] – resultará bem próxima do que encontramos consagrado como *efeito presumido do contrato de produção audiovisual* em alguns daqueles ordenamentos jurídicos.

Acresce que esta não pode afirmar-se como regra geral, nem tal é pretendido pela doutrina britânica. E citamos, desta vez, em COPINGER / SKONE JAMES, a que julgamos uma muito feliz síntese da concepção britânica sobre a "authorship": «*A "authorship" é uma questão de estatuto, não de acordo. Um acordo entre as partes que defina quem é, ou deva ser, o autor não pode por conseguinte conferir o estatuto inerente à "authorship" a alguém que não fosse, por lei, o autor.*»[52]. Dir-se-ia que confrontamos, pois, não uma *autoria natural* segundo os padrões tradicionais, mas uma autoria-estatuto *dimanada da lei* (a que poderia chamar-se uma "authorship-in-law"). E que próxima se encontra esta concepção da de autoria que, entre nós e nos ordenamentos de raiz comum, se determina tão-só a partir da individualidade jusautoral reconhecida pelas diversas leis de autor em "obras" que não deixam perceber o menor vestígio de uma "criação espiritual" individualizada!

Melhor se irá, pois, se ultrapassarmos o fenómeno de estranheza/ rejeição que muitas vezes acompanha o confronto do que é menos familiar, visto que encontramos na cinematografia (e no "audiovisual" que a assimilou) não mais do que o proto-tipo de um "*género*" em expansão exponencial desde o início do sec. XX: o das já referidas *obras, com elevado componente técnico, criadas sob égide de uma empresa e no quadro desta*, em que não apenas a titularidade originária como a própria autoria se imputam às entidades titulares das organizações que enquadram o processo criativo.

V – Em conclusão, não é exacto afirmar que, sob o instituto do "copyright" britânico, autoria e titularidade originária do direito estejam assimiladas para além do que se verifica, progressivamente mais, nos ordenamentos de raiz romano-germânica. Simplesmente, evo-

---

[51] Mesmo CORNISH, *ob.* cit., n.º 10-23 *in fine*, admite esta como uma «*criação, pelo governo Britânico a tal obrigado pela transposição da Directriz* [a n.º 93/98/CEE*, referida]*, de uma solução legal que comporta uma combinação heterogénea "copyright"-direitos vizinhos*/conexos» ["an admixed, author-cum-neighbour, copyright for films", no original] – intercalados nossos.

luiu-se naquele para a distinção entre "authorial works" e "entrepreneurial works" em que a tutela sob o "copyright" assenta em pressupostos distintos, *mais próximos da verdade do processo criativo*: ora valorizando a *criatividade resultante do "skill and labour"* do indivíduo/autor discriminável; ora estimando mais o *investimento* essencial à formalização de número crescente de obras ("entrepreneurial works") em que sobreleva o componente técnico e o enquadramento empresarial.

Registe-se enfim que a *vontade*, actuante em certos casos na determinação da *titularidade originária* do "copyright", é irrelevante na definição da *autoria*: pelo menos sob o instituto do "copyright", a imputação de autoria resulta da lei, não da vontade do autor (chame-se-lhe uma "autoria-estatuto", uma – passe a expressão – "authorship-in-law").

5. Valor jusautoral da imputação de autoria

I – Dir-se-á que a imputação de autoria esclarece quanto à paternidade da obra. Não é assim, porém, quando tal paternidade resulta pura e simplesmente *indeterminada ou indeterminável*, como acontece quanto a tantos contributos criativos individuais em obras complexas (como se verifica nas obras colectivas e nas obras em colaboração – cfr. art. 18°/2, *in fine*, e art. 19°/2 CDA*). O mesmo pode afirmar-se quando esteja obnubilada por vontade expressa ou deduzida de acto do autor/criador, como nas obras anónimas ou sob pseudónimo – cfr. art. 30° CDA*. Assim também quando se trate de obra criadas em execução de contrato, em que o autor, além da atribuição do direito (ou de faculdades neste compreendidas), renuncia ao exercício da faculdade (pessoal) de exigir a menção da designação que identifica a autoria – por todos, cfr. art. 14°/3 CDA*[53].

II – Apesar de equívoca, a norma do art. 27°/1 CDA* dá uma boa medida da pouca valia do reconhecimento da paternidade da

---

[52] COPINGER / SKONE JAMES, *"(On) Copyright…"*, vol. I, 14ª ed. cit., n.° 4-02, pag. 182.

[53] Naturalmente, cada uma destas situações merece análise pormenorizada ao longo deste escrito.

obra. Ao estabelecer-se ali que «*autor é o criador intelectual da obra,* [...] *salvo disposição em contrário*»: ou bem que dispõe o óbvio – *que a paternidade da obra é do autor e que este é o criador da obra* – e se dispensa a estatuição, desde que se reconheça que a autoria é facto material e não uma inferência jurídica; ou, provavelmente com mais acerto, deve entender-se que esta disposição é – não apenas pertinente à *titularidade* do direito de autor, caso em que mais não faria do que repetir tanto a regra como a excepção que o art. 11º CDA* já consagram[54] –, mas *indiciadora de que a autoria pode não coincidir com a qualidade de criador da obra intelectual* (*"salvo disposição em contrário"*, como se contém no inciso da parte inicial do citado art. 27º/1).

III – Não pode outrossim negar-se a evidência: quando assim se prevê que, «*por disposição (legal, convencional* – logo se verá) *em contrário*», a imputação de autoria pode estar desligada da qualidade de criador intelectual da obra, bem pode avaliar-se o pequeno valor jurídico da associação do *objecto jurídico-obra* ao *sujeito-criador*. Disposições, como as do art. 14º/3 e do art. 27º/2 CDA*, em que se presume a titularidade a partir da menção da designação que surge aquando da *utilização* da obra, desfazem as dúvidas que pudessem subsistir: uma *autoria* que se determina pela designação que presuntivamente a identifica quando a obra é utilizada favorece a certeza jurídica quanto à utilização (titularidade das faculdades de), mas não serve a verdade da imputação da criação a pessoa física determinada[55].

---

[54] Assim, em interpretação deste preceito da lei de autor portuguesa, pode confrontar-se nomeadamente o exposto por JOSÉ DE OLIVEIRA ASCENSÃO, *"Direito Civil - Direito de Autor e Direitos Conexos"*, cit., n.º 65-I, pag. 107: «*Aqueles artigos da lei portuguesa* [arts. 11º e 27º CDA*], *um a propósito do direito de autor, o outro a propósito do autor e do nome literário e artístico, estão duplicados. Ambos contemplam a atribuição originária de direitos sobre uma obra.*» – intercalados nossos. Também JOSÉ ALBERTO VIEIRA, *"Obras geradas por computador e direito de autor"*, cit., n.º 8.2., pags. 134 ss.: «*Quem interpretar correctamente este preceito* [o contido no citado art. 27º/1 CDA*], *porém, constatará que a ressalva inicial é relativa não à autoria, mas à atribuição originária do direito de autor,* [...]» – intercalados nossos.

[55] Note-se também que a relevância jurídica que a regra geral sobre a *caducidade* do direito de autor (art. 31º CDA*) parece emprestar à imputação de autoria se vê mitigada pelas inúmeras injunções "especiais" que o mesmo preceito anuncia e os que o seguem (arts. 32º a 39º CDA*) concretizam.

IV – A imputação de autoria tem, pois, consequências bem precisas.

- Umas vezes, nada revela sobre o processo criativo autêntico, posto que (como veremos ocorrer, por exemplo, nas *obras audiovisuais*) é a própria autoria que a lei *ficciona*. Presume então a criação dessas obras por "colaboradores"/"autores-em-colaboração", que são agrupados em conjuntos de geometria variável um pouco ao sabor da inspiração de cada ordenamento jurídico[56], com o único fito de atribuir àqueles uma co-*titularidade* originária de direito de autor que logo se "presume cedida" a terceiros pelo *contrato de realização e de produção audiovisual*.
- Outras, a autoria é *presumida* a partir de actos do próprio autor/criador que consubstanciam já – ou antecipam – a utilização da obra. É o que acontece consagrado quanto às obras divulgadas *em nome* de entidades diferentes dos (ou não inteiramente coincidentes com os) que verdadeiramente as criam (como se verá ocorrer, respectivamente, nas *obras "anónimas"* ou naquelas divulgadas apenas "em nome" de alguns dos *co-autores*).
- Em outros casos ainda, a autoria pode reconhecer-se como muito simplesmente *desligada da "criação intelectual" (por pessoa física)*. Tal pode ocorrer fruto do reconhecimento (*ex lege*) da titularidade originária a uma pessoa meramente jurídica, que obviamente nada "cria" no sentido naturalista do termo (como nas chamadas *obras colectivas*, consideradas no seu todo como bem jusautoral autónomo dos contributos criativos individuais que a integrem).

---

[56] Esta é uma regra quase constante nos ordenamentos de raiz latina – que analisamos com pormenor – *infra*, n.ᵒˢ 26 e *64* –, de que consideramos expoente maior a norma do art. L 113-7, §3, do CPI fran.*, que outorga a *qualidade de co-autor* (de uma obra audiovisual!) *ao criador do argumento original*: «*Quando a obra audiovisual resulte de uma obra ou de um argumento preexistentes ainda protegidos, os autores das obras originárias são assimilados aos autores da obra nova.*».

Deparamos, assim, com uma imputação de (pseudo) co-autoria a quem não toma parte da *concertação criativa* que qualquer *obra em colaboração* pressupõe por definição. Estatui-se, pois, uma co-autoria *fictícia* com o único fito de assegurar participação (originária) na titularidade do direito de autor a quem não *cria* ... pelo menos a obra audiovisual. Como dissemos, voltaremos ao tema.

Sobram os casos em que o autor-criador da obra intelectual pode *voluntariamente* renunciar à menção da designação que identifica a autoria *pelo mesmo acto mediante o qual contrata a criação para outrem* (cfr. art. 14º/3 CDA*, segundo regime escrutinado adiante). Aqui sim – ironicamente quando o autor oculta a sua paternidade –, a lei liga a esta circunstância um efeito jurídico importante, qual seja não o de presumir a autoria de outrem (*v.g.* o comitente da criação), mas a investidura na *titularidade* do direito (ou de faculdades neste compreendidas) de pessoa diferente do autor.

Valerá tudo isto por afirmar que a objectivação da situação jusautoral – inevitável que se afigura face ao acolhimento de obras que (muito) pouco revelam sobre a respectiva autoria – permite desdenhar, até ao ponto da desumanização, os critérios de tutela sob o direito de autor? Em busca de resposta, examinemos casos-limite.

6. A pretensa autoria despersonalizada – as impropriamente ditas obras não intelectuais ("criadas por computador")

I – Referimos sob esta epígrafe aqueles objectos que alguns dizem reclamar a tutela jusautoral fruto de não mais do que previsão legal: assim, por todas e nos termos da sec. 178 UK CDPA*, são *«obras geradas por computador as que são produzidas em circunstâncias tais que não existe autor humano.»*.

Não por acaso, é a mesma lei de autor do Reino Unido que logo estatui que *«nas obras literárias, dramáticas, musicais ou artísticas que sejam geradas por computador, considera-se autor aquele sob cuja direcção hajam sido tomadas as providências necessárias à criação.»* – cfr. sec. 9(3) UK CDPA*. O UK CDPA* segue aqui técnica idêntica à que empregava para definir a "autoria" de obras, como as *cinematográficas*, que antes imputava *«to the person by whom the arrangements necessary for the making of the [...] are undertaken»* – cfr. sec. 9(2)(a) UK CDPA* – *i.e.*, tão-só o seu *produtor*, e que hoje (*post* transposição da Directiva 93/98/CEE*, art. 2º/1) estabelece em "co-autoria do *produtor e do realizador principal*"[57].

---

[57] Consideramos muito significativos, neste particular, o comentário e o exemplo fornecidos por W. R. Cornish, *"Intellectual Property..."*, cit., n.º 10-22 e correspondente

Chamar-lhe-íamos "obras *não* intelectuais", se não sustentássemos que o carácter "intelectual" na individualização dos objectos jusautorais deve buscar-se na sua *apreensão inteligente* antes de partir na indagação de um "espírito criador". Vejamos se esta previsão britânica corresponde ou antecipa uma *nova concepção de "obra"*.

II- As dificuldades são evidentes na busca de demonstração de um *resultado-criativo-sem-criador*, como nas mencionadas *obras "geradas por computador"*[58]. O caminho seguido tem sido o da despersonalização da autoria, muito embora continue a reclamar-se que «*a obra protegida pelo direito de autor é sempre o resultado de uma actividade humana de criação*»; ou que «*a criação protegida pelo direito de autor é a criação proveniente do intelecto humano, da actividade emotiva, psicológica e espiritual do homem.*»[59]. Contudo, são precisamente estes "axiomas" que contribuem muito pouco para a explicação da realidade.

---

nota (11), pag. 392 e n.º 13-47, pag. 522. No primeiro dos trechos citados, precisamente em comentário às secs. 9(3) e 178 UK CDPA*, afirma: «*CDPA 1988, ss. 9(3), 178* [secs. 9(3) e 178 UK CDPA*] [obras] *"geradas por computador". Esta concepção é de difícil aplicação. Quando o subscritor de um serviço como o "Lexis" obtém o resultado impresso de uma pesquisa, tal é "gerado por computador", e nesse caso por quem?*». E, no segundo excerto assinalado em citação, exemplifica: «*Ofuscado por ideias que faziam o design assistido por computador e a manufactura assistida por computador (CAD/CAM) parecer iluminar o caminho em direcção à produtos computacionais informativos e industriais "inteligentes"* [de origem computacional "inteligente"], *o Parlamento sentiu que era necessária uma intervenção prudencial. Quando pode afirmar-se que não existe factor humano, mas em que uma empresa de software é encarregada* ["commissioned", no original] *por um cliente de fornecer o programa, é razoável que o cliente deduza que* [aquela] *detém o "copyright" no resultado exteriorizado* ["that it holds the copyright in the output", na expressão original]» – intercalados nossos.

Bem se entende, no confronto dos trechos citados, quer o desconforto na imputação de verdadeira autoria não humana nestes casos, quer o facto de as referidas "computer-generated works" não serem afinal mais do que assimiladas a obras para efeito de atribuição do "copyright".

[58] Salientamos, a este propósito, o importante estudo que lhe dedica J. A. VIEIRA, *"Obras geradas por computador …"*, cit., *passim*.

[59] Ainda José Alberto Vieira, *"Obras geradas por computador …"*, cit., 8.1., pag. 133.

O mesmo Autor interpola, porém, *ibidem*: «*Não partilhamos* […] *a ideia de que só o homem possa produzir expressões criativas.*» – intercalado nosso. Junta-lhe afirmação que, sem prejuízo do que adiante aduz e já anotaremos, opera uma clara demarcação entre a

Negar a manifestação de qualquer "espiritualidade criadora" no "código" de um programa informático – ou nas "*traduções automatizadas*" ("elaboradas" por programas de computador) ou nos "*sistemas peritos*" –, mais não é do que apontar o óbvio: reconhece-se nestes uma "individualidade expressiva" sob qualquer "linguagem"/ "forma expressiva", que não a literária ou artística que estes claramente não revelam. Indicia porém que a doutrina se vai conformando – *desnecessária e impropriamente* – a conceitos em que substitui a ideia de "*obra intelectual*" pela revelação de supostas criações *não intelectuais*, porém igualmente merecedoras da tutela sob o direito de autor. Insinua-se assim, em substituição do conceito de "*expressão criativa*" das obras, em que *criatividade* é ainda sinónimo de "resultado da espiritualidade humana", algo como uma "*individualidade expressiva*" revelada no objecto que já não "reflecte" – se é que alguma vez revelou - qualquer "espírito criador".

Certo é, porém, que a própria ideia de "obras não intelectuais" só pode impor-se como mais do que pura contradição nos próprios termos se concebermos como pressuposto de tutela jusautoral não a *imputação à autoria-criação espiritual*, mas, desligada desta, uma individualidade de expressão formal criativa dos novos bens imateriais a que agora se pretende ligar a atribuição de direitos de autor, de direitos conexos e de certos direitos *sui generis* na vizinhança instrumental daqueles[60].

---

expressão objectiva do que desiste de classificar como "obras protegidas pelo direito de autor" e uma inexistente *autoria*: «*Criação intelectual para a lei portuguesa* [arts. 1º/1 e 2º/ 1 CDA*, que evoca] *não significa outra coisa senão que a obra protegida pelo direito de autor é a exteriorização numa expressão literária e artística de uma actividade humana criativa. E esta regra exclui, por conseguinte, que as obras que não sejam o resultado de um domínio humano da expressão criativa possam aspirar a ser protegidas por um direito de autor. Sem obra, não há protecção.*» – *ob.* cit., 8.1., pag. 134.

[60] A propósito das designadas "*obras criadas por computador*", OLIVEIRA ASCENSÃO, "*Direitos do utilizador de Bens Informáticos*", cit., n.º 2, pag. 24, afirma peremptório que: «*Nenhuma protecção é admissível.* [...]. *Não cai nomeadamente no Direito de Autor, não obstante a evolução paradoxal a que se assiste, e que preenche cada vez mais o paradigma do "direito de autor sem autor". Só a criação intelectual (humana) é tutelada, e só ela justifica a amplíssima tutela outorgada,* [...]» – intercalado nosso. Para depois concluir (*ibidem*): «*Perante a obra criada por computador, o problema reduz-se a traçar a fronteira entre a obra criada pelo homem, embora este utilize o computador como um instrumento, ou até como um assistente, e aquela que só ao computador possa ser atribuída.*

No entanto e face aos exemplos indicados, não é a criatividade da expressão formal que deve recusar-se liminarmente como pressuposto de tutela sob direito de autor, é a necessidade da imputação naturalista de autoria (do objecto-*obra* ao agente-*autor*) que aqui deveria interpelar-nos.

III – Descrever uma actividade humana e juntar-lhe idiossincrasias psicológicas supostamente resultantes daquela e reflectidas em obras literárias ou artísticas não contribui para individualizar uma obra intelectual: a individualidade desta descobre-se – só – na intelecção da sua expressão formal criativa. Afirmar que «*de acordo com o critério normativo do direito português, as obras geradas por computador não têm autor*»[61], é deslocar o pressuposto de tutela das características da obra para a consideração imprópria de uma ligação espiritual entre autoria e obra, que esta supostamente deveria revelar. E a conclusão – coerente – desse raciocínio surge inevitável: «[...] *as obras geradas por computador não são objecto de protecção pelo direito de autor*»[62]. Acertada no essencial, esta proposição parece-nos merecer fundamentação mais precisa.

Assim, as afirmações verdadeiras pertinentes deveriam ser outras:

- não há obras sem autor;
- não há "criação intelectual" não humana;
- logo, não há obras *intelectuais* geradas (criadas) por computador («*produzidas em circunstâncias tais que não existe autor humano*» – *ex* secs. 9(3) e 178 UK CDPA*);

A intervenção humana, para ser criadora, não se pode limitar à criação do programa; nem sequer à escolha do tipo de obra. Tem de recair sobre a essência desta, no que individualmente a especifica. Portanto, a linha distintiva traça-se entre a criação humana individualizadora e a mera intervenção num processo alheio. Esta, em termos de direito de autor, é irrelevante.».

Julgamos que, ciente da evolução do pressuposto de tutela sob o direito de autor, OLIVEIRA ASCENSÃO não assume ainda (pelo menos na data, 1996, em que profere a "Conferência" de que mencionamos o trecho citado) que a questão suscitada neste domínio esquivo é, afinal, a progressiva *superação da imputação naturalista da autoria em prol da ficção (legal) de uma autoria que serve tão-só a atribuição de titularidade originária do direito de autor.*

[61] Como postula J. A. VIEIRA, *"Obras geradas por computador..."*, cit., 8.2., pag. 137.
[62] JOSÉ ALBERTO VIEIRA, última *ob.* cit., 8.3., pag. 137.

- as obras "geradas por computador" são ou não são objecto de direito de autor consoante nelas seja ou não inteligível uma expressão formal criativa, *com superação da imputação da respectiva autoria.*

IV – Isto dito, não se segue que o reconhecimento da expressão formal criativa de uma obra implique a sua imputação a uma pessoa física determinada: *não há obra sem autor; se não se identifica como autor de uma obra uma pessoa física individualizada, é porque a verdade material do respectivo processo criativo revela algo distinto.* É verdade que "não há obra sem autor", mas se a obra nasce – o que é um dado objectivamente avaliável pela intelecção de um objecto em que se reconhece expressão formal criativa e que é exterior ao agente criador -, então a imputação de autoria não serve a revelação de um "espírito criador", uma "paternidade espiritual", é uma inferência jurídica – não naturalista – a partir da qual se estabelece a titularidade originária do conjunto de faculdades designadas "direito de autor".

Por nosso lado, registamos – neste caso, com OLIVEIRA ASCENSÃO[63] – a clara demarcação entre a *criatividade na expressão formal*, apanágio das obras de direito de autor, bem como a delimitação entre o que este Autor denomina *"notação"* e a *expressão literária* que deve caracterizar as obras escritas. Acrescentamos que é precisamente aqui – face à evidência da protecção hodierna (*post* DPC*, *post* DBD*), respectivamente dos programas de computador e das bases de dados – que se encontra a zona de fractura com os critérios tradicionais de tutela jusautoral:

---

[63] Sobre a (in)susceptibilidade *natural* da aplicação da tutela jusautoral aos programas de computador, é significativo o trecho de OLIVEIRA ASCENSÃO, *"A protecção jurídica dos programas de computador"*, cit., n.º 35, pag. 112, que, em data anterior à adopção da DPC*, assim expressava: «*O que interessa é saber se a fórmula do programa não é a expressão obrigatória do programa ou processo, seja esse programa ou processo criador ou não. A obra literária representa criação na forma, que não existe se toda a criatividade se situa, afinal, no conteúdo. Alguém descobre um método destruidor de abertura no jogo de xadrez. Faz a respectiva notação. O método pode ser genial. Mas a notação não é obra literária, porque representa a expressão obrigatória daquele processo.*».

a) a adição de *outras formas de expressão formal*, em "linguagem" virtualmente incompreensível pelos sentidos, às que (como a literária e a artística, incluindo a audiovisual) se fizeram objecto do direito de autor tradicional;
b) a depreciação da avaliação da *criatividade da expressão formal* como critério determinante da tutela jusautoral, em obséquio ao reconhecimento da necessidade de *remuneração do investimento e organização empresariais* (que apreciam o engenho, o labor e a técnica – e menos ou nada a criatividade) na composição de objectos jusautorais em que o valor económico dos respectivos *conteúdos imateriais* suplanta a consideração da criatividade da sua expressão formal;
c) por fim e porventura mais significativo, indicia-se a progressiva *superação da imputação naturalista da autoria* (autoria-criação intelectual/humana) *em prol da ficção (legal) de uma autoria que serve tão-só a investidura na titularidade originária do direito de autor*.

Relaciona-se esta última com objectos a que se reconhece expressão formal criativa, porém julgada digna de tutela sob o direito de autor em benefício de interesses que são cada vez menos os do criador humano individualmente considerado e, muito provavelmente, mais os que favorecem a remuneração de investimentos de empresas que "enquadram" a criação.

Veremos de seguida se, do exposto, pode concluir-se também pela necessidade de uma nova definição do objecto do direito de autor e de reconstrução dos pressupostos de tutela jusautoral.

SÍNTESE EM RECAPITULAÇÃO

Autoria e titularidade originária do direito de autor

1. O Direito imputa a autoria de uma obra a determinado sujeito – *presumindo-a ou ficcionado-a* – com o único fito de o investir na titularidade de um direito: o direito de autor.

2. Não é exacto afirmar que, sob o instituto do "copyright" britânico, autoria e titularidade originária do direito estejam assimiladas para além do que se verifica, progressivamente mais, nos ordenamentos de raiz romano-germânica. Simplesmente, evoluiu-se naquele para a distinção entre "authorial works" e "entrepreneurial works" em que a tutela sob o "copyright" assenta em pressupostos distintos, *mais próximos da verdade do processo criativo*: ora valorizando o "skill and labour" do indivíduo/autor; ora estimando mais (e remunerando) o investimento necessário à formalização de número crescente de obras ("entrepreneurial works") em que sobreleva o componente técnico e o enquadramento empresarial do processo criativo.

A *vontade*, actuante em certos casos na determinação da *titularidade originária* do "copyright", é irrelevante na definição da *autoria*: pelo menos sob o instituto do "copyright", a imputação de autoria resulta da lei, não da vontade do autor (chame-se-lhe uma "autoria-estatuto", uma – passe a expressão – "authorship-in-law").

3. Quando se prevê que, «*por disposição em contrário*», a imputação de autoria pode estar desligada da titularidade (originária, ao que parece) do direito de autor, bem pode avaliar-se o pequeno valor jurídico da associação do *objecto jurídico-obra* ao *sujeito-criador*. Disposições, como as do art. 14º/3 e do art. 27º/2 CDA*, em que se presume a titularidade a partir da menção da designação que surge aquando da *utilização* da obra, desfazem as dúvidas que pudessem subsistir: uma *autoria* que se determina pela designação que presuntivamente a identifica quando a obra é utilizada favorece a certeza jurídica quanto à utilização (titularidade das faculdades de), mas não serve a verdade da imputação da criação a pessoa física determinada.

Sobram os casos em que o autor-criador da obra intelectual pode *voluntariamente* renunciar à menção da designação que identifica a autoria *pelo mesmo acto mediante o qual contrata a criação para outrem*. Aqui sim – ironicamente quando o autor oculta a sua paternidade –, a lei liga a esta circunstância um efeito jurídico importante, qual seja não o de presumir a autoria de outrem (*v.g.* o comitente da criação), mas a investidura na *titularidade* originária do direito (ou de faculdades neste compreendidas) de pessoa diferente do autor.

4. Sobre as *"obras geradas por computador"*, pretensamente "não intelectuais", sustentamos: não há obras sem autor; não há "criação intelectual" não humana; logo, não há obras *intelectuais* geradas (criadas) por computador («*produzidas em circunstâncias tais que não existe autor humano*» – *ex* secs. 9(3) e 178 UK CDPA*). As obras "geradas por computador" são ou não são objecto de direito de autor consoante nelas seja ou não inteligível uma expressão formal criativa, *com superação da imputação da respectiva autoria.*

5. Sublinha-se a tendência para a progressiva superação da imputação naturalista da autoria (autoria-criação intelectual/humana) em prol da imputação (legal) de uma autoria que serve tão-só a determinação da titularidade originária do direito de autor.

SECÇÃO III
Objecto do direito de autor

7. Delimitação do objecto de tutela sob o direito de autor

I – Num Estado de Direito Democrático, a tutela da *"actividade criativa"* é consagrada como *esfera de liberdade fundamental de actuação individual*, o que vale por afirmar que é assegurada aos indivíduos a liberdade de acção criativa e da sua expressão[64/65]. Discute-se se a tutela geral da cidadania – ou de manifestações particulares desta – compreende ou não a protecção legal de direitos privativos relativos a obras intelectuais: segundo opinião que assumimos como controversa, ao estabelecer a "liberdade de criação", não se

---

[64] Assim o art. 42º CRP*, que consagra a que denomina *"liberdade de criação cultural – intelectual, artística e científica, que compreende o direito à invenção, produção e divulgação da obra científica, literária ou artística, incluindo a protecção legal dos direito de autor"*).

[65] J. J. Gomes Canotilho / Vital Moreira, *"Constituição da República Portuguesa Anotada"*, 3ª ed. cit., em anotação III ao artigo 42º CRP*, pag. 247, atribuem um "duplo significado" à protecção dos direitos de autor (inscrita no n.º 2, *in fine*, do referido art. 42º), porquanto «*o produto da criação cultural (obra de arte, invenção científica) é considerado como "propriedade espiritual" do autor*» e «*a liberdade de criação cultural protege, nas vestes de direito de comunicação fundamental, todas as formas de "mediação comunicativa" (livros, filmes, discos, etc.)*».

Não obstante, reconhecem que «*Daqui não resulta imediatamente uma "valorização económica e um direito à publicação do produto da criação cultural,* […]*»* – intercalado nosso; muito embora logo admitam que «*a sua* [do referido "produto da criação"] *utilização* […] *cria um valor económico que cai também no âmbito da protecção do direito à criação cultural.*» – intercalado nosso.

Julgamos que as considerações que tecemos sobre a característica da obra intelectual, bem como o que adiante identificamos como *objecto do direito de autor* e a *conformação da situação jusautoral primordial*, esclarecem sobre a perspectiva que, em alternativa, propomos.

consagram direitos subjectivos, define-se uma esfera de liberdade de actuação individual no âmbito da qual a criação (acto criador que exterioriza obra intelectual) é admitida e protegida como constitutiva de direitos exclusivos, os direitos de autor[66/67].

II – No direito ordinário e confrontada a lei de autor, interpelam-nos referências a bens que o Direito (civil) liga à personalidade. Assim, quanto à *"honra e reputação* do autor", que a letra da lei expressamente refere a certas *faculdades pessoais de autor* (cfr. art. 56º/1, *in fine*, CDA*). Assim também, quanto ao *nome*, ainda que "literário ou artístico", como bem espelham os vários números do art. 29º CDA*.

Tratamos agora estes últimos e deixamos o escrutínio daqueles para o ponto em que determinamos o *objecto do direito pessoal* de autor[68].

---

[66] JOSÉ DE OLIVEIRA ASCENSÃO, *"Direito de autor e direitos fundamentais"*, cit., n.º 2, pag. 184, é peremptório: «*Leríamos* [a partir do texto do art. 42º/2 CRP*] *que a tutela institucional do direito de autor não pode deixar de incluir a disciplina do valor económico da criação cultural, o que nos parece inteiramente verdadeiro. Mas isto não permite retirar daquele texto que os direitos de autor tenham sido incluídos entre o direitos, liberdades e garantias. Antes nos parece seguro que da liberdade de criação cultural não é possível extrair nenhuma consequência quanto à admissão de um direito patrimonial de autor. A liberdade de criação pode ser assegurada sem haver exclusivo no aproveitamento das obras produzidas.*» - intercalado nosso. Já JORGE MIRANDA, *"A Constituição e os direitos de autor"*, cit., *passim*, considera *"não redundante o mesmo preceito constitucional"*, ao qual atribui particular significado como garante dos *"direitos materiais"* (de autor) em particular, que contrapõe aos *"direitos morais de autor"*.

[67] Ensina JORGE MIRANDA, *"Direito Constitucional"* – t. IV (*Direitos fundamentais)"*, cit., n.º 110-I, pags. 453/454: «*A liberdade de expressão abrange qualquer exteriorização da vida própria das pessoas: crenças, convicções, ideias,* [...]. *E pode revestir quaisquer formas: a palavra oral ou escrita, a imagem,* [...]. [...] *Em sentido amplo, revela-se indissociável das mais diversas liberdades:* [...], *da liberdade de criação cultural (art. 42º),* [...]. [...] *Em sentido restrito, a liberdade de expressão recorta-se por exclusão de partes; vem a ser essencialmente liberdade de expressão do pensamento;* [...]» – intercalados nossos. Mais explica o mesmo Autor, *ob.* cit., n.º 31-II (*i*), pag. 110: «*Pode e deve falar-se* [...] *de numa atitude geral de respeito, resultante do reconhecimento da liberdade da pessoa de conformar a sua personalidade e de reger a sua vida e os seus interesses. Esse respeito pode converter-se quer em abstenções quer em acções do Estado e das demais entidades públicas ao serviço da realização da pessoa* [...] *– mas nunca em substituição da acção ou da livre decisão da pessoa,* [...].» – intercalados nossos.

[68] *Infra*, n.º 11.

III – A evocação de uma pretensa tutela jusautoral do *direito ao nome* resulta sobretudo da – equívoca – inserção sistemática de normas que respeitam a este bem da personalidade sob vestes que parecem ligá-lo a uma qualquer situação de direito de autor, quando são simples manifestação da tutela *comum* do *direito de personalidade*. Consideramos meramente *instrumental* a ligação destas normas às que verdadeiramente consagram direitos *de autor*. Assim:

- No art. 29º/1 e /2 CDA* *proíbe-se o uso do nome de outrem* em dada obra – seja este ou não "autor", seja o nome usado "literário, artístico" ou "de personagem célebre da história das letras, das artes ou das ciências". Tal não significa obviamente proteger a autoria de quem quer que seja, reflecte antes a tutela (comum) do direito de personalidade ao nome, prevenindo o «... *uso ilícito* [desse nome] *para sua identificação ou outros fins.*» – nos termos expressos do n.º 1 do art. 72º C.Civil*[69].

- No art. 29º/3 CDA* *veda-se o uso de nome alheio em obra própria*, acompanhada da cominação da invalidade da cedência (de uso de nome próprio em obra alheia). Não representa mais do que a consagração da *mesmíssima regra*, só que, desta feita, aliada à tutela de um interesse público de *não confundibilidade*. Nada disto requer ainda a oponibilidade do exclusivo jusautoral. A invalidade de cedência do uso de nome próprio em obra alheia visa a tutela de interesses que não são apenas os do nomeado, mas também os de qualquer

---

[69] Como expõem FERNANDO ANDRADE PIRES DE LIMA / JOÃO DE MATOS ANTUNES VARELA, *"Código Civil (Anotado)"*, vol. I, cit., pags. 105/106, em anotação 2. ao preceito legal citado: «*O uso ilícito do nome por parte de terceiro pode ter lugar, quer pelo seu uso pessoal, quer pela sua aplicação a quaisquer objectos, coisas ou personagens, mesmo fictícias, ...*».

Também OLIVEIRA ASCENSÃO, *"Direito Civil – Direito de Autor e Direitos Conexos"*, cit., n.º 67-II e –III, pags. 109/110, faz clara a distinção do âmbito de tutela: «*Poderá tomar-se aquele nome* [o nome literário ou artístico de outrem] *como o que é adoptado expressamente pelo autor. Esse é que não poderia ser confundido, não o nome civil. Mas o confronto com o n.º 2* (do art. 29º CDA*) *leva a concluir que nenhum autor pode usar nome, mesmo civil, que possa confundir-se com o de outro.* [...]. *Não são direitos sobre uma obra, são direitos que brotam da defesa da personalidade, impedindo a confusão e, mais particularmente, a apropriação do nome de outrem.*» – intercalados nossos.

lesado pela confundibilidade da designação de autoria. O que se trata aqui *parece ser antes do uso em obra determinada do nome de outrem* – seja ou não autor de qualquer obra. O inciso *"outro autor"*, no citado art. 29º/3, revela tão-só o empirismo a que o Código recorre constantemente ao mencionar a hipótese mais frequente: em princípio, um autor só terá interesse em usar o nome de outrem cuja "celebridade" beneficie a sua obra, mas a violação do direito *de personalidade* ao nome verifica-se ainda que o nome usurpado não seja "célebre" nem o de um "outro autor"[70].

Em suma, nas situações enunciadas, não é a *autoria* (de obra alheia) que se falseia, é o *nome* de outrem que se usa ilicitamente[71].

IV – Por outro lado, não deve perder-se de vista que é na expressão formal da obra intelectual – e não no respectivo processo criativo – que encontramos a "medida" da sua *criatividade* que é a única condição da tutela jusautoral.

A "mais genial" das *invenções* apenas revela o que preexiste sempre ao acto constitutivo do direito; em contrapartida, a mais incipiente *formalização* de uma ideia, desde que *criativa*, é sempre a revelação de algo que não tem existência anterior à sua exteriori-

---

[70] E citamos em concordância OLIVEIRA ASCENSÃO, *"Direito Civil – Direito de Autor e Direitos Conexos"*, cit., n.º 68-I, pag. 110, quando assevera que: «*Isto mostra que todos os negócios pelos quais se dê a uma obra a capa dum nome célebre são nulos. O criador intelectual pode sempre revelar a sua paternidade, como o podem fazer aqueles que tiverem interesse no deslindar da situação.*». Já não nos parece adequada a ligação que estabelece entre o uso de nome alheio e a autoria por este de qualquer obra.

[71] Aliás, a circunstância de não *se configurar aqui qualquer violação de direito de autor* também se pode inferir da análise do *tipo* de ilícito contrafacção (cfr. art. 196º/1 CDA*), sobre o qual OLIVEIRA ASCENSÃO – *"Direito Penal de Autor"*, cit., n.º 5-I – explica: «*A contrafacção é também um tipo especial em relação à usurpação. Representa uma usurpação qualificada pela afirmação de titularidade própria.*».

Ou, ainda segundo o mesmo Autor – agora in *"Direito Civil – Direito de Autor e Direitos Conexos"*, cit., n.º 68-II, pag. 111: «*Aqui*, [quando esteja em causa a atribuição voluntária originária do direito de autor ou a *"renúncia da menção de designação de autoria"*, que o mesmo Autor menciona] está *em causa justamente a hipótese de alguém ceder originariamente as suas obras, de tal modo que estas surjam juridicamente como criações de outra pessoa.*» – intercalado nosso.

zação[72/73]. É com recurso a este conceito – de *criatividade revelada na expressão formal* da obra intelectual – que marcamos a fronteira, reconhecidamente difusa, entre este e outros bens imateriais – também ditos intelectuais – como os que são objecto de *"propriedade" industrial*.

---

[72] É revelador o ACÓRDÃO DA RELAÇÃO DE LISBOA, *de 19-11-98, in* Col.Jur.*, t. V (1998), pags. 97 ss. (*maxime* pag. 99), de que é Relator MARTINS DE SOUSA (em trecho em que é citado OLIVEIRA ASCENSÃO, *"Direito Civil – Direito de Autor e Direitos Conexos"*, cit., pags. 57 ss.): «[...] *a referência à criação permite-nos uma divisão fundamental que dissociará o domínio do Direito de Autor de todos aqueles que lidam com descobertas de leis* (como as leis da Natureza que a Ciência reclama revelar) *ou processos objectivamente preexistentes, mas não conhecidos até então. As descobertas do domínio científico são realmente descobertas. Por mais geniais, representam sempre o progresso no conhecimento duma ordem objectiva, que sempre existiu, mas a que o espírito humano só gradualmente se vai elevando.*» – intercalado nosso. E continua a mesma sentença judicial, ainda em citação daquele Autor (*ob.* cit., pag. 74): «[...]: *não há a criatividade que é essencial à existência da obra tutelável, quando a expressão representa apenas a via única de manifestar a ideia. O matemático exprime a sua descoberta numa fórmula matemática. Esta fórmula é modo de expressão; mas é modo de expressão obrigatória, não livre. Não há criatividade no modo de expressão. Logo, não há obra literária ou artística.*».

[73] É sabido que a "invenção", bem como todas as actividades que geram bens susceptíveis de tutela sob a *"propriedade industrial"* também se distinguem da "ocupação *de uma coisa corpórea perdida ou escondida*". Como assinalam PIRES DE LIMA / ANTUNES VARELA, *"Código Civil – Anotado"*, vol. III, cit., em anotação 2. ao Artigo 1318º, pag. 123, para a aquisição do direito (de propriedade) pela *ocupação* são necessárias: «*a intenção de adquirir (animus occupandi) e a apreensão material da coisa* [...], *neste aspecto se distinguindo a ocupação da invenção, que consiste fundamentalmente na descoberta da coisa*» – intercalado nosso.

Importa, porém, à nossa demonstração que, em ambos os casos, se trata da aquisição originária de um direito sobre *algo que preexiste à sua revelação e ingresso no tráfego jurídico*. Coincida ou não a aquisição do direito com essa revelação do bem pela sua descoberta, fica marcada a (mais uma) diferença comum entre invenções patenteáveis e obras intelectuais: nestas, o direito constitui-se pelo facto material da exteriorização da obra que revista expressão formal criativa, independentemente de *animus* e quanto a bens que não preexistem a essa exteriorização.

Julgamos que a distinção entre "descoberta" e "invenção" a que procede OLIVEIRA ASCENSÃO, *"Direito Comercial* (vol. II) *Direito Industrial"*, cit., n.º 59-II, pag. 233, só vem confirmar a característica que apontamos àquela. Quanto ao carácter originário do direito de autor, em contraponto ao direito (industrial) fundado na patente de invenção, é esclarecedora a *distinção* que este Autor (*ob.* cit., n.º 61, pags. 237 ss.) formula entre o «*direito à patente*» e o «*direito fundado na patente*».

Nestes – tutelados no âmbito do «colateral» Direito ("de propriedade") Industrial como nos *modelos e desenhos industriais* –, sobreleva a utilidade, a *aplicação a um fim prático*, normalmente de cariz produtivo-industrial; descreve-se um processo – que a lei tutela desde que original e novo, ou desde que revele uma aplicação prática original e nova de um processo conhecido – sem outorgar qualquer exclusivo sobre o resultado: o objecto do direito é o próprio *processo* (novo e original) *de obtenção de um produto* ou a *revelação da aplicação* (original e nova) *de um produto conhecido*[74/75].

Já sob o direito de autor, institui-se um exclusivo de utilização do *próprio bem* revelado e tutela-se a exploração económica da obra que revista expressão formal criativa. A obra intelectual, literária ou artística, é assim *não utilitária* – como aliás expressa de forma pouco feliz logo o disposto no proémio do n.º 1 do art. 2º CDA* que não

---

[74] OLIVEIRA ASCENSÃO, *"Concorrência desleal"*, 2002, cit., n.º 45-I, pag. 80, esclarece: «*O direito de autor respeita à criação literária, artística e científica. Tem um sentido cultural básico,* [...]. *É um direito da cultura. Pelo contrário, o direito industrial regula direitos privativos sobre elementos pertencentes à empresa. É pois por natureza um direito empresarial ou para-empresarial. O Direito de Autor regula uma criação.* [...] *O Direito Industrial, quando regula invenções, regula descobertas.*» – intercalados nossos.

O mesmo Autor (*in "Direito Civil - Direito de Autor e Direitos Conexos..."*, cit., n.º 13-I, pag. 28) expusera já: «*O Direito de Autor representa um ramo autónomo da ordem jurídica. As suas fronteiras são delimitadas com precisão muito superior à dos demais ramos do direito, pois abrange tudo o que respeita à disciplina da obra literária ou artística.*». [...]. E continua (última *ob.* cit., n.º 14-II, pag. 30): «*O Direito de Autor não adapta, cria de novo. Não há nenhum instituto do qual possamos dizer que representa a adaptação a um sector particular de regras de direito comum. Não sendo um ramo especial, o Direito de Autor não pode ser um direito privado especial. É direito comum, ou civil.*». Para concluir (*ob.* cit., n.º e 14-II, pag. 30): «*Ocupa-se este* [«o Direito de Autor que deve ser incluído como o sexto ramo especializado do Direito Civil», nas palavras do mesmo Autor (*ibidem*)] *de um sector da actividade normal dos particulares, centrado na criação literária e artística.*» – intercalado nosso.

[75] HAIMO SCHACK, *"Urheber- und Urhebervertragsrecht"*, cit., § 4-II.2 (60/61), pag. 30, afirma mesmo: «*O direito de autor existe independentemente de o autor pretender utilizar comercialmente a sua obra.* [...]. *A função do direito de propriedade industrial reside na sua aplicação industrial, na produção* [...] *de bens. As prestações dignas de protecção não estão na área cultural, mas na área técnica e comercial.* [...]. *Enquanto a atribuição ao criador do direito de autor é determinada, pelo menos na sua essência, pelo direito natural, no caso dos direitos de propriedade industrial, trata-se de monopólios artificiais, direitos de prioridade atribuídos pelo Estado que, pelo conteúdo e limitação, são mais restritos que o direito de autor.*» – intercalados nossos.

faz depender a tutela do *"objectivo"* visado pela criação, ou seja, da sua destinação/finalidade utilitária[76]. O direito de autor esgota-se nas modalidades de aproveitamento económico que resultam da atribuição das faculdades de utilização patrimonial relativas à obra, independentemente da sua aplicação a um outro objecto com valor económico e jurídico próprios[77].

---

[76] Asserção não desmentida pela tutela, por exemplo de *"obras de artes aplicadas, desenhos ou modelos industriais"*, nos termos do art. 2º/1-i) CDA*, que revela que estas são protegidas – *apesar do seu carácter utilitário* -, apenas quando revistam as características das verdadeiras obras intelectuais.

[77] Ensaiámos, há anos, a distinção entre os objectos que o Direito de Autor acolhe e aqueloutros em que o exclusivo de aproveitamento económico merece a tutela do Direito (dito "de Propriedade") Industrial.

No nosso *"Modelos de Utilidade, Modelos e Desenhos Industriais - sua relação com o direito de autor"*, cit., *passim*, que é escrito referido ao Código da Propriedade Industrial português de 1940 (aprovado pelo Decreto-lei n.º 30679, de 24-8-1940), *maxime* em nota (10), pag. 16, ao n.º 3.2.2., a propósito da *"excepção à protecção sob a propriedade industrial de certos modelos e desenhos industriais"*, a que referia o art. 42º daquele Código («*As reproduções que representem multiplicação por qualquer processo de obra artística, quando apresentem inovação artística em relação ao padrão-tipo original, revestindo individualidade própria*»).

Concluímos então (1987) que: «*O produto da criação do artesão [...], ainda que único, perde o seu carácter artístico se o valor de utilização prática intrínseco se sobrepuser ao seu valor estético, não sendo este dissociável daquele. Embora este último conceito - "valor estético" – possa ser entendido como subjectivo, sempre se poderá avaliá-lo comparando, por exemplo, o valor (comercial, de troca) de uma dada obra com o de outra com utilidade prática semelhante: se a diferença for superior ao valor desta última, então poderemos considerar que se trata de uma obra de arte.*». Significávamos, ao empregar a expressão "obra", o produto da criação humana revelado em bem imaterial, como são quer as obras intelectuais quer, por exemplo, os desenhos industriais.

E ali continuávamos: «*É claro que não pretendemos apresentar uma fórmula rigorosa* ["rigorosa" com o sentido de "matemática, exacta"], *até porque a que fornecemos se revelaria falível na comparação entre duas obras de arte, ou entre dois desenhos industriais [...] com utilidade prática inovadora. Pensamos, porém, que podendo nestes casos recorrer-se à valoração relativa (sempre subjectiva, é certo) das componentes estética e utilitária intrínsecas, este será o melhor critério a adoptar.*». Ainda hoje nos parece uma formulação satisfatória face à lei então vigente.]

Sob o Código da Propriedade Industrial (CPIndustr.*, de 1995), julgamos que podia continuar a sustentar-se a mesma distinção, visto designadamente o disposto sobre *modelos e desenhos industriais*: em que a tutela se circunscreve a «*... objectos que sirvam de tipo na fabricação de um produto*» (cfr. art. 139º/1, *in fine*, CPIndustr.*). Nestes, «*...é protegida apenas a forma sob o ponto de vista geométrico ou ornamental*» (cfr. art. 139º/2 CPIndutr.*) e «*Não se consideram modelos ou desenhos industriais* (os objectos) que

Em suma, são merecedoras de tutela jusautoral *os bens imateriais em que a sua expressão formal seja idealmente dissociável da sua utilidade prática industrial*. Por outro lado, são objecto de direito industrial aqueles em que a utilidade prática é economicamente predominante sobre o valor artístico.

Por outras palavras, a *utilidade* de uma obra intelectual, objecto de direito de autor, é, do ponto de vista prático-aplicado, ... *nenhuma*, pois que só é passível de desfrute espiritual-inteligente[78]; e, do ponto

---

tenham carácter puramente artístico [...]; [excepto se se tratar de] *reproduções* feitas com fim industrial *por quaisquer processos que permitam a sua fácil multiplicação, de modo a perderem a individualidade característica das obras de arte*» - art. 142º CPIndustr.*, com intercalado nosso.

Deparámos com a publicação de um novo *Código da Propriedade Industrial – foi aprovado pelo Decreto-lei n.º 36/2003, de 5-3*; entrou em vigor em 1-7-2003 e revogou o *supra*mencionado CPIndustr.*.

Uma análise perfunctória do novo regime permite verificar que, em aperfeiçoamento quanto à definição do objecto de tutela nos *modelos e desenhos industriais*, se define: «*O desenho ou modelo designa a aparência* [...] *de um produto* ...» – art. 173º do novo *Código da Propriedade Industrial*, com intercalado nossos; logo no art. 174º se esclarece: «*Produto designa qualquer artigo industrial ou de artesanato* ...». Parece legítimo julgar que a nova regulação, não obstante visar a "*aparência*", é relativa a bens que não requerem a inteligibilidade de uma expressão formal criativa, senão a "novidade da sua aplicação prática" (art. 177º), bem como a "singularidade": «[quando] *a impressão global que suscita no utilizador informado diferir da impressão global causada a esse utilizador por qualquer desenho ou modelo divulgado antes* ...» – intercalado nosso –, sendo tomado em consideração (tão-só) «*... o grau de liberdade de que o criador dispôs para a realização do modelo ou desenho*» – arts. 176º/1 e 178º do novo *Código da Propriedade Industrial*. Sem prejuízo de exame mais aprofundado, não se confunde esta "*impressão de singularidade de um produto*" com a *inteligibilidade da expressão formal criativa* exigida para a tutela das obras intelectuais, senão com a *novidade (do processo ou da aplicação prática do bem "industrial")* que sempre bastou à tutela sob a propriedade industrial.

[78] A ideia de *desfrute (intelectual) livre destas obras* é afirmada, de modo convincente, designadamente por OLIVEIRA ASCENSÃO, *"A Tipicidade dos Direitos Reais"*, cit. , n.º 105-III, pag. 284, a propósito da distinção que estabelece em relação aos *direitos sobre bens materiais*, ao asseverar: «*Todos desfrutam directamente dos bens* [imateriais], *e o seu gozo está subtraído à alçada do titular do direito de autor. Este não pode proibir o desfrute intelectual da sua obra por parte de outrem.* [...]. *Esta* [a obra, que não a sua materialização em objecto corpóreo] *pertence a todos, por natureza, e não por qualquer tolerância do criador intelectual ou do transmissário do direito de autor.*» – intercalados nossos. O mesmo Autor, *"Direito de Autor e Direitos Conexos..."*, cit., n.º 469-II, pags. 680/681, retoma a mesma concepção, ainda a propósito do objecto do direito de autor: «*Será exacto afirmar que os poderes* ["que se centram na atribuição de um exclusivo de

de vista jurídico, apenas aquela que proporciona a sua exploração económica segundo as modalidades que a lei prevê, independentemente das aplicações que possa ter quando integrada em outras obras ou outros objectos à utilização dos quais fique associada.

V – Avaliado na Secção anterior o valor jusautoral da imputação de autoria – que, como dissemos, muitas vezes apenas serve a determinação da titularidade originária do direito de autor –, podemos agora partir para uma nova asserção: *a obra é intelectual* não porque lhe esteja ligada uma imputação de autoria humana (espiritual), mas *porque nela é inteligível a criatividade da expressão formal*. A expressão formal, porque dependente da exteriorização, só faz "intelectual" a obra na medida em que a torna perceptível espiritualmente (inteligível) por sujeitos que lhe acedam[79].

A *criatividade* – condição da tutela jusautoral – só se descobre na expressão formal que o acto criador revela ao exteriorizar uma realidade que, apesar de imaterial, é objectiva porquanto exterior ao sujeito que cria: *a obra intelectual é*, assim, não mais do que *a expressão formal dada a um objecto que a acção de um sujeito individualiza e faz perceptível, precisamente pela sua exteriorização, à inteligência de outros sujeitos.*

---

exploração económica da obra"] *recaem directamente sobre a obra? […]. A própria obra intelectual ficaria pois afecta ao autor. Mas com isto […] se desconhece a essência da obra intelectual, que se destina a todos e não suporta atribuições exclusivas. […]. Os poderes conferidos ao autor […], na realidade não são diferentes dos poderes de qualquer um, com a única diferença de que os outros sujeitos não os podem utilizar para efeito de exploração económica.»* - intercalados nossos.

[79] Assim, OLIVEIRA ASCENSÃO, *"Direito Civil – Direito de Autor e Direitos Conexos"*, cit., n.º 39-II, pag. 70, traduz a expressão que enuncia a "noção legal" de *obra literária ou artística* (art. 1º/1 CDA* – «consideram-se obras as criações intelectuais do domínio literário, científico ou artístico, por qualquer modo exteriorizadas […]) na seguinte formulação: «[…], *acentuaríamos que melhor seria ter dito que obra é a exteriorização duma criação do espírito que uma criação intelectual, por qualquer modo exteriorizada. É certo que é a fórmula legal que se aparenta com congéneres estrangeiras. Mas tem o defeito de apresentar a exteriorização como uma espécie de requisito extrínseco da tutela da criação do espírito. Não é assim: a forma é o próprio objecto de tutela.»* – intercalado nosso.

8. Fixação em suporte material e (in)susceptibilidade de apropriação da obra intelectual – confronto sob o instituto do "copyright"

I – Nos ditos "sistemas"[80] de direito de autor de tradição *anglo--saxónica*, sob o instituto anglo-americano do "copyright", registamos uma importante particularidade na subordinação da tutela das obras intelectuais à sua fixação em suporte material, admitida *ex* art. 2/2 CB*: «*Uma obra está "criada" quando se fixa em cópia material ou registo sonoro pela primeira vez*; ....» (cfr. sec. 101 US Copyr.Law*); e: «*A atribuição do "copyright" em relação a uma obra literária, dramática ou musical só se verifica quando* ["... does

---

[80] Sabe-se ser passível de crítica a "simplificação" que faz com que se refiram, por exemplo e no que importa ao caso em apreço, os "*sistemas de direito de autor anglo/norte-americanos* (ou de "common law", de raiz anglo-saxónica)" em contraponto aos "*sistemas de direito de autor latino-germânicos* (de raiz latina e germânica, respectivamente)"; aliás, mesmo estes não são insusceptíveis de uma avaliação linear, dada a riqueza e variedade das suas fontes mais ou menos remotas, como é explicado designadamente por: João de Castro Mendes, *"Direito Comparado"*, cit., n.º 14, pags. 174 ss. e n.º 25, pags. 285 ss.; e por Carlos Ferreira de Almeida, *"Introdução ao Direito Comparado"*, cit., n.ºˢ 24 ss. e n.ºˢ 59 ss., respectivamente.

Na verdade, a expressão "sistema (jurídico)" – e voltamos a citar Ferreira de Almeida, *ob. cit.*, n.º 2, pags. 9/10 – é noção que deve empregar-se "para efeitos de *macrocomparação*" («*A macrocomparação realiza-se entre sistemas jurídicos considerados na sua globalidade.*»): «*Para este efeito, sistemas jurídicos (ou ordens jurídicas) são conjuntos coerentes de normas e de instituições jurídicas que vigoram em relação a um dado espaço e/ou a uma certa comunidade.*». Ora, do que aqui tratamos é de «*comparação entre conjuntos de normas, princípios, instituições e organizações de natureza jurídica ...*» que – no que respeita as situações jurídicas de direito de autor nas ordens jurídicas em confronto, que é o que aqui interessa – «*podem ser tomadas unitariamente sob certa perspectiva ou critério.*»; segundo o mesmo Autor, *ob. cit.*, n.º 3, pags. 10/11, cuida-se assim do que chama *microcomparação*, que é «*... comparação entre institutos jurídicos afins em ordens jurídicas diferentes.*». Já Castro Mendes, *ob. cit.*, n.º 2, pag. 10, distingue *macro-comparação* como «*... comparação de ordens jurídicas na sua totalidade, destacando entre elas semelhanças e diferenças.*» de *micro-comparação* como «*... a comparação de institutos ou figuras jurídicas particulares integradas em ordens jurídicas diferentes ...*».

É, assim, de *"micro-comparação"* (parcelar) o exercício que segue, pelo que, para sermos rigorosos, deveríamos referir sempre, neste caso, institutos jurídicos (jusautorais) de raiz latina ou germânica, por um lado e anglo/norte-americanos, por outro. Isto dito e na esperança de que nos seja relevada a falta, dada a difusão daquela referência conceptual com este sentido *impróprio* ("sistemas jurídicos", quando verdadeiramente cuidamos da *microcomparação* de "institutos jusautorais"), cedemos à vulgarização da primeira expressão que empregamos em indevida – apesar das aspas – sinonímia com esta.

not subsist in ... *unless* and *until* ..."] *esta é fixada/gravada, por escrito ou por outro modo*»; «*...é irrelevante se a fixação/gravação em suporte é realizada por ou com a autorização do autor* ...» (sec. 3(2), (3) UK CDPA*)[81].

Segundo alguns Autores britânicos, esta é uma imposição legal que descende de um «*princípio instituído por razões de ordem prática*, tais como a *prova da existência da obra* e a *definição da sua exacta expressão formal* – que permite demarcar aquilo em que esta consiste e evita que o direito se estenda às ideias subjacentes ou à informação que contém»[82].

Não se duvida, porém, que a fixação em suporte é um verdadeiro requisito autónomo de tutela sob o "copyright". A avaliação da veracidade deste postulado pode ser feita no confronto de casos em que *a fixação em suporte material é também* – mesmo nos ordenamentos jurídicos de raiz romano-germânica – *elemento da própria definição/ identificação da obra quanto à sua espécie.*

[Tomemos um exemplo familiar ao ordenamento jurídico português: são objecto de tutela pelo direito de autor as «obras coreográficas e pantomimas, cuja expressão se fixa por escrito ou por qualquer outra forma.» – cfr. art. 2º/1-d) CDA*; evidentemente, não vale isto por afirmar-se que encontramos aqui uma excepção ao princípio geral romano/germânico – de que a lei de autor portuguesa comunga e consagra expressamente (cfr. o proémio do mesmo art. 2º/1 CDA*) –, segundo o qual a tutela jusautoral é independente da forma de expressão da obra e, bem assim, o direito de autor é independente do direito de propriedade sobre os suportes materiais da obra (art. 10º CDA*).

---

[81] Por outro lado, já não subsiste hoje a exigência de *registo ou depósito* como condição da tutela sob o "copyright". Como salienta W. R. CORNISH, "*Intellectual Property: patents, copyright, ...*", cit., n.ºs 10-33, -34, pags. 398/399, a lei de autor britânica *abandonou*, por força da adesão à CB*, *a obrigatoriedade do registo* ou do *depósito da obra* – que foi, primeiro, *constitutivo* do "copyright" nas obras publicadas e, depois, *condição da sua oponibilidade*. É hoje também dispensada a "informação sobre a tutela" (dada pelo familiar símbolo ©), acompanhada da menção do nome do titular do direito e do ano da primeira publicação" que são ainda hoje «[...] *destinadas a garantir o "copyright"* – *ex* art. III/1 CUniv.* – *entre os países, como então os EUA, que não haviam ainda aderido à União de Berna e que aceitavam estas como formalidades bastantes.*».

[82] Cfr. COPINGER / SKONE JAMES, "*(On) Copyright...*", vol. I, 14ª ed. cit., n.º 3-74, pag. 101.

A lei de autor portuguesa – como a generalidade dos ordenamentos sob a CB* – pode exigir que a fixação em suporte material seja elemento da definição, da identificação da expressão formal, de uma obra intelectual (por exemplo e nos termos da disposição citada, a lei só reconhece a expressão formal fixada "em escrito ou por qualquer outra forma" de obras coreográficas ou pantomimas), mas – como é também regra geral – isto não equivale a estabelecer aquela como condição de tutela pelo direito de autor.]

II – Não se pense, contudo, que não está bem clara para a doutrina e jurisprudência dos países em que vigora o instituto do "copyright" a distinção entre o verdadeiro "subject matter" deste direito e o seu suporte material. E citamos: «[...], *apesar de ser expressão corrente referir ao manuscrito de um autor como a sua "obra", a formulação rigorosa da ideia é bem outra: a "obra" é o produto do seu espírito ou intelecto; o manuscrito ou outro suporte é um simples* medium *em que pode descobrir-se a natureza precisa desse produto da mente.*»[83].

Trata-se da distinção entre a exigência conforme a qual uma obra deve assumir uma forma particular e o requisito da sua fixação como condição de tutela. Em COPINGER/SKONE JAMES é explicada com clareza a diferença conceptual: «*O requisito segundo o qual uma obra deve revestir uma particular expressão material é parte das condições que a referida obra deve preencher para se qualificar para a protecção sob o "copyright". Quando se requeira que a obra deve assumir uma particular expressão formal, e esta seja observada, a condição de tutela deve também considerar-se preenchida, mas não é necessariamente assim, e esta coincidência, quando ocorra, não deve obnubilar a distinção entre os dois (requisitos).*»[84/85].

---

[83] Como expõem HUGH LADDIE / PETER PRESCOTT / MARY VITORIA, *ob.* cit., n.º 2.36, pags. 37/38, que acrescentam: «[...]. *Mesmo o inciso* "copyright does not subsist in a [...] work unless and until it is recorded", [no contexto da sec. 3(2) UK CDPA*, que acima transcrevemos na parte que aqui interessa], *pressupõe que a obra pode existir antes da sua fixação.*» – intercalados nossos.

[84] COPINGER / SKONE JAMES, *"(On) Copyright..."*, vol. I, 14ª ed. cit., n.º 3-76, pag. 101.

[85] Como os mesmos Autores ilustram, a propósito das obras dramáticas: enquanto no "Copyright Act" britânico de 1911 – sec. 35(1) – se exigia que «uma obra dramática

Vale isto por dizer que – mesmo sob o instituto do "copyright" – *a exigência de forma escrita como elemento da expressão formal da obra* não deve confundir-se com a exigência da sua fixação em suporte material: no primeiro caso, não se reconhece o bem imaterial se despido de uma particular forma de expressão; no segundo, a obra pode preexistir desde que revista expressão formal "criativa" (no sentido que veremos dever ser dado à expressão sob o instituto do "copyright"), mas a sua *tutela jusautoral depende da fixação em suporte material.* Aliás, isto mesmo é admitido expressamente por aqueles Autores: «*a obra, uma vez fixada, continua a ter existência independente, desincorporada do suporte em que esteja fixada.*»[86].

III – E fica a conclusão:

a) a fixação em suporte material pode ser, mesmo sob o instituto do "copyright", não uma condição do reconhecimento de expressão *formal* criativa, mas (mera) condição de tutela, de outorga do exclusivo jusautoral;

b) mesmo nos ordenamentos em que a fixação em suporte é condição de tutela jusautoral, a obra existe *enquanto tal* ainda que desencarnada do seu suporte;

c) como bem cognoscível na imaterialidade da sua expressão formal, a obra intelectual é apenas susceptível de intelecção, não de apropriação.

---

estivesse fixada em escrito ou por outro modo», o que era entendido como condição de tutela sob o "copyright"; na vigência do "Copyright Act" do Reino Unido, de 1956 – cfr. sec. 48(1) –, era requerido que «*uma obra dramática fosse reduzida a escrito*», o que já era considerado como "elemento descritivo da obra". Assim, neste último caso, não poderia considerar-se "obra dramática" a que não assumisse forma escrita; a forma escrita era, então, elemento da própria expressão formal exigida para o reconhecimento deste particular género de obras.». O exemplo é extraído da obra de COPINGER / SKONE JAMES, *"(On) Copyright ..."*, cit., n.º 3-76, pags. 101/102 e respectivas notas (86) e (87).

[86] Ainda COPINGER / SKONE JAMES, *"(On) Copyright ..."*, cit., n.º 3-78, pag. 102.

9. Apropriação, uso e utilização da obra: refutação do conceito de "propriedade de obra intelectual"

I – Dissemos que a obra é *intelectual* porque só é perceptível pelo espírito, pela inteligência, distinta do seu *corpus mechanicum* (que até pode dispensar) que é coisa corpórea susceptível de apropriação. Como também explica MENEZES CORDEIRO: «[...]. *Enquanto realidades incorpóreas, apenas na mens humana se consubstancia o bem intelectual.*»[87]. Pensamos que a "*mens* humana" em que a obra intelectual se consubstancia – e a que este Autor aqui refere – é, mais do que a do autor-criador que a prefigura *antes* da sua exteriorização formal e em que apenas "existe" como ideia ou conceito, a daquele (de todo aquele) que a apreende intelectualmente como realidade exterior ao sujeito que a cria. Não se trata de procurar (inutilmente, de resto) descortinar na obra qualquer manifestação da personalidade do autor. A *criação é uma acção que exterioriza um objecto, a obra*. Nesta, por um processo (esse sim) estritamente intelectual, reconhece-se, para além do *corpus mechanicum*, uma realidade imaterial que só a inteligência "decifra"[88].

II – Mais sustentamos que a obra intelectual, como bem imaterial apenas concebível pela inteligência, escapa à característica *real* das coisas corpóreas que permite excluir do seu gozo todos os não titulares de direitos que sobre estas incidam[89]. A obra, porque intelectual,

---

[87] A. MENEZES CORDEIRO, *"Tratado de Direito Civil Português – I (Parte Geral)"*, t. II, 2ª ed. cit., § 9.º, n.º 39-V, pag. 110.

[88] Julgamos muito expressivo o postulado de A. MENEZES CORDEIRO, *"Tratado de Direito Civil Português – I (Parte Geral)"*, t. II, 2ª ed. cit., § 9.º, n.º 39-I, pag. 108, quando assevera: «*Elas* [as criações do espírito humano] *podem ser comunicadas através da linguagem e ser incorporadas em documento. Materialmente, este mais não conterá, contudo, do que uma sucessão de sinais: apenas o espírito humano, decifrando-o, poderá dar azo à "coisa" incorpórea*» - intercalado nosso.

A "decifração" a que este Autor alude parece-nos esclarecer bem a ideia em que dissemos assentar a *espiritualidade* da obra intelectual.

[89] Por esta razão, parece-nos discutível a proposição formulada em ACÓRDÃO DO SUPREMO TRIBUNAL DE JUSTIÇA, de 2-7-98, in Col.Jur.*, t. II-S.T.J. (1998), pags. 169 ss. (*maxime* pag. 171), de que é Relator PEREIRA DA GRAÇA (em comentários ao disposto no n.º 2 do art. 67º CDA*): «*2 – A garantia das vantagens patrimoniais resultantes dessa*

está aberta ao desfrute de todos os que possam *usá-la*, sem que assim se possa dizer que a *utilizam* e atinjam o exclusivo para o seu aproveitamento económico que é o conteúdo do direito de autor[90]. A este propósito, consideramos esclarecedora a afirmação de SCHACK: «[...] *os direitos sobre bens imateriais compreendem direitos em bens incorpóreos, espirituais, que podem ser sempre reconduzidos a uma determinada pessoa, mas que adoptaram uma forma de manifestação independente e que pode ser separada da personalidade.* [...]. *Ao contrário dos direitos sobre coisa móveis abandonadas (§ 958 BGB), ninguém pode apropriar-se de bens imateriais, que permanecem bens utilizáveis repetidamente por qualquer pessoa, em qualquer lugar.*»[91].

A obra intelectual é um *bem jurídico imaterial – coisa incorpórea*[92/93/94] – que se *objectiva* pela formalização do que é também

---

exploração ("direito exclusivo de fruir e utilizar a obra) *constitui, do ponto de vista económico, o objecto fundamental da protecção legal". Trata-se de uma emanação específica do princípio geral estabelecido no art. 1305º do Código Civil, segundo o qual, o proprietário goza de modo pleno e exclusivo dos direitos de uso, fruição e disposição das coisas que lhe pertencem.*». Julgamos que transparece deste postulado uma assimilação indevida das faculdades que integram os poderes de domínio real sobre coisas corpóreas e do conteúdo de um direito de monopólio de exploração económica de um bem imaterial que procuramos demonstrar ser o objecto do direito de autor.

[90] Como explica JOSÉ DE OLIVEIRA ASCENSÃO, "Direito Civil – Teoria Geral", vol. I, 2ª ed. cit., n.º 202-I, pag. 353: «*No que respeita aos bens intelectuais, temos as obras literárias e artísticas, os inventos,* [...]. *Trata-se sem dúvida de bens; e tão-pouco nos parece problemática a consideração destas realidades como coisas, apesar da sua aparente ligação a determinada pessoa. Após a criação, elas separam-se de quem as gerou, objectivam-se, tornam-se entidades que podem ser, sem mediação, usufruídas por outrem.* [...]. *Constituem pois objecto idóneo de uma atribuição jurídica.*» – intercalados nossos.

Tomamos esta citação para sintetizar o que pensamos sobre a característica das obras intelectuais a que respeita o direito de autor e, bem assim, introduzir a ideia de "atribuição patrimonial" que desenvolvemos quando tratamos do conteúdo e buscamos determinar a natureza dos actos atributivos de direito de autor.

[91] H. SCHACK, *"Urheber – und Urhebervertragsrecht"*, cit., § 1-III, pag. 9 (20) – intercalados nossos.

[92] No que interessa a esta nossa indagação, parece-nos insuficientemente esclarecedora como base de distinção a noção que JOÃO DE CASTRO MENDES, "Introdução ao Estudo do Direito", cit., n.º 76-I, pag. 156, recorda como "critério tradicional de distinção entre coisas corpóreas e coisas incorpóreas": «[...]; coisa incorpóreas são as que não se podem tocar: res quae tangit non possunt – a obra de arte (em si, objecto de direitos de autor, a patente de invenção, [...]» – intercalados nossos. Na verdade, a intangibilidade das

obras intelectuais é característica que comungam com outros bens – igualmente incorpóreos, como a electricidade (cfr. Castro Mendes, última *ob.* cit., n.º 73-V, pag. 154) –, (mas) que não lhe são assimiláveis, vista precisamente a insusceptibilidade de apropriação daquelas.
Oliveira Ascensão, *"Direito Civil – Teoria Geral"*, vol. I, 2ª ed. cit., n.º 191-II, pag. 342, em comentário à "definição legal" de *coisa* (*ex* art. 202º C. Civil*) entende que «*A figura mais genérica em Direito é a do bem. Coisa é uma modalidade deste.*»; e acrescenta (*ob.* cit., n.º 192-IV, pag. 344): «[…] *coisa, como conceito pré-legal é uma realidade exterior ao homem e dele independente na sua subsistência, que tem individualidade e utilidade e é susceptível de apropriação.*» – intercalado nosso.

[93] Pedro Pais de Vasconcelos, *"Teoria Geral do Direito Civil"* – vol. II, cit., n.º 116-a, pag. 147, esclarece: «*A noção de bem, como algo que tenha utilidade, que seja hábil, para alcançar e realizar fins de pessoas concretamente consideradas, é de uma importância central na dogmática do direito subjectivo. A realização de fins de pessoas necessita de meios.* […] *Podem ainda constituir bens, como meios úteis para a realização de fins humanos* […] *obras literárias, científicas ou artísticas* […], *e sobre eles podem incidir direitos de propriedade intelectual.*» – intercalados nossos. E continua (*ibidem*, pag. 148): «*Mas a noção de bem não se pode esgotar na de utilidade.* […] *os meios carecem de um juízo de mérito, de licitude, com carácter jurídico-axiológico.* […]. *Não deve ser considerado bem um meio que, embora seja de facto hábil ou útil para a realização de um fim humano, o seja contra o plano normativo e axiológico do Direito.*» – intercalados nossos.

[94] C. Massimo Bianca, *"Diritto Civile"* – vol. III *(La proprietà)"*, cit., n.º 31, pags. 53 ss., aduz – face ao Código Civil italiano (cfr. art. 810 C.Civ.ital.*) –: «*São bens as coisas que podem ser* ["possono formare", no original] *objecto de direitos.*», o que, como demonstra, «[…] *não define coisa* […], *a que pode ser dado um significado mais amplo como qualquer objecto real ou ideal distinguível do sujeito* […] *ou* [mais restrito] *de coisa material dotada de dimensão física.*» - intercalados nossos: E, em discurso muito esclarecedor na sua concisão, conclui (*ibidem*): «*Tendo presente este significado mais restrito, pode portanto dizer-se que os bens são todas as entidades físicas ou ideais que em geral podem constituir objecto de direitos enquanto as coisas são bens corpóreos.*».

Bianca, última *ob.* e loc. citt., mais sustenta que: «*as noções de bem e coisa correspondem às noções romanas de bona e de res. Bona são os bens patrimoniais ligados à esfera jurídica de um sujeito na qual concorrem na formação do património.* […] *podem pois também formar determinados complexos unitários, como, por ex., os bona hereditaria (apud D. 38.9.1).*» - intercalado nossos. O mesmo Autor - em refutação à crítica da distinção de Gaio que cita e à qual se apontaria a falta de homogeneidade dos termos da distinção (entre *res corporales* e *incorporales*, nas últimas compreendendo os direitos, como os direitos de crédito, mas não o direito de propriedade) – afirma, *ibidem*, que: «*... a razão da distinção permanece actual.* […] *deve buscar-se naquilo que numa avaliação socio-económica se entendem como bens de um sujeito: 1) as coisas que lhe pertencem em propriedade e 2) todos os outros direitos patrimoniais.*».

novo (porque não preexiste à sua exteriorização) e assim se autonomiza da *personalidade* do seu criador e dos bens jurídicos que a esta são inerentes[95/96/97].

---

[95] E voltamos a MENEZES CORDEIRO, desta feita em trecho da sua obra *"Direitos Reais"*, vol. I, cit., n.º 89-II, pag. 265, que define: «*São corpóreas as coisas que, tendo existência física, são perceptíveis pelos sentidos. Pelo contrário, as coisas incorpóreas são aquelas cuja existência é desencadeada pelo espírito humano, ganhando, depois, relevância social.*».
Reputamos muito importante, no que arriscamos citar em abono da nossa teoria, as referências, por este Autor neste trecho, que traduz em incisos como:
– «[coisa cuja] *existência é desencadeada pelo espírito* [...]» – que, sem se limitar a revelar a origem humana das *obras* ("criações do espírito", como prefere referir, *ibidem*), evidencia a ideia intelecção da criatividade da expressão formal revelada pela exteriorização da obra;
– que (só) "*depois* (no resultado revelado pela *exteriorização da obra intelectual segundo expressão formal criativa*, como também defendemos) *ganha relevância social*"; e, pensamos poder acrescentar, também jurídica/jusautoral independente da pessoa do autor-criador e dos bens inerentes à sua *personalidade*).

[96] Quanto à distinção conceptual entre *bens imateriais da personalidade e outros – como as obras intelectuais* -, consideramos outrossim muito esclarecedora a exposição de C. M. BIANCA, *"Diritto Civile* – vol. III *(La proprietà)"*, cit., n.º 29, pag. 51 ss., em que define: «*Bens imateriais são as invenções e as obras intelectuais* ["*opere dell'ingegno*", no original que preferimos não traduzir literalmente]. *Estas entidades têm uma realidade objectiva própria* [delas, "... *hanno una loro realtà oggettiva* ...", no original] *que lhes confere relevância económica e jurídica.*» - intercalado nosso. O mesmo Autor – *ibidem*, pag. 52 – desenha logo de seguida, em traço claro, a distinção entre estes bens imateriais e o que designa "*bens essenciais da pessoa, ou seja os seus valores essenciais (vida, honra, etc.)*": «*Estes bens são não patrimoniais enquanto insusceptíveis de avaliação económica. No actual ordenamento esses são constitucionalmente garantidos, formando objecto de direitos fundamentais do Homem.*». Não obstante, pensamos que é precisamente esta "desvalorização económica" – preferimos considerá-la "relevância meta-económica" - dos (verdadeiros) bens da personalidade que os distingue daqueloutros, também imateriais, que veremos ser objecto mediato do exclusivo jusautoral de exploração (económica) da obra intelectual.

[97] Numa aproximação publicística que apontamos no mesmo sentido, sobressai o seguinte trecho-síntese da lição de JORGE MIRANDA, *"Direito Constitucional"* – t. IV *(Direitos fundamentais)"*, cit., n.º 16-I, pags. 58/59: «*Os direitos de personalidade são posições jurídicas fundamentais do homem que ele tem pelo simples facto de viver; são aspectos imediatos da exigência de integração do homem; são condições essenciais ao seu ser e devir; revelam o conteúdo necessário da personalidade; são emanações da personalidade humana em si; são direitos de exigir de outrem o respeito da própria personalidade; têm por objecto, não algo de exterior ao sujeito, mas modos de ser físicos e morais da pessoa ou bens da personalidade física, moral e jurídica ou manifestações parcelares da personalidade humana.*».

III – Pensamos também que a *liberdade de uso* da obra intelectual é estrutural da situação jusautoral, delimita positivamente o conteúdo do direito de autor, representa tão-só o acesso à percepção *inteligente*, ao desfrute intelectual da obra, não (necessariamente) a utilização desta. Assim acontece quanto à leitura do livro que se comprou ou tomou de empréstimo, à visualização da pintura exibida num museu, à audiovisão de uma obra radiodifundida, à visualização de uma obra no ecrã de um computador. Tudo isto precisamente porque quem adquire um *título que legitima o uso* da obra (seja a propriedade *do exemplar* do livro, a titularidade do *bilhete* de ingresso no museu ou na sala de cinema ou do *exemplar* do programa que permite operar o computador ou os *direitos de acesso à rede de telecomunicação digital* de obras e de outros conteúdos informativos protegidos) não atinge – quando se limita a desfrutar intelectualmente as obras a que acede – a exploração económica destas[98]. De quem acede à obra para mero desfrute intelectual, pode afirmar-se que apenas "*a usa*"; para que (se) atinja o exclusivo jusautoral, é necessário que se pratiquem actos que impliquem, independentemente da percepção inteligente da sua estrutura formal, a sua utilização patrimonial segundo uma das faculdades de exploração económica reservada ao titular do direito de autor.

"*Usar*" uma obra significa pois, com o sentido que lhe damos, *a intelecção da sua estrutura formal* e, se for o caso, *o acesso ao seu conteúdo imaterial*, sem *atingir o exclusivo patrimonial que limita o* aproveitamento económico *das vantagens que proporciona* (reservado ao titular de faculdades de utilização).

Já observámos (*supra*, n.º 7-I) se pode assimilar-se a tutela constitucional de certos *direitos fundamentais* (como o "*direito à liberdade de criação cultural – direito à invenção, produção e divulgação de obra científica, literária ou artística, incluindo a protecção legal dos direitos de autor*" – *ex* art. 42º CRP*) e a tutela das situações jusautorais.

[98] Como expõe OLIVEIRA ASCENSÃO, "*A Tipicidade dos Direitos Reais*", cit., n.º 105--II, pag. 283, em "crítica da teoria do direito de propriedade" em explicação da natureza do direito de autor: «*Essa qualificação* [como um direito de propriedade] *desconhece a essência do bem a que o direito de autor se refere – a obra intelectual. Esta, uma vez divulgada, comunica-se por natureza a todos os que dela participarem. Não pode estar submetida ao domínio exclusivo de um só.*» – intercalado nosso.

IV – É certo que divulgar uma obra "junto de uma pluralidade de sujeitos" pode assemelhar-se a utilização, já que, tradicionalmente, implicará normalmente a sua reprodução ou a sua comunicação pública ou mesmo a sua distribuição em exemplares (que são faculdades que integram o exclusivo jusautoral). Contudo, esta noção reporta aos arquétipos do uso de obras intelectuais, porquanto supõe o recurso a *suportes tangíveis* e a *meios tradicionais* de fixação, reprodução, comunicação pública e distribuição. Mas, e se considerarmos os novos suportes (digitais) e os novos *media* (electrónicos) que proporcionam o *acesso individual* à obra por uma infinidade de sujeitos, no momento e local por cada um escolhidos? A mais recente regulação jusautoral, ao confrontar a insuficiência dos meios tradicionais de reserva de divulgação, coloca esta numa perspectiva diferente: já não é o autor, nem o concessionário ou o transmissário do direito, que promove a divulgação e, mediante *utilização* da obra, atinge cada usuário; é este, cada um destes, que procura a obra *"colocada à sua disposição"*[99]. Não consideramos estas manifesta-

---

[99] Face aos Tratados "OMPI/TDA* (art. 8 WCT*: «[...], *os autores de obras literárias ou artísticas gozam do direito exclusivo de autorizar qualquer comunicação ao público das suas obras, por fio ou sem fio, incluindo a colocação à disposição do público das obras, de maneira que membros do público possam ter acesso a estas obras desde um lugar e num momento que individualmente escolherem*») e "OMPI/TIEF* (WPPT*)", OLIVEIRA ASCENSÃO, *"O Direito de Autor no Ciberespaço"*, cit., n.º 3, pag. 153/154, em afirmação que logo discutiremos, é bem explícito: «*É verdade que o que há de autónomo é o acto prévio de autorização, sem o que a obra não pode ser colocada em base de dados ou de qualquer outro modo posta à disposição do público. Este acto é independente de qualquer utilização.* [...]. *É* [...] *este acto, e não a transmissão, ou a distribuição, ou a reprodução, que devem representar o cerne da tutela. Mas já não é verdade que este acto represente uma modalidade de comunicação ao público. Só há comunicação ao público, por natureza, quando há um acto de comunicação.* [...]. *Supõe por natureza um comunicante e um destinatário da mensagem. Mas na colocação em rede à disposição do público não há nada disto. Tudo se esgota com o próprio acto de colocação em rede.* [...]. *Esse acto é reservado por si, ainda que nenhuma transmissão subsequente se tenha realizado.*» – intercalados nossos.

Apesar de discordância parcial quanto aos pressupostos, julgamos esclarecedora a conclusão que depreendemos da posição deste Autor: a consagração – "*contra natura*" conforme OLIVEIRA ASCENSÃO (última *ob.* cit.) – da "colocação à disposição do público" como modalidade de comunicação pública de obras intelectuais, melhor quadraria entre os actos de pura e simples *recepção de obra* ou, pelo menos não deveria consentir a sua inclusão no exclusivo jusautoral – tratar-se-ia de *mero uso da obra*, não (como todo e qualquer acto compreendido no monopólio jusautoral) de utilização sob qualquer modalidade já antes consagrada.

ção do exercício de faculdades de exclusivo jusautoral, senão de *mero uso multiplicado pelo número de actos de acesso* verificados em cada caso, como esclarecemos em outro lugar[100].

V – A ideia de *intelecção da expressão formal de uma obra intelectual* é a que melhor nos ajuda a explicar a insusceptibilidade de apropriação do bem-obra intelectual[101]. O que o direito de autor tutela é a realidade que nasce de um *acto* que só assume relevância jusautoral quando consubstanciado em obra. A obra *objectiva-se pela exteriorização*; esta é acto material que a faz autónoma do ente criador e que lhe dá a expressão formal que só a inteligência descobre. Ora, aquilo que só a inteligência apreende é, por natureza, inapropriável.

Como bem imaterial, autónomo da personalidade e insusceptível de apropriação, a atribuição de faculdades jusautorais *representa não mais do que a outorga de poderes de utilização da obra intelectual ligados à sua exploração económica segundo uma ou mais entre as modalidades (de utilização patrimonial) que se compreendem no direito de autor.*

---

[100] Preparamos para publicação o nosso *"Faculdades instrumentais da exploração económica da obra intelectual – sua caracterização na "sociedade da informação"*, em que tratamos especialmente esta matéria.

[101] *"Inteligibilidade"*, segundo expressão que – embora com sentido sensivelmente diverso – já encontramos em J. L. LACRUZ BERDEJO, *"Elementos de Derecho Civil – III Derechos Reales"* – vol. I, cit., n.º 179 (nota a pags. 496), quando afirma: «[...]. *Em rigor, a exigência legal* [para a protecção pelo direito de autor] *é mais de inteligibilidade pelo observador que de prestação de inteligência do emissor*» – intercalado nosso. Fá-lo a propósito do que designa «...*manifestações não humanas que a lei* [de autor] *protege* [e] *que obtêm tutela desta na medida em que aparentam um conteúdo intelectual*» – ibidem, intercalado nosso.

Trata-se, enfim, da característica daquelas que, por todos, MANUEL DE ANDRADE, *"Teoria Geral da Relação Jurídica"*, vol. I, cit., n.º 41, pag. 227, designa "coisas incorpóreas (*res incorporales*)": «[...] *res quae tangi non possunt; as que não têm existência física. Não podem ser apreendidas pelos sentidos; são concebidas apenas pelo espírito (res quae sola mente concipitur).*».

10. Objecto do direito de autor – resenha doutrinária comentada: a obra intelectual como objecto de direitos subjectivos

I – Não cabe, naturalmente, nesta sede, o desenvolvimento em tomada de posição que faça justiça ao tratamento científico (que apenas assomamos) sobre as proposições formuladas pela doutrina a propósito do *objecto* de direitos subjectivos. Não devemos, porém, continuar sem que avaliemos agora se a noção de *objecto* é operativa para estabelecer a ligação entre titular do direito e obra intelectual na situação jusautoral.

Escolhemos, neste caso, a transcrição de trechos dos Autores escolhidos. Citamo-los um a um e acrescentamos o nosso comentário, apontado para o tema da nossa dissertação neste particular: a *determinação do objecto do direito de autor e da sua aptidão à satisfação dos interesses tutelados pela atribuição do exclusivo jusautoral*.

II – Segundo GOMES DA SILVA, o direito subjectivo define-se pela «*afectação de um bem à realização de um ou mais fins de pessoas individualmente consideradas.*»[102]. Com esta proposição, diz pretender significar que «*o direito subjectivo é uma relação concreta de um bem com o fim de uma pessoa, resultante da vontade legal de que esse bem seja aproveitado para aquele fim, [...]*»[103]. Parte deste notável conceito para uma conclusão muito apreciável: «*Só em alguns direitos* [aqueles em que, segundo o mesmo Autor, "a acção pela qual o direito subjectivo se manifesta recai sobre objectos, materiais ou jurídicos, exteriores ao sujeito"] *é lícito conceber o elemento objecto. Ainda, porém, nessas hipóteses a expressão objecto não traduz com rigor a função que o bem desempenha no direito, porque não põe em evidência que é por meio deste que se atinge o fim, e é precisamente a afectação do bem à realização deste que constitui o direito subjectivo.*»[104]. O mesmo Autor assinala, entre os «*meios reconhecidos à vontade* – a par das "ideias aproveitáveis (inventos,

---

[102] MANUEL GOMES DA SILVA, *"O dever de prestar e o dever de indemnizar"* – vol. I, cit., n.º 21, pag. 52.
[103] M. GOMES DA SILVA, *"O dever de prestar..."*, cit., n.º 22, pag. 53.
[104] GOMES DA SILVA, última *ob.* cit., n.º 23, pag. 55 – intercalado nosso.

por exemplo) para conseguir a realização legítima de um fim" – os que designa "outros *bens imateriais cujo uso exclusivo a lei por vezes garante a certas pessoas,*[...]»[105].

Do conjunto de proposições citadas, observamos que este Autor, ao circunscrever a ideia de *objecto de direito subjectivo* aos casos em que a acção que se manifesta pelo direito «*recai sobre objectos, materiais ou jurídicos, exteriores ao sujeito*», nestes faz compreender as obras intelectuais, muito embora destas não possa, com rigor, dizer-se que *sobre elas* recaem *direitos* (como a propósito das coisas que são objecto de direitos reais, que cita como exemplo[106]). Aliás, nas suas próprias palavras (*ob. cit.*, n.º 23, pag. 55, com intercalado nosso): «*À falta de melhor terminologia podemos continuar a usar daquela palavra* ["objecto"] *para designar o bem afecto a um objectivo, quando ele é exterior ao sujeito* [...]» – e esta é característica que as obras intelectuais manifestamente comungam.

III – MANUEL DE ANDRADE afirma primeiro que: «*Não está certo abranger-se na noção jurídica de coisas aquilo que não possa ser objecto autónomo de relações jurídicas (direitos).*»; e continua: «[...], *também não estará de acordo com o requisito apontado tudo aquilo que por sua natureza seja insusceptível de apropriação exclusiva por alguém;* [...], *que não seja acessível a uma sujeição jurídica ao poder de algum ou alguns, com preterição dos restantes.*»[107]. O mesmo Autor, contudo, logo lembra [em citação de FERRARA]: «*A capacidade de sujeição jurídica não se aplica só às coisas corpóreas, mas ainda às incorpóreas. A sujeição já não consiste numa apropriação física, mas na possibilidade de exclusivo desfrutamento e disposição de um bem. Ora, o autor duma obra do engenho ou duma descoberta tem o direito exclusivo de se assegurar de todos os réditos da sua criação intelectual e de dispor dela e deles livremente.*»[108]; e, em nota conclusiva a este registo (*ibidem*),

---

[105] GOMES DA SILVA, *ob.* cit., n.º 11, pag. 26.
[106] GOMES DA SILVA, *ob.* cit., n.º 23, pag. 54.
[107] MANUEL DE ANDRADE, *"Teoria Geral da Relação Jurídica"*, vol. I, cit., n.º 36, pags. 199/200.
[108] FRANCESCO FERRARA, *"Le persone giuridiche"* in *"Trattato di diritto civile"* (dirigido por VASSALI), *apud* MANUEL DE ANDRADE, última *ob.* cit., em nota (2) às pags. 200/201, com intercalados nossos.

refere que, a verificar-se que uma "coisa é insusceptível de apropriação natural que, todavia, a lei não consente (a lei poderia, por exemplo, não admitir a propriedade intelectual)", «*o objecto em questão será coisa em sentido jurídico geral, mas não em face de um dado sistema legislativo.*».

MANUEL DE ANDRADE – que, não esqueçamos, escreve as linhas transcritas na vigência de lei que consagrava o exclusivo jusautoral como *propriedade*[109] – reconhece ainda assim que as que designa "*produtos espirituais ou criações do engenho humano, como sejam as obras literárias científicas ou artísticas*" são: «[...] *objecto dos chamados direitos sobre bens imateriais ou direitos de autor* [...].»[110/111]. E remata, apesar de versar já (também) o *conteúdo do direito patrimonial*: «*A obra ideal constitui, pois, um quid independente das suas encarnações materiais. É um bem que a ordem jurídica prové da tutela que julgou adequada, mediante a concessão daqueles direitos. Estes resumem-se no poder de disposição exclusiva da mesma obra, facultado ao autor dentro de certos limites,* [...]. [...]. *Tal poder de disposição exclusiva manifesta-se, principalmente, através de prerrogativas que tendem a reservar para o autor a exploração económica da obra.*»[112]. E assim, nesta síntese funda-

---

[109] A edição a que acedemos de *"Teoria Geral da Relação Jurídica"* - vols. I e II, cit., por Manuel de Andrade, data de 1960, quando vigorava, em Portugal, o Decreto n.º 13 275, de 3-6-1927 que, no seu art. 36º (na esteira do art. 590º do Código Civil português de 1867), regia a "propriedade literária ou artística" «*como qualquer outra propriedade mobiliária com as modificações da presente lei.*». Uma "propriedade mobiliária" ainda assim com características *sui generis*, como procuramos traçar no nosso *"O direito pessoal de autor no ordenamento jurídico português"*, cit., II-4., pags. 50 ss. .

[110] MANUEL DE ANDRADE, *"Teoria Geral da Relação Jurídica"*, vol. I, cit., n.º 35-3), pag. 192, com intercalados nossos.

[111] O mesmo Autor acrescenta um conjunto de proposições que marcam quer pela sua notável pertinência quer pela sua actualidade – ressalvadas, quanto a esta última e visto o ordenamento que então confrontava, as referências a uma "*propriedade com uma fisionomia específica, embora muito próxima, nos seus principais aspectos, da dos direitos reais sobre coisas corpóreas*": «[...] *o objecto de tais direitos* [de autor] *é a respectiva obra na sua forma ideal, na sua concepção intelectual* [inciso em que, sem esforço, julgamos poder ler "expressão intelectual"], *e não a coisa ou coisas materiais que constituem a sua corporização ou encarnação exterior, através das quais ela faz a sua aparição no mundo sensível.*» (MANUEL DE ANDRADE, *"Teoria Geral da Relação Jurídica"*, vol. I, cit., *ibidem*, com intercalados nossos).

[112] *Ibidem*, com intercalado nosso.

mental, resume a essência do *objecto* ("cuja qualificação como tal é incontestável e incontestada"[113]) e do *conteúdo* do direito de autor.

IV – JOÃO DE CASTRO MENDES acrescenta um outro conceito de grande utilidade para a definição do *objecto* de "relações jurídicas", o de *aproveitabilidade exclusiva*, que explica: «*Aquilo que não pode ser objecto de interesse, em sentido jurídico (um conceito, uma norma, uma memória), não pode ser objecto de direitos e deveres, portanto de relações. Da mesma forma, não pode ser objecto de relações jurídicas aquilo que é útil, mas "ex natura" útil a todos, sem essa utilidade poder ser reservada pela ordem jurídica a certa ou certas pessoas (direito subjectivo):* [...] .»[114]. Ora, como procurámos esclarecer, a obra intelectual, sendo inapropriável, serve um *exclusivo de aproveitamento patrimonial*.

V – Também CARLOS DA MOTA PINTO explica: «*Objecto da relação jurídica é o objecto do direito subjectivo propriamente dito que constitui a face activa da sua estrutura.*»[115]. Mais esclarece: «*Quanto aos bens imateriais*, objecto dos direitos de autor ou de propriedade industrial, [...], *podem integrar-se no conceito de coisas, embora tenham um regime especial* [...]»[116]. «*Para esse efeito devem apresentar as seguintes características: a) Existência autónoma ou separada* [...]; *b) Possibilidade de apropriação exclusiva por alguém* [...]; *c) Aptidão para satisfazer interesses ou necessidades humanas* [...].»[117]. Parece-nos suficiente para que possamos concluir, sem prejuízo do ajustamento necessário da ideia de "apropriação" quando referida a "bens intelectuais", que a doutrina que este Autor expende também *não exclui* que *a obra intelectual*, enquanto objecto de direito

---

[113] Na própria expressão de MANUEL DE ANDRADE, *"Teoria Geral da Relação Jurídica"*, vol. I, cit., n.º 35-3), pag. 193.

[114] JOÃO DE CASTRO MENDES, *"Teoria Geral do Direito Civil"*, vol. I, cit., n.º 132-VII, pag. 575, com intercalado nosso.

[115] C. DA MOTA PINTO, *"Teoria Geral do Direito Civil"*, 3ª ed. cit., n.º 42-II, pag. 182, que inclui no *objecto* assim definido: «... *outras pessoas, coisas corpóreas ou incorpóreas, modos de ser da própria pessoa e outros direitos,* ...» - *ibidem*.

[116] MOTA PINTO, *"Teoria Geral do Direito Civil"*, 3ª ed. cit., n.º 83-I, pags. 339/340, com intercalado nosso.

[117] MOTA PINTO, última *ob.* cit., n.º 83-II, pags. 340/341.

subjectivo, *é meio apto à realização dos fins na base da atribuição do direito de autor.*

V – ANTÓNIO MENEZES CORDEIRO, cuja posição doutrinária sobre a natureza da obra intelectual examinámos antes, propõe como definição de direito subjectivo a fórmula: «*permissão normativa específica de aproveitamento de um bem*»[118], ou, em superação de objecções que confronta: «[direito subjectivo]: *permissão normativa específica de aproveitamento de* (ou *"de actuação perante"*) *um bem*»[119]. E logo explicita: «*Aproveitá-lo* [ao bem] *equivale a retirar, dele, as utilidades que, pela natureza das coisas ou pela imaginação humana, o bem possa proporcionar.*»[120].

Julgamos que a sua doutrina deixa poucas dúvidas quanto à consideração das obras intelectuais como *objecto possível de direito subjectivo*, o que se afigura evidenciado quando sintetiza: «*O direito subjectivo pode sofrer múltiplas e enriquecedoras classificações em função do seu objecto, isto é, do tipo de bem de cujo aproveitamento nele se trate.*»[121]; para logo depois (*ibidem*) referir expressamente, que entre os que designa *"bens (ou coisas*[122]*) patrimoniais incorpóreos"*, se devem contar os que «*resultem de meras criações*

---

[118] ANTÓNIO MENEZES CORDEIRO, *"Tratado de Direito Civil Português – I (Parte Geral)"*, t. I, 2ª ed. cit., § 12.º, n.º 47-V, pag. 166.

[119] MENEZES CORDEIRO, *"Tratado de Direito Civil Português – I (Parte Geral)"*, t. I, 2ª ed. cit., § 12.º, n.º 47-VIII, pag. 169 e respectiva nota (359) – intercalado nosso. Segundo posição cujo escrutínio aqui não cabe, refira-se que o mesmo Autor salienta que esta segunda formulação não escamoteia a ideia de *"permissão normativa"* que: exclui os não-titulares do aproveitamento do bem; delimita negativamente o conteúdo do direito; esclarece que a "incidência" do Direito nos bens se dá através de condutas humanas (jurídicas ou materiais); contrapõe o direito subjectivo a outras realidades, como as "permissões genéricas" (caso das regras que consagram a autonomia da vontade) e os "poderes funcionais" (que refere como fruto de "adstrições normativas específicas").

[120] MENEZES CORDEIRO, *"Tratado de Direito Civil Português – I (Parte Geral)"*, t. I, 2ª ed. cit., § 12.º, n.º 47-VIII, pag. 169, com intercalado nosso.

[121] MENEZES CORDEIRO, *"Tratado de Direito Civil Português – I ..."*, t. I, 2ª ed. cit., § 12.º, n.º 49-I, pag. 173.

[122] MENEZES CORDEIRO, *"Tratado de Direito Civil Português – I ..."*, t. II *(Coisas)*, 2ª ed. cit., § 2, n.º 7º-III, pags. 24/25 e § 9º, n.º 39-I e –II, pags. 108/109, explicita porque prefere, como *geral*, a designação "coisa (incorpórea)" na qual faz compreender os *"bens imateriais"* como categoria daquela, em termos que já examinámos antes.

do espírito humano, sendo apreensíveis apenas pelo intelecto; abrangem: – bens intelectuais, por exemplo, a obra de arte, enquanto objecto de exploração económica; [...]» – intercalado nosso.

VII – Ao escrutinar a doutrina de JOSÉ DE OLIVEIRA ASCENSÃO neste domínio, dir-se-ia liminar e precipitadamente que parece não admitir que bens imateriais com as características das obras intelectuais possam constituir objecto de direitos subjectivos, como os *de autor*. Assim, depois de caracterizar a obra intelectual nos termos antes expostos, logo anuncia, em exame do *objecto do direito pessoal de autor*, que: «*Certamente que não se encontra aqui um objecto sobre que o direito recai, à semelhança do que acontece nos direitos reais.*»[123]. E continua (*ob.* e loc. citt., pag. 670): «*[...], podemos concluir que não há nenhum poder específico do autor sobre a obra nessas faculdades pessoais. Também aqui a obra é um a propósito de certas actividades, que tanto podem ser exercidas pelo autor como por qualquer outra pessoa.*». A explicação desta ideia transparece da concepção geral do Autor citado sobre o objecto e o conteúdo do direito de autor, de que resulta a sua perspectiva sobre a própria natureza deste direito subjectivo, nomeadamente em refutação da sua *natureza real*.

Segundo as palavras do próprio: «*Efectivamente, o direito de autor só pode ter natureza real se concluirmos que recai efectivamente sobre a obra, coisa incorpórea, visto que por definição todo o direito real recai directamente sobre uma coisa.*»[124/125]. E conclui:

---

[123] JOSÉ DE OLIVEIRA ASCENSÃO, *"Direito Civil – Direito de Autor e Direitos Conexos"*, cit., n.º 461-III, pag. 669.

[124] OLIVEIRA ASCENSÃO, *"Direito Civil – Direito de Autor e Direitos Conexos"*, cit., n.º 469-I, pag. 680.

[125] E prossegue em sucessão de proposições em fundamento da sua doutrina (do mesmo Autor, última *ob.* cit. n.º 469-II, pags. 680/681, com intercalado nosso: «*Mas com isto de novo se desconhece a essência da obra intelectual, que se destina a todos e não suporta atribuições exclusivas. [...] As actuações sobre a obra permitidas a terceiros não se diferenciam daquelas permitidas ao autor. A norma vem só proibir a todos, com excepção do autor, as utilizações que estejam ligadas a formas de exploração económica da obra.*»; «*Um direito que não outorga sobre a obra poderes diversos dos que cabem a qualquer pessoa não pode ser um direito real.*» (*ibidem*); «*Isto está aliás plenamente de acordo com a caracterização das faculdades patrimoniais como um exclusivo de exploração económica da obra; este exclusivo refere-se, como qualquer outro, a uma actividade que a todos se proíbe, a um campo reservado de actuação.*» (da última *ob.* cit., n.º 469-III).

«*O nosso estudo sobre o objecto dos direitos subjectivos levou-nos a verificar que a relação entre o titular e o objecto não se reduz àquela que se manifesta entre a pessoa e a coisa nos direitos reais. Não é preciso que o direito recaia sobre o bem para que se deva dizer que esse bem é objecto. Basta que o bem seja o ponto de referência dos poderes que se atribuem a um sujeito, funcionalmente unificados na afectação de um bem àquele sujeito.*»[126]. Como deixam antever os trechos citados, esclarece depois que – "com recurso à distinção entre objecto imediato e objecto mediato do direito, corrente noutros domínios": «*As actividades reservadas serão o objecto imediato ou conteúdo do direito* [de autor]; *a obra literária ou artística é o objecto mediato do exclusivo de exploração económica.*»[127].

VIII – Será então que a *obra intelectual* pode, à luz destas concepções (com realce para as especificidades que a última citada suscita) e visto que proporciona o aproveitamento exclusivo das vantagens que resultem da sua exploração económica ao titular do direito, considerar-se "*objecto do direito*" de autor? E, por outro lado, "*no interesse*" *de que sujeito* – o autor ou o titular originário – deve considerar-se conformada a situação jusautoral em que o direito se *constitua originariamente* na esfera jurídica de um não autor?

---

[126] Esta citação é ainda trecho da obra de OLIVEIRA ASCENSÃO, *"Direito Civil – Direito de Autor e Direitos Conexos"*, cit., n.º 469-IV, pag. 682, publicada em 1992.
Em edição mais recente de uma sua outra obra – em que, contudo, não parece enjeitar esta sua concepção fundamental, o mesmo Autor define o direito subjectivo como: «[…] *uma posição individual e concreta que assegura um círculo de autodeterminação, no sentido de uma actuação livre para a prossecução de interesses próprios, ainda que por interposição de uma vontade alheia.*» (cfr. OLIVEIRA ASCENSÃO, *"Direito Civil – Teoria Geral…"* – vol. III, ed. 2002 cit., n.º 35-I, pag. 79). Mais salienta que o direito subjectivo é «*não um poder genérico, mas um poder concreto, uma posição de pessoas individualmente consideradas que resulta da aplicação de norma(s) genérica(s) a pessoa(s) concreta(s)*» (última *ob.* cit., n.º 30-II/-III, pags. 67/68). Assim, segundo OLIVEIRA ASCENSÃO, o direito subjectivo "*outorga uma posição concreta de vantagem que é construída ou possibilitada pela afectação de meios jurídicos que tem como ratio permitir às pessoas titulares a realização de fins*": «*Esse é o momento da autodeterminação, pois são as pessoas quem determina em princípio a actuação: os direitos subjectivos criam espaços de actuação autónoma*» (última *ob.* cit., n.º 34-I, pag. 77).
[127] OLIVEIRA ASCENSÃO, *"Direito Civil – Direito de Autor e Direitos Conexos"*, cit., n.º 469-IV, pag. 682, intercalado nosso.

11. Objecto do direito de autor (faculdades pessoais e patrimoniais) – conclusão. Noção de direito de autor

I – Se considerarmos o *núcleo pessoal* do direito de autor – e caso se confirme a atribuição originária deste direito (ou de faculdades neste compreendidas) a entidade diversa do autor –, dir-se-ia que, pelo menos à primeira vista, não se divisa qual *o bem* que se afecta ao aproveitamento do titular *não autor*, uma vez que o direito pessoal de autor surge inseparável da esfera jurídica do autor-criador.

Ora, o direito pessoal de autor é um direito subjectivo, descrito como feixe de faculdades de índole pessoal, ligado à pessoa – que *não* à personalidade – do criador da obra intelectual[128]. O objecto do direito pessoal não é, segundo qualquer perspectiva que julguemos aceitável, a personalidade do autor ou qualquer bem jurídico a esta ligado[129]. O equívoco relacionamento entre o dito "conteúdo ético" a

---

[128] Adoptamos a expressão "faculdades *pessoais*/direito(s) *pessoal*(is) de autor" como alternativa preferível à tradicional faculdades *morais*/direito(s) *moral*(is), resultante da tradução livre do francês "*droit moral*"; as últimas são consagradas nos textos legais portugueses, não obstante comportarem uma conotação equívoca da combinação "direito/moral" que não traduz qualquer verdade jurídica quanto à sua natureza.

Podem avaliar-se liminarmente os motivos da designação no nosso "*O direito pessoal de autor no ordenamento jurídico português*", cit., Introdução – 1.2., págs. 19-20, em que cuidamos também de determinar a sua natureza (*ob. cit.*, IV-3., pags. 142 ss.). Trata-se de monografia baseada em dissertação de Mestrado em Ciências Jurídicas na Faculdade de Direito de Lisboa. A economia e objecto do escrito em que esta Secção se insere determina que, agora, apenas busquemos o enquadramento da figura, acrescentado de actualizações pontuais e de (eventual) rectificação do que ali expusemos.

[129] Significativa desta concepção do direito pessoal, distinta da nossa, é – por todas – a exposta por Orlando de Carvalho, "*Os direitos de personalidade de autor*", cit., maxime n.º 4, pag. 541: «*A obra do espírito é produto do espírito, do espírito humano, sendo inconcebível como produto de pessoas jurídicas em sentido estrito. Pessoa criadora é, contudo, qualquer pessoa humana, não se exigindo outra capacidade além da capacidade natural para a própria criação.* […]. *A autoria é o título originário da tutela jurídica aprestada pela lei e, portanto, dos direitos de autor. Embora,* […], *a razão dessa tutela jurídica seja a obra enquanto susceptível de exploração económica, como potencial* res in commercio, *tal tutela é indissociável da personalidade criadora, pelo que a obra nunca é vista como puro bem do mundo externo, como pura e simples* res, *mas antes como a concretização por excelência da ontogenia do espírito e, nesta medida, como expressão qualificada da plenitude desse espírito.* […], *conquanto a obra venha a ser objecto de um direito de propriedade autêntico – o mais autêntico dos direitos de propriedade* (pro+privus?proprius), *pois o seu título é a actividade criadora, ou seja, a energia*

que se subordinaria o exercício do direito pessoal – a que adiante faremos referência crítica – e a sua inclusão entre os "bens da personalidade" torná-lo-ia redundante e não autónomo, deixando por explicar, por exemplo, a sua indissociável ligação à "existência da obra" que não à vida do autor[130/131].

---

laborativa, [...] –, daí repetimos, que a obra nunca seja apenas objecto de um direito desses, mas sempre também de um direito de personalidade, de um jus in re ipsum, *que visa proteger a obra enquanto emanação e expressão do espírito que a criou.»* - intercalados nossos.

Também RABINDRANATH CAPELO DE SOUSA, *"O Direito Geral da Personalidade"*, cit., § 13º-2, pag. 577, enuncia: «[...]. *Os direitos morais de autoria das obras artísticas, literárias, científicas e intelectuais, [...], que são autênticos direitos de personalidade* [...].» – intercalados nossos.

A evidência da distância entre estas concepções e a que enunciámos em apreciação particular dos pressupostos de tutela jusautoral recomenda que nos atenhamos a focar um aspecto – aqui sublinhado – que nos merecerá análise mais pormenorizada: a da susceptibilidade de imputação – não já *de autoria*, que temos por atrás demonstrada –, mas de titularidade originária do direito pessoal de autor na esfera de pessoas (meramente) jurídicas. Tratamo-lo especialmente adiante (cfr. *infra*, n.º 84).

[130] Sobre a titularidade de faculdades pessoais de autor *post mortem auctoris*, sustentamos ainda o que expomos no nosso nosso *"O direito pessoal de autor no ordenamento jurídico português"*, cit., *maxime* Capítulo III -1., 4.4., pags. 97 ss. e Capítulo III – 4., 3.2., pags. 132 ss. .

[131] A este propósito, consideramos muito significativa a formulação de ADOLF DIETZ, *"Moral rights and technological challenge"*, cit., III, pag. 552: «*A justificação económica do direito pessoal* ["moral right", no original] *está bem para além de uma concepção mais acanhada da protecção dos interesses pessoais ou intelectuais dos autores; em interpretação doutrinária da lei* ["in terms of legal doctrine", no original] *é precisamente a teoria monista do direito de autor prevalecente*, v.g. *na Alemanha que sempre o estabeleceu. Na prática, não é possível uma separação clara entre interesses morais e patrimoniais, já que uma faculdade pessoal como a de reivindicação da paternidade ou de defesa da integridade, com o sentido que lhe dá o artigo 6-bis da Convenção de Berna, é oponível para a defesa de interesses económicos ou financeiros por forma a garantir a autenticidade do produto e o seu valor de mercado, do mesmo modo que faculdades de aparente índole patrimonial como o direito de publicação podem ser licitamente instrumentalizados para a defesa de interesses pessoais idealistas do autor que, por exemplo, não esteja interessado em grandes receitas.*» – intercalados nossos.

Na linha do que salientamos no Capítulo seguinte, a propósito dos novos pressuposto de tutela sob o Direito de Autor, DIETZ adverte (*ibidem*) para os riscos da "conversão das obras em produtos comercializáveis que chamaria (e, deduz-se, consentiria) o recurso a faculdades pessoais para fazer prevalecer os interesses de titulares de direitos de autor ou conexos como os dos: «*produtores de todos os géneros* [de bens jusautorais], *como os editores, produtores de fonogramas e de filmes, e, finalmente, de* [objectos] *multimedia, relativamente aos seus produtos.*» – intercalados nossos.

O divórcio entre os interesses e valores que se visa tutelar pela atribuição do direito de autor a um sujeito determinado e a personalidade do criador da obra intelectual surge aparente. A obra é um bem jurídico que, como vimos, se autonomiza com a exteriorização/formalização. O *direito pessoal* – núcleo fundamental de prerrogativas do autor (seja ou não pessoa física) – *visa principalmente preservar a individualidade e a identidade da obra e a sua fidelidade ao resultado original da sua formalização.*

Não se trata, porém, de proteger por esta via a "honra, o bom nome e reputação do seu criador" (cfr. art. 56º/1 CDA*), já que a lei consagra verdadeiros *direitos de personalidade* com esse fim [se alguém declarar que *"Der kaukasische Kreidekreis"*, 1948, por Bertolt Brecht (encenada em Portugal sob título *"O círculo de giz caucasiano"*) *revela que o seu autor é um paranóico*, justificará, por certo e na medida em que exceda o que a crítica legítima consente, que os sucessores deste dramaturgo invoquem ofensa à sua honra, mas tal declaração não belisca a "integridade da obra"; em contrapartida, se encenar *"Die Dreigroschenoper"*, 1928, pelo mesmo Autor (encenada em Portugal sob título *"A ópera dos três vinténs"*) e a *rotular de genial*, mas resolver amputá-la da música de Kurt Weill, doura a reputação do autor e ... comete inequívoco atentado à integridade desta "coligação de obras"]. Cuida-se, isso sim, de assegurar o exclusivo de aproveitamento de um bem, a obra intelectual, que a outorga de faculdades pessoais *de autor* também serve: ao preservar-se a integridade da obra ou ao garantir a reivindicação da sua paternidade pelo autor, mais não se faz do que consagrá-la ("íntegra") à satisfação dos interesses do autor – ou daquele(s) a quem este tenha atribuído poderes – para a sua exploração económica.

II – Pode suscitar-se o problema da atribuição do direito pessoal nas obras colectivas. OLIVEIRA ASCENSÃO expõe: «*A empresa é o verdadeiro titular do direito de autor. E titular originário: é ficcioso pretender uma transferência de direitos, dos criadores intelectuais para essa empresa. A obra colectiva é uma unidade e sobre essa só há direito de autor da empresa, embora a empresa não seja um criador intelectual.*»[132]. Conclui, porém: «*Mas a empresa não tem*

---

[132] JOSÉ DE OLIVEIRA ASCENSÃO, "*Direito Civil - Direito de Autor e Direitos Conexos*", cit., n.º 80-I, pags. 126/127.

direitos pessoais. Estes [...] *tutelam a pessoa do criador da obra intelectual. Seriam deslocados em relação a uma empresa.*»[133]. Nasceria, assim nestes casos, o direito de autor amputado de um dos seus elementos constitutivos, do que discordamos[134], porquanto julgamos que esta conclusão não corresponde à que se depreende quer do art. 6-*bis* CB* quer do art. 9º CDA*, que não parecem deixar que se configure a situação jusautoral originária amputada do núcleo pessoal.

Por obra colectiva entende-se, não obstante a pobre definição do art. 16º/1-b) CDA*, *aquela que, fruto do trabalho organizativo por entidade diferenciável dos vários colaboradores* (uma organização, uma "empresa") *e divulgada em nome desta, assume identidade também distinta do simples somatório das contribuições individualizáveis*[135]. A obra colectiva *como um todo autónomo* requer realização (definição de "linha editorial", escolha de temas, selecção de colaboradores e de contributos, realização do resultado final) e formalização sob égide e enquadramento da entidade organizadora, da "empresa". Em suma: *supõe a autoria* (no sentido próprio do termo, como se verá) *em nome de uma organização com personalidade jurídica e escopo próprios, distintos daqueles dos autores dos contributos criativos individuais que integre.*

---

[133] OLIVEIRA ASCENSÃO, "*Direito Civil - Direito de Autor e Direitos Conexos*", cit., n.º 80-III, pag. 127.

[134] OLIVEIRA ASCENSÃO, "*Direito Civil - Direito de Autor e Direitos Conexos*", cit., n.º 129-V, pag. 196: «*Concluímos assim que o direito pessoal apenas cabe ao criador intelectual que for também titular originário. Qualquer outra entidade não tem o direito pessoal, mesmo quando lhe couber a titularidade originária*». E conclui (*ibidem*): «*Isto implica a grave conclusão de que não se constitui sempre direito pessoal de autor. Só existe quando a titularidade originária for do criador intelectual. O direito pessoal não surge assim como uma consequência necessária da outorga do direito de autor.*».

[135] A titularidade e o exercício do direito pessoal nas *contribuições criativas discrimináveis na obra colectiva* não suscita verdadeiramente problemas autónomos. Restaria a conciliação do exercício destas e dos direitos – na titularidade da "empresa" – relativos à *obra colectiva como um todo*: resolve-as o que definimos como "*princípio*" segundo o qual a utilização independente de cada contributo incorporado está subordinada ao não prejuízo pela exploração económica da obra colectiva. Como também expõe ANDRÉ LUCAS, "*Traité de la Propriété Littéraire et Artistique*", 2ª ed. cit., n.º 212, pag. 186: «*O direito moral dos colaboradores sobre a sua contribuição* [na obra colectiva] *poderia ameaçar a situação do titular dos direitos na obra colectiva. Mas a jurisprudência decidiu que este tem o seu limite natural na "necessária harmonização da obra na sua totalidade".*» – intercalados nossos.

Reveste, nestas condições, uma relevância jusautoral que não é menor do que a de outra qualquer obra protegida. A imputação desta criação exteriorizada à que, para traduzir a ideia organizacional por parte de entidade diferente dos colaboradores, designamos por "empresa" – que pode ser uma pessoa meramente jurídica[136] –, *não invalida que se lhe reconheçam* direitos pessoais. As faculdades que compõem o direito pessoal *de autor* são reconhecidas para garantir a *genuinidade e integridade da obra tal como o autor entendeu divulgá-la* – não para defesa da personalidade do autor. Negá-lo – sustentando que tais faculdades não chegariam a constituir-se quando a obra fosse, por exemplo, *colectiva* – seria torná-la vulnerável a uma exploração económica apenas determinada pelo interesse dos seus utilizadores nos limites do definido pelos fins das utilizações consentidas, sem qualquer consideração de índole ética pela sua expressão formal criativa original.

Uma pessoa (meramente) jurídica pode (e deve) conformar a sua actuação a princípios éticos; assim como pode (e deve) preservar os resultados da sua actuação – sejam estes produtos, serviços ou obras intelectuais – de intervenções que atentem contra o conteúdo dos direitos privativos de que seja titular e que se constituam sobre esses "resultados dessa sua actuação".

Nesta medida, nada obsta à titularidade pela "empresa" de direitos pessoais sobre a obra colectiva de que é autora e cujas "referências éticas", se assim lhes quisermos chamar, lhe cabe interpretar como afinal sucede em relação a todas as manifestações externas instrumentais da expressão da vontade das pessoas (meramente) jurídicas. *Se o direito pessoal de autor é, por definição e característica,* inerente à pessoa do autor, *identificada a obra colectiva como uma obra* (de autoria) *de empresa, só a esta cabe originariamente a titularidade desse direito.*

---

[136] Como expõe FRANCESCO FERRARA, *"Teoria de las Personas Jurídicas"*, tradução espanhola, cit., n.º 66, pag. 330: «*A personalidade é um produto da ordem jurídica, e surge pelo reconhecimento do Direito objectivo. O Homem é pessoa* ["titular de um poder ou dever jurídico", na expressão do mesmo Autor (*ob.* cit., n.º 65, pag. 330] *não por natureza, mas por obra do direito. A qualidade natural do Homem, como um ente racional e capaz de vontade, é tão-só de base ética, para que o direito de um certo estádio de cultura reconheça a todos os Homens personalidade. Mas a subjectividade não é inata ao Homem não é uma qualidade inerente ao indivíduo, mas uma realização ideal que sem a ordem jurídica é inconcebível.*» – intercalado nosso.

O direito pessoal de autor nasce com a exteriorização segundo expressão formal criativa da obra intelectual e permanece intransmissível na esfera jurídica do autor-criador, nos termos expressos da lei (cfr. art. 56º/2 CDA*), simplesmente porque é a este que se reconhece legitimidade para defesa dos interesses que liga à preservação da obra (*maxime* da sua identidade e individualidade), como bem jurídico que se destaca da personalidade precisamente com a sua "formalização". Esta separação, muito clara à primeira vista, requer, contudo, que a questão seja tratada a propósito, designadamente, do exercício de certas faculdades pessoais – como o direito de retirada – oponível mesmo a titular de direito real sobre suportes da obra e, o que mais interessa porventura ao tema em exame, *nas situações em que a situação jusautoral se conforma (também) na esfera jurídica de um não criador*. Logo o faremos (cfr. *infra*, n.ºs 79-84).

III – Se evocarmos a *exterioridade* ao sujeito-autor do bem-obra intelectual – que julgamos já demonstrada[137] –, afirmar que *a obra intelectual é o objecto do direito de autor*, mais não significa do que reportar a esta – como *meio*, objecto do direito de autor – o conjunto de vantagens que a ordem jurídica permite que o titular daquele alcance por seu intermédio. E esta proposição não é desmentida pela regra de intransmissibilidade do núcleo pessoal do direito de autor, pois, como veremos, esta inseparabilidade da esfera jurídica do autor-criador não exclui:

a) a sua atribuição originária a pessoas meramente jurídicas (como nas *obras colectivas*) que já indicia que *os interesses*

---

[137] Como também é explicado por OLIVEIRA ASCENSÃO, *"Direito Civil – Teoria Geral ..."* – vol. III, cit., n.º 42-II, pags. 95/96, nem sequer especificamente a propósito dos ditos "bens intelectuais", seguramente exteriores à pessoa do sujeito-titular/criador, mas dos *"bens da personalidade"*: «... *em todo o caso pensamos que ainda se pode afirmar que os bens da personalidade são objecto destes direitos. Estes bens podem ter um substracto corpóreo (como a integridade física) ou não o ter, como a honra. Mas em qualquer caso, estes bens satisfazem fins da pessoa.* [...] *Ora o direito subjectivo tem um carácter funcional. Assegura uma vantagem. Neste caso, podemos dizer que são esses bens, recortados por mera abstracção, que são objecto da afectação, e confiados à tutela do sujeito.»* – intercalado nosso. E continua (última *ob.* cit., n.º 42-III, pag. 96): «*Na realidade, o objecto é antes o termo funcional de referência de uma dada afectação. É o que se passa aqui. O bem da personalidade delimita a vantagem que é atribuída, ...».*

a tutelar pela atribuição do direito respeitam à preservação da obra, não da personalidade do sujeito titular;

b) a *atribuição em exclusivo de faculdades de exploração patrimonial* – dada a natureza do bem jurídico e, sobretudo, os poderes que se outorgam ao titular, que não consentem que se afirme que priva os não titulares de mais do que a sua exploração económica segundo as faculdades de utilização previstas na lei[138].

Sobre esta ideia, afirmou-se, como vimos, que «[...] *os poderes do titular* [do direito de autor] *não são, na sua incidência sobre a obra, diversos do de qualquer pessoa*; [para concluir, ...] *que na realidade, não recaem sobre a obra. Esta, como ente intelectual, permanece sempre intacta.*»[139]. Julgamos descortinar nesta formulação o que nos parece ser o vislumbre fiel da realidade: *a obra intelectual é, na sua imaterialidade, insusceptível de outro exclusivo senão o que reserva ao titular do direito de autor o monopólio do seu aproveitamento económico segundo uma das modalidades de utilização previstas na lei.*

O aproveitamento das vantagens proporcionadas pela exploração da obra intelectual não implica que se atinja a sua expressão formal (que, como vimos, é a própria essência deste bem jurídico

---

[138] É interessante, mas apenas parcelar, a concepção sobre o *conteúdo do direito de autor* que transparece de pequeno trecho de ACÓRDÃO DA RELAÇÃO DE LISBOA, de 2-7-2002, in Col.Jur.*, t. IV (2002), pags. 64 ss. (*maxime* pag. 65), que tem como Relator RUA DIAS, quando assevera (aliás na linha de jurisprudência firmada que cita em nota (4) à mesma pag. 65): «*Tal protecção* ["de uma obra literária pelo Código do Direito de Autor"] *é levada a cabo de duas formas: a protecção económica, patrimonial, quando estão em jogo interesses deste tipo: "O direito de autor tem uma componente patrimonial que serve para legitimar o estabelecimento de uma contrapartida pecuniária para que um terceiro possa utilizar a obra literária", e protecção moral, quando estão em jogo interesses desta ordem.*» – intercalado nosso.

[139] OLIVEIRA ASCENSÃO, *"A Tipicidade dos Direitos Reais"*, cit., n.º 106-III, pag. 286, intercalados nossos. Esta é uma concepção que o mesmo Autor retoma em *"Direito de Autor e Direitos Conexos..."*, cit., n.º 461-III, pag. 670, mas que desenvolve nesta última *ob.* cit., n.º 469 (*maxime* n.º 469-IV, pags. 681/682), ao declarar que com esta asserção melhor significa *"que o direito de autor não recai sobre a obra"*. Entende assim – cfr. OLIVEIRA ASCENSÃO, *"Direito Civil – Reais"*, cit., n.º 15-III, pag. 39 – que: «*Os bens intelectuais não são objecto de propriedade, mas de direitos de exclusivo, de natureza diferente.*».

particular), sob pena de atentado à sua integridade que a lei proscreve: a obra intelectual é assim incindível e intangível como realidade (imaterial) inteligível.

Por outro lado, a "independência entre as várias formas de utilização da obra" (*ex* art. 68º/4 CDA*[140]) não significa a susceptibilidade de aproveitamento não unitário da obra: *a susceptibilidade de atribuição de faculdades isoladas de utilização patrimonial, segundo uma ou mais modalidades consentidas* (a confirmar-se e ainda que concebível como desmembramento do direito de autor, que é tese que não perfilhamos, como se verá[141/142]), *mais não denota que a*

---

[140] Confrontámos a alteração deste preceito do CDA* pela Lei n.º 50/2004, de 24-8. No entanto, o n.º 4 do citado art. 68º não sofreu alteração.

[141] Em antecipação da posição em que nos filiamos sobre o carácter unitário do direito patrimonial (e apesar da estrutura plural que reconhecemos no direito de autor globalmente considerado), citamos, por todos, OLIVEIRA ASCENSÃO, *"Direito Civil – Direito de Autor e Direitos Conexos"*, cit., n.º 258-III / – IV, pags. 382/383: «*III – [...], a constituição de direitos reais menores é hoje vista quase uniformemente como uma oneração da propriedade – ou, para ser mais preciso, de um direito real maior. Constituem-se poderes ex novo na titularidade do adquirente que restringem os poderes do concedente. Mas não há transmissão nenhuma, há verdadeira constituição, e por isso o fenómeno é designado oneração. Apesar disso, em Direito de Autor continua a usar-se a técnica do desmembramento. Procede, assim, nomeadamente o Código* [CDA*]. *IV – Todavia, como sabemos, as orientações teóricas acolhidas pelo legislador não vinculam o intérprete, que só deve obediência ao regime legal. Lícito é por isso afirmar que aquilo que a lei chama cessão parcial é na realidade oneração. São válidas as razões que utilizámos para crítica à teoria do desmembramento em Direito das Coisas* [sobre estas, veja-se, do mesmo Autor, *"A Tipicidade dos Direitos Reais"*, cit., *maxime* n.º 66-III, pags. 189-191 e n.º 101-V, pags. 273/274, e *"Direito Civil - Reais"*, cit., *maxime* n.º 132, pags. 278-280]. *Assim, não há verdadeira fragmentação do direito de autor, porque este conserva sempre a elasticidade em relação ao direito derivado.*» – intercalados nossos.

[142] Também muito significativo quanto ao que aparenta ser o reconhecimento do carácter unitário do direito patrimonial e da estrutura plural que reconhecemos no direito de autor globalmente considerado, é o trecho seguinte de ACÓRDÃO DA RELAÇÃO DE LISBOA, de 26-3-1998, in Col.Jur.*, t. II (1998), pags. 100 ss. (*maxime* pags. 103/104), que tem como Relator PESSOA DOS SANTOS: «*Estruturalmente, no quadro legal vigente de direito de autor, podem apontar-se três campos, constituídos pelos direitos patrimonial e pessoal, e pelas faculdades de remuneração, que interessam simultaneamente o direito pessoal e o direito patrimonial. Sob este prisma, o direito patrimonial é um direito unitário, atribuído como universalidade e composto por um conjunto de faculdades tendentes a concretizar o exclusivo de utilização económica. Já o direito pessoal, muito embora seja igualmente unitário, contém um leque de faculdades atinentes ao criador da obra e emergentes da criação.*».

ligação da obra no seu todo aos fins de exploração económica do sujeito titular do direito segundo cada uma das modalidades de utilização individualmente consideradas.

Por fim, não pode com rigor afirmar-se que o conjunto de faculdades que permitem reconhecer na titularidade do direito de autor uma posição de exclusivo *deixem perceber outro meio de atingir os fins desse direito que não seja a própria obra.*

IV – Então, sem prejuízo de faltar aferir se esta formulação resiste às situações em que o conteúdo da posição do titular deste direito subjectivo se encontre limitado pela atribuição a outrem de faculdades de utilização da obra, parece poder afirmar-se que o direito de autor se constitui *para* o aproveitamento exclusivo de um bem, a obra intelectual, *mediante o qual o titular* prossegue *fins próprios legalmente consentidos.*

E está presente nesta formulação:

a) A ideia de "*aproveitamento finalista de um bem* – a obra intelectual", que é o *meio* sem o qual não pode atingir os fins pretendidos, assim revelada como *o objecto* deste direito.
b) A percepção de uma *posição de um sujeito que lhe faculta o aproveitamento em exclusivo das vantagens económicas resultantes da utilização* (componente patrimonial) e, bem assim, *a reserva de poderes fundamentalmente ligados à defesa da integridade e ao reconhecimento da paternidade da obra* (essência da componente pessoal) – assim revelada como *o conteúdo* do direito de autor.
c) Mas, sobretudo e mais relevante para a tese que elaboramos, a noção de que a prossecução dos fins próprios do sujeito-titular se atinge, na *esfera de liberdade de actuação* que a ordem jurídica lhe outorga, mediante o bem-obra intelectual que se revela, a final, objecto único do direito de autor, tanto na sua componente patrimonial como pessoal.

V – O direito de autor configurar-se-á assim - em cada uma das suas componentes patrimonial e pessoal – *como um conjunto de faculdades, que designamos conjuntamente "jusautorais"*[143], *que congrega posições activas que proporcionam ao titular respectivo poderes exclusivos fundamentalmente ligados ao aproveitamento das vantagens inerentes à exploração económica do bem obra intelectual.*

SÍNTESE EM RECAPITULAÇÃO

Objecto do direito de autor. Noção de direito de autor

1. A CRP, ao estabelecer a "liberdade de criação", não consagra direitos subjectivos, define tão-só uma esfera de liberdade de actuação individual no âmbito da qual a criação (acto criador que exterioriza obra intelectual) é admitida e protegida como constitutiva de direitos exclusivos, os direitos de autor.

2. A evocação de uma pretensa tutela jusautoral do *direito ao nome* resulta sobretudo da – equívoca – inserção sistemática de normas que respeitam a este bem da personalidade sob vestes que parecem ligá-lo a uma qualquer situação de direito de autor, quando são simples manifestação da tutela *comum* do *direito de personalidade*. Consideramos meramente *instrumental* a ligação destas normas às que verdadeiramente consagram direitos *de autor*.

3. O direito de autor esgota-se nas modalidades de aproveitamento económico que resultam da atribuição das faculdades de utilização patrimonial relativas à obra, independentemente da sua aplicação

---

[143] Para simplificar, não consideramos aqui – sem as excluir da aplicação destes princípios – aquelas situações já examinadas, habitualmente também designadas "*jusautorais*", que respeitam à atribuição de direitos conexos (como os dos "*artistas intérpretes ou executantes*", dos "*produtores de fono/videogramas*", dos "*organismos de radiodifusão*") e, dependendo da natureza que se lhes aponte – veja-se *supra* – de certos direitos *sui generis* (como os dos "*produtores das bases de dados*").

a um outro objecto com valor económico e jurídico próprios. A utilidade de uma obra intelectual, objecto de direito de autor, é: do ponto de vista prático-aplicado/industrial, ... *nenhuma*, pois que só é passível de desfrute espiritual-inteligente; e, do ponto de vista jurídico, apenas aquela que proporciona a sua exploração económica segundo as modalidades que a lei prevê, independentemente das aplicações que possa ter quando integrada em outras obras ou outros objectos à utilização dos quais fique associada.

A obra intelectual é, assim, não mais do que *a expressão formal dada a um objecto que a acção de um sujeito individualiza e faz perceptível à inteligência de outros sujeitos.*

4. A obra, porque intelectual, está aberta ao desfrute de todos os que possam *usá-la*, sem que assim se possa dizer que a *utilizam* e atinjam o exclusivo para o seu aproveitamento económico que é o conteúdo do direito de autor.

"Usar" uma obra significa, com o sentido que lhe damos, *a intelecção da sua estrutura formal* e, se for o caso, *o acesso ao seu conteúdo imaterial*, sem *atingir o exclusivo patrimonial que limita o* aproveitamento económico *das vantagens que proporciona* (reservado ao titular de faculdades de utilização patrimonial).

5. A obra intelectual, como bem imaterial apenas concebível pela inteligência, escapa à característica *real* das coisas corpóreas que permite excluir do seu gozo todos os não titulares de direitos que sobre estas incidam. A obra intelectual é um *bem jurídico imaterial – coisa incorpórea –* que se *objectiva* pela formalização do que é também novo (porque não preexiste à sua exteriorização) e assim se autonomiza da *personalidade* do seu criador e dos bens jurídicos que a esta são inerentes.

6. A ideia de *intelecção da expressão formal de uma obra intelectual* é a que melhor nos ajuda a explicar a insusceptibilidade de apropriação do bem-obra intelectual. O que o direito de autor tutela é a realidade que nasce de um *acto* que só assume relevância jusautoral quando consubstanciado em obra. A obra *objectiva-se pela exteriorização*; esta é acto material que a faz autónoma do ente criador e que lhe dá a expressão formal que só a inteligência descobre. Ora, aquilo que só a inteligência apreende é, por natureza, inapropriável.

7. A fixação em suporte material é, mesmo sob o instituto do *"copyright"*, não uma condição do reconhecimento de expressão *formal* criativa, mas condição de tutela, de outorga do exclusivo jusautoral. Mesmo nos ordenamentos em que a fixação em suporte é condição de tutela jusautoral, a obra existe *enquanto tal* ainda que desencarnada do seu suporte. Como bem cognoscível na imaterialidade da sua expressão formal, a obra intelectual é apenas susceptível de intelecção, não de apropriação.

8. Considerada a obra como bem imaterial, autónomo da personalidade e insusceptível de apropriação, a atribuição voluntária de faculdades jusautorais *representa não mais do que a outorga de poderes de utilização da obra intelectual ligados à sua exploração económica segundo uma ou mais entre as modalidades (de utilização patrimonial) que se compreendem no direito de autor.*

9. Se considerarmos o *núcleo pessoal* do direito de autor – e caso se confirme a atribuição originária deste direito (ou de faculdades neste compreendidas) a entidade diversa do autor –, dir-se-ia que, pelo menos à primeira vista, não se divisa qual *o bem* que se afecta ao aproveitamento do titular *não autor*, uma vez que o direito pessoal de autor surge inseparável da esfera jurídica do autor-criador. Não se trata, porém, de proteger por esta via a "honra, o bom nome e reputação do seu criador" (cfr. art. 56ª/1 CDA*), já que a lei consagra verdadeiros *direitos de personalidade* com esse fim. Cuida-se, isso sim, de assegurar o exclusivo de aproveitamento de um bem, a obra intelectual, que a outorga de faculdades pessoais *de autor* também serve: ao preservar-se a integridade da obra e garantindo a reivindicação da sua paternidade, mais não se faz do que consagrá-la ("íntegra") à satisfação dos interesses do autor – ou daquele(s) a quem este tenha atribuído poderes – para a sua exploração económica.

10. As faculdades que compõem o direito pessoal *de autor* são reconhecidas para garantir a *genuinidade e integridade da obra tal como o autor entendeu divulgá-la* – não para defesa da personalidade do autor. Negá-lo – sustentando que tais faculdades não chegariam a constituir-se quando a obra fosse, por exemplo, *colectiva* – seria torná-la vulnerável a uma exploração económica apenas determinada pelo interesse dos seus utilizadores nos limites do definido pelos fins das utilizações consentidas, sem qualquer consideração de índole ética pela sua expressão formal criativa original. Uma pessoa (meramente) jurídica pode (e deve) conformar a sua actuação a princípios éticos; assim como pode (e deve) preservar os resultados da sua actuação – sejam estes produtos, serviços ou obras intelectuais – de intervenções que atentem contra o conteúdo dos direitos privativos de que seja titular e que se constituam sobre esses "resultados".

Nesta medida, nada obsta à titularidade pela "empresa" de direitos pessoais sobre a obra colectiva de que é autora e cujas "referências éticas", se assim lhes quisermos chamar, lhe cabe interpretar como afinal sucede em relação a todas as manifestações externas instrumentais da expressão da vontade das pessoas (meramente) jurídicas. *Se o direito pessoal de autor é, por definição e característica, inerente à pessoa do autor, identificada a obra colectiva como uma obra* (de autoria) *de empresa, só a esta cabe originariamente a titularidade desse direito.*

11. O conjunto de faculdades que permitem reconhecer na titularidade do direito de autor uma posição de exclusivo *não deixam perceber outro meio de atingir os fins da atribuição desse direito que não seja a própria obra.* Esta revela-se assim como objecto do direito de autor.

A obra intelectual é, na sua imaterialidade, insusceptível de outro exclusivo senão o que reserva ao titular do direito de autor o monopólio do seu aproveitamento económico segundo uma das modalidades legalmente consentidas. Afirmar que *a obra intelectual é o objecto do direito de autor*, mais não significa pois do que reportar a esta – como *meio*, objecto do direito de autor – o conjunto de vantagens que a ordem jurídica permite que o titular daquele alcance por seu intermédio.

12. O direito de autor configurar-se-á assim - em cada uma das suas componentes patrimonial e pessoal – como *um conjunto de faculdades*, que designamos conjuntamente "jusautorais", *que congrega posições activas que proporcionam ao titular respectivo poderes exclusivos fundamentalmente ligados ao aproveitamento das vantagens inerentes à exploração económica do bem-obra intelectual.*

CAPÍTULO II

O pressuposto de tutela sob o direito de autor: a intelecção da criatividade da expressão formal da obra e o investimento na respectiva criação (e produção)

SECÇÃO I

A expressão formal criativa

12. Criatividade da expressão formal de uma obra intelectual - conceito

I – Importa, enfim, elucidar o que significamos ao referir a *"criatividade da expressão formal"* como pressuposto da tutela de direitos relativos à obra intelectual.

O Homem é, por sua condição natural, um *ser criativo*, que só passa a *agente criador* – "autor" – quando a sua *acção se expressa em obras intelectuais*, que se distinguem material e juridicamente da pessoa do seu criador (e dos bens que são inerentes à sua personalidade jurídica). É requerido que *a obra – e não a conduta que culmine na sua criação exteriorizada* (que não passa de "um processo" a que a lei retira expressamente a tutela jusautoral[144]) – revista características que façam reconhecer uma acção criadora como geradora de uma situação jusautoral; e tal só ocorre se dessa *acção resultar, exteriorizada, uma obra intelectual criativa*.

Logo, no processo lógico que leva à outorga de tutela jusautoral, a obra que é objecto de direito de autor precede a autoria,

---

[144] Cfr. art. 1º/2 CDA*.

não o contrário: (re)*conhece-se primeiro a obra, indaga-se depois da sua* autoria[145].

II – Prepara-se assim o caminho que conduz à tutela de objectos que dificilmente projectam a menor sombra de "personalidade criadora". Em alguns casos, porque o respectivo processo de formalização se confunde cada vez mais com um vulgar processo produtivo *empresarial*. Em outros, porque o elevado *componente técnico* envolvido na sua formalização faz menos evidente a acção humana ou muito simplesmente porque se antevê que já nem sequer é a *forma* que está em causa, mas o *conteúdo imaterial* a que esta dá expressão[146].

É assim, em ilustração do primeiro conjunto de razões, no caso das obras colectivas, em que – quando pensamos *o todo* que representam e que se verá ser objecto autónomo de direito de autor – dificilmente se descortina na sua génese uma *espiritualidade criadora individualizada*. Esta aparece desvanecida em detrimento da organização em que se funde e para os fins da qual, que não são sobretudo "espirituais", concorrem tanto as acções criadoras dos colaboradores individuais como as de "organizadores" da obra que coordenam e dirigem; nem uns nem outros, em todo o caso, os titulares originários do direito de autor[147].

É também assim, se pensarmos na *técnica* requerida para a formalização, no caso dos programas de computador para os quais apenas se requer que sejam «*originais no sentido em que são o resultado da criação intelectual do autor*»[148] – o que é pouco mais do que afirmar que *serão protegidos por direito de autor desde que únicos*[149].

---

[145] A autoria está ligada à existência (exteriorização, individualização) de *cada* obra, não lhe preexiste nem subsiste ao desaparecimento desta - «[…]. *Tudo o que é corruptível acabará por ser destruído, e o artista morrerá com a sua obra.*», conforme trecho do *"Livro do Eclesiástico"*, 14-19.

[146] Como veremos ocorrer quanto a "objectos jusautorais" como as *bases de dados* e os *programas de computador*.

[147] Esta é, como se verá, a regra geral sob a CB*, com excepções relevantes como a que assinalaremos em análise do ordenamento jurídico *alemão*.

[148] Cfr. art. 1º/3 Directriz 91/250/CE (DPC*) e art. 2º/1 do Decreto-lei n.º 252/94, de 20-10 que transpõe aquela para o ordenamento jurídico português.

[149] Logo escrutinaremos esta asserção, em tentativa da determinação da *"expressão formal criativa nos programas de computador"* (cfr. *infra*, n.º 15).

É ainda o caso das bases de dados, em que, ao lado da tutela de uma insignificante expressão formal – ou mesmo que esta esteja de todo ausente[150] –, o que mediatamente se visa é a tutela de produtos compostos de elementos simplesmente factuais (*informativos*, logo sem assomo de criatividade intrínseca), quais sejam os *conteúdos imateriais* (informativos) que são resultado de investimento (não de criação) e de actividade organizacional do tipo empresarial[151/152].

III – Parece, pois, inevitável que o acolhimento destoutros objectos imateriais sob tutela jusautoral:

- aproxima os critérios que reconduzem a *criatividade* à individualidade (originalidade objectiva), porquanto remete o reconhecimento de uma *"personalidade* criadora" em cada obra intelectual para uma mera avaliação da "originalidade e novidade" do *objecto criado*;
- e, mais significativo, desloca o pressuposto de tutela da *criatividade da expressão formal inteligível* em cada obra intelectual para a estimativa do *investimento no processo*

---

[150] Ver-se-á adiante – cfr. *infra*, n.º 16 – que, não obstante o insignificante "nível de criatividade" exigido para a tutela, também como *obras* intelectuais, das *bases de dados* consideradas na sua "expressão formal", o seu "conteúdo imaterial" é igualmente protegido (*ex* DBD*, como objecto de um direito *sui generis* do produtor), "na vizinhança" do direito de autor, enquanto mero *resultado* de um "investimento substancial".

[151] Aqueles que, já em 1972, EUGEN ULMER, *"Problèmes de droit d'auteur découlant de la mémorisation dans l'ordinateur..."*, cit., n.º 63, pags. 51/52 - em que cuida, ainda e apenas, da reserva jusautoral para *fixação, tratamento e uso de obras em computador* -, refere a propósito das «*bases de dados jurídicas*» sobre as quais afirma premonitório: «... *no caso das bases de dados jurídicas, a tutela plena aplica-se não apenas aos manuais, aos comentários e aos tratados de Direito e outras obras "afins"* [*"du même ordre"*, no original], *mas também aos relatórios de decisões nos periódicos ou colectâneas e às anotações como aos sumários introdutórios de decisões judiciais* [em] *que, dado o esforço intelectual que representam, a sua originalidade justifica a protecção.*» - intercalado nosso. Veja-se, pois, em que medida este Autor antecipava já o que, de forma um pouco mais sofisticada, a DBD*, só em 1996, veio a consagrar como critério para a protecção das "*obras-base de dados*", claramente inspirada no pressuposto de tutela anglo-americano que se traduz na expressão "sweat of the brow"/"esforço criador", que explicamos *infra*, no n.º 13.

[152] Aqueles a propósito dos quais também LUCAS, *"Droit d'auteur et numérique"*, cit., n.ºs 44/45, diz serem obras em que: «*A obsessão do formato impede de ver o conteúdo.*»; ou, *ibidem*, «*como diz a jurisprudência americana, obras "factuais", em que o valor económico reside no seu conteúdo "informativo".*».

criativo (ou, com mais rigor, no *processo produtivo de cariz empresarial* que enquadra e promove a criação) de um número crescente de obras[153/154].

---

[153] A jurisprudência dos tribunais superiores portugueses também revela bem quão entranhada está – sem prejuízo de assinalável evolução recente - a explicação tradicional da noção de *criatividade*, seguindo tendência que já comentámos. Em ilustração dos pressupostos examinem-se alguns excertos de sentenças e, em primeiro lugar, os que melhor evidenciam uma aproximação entre a noção de criatividade e de espiritualidade que arrisca a confusão entre a obra e a ideia que lhe está subjacente. Assim, por todos:
- ACÓRDÃO DA RELAÇÃO DO PORTO, de *20-10-1992*, in Col.Jur.*, t. IV (1992), pags. 257 ss. (*maxime* pag. 258), de que é Relator CARDOSO LOPES: «*Uma fotografia é inqualificável como criação artística. Não pessoaliza, não individualiza um autor, não merece tutela, caída que está na vala comum, a tal não obstando a natureza do objecto fotografado.*». E continua (*ibidem*): «*Ora, no caso vertente, a fotografia em causa não revela criatividade, pessoalidade ou individualidade. Idêntica fotografia pode ser obtida por qualquer amador, [...]. Não é produto do esforço criador de uma pessoa, não reflecte a personalidade do autor.*».
- ACÓRDÃO DA RELAÇÃO DE LISBOA, de *8-6-1993*, in Col.Jur.*, t. III (1993), pags. 123 ss. (*maxime* pag. 124), de que é Relator JOAQUIM DIAS: «*[...], a fim de uma obra intelectual poder constituir objecto imediato da protecção legal dos direitos de autor, terá de ser intelectual, exteriorizada, porque as ideias só são apreensíveis quando expressas por certa forma; original, porque criação do seu autor.*».

Depois e por outro lado, verificamos com agrado que a jurisprudência um pouco mais recente parece sensível à pouca utilidade do conceito (supostamente) aferidor da criatividade formulado nos termos antes descritos e o procura na expressão formal da obra exteriorizada, não no espírito do criador respectivo. Assim, por todos:
- ACÓRDÃO DO SUPREMO TRIBUNAL DE JUSTIÇA, de *23-3-2000*, in Col.Jur.*, t. I-S.T.J. (2000), pags. 143 ss. (*maxime* pag. 144), de que é Relator ROGER LOPES: «*É a criação do espírito que está na base da obra literária ou artística, mas não é a ideia pura, por si, que é protegida porque ela é livre e funcionará como tema. A protecção recai, sim, sobre a sua forma que constitui, assim, a essência da obra. [...]. É a individualidade, a noção decisiva para a caracterização de uma obra.*» – intercalado nosso. E continua (*apud* OLIVEIRA ASCENSÃO, *"Direito Civil – Direito de Autor e Direitos Conexos"*, cit., pags. 70 e 74, respectivamente): «*A forma é o próprio objecto da tutela.*»; «*O Direito de Autor tutela, assim, a criação do espírito, no que respeita à forma de expressão.*».
- ACÓRDÃO DA RELAÇÃO DE COIMBRA, de *22-1-2002*, in Col.Jur.*, t. I (2002), pags. 21 ss. (*maxime* pag. 23), de que é Relator JAIME CARLOS FERREIRA (*apud* OLIVEIRA ASCENSÃO, *"Direito Civil - Direito de Autor e Direitos Conexos"*, cit., pag. 89): «*Nessa exigência de criatividade ou originalidade está de algum modo implícita uma ideia de individualidade, como marca pessoal dum autor, [...], pese embora a nossa lei não condicione a tutela à verificação da marca da personalidade de determinado autor impressa numa obra, bastando-se com a exigência de que haja uma criação.*», naquela que nos parece uma feliz síntese do verdadeiro pressuposto de tutela sob direito de autor.

Neste sentido, aproxima o pressuposto de tutela tradicional sob a CB* (a *criatividade* da expressão formal da obra) do critério anglo-saxónico que valoriza o *esforço no empreendimento criativo* (seja este humano e individualizado, seja colectivo-empresarial). E que familiar tudo isto soa ..., mas na tradição dos "sistemas" de "copyright" anglo/norte-americanos![155/156]

---

[154] A este propósito, evocamos o ensinamento premonitório de PAOLO GRECO / PAOLO VERCELLONE, *"I diritti sulle opere dell'ingegno"*, cit., n.º 13, pags. 49/50: «*O termo "original" é ambíguo, pelo que não deve surpreender a confusão linguística revelada a este propósito na doutrina e na jurisprudência. Poderia ser-lhe dado um significado preciso e unívoco afirmando apenas que a obra é original (ou a actividade tem carácter criativo) na medida em que, no seu conjunto orgânico, constitui o resultado de uma elaboração intelectual que revela a personalidade do autor. Mas esta afirmação não corresponde a um reconhecimento objectivo da verdadeira situação que existe por aplicação concreta do direito. É certo que uma obra na qual se revela a personalidade do autor é indubitavelmente obra a proteger, porque original. [...] Mas [...] a maior parte das obras que são consideradas pela jurisprudência como susceptíveis de protecção possuem um modesto, frequentemente modestíssimo nível intelectual: o resultado da actividade é de tal maneira amorfo e estereotipado que parece verdadeiramente impossível remontar à personalidade do autor, [...]. Tal significado do termo "criatividade" ou "originalidade" não pode ser utilizado no âmbito que aqui interessa senão com um custo inadmissível: excluir da protecção aqueles que o sistema, entendido como complexo de normas internas, acordos internacionais e sobretudo como consenso dos operadores económicos, juristas teóricos, juízes, mostra expressa e inequivocamente querer proteger.*» – intercalados nossos.

[155] Voltamos a ANDRÉ LUCAS, *"Traité de la propriété littéraire et artistique"*, 2ª ed. cit., n.º 98, pag. 95: «*Se o quiser fazer da originalidade um critério único que permita compreender as bagatelas, a "pequena moeda"* ["petite monnaie", no original], *os programas de computador e as bases de dados, não há outra saída senão alinhar pela definição consagrada nos sistemas de copyright que a faz derivar da ausência de cópia, para que possa reconhecer-se-lhe um mínimo de criatividade.*» – intercalados nossos. E conclui acertadamente, *ob.* cit., n.º 99, pags. 96/97: «*A preocupação de rendibilizar os investimentos* [empresariais] *leva evidentemente a baixar o nível mínimo de criatividade, [...] cujo fundamento pode mesmo ser criticado por contrário à indiferença do mérito* [para a tutela das obras intelectuais]. *[...]. Mas, ao querer aplanar demasiado o terreno, faz-se da originalidade um critério vazio de sentido, destituído de toda a função distintiva autónoma. [...]. [...] A obsessão da remuneração do investimento faz alargar demais o domínio de aplicação do direito de autor, devido ao questionável adágio inglês "tudo o que merece ser copiado merece ser protegido". [...] o enfraquecimento da ligação entre o autor e a obra não pode deixar de ter consequências no regime do direito de autor, tal como resultava da construção jurisprudencial do século XIX, codificado* [no século XX].» – intercalados nossos.

[156] A "petite monnaie", a que refere A. LUCAS, corresponde a expressão que é constante entre os Autores alemães ["kleine Münze"], quando já aludiam a obras, como "slogans" publicitários, catálogos, formulários, panfletos, tabelas – por todos, veja-se

Mas poderá afirmar-se que a tutela destes objectos adventícios implica o menoscabo dos pressupostos *tradicionais* que determinam a tutela pelo direito de autor nos ordenamentos de raiz romano--germânica, com favorecimento dos que determinam a protecção sob o "copyright"? É o que investigamos de seguida.

13. Criatividade e "engenho e esforço intelectual" – cotejo conceptual sob o instituto do "copyright"

I – Confrontemos, então, o pressuposto geral de tutela – dito "de originalidade" –, sob o instituto do "copyright", nos ordenamentos jusautorais dos Estados anglo/norte-americanos. Em contraponto à *criatividade – inteligível na expressão formal da obra*, como vimos –, desta se diz que depende de suficiente *"skill, judgement and labour"* ou *"selection, judgement and experience"* ou *"labour, skill and capital"* que o autor empregue na criação da obra[157].

Este pressuposto de tutela é considerado a marca da sua "vizinhança dos *privilégios* (editoriais)"[158/159/160], portanto ligado à remu-

---

EUGEN ULMER, *"Urheber- und Verlagsrecht"*, cit., § 2-III, pag. 15. E, acrescentam hoje, por exemplo, os programas de computador e as obras-base de dados, em que o "nível de criatividade" – "Gestaltungshöhe" (veja-se *infra*, nota ao n.º 18-I – não deixa perceber qualquer "reflexo da personalidade" dos autores respectivos – cfr. MANFRED REHBINDER, *"Urheberrecht"*, 12ª ed. (2002) cit., § 6-I, 1.b), pag. 36 (51) e, *sobretudo*, § 11-II, 3., pag. 80 (117). H. SCHACK, *"Urheber- und Urhebervertragsrecht"*, cit., § 9-VI, pags. 126/127 (261), também explica: «Apenas *poucas criações são grande arte, muita coisa é pequena moeda, mas a maioria nem sequer isto. Compreendem-se sob o tema "kleine Münze" as criações pessoais espirituais [...] que apresentam um mínimo de individualidade que possa ainda considerar-se suficiente.*»; mas adverte (*ob.* cit., § 9-VI, pag. 129 (265): «*Não devem ver reconhecida protecção pelo direito de autor as prestações unicamente relevantes sob o ponto de vista económico, mas culturalmente insignificantes [...]*». Apesar de este trecho se revelar pouco esclarecedor na delimitação positiva do conceito, abre perspectivas para o que adiante se conclui sobre o "pressuposto geral" de tutela jusautoral, conforme as conclusões que apresentamos *infra*, *maxime* n.º 18.

[157] Trata-se de expressões evocadas por W. R. CORNISH, *"Intellectual Property: Patents, Copyright, Trade Marks and Allied Rights"*, 4ª ed. cit., n.º 10-04, pag. 382, segundo jurisprudência que cita, *apud* nota (9), na mesma página.

[158] Em defesa desta asserção, veja-se: GRECO / VERCELLONE, *"I diritti sulle opere dell'ingegno"*, cit., n.º 2.-b) a -b''), pags. 10 ss. (*maxime* pag. 10); LUIGI CARLO UBERTAZZI / MAURIZIO AMMENDOLA, *"Il Diritto d'Autore"*, cit., I-2., pag. 9. Explicam os primeiros que:

«[...] *o exclusivo era considerado como "un ensemble de droits régaliens qui sont reconnus à celui-ci en faveur du public"* (apud ESCARRA, "Bulletin du droit d'auteur, n. 4, 1949, II, p. 3). *Em consequência, a livre utilização da obra por terceiros não aparece como uma derrogação excepcional do direito de propriedade, mas como reafirmação da liberdade natural dos que confrontavam um monopólio. Afirmou-se por outro lado o princípio segundo o qual a obra não resulta protegida pelo simples facto da criação mas só quando posta à disposição do público e, sobretudo, se o autor reclama formalmente para si a atribuição de um exclusivo temporário. Por outro lado, precisamente porque a tutela era encarada essencialmente em função do contributo objectivo para a cultura, fica na sombra a relação direito de autor-obra*».

[159] Esses *"privilégios"* resultam consagrados, desde os últimos anos do Século XV e primeiros do século XVI, como «*... atribuídos, não aos autores, mas aos impressores e editores, como compensação para os vultuosos investimentos a que a produção de livros obrigava e os riscos da concorrência.*», conforme o exposto por LUIZ FRANCISCO REBELLO, *"Introdução ao Direito de Autor"*, vol. I, cit., n.º 7, pags. 31/32, que assinala, *ibidem*, entre os "primeiros privilégios concedidos em Portugal, o outorgado, em 1502, a Valentim Dias, para edição do *"Livro de Marco Polo"*. L. F. REBELLO regista, porém, última *ob.* e loc. citt., em nota (4) à pag. 31, que «[...] *em casos muito excepcionais, o autor seria o beneficiário do privilégio.*», e cita como exemplo, em Portugal, o do «*poeta cego madeirense Baltasar Dias, a quem por alvará de 1537 o Rei D. João III concedeu privilégio "para imprimir e vender as suas obras"*; [...], *"por ser homem pobre" e não ter "outra indústria para viver por carecimento da sua vista".*» – intercalado nosso. Contudo, mesmo neste caso, o "privilégio" afigura-se concedido como *exclusivo de edição, independente da autoria que só incidentalmente aqui coincide.*

[160] No nosso *"O direito pessoal de autor no ordenamento jurídico português"*, cit., Capítulo II -1. a 5.2., pags. 43 a 53, já narrámos em síntese toda a evolução legislativa da regulação do Direito (hoje) de autor em Portugal:

- primeiro, na *Constituição de 1822*, na *Carta Constitucional de 1826* e na *Constituição de 1838*, no *Decreto* (de Costa Cabral) *de 8-7-1851*, que foram reflectindo a percepção do direito de autor como uma *propriedade especial* (com interessante reflexo na acesa controvérsia entre ALMEIDA GARRETT e ALEXANDRE HERCULANO (que referimos também nessa nossa *ob.* cit., Cap. I –2.1.1., pags. 27 a 30);
- sobreviria a sua expressa consagração no *Código Civil de 1-7-1867* – arts. 570º a 612º – em todo um Capítulo II (*"Do trabalho literário e artístico"*) do Título V do Livro I (*"Dos direitos originários e dos que se adquirem por facto de vontade própria independentemente da cooperação de outrem"*) da Parte II, o que não obstou a que ali se estatuísse (*maxime* arts. 569º e 570º) que «*O produto ou o valor do trabalho humano* ["... incluindo qualquer trabalho literário ..."] *e indústria lícitos de qualquer pessoa é propriedade sua,* [...]» (veja-se o comentário na mesma nossa *ob.* cit., Cap. I–3., bem como a clarividente importante análise aí citada elaborada pelo VISCONDE DE CARNAXIDE, *"Tratado da propriedade literária e artística"*, cit., pags. 435 ss.);

neração *de um investimento* ou, na melhor das hipóteses, do *trabalho intelectual*[161]. A ser assim, depararíamos verdadeiramente com a desconsideração da *criatividade* no sentido que lhe é dado nos países com ordenamentos de raiz romano-germânica, tal como a temos referido, uma vez que a "remuneração de um esforço" – seja financeiro, técnico ou humano – tem em consideração outros factores que não seguramente a *criatividade* da expressão formal atingida em resultado desse *"skill and labour"*. Mas não é exactamente assim que tem sido entendido.

II – Nos Estados Unidos da América (EUA), estes conceitos descendem da repressão da designada *"apropriação indevida da indústria de outrem (na pesquisa e comunicação de factos ou outros elementos)"*, genericamente agrupadas sob o conceito de tutela da noção designada *"sweat of the brow"* ou *"industrious collection"* (que tem como exemplo ilustrativo o caso *"Leon v. Telephone &*

- depois, no *Decreto n.º 13 725, de 3-6-1927*, que volta a regulá-lo como modalidade de *propriedade*, uma «... *propriedade literária e artística como qualquer outra propriedade mobiliária com as modificações da presente lei*» - art. 36º – (segundo regime que analisamos também naquela mesma nossa *ob.* cit., Capítulo I– 2.1.1., pags. 28/29 e Capítulo II-4., pags. 50 ss., e que teve como proeminente comentador Luiz da Cunha Gonçalves, *"Tratado de Direito Civil"* – vol. IV, cit., pags. 29 ss., e, mais tarde, António de Almeida Santos, *"Ensaio sobre o Direito de Autor"*, cit., e Mário Alves Pereira, *"Código do Trabalho Intelectual" (Anotado)*, cit.;
- por fim e até ao CDA* (vigente), o Código do Direito de Autor de 1966 (Decreto-lei n.º 46 980, de 27-4), que já reflecte uma concepção dualista do direito de autor - *direito patrimonial* (de exclusivo de aproveitamento económico de um bem)/ *direito pessoal, chamado moral* – cfr., por todos, o respectivo art. 5º/1 que comentamos naquela nossa *ob.* cit., Cap. 5., pags. 52 ss. –, influenciado nos estudos gerais já então desenvolvidos, entre nós, designadamente por Oliveira Ascensão, in *"A Tipicidade dos Direitos Reais"*, cit., n.ºs 96 ss. (*maxime* n.ºs 106 e 107, pags. 287/291) e por Luiz Francisco Rebello, *"Visita Guiada ao Mundo do Direito de Autor"*, cit., pags. 44 ss. .

[161] No decurso natural da nossa exposição tratamos com a autonomia que merece a importante matéria que respeita à consideração do chamado "trabalho intelectual", designadamente quanto às sua raízes romanísticas (*v.g.* a *locatio operis* e a *locatio operarum*) e que, na lógica do tema e linha condutora desta nossa indagação, referimos às situações jusautorais que emergem dos *contratos para criação de obra intelectual no âmbito de actividade "sob autoridade e direcção de outrem"* ou *"sob instruções e supervisão alheias"* para *fins* predefinidos pelo empregador ou pelo comitente.

Telegraph Co."). Estas teses foram, porém, abandonadas pelo reconhecimento do requisito de originalidade como indispensável à protecção das criações (de obras) intelectuais, de que foi paradigma a doutrina exposta no célebre caso *"Feist Publications, Inc. v. Rural Telephone Service Co."*[162].

III – No Reino Unido, como se explica em COPINGER/SKONE JAMES: «*A originalidade* [da obra] *não foi expressa como requisito de originalidade sob a Convenção de Berna. O conceito implícito na Convenção foi, contudo, outorgar protecção aos autores relacionada com as suas criações. Isto implica que o produto assim criado é o resultado do esforço individual de cada um, e, portanto,* [é] *neste sentido original para si.*»[163]. Indiscutível que se afigura a primeira observação quanto ao que fica expressamente estabelecido pela CB*, já a última proposição destes Autores revela alguma petição de princípio quanto ao que tomam por demonstrado: que a originalidade/criatividade, como pressuposto da tutela jusautoral – mesmo no âmbito da CB* –, não é mais do que a *individualidade da obra*. Nesta linha de raciocínio, é inevitável que deparem com dificuldades, que os próprios assumem, para explicar a previsão pela lei de autor britânica das "computer generated works" – cfr. sec. 178 UK CDPA* –, que antecipam propor resolver, classificando-as como «*seguindo um processo (humano) que é assistido em elevado grau por computador* ["higly computer assisted", no original]»[164]. Apresentámos já a nossa posição a propósito das pretensas *"criações não intelectuais"* (cfr. *supra*, n.º 6).

IV – Ainda a propósito do ordenamento britânico, segundo CORNISH: «*o termo "originalidade" é entendido como fazendo sobressair uma característica do requisito "skill, labour and judgement":*

---

[162] Trata-se de decisão descrita por NIMMER (MELVILLE NIMMER / DAVID NIMMER, *"Nimmer On Copyright (A Treatise on the Law of Literary, Musical and Artistic Property, and the Protection of Ideas)"*, cit., designadamente em nota (9) ao § 3.03, 3-10, -11), onde se transcrevem sumários e se explica de modo desenvolvido e esclarecedor o conteúdo das sentenças citadas.
[163] COPINGER / SKONE JAMES, *"(On) Copyright ..."*, vol. I, 14ª ed. cit., n.º 3-86, intercalado nosso.
[164] COPINGER / SKONE JAMES, *"(On) Copyright ..."*, cit., nota (26) ao n.º 3-88, pag. 108.

que a obra deve provir do autor e que não foi copiada por ele de outra fonte.»[165]. E que familiar isto volta a soar, quando recordamos o que expusemos sobre a evolução mais recente do conceito de criatividade – como pressuposto geral de tutela – para o de originalidade objectiva nos ordenamentos jurídicos ... de raiz romano-germânica!

Aliás, a lei de autor do Reino Unido consagra a tutela como ... *"obra literária"* de: «*qualquer obra, com excepção das obras dramáticas ou musicais, que seja escrita, falada ou cantada, assim incluindo* (nomeadamente): *(a) ... uma compilação que não seja uma base de dados*; *(b) um programa de computador*; [...]; *(d)uma base de dados.*» – cfr. sec. 3(1) UK CDPA*.

Revela-se assim a aproximação (assimilação?) de novéis *objectos jusautorais*, como os *programas de computador* e as *bases de dados*, às ... "obras literárias".

Antecipa-se, assim também:

- por um lado, o chamamento à tutela jusautoral de situações jurídicas ligadas a obras em que a expressão formal se revela em formas de notação ("linguagens") que de "literárias" têm apenas a ficção legal que assim as assimila;
- e, por outro, que o objecto de tutela jusautoral se transfere da manifestação inteligível de uma expressão formal criativa nestas (improváveis) "obras literárias ou artísticas" para o seu conteúdo – imaterial, mas não criativo.

V – Tal não pode deixar de fazer reflectir: *o que a lei* (neste caso, a lei de autor britânica) *diz "criativo", porque assimila a uma obra literária sem que desta revele o menor resquício de semelhança*

---

[165] W. R. Cornish, *"Intellectual Property ..."*, cit., n.º 10-08, pags. 384/385. Também cita o que chama "um trecho sempre recordado a propósito de Peterson J." – (*"University of London Press"* (1916) 2 Ch. 601 a 608) *apud* Cornish, *ob.* e loc. citt.: «*A palavra "original" não significa neste contexto que a obra deva ser a expressão de um pensamento original ou inventivo. Os "Copyright Acts" não se ocupam da originalidade das ideias, mas da expressão do pensamento. [...] a originalidade requerida refere-se à expressão do pensamento. Mas o "Act" não exige que a expressão deva ser em forma original ou nova, mas que a obra não seja copiada de outra obra – que provenha do autor.*» – intercalado nosso.

quanto à expressão formal, só pode deixar concluir pela desconsideração do critério tradicional de aferição da criatividade *pelo direito de autor.* Trata-se de algo distinto, específico das novas "formas de expressão" dos objectos jusautorais adventícios, qual seja o que, com muito maior propriedade, deve referenciar-se como individualidade objectiva, que é noção com o significado (mais uma vez tão anglo-americano) de *dissemelhança de outros objectos de idêntico "género"* e que conduz irresistivelmente à noção de *novidade* – tão cara à propriedade industrial ... e simultaneamente tão pobre segundo os parâmetros tradicionais de exigência para outorga do direito de autor[166/167].

---

[166] Tal evidenciar-se-á ainda mais quando analisarmos os pressupostos e objecto de tutela nas bases de dados e nos programas de computador. Em todo o caso, sempre pode adiantar-se que a assimilação – no sentido que acabamos de observar – entre (o estatuto legal das) "obras literárias" e (o de) *objectos jusautorais com expressão formal manifestamente distinta* já operou, na sequência da transposição da Directriz 91/250/CEE (DPC*, art. 1º/1) – pelo menos entre todos os Estados-membros da União Europeia –, quanto à tutela dos *programas de computador* «..., *mediante a atribuição de direitos de autor, enquanto obras literárias na acepção da Convenção de Berna* ...». Também em COPINGER / SKONE JAMES, *"(On) Copyright ..."*, vol. I, 14ª ed. cit., n.º 4-05, pag. 184, se assinala a «... *tensão que a divergência entre uma tutela jusautoral assente no "skil and labour" e aquela que se baseia num critério mais elevado* ["civil law systems often impose a higher test", no original], que significativamente consideram estar na origem de um critério duplo Comunitário aplicado às bases de dados.

Voltamos ao tema, quando analisamos os pressupostos e objecto de tutela destes objectos jusautorais por direito de autor e "outros" direitos na sua vizinhança (instrumental), como o direito *sui generis* nas bases de dados.

[167] É REHBINDER, *"Urheberrecht"*, 12ª ed. (2002) cit., § 12-I, pag. 86 (125) *passim*, que afirma que, nestes casos: «... *bastaria a protecção segundo as regras da concorrência* ...»; que «... *muitas vezes não é justa a protecção do autor individualizado* ...»; que «... *mais necessita protecção o empresário que suporta custos* ...». E parece afirmá-lo, em tese geral, a propósito de um ordenamento tão europeu continental como o alemão, no que consideramos referência não a um pressuposto de *criatividade* revelado pela imputação de autoria, mas explicitamente às que já definira como *"prestações empresariais"* (veja-se *infra*, em nota ao n.º 38-II) em contributo para o (ou como parte essencial do) processo criativo.

Assim também SCHACK, *"Urheber- und Urhebervertragsrecht"*, cit., § 9-I.1 (153/ 154), pags. 82/83: «*As obras são produções individuais do espírito criativo. Esta característica central* de individualidade [...], *no entanto, é cada vez mais problemática numa época que se interessa mais pela protecção de um* produto comercialmente utilizável *do que pelo seu criador. Enquanto, por um lado, se deve manter o critério de individualidade da obra, o outro requisito* [o da "Gestaltungshöhe", conforme expressão original] *entretanto já foi ultrapassado pela evolução do Direito.* [...]. *A afirmação de que* [como no caso dos

Pode então afirmar-se que está assim aberto o caminho à confusão entre obras intelectuais (criativas) e produtos (desde que "inovadores")? Verificamo-lo nas Secções seguintes.

SÍNTESE EM RECAPITULAÇÃO
A criatividade da expressão formal de uma obra

1. O acolhimento de novos objectos imateriais sob tutela jusautoral:

- aproxima os critérios que reconduzem a *criatividade* à individualidade (originalidade objectiva), porquanto remete o reconhecimento de uma *"personalidade criadora"* em cada obra intelectual para uma mera avaliação da "originalidade e novidade" do *objecto criado*;
- e, mais significativo, desloca o pressuposto de tutela da *criatividade da expressão formal inteligível* em cada obra intelectual para a estimativa do *investimento no processo criativo* (ou, com mais rigor, no *processo produtivo de cariz empresarial* que enquadra a criação) de um número crescente de obras.

Neste sentido, aproxima o pressuposto de tutela tradicional sob a CB* (a *criatividade* da expressão formal da obra) do critério anglo-saxónico que valoriza o *esforço no empreendimento criativo* (seja este humano e individualizado, seja colectivo-empresarial).

2. *O que a lei* (a lei de autor britânica) *diz "criativo", porque assimila a uma obra literária sem que desta revele o menor resquício de semelhança quanto à expressão formal, só pode deixar concluir*

---

programas de computador, *ex* § 69a UrhG alemã*) *a "Gestaltungshöhe" poderia ser inferior àquela relevante para outras espécies de obras pode ser mal compreendida, uma vez que a "Gestaltungshöhe", depois do reconhecimento jusautoral da "kleine Münze" já se encontrava* [já colocava o *nível de criatividade exigível*] *no mais baixo nível possível.»* – intercalado nosso.

pela desconsideração do critério tradicional de aferição da criatividade *pelo direito de autor.*

Trata-se de algo distinto, específico das novas "formas de expressão" dos objectos jusautorais adventícios, qual seja o que, com muito maior propriedade, deve referenciar-se como individualidade objectiva, que é noção com o significado (mais uma vez tão anglo--americano) de *dissemelhança de outros objectos de idêntico "género"* e que conduz irresistivelmente à noção de *novidade* – tão cara à propriedade industrial ... e simultaneamente tão pobre segundo os parâmetros tradicionais de exigência para outorga do direito de autor.

SECÇÃO II

Da possível emergência de novos pressupostos de tutela

14. **Da subsistência dos pressupostos tradicionais de tutela – considerações gerais**

I – Dissemos que o que faz a obra criativa é a *percepção inteligente* – a intelecção – *dessa característica na sua expressão formal*. Tal não significa que advoguemos a *despersonalização* da autoria – que não assimilamos, porém, à sua imputação a uma pessoa *física*. Pelo contrário, o que sustentamos é a clara separação entre o bem jurídico-obra intelectual e o sujeito que a cria: aquela é *coisa* – objecto de situações jusautorais, como vimos –, este é *pessoa*.

II – É certo que impressiona, como veremos ocorrer nas situações jusautorais relativas aos programas de computador ou às bases de dados, a parafernália mais ou menos sofisticada de meios técnicos indispensáveis à acção criadora. Perturba também o desvanecimento desta num quadro organizacional de cariz empresarial, que se revela essencial não apenas à "produção literária ou artística" como à própria criação que parece dissipar-se naquela. Impressiona, mas não deve iludir: *obra intelectual é* (ainda e só) *a que reveste criatividade; ora, nada nem nenhuma circunstância "faz criativo" um objecto, excepto o espírito humano*. O que é questionável é que a identificação de uma "individualidade pessoal-espiritual" revista (ainda) alguma utilidade para determinar a tutela de um objecto por direito de autor.

Nos dias de hoje, como nunca dantes, o Direito de Autor já chamou a si grande parte dos objectos imateriais a que reconheça o mais leve resquício de intervenção humana para a sua formalização.

Desprendeu-se – bem ou mal – de considerações sobre a criatividade "literária ou artística" para relevar apenas da importância daquelas entre os bens (culturais, económicos?) que, colocados no tráfego jurídico da chamada *"sociedade da informação"*, fazem digno de recompensa o *investimento na sua produção*, tanto o humano-criativo como o simplesmente fabril, técnico ou financeiro.

III – No entanto, as novas "circunstâncias" em que se desenvolve o processo criativo não consentem que se desdenhe a omnipresença da génese humana de toda a actividade criadora, ainda que enquadrada por uma organização: *«Mas existe, em particular no nosso tempo, uma outra forma de propriedade, que reveste uma importância nada inferior à da terra: é a propriedade do conhecimento, da técnica e do saber.* […]. *Acenou-se pouco antes ao facto de que o homem trabalha com outros homens, participando num "trabalho social" que engloba progressivamente círculos cada vez mais amplos.* […]. *Aliás, muitos bens não podem ser adequadamente produzidos através de um único indivíduo, mas requerem a colaboração de muitos para o mesmo fim.* Organizar um tal esforço produtivo, planear a sua duração no tempo, procurar que corresponda positivamente às necessidades que deve satisfazer, assumindo os riscos necessários: também isto é uma fonte de riqueza na sociedade actual. Assim, parece cada vez mais determinante o papel do trabalho humano disciplinado e criativo e – enquanto parte essencial desse trabalho – das capacidades da iniciativa empresarial. […]. *Se outrora o factor decisivo da produção era a terra e mais tarde o capital, visto como conjunto de maquinaria e de bens instrumentais, hoje o factor decisivo é cada vez mais o próprio homem, isto é, a sua capacidade de conhecimento que se revela no saber científico, a sua capacidade de organização solidária, a sua capacidade de instruir e satisfazer a necessidade do outro.»*[168].

Julgamos que esta clarividente síntese entre *organização empresarial* e *actividade humana criadora* (necessariamente personalizada, nem sempre materialmente individualizável numa pessoa física

---

[168] Trecho, com intercalados nossos, que escolhemos longo pelo significado, riqueza e pertinência, da *"Carta Encíclica Centesimus Annus"*, cit., n.º 32, de S.S. o Papa JOÃO PAULO II.

determinada ou determinável) traduz muito bem – independentemente da opção ideológica de cada um – (também) o verdadeiro enquadramento do processo de criação de número crescente de obras intelectuais.

15. A expressão formal criativa nos programas de computador[169]

I – Não encontramos, nem na DPC* nem na generalidade das legislações estaduais europeias, uma definição de *programa de computador*. A sec. 101 US Copyr.Law* define-o como «*o conjunto de disposições ou instruções* ["a set of statements or instructions", na expressão original] *destinada a ser usada directa ou indirectamente num computador para a obtenção de um certo resultado.*»[170]. Pressentir-se-ia aqui – entre várias outras possibilidades[171] – a revelação de um *processo* ou de um *objecto utilitário*. Contudo, o programa de computador, nos próprios termos da definição apresentada, não serve *directamente* qualquer processo utilitário, *apetrecha a máquina* (computador) *para que esta sirva* (eventualmente) *um qualquer processo de obtenção de produtos*, sem que ainda assim esgote as virtualidades da sua aplicação. Mas este não é o principal aspecto que nos ocupa, visto que, para não fugir ao *pressuposto geral de tutela pelo direito de autor* que reclama, deveria ser a *inteligibilidade de uma expressão formal criativa* a justificar essa protecção.

---

[169] Nesta brevíssima nota, cuidamos aqui tão-só de avaliar em que medida a tutela dos programas de computador, na vizinhança formal/instrumental da das obras intelectuais, revela um *novo pressuposto de tutela sob o direito de autor* ou, quiçá, *um novo bem jusautoral*. Deixamos a análise da *configuração da situação jusautoral* correspondente para lugar próprio neste escrito (cfr. n.º 78, *infra*).

[170] Definição que segue de perto as "Orientações gerais" formuladas pela OMPI* ("*Disposições-tipo*", aprovadas em 3-6-1977, conforme texto publicado *in* "Le Droit d'Auteur", n.º 1, 1978, pags. 13 ss.: «*"Programa de computador" é o conjunto de instruções que, quando incorporado num suporte legível por máquina capaz de processar informações, é susceptível de indicar ou executar uma função, tarefa ou resultado particulares/específicos.*».

[171] OLIVEIRA ASCENSÃO, *"A protecção jurídica dos programas de computador"*, cit., n.ºˢ 7 a 12, pags. 76-83, enuncia exaustivamente várias dessas.

II - O art. 1º/1 DPC*, o art. 10º/1 TRIPS/ADPIC*, o art. 4 OMPI/TDA* apontam todos para uma protecção «*como obras literárias*» (*ex* art. 2/1 CB*), em termos sensivelmente diferentes do que consagra, em Portugal, o art. 1º/2 do Dec.-lei n.º 252/94, de 20-10, que reconhece aos «*programas de computador que tiverem carácter criativo* [...] *protecção análoga à conferida às obras literárias*». É nesta fórmula que assenta o entendimento segundo o qual *não é de equiparação às obras literárias que se trata* – nem sequer, segundo alguns Autores, da outorga de direito de conteúdo idêntico ao do direito de autor nas obras literárias[172] –, *mas da aplicação*, com especialidades, *do regime destas sob o Direito de autor*[173]. Deste passo, interessa-nos mais determinar *se é verdadeiramente inteligível nos programas de computador uma expressão formal* que assimile o pressuposto de tutela nestes ao das obras literárias e artísticas.

Não está evidentemente em causa uma qualquer pretendida "*expressão literária*" – ainda que traduzida em mera "*expressão linguística*"[174/175] –, mas tão-só o reconhecimento de uma expressão formal

---

[172] Por todos, veja-se M. LOPES ROCHA / P. CORDEIRO, *"Protecção jurídica do «software»"*, cit., em "Comentário 4.", pags. 21/22, ao art. 1º do Decreto-lei n.º 252/94, de 20-10.

[173] No que mais interessa a esta nossa dissertação, tentamos adiante resolver este problema, *especificamente* a propósito da *atribuição do direito de autor nos programas de computador que sejam criados em execução de contrato* (cfr. *infra*, n.º 78).

[174] São interessantes alguns dos pressupostos de ACÓRDÃO DO TRIBUNAL CONSTITUCIONAL, n.º 1057/96, de 16-10 (DR* II Série, de 23-11-1995, pags. 16408 ss., *maxime* pags. 16411/16412) – que «*não declara a inconstitucionalidade da norma do n.º 2 do art. 45º do Estatuto dos Benefícios Fiscais* [a norma que define a base de tributação em IRS dos "rendimentos de autores provenientes da propriedade literária, científica e artística"], *aprovado pelo Decreto-lei n.º 215/89, de 1 de Julho, na redacção introduzida pela Lei n.º 65/90, de 28 de Dezembro.*» - intercalado nosso. Neste se assevera nomeadamente: «[...] *a fronteira que deve separar a obra literária da obra não literária não pode deixar de ser encontrada pelo funcionamento de critérios que permitam enquadrar a obra literária no âmbito da actividade criativa e a não literária dentro da actividade não criativa, sendo, no entanto, relevante, para este efeito, apenas o valor facial da obra.* [...]. *A nossa lei não exige, pois, que estes elementos – designadamente o mérito e o objectivo – se verifiquem em qualquer obra para estar protegida pelo direito de autor.*» - intercalados nossos.

Quanto ao que agora cuidamos, se é certo que os programas de computador não aspiram evidentemente à "dignidade de *obra da literatura*" (o *supra*mencionado Acórdão detém-se também – pag. 16412 - na distinção "*obra literária/obra da literatura*, por um lado e "*obra de expressão linguística*", por outro), cumpre demonstrar se, ainda que lhes

inteligível ou, menos ambiciosa ainda, apenas *uma qualquer* expressão formal identificável como elemento distintivo digno de tutela sob o direito de autor[176].

A via de indagação à primeira vista mais promissora é a que busca no "código do programa"[177] uma expressão linguística que lhe daria *forma* intelectualmente perceptível. Esta parece ser a opção de OLIVEIRA ASCENSÃO: *«Mas em todos os casos* [referindo quer a linguagem de alto nível (intermédia entre o algoritmo e a linguagem da máquina) quer a linguagem de baixo nível (que é directamente perceptível pela máquina)] *defrontamos uma linguagem. Isto nos permite afirmar sem nenhuma dúvida que o programa de computador é uma criação que tem uma expressão, e que essa expressão é linguística.»*[178].

---

falte uma expressão linguística, pode reconhecer-se-lhes uma outra *expressão formal criativa relevante para o Direito de Autor*.

[175] RUI SAAVEDRA, *"A protecção jurídica do software e a Internet"*, cit., II-8.9.-b), pags. 221/222, avalia – quanto a nós, bem – que a determinação legal (art. 1º/2 Dec.-lei 252/94) que reconhece aos programas de computador «*protecção análoga à conferida às obras literárias*» mais não significa do que chamar a tutela do Direito de Autor, segundo o critério da *criatividade*. Parece depois considerar que tal significa «*a indiferença ao mérito da obra*», em aplicação de regra que aqui se nos afigura deslocada.

[176] Já em data anterior à publicação do Decreto-lei n.º 252/94, de 20-10, o ACÓRDÃO DA RELAÇÃO DE LISBOA, *de 26-4-1994, in* Col.Jur.*, t. II (1994), pags. 130 ss. (*maxime* pag. 131), que tem como Relator PINTO MONTEIRO, considerava que: «[...] *os programas de computador se encontram implicitamente incluídos no elenco das obras protegidas constantes do art. 2º do [...] Código [CDA*], devendo ser considerados como criação intelectual.*» – intercalados nossos.

[177] Segundo explicação de JOSÉ ALBERTO VIEIRA, *"Obras geradas por computador e direito de autor"*, cit., n.º 1, pag. 115: «*Os programas de computador são fornecidos ao utilizador numa versão em código máquina, porquanto o computador só nessa linguagem é capaz de executar as instruções do programa* [elaborado pelo programador]. *O código máquina resulta, no entanto, de uma transformação do código fonte operada por via de outro programa de computador, um "compiler" ou um "assembler", que efectua a conversão do código do programa na linguagem de alto nível (linguagem de programação) ou de baixo nível ("assembly language") em que o programa é escrito pelo programador para uma linguagem máquina.*» – intercalado nosso.

[178] OLIVEIRA ASCENSÃO, *"A protecção jurídica dos programas de computador"*, cit., n.º 25, pag. 99, com intercalado nosso.

JOSÉ ALBERTO VIEIRA, *"Obras geradas por computador ..."*, cit., n.º 1, pag. 115, considera ainda que «[...] *o código máquina é* [...] *tipicamente uma obra gerada por computador.*» - intercalados nossos. Já nos pronunciámos sobre este particular "*género*" (cfr. *supra*, n.º 6).

Ou, como expõe REHBINDER: «[...] *os programas de computador utilizam a/recorrem à sua própria linguagem* [...] *e são por isso considerados obras escritas; porque comunicam a solução de problemas técnicos numa linguagem simbólica compreendida pelo computador. Pelo seu conteúdo trata-se de tecnologia de informação. Por isso o BGH não vê qualquer impedimento à sua patenteabilidade que protegeria, para além do programa, também a ideia técnica do software* ["softwaretechnische Idee", na expressão original].»[179].

Admitimo-lo, mas gostaríamos de explorar um outro percurso que descrevemos em síntese[180].

III – Se analisarmos a posição de exclusivo reservado ao titular, verificamos que é em torno da "descompilação" (do conteúdo) do programa[181] – do "acesso aos elementos que permitem a reprodução do código e a tradução da sua forma" (cfr. art. 6º/1 DPC*) – que se traça, pela sua delimitação negativa (cfr. art. 6º/1 e /2 DPC* e art. 7º/1 e /4 Dec.-lei n.º 252/94), *o conteúdo do direito*. Identificado este, fica então uma pista sobre o *objecto de tutela*.

Visto que as operações descritas, inerentes à descompilação, estão confinadas ao *uso do exemplar* e ao *acesso ao conteúdo (imaterial)* do programa, parece não comportarem *utilização da obra*, mas antes o acesso ao *conteúdo do programa de computador*, já que apenas propiciam a transformação do respectivo *código* e a

---

[179] REHBINDER, *"Urheberrecht"*, 12ª ed. (2002) cit., § 12-III, pag. 87 (127).

[180] Expusemo-la oralmente, em lição – em tema *"A protecção por patente dos programas de computador"* – proferida, em Fevereiro de 2001, no *"3º Curso de Post Graduação em Direito Industrial"*, organizado pela Associação Portuguesa de Direito Intelectual na Faculdade de Direito da Universidade de Lisboa (a versão escrita integral da referida alocução não está ainda divulgada; da mesma damos aqui traslado sumário).

[181] A propósito da noção e significado jusautoral da "descompilação" do programa de computador, deixamos alguns apontamentos no nosso *"Os Multimedia – regime jurídico..."*, cit., n.º 4.1.1., pags. 97 ss. . Em preparação das suas apreciáveis conclusões sobre a *patenteabilidade* dos programas de computador, ALEXANDRE DIAS PEREIRA, *"Patentes de software – sobre a patenteabilidade dos programas de computador"*, cit., § 8-25, pag. 412, refere: «*A concessão de protecção apenas análoga à conferida às obras literárias terá sido o modo de conciliar aquele comando* [o contido na norma do art. 1º/1 DPC*] *com a tutela específica atribuída pela directiva a certos elementos dos programas, como sejam os algoritmos, a lógica e a linguagem de programação, através das regras da descompilação.*» – intercalado nosso.

sua eventual reprodução, não a de qualquer expressão formal da obra que formalize – cfr. n.ᵒˢ 1 e 5 do art. 7º Dec.-lei n.º 252/94. E encontraríamos mais um objecto em que, sob capa jusautoral, *o que verdadeiramente se reserva é o exclusivo da exploração económica do seu conteúdo*, não o aproveitamento patrimonial da sua expressão formal.

IV – Por outro lado, poder-se-ia eleger como razão de protecção dos programas de computador pelo direito de autor *o critério de escolha dos elementos que ocupam a memória*: dois programadores distintos seguiriam critérios distintos e assim se descobriria ... não mais do que a originalidade do método[182].

Mais promissor parece ser buscar na *organização dos elementos que compõem o programa* a originalidade da sua expressão: ainda

---

[182] Como recorda ANDRÉ LUCAS, *"Droit d'auteur et numérique"*, cit., n.º 70 e respectivas notas (66) e (67), pag. 37, a "Exposição de Motivos" da (então ainda) *proposta* de Directiva para a protecção dos programas de computador (documento COM (88) 816, IIª parte, 1.3), de que resultou a DPC*, estabelecia: «*O único critério a considerar para outorgar a protecção é o da originalidade, ou seja, que é necessário que a obra não tenha sido copiada.*». Por outro lado, segundo o "Parecer" do Comité Económico e Social da hoje UE sobre a mesma *proposta* de Directiva (*in* JOCE* n.º C 329, de 30-12-1989, pag. 4, 3.3.3.3): «*Um programa deveria ser reconhecido como original, e porquanto protegido, na medida em que não tenha sido copiado a partir de um outro programa.*».

Mais revela o mesmo Autor, *ob.* cit., nota (69) ao n.º 71, que, quando a DPC* exclui que se considerem «*quaisquer outros critérios para determinar a susceptibilidade de protecção*» dos programas de computador (cfr. art. 1º/3, 2ª parte, DPC*), «*visa o "Bundesgerichtshof" alemão que singularmente subordinara a protecção de programas de computador a uma verdadeira actividade inventiva*», conforme decisões que cita. Note--se como o § 69*a*(3), 2ª parte, UrhG alemã* se conformou, afinal, ao teor da disposição Comunitária.

A esta questão haviam referido já M. LOPES ROCHA / P. CORDEIRO, *"Protecção jurídica do «software»"*, cit., em "Comentário 4.", pags. 22/23, ao art. 1º do Decreto-lei n.º 252/94, de 20-10 (que transpôs para a ordem jurídica interna portuguesa a DPC*), em que buscam explicitar o sentido da opção comunitária pela *originalidade/criatividade* como único critério de protecção dos programas de computador, em reacção à «*... tese do BGH que exigiu, em duas sentenças distintas, um especial grau de criatividade ("que exceda significativamente a capacidade de um programador médio") como requisito de protecção dos programas de computador.*»; pode encontrar-se a remissão em identificação dessas sentenças alemãs na nota (7), pag. 23, desta obra dos referidos Autores.

Assim também JOSÉ ALBERTO VIEIRA, *"Notas gerais sobre a protecção de programas de computador"*, cit., n.º 4-III, pag. 81.

que se partisse da mesma ideia, do mesmo princípio, de um algoritmo comum, a "linguagem de programação" revelar-se-ia provavelmente segundo expressão formal distinta. Assim, no programa de computador mereceria a tutela jusautoral não apenas a *linguagem* que lhe dá expressão, não a (eventual) aplicação, não o código, mas *o conjunto destes reunido num objecto novo com expressão criativa*: bastaria que tal conjunto se formalizasse segundo qualquer forma de expressão inteligível para que, desde que original e nova, pudesse reconhecer-se-lhe *criatividade*.

Enfim, se bem que o verdadeiro objecto *do exclusivo* pareça ser o *código* (conteúdo imaterial) do programa de computador que talvez melhor justificasse um regime *sui generis*, tal não impede que se conceda que o pressuposto de tutela é – ainda aqui – a respectiva expressão formal criativa *segundo "linguagem"* (nem literária nem artística) *própria deste género de obra*.

16. **Tutela da produção de bases de dados – o investimento empresarial como pressuposto, o conteúdo informativo (imaterial) como objecto de exclusivo**[183]

I – Conforme a DBD* (art. 1º), diz-se base de dados: «uma colectânea de obras, dados ou outros elementos independentes, dispostos de modo sistemático ou metódico e susceptíveis de acesso individual por meios electrónicos ou outros»[184/185]. A definição por-

---

[183] Cuidamos aqui tão-só de avaliar em que medida a novel tutela das bases de dados, na vizinhança formal/instrumental da das obras intelectuais, revela um *novo pressuposto de tutela sob o direito de autor* ou, quiçá, *um novo bem jusautoral*. Deixamos a análise da *conformação convencional da situação jusautoral* correspondente para lugar próprio neste escrito (cfr. n.º 78, *infra*).

[184] A presente Subsecção aproveita, nos pontos introdutórios, a descrição factual, que não necessariamente nem a forma nem a estrutura nem as conclusões do nosso *"Tutela Jurídica das Bases de Dados (A transposição da Directriz 96/9/CE)"*, cit., que, já de si, constitui o terceiro escrito (dois dos quais foram publicados em Espanha) no lapso de menos de um ano (1998-99) sobre o mesmo tema-base. Sugere-se assim o confronto dos textos, pela qual certamente se perceberá tanto a diferença do objecto como a sua complementaridade, apesar das coincidências formais estritamente indispensáveis (é o caso, necessariamente, das referências normativas e de alguma da bibliografia citada, umas e outra ainda assim completadas).

tuguesa em transposição desta (art. 1º/2 do Decreto-lei n.º 122/2000, de 4-7) reproduz literalmente aquele enunciado.

As alterações justificadas pela transposição da Directriz 96/9/CE (DBD*) nas leis de autor estaduais europeias continentais são parcimoniosas[186/187]. Não se fez mais do que aproveitar o ensejo da trans-

---

[185] Resultam de vários instrumentos internacionais outras noções muito aproximadas de base de dados. Assim:
– Acordo TRIPS/ADPIC* – art. 10º/2 –: «*compilações de dados ou de outros elementos, que sejam fixados num suporte legível por máquina ou sob qualquer outra forma que, em virtude da selecção ou da disposição dos respectivos elementos constitutivos, constituam criações intelectuais*».
– Tratado da OMPI* sobre Direito de Autor – OMPI/TDA* (WCT*) – art. 5 –: «*compilações de dados ou outros materiais, seja qual for a sua forma, que, pela escolha ou disposição das matérias, constituem criações intelectuais*».
– Projecto de III Tratado OMPI*, de Dez. 96 – art. 2, i) –: «*colecção de obras independentes ou de dados ou outros elementos organizados de modo sistemático e metódico e susceptíveis de acesso individual por meios electrónicos ou outros*».

[186] Em transposição da Directriz 96/9/CE (DBD*), entraram em vigor as seguintes leis estaduais (*citamos apenas, segundo a cronologia da sua publicação, aquelas a que tivemos acesso em texto integral*): na Alemanha, o art. 7 da "*Informations- und Kommunikatiosdienste-Gesetz - IuKDG**", de 22-7-1997, que transpõe a Directiva 96/9/CE; no Reino Unido, as UK CRDR* – "*Copyright and Rights in Databases Regulations-1997*", n.º 3032 de 18-12-97, com entrada em vigor em 1 de Janeiro de 1998, em aditamento de uma alínea c) à sec. 3(1) do UK CDPA*. A citada disposição, que transcreve a do art. 1º/2 da Directiva 96/9/CE, é repetida – diríamos que também quase literalmente – por outras legislações estaduais a que acedemos, em expressa transposição da DBD*: assim, na Áustria, o § 40*f* (1), aditado à UrhG austríaca* pela Lei de 9-1-1998; em Espanha, o novo art. 12/2 da LPI esp.*, com redacção pela "Ley 5/1998", de 6 de Março; em França, o novo § 2 ao art. L.112-3 do CPI fran.*, na redacção da "Loi n.º 98-536", de 1-7-1998; em Itália, pelo "Decreto Legislativo n. 169", de 6-5-1999 (*Attuazione della direttiva 96/9/CE relativa alla tutela giuiridica delle banche di dati*", publicado em 15-6-99), a nova redacção em aditamento ao § 2 do art. 1 e o novo art. 2/9) da L.aut.ital.*.

[187] A nova disposição da lei de autor francesa em transposição da DBD* dá o tom à uniformização europeia continental, ao substituir a preposição "e" (do texto alterado) pela disjuntiva "*ou*" na previsão pela mesma norma dos pressupostos da tutela jusautoral, *quer* das colectâneas *quer* das bases de dados, que passam agora a ser protegidas como *obras* devido a "*escolha ou disposição criativas das matérias*". No art. L.112-3, 2ª parte, CPI fran.*, apenas se aditou o inciso «… *ou de dados, tais como as bases de dados*» à norma que não lhes seria, até então, directamente aplicável por consagrar apenas a protecção pelo direito de autor "das colectâneas ou compilações de obras".

Esta metodologia foi seguida pela generalidade das leis europeias com o mesmo âmbito de aplicação. Na verdade, revela-se uma grande aproximação textual – certamente não acidental – entre a nova disposição assinalada da lei de autor francesa, a norma do art. 3º

posição desta Directiva para consagrar em texto de lei o que era já entendimento dominante na doutrina de vários países europeus quanto aos requisitos de protecção para todas as demais compilações protegidas: a extensão às *bases de dados* do pressuposto de protecção *genérico* então aplicável às antologias ou outras colectâneas *de obras, i.e.*, a *criatividade da sua estrutura revelada na escolha ou organização dos elementos componentes*[188].

---

e o *Considerando* 15 da DBD* e, designadamente: a sec. 3A(2) do UK CDPA*; o § 4(2) da UrhG alemã*; o § 2, *in fine*, do art. 1 da L.aut.ital.*; o art. 12/1, 1ª parte, da LPI esp.*; o art. 4/2 L.aut.sue.*; e o § 40*f* /2 da UrhG austríaca*, nas suas novas versões *post-Directiva*.

Em lei extravagante, mas com o mesmo inequívoco sentido: o art. 2/1º da L.aut.bel.*; e o art. 4º/1 do Decreto-lei n.º 122/2000, de 4-7, que, em Portugal, veio transpor a Directiva 96/9/CE – tardiamente, mas sem aproveitar grande parte das opiniões críticas que, em tempo, se formularam sobre a técnica e teor da transposição daquela Directriz da UE .

Por outro lado, na linha do que, para o direito de raiz anglo-saxónica não constitui ruptura assinalável com a tradição da protecção jusautoral das "*industrious collections*" (nos EUA) e das "compilações criativas" (no Reino Unido), é fixado como requisito de atribuição do "copyright" – pela nova sec. 3A(2) do UK CDPA* – que «*uma "obra literária" que consista numa base de dados é original apenas quando, pela selecção e organização do seu conteúdo, a mesma constitua uma criação intelectual própria do seu autor*». As *bases de dados* surgem então como (espécie entre as) «*obras literárias protegidas por "copyright"*» (a par das "compilations" e dos "programas de computador"). O UK CDPA* logo as define – nova sec. 3A(1) – como «*a compilação de obras, dados ou outros elementos* ("materials") *independentes que estejam organizados de modo sistemático ou metódico e sejam individualmente acessíveis por meios electrónicos ou outros*».

[188] Vejam-se as posições sobre esta matéria assumidas, entre outros, por H. Desbois, *"Le Droit d'Auteur en France"*, cit., n.º 30, pags. 37 ss.: «[...] *desde que revele uma manifestação da personalidade (do autor), a compilação constitui uma obra derivada, e a simples escolha das obras ou de trechos é suficiente para que se preencha o pressuposto da originalidade.*» – intercalado nosso. U. Loewenheim, *in "Urheberrecht – Kommentar"*, coordenado por G. Schricker, 2ª ed. cit., em anotação C.-I, pag. 158 (29), ao § 4 UrhG alemã*, afirma expressamente as *bases de dados criativas* como «*sub-tipo de colectânea*». Estas opiniões revelam algum consenso quanto à suficiência de buscar alternativamente em qualquer uma (*escolha ou disposição*) a massa crítica de criatividade que justifique a tutela daquelas compilações pelo direito de autor.

No nosso escrito *"Tutela Jurídica das Bases de Dados..."*, cit., I-1.A), nota (4), pag. 114, e II-3., nota (101), pag. 158, referenciamos uma multiplicidade de documentos fundamentais da OMPI, que estão acessíveis em análise desta matéria. Conforme o mencionado também naquele nosso trabalho (*ibidem*), citam-se, entre os estudos sobre os trabalhos preparatórios destes importantes Tratados da OMPI: José de Oliveira Ascensão – *"Direito Civil – Direito de Autor e Direitos Conexos"*, cit., pags. 486 ss.; do mesmo Autor, *"As novas tecnologias e os direitos de exploração das obras intelectuais"*, cit., II, pags. 174-176; Luigi Carlo Ubertazzi, *"Raccolte electtroniche di dati e diritto d'autore: prime*

II – Note-se, porém, que, nas bases de dados, a tutela pelo direito de autor é *totalmente independente* da que outorga o reconhecimento de um direito *sui generis* ao seu produtor:

a) na *obra*-base de dados, o titular originário do direito de autor é o *criador* da base (ou outro a quem este o atribua voluntariamente, mas sempre conforme as regras gerais comuns às demais obras intelectuais); na situação jurídica que refere ao *produto*-base de dados, é investido como titular de um exclusivo de exploração o *produtor* que realize um "investimento substancial" para a obtenção, verificação ou apresentação do conteúdo da base – cfr. arts. 4º e 7º/1 da DBD*, respectivamente;

b) nas que são obras intelectuais, é protegida a sua *estrutura formal*, segundo critério comum às (demais) colectâneas e o pressuposto de tutela é *a criatividade da selecção ou disposição dos elementos que incorporam* (obras ou, agora também e principalmente, outros elementos informativos, factuais e não criativos); nas bases de dados enquanto produto, é protegido o seu *conteúdo* que não pode ser alvo de *extracção* ou *reutilização* em "partes substanciais" – cfr. arts. 3º e 7º/2 da DBD*, respectivamente;

c) na *obra*-base de dados, institui-se um *exclusivo jusautoral de utilização patrimonial da obra no seu todo*, que não abrange nem afecta direitos de autor que eventualmente incidam sobre elementos nela incorporados; no *produto*-base de dados consagra-se um *direito de monopólio de exploração comercial de um produto por uma entidade não criadora* (ou um *novo direito exclusivo de comunicação de informação de*

---

reflessioni", cit., pags. 22 ss.; REINBOTHE / MARTIN-PRATT / SILKE VON LEWINSKI, *"The new WIPO treaties: a first résumé*", in European Intellectual Property Review, cit.; MIHÁLY FICSOR, *"Copyright for the digital era: The WIPO INTERNET treaties*", cit.. Consideramos também importante o confronto de algumas monografias e outros artigos que analisam a tutela das bases de dados: CARLOS ROGEL VIDE – *in* "Nuevos Estudios de Propiedad Intelectual" – *"Alrededor de las base de datos on line"*, cit., V-3.2., pags. 146 ss.; ANDRÉ KEREVER – *La Directive du Conseil européen du 11 mars 1996 concernant des bases de données (la protection juridique)"*, cit., pags. 87 e segs.; PAOLO SPADA – *"Banche de data e diritto d'autore (il "genere" del diritto d'autore sulle banche di dati)"*, cit., pags. 5 ss. .

âmbito espacial potencialmente planetário) – cfr. arts. 3º/2 e 7º/2, /5 e 13º da DBD*, respectivamente.

São, assim, diferentes os *titulares*, os *conteúdos*, os *objectos* e os *fins* da tutela sob o direito de autor e o direito *sui generis* em cada base de dados – em que, de resto, podem não coexistir –, reconhecendo-se-lhes necessariamente uma diferente *natureza*.

Resulta pois aparente a presença não de um, mas de dois objectos sob a designação "base de dados": uma *obra* (objecto de direito de autor) e um *produto* (objecto de direito *sui generis*).

III – Como entremostrámos em escrito anterior[189], é a elevada complexidade da *técnica* envolvida, o *investimento* económico que está ligado a estes novos objectos (eventualmente) tutelados por direito de autor e por um (omnipresente) "direito *sui generis*", mas, principalmente, a importância – também cultural-estratégica – da circulação e acesso à informação que não deixam que o Direito possa alhear-se destas novas realidades só remotamente criativas. Coube o desígnio do seu acolhimento institucional ao Direito de Autor, não fora que as regras que pautam a actividade empresarial pudessem bulir com o proto-monopólio de exploração daquele que é já o mais valioso bem da nossa civilização transportado para o tráfego jurídico: precisamente o *conjunto de elementos de* informação *que sejam susceptíveis de armazenamento, organização/tratamento e telecomunicação (digital-electrónicos)* economicamente rentáveis.

Confirmamos agora que, ao reconhecimento desta importância, na origem da vulgarização de expressões como "*sociedade da informação*" (vulgarmente entendida – nos primórdios da sua formulação – sob a equívoca divisa "liberdade de circulação e acesso à informação"), juntou-se imediata e quase ironicamente a instituição de *exclusivos de exploração económica* e de *reservas de uso* de objectos jurídicos (*produtos*) espúrios em qualquer acepção tradicional que os referisse ao direito de autor e, consequentemente, justificasse um qualquer exclusivo de exploração económica de bens imateriais (como o conteúdo *de uma base de dados*).

---

[189] Já anunciamos esta proposição no nosso "*Tutela Jurídica das Bases de Dados...*", cit., pag. 112.

O expediente para uma regulação compatível à ambição da tutela jusautoral dos novos objectos consistiu na "graduação" como obra intelectual de uma *nova espécie de colectânea*, a "obra-base de dados".

Vemos que se trata de obra intelectual insignificante que esconde a tutela "conexa" do que manifestamente – analisadas as motivações expressas nos instrumentos reguladores e o pressuposto de protecção legal – é principalmente visado, o "*produto*-base de dados"[190/191].

---

[190] Neste sentido, explicitamente OLIVEIRA ASCENSÃO, *"As novas tecnologias e os direitos de exploração das obras intelectuais"*, cit., II, pag. 176: «*O essencial é criar-se um direito sobre o conteúdo das bases de dados em benefício do "fabricante" – quer as bases de dados sejam ou não criativas. Se forem criativas, o direito do fabricante coexiste com o direito do titular do direito de autor. Mas o objecto da protecção é o conteúdo das bases de dados, e não apenas o conteúdo das bases de dados não criativas.*».

[191] Pensamos que A. DIETZ (deste Autor, sobre a lei de transposição alemã, veja-se *"Chronique d'Allemagne – L'Évolution du Droit d'Auteur en Allemagne de 1993 jusqu'au milieu de 1997" (1ª parte)*, cit., n.ºs 31 e 34) reflecte bem o sentido geral de perplexidade face à opção que parece ter norteado a globalidade dos legisladores estaduais europeus na observância quase textual do preceito transposto da Directriz. Manifesta aí surpresa pelo facto de a lei alemã – neste caso, o novo § 4(2), 1ª parte, UrhG alemã*, na redacção pela IuKDG* – não ter adoptado expressamente o enunciado da Directriz Europeia (art. 3º DBD*) quanto ao critério de protecção das base de dados como «*criação intelectual própria do seu autor*», sem que, ao transpor aquela, tenha (também) adaptado o enunciado – do § 2(2) da mesma UrhG* – que define como critério geral (único?) para a tutela das obras intelectuais que se trate de «*criações intelectuais pessoais*». Na verdade, que "espiritualidade pessoal" pode ressaltar do que é, antes de mais, um produto?

Atrevemo-nos presumir que tais reticências de DIETZ revelam bem quanto temos estado próximos da verdade ao prenunciar o *erro* que consiste em ignorar a decadência da explicação do pressuposto de tutela jusautoral fundado na *imputação de obras intelectuais à "personalidade" de um autor individualizado*. A verdade é que faz cada vez menos sentido persistir neste como critério aferidor da *criatividade*, quando encontramos obras (e objectos jusautorais conexos) em que é muito mais relevante o *elevado componente técnico* ou o *enquadramento* (também produtivo, mas sempre organizatório) *de cariz empresarial* que envolvem a actividade da sua criação, mas, sobretudo, a importância do *investimento na sua produção*.

Não é, assim, de estranhar o razoável alheamento do legislador alemão, aquando da transposição da Directriz 96/9 para a UrhG alemã*. Com efeito, o teor da norma do novo § 4(2) adopta expressamente o critério de protecção já naquela consagrado para os *programas de computador* (cfr. § 69*a*(3) UrhG alemã* em transposição da Directiva 91/250/CE – DPC*).

Não pode deixar de surpreender que, perante disposição deste teor, em que se evidencia o baixíssimo nível de criatividade exigido por uma simples "*escolha*" ou mera "*disposição* de obras ou de outros elementos", a doutrina alemã tenha persistido na imputação *subjectiva* – entenda-se a *imputação pessoal espiritual* da criação de (toda a) obra objecto

IV – Na verdade, na maioria das bases de dados, a *expressão formal* é quase banal, sobretudo se comparado o valor do seu *conteúdo*. Se alguma expressão formal inteligível assoma da selecção e organização dos elementos informativos integrantes, já a criatividade do seu *conteúdo* imaterial é nula, porque o que é simplesmente "informativo" é, também e por definição, meramente factual: quando o que se pretende é uma descrição da realidade tão fiel quanto possível, esta é *tanto mais valiosa quanto menos criativa for*. Falha de criatividade, nula na sua expressão formal, qual, então, a razão da conexão, ainda que meramente instrumental, ao universo do direito de autor? Paradoxalmente, sobretudo se tivermos presente, em contraponto, as características dos bens de propriedade industrial, a sua *utilidade*. A obra intelectual é despojada de utilidade prática, por seu lado, a informação só é relevante se for útil; aquela é um fim em si mesma, esta é um instrumento – todavia, ambas são objecto de um exclusivo de exploração económica que se constitui, como complexo de situações sob capa jusautoral, nas *obras/produtos-base de dados*[192].

Nas bases de dados – e apenas naquelas, mesmo assim poucas, em que a lei encontra *obras* para além do *produto* omnipresente –, o grau de criatividade requerido é tão reduzido[193] que não dissimula o

---

de direito de autor. Fá-lo, saliente-se, considerando essa imputação não apenas um factor *determinante da autoria*, mas também um critério aferidor da *criatividade* que é o pressuposto comum da tutela jusautoral. É provavelmente com consciência desta insuficiência conceptual que, por exemplo, REHBINDER (M. REHBINDER, *"Urheberrecht"*, 12ª ed. (2002) cit., § 17-I, 1, pag. 112 (155), já em confronto da tutela expressa das obras-base de dados após a transposição da DBD* para o ordenamento jurídico alemão) vem reclamar um «*nível de organização elevado*» para a tutela das colectâneas, o que francamente apenas nos parece traduzir um *diferente grau* de aplicação de um *mesmo critério*, que se afigura desajustado perante a evidente extensão da tutela jusautoral a novos objectos em que a valoração dos componentes técnico e organizativo-empresarial triunfa sobre qualquer tentativa de neles buscar uma criatividade pessoal-espiritual significativa.

[192] Procuramos marcar a distinção entre obra- e produto-*base de dados* no nosso *"Tutela Jurídica das Bases de Dados (A transposição da Directriz 96/9/CE)"*, cit., *maxime* II-1.C), II-2.A) e III.

[193] Recordamos os parâmetros que servem a construção do conceito de "Gestaltungskraft" ou "Gestaltungshöhe", a que recorre a doutrina alemã quando refere a *"energia criadora"* ou o *"nível de criatividade"* geralmente exigíveis à tutela pelo direito de autor. Veja-se também M. REHBINDER, *"Urheberrecht"*, 12ª ed. (2002) cit., § 15-I, pags. 100/101 (142) a propósito da distinção, no direito alemão, entre *obras fotográficas* ("Lichtbildwerke") e *fotografias como meras prestações* ("Lichtbilder"): naquelas, verificar-se-ia «*...concepção*

que é pouco mais do que um pretexto para obter a ambicionada tutela ampla e duradoura para um – pois é disso que fundamentalmente se trata – *resultado de um investimento empresarial*[194].

As compilações digitalizadas de informação processada electronicamente e feita acessível individualmente – sejam *obras* ou meros *produtos-base de dados*, agora erigidos em *objectos jurídicos autónomos* – só muito dificilmente *seriam*, até à recente adopção e transposição da DBD* e do Acordo TRIPS/ADPIC*, considerados obras literárias ou artísticas, com a possível excepção dos que já constituíssem *obras-colectânea*[195/196].

---

artística e um nível de desenvolvimento criador ["Gestaltungskraft"], *seja através da escolha do objecto, da elaboração de luz/sombras, nos retoques, nas montagens* [do objecto exteriorizado] *ou em outros meios para a sua formação artística, ...»*.

[194] Neste sentido, também R. BERCOVITZ RODRÍGUEZ-CANO, *"La protección jurídica de las bases de datos"*, cit., III-1.: «[ao contrário do que ocorre no caso dos *programas de computador*], *tendo em conta o enorme número de opções presentes ao seu criador em quase todos os momentos da sua elaboração* [...], *esse não é o caso das bases de dados. Tanto a selecção como a disposição do seu conteúdo não oferecem na realidade tantas variantes.* [...] *ainda que sem copiar, e sendo consequentemente originais de acordo com o art. 3.1 da Directiva, muitas bases de dados serão iguais a outras preexistentes.* [...] *o âmbito de protecção derivado da atribuição do direito de autor será frequentemente muito limitado ou inexistente. O que permite prognosticar a limitada importância que este direito de autor terá na prática, comparado com o direito sui generis* [...], *criado pela Directiva para proteger as bases de dados que careçam de qualquer originalidade»* – intercalados nossos. Também ANDRÉ LUCAS, *"Droit d'auteur et numérique"*, cit., n.ºs 72 a 94 (*maxime* n.ºs 77 e 79), concorda que: «*Ao admitir que a originalidade das bases de dados deve ser entendida no sentido tradicionalmente aceite nos países de copyright, a questão prática essencial é determinar que nível mínimo de criatividade é exigível. Pode dizer-se que deve ser bem baixo.* [...]. *O objecto de debate é apenas sobre o nível de criatividade requerido, que as directivas* – v.g. *a Directiva 91/250/CE, relativa aos programas de computador – DPC* e a DBD* – tendem a harmonizar ("por baixo para a Alemanha, talvez por cima para o Reino Unido"), e que a decisão Feist entendeu erigir em direito americano»* – intercalado nosso.

Pelo nosso lado, já sustentamos em *"Tutela Jurídica das Bases de Dados..."*, cit., II-1. C), pag. 151: «... *reafirmamos estar convencidos de que a aplicação do critério de protecção por direito de autor - a "criatividade na escolha, organização e disposição das obras e outros elementos imateriais integrados na base de dados" - retira essa tutela à maior parte das bases, ainda que representem o produto de assinalável investimento humano e/ou material*».

[195] SILKE VON LEWINSKI, *"Il diritto d'autore fra GATT/WTO e WIPO"*, cit., 3., pags. 431/432, no relato do confronto das noções citadas, respectivamente do Acordo TRIPS/ADPIC e do Tratado OMPI/TDA* (WCT*), refere a «*não adopção, no texto do mencionado*

Perante objectos jurídicos, como as bases de dados, que possibilitam uma organização/combinação electrónica quase-aleatória dos elementos imateriais integrados, a evidência parece ser que a tutela jusautoral é aqui outorgada *independentemente da consideração de qualquer inspiração espiritual individualizável* – e, sobretudo, do reconhecimento de uma expressão formal criativa –, tudo em nome do valor económico dos bens envolvidos[197/198].

Tratado da OMPI, em melhoramento do texto do art. 10º/2 TRIPS/ADPIC*, de uma "Basic Proposal" que salvaguardava sempre a tutela das bases de dados, independentemente do tipo de protecção acordada e ainda que não constituída pelo direito de autor». Desta circunstância e da letra do art. 5 OMPI/TDA* (WCT*) citado, afirma S. VON LEWINSKI que «este *preceito não consente aos Estados contratantes outorgarem às bases de dados uma tutela que consagre, a título de direito de autor, a tutela de outros direitos sobre o conteúdo das bases»*.

Pelo contrário, julgamos ser este *o cerne da inovação* na tutela das bases de dados, visto que: *a)* não é aos pressupostos da tutela pelo direito de autor que a Directiz 96/9/CE recorre para proteger o *produto*-base de dados; *b)* o direito de autor não é *fundamentalmente* apto à protecção do conteúdo de um objecto, ainda que este incorpore obras intelectuais.

[196] MARTIN VOGEL – *in "Urheberrecht - Kommentar"*, coordenado por G. SCHRICKER, 2ª ed. cit., em comentários *ante* §§ 87a ss.: I.-1, pag. 1314 (1) e I.-2, pags. 1316/1317 (7) –, em comparação de pontos comuns essenciais entre as *colectâneas tradicionais* (catálogos, listas de endereços) e as *bases de dados*, salienta que ambas: «*são delimitadas pelos seus conteúdos*». Segundo este Autor, contêm *informação organizada de acordo com princípios determinados; e* (proporcionam) *o acesso individual a informação armazenada.* Mais aponta em paralelo para a protecção já outorgada em harmonização (comunitária) correspondente (que conduziu) à protecção dos *programas de computador* (§§ 69a ss. UrhG alemã*) e um contraponto semelhante ao que já operava a lei de autor alemã entre as «*obras fotográficas* (§ 2(5) UrhG*) *e fotografias não criativas* (§ 72).

Também HAIMO SCHACK – *in "Urheber- und Urhebervertragsrecht"*, cit., § 9-I, 2., pags. 86/87 (164), com intercalados nossos –, na busca de conciliação com os parâmetros tradicionais de tutela, se revela elucidativo neste ponto: «*Hoje em dia, não são consideradas grandes exigências quanto à individualidade da criação,* basta-se um grau de criatividade mínimo ["ein geringer Schöpfungsgrad", na expressão original]. *No entanto, tem de haver sempre uma margem de expressão da criatividade* ["Gestaltungsspielraum", no original], *dentro da qual a personalidade criativa se pode desenvolver. Em caso de uma lista de logaritmos, nem a sua novidade nem o grande investimento de trabalho justificam a outorga da tutela pelo direito de autor. Contudo, pode ser suficiente uma pequena margem* [de criatividade]. Ao BGH, basta que a "prestação criativa se reflicta na expressão formal, na mera colecção, no arranjo ou organização da matéria". Por isso, também colectâneas, como colecções de sentenças ou de citações, podem beneficiar de protecção.*»

[197] Percebe-se assim bem SPADA (PAOLO SPADA, *"Banche di dati e diritto d'autore (il «genere» del diritto d'autore sulle banche di datti)"*, cit., n.º 5, pags. 18/19) que – confrontando a iminência da transposição – repudia com fundamento a pretensão do que

V – A importância da base de dados (como *produto*) cresce então na razão directa da sua *acessibilidade* (designadamente pela chamada "colocação à disposição do público"[199]), mediante *redes de telecomunicação* que o fazem alcançável, à escala planetária, com recurso a *suportes* (sobretudo os digitais) e *meios* de difusão adequados (os veículos dessa telecomunicação pública e os serviços que a providenciam). Isto, quer tais conteúdos sejam disponibilizados em blocos (generalistas ou temáticos especializados), que subordinam o acesso à escolha prévia dos que providenciam esses "conteúdos" e esses serviços; quer – e o seu valor aumenta ainda pelo ajustamento da oferta à procura – tal telecomunicação pública seja proporcionada "a pedido", no momento e local escolhidos pelo destinatário-usuário (que assim – no jargão publicitário do ofício – se diz "interagir", como se influísse nos "conteúdos informativos" a que simplesmente acede).

---

refere como «*jornalismo jurídico (cada vez mais) prolixo*» que pretende reconhecer no referido direito *sui generis* um "direito de autor *sui generis*". Formula então a possibilidade de se deparar «*a tutela de uma "nova linguagem" literária não verbal: no caso das bases de dados, uma "linguagem" que abandona - particularmente no caso das bases electrónicas, em que tal linguagem é codificada por computador - o paradigma do direito de autor sobre as obra literárias e artísticas, criando um híbrido que aproveita a um novo grupo de entidades, quais sejam os empresários (da edição, da emissão rádio-televisiva), permitindo que passe a falar-se de uma "literatura industrial"*».

[198] É na obra de ANDRÉ LUCAS (A. LUCAS, *"Droit d'auteur et numérique"*, cit., n.º 81, pags. 42/43 – intercalados nossos) que encontramos a formulação que julgamos preferível dos termos de uma possível solução *transeuropeia*, ao asseverar: «*O melhor a fazer [...] é começar por reconhecer claramente esta ruptura* com os critérios tradicionais de *originalidade subjectiva* ["à la française", na engraçada expressão do francês Lucas, *ob. cit.*, n.º 79] como pressuposto geral de tutela jusautoral *e deixar de se abrigar detrás das palavras para a ocultar. Extrair um carácter "pessoal" ao contributo do autor do programa de computador é antes de mais artificioso dado que a qualificação "pessoal" não revela aqui a realidade, salvo se despojada da sua conotação subjectiva, para mais não fazer do que reenviar à prova da paternidade (mesmo que se lhe chame individualidade). O artifício é tanto mais evidente quanto se tomam de empréstimo os conceitos do direito das patentes de invenção (prioridade, banalidade, novidade, actividade inventiva) para estabelecer a distinção entre os programas originais e não originais.*». E assim se sintetiza bem a necessidade da reformulação do conceito de *criatividade* para acolher os novos objectos jurídicos digitalizados, como as bases de dados electrónicas ou os objectos *multimedia*, processados com recurso a programas de computador.

[199] Cfr. art. 3º Dir.Soc.Inf.*.

É, pois, da utilidade deste bem jurídico que se cuida (a "informação" puramente factual é sempre instrumento de outra acção do usuário), não de uma qualquer expressão formal inteligível (em si mesma destituída de finalidade prática instrumental). É um investimento num *produto* ou serviço que se premeia, não a criatividade de uma obra intelectual. Também a configuração originária da situação jusautoral, quando a *obra-base de dados seja criada em execução de contrato* (que analisamos *infra*, n.º 78), confirma esta percepção.

VI – Deixadas de lado considerações sobre a evidente preponderância das teses norte-americanas na economia dos instrumento internacionais mais recentes (os citados Tratados da OMPI*), curiosamente também reflectida na regulação nacional europeia (*ex* DBD*)[200],

---

[200] A União Europeia abordou a questão da conveniência da harmonização da legislação sobre "bases de dados", em 1988, no "*Livro Verde do Direito de Autor (perante) os Desafios das Novas Tecnologias*". A Comissão Europeia apresentou uma primeira proposta de Directiva para a "protecção legal das bases de dados", em Abril de 1992. A Directriz da UE (DBD*) foi adoptada em Março de 1996.

A) É muito esclarecedor o elenco de "motivos", sempre ligados aos grandes investimentos em processos tecnológicos de processamento, tratamento e comunicação de informação de elevado valor comercial, que justifica o acolhimento sob o direito de autor do que são primariamente produtos de elevado componente técnico resultantes de grandes investimentos.

Assim, em confirmação do que antecipámos sobre a justificação da tutela destes novos objectos, sobressaem como motivos *explícitos* da adopção da DBD*:

– O «*investimento em recursos humanos, técnicos e financeiros* [...]», implícito no «*fabrico de sistemas modernos de armazenamento e tratamento de informação*» – cfr. Considerandos 7, 8 e 12 DBD*, intercalado nosso. Em que se realça o investimento em *actividade produtiva industrial e terciária* e não, expressamente, na *criação de obras intelectuais, i.e.*, o investimento no processamento de elementos imateriais factuais, sem relevar de qualquer actividade criativa.

– A importância das «*bases de dados* [como] *um instrumento vital no desenvolvimento de um mercado da informação* [...] *igualmente útil em muitos outros domínios*» – cfr. Considerando 9 DBD*, intercalados nossos. Onde se salienta, se dúvidas ainda houvesse, o valor comercial da utilização e do uso da informação em todas as actividades, que não o valor jusautoral *das obras* eventualmente fixadas naqueles objectos.

– O «*aumento exponencial, na Comunidade e a nível mundial, do volume de informações geradas e processadas em todos os sectores do comércio e da indústria*» e «*um grande desequilíbrio* [intra-Comunitário e face aos "principais Países-terceiros produtores" (leia-se "os EUA")] *entre os níveis de investimento praticados no sector das bases de dados*» – cfr. *Considerandos* 10 e 11 DBD*. Nos quais se assume a protecção de empresas especializadas no tratamento e na *prestação de "serviços de informação"*.

deve reconhecer-se que melhor fora ter o legislador europeu clarificado o regime das bases de dados segundo uma tripartição simples:

- sob as normas jusautorais aplicáveis às *colectâneas* (na tradição dos países de raiz romano-germânica, em precisão do conceito de "compilation" que reúne todas as características daquelas, excepto ... a *criatividade*);
- como *bens industriais* (quanto ao conjunto de elementos *produzidos* a que refere o direito *sui generis*);
- e com a sua exploração económica enquadrada pelo regime da *concorrência*[201].

– A possibilidade de «*cópia e acesso a essas bases a um custo muito inferior ao de uma concepção autónoma de uma base de dados*» - cfr. *Considerando* 7 DBD*. Em que se dá conta das novas tecnologias digitais que permitem a fixação, o tratamento e o acesso por via digital interactiva à informação armazenada nessas bases de dados, ligando-as numa dimensão planetária (em rede) e onde se começa a pôr em causa o livre acesso ao conteúdo informativo desses produtos.

B) De resto, tão significativas são as razões afirmadas como é singela a explicação para a escolha da capa jusautoral:

– a «*ausência de um sistema harmonizado de legislação ou de jurisprudência sobre concorrência desleal nos Estados-membros,* [que justificaria a adopção] *de outras medidas adicionais para impedir a extracção e/ou a reutilização do conteúdo de uma base de dados*» – cfr. *Considerando* 6 DBD*, intercalados nossos;

– «*... que o direito de autor constitui forma adequada de direitos exclusivos dos autores das bases de dados*» – *Considerando* 5 DBD*;

– «*... que os critérios aplicados* [para determinar a susceptibilidade de protecção pelo direito de autor] *deverão limitar-se ao facto de constituírem uma criação intelectual própria do autor, ao efectuar a selecção ou disposição do conteúdo da base de dados; que essa protecção incide sobre a estrutura da base*» - *Considerando* 15 DBD*, intercalado nosso.

A DBD* – na esteira do Acordo TRIPS/ADPIC* (cfr. o respectivo art. 10º/2) e o OMPI/TDA* (cfr. o art. 5 WCT*) que segue ambos – tem, assim manifestamente, como *escopo principal* a tutela de direitos exclusivos de exploração económica, constituídos originariamente na esfera jurídica de um produtor, não de um criador de obra intelectual. *Pressupõe* um investimento (dito "substancial"), mais do que uma qualquer actividade criativa. Tem por *objecto* um produto (o "conteúdo informativo", normalmente digitalizado e tornado individualmente acessível com recurso a um programa de computador e meios electrónicos instrumentais), antes de qualquer *obra*-(colectânea-)base de dados, ainda que esta revele um baixo nível de criatividade.

[201] A qual não se verifica, muito provavelmente, pelas razões aduzidas por OLIVEIRA ASCENSÃO, *"As novas tecnologias e os direitos de exploração das obras intelectuais"*, cit., II, pag. 176: «[...], *talvez tudo isto seja consequência de o Reino Unido não conhecer um instituto da concorrência desleal.* [...]. *Se não fosse assim, o problema nunca se teria*

Contudo, não tomamos por adquirido – por enquanto – que a verificação destes postulados exija, por si só, a recomposição dos parâmetros tradicionais do direito de autor ou que deva seriamente pensar-se na ordenação de um novo instituto jusautoral que abranja os *objectos imateriais emergentes*: disto tratamos de seguida.

SÍNTESE EM RECAPITULAÇÃO
Da possível emergência de novos pressupostos de tutela

1. *Obra intelectual é (ainda e só) a que reveste criatividade; ora, nada nem nenhuma circunstância "faz criativo" um objecto, excepto o espírito humano.* O que é questionável é que a identificação de uma "individualidade pessoal-espiritual" revista (ainda) alguma utilidade para determinar a tutela de um objecto por direito de autor.

2. Nos programas de computador, se bem que o verdadeiro objecto *do exclusivo* pareça ser o *código* (conteúdo imaterial) do programa que talvez melhor justificasse um regime *sui generis*, tal não impede que se conceda que o pressuposto de tutela é – ainda aqui – a respectiva expressão formal criativa *segundo "linguagem"* (nem literária nem artística) *própria deste género de obra*.

3. Na maioria das bases de dados, a *expressão formal* é quase banal, sobretudo se comparado o valor do seu *conteúdo*. Se alguma expressão formal inteligível assoma da selecção e organização dos elementos informativos integrantes, já a criatividade do seu *conteúdo* imaterial é nula, porque o que é simplesmente "informativo" é, também e por definição, meramente factual: quando o que se pretende é

---

colocado. O direito sui generis dá mais ampla tutela que a concorrência desleal, porque abrange também casos em que não há relação de concorrência, e portanto a concorrência desleal não pode funcionar. Mas esses casos, só por si, não teriam relevância suficiente para suscitar uma necessidade internacional de harmonização.» – intercalados nossos. Deve dizer-se que a DBD* não esconde essa lacuna, conforme pode verificar-se em confronto do respectivo *Considerando* 6.

uma descrição da realidade tão fiel quanto possível, esta é *tanto mais valiosa quanto menos criativa for.* Falha de criatividade, nula na sua expressão formal, qual, então, a razão da conexão, ainda que meramente instrumental, ao universo do direito de autor? Paradoxalmente, sobretudo se tivermos presente, em contraponto, as características dos bens de propriedade industrial, a sua *utilidade.*

Nas bases de dados – e apenas naquelas, mesmo assim poucas, em que a lei encontra *obras* para além do *produto* omnipresente –, o grau de criatividade requerido é tão reduzido que não dissimula o que é pouco mais do que um pretexto para obter a ambicionada tutela ampla e duradoura para um – pois é disso que fundamentalmente se trata – *resultado de um investimento empresarial.*

SECÇÃO III

Conclusão: um provável novo fundamento de tutela sob o direito de autor

17. Pressupostos de tutela sob a "Directiva para a sociedade da informação"

I – Pretende-se que o crescente *componente técnico* que, cada vez mais, envolve a formalização de obras intelectuais tenha justificado que o Direito de Autor tutele hoje múltiplos aspectos relacionados com a *"produção de obras"*, depois com a produção dos respectivos *suportes* e, com o advento da *comunicação electrónica planetária*, dos correspondentes *"veículos"* (meios) e *serviços* para a sua *telecomunicação pública*[202].

---

[202] A perspectiva do que chama "equiparação de direito de autor e direitos conexos" da tutela jusautoral é divisada por OLIVEIRA ASCENSÃO, *"A Sociedade da Informação"*, cit., n.º 5, pag. 87: «[…], chamamos a atenção para algumas evoluções muito significativas no panorama jurídico. 1) Assimilação dos direitos conexos ao direito de autor. […]. Chegamos assim à situação paradoxal de a tutela acrescida ser sempre justificada pela dignidade da criação intelectual e afinal aplicar-se igualmente a puras actividades empresariais, como a dos produtores de fonogramas. 2) Reversão do direito de autor para as empresas. Mais ainda: o próprio direito de autor vem afinal a beneficiar as empresas. A situação dos Estados Unidos da América é paradigmática. A tão desejada tutela do autor reverte para as empresas; porque os contratos de utilização acarretam, quase como fatalidade, a transmissão para a empresa dos direitos do autor, …» – intercalados nossos.
O mesmo Autor retoma esta ideia em *"E agora? Pesquisa do futuro próximo"*, cit., n.º 20, pags. 61/62, escrito em que adianta: «Na realidade, por detrás desta incompreensão da diferença entre prestações criativas e não criativas, está o protagonismo que a empresa reveste em todo este processo. O aumento de protecção em termos de direitos conexos é um fenómeno que beneficia a empresa, para quem afinal os direitos revertem.». E, mais adiante (*ibidem*): «Num esquema até repetitivo, segue-se uma linha muito definida. Praticamente tudo o que é atribuído ao autor no Tratado sobre Direito de Autor [o OMPI/TDA*/WCT*] é depois atribuído no segundo Tratado [o OMPI/TIEF*/WPPT*]. E em seguida repete-se, em benefício do produtor de fonogramas, toda a tutela do artista que possa ser aplicável a esse produtor.» – intercalados nossos.

A *Directriz*, do Parlamento Europeu e do Conselho (União Europeia), n.º 2001/29/CE, de 22-5-2001, *«relativa à harmonização de certos aspectos do direito de autor e dos direitos conexos na sociedade da informação»* (Dir.Soc.Inf.*) exponencia, como veremos, a importância desses *meios* e dos serviços inerentes à (tele)comunicação electrónica digital em rede, até um ponto nos limites do que muitos sentem como princípio da descaracterização do próprio Direito de Autor.

II – Observem-se alguns dos esteios da tutela jusautoral, seguindo o seu enunciado *supra*nacional europeu. Comentamos, com este propósito, trechos escolhidos dos *Considerandos* 9, 10 e 11 da adventícia Dir.Soc.Inf.*. Verifiquem-se alguns dos pressupostos e a significativa justificação nuclear da nova regulação Comunitária Europeia:

- *«A sua protecção* [dos direitos de autor e direitos conexos] *contribui para a manutenção e o desenvolvimento da actividade criativa, no interesse dos autores, dos intérpretes ou executantes, dos produtores, dos consumidores, da cultura, da indústria e do público em geral. A propriedade intelectual é pois reconhecida como parte integrante da propriedade.»* – intercalado nosso.

Na medida em que o mesmo *Considerando* 9 desta Directriz da UE mistura, sob um pressuposto comum de protecção, interesses que tanto são os de autores e artistas intérpretes como os dos produtores, dos utentes/consumidores, da indústria e ... do público em geral, julgamos que pretende tão-só salientar a natureza monopolista do exclusivo jusautoral que, para a garantia de interesses tão diversos (e difusos), é compelida à *analogia ao regime comum da propriedade*, o mais universal entre os monopólios de exploração económica de bens jurídicos.

- *«Os autores e os intérpretes ou executantes devem receber uma remuneração adequada pelo seu trabalho, para poderem prosseguir o seu trabalho criativo.».*

Julgamos revelar-se aqui, senão a contradição, pelo menos a oscilação do normativo Comunitário entre a, antes assinalada, tutela sob o instituto da "propriedade (intelectual)" e a de situações laborais que vinculam à criação de obras intelectuais. Preferimos admitir que a Directiva recorre à estafada justificação do modelo económico no quadro do qual se desenvolve hoje grande parte da "produção literária e artística", e assimila a "prestação criativa" aos demais factores de produção de bens economicamente relevantes: se o "investimento (empresarial)" na produção de obras – e *«na produção de fonogramas, filmes ou produtos multimédia, e serviços, como os serviços "a pedido"» (Considerando* 10) – deve ser remunerado, assim também "o trabalho intelectual" que tais "prestações empresariais" enquadram e propiciam[203].

- *«Os autores e os intérpretes ou executantes devem receber uma remuneração adequada pela utilização do seu trabalho, [...], bem como os produtores, para poderem financiar esse trabalho. [...]. É considerável o investimento necessário para produzir* produtos *como fonogramas, filmes* ["primeira fixação de..., no que respeita o original e cópias" dos mesmos – cfr. art. 2º, d), da Dir.Soc.Inf.*] *ou produtos multimédia* e serviços [como os serviços "a pedido"]» – intercalado nosso.

Estas são asserções em que logo se anuncia a *equivalência* entre a tutela da criação de obras intelectuais e da interpretação e execução artísticas, por um lado e da actividade produtiva conexa, por outro, pelo menos quanto aos seus pressupostos. Mais se revela que tal "actividade produtiva" não é – como na produção audiovisual[204] – a que é parte essencial do

---

[203] As "prestações empresariais" de que fala, nomeadamente, M. REHBINDER, *"Urheberrecht"*, 12ª ed. (2002) cit., § 7-I, 6.c), pags. 47/48 (71), como no caso dos *produtores de suportes sonoros, do produtor de base de dados, dos organismos de radiodifusão, do produtor cinematográfico»*, que *«servem a comunicação* ["Wiedergabe", no original] *de bens culturais»* [...]. *«A prestação em si não é uma prestação cultural, mas organizativa comercial. Em atenção ao facto de servir a criação cultural, é regulada pelo direito de autor.».*
As aqui ditas "prestações empresariais" não comungam de característica uniforme. A *produção de suportes de obras* e a *produção cinematográfica*, por exemplo, são ambas não criativas, mas estão tão separadas quanto está a produção de coisa corpórea do que verificámos dever referir-se como produção de uma obra.

[204] Veja-se, a este propósito, a tese que sustentamos sobre o carácter da produção audiovisual – cfr. n.os 25 e 68, *infra*.

processo de exteriorização/individualização de obras ou interpretações, mas explicitamente a que diz respeito à "primeira fixação" de obras em *suportes* ou à disponibilização de *meios* que veiculem aquelas criações.

- «*É necessária uma protecção jurídica adequada dos direitos de propriedade intelectual no sentido de garantir tal remuneração e permitir uma* rentabilização [rendibilização] satisfatória desse investimento.» – intercalado nosso.

  Em que se evidencia o (reforça a evidência do) escopo da tutela adventícia que coloca no mesmo plano os interesses dos autores e intérpretes e da actividade económica industrial e terciária conexa.

- «*Um sistema rigoroso e eficaz de protecção do direito de autor e direitos conexos constitui um dos principais instrumentos para assegurar os recursos necessários à produção cultural europeia, bem como para garantir independência e dignidade dos criadores e intérpretes*».

  Onde, por fim sem sofismas, se esclarece definitivamente o papel adjectivo da tutela jusautoral, tanto para a preservação das actividades criativas como para a dita "produção cultural".

- E se, considerados os trechos transcritos, subsistirem reservas sobre a inflexão de rumo da novel tutela jusautoral, permita-se o enunciado de mais um breve excerto exemplar: «*Apesar de não serem necessários novos conceitos para a protecção da propriedade intelectual, a legislação e regulamentação actuais em matéria de direito de autor e de direitos conexos devem ser adaptadas e completadas para poderem dar uma resposta adequada à realidade económica, que inclui novas formas de exploração*». Não se trata de conclusão nossa, mas da citação da segunda parte do *Considerando* 5 da Dir. Soc.Inf.*!

III – Concluímos já que a chamada à tutela jusautoral de objectos em que é, pelo menos, questionável a manifestação de uma expressão formal assimilável à das obras literárias ou artísticas, faz com que o objecto da tutela jusautoral vá progressivamente procurar outras "linguagens" – que já não a literária, a artística (mesmo a audiovisual) – em que busca, sem glória, uma "expressão formal" cada vez mais imperceptível. E tal não deve surpreender, porque do que se trata agora – quando pensamos, por exemplo, nos programas de computador ou nas bases de dados – é menos da tutela da *forma* e mais da dos *conteúdos imateriais* de valor economicamente muito mais significativo, mas de duvidosa valia jusautoral pelos parâmetros tradicionais "romano-germânicos".

Vale isto por negar a *criatividade da expressão formal* como pressuposto geral da tutela sob o direito de autor (ou sob o "copyright")? Pensamos que não, pois, considerados os elementos de análise até agora disponíveis, apenas registamos a ampliação do número de "formas de expressão criativas" que se acolhem sob protecção jusautoral – que já não são apenas a "literária", a "artística" ou mesmo a "audiovisual", manifestamente ausentes em programas de computador ou em bases de dados. No entanto, a interrogação já merece porventura resposta distinta se verificarmos que, sob o direito de autor (e o "copyright"), se acolhem hoje *objectos* em que – *apesar de o* pressuposto de tutela *se dizer ser ainda a sua criatividade* (em medida pelo menos igual à do *investimento na sua produção*) – o objecto de tutela é cada vez menos obviamente a respectiva expressão formal criativa, e mais o seu conteúdo imaterial (*informativo*, como nas bases de dados ou o *código de programação*, nos programas de computador[205]).

18. A objectivação do pressuposto geral de tutela jusautoral

1 – Abriu-se assim caminho ao que se antevê como "objectivação" do pressuposto geral de tutela jusautoral, conceito que, insistimos, não dever induzir na ideia de "despersonalização" da actividade criadora, porquanto o que está verdadeiramente em causa não é a inverosímil despersonalização *do acto* criador, mas *a dissociação da obra de uma entidade humana individualizada*[206/207].

---

[205] Como pensamos ter deixado demonstrado antes, respectivamente no n.º 16 e no n.º 15, *supra*.

[206] Em aplicação literal, empobrecedora, do "*Schöpferprinzip*", que analisamos *supra*, *maxime* n.º 3-I.

Antevê-se também a possibilidade de configurar (por enquanto como mera hipótese) a formação de situações jurídicas de direito de autor *desprendida da consideração de tal imputação* e, com maior certeza, independente de uma imputação de autoria a pessoas físicas[208]. É que, se tal imputação de autoria logra – e nem sempre, como

---

[207] Julgamos poder interpretar neste sentido – ao menos em parte – a formulação de RODRIGO BERCOVITZ RODRÍGUEZ-CANO, in *"Comentarios a la Ley de Propiedad Intelectual", obra coordenada* pelo próprio, cit., em anotação II ao art. 10/1 (LPI esp.*), pags. 160/161: «*A exigência de* originalidade *da obra pode entender-se de várias maneiras. Inclino-me a entender que se refere à* novidade objectiva *da obra.* [...]. *A lei protege uma obra (e indirectamente a actividade pessoal que a produziu) na medida em que a mesma supõe uma novidade. Nessa medida a obra é fruto do engenho do autor.* [...]. *A doutrina entende também que a originalidade se manifesta num reflexo da personalidade do autor na obra. Seria a garantia da sua singularidade, na medida em que na mesma ficasse gravado* ["recogido", na expressão original] *algum aspecto do espírito, ou personalidade do autor. Em tal caso, mais do que a sua singularidade, o que definiria a obra protegida seriam as características do autor ou a sua personalidade, das quais aquela constituiria um veículo de comunicação: ...*» – intercalados nossos; e continua, em citação de U. LOEWENHEIM, *"Urheberrecht – Kommentar"*, coordenado por SCHRICKER, Munique, 1ª ed., 1987, cit., *apud* BERCOVITZ RODRÍGUEZ-CANO, última *ob.* cit., nota (12) à pag. 161: «[...]: *"o decisivo é se a obra está marcada pela individualidade do seu criador."*». Ressalvadas expressões como "originalidade" – que preferimos referir a *"criatividade"* com o sentido próximo do de "novidade objectiva" que aqui lhe aponta o Autor citado –, julgamos poder deduzir-se da nossa formulação a adesão a esta concepção de BERCOVITZ, bem como às reservas que expressa quanto à individualização da obra pela medida do "reflexo da personalidade do autor".

Aliás, o próprio BERCOVITZ RODRÍGUEZ-CANO, última *ob.* cit., pag. 161, contrapõe razoavelmente à formulação que cita: «*Contudo, se assim* [como citado de Loewenheim] *fora, a maior parte das obras que hoje se reconhece como merecedora de protecção deveria ficar desprotegida, visto que carece de semelhante requisito. Em termos relativos, são poucas as obras em que descortina a personalidade do autor em qualquer grau. Diferente é que, por definição, visto que são o produto de um esforço/trabalho* ["quehacer", no original] *espiritual individual, as obras sejam uma expressão da pessoa que as concebe e realiza.*» – intercalado nosso.

[208] Reencontramos, neste sentido, a clarividência de A. LUCAS, *"Traité de la propriété littéraire et artistique"*, 2ª ed. cit., n.º 99, pag. 97: «[...]. *Porque é todo o edifício que se encontra afectado. O que é verdadeiro para a titularidade dos direitos. Se pusermos o acento no carácter subjectivo da noção* [ligação da obra à *autoria*]*, passará para primeiro plano a pessoa do criador, que só pode ser uma pessoa física. Se procurarmos antes de mais remunerar um investimento, julgar-se-á normal fazer nascer os direitos na pessoa de um investidor, mesmo que seja uma pessoa moral. O que é verdadeiro também para o conteúdo dos direitos. Se a ligação entre a obra e o autor se distende, o direito moral* ["pessoal", como adiante o designamos e caracterizamos] *será pela força das*

vimos – a revelação da paternidade da obra, não se segue como evidente que dela decorra também a investidura do autor-criador na titularidade (mesmo a *originária*) de direitos de autor[209]. Contudo, evidenciou-se já que nem sequer se deve ter por adquirido que a imputação de autoria revele sempre a pessoa do *criador*, porquanto muita vezes não exprime mais do que uma *ficção legal* que visa tão--só a *legitimação para o exercício de faculdades de utilização* da obra.

Julgamos que este conceito tem, desde já, duas virtualidades. Salvaguarda – logo se verá em que medida – a tutela jusautoral em casos em que é grande a dificuldade prática de imputar a autoria de uma obra a um sujeito individualizado, pois que antecipa a admissibilidade da imputação de autoria com *superação da natureza humana ou meramente jurídica da entidade criadora*. Não obsta à modulação – designadamente à conformação *contratual* – de uma variedade de situações jusautorais mais conformes ao enquadramento material e jurídico em que a criação se formaliza, porquanto atende às condições concretas do processo criativo reflectido nas características da obra sem se prender ao exercício vão – e juridicamente estéril – da busca de uma recôndita "espiritualidade criativa".

II – Afinal, confirma-se que a autoria – que seria a *qualidade do que cria uma obra intelectual* – não é apenas um dado natural, mas sobretudo uma inferência jurídica: *autor de uma obra é aquele que a lei investe nos poderes correspondentes à titularidade originária do direito de autor*. Isto consente que a lei ficcione a autoria de (apenas)

---

circunstâncias reduzido à expressão mínima ["réduit à la portion congrue", na elucidativa formulação do original], *e será mais difícil justificar* [...] *as regras injuntivas destinadas a proteger os autores nos contratos de exploração* [económica da obra] *ou a situação de dependência económica subjacente às remunerações que percebem* ["le caractère alimentaire des redevances qu'ils perçoivent", na bem mais expressiva formulação do original].» – intercalados nossos.

[209] O recurso à expressão no plural, "direitos" (de autor), corresponde aqui à designação habitual compreensiva das *faculdades* que integram o *direito* de autor. Não comporta juízo sobre a estrutura e natureza deste – manifestamente precipitado se fosse tentado desde já –, nem faz apelo à sua denotação vulgar que a confunde com a remuneração devida pela utilização de obras intelectuais.

alguns dos que criam, por exemplo, a obra audiovisual[210]; também admite que a autoria se reconheça a pessoas jurídicas.

E não temos assim desumanizada a criação: porque só o ser humano cria; temos, isso sim, desumanizada a autoria, porque nem sempre o que cria é reconhecido como autor. Não temos – também assim – despersonalizada a autoria: porque a ninguém senão a pessoas (jurídicas) é imputada a autoria. E não se diga que se mistura impropriamente autoria e titularidade originária do direito de autor: porque esta se depreende daquela; e aquela determina esta e conforma a situação jusautoral. Isto permite, enfim, que se formule um *princípio de coincidência entre autoria e titularidade originária do direito de autor*.

III – Nenhuma das proposições enunciadas no ponto anterior invalida que se continue a afirmar que aproveitamento de uma obra intelectual, segundo qualquer das modalidades que o direito de autor proporciona, pressupõe sempre a *exteriorização em forma criativa de uma obra*. Mas esta, que dizemos ser condição necessária universal para a formação de situações jusautorais, será também o único facto conformador da situação de direito de autor?

Vale isto por questionar se a *formação* do direito de autor depende exclusivamente desse (f)acto isolado – a exteriorização da obra intelectual segundo expressão formal criativa – ou se, em circunstâncias dadas (e ocorrem imediatamente aquelas em que a obra nasce da *concertação da actividade criativa de vários sujeitos*, aqueloutras em que o acto criador individualizado se desvanece numa *organização que empreende nesse processo criativo*, outras ainda em que um ou mais sujeitos *criam no âmbito de contrato em prossecução de fins pré-estipulados por outrem*), concorrem outros factos para a conformação do direito de autor nas obras assim criadas. É o que analisamos nas Partes II e III deste escrito.

---

[210] Como se verá: numa *obra audiovisual*, porventura em nome da certeza jurídica, a lei designa co-autores os que trazem contributos criativos desiguais à obra, despreza o contributo de outros e ficciona uma concertação criativa irreal; nas *obras colectivas*, imputa a autoria também a pessoas meramente jurídicas destituídas de intelecto criativo. Em nenhum caso, porém, se desdenha a autoria que liga à situação de direito de autor: não sabemos ainda se o autor é sempre o titular originário do direito de autor; sabemos já que a conformação da situação jusautoral nunca é estranha à sua intervenção.

SÍNTESE EM RECAPITULAÇÃO
Um provável novo fundamento de tutela sob o direito de autor

1. Abriu-se caminho ao que se antevê como "objectivação" do pressuposto geral de tutela jusautoral, conceito que, insistimos, não dever induzir na ideia de "despersonalização" da actividade criadora, porquanto o que está verdadeiramente em causa não é a inverosímil despersonalização *do acto* criador, mas *a dissociação da obra de uma entidade humana individualizada*.

2. A autoria – que seria a *qualidade do que cria uma obra intelectual* – não é apenas um dado natural, mas sobretudo uma inferência jurídica: *autor de uma obra é aquele que a lei investe nos poderes correspondentes à titularidade originária do direito de autor*. Isto consente que a lei ficcione a autoria de (apenas) alguns dos que criam, por exemplo, a obra audiovisual; também admite que a autoria se reconheça a pessoas jurídicas.

E não temos assim desumanizada a criação: porque só o ser humano cria; temos, isso sim, desumanizada a autoria, porque nem sempre o que cria é reconhecido como autor. Não temos – também assim – despersonalizada a autoria: porque a ninguém senão a pessoas (jurídicas) é imputada a autoria. E não se diga que se mistura impropriamente autoria e titularidade originária do direito de autor: porque esta se depreende daquela; e aquela determina esta e conforma a situação jusautoral. Isto permite, enfim, que se formule um *princípio de coincidência entre autoria e titularidade originária do direito de autor*.

PARTE II

A ORIGEM NÃO VOLUNTÁRIA DE SITUAÇÕES JUSAUTORAIS PARADIGMÁTICAS

CAPÍTULO I
A criação plural por pessoas físicas

SECÇÃO I
Em particular, a conformação da situação jusautoral nas obras em colaboração

19. A criação em colaboração

I – Em Portugal, a lei (art. 16º/1-b) CDA*) formula uma *noção* de obra colectiva, que contrapõe (mesmo preceito legal, alínea a)) à de *obra em colaboração*.

São erróneos os termos da contraposição legal, na medida em que se procura o pretenso "tronco comum" entre aquelas – a *criação por uma pluralidade de sujeitos* – a que se segue uma aparência de dicotomia que, não obstante, é assente em critério e elementos de caracterização não uniformes: no caso das *obras em colaboração*, a divulgação ou publicação *"em nome dos colaboradores ou de alguns deles"*; quanto às *obras colectivas*, além da suposta especificidade dada pela *"entidade singular ou colectiva em nome de quem a obra é divulgada ou publicada"*, o facto de esta ser organizada por iniciativa da referida "entidade". Omite a lei, mas acrescentamos nós, que deve considerar-se adquirido que a iniciativa e, sobretudo, a organização das obras em colaboração deve pertencer aos colaboradores, sendo este um dos seus elementos característicos essenciais. Omite a lei, antecipamos nós, que vemos a obra colectiva como obra de criação singular (e, sobretudo e talvez com maior propriedade, de *autoria singular* individual ou colectiva).

Mais identificamos como elemento característico das *obras em colaboração*, a *iniciativa e organização criativa conjunta por uma pluralidade de sujeitos, que* designamos cooperação (ou concertação) criativa, distinto do das obras colectivas, em que salientamos a *coordenação/direcção criativa sob égide e com enquadramento empresariais*.

II – Apesar de tradicionalmente tratadas em contraponto à *coligação ou conexão de obras*[211], as chamadas obras em (ou *de*) colaboração não comungam da *estrutura genética* das obras coligadas. Nas obras em colaboração há uma ligação material, uma concertação *da acção criadora de vários sujeitos de que nasce uma obra única*; não, como nas situações de "conexão funcional" de duas ou mais obras criadas *com* independência, *uma "coligação" para uma utilização conjunta que tem origem voluntária*.

As *obras em conexão* mantêm a autonomia quanto à sua utilização fora desse âmbito e para fim diverso do que foi estabelecido pelo *acto* que "coligou" as obras e constituiu uma nova situação jurídica de direito de autor[212]. A obra em colaboração é una, não um somatório de obras individuais agregadas, prevendo-se o *exercício em comunhão* de direitos sobre este *novo* bem jurídico indiviso (art. 17º/2 CDA*)[213]. Tal não exclui, como se verá, a titularidade e exercício singular de direitos sobre as contribuições individuais que naquela

---

[211] Por todos, veja-se OLIVEIRA ASCENSÃO, "*Direito de Autor e Direitos Conexos*", cit., n.º 81, pags. 127 ss., que, todavia, logo as distingue (*ob.* e loc. citt., n.º 81-II) pela «*prevalência da sobreposição das participações individuais*», na conexão de obras por oposição à «*prevalência de um plano de conjunto*», nas obras de colaboração.

[212] Esta "autonomia/independência funcional" pode – como veremos ser regra, quando uma nova situação jusautoral é conformada *voluntariamente* – estar limitada pelo *não prejuízo da exploração das obras coligadas, nos limites dos fins convencionalmente estabelecidos pelo acto que determinou a conexão* (cfr. *infra*, n.º 46).

[213] A lei de autor portuguesa não estabelece, como por exemplo a alemã (cfr. § 8(1) UrhG alemã*), a «*inseparabilidade da exploração dos contributos individuais na obra em colaboração*» ou, como a lei italiana (cfr. art. 10 § 1 da L.aut.ital.*), o carácter «*inseparável e indistinguível*» dessas contribuições individuais. A admissibilidade «do *exercício individual de direitos nos contributos individuais discrimináveis*», nos termos do art. 18º/2 CDA*, não implica, porém, que o exercício de direitos na obra em colaboração deixe de ser necessariamente conjunto segundo as regras da comunhão, nos termos que explicaremos.

sejam discrimináveis – limitado pelo *"não prejuízo da exploração da obra em colaboração como todo unitário"*[214/215].

III – A situação jusautoral relativa às obras em colaboração não tem origem negocial, mas material. É esta co-*autoria* (em sentido próprio) que justifica que se estabeleçam alguns dos princípios que a seguir defendemos nortear o regime de exploração das obras em colaboração, nomeadamente a indissolubilidade da comunhão originária.

Assim e muito embora possa perfeitamente configurar-se um acordo anterior à criação que determine a co-titularidade originária de obras criadas por diferentes autores, não se verificará verdadeira co-autoria (colaboração) se faltar a concertação de acções criadoras de que resulte obra una[216].

---

[214] Não assim, por exemplo, no direito alemão, vista a disposição do § 8(1) UrhG alemã*, nos termos da qual é *vedada a utilização patrimonial independente* dos contributos criativos individuais incorporados na obra *"de criação comum" (em colaboração)*. Este é, aliás, o critério de distinção fundamental entre *obra em colaboração* e *obra-colectânea* usado por LOEWENHEIM, *"Urheberrecht – Kommentar"*, coordenado por SCHRICKER, 2ª ed. cit., em anotação B. I-4.(17) ao § 4, pag. 153, que explica que nestas, devido à *criação de uma nova obra independente dos contributos individuais separados nela incorporados,* se configura situação que *admite a exploração económica separada daquela e destes.*
Confrontada disposição de sentido oposto no direito português (cfr. art. 18º/2 CDA*), esta não pode ser adoptada como característica distintiva universal dos dois *géneros* de obras, nem parece ser essencial para a construção do conceito.

[215] Cfr. art. 18º/1 CDA* e a interpretação para o mesmo formulada por OLIVEIRA ASCENSÃO, *"Direito Civil - Direito de Autor e Direitos Conexos"*, cit., n.º 84-II, pags. 132/133, ao estabelecer o paralelo entre o regime expresso nesta disposição legal *(não obstante a epígrafe comum "Direitos individuais dos autores de obras feitas em colaboração")* e o previsto no § 9 UrhG alemã* ("verbundene Werke") para a conexão de obras. Comentamos esta posição *infra,* n.ºs 22 e 46.

[216] Neste sentido, também em COPINGER / SKONE JAMES, *"(On) Cpopyright"*, 14ª ed. cit., n.º 4-39, pag. 201 – perante a caracterização contida na noção legal britânica (sec. 10(1) UK CDPA*) – se afirma: «*Determinar se uma obra é uma obra de autoria conjunta é uma questão de facto, não convencional*». Desenvolvem depois esta ideia (*ob.* cit., n.º 4-45, pags. 203 ss.) para reiterarem que «*para que alguém possa reclamar-se co-autor é necessário que corresponda à descrição de "author", não sendo essa posição jurídica susceptível de ser adquirida por acordo*».
Recordamos o que expomos – *supra,* n.º 4 - sobre a distinção, no direito britânico, entre as expressões "authorship", correspondente à noção de *autoria/criação* e "ownership (do copyright)", que respeita à *titularidade,* ainda que originária, *do direito.* Fiel a esta

IV – As "condições materiais da criação" – a concertação de acções criativas exteriorizada em obra única – evidenciam características com implicações óbvias no regime de utilização das obras em colaboração. Assim:

a) revelam a *iniciativa e planeamento conjuntos* da actividade criadora por uma pluralidade de colaboradores;
b) implicam a *divulgação e utilização conjunta* da obra em colaboração, enquanto tal; e
c) marcam a utilização dos vários contributos individuais criativos, distinguíveis, segundo um *fim próprio comum*.

V – A obra em colaboração distingue-se, pois, quer da *coligação* (funcional) *de obras* quer da *obra colectiva*, pelo facto de ser a única em que a iniciativa, empreendimento/planeamento e organização é verdadeiramente "de uma pluralidade de sujeitos"; a única das três em que pode com propriedade falar-se de uma criação plural, de uma verdadeira concertação criativa[217].

20. A co-autoria material enformadora da situação jusautoral nas obras em colaboração

I – O principal problema que as obras em colaboração colocam quanto ao regime de atribuição e exercício de direitos de autor não é o que respeita à titularidade de *direitos dos colaboradores sobre os*

---

acertada distinção – que reforça a ideia da progressiva aproximação entre os sistemas de "copyright" tradicional e os de "direito de autor" na acepção europeia continental que nos é familiar –, acrescenta-se mesmo em COPINGER / SKONE JAMES, *"(On) Cpopyright"*, 14ª ed. cit., n.º 4-39 e nota (80) na pag. 204, aquela que nos parece uma boa formulação da distinção entre a co-titularidade originária nascida de *convenção* e a que resulta *de facto* da co-autoria *proprio sensu*: «admitir-se-á que duas ou mais pessoas, que não colaboraram na criação, mas que deram algum contributo para a formalização definitiva da obra, acordem entre si, expressa ou tacitamente, a atribuição conjunta de direitos nesta».

[217] Divergimos, nestes termos, do sentido de ACÓRDÃO DO SUPREMO TRIBUNAL DE JUSTIÇA, de 17-6-1998, in Col.Jur.*, t. II-S.T.J. (1998), pags. 112 ss. (*maxime* pag. 113), de que é Relator COSTA MARQUES: «*Este preceito (o art. 16º CDA*) define, pois, a obra em colaboração; contrapondo-a à obra colectiva, ambas integrando o mesmo género, a obra de criação de uma pluralidade de pessoas.*» – intercalado nosso. Pelas razões adiante expostas, reiteramos que a obra colectiva não é obra de criação plural.

seus contributos individuais discrimináveis. Esta está expressamente consagrada, em termos análogos aos previstos para as *obras colectivas*, com o reconhecimento do exercício individual de direito de exploração sobre bens próprios (as contribuições criativas individuais que sejam discrimináveis na obra em colaboração), embora limitado pelo *não prejuízo da exploração desta como um todo*. Em todo o caso, deve dizer-se que tal limite vai, na prática e considerada a *interligação genética* dos contributos individuais criados em colaboração e o *fim de exploração comum* que marca a sua utilização, cercear – sem excluir, dado o sentido expresso da norma legal – a maior parte das utilizações *em separado* a que estariam aptos.

II – Resumidamente, a lei civil portuguesa prevê o exercício *conjunto* de direitos pelos comunheiros (art. 1405º/1 C. Civil). Na *falta de acordo*, pode qualquer dos co-titulares *usar da coisa comum*, «*contanto que a não empregue para fim diferente daquele a que se destina e não prive os outros consortes do uso a que igualmente têm direito*» – art. 1406º/1 C. Civil. PIRES DE LIMA / ANTUNES VARELA esclarecem que, no que respeita *a fruição da coisa comum*, «*está consagrada a regra da proporcionalidade (em relação à quota de cada comproprietário), nos termos do art. 1405º/1 C. Civil*»[218]. A *administração* é dita sujeita às regras que regulam as sociedades civis (arts. 1407º e 985º C. Civil), nos termos da qual *todos os contitulares têm igual poder para administrar*, no que é encarado como *limitação recíproca* do direito (de propriedade) de cada um sobre a coisa comum[219].

III – Não é este o lugar para tomar posição sobre o debate travado na doutrina sobre a questão geral da *natureza do direito dos comproprietários*[220]. Sempre acrescentaremos que, no que à co-titula-

---

[218] PIRES DE LIMA / ANTUNES VARELA (com M. HENRIQUE MESQUITA), *"Código Civil Anotado"* – vol. III, cit., em anotação 2. ao art. 1406º, pag. 356, estabelecem a distinção entre *uso*, como «*utilização directa da coisa ou como aproveitamento imediato das aptidões naturais dela*» e *fruição de coisas*, que tem subjacente a ideia de «*utilização da coisa como instrumento de produção (frutos, proventos, etc.)*».

[219] Veja-se PIRES DE LIMA / ANTUNES VARELA (com M. HENRIQUE MESQUITA), *"Código Civil Anotado"* – vol. III, cit., em anotação 2. ao art. 1407º, pag. 361.

[220] OLIVEIRA ASCENSÃO, *"Direito Civil - Reais"*, cit., n.º 128-IV e MENEZES CORDEIRO, *"Direitos Reais"* – vol. I, n.º 202-V, sustentam (na linha de SCIALOJA, *"Teoria della*

ridade do direito de autor na obra em colaboração respeita, nos impressiona favoravelmente a observação de MENEZES CORDEIRO, que acrescenta que a concepção unitária ou monista implicaria que se concebesse que «*a pluralidade de sujeitos* [titulares do referido «*direito único sobre a coisa comum*»] constituísse uma *pessoa jurídica em si*»[221].

Ora, se pensarmos agora apenas no regime das obras em colaboração, considerados os poderes que integram a esfera jurídica dos colaboradores, parece claro que a concepção que melhor se coaduna à posição jurídica destes é a que os vê como titulares de direitos que coexistem com o mesmo objecto (a obra em colaboração no seu todo). Estes direitos são legalmente *"presumidos de igual valor"* – nos termos expressos do art. 17º/2 CDA* – *e limitam-se entre si*. O direito de autor cabe ao conjunto dos colaboradores, co-titulares em regime de comunhão sobre bem jusautoral único e distinto dos contributos que o integram – art. 17º/1 CDA* e arts. 1404º e 1405º/1 C. Civil.

IV – Então,

A titularidade do direito de autor na obra em colaboração na sua unidade pertence originariamente ao conjunto de todos os colaboradores. Na medida em que o *título constitutivo* da comunhão de direitos é, na obra em colaboração, o acto material da própria criação exteriorizada:

a) são co-titulares do direito de autor todos os *que a criem em concertação de iniciativa e de acção*;

b) presumir-se-ão co-autores todos aqueles em nome de quem seja divulgada – nos termos gerais do art. 27º/1 e /2 CDA*[222].

Proprietà nel Diritto Romano", Roma, 1928/1931, *apud in* Menezes Cordeiro e Oliveira Ascensão, *ob. citt., ibidem*) que na comunhão coexistem vários direitos de propriedade que, com o mesmo objecto (a coisa comum), se limitam entre si no seu exercício. PIRES DE LIMA / ANTUNES VARELA (com M. HENRIQUE MESQUITA), *ob. cit.*, em anotações 3. e 4. ao art. 1403º, entendem a compropriedade como *um único direito*, com vários titulares, sobre a coisa comum.

[221] MENEZES CORDEIRO, *"Direitos Reais"* - vol. I, cit., n.º 202-III, com intercalado nosso.

[222] Em síntese, que consideramos feliz mesmo em confronto do ordenamento jurídico de Portugal, NORDEMANN explicita: «*A característica de uma co-autoria foi, desde sempre, o trabalho conjunto numa única obra. Quando não for este o caso, pode falar-se de uma*

A *contitularidade* originária do direito de autor nas obras em colaboração obedece a princípios e regras específicas. Examinemo-los.

21. A contitularidade originária do direito de autor nas obras em colaboração

I – A contitularidade originária do direito de autor não exclui *acordo, anterior à criação da obra*, de atribuição, pelo conjunto dos colaboradores, do seu direito de autor na obra a terceiros, não co-autores.

A co-autoria (imputação da paternidade da obra aos colaboradores) não pode aqui confundir-se com a titularidade do direito de autor que lhes pertence originariamente em comunhão, pelo que não justifica excepção às normas que admitem a sua atribuição originária convencional a entidade não criadora (*v.g.* no caso de *obra em colaboração criada para outrem no âmbito de contrato com esse objecto* – art. 14º/1 CDA*).

II – É também consentida a atribuição de faculdades de utilização, que constituem *direitos derivados de carácter patrimonial* e que pode ser concedida segundo as regras que apontamos de seguida para a prática de *actos de administração* da obra em colaboração.

Quer a transmissão total do direito patrimonial pelo conjunto dos colaboradores comunheiros quer a atribuição convencional originária a terceiros não constituem *"alienação de parte especificada da coisa"* nem implicam a divisão desta e não podem ser negadas pela regra geral de *transmissibilidade do direito de autor*.

---

obra coligada ou de adaptação.» (NORDEMANN, em anotação (1), pag. 110, ao § 8 UrhG alemã*, *in "Urheberrecht – Kommentar..."* (FROMM/NORDEMANN), coordenado por W. NORDEMANN, 9ª ed. cit.). E continua (*ob.* cit., pag. 111, em anotação (2) ao mesmo § 8 UrhG alemã*): «*Uma obra é criada em conjunto quando vários autores colaboram com o objectivo da sua criação e cada um dá o seu contributo criativo que depois se manifesta na obra.*»

NORDEMANN (última *ob.* cit., pag. 111, em anotação (4) ao mesmo § 8) mais distingue do co-autor o "assistente/discípulo" ["Gehilfe", na expressão original] que: «[...] *está sujeito à vontade criativa de uma outra pessoa, de tal modo que deve executar unicamente essa vontade sem poder concretizar qualquer ideia criativa própria.*».

Por outro lado, pensamos que a comunhão *originária* de direitos na obra em colaboração, que justifica que o direito de autor se constitua em contitularidade na pessoa dos co-autores, implica também que permaneça indiviso em comunhão (ou que seja transferido também em comunhão para terceiros), já que se constituiu pelo acto material da criação em concertação que vimos marcar o *fim de aproveitamento económico* da obra, em que a componente *pessoal* é determinante. Nestes termos, a atribuição originária do direito de autor (ou de faculdades neste compreendidas) a terceiros (não co--autores) deverá compreender a globalidade dos direitos na comunhão por acto conjunto dos colaboradores, sob pena de implicar a "entrada na comunhão" de terceiros não vinculados originariamente a um exercício conforme àquele fim.

Aqui se marca uma diferença relevante em relação à comunhão de direitos reais em que é admitida a disposição por cada comunheiro da sua quota com direito de preferência dos restantes consortes – cfr. arts. 1408º e 1409º C. Civil. A inalienabilidade por cada um dos colaboradores contitulares da quota na comunhão, que nasce da criação exteriorizada na obra em colaboração – *e que implicaria a disponibilidade do direito de autor sobre apenas alguma(s) das quotas na obra unitária* –, resulta do carácter *pessoal* que a concertação criativa incute a esta particular forma de comunhão. Esta característica de "*pessoalidade da concertação criativa* nas obras em colaboração" não consente a alteração, tanto subjectiva como objectiva, da comunhão originária por acto de apenas alguns dos colaboradores. Mas, precisamente por se tratar de direitos de igual conteúdo sobre um bem comum, já não exclui a admissibilidade que reconhecemos à deliberação maioritária quanto à *utilização* da obra (embora *condicionada*, pelas mesmas razões, como a seguir expomos)[223/224].

---

[223] Distingue-se assim da "*comunhão de mão comum*" *germânica*, a "Gesamthandsgemeinschaft" a que refere NORDEMANN, em anotações (15-17), pag. 116, ao § 8 UrhG alemã*, *in "Urheberrecht – Kommentar..."* (FROMM/NORDEMANN), coordenado por W. NORDEMANN, 9ª ed. cit., que, além de declarar inadmissível a disposição do co-autor sobre a sua quota perante a regra geral de intransmissibilidade em vida do direito de autor no ordenamento jurídico alemão (§ 29 UrhG alemã*), também faz depender de decisão unânime dos co-autores qualquer acto de *utilização, publicação ou modificação*, salvo se contrária à boa fé.

Já a atribuição de faculdades isoladas de exploração económica, sendo constitutiva de direitos de utilização *derivados*, não significa alienação do direito de autor na obra e representa a prática de actos de (mera) *administração* do bem comum, pelo que é insusceptível de afectar a *comunhão genética e funcional* que determina a atribuição da titularidade originária do direito, que dizemos marcar a obra em colaboração. Logo, tal atribuição deve ser admitida nos mesmos pressupostos que adiante apontamos para a exploração económica destas obras.

Veremos que este entendimento não vale para o regime de comunhão por quotas que apontamos consagrado na ordem jurídica portuguesa, que consente a *exploração* da obra por iniciativa de qualquer dos comuneiros sujeita a deliberação maioritária, nos termos que expomos adiante. Com efeito, a doutrina germânica radica no que é exposto – por todos veja-se A. Von Tuhr, *"Der allgemeine Teil des deutschen bürgerlichen Rechts"*, na tradução espanhola *"Derecho Civil"* – vol. II – *"Los derechos subjetivos..."*, cit., § 3-II – como representando «*uma comunhão unitária em que os comuneiros participam de uma situação jurídica relativa ao património comum; a soma dos direitos e deveres de cada um constitui a sua parte.* [...]. *Como cada comuneiro participa de todos os direitos que entram no património comum, poderia falar-se também de uma participação nesses direitos considerados isoladamente, mas* [tal resulta sem efeito prático porque] *está proibido qualquer acto de disposição de cada comunheiro sobre a parte que lhe corresponde nos diversos objectos da comunidade. Pode unicamente dispor se do direito conjunto que constitui o património unitário e que está atribuído aos fins que determine a organização.*» - intercalado nosso.

[224] Em sentido diferente, Rodríguez Tapia, *"La Cesión en Exclusiva de Derechos de Autor"*, cit., pags. 108/109, perante norma da LPI esp.* (art. 7/2 § 1, 1ª parte) que *requer o consentimento de todos os co-autores para divulgar e modificar a obra* – disposição mais exigente do que a equivalente na lei de autor portuguesa (cfr. art. 18º/1 CDA*) que permite o exercício, em condições a que já referiremos, de várias faculdades jusautorais *por qualquer dos co-autores* –, considera acertadamente que: «*Os vínculos pessoais (por razão da obra em comum) que unem os co-autores não constituem obstáculo suficiente para a entrada na comunhão de pessoas não autoras. A regra geral de transmissibilidade de direitos de exploração tornam admissível, ainda que com problemas, a cessão em exclusivo a terceiros*». No entanto, o mesmo Autor logo acrescenta (*ibidem*): «*Os obstáculos podem proceder, todavia, do princípio do Código Civil,* [...] *que exclui a alienação de direitos pessoais*».

Já Lacruz Berdejo, *"Elementos de Derecho Civil* – III, 1º – *Derechos Reales"* cit., n.º 178 e Rogel Vide, *"Autores, coautores y propiedad intelectual"*, cit., n.º 5.-3., pronunciam-se no sentido da indissolubilidade da comunhão originária, da qual resulta conclusão semelhante à nossa quanto à alienação de direitos sobre as quotas de cada colaborador comuneiro.

III – A contitularidade originária do direito de autor nas obras em colaboração também não obsta à renúncia ao direito por um ou vários colaboradores. Neste caso, o direito dos restantes contitulares tenderá a *expandir-se* para ocupar a posição jurídica daquele.

Esta *renúncia* não implica divisão da coisa comum – que, como expomos de seguida, não vemos que seja admissível –, mas a manifestação da regra mais geral de *disponibilidade do direito patrimonial de autor*, sem quebra dos princípios que determinam a intangibilidade da contitularidade originária.

Tudo se passa sem que a *comunhão genética e ou funcional* fique afectada, uma vez que o conteúdo do direito de autor acresce na esfera jurídica dos restantes colaboradores cujo direito se expande. Tal fenómeno parece estar já implícito no comando que determina – cfr. art. 32º/1 CDA* –, em caso de morte de um dos colaboradores, a *expansão* do direito que passa a incorporar a esfera jurídica dos restantes, em vez de caducar; assim como, segundo a opinião de OLIVEIRA ASCENSÃO[225], está também subentendido na norma do art. 17º/3 CDA*, que regula a *"divulgação da norma apenas em nome de alguns dos colaboradores"* (que analisamos *infra*, n.º 77-III).

22. Exercício conjunto de faculdades de utilização da obra em colaboração pelos contitulares originários do direito de autor – as "regras da compropriedade" e os "limites segundo a boa fé"

I – Para que se perceba toda a implicação da dita contitularidade originária do direito de autor nas obras em colaboração, julgamos dever ainda analisar-se o regime do exercício de direitos pelos co-autores na obra em colaboração.

Em aparente contradição, enquanto a já citada disposição do art. 17º/1 CDA* prevê o exercício destes direitos em regime de co-titularidade segundo as regras da *compropriedade* (arts. 1403º ss. – *maxime* art. 1404º – do C. Civil), o art. 18º/1 daquele Código remete a resolução de litígios entre os colaboradores - também quanto ao

---

[225] OLIVEIRA ASCENSÃO, *"Direito Civil – Direito de Autor e Direitos Conexos"*, cit., em nota (1) ao n.º 82-I, pag. 129.

exercício de direitos na obra no seu todo – para as regras da *boa fé*. Tentemos interpretá-lo.

II – A exploração da obra em colaboração no seu conjunto segue, *com adaptações*, o regime geral de administração da coisa comum na indivisão:

1) Os poderes de exploração da obra em colaboração na sua unidade cabem originariamente a todos os co-autores, salvo se o direito de autor for globalmente atribuído a outrem - art. 17°/1 CDA* e arts. 1407°/1 e 985°/1 C. Civil.

2) Cada utilização patrimonial da obra em colaboração, segundo uma das modalidades previstas na lei, está subordinada à manifestação de vontade da maioria dos colaboradores comunheiros[226] – nos termos gerais, previstos nos arts. 1407°/1 e 985°/3 do C. Civil, *ex vi* art. 17°/1 CDA*, que regulam a administração do bem indiviso. Este requisito não exclui que seja admitida a *iniciativa* para o exercício individual de poderes jusautorais (como os de «divulgação, publicação, exploração ou de modificação»[227]) por qualquer dos co-autores[228] – art. 18°/1 CDA*.

---

[226] OLIVEIRA ASCENSÃO, *"Direito Civil – Reais"*, cit., n.° 126-II e MENEZES CORDEIRO, *"Direitos Reais"*, vol. I, cit., n.° 202-VII, salientam que a participação dos *comproprietários na coisa comum é avaliada em quotas qualitativamente iguais, embora possam ser medidas em valores quantitativamente distintos*; neste sentido, os seus direitos têm não apenas idêntica natureza como também idêntico conteúdo, mas podem repartir-se em *quotas a que se atribui valor proporcional à utilidade* (vantagens que podem retirar) e encargos de cada um, definidas no título constitutivo do direito ou presumidas de igual valor – cfr. art. 1403°/2 C. Civil. Esta medida – *quota ideal* – da participação no valor da coisa de cada co-titular revestirá particular importância na *distribuição dos respectivos frutos*, na *medição de uma sua eventual divisão* e, é claro, *para definir a maioria que, em caso de divergência, decide os critérios de administração da coisa comum* – cfr. arts. 1407°/1 e 985°/2 C. Civil.

[227] Temos dúvidas se o enunciado legal consente algo que se aproxime da sua interpretação ao pé da letra. O art. 18°/1 CDA* enumera em conjunto uma mistura de conceitos tão díspares no seu significado como os de "divulgação e publicação". Refere ainda a "exploração" (noção em que se poderiam fundir todas as faculdades de utilização patrimonial, *v.g.* de fixação, reprodução, de comunicação pública ou de distribuição/pôr em circulação). Por outro lado, alude à "modificação" (a que atribuímos expressamente natureza pessoal – cfr. n.° 83-V, na Parte III deste texto), omitindo designadamente a menção à faculdade de *transformação* – essa sim de índole patrimonial.

3) Quando a deliberação maioritária sobre uma utilização (ou não utilização) em concreto da obra suscite *divergência* – ou na *impossibilidade* de formação dessa maioria, por exemplo na hipótese de serem contrárias as vontades manifestadas por um número de colaboradores que detenham quotas de igual valor na comunhão –, a decisão (ou a falta desta que bloqueie a exploração da obra) será judicialmente apreciada (ou suprida) segundo as regras da *boa fé* (art. 18º/1, *in fine* CDA*).

Esta composição judicial de litígio pode ser suscitada por iniciativa de qualquer dos colaboradores que pudesse exercer individualmente as faculdades de utilização acima indicadas – nos termos dos arts. 1407º/1 e 985º/2 CDA*, que prevêem a faculdade de oposição por qualquer dos comuneiros a actos praticados por aqueles a quem caibam poderes de administração.

Sustentamos que pode ter cabimento uma justa composição judicial de vontades divergentes segundo as regras da boa fé.

Julgamos que o referido preceito legal (art. 18º/1 CDA*) pretende, desastradamente, indicar o conjunto de faculdades de aproveitamento económico da obra, a que acrescenta expressamente a de "*modificar a obra*" querendo significar a transformação desta, uma vez que não se vê que, na comunhão que a obra em colaboração representa, os direitos pessoais de autor possam estar sujeitos a outra condições de exercício que não as que impliquem a intervenção conjunta de todos os titulares (por maioria de razão em relação a certos direitos dos comuneiros, como o de *alienação de parte especificada da coisa comum*, que P. LIMA / A. VARELA (com M. HENRIQUE MESQUITA), "*Código Civil Anotado*" – vol. III, cit., em anotação 2. ao art. 1405º, consideram obedecer a este pressuposto.

[228] PIRES DE LIMA / ANTUNES VARELA (com M. HENRIQUE MESQUITA), "*Código Civil Anotado*" – vol. III, cit., em anotação 2. ao art. 1405º, pag. 351, sublinham que: «[o *exercício em conjunto dos direitos dos comuneiros*] não significa [...] *que seja a intervenção conjunta dos vários contitulares o único processo legal de prevenir ou sanar conflitos entre os interesses divergentes dos comproprietários*» – intercalado nosso. Distinguem depois (*ibidem*, pags. 351/352) casos em que:

   a) «[...] a colisão de interesses não é possível ou não tem relevância jurídica, nenhum inconveniente havendo em facultar a actuação autónoma de cada contitular» (*reivindicação isolada da coisa comum; uso da coisa comum por qualquer dos comproprietários, contanto que sem prejuízo do uso dos restantes ou do fim a que se destina*);

   b) *disposição ou oneração da quota por cada comuneiro; exercício do direito de preferência*); aqueles em que «[...] o exercício do direito está sujeito à deliberação da maioria» (*administração da coisa comum*);

   c) e os que tornam «[...] indispensável a intervenção colectiva de todos os contitulares do direito» (*alienação de parte especificada da coisa comum*)».

A aplicação destas regras poderá até conduzir a superar uma maioria deliberativa que bloqueie a (continuação da) exploração económica da obra em colaboração, segundo modalidade pretendida por um ou mais colaboradores: assim poderá exigir-se, por exemplo, uma exploração da obra conforme à que foi aceite em comum para uma primeira utilização desta, sobretudo quando faltem motivos objectivos que justifiquem o seu não prosseguimento segundo a(s) modalidade(s) de utilização já aceites em conjunto[229].

4) A composição do litígio segundo as regras da boa fé poderá determinar até que a deliberação maioritária seja contrariada – ou suprida a sua falta –, se se demonstrar que é arbitrária ou não conforme ao fim da criação[230].

---

[229] Julgamos que, neste aspecto, a razão assiste a JOSÉ ALBERTO VIEIRA, *"Estrutura do direito de autor..."*, cit., n.º 26, pag. 90, quando afirma: «*A obra de colaboração [...] põe problemas de conciliação das vontades dos colaboradores. Pode acontecer ser vontade de algum ou alguns publicar ou divulgar a obra conta a vontade de outro, ou outros. [...]. A lei prevê o conflito e dimana uma regra para dirimi-lo* [segundo a boa fé]» – intercalado nosso. E continua (*ibidem*, pag. 91): «*Ao juiz caberá decidir [...]. Por outro lado, sensibilidades bacocas não deverão emperrar a divulgação da obra em detrimento dos outros co-autores e do interesse público*» – intercalados nossos.

O mesmo Autor (*ibidem*) insiste, porém, que está ainda em causa o *exercício de direitos pessoais* – como se, tratando-se do exploração económica da obra, o desfrute desta segundo regras autónomas não limitasse (já) objectivamente o exercício de faculdades patrimoniais de utilização. Continuamos a não atingir a razão de ser da restrição da aplicação deste raciocínio aos direitos pessoais – que também parece sem correspondência no sentido da norma – e não nos apercebemos da necessidade da invocação de eventual lesão do "*interesse público*" neste domínio.

[230] Citamos ALOIS TROLLER, em interpretação do inciso de norma – na lei de autor suíça – que consagra "o exercício conjunto de direitos nas obras de colaboração segundo a *boa fé*". Trata-se do correspondente ao inciso no art. 7 da anterior lei de autor suíça (que, neste ponto, corresponde ao art. 7º/2 da actual LDA sui.*: «[...], *os co-autores apenas podem utilizar a obra de comum acordo; nenhum deles pode recusar o seu acordo por motivos contrários à boa fé.*».

Pela importância do teor da interpretação adiantada quanto à concretização do significado de "exploração pelos co-autores conforme à boa fé", merece sem dúvida que se transcreva, apesar de longo, o excerto em explicação daquele Autor. Assim, expõe TROLLER, "*Immaterialgüterrecht*" – II, cit., § 41, IV-2.a), pags. 717 ss.: «*Os co-autores podem regular o exercício dos seus direitos por via contratual. Quando o não façam, o Art. 10º/2* [correspondente, como dissemos, ao art. 7/2 LDA sui.*], *prevê que a obra só pode ser utilizada com o acordo de todos e nenhum deles pode recusar o acordo contra a boa fé.*

Pensamos que a lei de autor portuguesa estabelece o recurso à *boa fé* (art. 18º/1 CDA*) como critério *geral* para solução de litígios quanto à administração/exploração da obra em colaboração. Este critério será operativo quer quando esteja impossibilitada a formação da maioria legal necessária à deliberação sobre um acto concreto de exploração da obra suscitada por qualquer dos colaboradores com poderes de administração, quer quando a vontade da maioria legal contrarie os critérios que norteiam a *normal exploração da obra*.

Não se derroga com esta formulação – aliás com correspondência na disposição citada do art. 18º/1 CDA* – a regra da deliberação maioritária para actos de administração da obra comum, a qual operará em condições normais. Simplesmente, previne-se a formação de uma vontade maioritária (ou supre-se a ausência da manifestação dessa vontade) que um ou mais colaboradores considerem, e o tribunal decida, que contraria a boa fé. Dada a consagração juspositiva de elementos intra-sistemáticos, como seja a suprema *salvaguarda da destinação da obra segundo o fim da sua criação e divulgação para uma exploração conjunta em indivisão* – ausentes na valoração de

---

Com a referência à boa fé pretende dizer-se que um co-autor tem a obrigação de respeitar o interesse dos outros co-autores. Só pode recusar o acordo quando a exploração pretendida da obra prejudique a sua futura utilização ou a boa reputação de todos os co-autores. Em caso de contradição entre o interesse pessoal de um co-autor e os interesses do ou dos outros, os interesses dos segundos em regra prevalecem.» – intercalados nossos. E continua (*ibidem*): «*Apenas em casos excepcionais, quando a utilização provoque danos graves ao que recusa ou à sua reputação como pessoa ou autor, a recusa da utilização é justificada. Em regra, no entanto, aquele que recusa o seu acordo não indicará como motivo os seus interesses, mas contestará a utilidade ou aptidão da disposição em relação aos interesse de todas as partes [...]. Em tal caso, os co-autores interpretam os seus interesse comuns de forma diferente. Consequentemente, não se pode chegar a uma decisão segundo os princípios da boa fé; cada co-autor tem igual direito de avaliar os interesses comuns, de modo que é unicamente inadmissível uma recusa arbitrária.»* – intercalado nosso.

Também BARRELET / EGLOFF, *"Le Nouveau Droit d'Auteur"*, cit., em anotação (10) ao citado art. 7º (vigente) da LDA sui.*, esclarecem: «*Os co-autores devem por princípio tornar possível a utilização da obra. Não podem recusar sem motivo a autorização de utilização. Tal vale tanto para a utilização dos direitos patrimoniais como dos direitos morais. Assim, a recusa de consentimento na divulgação da obra pode ser contrária à boa fé.»*.

Não vemos que a comunhão de direitos genética que acompanha a co-autoria exclua estas interpretações perante as disposições legais assinaladas do ordenamento jusautoral português.

deliberações sobre a administração de *coisas*, que deixam livre curso à apreciação segundo a *equidade* –, é aqui possível a avaliação, segundo a *boa fé*, das vontades divergentes manifestadas pelos colaboradores. Assim, designadamente quando falte uma deliberação maioritária que impeça injustificadamente a exploração da obra em colaboração que se mostre contrária à destinação que determinou a concertação criativa, o tribunal deverá decidir em substituição da vontade maioritária formada (ou suprir o bloqueio à formação dessa vontade), determinando uma exploração conforme à boa fé, *i.e.*, a utilização da obra que se mostre mais aproximada daquela finalidade originária.

Se, por exemplo, uma obra de "banda desenhada" for criada em colaboração para edição em álbum, estando esta utilização eventualmente até já contratada com terceiro antes da sua criação, e se verificar que o autor dos desenhos se opõe injustificadamente à vontade do seu colaborador que pretende autorizar uma tiragem alargada, com isto impedindo a sua exploração sem motivo que não possa ser valorado como preponderante em relação à normal – e, neste caso, fixada contratualmente – destinação da obra, não se vê que aquela possa inviabilizar-se com esta recusa. Esta impediria a formação da "maioria deliberativa" para administração da *coisa* comum requerida na *compropriedade*, mas representa uma actuação contra a boa fé, tal como a definimos, devendo a sentença judicial que dirima a divergência suprir a declaração de vontade do co-autor que nega o consentimento na exploração segundo o fim contratado para a criação[231/232/233].

---

[231] A aplicação das regras da *boa fé* para dirimir divergências quanto à exploração da obra em colaboração não é, de modo nenhum, incontroversa. Como já fizemos notar, deparamos com a aparente contradição, respectivamente, entre as disposições dos arts. 17º/1 e 18º/1 CDA*. A primeira, ao remeter para as regras da *compropriedade*, faz apelo à aplicação das regras que determinam a *"deliberação por maioria em caso de divergência quanto à administração da coisa comum"* – *ex vi* arts. 1407º/1 e 985º C. Civil; regime que parece afastar o recurso às regras da *boa fé* para solução do conflito dos direitos de igual conteúdo dos colaboradores comuneiros, como determina o art. 18º/1 CDA*.

Oliveira Ascensão, *"Direito Civil – Direito de Autor e Direitos Conexos"*, cit., n.º 84-I/II, pags. 132 ss., opta por considerar equívocos os termos da previsão legal do disposto no citado art. 18º/1 CDA* e afirma que a contradição entre este preceito e o do art. 17º/1 se resolve pela aplicação do regime daquele *apenas* à conexão de obras. Além da não conformidade literal ao texto da previsão legal, parece-nos mais provável que ambos se apliquem, sem incoerência, à exploração da obra em colaboração no seu conjunto.

[232] Pede-se uma avaliação do que seja a aplicação dos critérios da *boa fé* a este caso, já que o art. 1407º/2 C. Civil faz apelo a «decisão judicial segundo critérios de *equidade*» em caso de "impossibilidade de se formar a maioria legal" requerida para as deliberações sobre administração da coisa comum; o art. 985º/2 do mesmo Código, por seu lado, deixa à «*maioria dos consortes a deliberação sobre a oposição* de um dos comuneiros a actos de administração que qualquer dos outros pretenda legitimamente realizar».

OLIVEIRA ASCENSÃO, "*O Direito – Introdução e Teoria Geral*", 11ª ed. cit., n.º 254-I, pag. 430, caracteriza a "solução pela *equidade*" - critério para o qual, como dissemos, o art. 1407º/2 C. Civil remete a resolução de litígios em caso de impossibilidade de formação da maioria legalmente exigida para a deliberação sobre actos de administração da coisa comum – como «*a solução conforme às circunstâncias do caso concreto, e não a quaisquer injunções, mesmo indirectas, do sistema normativo. [...] é a justiça do caso concreto. Adapta-se a este plenamente, porque plenamente valora as circunstâncias de cada ocorrência*» – intercalado nosso. O mesmo Autor (última *ob. cit.*, n.º 140-I, pag. 232) equaciona mesmo uma "outra linha de actuação" daquela que designa "*equidade complementar*" – expressamente ilustrada precisamente pelo preceito legal em apreço (o art. 1407º/2 C. Civil) -: «*Ela pode surgir-nos, não* praeter legem *ou* contra legem *[...], mas como complemento de uma precisa regra. [...]. Assim, o art. 1407/2 do Código Civil português diz-nos que, quando não for possível formar a maioria legal para a administração da coisa comum, qualquer dos condóminos pode recorrer a juízo, decidindo-se segundo a equidade. Então, é efectivamente a equidade que está em causa, pois para ela apelou o legislador como único critério. O intérprete poderá recorrer livremente a todas as circunstâncias que forem relevantes à luz da justiça, como é próprio da solução equitativa.*» – intercalados nossos.

MENEZES CORDEIRO, "*Da Boa Fé no Direito Civil*", cit., n.º 112, no contraponto entre *equidade* e *boa fé*, afirma (ibidem 112-V): «*Conclui-se que a equidade, no Direito actual, corresponde a um modo de decidir extra-sistemático, porquanto prescinde da autoridade particular das proposições juspositivas*». E acrescenta (*ibidem*, n.º 112-VII): «*Os institutos que integram a* boa fé *têm sempre em conta a necessidade de reprodução implicadas e convidam vivamente ao labor científico; ambos estes aspectos escapam à equidade*». O mesmo Autor, agora especificamente a propósito da norma do art. 1407º C. Civil (última *ob.* cit., n.º 112-IV) acrescenta: «*a decisão que vise suprir a ausência de maioria legal na administração da coisa comum* - art. 1407º/1 - *não é arbitrária, antes tentando uma meia via entre as posições presentes, sem esquecer critérios de equidade*».

A partir das asserções de OLIVEIRA ASCENSÃO e de MENEZES CORDEIRO que citamos e cuja leitura integral não se dispensa para inteira compreensão no contexto em que as produzem, concluímos que, no conteúdo das "permissões normativas específicas" que possibilitam o aproveitamento da obra em colaboração na sua unidade, se encontram critérios (intra-sistemáticos) que dispensam – e substituem – o recurso à *equidade* para dirimir conflitos quanto à exploração da obra nascidos da divergência de vontades entre os colaboradores comuneiros a quem caiba a administração. Estes critérios podem encontrar-se com recurso aos limites concretos de exploração da obra, designadamente conformando-a à utilização de acordo com o fim da sua criação e divulgação e impedindo a sua exploração (ou a recusa desta) quando contrária à *boa fé*.

23. Indivisibilidade da comunhão – o princípio da unidade de exploração das obras em colaboração

I – A propósito da norma do art. 1404º C. Civil, que determina a aplicação das regras da compropriedade *à comunhão de quaisquer outros direitos*, acrescentam P. LIMA / A. VARELA que «*entre os casos de comunhão assumem especial relevo a contitularidade de direitos reais, a chamada comunhão de mão comum (Gemeinschaft zur gesamten Hand) ou propriedade colectiva [...]. No primeiro grupo, [...] figura a compropriedade intelectual (direitos de co-autoria e direito de compropriedade industrial)*»[234]. Entre os "efeitos práticos" deste regime subsidiário, aqueles Autores salientam a aplicação do regime instituído para a compropriedade quanto: «*ao direito de preferência (arts. 1409º e 1410º C. Civil); ao direito de não permanecer na indivisão (art. 1412º); com as necessárias adaptações, no tocante*

Nestes termos, à solução segundo a boa fé caberia função que a aproxima da que previne e reprime o *abuso de direito*. A este propósito, veja-se o que MENEZES CORDEIRO, *"Da Boa Fé no Direito Civil"*, cit., n.º 84, caracteriza como «exercício inadmissível [de posições jurídicas], por disfuncionalidade do aproveitamento de uma permissão normativa específica face ao sistema», que acrescenta, *ibidem*, n.º 84-IV, «O essencial do exercício inadmissível de posições jurídicas [*ex vi* art. 334º C. Civil] é dado pela boa fé; [...]» intercalado nosso. É esta a acepção que preferimos, quando referimos ao recurso às regras da *boa fé* na solução de conflitos no exercício de direitos de exploração na obra em colaboração.

[233] Consideramos significativa a disposição do art. 7/2 da LPI esp.* que, ao consagrar também o regime da comunhão de direitos sobre a obra em colaboração (art. 7/1) e depois de estatuir que «*para* divulgar *ou* modificar *é requerido o consentimento de todos os colaboradores* [o que se compreende, visto tratarem-se de direitos *pessoais*]», prevê (mesmo art. 7/2 §2) que, «*uma vez divulgada a obra, nenhum co-autor pode recusar injustificadamente o seu consentimento para a sua exploração segundo o modo em que foi divulgada*» – intercalado nosso.

Não obstante o significado mais pobre do inciso "*recusa injustificada*" face à solução que, nos termos que expusemos, a lei de autor de Portugal preconiza com recurso à *boa fé*, pensamos que o regime fixado pela lei espanhola acrescenta expressão formal ao que propomos como *critério de aferição da exploração comum da obra* no ordenamento jurídico português: considerar-se-á *inadmissível*, por contrária à boa fé, a exploração (ou recusa de exploração] da obra em colaboração deliberada contra a vontade de um ou mais comuneiros, quando contrarie o *fim da sua criação em concertação*; este fim revela-se nomeadamente na *modalidade de divulgação* escolhida pelo conjunto dos colaboradores.

[234] PIRES DE LIMA / ANTUNES VARELA (com M. HENRIQUE MESQUITA), *"Código Civil Anotado"* – vol. III, cit., em anotação 2. ao art. 1404º, com intercalado nosso.

aos poderes de uso e de administração dos co-titulares da coisa comum; à medida do direito de cada contitular de determinada relação jurídica»[235].

II – Vimos que, quanto às "*partes indivisas dos co-autores das obras em colaboração*", o art. 17º/2 CDA* é expresso no acolhimento de norma que as presume "*de valor (quantitativamente) igual*". Também já expusemos a nossa interpretação quanto à aplicação das regras sobre *titularidade e administração* da coisa comum à titularidade do direito de autor e à exploração da obra em colaboração. Não é clara a adequação de outros aspectos do regime da *compropriedade* à comunhão de direitos nestas obras.

É o caso do direito de não permanecer na indivisão.

III – Parece claro que o *carácter pessoal da concertação criativa* na génese da obra em colaboração, a que obedece também um *fim/destinação de utilização comum de uma obra única*, determina – salvo convenção em contrário ou renúncia antecipada, como dissemos – a co-titularidade originária do direito de autor pelos colaboradores.

A obra em colaboração "na sua unidade" é um todo (ideal) *não fraccionável em substância*. Por conseguinte, a comunhão originária de direitos nestas obras é (por sua natureza) indivisível, visto o princípio que enunciamos como de unidade de exploração económica tendo em vista o fim da criação[236] – que veremos ter também aplicação, por outros motivos, na obra colectiva. Não é assim, necessariamente, nas situações de coligação/conexão de obras, ainda que originárias,

---

[235] PIRES DE LIMA / ANTUNES VARELA (com M. HENRIQUE MESQUITA), "*Código Civil Anotado*" – vol. III, cit., em anotação 3. ao art. 1404º.

[236] Sobre o *princípio de unidade de exploração* (das obras colectivas como das obras em colaboração), cfr. n.ºs 26, 37, 41-III, *infra*.

LACRUZ BERDEJO, "*Elementos de Derecho Civil – III, 1º – Derechos Reales*" cit., n.º 178, sustenta que: «[…] *não parece aplicável à comunhão intelectual originária a regra de dissolubilidade da comunhão ordinária a pedido de um comuneiro, estando esta última pensada para os direitos sobre as coisas, desprovidos de carácter pessoal. Esta regra já é aplicável, sem dúvida, à compropriedade de direitos pecuniários entre pessoas distintas dos autores*». Neste último sentido se pronuncia também CARLOS ROGEL VIDE, "*Autores, coautores y propiedad intelectual*", cit., n.º 5.-3. (contra a opinião de LÓPEZ QUIROGA, ali citado por Rogel Vide).

em que falta a "comunhão genética"/"concertação criativa", salvo convenção que fixe destinação para uma utilização conjunta das obras coligadas, incompatível com a divisão de direitos nestas.

Admitimos, por outro lado, que *forçar a divisão do direito* relativo ao que é por natureza e definição indiviso não atinge necessariamente a obra na sua essência unitária e pode provocar apenas a "dissolução da co-titularidade" ou a "divisão económica" do direito[237].

---

[237] PIRES DE LIMA / ANTUNES VARELA (com M. HENRIQUE MESQUITA), *"Código Civil Anotado"* - vol. III, cit., em anotação 4. ao art. 1412º, pag. 387, sublinham com razão que a divisão de coisa comum não visa necessariamente a sua "divisão em substância", mas pode ser entendida como «[...] *um direito de* dissolução *da compropriedade (dissolução da comunhão é precisamente a expressão usada na epígrafe do art. 1111º do Cód. Civil italiano), que normalmente se opera mediante a* divisão em substância *da coisa, mas que também pode realizar-se através da partilha do seu valor (ou preço)*» – intercalado nosso.

G. CIAN / A. TRABUCCHI, *"Commentario breve al Codice Civile"*, cit., em anotação 1, pag. 957, ao art. 1112 do C.Civ.ital.* que estabelece a indivisibilidade da comunhão de direitos «[...] *quando se trate de coisas que, se divididas, deixariam de servir ao uso a que são destinadas»*, também salientam a ligação entre a *"indivisibilidade natural"* (das coisas objecto de comunhão) e *"a cessação do uso a que eram destinadas"*. Não temos dúvidas em aplicar esta ideia a todas as obras em colaboração, em que uma eventual divisão, ainda que sejam discrimináveis os contributos individuais, torna *insusceptível de aproveitamento económico segundo o fim da sua criação*.

Por outro lado, os mesmos Autores (*ibidem*) sublinham por outro lado, que *indivisibilidade natural* do *objecto* da comunhão permite que: «A divisão da coisa *naturalmente indivisível* se realize pela venda ou pela atribuição a um contitular, nos termos do art. 720 do C.Civ.ital.* [que prevê que, em caso de partilha e quando se mostrar necessária ou economicamente vantajosa a indivisibilidade de certos bens hereditários, deverá ocorrer a *afectação por inteiro do direito* sobre esses bens no quinhão de um ou mais dos co-herdeiros, com imputação em débito do valor que eventualmente exceda as suas quotas na comunhão hereditária e, só quando nenhum dos co-herdeiros o aceite, a venda do bem]» – intercalado nosso. No mesmo sentido, C. MASSIMO BIANCA, *"Diritto Civile – VI (La proprietà)"*, cit., n.º 245, pag. 481, em aplicação do mesmo art. 1112 C.Civ.ital.*: «*O pedido de dissolução da comunhão é inatendível [...], quando a divisão diminua o uso a que a coisa se destinava. [...]. A indivisibilidade da coisa não impede todavia a dissolução da comunhão se aquela puder ser alienada a terceiros ou atribuída a um contitular [...* assegnata ad un compartecipe ...", no original] *mantendo a sua função.*» – intercalados nossos.

M. ALBALADEJO, *"Derecho Civil"* – III, vol. 1º – *"Derecho de Bienes I"*, cit., § 61 C) - n.º 15, acrescenta ao conceito de "divisão material" o de *"divisão económica"*. Com este significa a «*adjudicação da coisa* [materialmente indivisível] *a um dos comunheiros, que indemnizará os demais, desde que todos estes estejam conformes, ou então que se reparta o seu preço, se algum dos restantes consortes se opuser*». Também LACRUZ BERDEJO, *"Elementos de Derecho Civil – III, 2º – Situaciones de Cotitularidad"*, cit., n.º 368,

Entendida neste sentido – não vamos aqui questionar se próprio ou impróprio –, sem implicar a especificação (concretização) da quota e operando um efeito de mera concentração do direito na pessoa dos restantes colaboradores, a assim designada "divisão" não só se afigura compaginável à tese que sustentámos sobre a verificação de uma pluralidade de direitos sobre um bem comum como produziria efeitos que já assinalámos como admissíveis a propósito da *renúncia ao direito de autor por um dos colaboradores comuneiros em benefício dos restantes*.

Tal permite que se considere que, constituídos originariamente em titularidade plural conjunta, os direitos na obra em colaboração assim devem permanecer – salvo acto que opere a sua extinção apenas na esfera jurídica de um dos co-titulares, *acrescendo* então na esfera jurídica dos restantes colaboradores (trate-se: de *renúncia*; de *"cedência"*, no segundo sentido que apontamos à norma do art. 17º/3 CDA*; ou da *"dissolução da comunhão"* / *"divisão económica"*, na formulação aqui exposta).

SÍNTESE EM RECAPITULAÇÃO

A conformação da situação jusautoral nas obras em colaboração

1. Nas obras em colaboração, muito embora possa perfeitamente configurar-se um acordo anterior à criação que determine a co--titularidade originária de obras criadas por diferentes autores, não se verificará verdadeira co-autoria se faltar a *concertação de acções criadoras de que resulte obra una*.

---

reconhece que: «[...] *além da acção de divisão, o co-titular sai da comunhão transmitindo a sua quota-parte ou renunciando a ela, como expressão, também, da fungibilidade das pessoas na comunhão ordinária. Consequência importante desta posição é a mais fácil admissão de comunhões sobre coisas indivisíveis sem acção de divisão*».

Como dissemos, parece ser esta *susceptibilidade de renúncia individual ao direito patrimonial de autor em benefício dos restantes comuneiros* a que melhor reflecte o regime da comunhão nos direitos nas obras em colaboração, que não questiona nem a indivisibilidade do objecto (a obra em colaboração) nem a indivisibilidade voluntária da comunhão originária.

A obra em colaboração distingue-se, pois, quer da *coligação* funcional *de obras* quer da *obra colectiva*, pelo facto de ser a única em que a iniciativa, empreendimento/planeamento e organização é verdadeiramente "de uma pluralidade de sujeitos"; a única das três em que pode com propriedade falar-se de uma criação plural, de uma verdadeira concertação criativa. Esta *concertação criativa não tem necessariamente origem convencional.*

2. A titularidade do direito de autor na obra em colaboração na sua unidade pertence originariamente ao conjunto de todos os colaboradores. Na medida em que o *facto constitutivo* da comunhão de direitos é, na obra em colaboração, o acto material da própria criação exteriorizada:

- são co-titulares do direito de autor todos os *que a criem em concertação de iniciativa e de acção*;
- presumir-se-ão co-autores todos aqueles em nome de quem seja divulgada – nos termos gerais do art. 27º/1 e /2 CDA*.

3. Os poderes de exploração da obra em colaboração na sua unidade cabem originariamente a todos os co-autores, salvo se o direito de autor for globalmente atribuído a outrem.

Cada utilização patrimonial da obra em colaboração, segundo uma das modalidades previstas na lei, está subordinada à manifestação de vontade da maioria dos colaboradores comunheiros, nos termos gerais que regulam a administração do bem indiviso.

Quando a deliberação maioritária sobre uma utilização (ou não utilização) em concreto da obra suscite *divergência* – ou na *impossibilidade* de formação dessa maioria, por exemplo na hipótese de serem contrárias as vontades manifestadas por um número de colaboradores que detenham quotas de igual valor na comunhão –, a decisão (ou a falta desta que bloqueie a exploração da obra) será judicialmente apreciada (ou suprida) segundo as regras da *boa fé*.

A composição do litígio segundo as regras da boa fé poderá determinar que a deliberação maioritária seja contrariada – ou suprida a sua falta –, se se demonstrar que é arbitrária ou não conforme ao fim da criação.

4. A obra em colaboração "na sua unidade" é um todo (ideal) *não fraccionável em substância*. Admitimos, por outro lado, que *forçar a divisão do direito* relativo ao que é por natureza e definição indiviso não atinge necessariamente a obra na sua essência unitária e pode provocar apenas a "dissolução da co-titularidade" ou a "divisão económica" do direito.

Tal permite que se considere que, constituídos originariamente em titularidade plural conjunta, os direitos na obra em colaboração assim devem permanecer – salvo acto que opere a sua extinção apenas na esfera jurídica de um dos co-titulares, *acrescendo* então na esfera jurídica dos restantes colaboradores.

SECÇÃO II

Uma construção paradigmática: a contitularidade originária do direito de autor nas obras audiovisuais – uma ficção legal de co-autoria

24. A obra audiovisual e os respectivos contributos criativos individualizáveis – a pretensa co-autoria na obra audiovisual

I – Como já escrevemos[238], não é obviamente o tipo de *suporte* (película, videocassete, disco ou outro registo digital) que confere o carácter criativo ao audiovisual; neste sentido, *obra televisiva* não é simplesmente a obra *televisionada* (ainda que figure a difusão televisiva de uma obra em si protegida, como uma representação teatral ou uma ópera), mas a que seja criada segundo a expressão formal própria desse *meio* (o que retira esta tutela também, por exemplo, à mera produção televisiva ou videográfica – e bem assim à "filmagem" – de imagens que não sejam objecto de montagem/realização, ditas vulgarmente *"não editadas"*[239]). A obra televisiva é a que é criada –

---

[238] Veja-se o nosso *"Filmagem de espectáculos desportivos e «direito de arena»"*, cit., 2.2.1., pag. 46 e respectiva nota (29).

[239] Trata-se de mais um anglicismo com mais do que provável origem na expressão *"non-edited images"* (*"imagens não editadas"*, usualmente teledifundidas em programas televisivos noticiosos), que significa afinal as imagens que não sejam objecto de *"montagem"* ("edition", que no sentido original refere a um dos aspectos complementares da *coordenação criativa/realização* característica das verdadeiras obras audiovisuais).

Este exemplo ilustra a sempre necessária adaptação na tradução. A expressão *"edition"*: à letra, resultaria sempre na errónea tradução "edição"; referida à *"edição de obras literárias"*, a expressão inglesa "edition" significa "direcção editorial", e não "edição livreira" a que corresponde a expressão "publishing"; aplicada à realização/produção audiovisual *"editing"* é sinónimo de *"montagem"*, não de "realização".

e produzida – segundo os processos específicos e destinada à exibição por este meio[240].

Obra filmada é a que consiste na gravação servil (mera fixação mecânica) em suporte material de, por exemplo, uma representação teatral de uma obra dramática. A adaptação cinematográfica (assim como a dramatização/encenação dramática) de uma obra literária preexistente compreende – ou compreenderá normalmente, tal como a vemos – a adaptação criativa dessa obra (e não apenas do texto escrito) à *expressão formal* (vulgo "linguagem própria") *do novo meio* (o cinema, a televisão) utilizado para a sua comunicação. E esta é manifestação inequívoca de actividade criadora, seja entendida *em colaboração* (do realizador, do autor do argumento, do autor da banda sonora musical) ou como *obra colectiva* (sob direcção do realizador e enquadrada empresarialmente pelo produtor).

REHBINDER define a *"obra fílmica"* como «*uma conjugação e graduação complexa de prestações intelectuais/espirituais de muitas pessoas cujo contributo não é da mesma natureza e do mesmo valor*»[241], logo acrescentando que, nestas, as *imagens e sons* incorporados consubstanciam uma obra única. Aproveitamos esta noção para marcar, desde já, uma distinção terminológica com valor conceptual.

A expressão "obra fílmica" passa a reconduzir-se à de *obra de cinematografia*: aquela em que a actividade criativa se manifesta não apenas na ordenação em sequência de imagens (com ou sem som), no argumento e em outra obras eventualmente incorporadas, mas

---

[240] No nosso *"Filmagem de espectáculos desportivos e «direito de arena»"*, cit. (cfr. nota (32) à pag. 47) sublinhamos que a obra televisionada representa uma mera modalidade de *comunicação pública* à distância (teledifusão) de uma obra de qualquer *género* que a tal se preste – e são hoje quase todos. Assim o assinalam também, nomeadamente, OLIVEIRA ASCENSÃO, (*"Direito Civil – Direito de Autor e Direitos Conexos"*, cit., n.º 366-IV, pags. 531/532) e N. PÉREZ DE CASTRO (*in "Comentarios a la Ley de Propiedad Intelectual"*, obra coordenada por RODRIGO BERCOVITZ RODRÍGUEZ-CANO, cit., em comentário IV-2. ao art. 86, pags. 1220/1221).

Em nossa opinião, a *criatividade da expressão formal (audiovisual) da obra criada especialmente para a radiodifusão televisiva* não tem de se manifestar no *objecto* teledifundido, mas na intelecção da criatividade da expressão audiovisual "teledifundida", em resultado da captação, selecção e organização das imagens exibidas, que é principalmente fruto da realização e montagem da obra televisiva.

[241] MANFRED REHBINDER, *"Urheberrecht"*, 12ª ed. (2002) cit., § 15-II, pag. 101 (143).

sobretudo pela *"realização"* (na expressão consagrada em Portugal) *criativa destas*, segundo nova forma de expressão – a "audiovisual"[242].

A expressão "filme" – quando não designar expressamente apenas a *película*, que é simplesmente um dos suportes possíveis das obras de cinematografia – deverá passar a referir outras sequências de imagens (acompanhadas ou não de sons) que, sem contributo criativo, causem quando exibidas a impressão de movimento – afinal os *produtos cinéticos*, não criativos, que vemos consagrados no § 95 UrhG alemã*.

Por questão de rigor, procuraremos sempre adoptar a expressão *obra cinematográfica/obra audiovisual*, em contraponto a "filme" e de preferência a "obra fílmica".

II – DIETZ afirma que o Direito de Autor (de Portugal) «*não conhece ainda, ao contrário das leis de autor francesa e espanhola, o conceito geral de "obras audiovisuais", que deixa para o tratamento amplo da autoria das obras cinematográficas*»[243/244]. Pelo contrário, dir-se-ia que, na falta de noção legal específica – pelo menos até à entrada em vigor do Decreto-lei n.º 332/97, de 27-10 (art. 7º/4) –, a lei portuguesa pecará antes pela superabundância e sobreposição de designações que confundem sobre o *género* a que referem.

A verdade é que, sem nunca formular noção, a lei de autor portuguesa dissemina normas reguladoras da criação/produção

---

[242] Em noção próxima da de REHBINDER, *"Urheberrecht"*, 12ª ed. (2002) cit., § 15-II, 2-b), pag. 102 (144), que afirma que, nestas: «*A prestação criativa consiste na fusão das obras criadas, na cinematização* [adaptação cinematográfica] *para um todo unitário e na sua transposição para imagem.*».

[243] ADOLF DIETZ, *"Das Urheberrecht in Spanien und Portugal"*, na tradução espanhola cit., da edição de 1989, n.º 65. Vista a data da publicação da obra citada, este Autor refere certamente apenas o CDA* português em versão anterior à que resultou da revisão pela Lei n.º 114/91, de 3-9. DIETZ também não poderia antecipar então o regime, hoje em vigor em Portugal, que resulta da Lei n.º 332/97, de 27-10, que contém uma noção de *"filme"*, de *"obra cinematográfica"* e de *"obra audiovisual"* (cfr. art. 7º/4).

[244] Pode verificar-se que esta afirmação de DIETZ sobre a consagração de *noção legal* merece ser alargada também à lei espanhola (cfr. art. 10-d) LPI*, à lei italiana (cfr. art. 2/6 L.aut.ital.*), depois analisadas. Ver-se-á também que a lei de autor francesa (cfr. art. L.112-2/6 CPI*) contém noção tão ampla que acaba por fundir sob a mesma designação *obras* e meros *produtos* cinéticos.

audiovisual. Assim: no art. 2º/1-f) CDA*, refere como «*criações intelectuais* [...]: *as obras cinematográficas, televisivas, fonográficas, videográficas*»; nos arts. 22º e 24º CDA*, imprime uma autoria (em parte fictícia, em parte errónea, como se verá) à "*obra cinematográfica*" e às "*obras fonográficas ou videográficas*", respectivamente; já os arts. 124º a 140º do mesmo Código regulam o que ali se denomina "*produção cinematográfica*" em regime que faz extensivo a toda a *produção de obras* "*por qualquer processo análogo à cinematografia*" (também em expressão infeliz, como se apontará). Nada se esclarece, pois, sobre o cunho do objecto jusautoral visado, se bem que se indicie a assimilação do que se verá que consideramos ser um *processo criativo/produtivo comum* a um novo género, a *obra audiovisual*. Falta caracterizá-lo.

III – Na situação jusautoral pertinente à obra audiovisual combina-se uma multiplicidade de contributos individuais e uma obra unitária inteligível pela sua expressão formal criativa autónoma. Aqueles podem configurar obras intelectuais discrimináveis de *géneros distintos*, que podem ou não ser logo *criadas para o fim da sua utilização na obra audiovisual*. Esta é inteligível segundo uma expressão formal própria, que não é mera combinação funcional daqueles para o fim de uma exploração comum – como se de simples coligação de obras se tratasse.

Sem que se justifique inovar no que está razoavelmente sedimentado ao longo do último século e que é compaginável à regulação convencional sob a Convenção de Berna (CB*), designamos esta "expressão formal criativa *sui generis*" como "expressão audiovisual". É a que identifica obras intelectuais em que a criatividade é inteligível, como na cinematografia, em sequências de imagens animadas (acompanhadas ou não de sons[245]), criadas sob a coordenação artística de um designado *director-realizador* a partir de um argumento (elemento narrativo, original ou adaptado).

---

[245] É verdade que o art. 22º/1-b) do CDA* português faz menção apenas à "*banda sonora musical*", entre os contributos criativos individuais que relevam na "co-autoria" das obras cinematográficas. Não explicita, pois, como vemos acontecer na disposição do art. L.113-7, 4º do CPI fran.*, do art. 87 da LPI esp.* ou do art. 44 L.aut.ital.*, *que o contributo musical na obra audiovisual só investe o seu autor em co-autoria desta se essa criação for expressamente destinada à obra audiovisual em causa.*

Em recorte da noção, é também verificável que a obra audiovisual pode agregar contributos individuais que, se criativos, merecem tutela jusautoral autónoma como obras intelectuais; mas a expressão formal criativa (audiovisual) daquela não se confunde com a de cada um destes.

Acrescentamos que a "expressão audiovisual" individualiza a obra para além da mera combinação, criativa que seja, dos contributos individuais discrimináveis que a incorporem (sejam eles mesmos criativos ou meramente técnicos). Omiti-lo seria consentir na afirmação – errónea – de que a obra audiovisual é mera colectânea (quiçá até *obra-colectânea*) que respigaria esses contributos. Ora, *a criatividade da expressão audiovisual percebe-se na formalização do conjunto segundo uma expressão artística nova* (a audiovisual), não no "critério de combinação" dos contributos nela utilizados, nem – como vimos sustentar recentemente certo realizador português afamado – em cada um dos fotogramas que a (de)compõem, pois que estes seriam então apreciáveis como "*fotografias artísticas*" encadeadas, não como verdadeira obra audiovisual.

A obra audiovisual é, pois, o resultado da exteriorização, segundo uma nova forma de expressão artística (a *audiovisual*), de um *novo objecto jusautoral* com autoria (processo criador) discriminável da dos contributos que neste possam ser utilizados.

IV – Pensamos que os elementos *naturalmente fundamentais* à dita expressão audiovisual são *apenas* o argumento e as imagens, acompanhadas ou não de sons, que sejam *objecto de realização/ direcção artística-audiovisual*. Assim, no processo criador de uma obra audiovisual identificamos como essenciais: a acção criadora do director/realizador que formaliza a expressão audiovisual; e, uma vez que o realizador não cria "sobre o nada", indispensável é também a acção do autor do argumento (do enredo, do entrecho, da "história do filme"[246]) "a partir do qual" se desenvolve a realização criativa.

---

[246] Esclarecemos que referimos o argumento da obra audiovisual em acepção correspondente a "*scénario*" constante da lei francesa (cfr. art. L.113-7, 1° CPI fran.*). Distinguimo-lo dos *diálogos* que, quando existam e como a *banda sonora* (musical ou não), são contributo individual que a expressão cinematográfica até pode dispensar. Pensamos que, mais do que mera obra que se adapta à cinematografia, o "argumento" é essencial

Nesta medida, o senso comum consente comparar, por exemplo, uma obra literária ("a partir da qual se *realiza*" a obra cinematográfica e por isso se diz "*adaptada à cinematografia*") e a expressão audiovisual que distingue esta daquela: é o que afirma em (boa) tradução corrente desta ideia a expressão "*gostei mais do filme do que do livro*" que revela a intelecção de duas obras intelectuais distintas, combinadas segundo expressão formal única (audiovisual).

à expressão audiovisual: *o realizador não é um mero animador de imagens sobre um vazio temático*; *o realizador não cria o argumento, não se limita a "filmá-lo"*; não é também – enquanto tal – *um adaptador de um argumento preexistente* (e, se o for, será um realizador-adaptador/argumentista). A "obra" audiovisual sem realização é um mero *produto cinético*; a realização/montagem de imagens sem um argumento próprio poderá até ser uma *obra filmada*, mas não constitui uma obra audiovisual autónoma.

Já não fazemos petição de princípio na afirmação de que "*argumento de uma obra cinematográfica*" deva ter género *literário*; sem que arroguemos qualidade de perito nesta forma de expressão artística, não nos custa *admitir que a obra audiovisual se realize a partir tanto de enredo literário como de argumento literário e musical*.

OLIVEIRA ASCENSÃO (*"Direito Civil – Direito de Autor e Direitos Conexos"*, cit., n.º 89, pags. 139/140) evidencia bem a dificuldade terminológica neste domínio. Exclui do "círculo dos autores" o autor do "*roteiro*", já que: «*o roteiro é esquema para a acção. Não vale como obra literária, pois não é como tal incorporada no filme; nem como obra cinematográfica, pois não tem natureza cinética.*» (*ob. cit.*, n.º 89-III); por "roteiro" parece referir o *guião* ou "*script*". Já ao mencionar o *argumento*, "adaptado ou não", que diz ser – na linha do disposto nos arts. 22º e 134º CDA* – «*obra de co-autoria apenas quando produzido propositadamente para o cinema*» (*ob. cit.*, n.º 89-I), parece referir-se à *obra literária*, que se adapta, *criada propositadamente para a cinematografia*.

Por outro lado, o mesmo Autor parece admitir que, «*nos filmes musicais, realizador e autor da música podem fazer uma criação concertada, em relação a um objectivo comum*» (última *ob.* cit., n.º 89-II). A ser assim, o mesmo valeria para qualquer outro contributo individual *criado especialmente para o fim da sua integração na obra cinematográfica* (do guarda-roupa aos diálogos); porquanto se desvaneceria o que nos parece essencial: que a obra audiovisual não é mera fusão dos vários géneros de obras em presença, antes figura uma nova forma de expressão artística em resultado da acção criadora a partir de um argumento.

OLIVEIRA ASCENSÃO, *"Direito Civil – Direito de Autor e Direitos Conexos"*, cit., n.º 355-I, pag. 515, mais sustenta que "a obra cinematográfica, como obra cinética, é apenas uma obra do seu realizador, à qual a incorporação de contributos criativos (como o argumento, os diálogos e a banda sonora musical) outorgaria a característica de *obra compósita*. Sublinhe-se que este Autor (*ob.* cit., n.º 355-II) afirma também que o argumento (ao contrário dos diálogos e da banda sonora musical) «*não é incorporado na obra audiovisual, antes tem o estatuto de obra primária em relação à obra derivada que é o filme*».

V – Por outro lado e com os fundamentos antes aduzidos, temos por inapropriada a expressão corrente que afirma uma dada obra cinematográfica como um "remake" de outra, quando simplesmente se significa não que a primitiva voltou a ser *produzida* (*"remade"*), mas que uma nova obra cinematográfica foi criada a partir do mesmo argumento. Em rigor, não pode afirmar-se que o realizador reincide numa criação, sua ou alheia, irrepetível como toda a criação original, mas tão-só que a partir do mesmo argumento foi realizada uma nova obra ["gostei mais deste filme – realização a partir do *mesmo argumento* – do que daqueloutro: na "versão" de diferente realizador"][247]. Nos casos designados como "remake" é, insistimos, *uma nova obra (cinematográfica) que se realiza–cria e se produz-organiza*; não ocorre uma adaptação da obra cinematográfica preexistente que se "refaz"[248], nem mesmo segundo a perspectiva anglo-americana da

---

[247] NAZARETH PÉREZ DE CASTRO, *"«Remakes» de películas y autores de la versión original"*, cit., n.º 2, pag. 115, é categórica: «*..., não existe «remake» de uma obra cinematográfica anterior quando a actividade não atende ao conjunto de contributos criativos que a integram, dando lugar a uma unidade de resultado como é a obra cinematográfica, posto que a obra cinematográfica é uma obra distinta e independente de cada uma das criações que a conformam. O «remake» do filme, para o ser, deve atender à obra definitiva e resultante e não às contribuições singulares e criativas que podem ser consideradas como obras independentes.*» – intercalados nossos. E com esta proposição marca – bem, em nossa opinião – a distinção entre a obra audiovisual como todo unitário com expressão (audiovisual) específica e o mero somatório dos contributos integrados, ainda que também criativos.

Continua, certeira, a mesma Autora, *ibidem*: «[…], *pode considerar-se a hipótese de uma obra cinematográfica que seja adaptação de uma obra literária* […]. *Encontramo-nos perante o que a nossa lei* [art. 89 LPI esp.*] *denomina contrato de transformação. Neste caso verte-se* ["se traslada", no original] *uma novela em outro género distinto, como é o audiovisual; não se trata de um "remake"* [se], *decorrido um prazo de 15 anos, o autor da obra literária ceder de novo os seus direitos para que a sua novela seja levada ao meio cinematográfico. Deparamos com dois filmes que partiram da adaptação de um mesmo texto literário, mas entendo que tão-pouco podemos ser reconduzidos à definição de «remake», já que no caso apresentado não se trata de uma nova versão de um filme, mas de uma nova versão da novela.*» – intercalados nossos. Afirmação com que PÉREZ DE CASTRO (*ob.* cit., n.º 2, pag. 116) prepara a conclusão: «[…] *pode falar-se dele* ["remake"] *naqueles casos em que existe uma nova versão de uma obra cinematográfica com idêntico argumento.*» – intercalados nossos.

[248] Na formulação de N. PÉREZ DE CASTRO, citada na parte final da nota anterior, parece-nos escusada a referência a "*nova versão*" da obra cinematográfica, que induz na ideia de *transformação* da primeira obra (cinematográfica), quando o que se depara é uma criação audiovisual não dependente da estrutura formal audiovisual anterior baseada no mesmo argumento.

figura que valoriza especialmente a componente empresarial na cinematografia[249].

VI – Dir-se-á que os contributos criativos individuais concorrem para a conformação da expressão audiovisual. É certo que, por exemplo, certas bandas sonoras, sobretudo as musicais, proporcionam uma intelecção diferente da expressão audiovisual – por vezes *muito* diferente (como, para citar exemplos marcantes, pode verificar-se pela experiência de visionar "The sound of music"[250] sem acompanhamento musical ou ao assistir à exibição de certos trechos de obras como "Psycho" ou "Jaws"[251] sem o *complemento sonoro* que marca a aproximação ao "Bate's Hotel", no primeiro ou "do tubarão às suas vítimas", no último). Mas significará isto que o autor da *banda sonora* é, enquanto tal, co-autor da obra audiovisual? Significará também que o autor do guião *literário* colabora na criação ... *audiovisual*? Por "indispensável" que o seu contributo seja, parece que não.

A obra audiovisual distingue-se em cada um do seus elementos integrantes, sejam palavras ditas ou sons ou música ou desenhos ou gravuras ou gráficos ou ... programas de computador[252]. Pode até acontecer que cada um destes elementos componentes resulte discriminável, segundo expressão formal própria que possibilita a respectiva utilização ("em separado") independente da que é realizada pela exploração económica da obra audiovisual como um todo; mas a expressão

---

[249] Pertinente, CORNISH, *"Intellectual Property..."*, cit., n.º 11-26, chama a atenção para a tutela da expressão audiovisual que é o verdadeiro objecto do direito nestas obras e aduz com razão: «[...]. *Refazer um "film"* [no sentido de obra cinematográfica, que apontamos acima] *não viola o "copyright". Uma obra cinematográfica é a gravação de imagens em movimento; não é a obra dramática ou outro elemento* ["content", no original] *que nesta se incorpore e formalize*» – intercalados nossos.

[250] *"The sound of music"*, realizado por Robert Wise, EUA, 1965 (exibido em Portugal sob o título *"Música no coração"*).

[251] Respectivamente: *"Psycho"*, realizado por Alfred Hitchcock, EUA, 1960 (exibido em Portugal sob o título *"Psico"*); e *"Jaws"*, realizado por Steven Spielberg, EUA, 1975 (exibido em Portugal sob o título *"Tubarão"*).

[252] Programas de computador que são indispensáveis em objectos audiovisuais em que não apenas a animação, mas o próprio desenho das figuras é "realizada/produzida" com recurso a programas de computador e a suportes e meios informáticos.

audiovisual não é imputável à acção dos criadores daqueles, senão ao que realiza (cria) a obra segundo uma *forma nova* (audiovisual)[253].

"Realizar" a obra audiovisual não é – obviamente – apenas "filmar imagens" (ainda que de modo criativo, como faz o "director de fotografia"); nem tão-só encadear fotogramas a partir de muitos quilómetros de película filmada" (como cabe ao responsável pela "montagem do filme", tantas vezes o próprio realizador ou outrem sob a sua direcção, mas, tantas outras também, um terceiro, estranho ao processo criativo, como o próprio produtor por razões comerciais: para ilustrá-lo, basta que se tenha presente a *produção de "segundas versões de uma obra"* divulgadas em "director's cut"). "Realizar" uma obra cinematográfica não significa acoplar horas de gravação de efeitos sonoros (a cargo de "engenheiros de som ou de efeitos especiais computadorizados"); tão-pouco é dirigir os artistas intérpretes ("direcção artística") ou criar um guarda-roupa adequado. Todos os agentes enunciados podem contribuir, quiçá criativamente, para a obra audiovisual, *mas são sobretudo tributários do resultado final*, apesar de, por vezes, resultar tão difícil destrinçar a sua acção da dos "auxiliares/colaboradores técnicos" que são simples «*intervenientes a título de colaboradores, agentes técnicos, desenhadores, construtores ou outro semelhante na produção e divulgação das obras*» – ao pé da letra do disposto nos arts. 17°/4 e 26° CDA* –, sem que possam invocar relativamente a estas quaisquer poderes incluídos no direito de autor[254].

---

[253] RAGEL SÁNCHEZ, "*Compositores, intérpretes y ejecutantes de la música en el cine*", cit., n.° s 2 e 3, distingue: «O compositor musical [de banda sonora musical de obra cinematográfica] é co-autor do filme quando incorporou nesta a sua criação original [...], ou seja, quando inventou a música para o cinema, *com o objectivo de a fundir com os contributos intelectuais dos demais co-autores.*» (n.° 2, pags. 129/130, com intercalado nosso); «[...], *o compositor musical era autor da obra musical, mas não era co-autor da obra audiovisual, pois* não houve concurso temporal e intelectual de criações com os co-autores do filme.» (n.° 3, pag. 131, com intercalado nosso).

[254] "Auxiliares ou colaboradores técnicos", sobre os quais LUIZ FRANCISCO REBELLO, "*Código do Direito de Autor e dos Direitos Conexos (Anotado)*", 3ª ed. cit., em anotação 4. ao Art. 17°, pag. 61, escreve: «*A mera participação na produção e comunicação da obra ao público não confere quaisquer direitos de autor, por lhe faltar o elemento criativo que é pressuposto da respectiva atribuição.*». E, como recorda o mesmo Autor (*ibidem*), já o n.° 5 do art. 11° do Código de Direito de Autor de Portugal, de 1966, estatuía que "*não são reconhecidos direitos (de autor) a:* «[...] *todos aqueles que revêem a obra, vigiam ou*

Os restantes contributos podem integrá-la, mas só farão dos seus criadores *co-autores da obra audiovisual* no caso de a *norma legal* que os investe nesta posição jurídica: *a)* os nomear expressamente com este estatuto; *b)* não os nomeando, seja interpretada como instituindo um *numerus apertus* de potenciais "co-autores". Não significa isto que neguemos a relevância jusautoral de obras individuais *criadas especialmente para a obra audiovisual*; mas tal não revela co-autoria (material) desta obra, senão que encontramos um provável exemplo de *criações em cumprimento de dever funcional para utilização daquelas nesta*, que lhes outorga estatuto jurídico – comum a outras criadas segundo o mesmo modelo – a que logo referiremos[255].

Em suma, não deve confundir-se a *ficção legal de colaboração*, de que resulta a imputação de co-autoria de vários criadores de contributos individuais – que assinalamos nas leis espanhola, francesa, italiana e, como veremos, na portuguesa –, com a essencialidade desses contributos para a formalização de uma obra audiovisual.

VII – Com recurso a técnica próxima da que encontrámos nas leis de autor francesa, espanhola e italiana, o art. 22º do CDA* parece reflectir a *ficção de colaboração criativa* de que resulta a imputação legal de *co-autoria* da obra cinematográfica – sem correspondência na verdade material do respectivo processo criativo[256].

---

dirigem a sua edição ou apresentação pelo teatro, cinema, fotografia ou radiodifusão sonora ou visual.». Julgamos que as expressões "edição"/apresentação" devem ser feitas corresponder a actividade produtiva/actividade de comunicação pública de obras em sentido amplo, aqui referida aos seus sub-tipos/arquétipos paradigmáticos, como pode inferir-se da enumeração de actividades tão díspares como "o cinema" e "a edição".

[255] Em todo o caso, a expressão "(autor da) *banda sonora*" – e não meramente, por exemplo, "autor da música" – parece poder traduzir já essa destinação específica dos sons musicais incorporados na obra audiovisual.

[256] Ao contrário das leis de autor citadas, o CDA* português não estende expressamente esta regra às restantes *obras audiovisuais*. Em contrapartida, o art. 140º CDA* – inserido no Capítulo III ("Das utilizações em especial") do Título II ("Da utilização da obra") torna extensivo o regime da "produção cinematográfica" às «[...] obras *produzidas* por qualquer processo análogo à cinematografia». Trata-se de disposição com formulação infeliz, que não segue sequer a alteração, *em 1967*, do texto da Convenção de Berna (CB* – art. 2º/1). O inciso «[...] *produzidas por processo análogo à cinematografia*» tem também o inconveniente de poder escamotear obras, de cariz indiscutivelmente audiovisual, em que o *processo técnico de produção* não é o da cinematografia, como as que recorrem a tecnologias digitais ou electromagnéticas. Há, porém, uma outra interpretação possível desta norma, a que logo referiremos.

Deve dizer-se que o n.º 1 do referido art. 22º, ao *presumir a co-autoria* do «*realizador e do autor do argumento*», deixaria até alguma expectativa quanto a um reflexo mais fiel do processo criativo específico da obra cinematográfica. Assim, se a cinematografia se caracteriza, como julgamos, como uma sequência de imagens que, quando exibidas, criam a ilusão de animação, então:

- a manifestação da *criatividade* específica da cinematografia – e, com esta, de todo o audiovisual – deve buscar-se na sua *expressão formal* (uma "linguagem narrativa e artística próprias" como gostam de lhe apontar os especialistas da que chamam "*7ª Arte*", significando esta expressão artística *sui generis*); ora, a ser assim,
- a criação *nestas obras* é imputável *apenas ao autor do argumento, original ou adaptado* (aquele que elabora literária, artística – ou mesmo musicalmente – uma narração com vista a uma expressão audiovisual) e *ao realizador* (que dá a esse argumento tal expressão audiovisual[257]).

Em rigor, os criadores da obra audiovisual são, assim e apenas, o *realizador* e o *autor do argumento*.

VIII – Seguindo uma concepção um pouco menos restritiva, admitir-se-iam como *co-autores* aqueles que dessem uma *contribuição criativa essencial à expressão audiovisual* pretendida em cada

---

[257] Peter Bogdanovich, ele próprio realizador, em entrevista a Maria do Carmo Piçarra, *in* Suplemento a *"O Independente"*, de 28-5-1999, cita um outro "director de filmes", Howard Hawks, para definir *realizador:* «[...] Ele [H. Hawks] respondeu-me: "Gostei de quase todos que me fizeram sentir *quem* [...] estava a fazer o filme, porque o realizador é quem conta a história" [...]» – intercalados nossos. É também tão curiosa como expressiva a elocução introdutória da apresentação de um galardão, proferida pelo actor Tom Hanks na 68ª edição do festival de atribuição dos prémios anuais ("Oscars") pela Academia de Artes e Ciências Cinematográficas de Hollywood: «*O sonho começa na página, a visão ganha forma na imaginação do realizador, o produtor fá-lo acontecer e os actores dão-lhe vida.*».

Parece serem duas boas definições artísticas do processo de criação e produção cinematográfico, já que salientam que, enquanto o realizador dá uma *expressão audiovisual* criativa ao *argumento*, o *produtor* traz a obra à sua existência como objecto autónomo. Ainda mais, se confrontarmos, na tradição anglo-americana do "film making", o significado que reconhecemos na consagração legal (no UK CDPA*) da locução *"maker of* the film" – veja-se *infra*, n.ºs *33-I* e *62*.

obra audiovisual. Esta teria de ser encontrada segundo um *numerus apertus* que considerasse *a verdade material do processo criativo* de cada obra, podendo englobar desde o autor da *banda sonora musical* ao autor do *programa de computador* criados especialmente para a expressão audiovisual de uma dada obra.

[Um *escrito* lido em explicação de um documentário audiovisual (criativo) sobre "vida selvagem" ou um *acompanhamento musical* do mesmo podem revestir criatividade intrínseca e até ser *criados especialmente para essa finalidade*, mas só dificilmente se concebem como essenciais à sua *expressão audiovisual*; em contrapartida, um *programa de computador*, um conjunto de *desenhos ou gráficos* e alguns *ruídos* que certos videojogos incorporam podem ser, mais uma vez independentemente de merecerem individualmente a protecção jusautoral, *essenciais à expressão audiovisual dessa obra*. No entanto, em estrita fidelidade a uma – discutível, admitimos – concepção mais restritiva, sempre se poderá afirmar que o que confere a *expressão audiovisual específica* a uma obra é apenas o seu *argumento* (a "história do filme") e a sua *realização*.]

No entanto, só a apreciação da posição jurídica dos vários sujeitos intervenientes no processo criativo/produtivo das obras audiovisuais permitirá apurar com rigor o recorte da situação jurídica de direito de autor pertinente. É o que tratamos de seguida.

25. A produção audiovisual

I – É afirmado por GRECO / VERCELLONE[258] que a "expressão cinematográfica" é, afinal, a valorização do processo técnico de produção cinematográfica. Os mesmos Autores (*ibidem*) acrescentam que a peculiaridade dessa expressão se encontra: «*nos efeitos estéticos e emotivos distintos e ulteriores aos que poderá suscitar a percepção, ainda que contemporânea, dos elementos pré-ordenados, que tenham em si natureza de obra intelectual (como o argumento dramático-literário e a música de acompanhamento), se apresentados segundo os seus modos de expressão normais*». Já Vittorio DE

---

[258] GRECO / VERCELLONE, *"I diritti sulle opere dell'ingegno"*, cit., n.º 24.

SANCTIS / Mario FABIANI[259] cuidam da relação entre a actividade de realização audiovisual – «[actividade daquele] que *organiza a criação do filme*» – e a acção criadora nas obras colectivas. Segundo estes Autores: «[...] *a função do produtor é organizativa apenas ao nível da empresa cinematográfica, enquanto o realizador organiza e dirige a realização artística do filme*»[260]. Afirmam assim o que parece simples de aceitar: que o produtor audiovisual, com uma acção empresarial essencial à actividade criativa do realizador (e de outros eventuais "co-autores" imaginados pelos diversos ordenamentos que fazem, como vimos, profissão de fé neste modelo), não é um criador de obra intelectual, mas, por força do efeito legalmente presumido do contrato de produção, um beneficiário da atribuição das faculdades de exploração audiovisual da obra. Isto vale, como se verá, tanto no regime que consagra a lei italiana e inspira os Autores citados, como em ordenamentos que se fundam em premissas semelhantes, como o português.

II – O produtor obviamente nada cria, no sentido que interessa ao Direito de Autor. A obra audiovisual é criada por um conjunto de sujeitos (*em colaboração* ou, como preferimos figurar, *enquadrados por uma organização e sob a coordenação de um director-realizador a partir de um argumento*). Aquele não é, contudo, um mero produtor de suportes que promove a primeira fixação de imagens animadas, acompanhadas ou não de sons.

A produção de suportes de obras beneficia de tutela jusautoral e é constitutiva de direitos conexos pela "primeira fixação" em suporte – fonograma, videograma, fono/videograma, película/"filme", banda magnética, suporte digital (cfr. arts. 176º/3 e art. 7º/1-c) do Dec.-lei n.º 332/97, de 27-11[261]) – também de obras audiovisuais[262]. O produtor

---

[259] VITTORIO DE SANCTIS / MARIO FABIANI, *"I Contratti di Diritto di Autore"*, cit., n.º 89, pag. 316.

[260] VITTORIO DE SANCTIS / MARIO FABIANI, *ibidem*, em nota (18) ao citado n.º 89, na pag. 316.

[261] Confrontámos a alteração deste preceito do CDA* pela Lei n.º 50/2004, de 24-8. No entanto, os números 1 a 3 do citado art. 176º não sofreram alteração.

[262] Em desenvolvimento da análise respeitante à situação jusautoral ligada à produção de suportes (fono/videográficos) de obras ou de interpretações artísticas, pode confrontar-se o que expomos *infra*, n.º 47.

de suportes de obras, autorizado (pelo "contrato de fixação fonográfica e videográfica") à fixação da obra pelo autor desta, vê constituir-se na sua esfera jurídica faculdades jusautorais de fixação, reprodução e venda dos exemplares reproduzidos que (também) podem fixar obras ou interpretações artísticas. Esta acção – *não criadora* – faz do produtor de fono/videogramas também um titular de faculdades de utilização patrimonial das obras cuja fixação promove. Como veremos, a situação jusautoral (conexa) que assim se constitui é efeito combinado do contrato ("de autorização" – na dúbia expressão legal da norma do art. 145º CDA*) *para fixação fonográfica ou videográfica* e de acto próprio (a dita fixação «*pela primeira vez de sons provenientes de uma execução ou quaisquer outros, ou das imagens de qualquer proveniência, acompanhadas ou não de sons*»). Não se segue que a actividade de "produção" *de suportes* de obras intelectuais tenha qualquer relevância na produção *da obra* cuja fixação aquela promove[263].

III – Ao contrário do *editor literário*, que se vincula à fixação, reprodução e distribuição de exemplares de uma obra perfeita, acabada, o produtor audiovisual intervém no próprio processo que permite a individualização desta obra.

A acção do produtor audiovisual é materialmente essencial à *formalização* como objecto jusautoral da obra que "produz", porque coordena, dirige e disponibiliza os meios para a criação. Basta que tente imaginar-se uma obra audiovisual não produzida (cinematográ-

---

[263] Esta conclusão contraria parcialmente a de DIETZ, *"Das Urheberrecht in Spanien und Portugal"*, na tradução espanhola cit. da edição de 1989, n.º 109, segundo a qual a tutela da posição do produtor de videogramas, a quem é outorgado um *direito conexo*, deveria entender-se extensiva «[...] *de forma natural ao produtor da obra cinematográfica, uma vez que esta tem também carácter videográfico*». Pensamos que este entendimento não considera que a produção de videogramas a que refere o CDA* português respeita à primeira fixação de obras em suportes (quer de verdadeiras obras quer de outras imagens e sons sem valor criativo) e não ao enquadramento empresarial que caracteriza a produção audiovisual *proprio sensu*. A produção de obra audiovisual acompanha o próprio processo *criativo desta* e justifica os regimes de *cessão legal* ou de *atribuição presumida de origem contratual* em benefício do produtor cinematográfico que encontramos, como no português, nos ordenamentos jurídicos de raiz romano-germânica; tal assimilação conceptual é ainda menos evidente nas situações de atribuição originária do "copyright" ao produtor – ou ao "realizador principal" e ao produtor –, que descrevemos verificar-se nos sistemas norte-americano e britânico.

fica ou outra expressa de modo análogo) e deparar-se-á inevitavelmente nada mais do que um mero conceito ou ideia ou projecto de obra (do realizador ou deste e do argumentista); e – recordar-se-á – "*os conceitos, ideias ou projectos não são objecto de direito de autor*".

Revelar-se-ia então, da acção combinada do realizador e do produtor, uma *obra colectiva*, criada sob enquadramento do "empresário do filme" (na expressão do art. 126º/1 CDA*). Veremos, contudo, que – ao contrário do que acontece nas obras colectivas – *a aquisição de faculdades de direito de autor pelo produtor* não resulta da lei, *é efeito presumido do contrato de realização e de produção audiovisual*.

IV – A intervenção do produtor (da obra) audiovisual é outrossim determinante na conformação da situação jurídica que nasce com a formalização da obra audiovisual. Como se verá, como efeito típico do contrato de produção audiovisual, estabelece-se entre os autores da obra audiovisual e o respectivo produtor um complexo de relações obrigacionais que determinam a *constituição em exclusivo na esfera jurídica deste* – concomitante à formalização da obra audiovisual "acabada" (cfr. art. 130º CDA*) – *do conjunto de faculdades de exploração audiovisual desta*. Mais se observará que a *atribuição de faculdades de utilização* relativas aos contributos criativos individuais que a obra audiovisual integre/utilize, bem como a delimitação *dos fins* dessa utilização, é também efeito deduzido do contrato de realização/produção audiovisual – e não de um hipotético "contrato de (simples) realização", que seria celebrado entre os autores da obra audiovisual e os titulares de direitos de autor ou conexos sobre tais criações individualizáveis (e de que, aliás, não encontramos vestígio nos diversos ordenamentos jusautorais compulsados).

Como já escrevemos[264]: a obra audiovisual é simultaneamente criada *para a* sua produção, que pré-determina a sua destinação e delimita os fins da sua exploração económica (e dos contributos criativos individuais que integre) e *pela* sua produção, que não é a

---

[264] Veja-se o nosso "Filmagem de espectáculos desportivos e «direito de arena»", cit., 2.2.1., pag. 48.

mera fixação em suporte (como na edição) de uma obra acabada, mas verdadeira condição da sua exteriorização. Seria mais um perfeito exemplo de *obra de empresa* – pensamos que deveria *naturalmente* sê-lo –, não fora a imputação legal de co-autoria (contitularidade originária do direito de autor?) que os sistemas jusautorais de raiz romano-germânica laboriosamente entretecem.

26. "Co-autoria" ou contitularidade originária?

I – Fiel à técnica latina que observámos, o legislador português (por todos, cfr. art. 22º CDA*) estabelece uma *ficção de colaboração* – de um conjunto de autores de contributos individuais (diálogos, banda sonora musical), a que acrescenta o realizador e o autor do argumento – para estabelecer a co-autoria da obra cinematográfica. Do passo seguinte, uma outra norma exclui da "co-autoria" os que designa *colaboradores técnicos:* «*as pessoas singulares ou colectivas intervenientes a título de colaboradores [...] na produção e divulgação das obras...*» – art. 26º CDA.

Examinemos então as regras em que assenta a ficção legal de "co-autoria" das obras audiovisuais.

II – São presumidos co-autores das obras cinematográficas *todos* os que, além do *realizador* e do *autor do argumento*, criem obras *especialmente destinadas* à utilização em uma dada obra audiovisual – segundo a interpretação que fazemos do art. 22º CDA* que explicamos de seguida.

Se a colaboração dos designados pela lei é, como procuramos demonstrar, uma *fictio legis*, nada obsta a que os criadores de outros contributos *não essenciais à expressão cinematográfica/audiovisual* gozem da mesma posição jurídica, desde que a sua criação seja funcionalmente afecta à exploração audiovisual[265].

---

[265] OLIVEIRA ASCENSÃO, *"Direito Civil – Direito de Autor e Direitos Conexos"*, cit., n.º 89-I, pag. 139, sustenta: «[o art. 22º/2 CDA*], *ao referir as adaptações de obra não composta expressamente para o cinema, poderia dar uma indicação de que os autores destas últimas estariam excluídos do círculo dos autores de obra cinematográfica. Mas o art. 134º é decisivo. Distinguindo os autores da obra cinematográfica e o autor da obra*

Nesta medida, pensamos não dever considerar o enunciado do art. 22º CDA* como consubstanciando um *numerus clausus* de colaboradores admitidos à co-autoria: o preceito não reflecte a especificidade do processo criativo de qualquer obra audiovisual (incluindo as cinematográficas); por outro lado, não é concebível que a lei portuguesa negue a tutela pelo direito de autor a *outras* obras audiovisuais que seguem processo criativo que envolve *diferentes* colaboradores criativos (autores de desenhos, de gráficos, de programas de computador). Contra esta opinião, parece militar o disposto no art. 34º CDA* que elabora numa enumeração *taxativa* de um conjunto perfeitamente determinado de sujeitos (curiosamente não exactamente coincidente com os designados "co-autores" no art. 22º), após a morte dos quais opera a caducidade do direito de autor: «[...] *na obra cinematográfica ou qualquer outra obra audiovisual 70 anos após a morte do último sobrevivente* [...]». No entanto, os argumentos que nos levam a sustentar entendimento diferente em interpretação dos restantes preceitos aplicáveis na lei de autor portuguesa valem plenamente para a norma do art. 34º, que então estatuirá tão-só uma data-referência para a queda no domínio público destas obras, limitando temporalmente, afinal e apenas, o exclusivo de exploração do produtor[266].

III – Os autores de obras que não sejam *funcionalmente* criadas para a exploração cinematográfica, mas que sejam nesta utilizadas, parecem ser equiparados aos autores de obras incorporadas em *obras*

---

preexistente, mostra que, quando fala em argumento, a lei considera apenas aquele que é produzido especificamente para o cinema.» - intercalados nossos. O mesmo Autor, *in* *"Direitos do utilizador de Bens Informáticos"*, cit., em nota (1) ao n.º 2, pag. 24 - em que refere ao problema mais genérico da (pretensa) "autoria não humana" que tratamos em outro lugar deste escrito -, parece designar estes que chamamos "contributos não essenciais à expressão cinematográfica" como manifestações de *mera intervenção em processo alheio, irrelevantes em termos de direito de autor: «Como é a prestação de inúmeros intervenientes na criação cinematográfica, como o fotógrafo ou o sonoplasta, que se integram num processo criativo que é na realidade apenas de imputar ao realizador.»*.

[266] Neste sentido, parece também pronunciar-se PAUL KATZENBERGER, *in "Urheberrecht – Kommentar"* coordenado por G. SCHRICKER, 2ª ed. cit., em anotação 57 *ante* §§ 88 ss., pag. 1385, em interpretação do § 65(2) UrhG alemã* – que, como o art. 34º CDA* citado, resulta da transposição da Directriz 93/98/CEE*.

compósitas – art. 23º CDA*. Contudo, a atribuição directa ao produtor dos direitos de exploração audiovisual das obras "preexistentes" à obra audiovisual não quadra no regime das obras compostas.

Na verdade, a lei (cfr. art. 124º CDA*) faz depender a produção também de «*autorização dos autores das obras preexistentes, ainda que estes não sejam considerados autores da obra cinematográfica* ...». Ora, esta não seria a regra esperada se a autoria da obra audiovisual fosse exclusivamente imputável aos que a lei designa seus "co--autores" (incluindo o realizador). Se assim fosse, a legitimidade para autorizar *essa utilização deveria caber àquele que integra obra preexistente em obra sua para uma utilização conjunta*: confrontaríamos uma autorização requerida pelo produtor ao autor (aos "co--autores) da obra audiovisual, não directamente *pelo produtor aos autores dos contributos criativos individuais nesta incorporados*.

Se os "(co-)autores da obra audiovisual" devessem ser considerados como autores de uma obra compósita que pudesse incorporar obras preexistentes, seriam estes – e não produtor – quem deveria contratar os autores das obras preexistentes. Como assim não é neste caso, deverá concluir-se que, no processo de criação/produção audiovisual, o produtor contrata separadamente – a par da *produção da obra audiovisual* com os designados por lei "autores" desta – a incorporação nesta de obras preexistentes com os respectivos autores (por exemplo da obra musical utilizada na obra cinematográfica e que não foi "composta expressamente para o cinema"[267] ou da obra literária em que se baseia o argumento).

IV – Os criadores *de quaisquer* contribuições individuais a quem seja reconhecida a posição jurídica de co-autores (só) podem *utilizá-las separadamente* quando tal utilização não prejudique a exploração da obra audiovisual no seu conjunto – art. 135º CDA*. A regra justifica que se salientem três aspectos.

---

[267] Para usar a expressão plasmada no art. 22º/2 CDA*, do qual parece poder deduzir-se que, como é natural, a lei não considera "co-autor da obra cinematográfica" o autor da obra musical que não foi especialmente composta para a utilização audiovisual (neste sentido, também OLIVEIRA ASCENSÃO, *"Direito Civil – Direito de Autor e Direitos Conexos"*, cit., n.º 89-II, pag. 140).

Em primeiro lugar, assinale-se que encontramos já aqui a aplicação de um princípio, que designamos "*da unidade de exploração*" também a propósito das obras colectivas[268], com uma particularidade: o exclusivo de exploração (*maxime* de "exploração audiovisual" de, por exemplo, um programa de computador que torne operativo um jogo de vídeo) é outorgado, por efeito presumido do contrato de realização/produção audiovisual não aos supostos "co-autores" designados por lei, mas *a um não criador*, o produtor (da obra) audiovisual.

Por outro lado, como veremos já no ponto seguinte, a *exploração audiovisual da obra* não cabe aos co-autores, mas ao produtor. Deste facto resulta que – *nos termos estipulados no contrato de produção* ou em caso de, por exemplo, *não exercício do direito pelo produtor* – poderá ocorrer utilização "em separado"[269] dos contributos individuais na obra audiovisual, ainda que "*com prejuízo da exploração da obra no seu conjunto*".

Demais, o facto de a citada disposição do art. 135º prever apenas a utilização separada «*da parte literária e da parte musical*» – pensada que é para a obra cinematográfica tradicional, em que estes contributos se apresentam como os de maior relevância criativa própria – não pode excluir a sua extensão a outros que, nessas ou em outras obras audiovisuais: *a)* sejam essenciais à composição do todo audiovisual; *b)* «*não prejudiquem a exploração da obra no seu conjunto*», conforme os limites expressos no preceito citado.

V – Os que produzem ou assistem na *produção* das obras audiovisuais ("colaboradores técnicos", nos termos do art. 26º CDA*) não são co-autores, sem prejuízo da eventual titularidade de direitos conexos.

Parece legítimo questionar se, pelo contrário, os que assistam na criação – lembramo-nos do *director de fotografia ou do responsável pela montagem* – não deverão partilhar do estatuto de co-autoria, mais uma vez tendo em consideração a *fictio legis* de colaboração

---

[268] Cfr. nºs 23, 37, 41-III.
[269] Sobre o que designamos "*utilização em separado*" de contributos criativos utilizados numa obra complexa, pode confrontar-se o exposto *infra*, n.º 37, a propósito da utilização destes sem prejuízo da exploração da obra complexa em que se incorporam.

instituída e o que sustentamos ser o carácter não exaustivo da enumeração de "co-autores" contida na disposição do art. 22º CDA*.

VI – As regras enunciadas são aplicáveis, como se infere do exposto, a *todas* as obras audiovisuais – art. 140º CDA*.
Não obstante a disposição especial do art. 24º CDA* estatuir que, no que designa *obras videográficas*, a co-autoria se presume (apenas) nos «*autores do texto ou da música e no realizador*», já verificámos porque deve sustentar-se o carácter meramente *indicativo* desta enumeração.
Por outro lado, a característica da generalidade das obras audiovisuais é comum à das obras cinematográficas: partilham, nos termos expressos da Convenção de Berna (art. 2º/1), do mesmo "*processo de expressão*" – e não da mesma *técnica de produção*, como induz erroneamente a citada norma portuguesa. Logo, esta deve ser interpretada no sentido de estatuir a extensão de todo o regime das obras cinematográficas às que com esta comunguem do processo de expressão, ou seja, de um processo de produção e de criação que resulte na mesma expressão formal (artística/audiovisual).

VII – Considerada a verdade material do respectivo processo criativo e as regras que enquadram a respectiva utilização patrimonial (bem como a dos contributos criativos individuais nelas utilizados), concluímos que o que a lei de autor portuguesa consagra não é uma verdadeira co-autoria (criação em colaboração) das obras audiovisuais, mas antes a contitularidade originária (pelos legalmente designados "co-autores") do direito de exploração audiovisual destas obras.

SÍNTESE EM RECAPITULAÇÃO

A contitularidade originária do direito de autor nas obras audiovisuais – uma ficção legal de co-autoria

1. Nas obras audiovisuais, a *criatividade da expressão percebe-se na formalização do conjunto segundo uma expressão artística nova* (a audiovisual), não no "critério de combinação" dos contributos nela utilizados: trata-se de uma nova expressão artística formalizada num objecto também novo (fruto da realização), não de um novo tipo de obra-colectânea.

2. Não deve confundir-se a *ficção legal de colaboração*, de que resulta a imputação de co-autoria de vários criadores de contributos individuais com a essencialidade desses contributos para a formalização de uma obra audiovisual. A *expressão formal criativa específica nestas obras* é imputável *apenas ao autor do argumento, original ou adaptado* (aquele que elabora literária, artística – ou mesmo musicalmente – uma narração com vista a uma expressão audiovisual) e *ao realizador* (que dá a esse *argumento* tal expressão audiovisual). Em rigor, os criadores da obra audiovisual são, assim e apenas, o *realizador* e o *autor do argumento*.

Não se revela, contudo e nestes precisos termos, mais do que uma obra em colaboração, correspondente à imputação de *co*-autoria que *a lei* consagra.

3. A acção do produtor audiovisual é materialmente essencial à *formalização* como objecto jusautoral da obra que "produz", porque coordena, dirige e disponibiliza os meios para a criação. Basta que tente imaginar-se uma obra audiovisual não produzida (cinematográfica ou outra expressa de modo análogo) e deparar-se-á inevitavelmente nada mais do que um mero conceito ou ideia ou projecto de obra (do realizador ou deste e do argumentista); e – recordar-se-á – "*os conceitos, ideias ou projectos não são objecto de direito de autor*".

Revelar-se-ia então, da acção combinada do realizador e do produtor, uma *obra colectiva*, criada sob enquadramento do "empresário do filme" (na expressão do art. 126º/1 CDA*). Veremos, contudo, que – ao contrário do que acontece nas obras colectivas – a aquisição de faculdades de direito de autor pelo produtor não resulta da lei, é efeito presumido do contrato de realização e de produção audiovisual.

4. São presumidos co-autores das obras cinematográficas *todos* os que, além do *realizador* e do *autor do argumento*, criem obras *especialmente destinadas* à utilização em uma dada obra audiovisual – art. 22º CDA*.

Os autores de obras que não sejam *funcionalmente* criadas para a exploração cinematográfica, mas que sejam nesta utilizadas, parecem ser equiparados aos autores de obras incorporadas em *obras compósitas* – art. 23º CDA*. Contudo, a atribuição directa ao produtor dos direitos de exploração audiovisual das obras "preexistentes" à obra audiovisual não quadra no regime das obras compostas.

Os criadores *de quaisquer* contribuições individuais a quem seja reconhecida a posição jurídica de co-autores (só) podem *utilizá-las separadamente* quando tal utilização não prejudique a exploração da obra audiovisual no seu conjunto – art. 135º CDA*.

Os que produzem ou assistem na *produção* das obras audiovisuais ("colaboradores técnicos", nos termos do art. 26º CDA*) não são co-autores, sem prejuízo da eventual titularidade de direitos conexos.

As regras enunciadas são aplicáveis, como se infere do exposto, a *todas* as obras audiovisuais - art. 140º CDA*.

Considerada a verdade material do respectivo processo criativo e as regras que enquadram a respectiva utilização patrimonial (bem como a dos contributos criativos individuais nelas utilizados), concluímos que o que a lei de autor portuguesa consagra não é uma verdadeira co-autoria (criação em colaboração) das obras audiovisuais, mas antes a contitularidade originária (pelos legalmente designados "co-autores") do direito de exploração audiovisual destas obras.

CAPÍTULO II

O direito de autor constituído na titularidade de pessoas jurídicas – a obra colectiva

SECÇÃO I

Enquadramento

27. Noção de obra colectiva (e de obra-colectânea)

I – A) A denominação "obra colectiva" é adoptada pelo CDA* – art. 16º/1-b) – que a caracteriza como a que, em resultado da criação de uma pluralidade de pessoas, "é *organizada por iniciativa de uma* entidade singular ou colectiva *e divulgada ou publicada em seu nome*".

B) O CPI fran.* – art. L.113-2.§3 – acrescenta expressamente à ideia de "iniciativa, direcção, publicação e divulgação *por e em nome* de *uma pessoa física ou moral*", já contidos na norma da lei portuguesa, a de *fusão das contribuições pessoais dos diversos autores*; e, porventura mais importante, a de elaboração destas em função do todo (a própria obra colectiva), bem como no que representa já a inclusão de um elemento espúrio à noção, pois respeita ao seu regime – "*a impossibilidade de atribuir aos colaboradores direitos individuais* relativos à obra colectiva", encarada então como bem jurídico autónomo dos contributos criativos (individuais) que a integram.

C) A L.aut.ital.* (art. 3), no que denomina explicitamente "*opere collettive*", caracteriza-as pela "reunião de obras ou parte de obras, que constitua criação autónoma em razão da *escolha ou coordenação,* para um determinado *fim* literário, científico, didáctico, religioso, político, artístico...". Trata-se não de *obras colectivas* no sentido que apresentámos, mas, salvo mais detido exame e não obstante o *nomen*, de disposição que antecipa a significativa atribuição da *titularidade do direito* de autor sobre a *"opera collettiva"* ao que organiza e dirige a sua criação (art. 7 § 1 da L.aut.ital.*), seja uma pessoa física ou uma entidade meramente jurídica[270]. O facto de entre os exemplos enunciados no referido art. 3 se contarem *"as revistas e jornais"* representa não a identificação de obras colectivas, mas uma simples enumeração exemplificativa de obras (enciclopédias, dicionários, revistas e jornais) que, habitualmente, são criadas segundo as características das obras colectivas[271].

Tratamento semelhante ao desta norma da lei italiana pode ser encontrado na lei de autor espanhola – art. 12 da LPI esp.* – com redacção análoga, mas expressamente reguladora das *colectâneas* [*"colecciones"*, na expressão legal original] – entre as quais hoje se contam, como género próprio, as *bases de dados*[272] – por contraposição às *verdadeiras "obras colectivas"* previstas no art. 8 da LPI esp.*, que adiante analisaremos.

D) A lei de autor alemã não prevê a obra colectiva como objecto autónomo. Estatui, sob a epígrafe "Sammelwerke" (§ 4 UrhG alemã*), que "as colectâneas de obras ou outras contribuições (mesmo que não protegidas) que, pela (sua) selecção ou disposição ["Anordnung", na expressão original], constituam criação pessoal beneficiam de protecção autónoma [como obras independentes]". Não pode, em rigor, considerar-se que esta norma corresponda à protecção explícita que referimos encontrar nos ordenamentos jurídicos português e

---

[270] MARCHETTI / UBERTAZZI, *"Commentario al Diritto della Concorrenza"*, cit., anotação I-2 ao art. 7 da *"legge autore"*, pag. 1795, sustentam todavia não encontrar na doutrina e jurisprudência italianas opinião que corrobore a que citam como sendo a de SANTINI, *in "I diritti della personalità nel diritto industriale*, 54"*, que veria neste o que também nós julgamos ser uma manifestação da admissibilidade da atribuição originária do direito a uma pessoa (meramente) jurídica.

[271] Os "jornais e outras publicações periódicas" são, na lei portuguesa - cfr. art. 19º/3 do CDA* –, "presumidos obras colectivas".

[272] Ver redacção do novo § 2 do art. 12/1 da LPI esp.*, dada pela *Ley 5/1998, de 6 de Março* que transpõe a Directiva da União Europeia 96/9/CE, de 11-3-1996 (DBD*).

francês para as obras colectivas. Quer o CDA* (art. 3º/1-b)) quer o CPI fran.* (art. L.112-3, 2ª parte) prevêem a tutela específica autónoma das *colectâneas e antologias*.

A "colectânea" ou "arranjo de obras" por ("muito") criativa que se mostre, não é necessariamente uma obra colectiva, porquanto, muito embora a re-colecção das obras que a compõem suponha acção organizativa (porventura criativa), falta-lhe algo que veremos ser essencial à própria ideia de obra *colectiva: a organização, por entidade independente dos colaboradores individuais, logo criada como função do todo colectivo*. Esta ausência de previsão pela lei de autor alemã revela, como adiante poderemos verificar, que esta não reconhece a protecção jusautoral a obras que não resultem *naturalmente* da criação intelectual individualizada na autoria de pessoa física[273].

E) Por seu lado, o UK CDPA* não apresenta noção própria de obra colectiva. O conceito é, porém, assomado pela doutrina a partir da ideia do reconhecimento do "contributo criativo" do que reúne as diferentes partes integrantes e dirige a organização de, por exemplo, uma compilação[274].

Não sendo possível estabelecer a identidade daquele que dirige essa organização de contributos para este tipo de obras, defende a doutrina e vem estabelecendo a jurisprudência que esta sempre poderá determinar-se com recurso às presunções constantes, para diferentes tipos de obras, na sec. 104 do UK CDPA*[275].

---

[273] Também a LDA sui.*, no seu art. 4, prevê apenas a protecção das "colectâneas" individualizadas como *"criações do espírito"*, logo aparentemente indissociáveis da pessoa física. Uma importante excepção está, porém, prevista para as *"obras criadas por um ou mais autores que se comprometem a conceber uma obra a partir de um plano que lhes é fornecido pelo editor"* – art. 393 do Code des Obligations suíço*. Neste caso, o direito de autor pertence ao editor (que não é necessariamente uma pessoa física, como é óbvio), o que permite detectar já um exemplo do que julgamos encontrar como pressupostos comuns da atribuição deste direito a pessoa diferente do criador: o *enquadramento empresarial* somado à ideia de *criação funcional*, que são conceitos que adiante trataremos.

[274] Em COPINGER / SKONE JAMES, *"(On) Copyright"*, cit., n.º 4-7, pag. 76, pode encontrar-se formulação do conceito a partir do reconhecimento da atribuição da titularidade do "copyright" *"à pessoa que reúne e organiza a obra (no seu todo), a qual será em regra o autor da obra (colectiva), distinto dos titulares dos direitos relativos às várias contribuições (independentes) para aquela"*.

[275] Presunções que apontam, na parte que interessa a este tipo de obras, para a atribuição da titularidade ["ownership"] do direito ao que aparecer nela designado como tendo realizado a primeira publicação – cfr. sec. 104(4) UK CDPA*.

II – Em suma, os vários enunciados legais sumariados identificam os seguintes elementos componentes da noção de obra colectiva:

1) trata-se do resultado de *criação por pessoa física ou meramente jurídica que aglutina contributos de uma pluralidade de sujeitos*;
2) afigura-se determinante o elemento organizativo disponibilizado pelo que enquadra e toma a iniciativa da criação, a cargo de *entidade distinta dos criadores* dos contributos individuais;
3) a obra colectiva é divulgada ou publicada em nome do ente que toma a iniciativa e organiza a criação.

Analisemos sucessivamente cada um destes elementos integrantes, na tentativa de construir uma *noção de obra colectiva* e, a partir desta, elaborar um conceito útil à tese que elaboramos.

28. Elementos do "género" obra colectiva – primeiro enunciado

I – A existência de uma pluralidade de acções criativas aglutinadas em obra única – e não apenas de uma pluralidade de obras – é uma exigência do *género* obra colectiva. Aparentemente, nada obstaria a que a simples re-colecção de várias obras de um mesmo autor por uma entidade terceira, que as organizasse segundo um critério determinado (desde que *criativo*), constituísse obra colectiva. No limite, até a própria organização vertical da actividade criativa[276], sob a direcção de uma entidade estranha aos colaboradores individuais, seria dispensável: o próprio autor, dispondo de estrutura empresarial para esse fim, promoveria o empreendimento requerido e divulgaria a obra[277]. Nada de mais equívoco.

---

[276] Parafraseamos aqui, adoptando a expressão de P.-Y. GAUTIER, "*Propriété littéraire et artistique*", cit., n.º 271, pags. 494 ss., a contraposição que este Autor faz entre a «*acção comum orientada* verticalmente *sob a tutela de um director de empresa*», característica das obras colectivas, por um lado, e a situação de *obra em colaboração* que seria «*fruto da concertação* horizontal *de acções criativas em comunhão dos colaboradores*».

[277] Faltaria explicar o *nomen* "obra colectiva", mas poderia então sustentar-se que o mesmo respeitaria ao carácter plural dos contributos criativos, individualizáveis e autónomos entre si, aos quais se acrescentaria a criatividade intrínseca do "resultado" da sua recolha e organização criteriosa como uma "nova obra empresarial".

II – A ausência de um "director da obra" (colectiva) significa a inexistência de uma estrutura autónoma dos criadores dos contributos individuais. Poderá existir, nesse caso, a criação concertada de obras, entre si distinguíveis (ou não) perante o resultado final obtido, mas não identifica uma entidade – distinta dos colaboradores individuais – a quem a lei atribui direitos próprios sobre esse conjunto criativo: *existirá colaboração, faltará a autonomia organizacional.*

III – Por outro lado, a reunião, ainda que criativa, de uma variedade de obras de *um único* criador pode requerer uma estrutura empresarial e ser entregue a outrem que a empreenda e divulgue, mas não pressupõe uma concertação de acções individuais expressamente combinadas e vinculadas (*funcionalmente*) à realização de um fim (de utilização) unitário: a elaboração da obra, dita "colectiva". A existência de uma pluralidade de sujeitos que contribuem criativamente para a obra (colectiva) representa a pluralidade na acção criativa para um fim comum (colectivo); sem esta, poderá "criar-se" uma *colectânea* que mereça a tutela do direito de autor, mas não pode conceber-se a *criação complexa para* (ou *em função de*) *um fim* planeado antecipadamente por terceiro.

Passamos a procurar a demonstração destas construções no direito positivo.

SÍNTESE EM RECAPITULAÇÃO
Noção de obra colectiva

1. Identificamos os seguintes elementos essenciais à noção de obra colectiva:

- trata-se do resultado de *criação por pessoa física ou meramente jurídica que aglutina contributos de uma pluralidade de sujeitos*;
- afigura-se determinante o elemento organizativo disponibilizado pelo que enquadra e toma a iniciativa da criação, a cargo de *entidade distinta dos criadores* dos contributos individuais;

- a obra colectiva é *divulgada ou publicada em nome do ente que toma a iniciativa e organiza a criação*.

2. A ausência de um "director da obra" (colectiva) significa a inexistência de uma estrutura autónoma dos criadores dos contributos individuais. Poderá existir, nesse caso, a criação concertada de obras, entre si distinguíveis (ou não) perante o resultado final obtido, mas não identifica uma entidade – distinta dos colaboradores individuais – a quem a lei atribui direitos próprios sobre esse conjunto criativo: *existirá colaboração, faltará a autonomia organizacional.*

A pluralidade de sujeitos que contribuem criativamente para a obra (colectiva) representa a pluralidade na acção criativa para um fim comum (colectivo); sem esta, poderá "criar-se" uma *colectânea* que mereça a tutela do direito de autor, mas não pode conceber-se a *criação complexa para* (ou *em função de*) *um fim planeado antecipadamente por terceiro.*

SECÇÃO II
A constituição do direito de autor na obra colectiva no confronto de vários ordenamentos jurídicos

29. O paradigma do direito alemão - do "personalismo naturalista" ao "dono do empreendimento"

I – No ordenamento jurídico *alemão* não encontramos uma previsão explícita do *tipo* obra colectiva, afigurando-se não registar excepções a estatuição do § 7 da UrhG alemã*, segundo a qual «*é considerada autor a pessoa que cria a obra*».

Disposições como a do § 29(1) da mesma Lei, que *vedam a transmissão global do direito (patrimonial) de autor*, reforçam a ideia de uma rígida concepção personalista naturalista deste direito – conforme, aliás, ao sistema jusautoral monista germânico[278]. Todavia, *personalismo* não é – como vimos em análise do tema *"autoria"* – necessariamente o equivalente de um *naturalismo* que exclua a atribuição directa e imediata do direito de autor a uma *pessoa (meramente) jurídica*.

II – A doutrina alemã marca uma nítida distinção entre atribuição do direito primário de autor, em que investe *o que escolhe ou*

---

[278] O § 29 UrhG alemã* sofreu alteração pela *"Gesetz zur Stärkung der vertraglichen Stellung von Urhebern und ausübenden Künstlern"*, de 22-3-2002. É esta a sua redacção vigente: § 29 UrhG alemã* - «(1) *O direito de autor é intransferível, excepto quando é transferido em cumprimento de uma disposição por morte e a co-herdeiros no contexto de um litígio sobre uma herança. (2) É permitida a concessão de faculdades de utilização (§31), autorizações/acordos jusobrigacionais e acordos relativamente a faculdades de exploração, bem como os negócios jurídicos sobre direitos de autor regulamentados no §39.*».

Analisamos sumariamente as características do s*istema monista* alemão *infra*, n.º 50-I.

organiza e que será normalmente o director/coordenador da obra ["Herausgeber", segundo a denominação original alemã][279] e o direito sobre "*a colectânea como empreendimento*" ["Unternehmen", na expressão original[280]] que, tida por bem jurídico autónomo protegido pelo direito da concorrência, não é considerada objecto de direito de autor. É o que se verifica a propósito das *compilações de obras e de outros contributos* (as *obras-colectânea/*"Sammelwerke", como *as enciclopédias, jornais, revistas e as bases de dados*), expressamente previstas como obras objecto de protecção jusautoral no pressuposto da *criatividade da selecção ou organização* dos elementos independentes que integram (obras ou outros imateriais não criativos)[281]. Procuremos então explicar a construção formulada pela doutrina alemã neste domínio.

---

[279] Por seu lado, o direito exclusivo de reprodução e distribuição das contribuições *individuais* criativas licitamente incorporadas nas *colectâneas periódicas* (*revistas e outras publicações não diárias*) *presume-se atribuído* ao director/coordenador ou à empresa editorial ("Herausgeber" ou "Verleger", segundo as expressões alemãs respectivamente correspondentes) pelo mero consentimento do autor de cada contributo na incorporação. Esta presunção legal (§ 38(1)/(2) UrhG alemã*) é extensiva às contribuições não remuneradas nas *publicações não periódicas*; se se tratar de contribuição para *publicação diária (jornal)*, a atribuição presume-se com carácter não exclusivo (§ 38(3) UrhG alemã*). Estas presunções são relativas, sendo constante o reconhecimento do carácter derivado da atribuição do direito (veja-se também o regime da *cedência do direito de exploração das contribuições individuais nas colectâneas em conjunto com o direito de exploração desta no seu conjunto* – § 34(2) UrhG alemã*).

[280] Em explicação do significado jusautoral desta expressão, pode confrontar-se EUGEN ULMER, *"Urheber- und Verlagsrecht"*, cit., § 29-III, pags. 168 ss. .

[281] Veja-se o § 4 da UrhG alemã*, na redacção dada pela Lei de 28 de Julho de 1997, nos termos do qual as compilações criativas [ou obras-colectânea, em tentativa de tradução um pouco mais próxima do original, "Sammelwerke"] são compilações, re-colecções ["Sammlungen", no original] de obras e outros elementos (imateriais) em que a *criatividade* deve buscar-se na selecção/escolha ou organização desses elementos integrados.

A propósito, WILHELM NORDEMANN, em anotação (3) ao § 4 UrhG alemã*, *in "Urheberrecht – Kommentar..."* (FROMM/NORDEMANN), coordenado por W. NORDEMANN, 9ª ed. cit., pag. 99, salienta: «*Todas estas compilações são protegidas como obras-colectânea, quando, devido à organização ou selecção, constituam criação própria espiritual do seu autor. [...]. É protegido como obra tudo aquilo de que possa dizer-se que um outro autor provavelmente realizaria segundo uma selecção ou organização diferentes, de tal modo que o tratamento existente possa ser atribuído à pessoa de um determinado autor.*».
E continua (em anotação (5), pag. 100, ao mesmo § 4): «*A obra-colectânea está para as obras individuais nela contidas numa relação semelhante à das adaptações com o original*

III – A *"colectânea-empreendimento"* nasce de uma relação entre o director da obra e a empresa editorial ["Verleger", na expressão alemã] e é considerada *um bem jurídico empresarial* na titularidade do "Herr des Unternehmens". Ora, como se verá de seguida, esta é expressão que se afigura pretender traduzir a acção de uma pessoa, física ou jurídica, que não é necessariamente nem um criador de obras intelectuais (como se diz ser o "Herausgeber", que coordena a organização, segundo expressão formal criativa, da nova obra-colectânea), nem tão-só um empresário (como se nos apresenta o "Verleger", uma empresa editorial que promove a utilização a título derivado de uma obra, como na edição).

Assim, o "Herr des Unternehmens", *ao empreender na compilação de que resulta nomeadamente a obra-colectânea, pode (ou não) combinar a acção criadora do "Herausgeber" e a actuação puramente empresarial do "Verleger"*. Dir-se-ia então que se trata: *a)* de um *coordenador da* obra-colectânea (neste caso, alguém que, além de *coordenador da obra-colectânea*, promove também directamente a exploração económica desta) ou, mais frequentemente; *b)* sobretudo de um *empresário* que, sem qualquer acção de coordenação-criação, é destinatário da atribuição de faculdades de exploração económica (caso em que o seu estatuto se liga ao da empresa editorial[282]).

[adaptado]» – intercalado nosso. Em comentário que retoma o que formulámos a propósito das *obras-base de dados* (elas próprias, como sustentamos, não mais do que uma nova *espécie* de obra-colectânea), julgamos evidenciar-se aqui que o baixíssimo nível de "exigência criativa" para a tutela jusautoral destes novos objectos aproxima muito o requisito da criatividade ao da individualidade objectiva – agora também nos ordenamentos europeus continentais, mas ao jeito anglo-americano tradicional a que referimos antes.

[282] Parece ser este o sentido da proposição de U. LOEWENHEIM, in *"Urheberrecht – Kommentar"*, coordenado por GERHARD SCHRICKER, cit., § 4 B.IV (24-27, *passim*), pags. 156/157. Constrói, a partir desta, a noção de *"direito no/sobre o empreendimento* ["Recht am Unternehmen", no original] *na titularidade da empresa editorial* ["Verleger"]". Este é um direito distinto do direito (de autor) relativo à colectânea e, bem assim, do direito de edição derivado deste último, que compreende direitos de clientela e os que derivam das relações contratuais com os colaboradores (e os directores das obras-colectânea) e que pode ser objecto autónomo de obrigações como as que estejam ligadas à transmissão onerosa ou arrendamento do estabelecimento da empresa.
Trata-se, sem dúvida, da concepção de um verdadeiro direito empresarial, independente do direito de autor. Mas, perguntamos nós, será convincente como construção jurídica da realidade?

IV – Neste último caso, a relação contratual entre tal director-
-coordenador e uma empresa editorial [genericamente designada
"Herausgebervertrag", na expressão designadamente de REHBINDER[283]]
pode consubstanciar «um *contrato misto de (prestação de) serviço
ou de* (criação de) *obra* ["Dienst- oder Werkvertrag", no original[284]]
e *de edição ou de outro tipo contratual de direito de autor*, dependendo o seu regime de a organização da colectânea caber ao editor
ou ao director e de este último ser ou não trabalhador do primeiro.

Tal "Herausgebervertrag" pode figurar um *contrato de edição*,
se a empresa editorial ["Verleger"] se vincular a realizar a reprodução
e divulgação da colectânea por conta própria, com atribuição ao
director/coordenador ["Herausgeber", considerado *autor da obra-
-colectânea*] o direito de edição. Por outro lado e aparentemente sob
o mesmo *nomen* genérico, figurar-se-á um *contrato de comissão* [*de
obra*, "Kommissionsvertrag"[285]] nos casos em que o comitente suporta lucros e perdas e o editor recebe comissão sobre as receitas da
comercialização[286].

Se o director da colectânea for também o *"dono do empreendimento"* (o referido "Herr des Unternehmens"), que atribui à empresa
editorial, com ou sem vinculação recíproca, o direito à reprodução e
divulgação da obra, é reconhecido estar-se na presença não de um
típico contrato de edição, mas de um *contrato misto de (prestação
de) serviço* ("Dienstvertrag") ou *de obra* ("Werkvertrag") que também combina elementos típicos da obrigação editorial. Se a própria

---

[283] Veja-se MANFRED REHBINDER, *"Urheberrecht"*, 12ª ed. (2002) cit., § 51-I, pags. 313/314 (370). Confronte-se também EUGEN ULMER, *"Urheber- und Verlagsrecht"*, cit., § 111-I, pags 477/478.

[284] Apresentamos adiante as características destas figuras contratuais ("Dienstvertrag" e "Werkvertag"), no direito alemão – cfr. nota ao n.º 50-I.

[285] A expressão "Kommissionsvertrag" que nos aparece assim enunciada nomeada-
mente em REHBINDER, *"Urheberrecht"*, 12ª ed. (2002) cit., § 51-I, pag. 313 (370), parece corresponder ao que a lei alemã que regula a edição – § 47 ("Bestellvertrag") VerlG alemã*
- enuncia como "contrato de comissão/"encomenda" de obra" –: (1) «*Se alguém se encarre-
ga da produção de uma obra de acordo com um plano em que o comitente lhe prescreve o
conteúdo preciso da obra, tal como o modo e o processo de tratamento, o comitente não
está, em caso de dúvida, obrigado à reprodução e divulgação.*»; (2) «*O mesmo se aplica
quando a actividade se resume à colaboração em em*presa/empreendimento *de enciclopédias ou de trabalhos auxiliares para a obra de outrem ou para obra obra-colectânea.*».

[286] Por todos, veja-se ULMER, *ob.* cit., § 111-I, pags. 477 ss. .

empresa editorial for também "titular do empreendimento" e o director um seu trabalhador subordinado, deve entender-se que este cede tacitamente àquela o direito de utilização patrimonial da obra, sem que a empresa editorial ("Verleger") se obrigue perante o director da colectânea à reprodução e distribuição desta.

30. O direito alemão (continuação) – o "dono do empreendimento criativo" como empresário da obra

I – Parece claro que, em qualquer dos quadros desenhados, a lei alemã não consente a concepção de uma *atribuição originária do direito de autor a uma pessoa meramente jurídica*, ainda que a respeito das obras (como as que designa *"Sammelwerke"*) que implicam uma óbvia acção organizativa e directora para a sua criação, acção essa que representa mais do que o simples somatório das contribuições individuais incorporadas.

A persistência verificada na distinção entre *"Herausgeber"* – o que dirige a escolha e coordena a organização dos elementos criativos individuais integrados – e *"Verleger"* – a empresa editorial com a qual aquele (ou cada um dos colaboradores[287]) pode contratar a reprodução e divulgação – não dá ensejo a dúvidas. No ordenamento jurídico alemão:

1) O direito de autor da empresa editorial – evidentemente nos casos em que a edição seja contratada e que são os que aqui importam – *deriva* do director (criador) da obra colectânea; e, bem assim, o direito de autor na utilização patrimonial das contribuições individuais criativas nesta incorporadas *deriva* (para o director ou para o editor) dos criadores daquelas.

---

[287] Veja-se também o disposto nos §§ 41 a 46 VerlG alemã*, que faz aplicar *mutatis mutandis* as regras gerais do contrato de edição à incorporação de contributos para publicação em jornal, revista ou outra publicação periódica. No que parece ser o sentido da explicação de REHBINDER, *"Urheberrecht"*, 12ª ed. (2002) cit., § 51-II, pag. 314 (371), verifica-se aqui uma *atribuição derivada ao editor do direito exclusivo de reprodução e distribuição* desta(s) obra(s), através de contrato ["Mitarbeitervertrag"] celebrado com o director em seu próprio nome ou em nome do "Verleger", respectivamente, consoante aquele seja ou não o "dono do empreendimento".

2) Todavia, aquelas asserções não invalidam que possa entender-se que, subjacente à ideia de "Herr des Unternehmens", se divise a noção de *empresa* que, além da eventual promoção da edição em nome próprio ou do director/coordenador da obra colectânea ("Herausgeber"), pode cumular a titularidade originária do direito patrimonial de autor. Esta situação ocorrerá, como vimos, sempre que o director da obra seja simultaneamente o *dono do empreendimento*, configurando então o direito da empresa editorial ("Verleger") como um direito de reprodução e distribuição, *esse sim derivado*, do director/autor da colectânea e ou dos autores das contribuições criativas individuais (*ex vi* § 38 UrhG alemã* e § 41 VerlG alemã*).

II – Revela-se então, consideradas as premissas enunciadas e pelo menos quanto às que designa *obras-colectânea*, que o conceito de obra de empresa – apesar da refutação de princípio[288] – está implícito (e apenas implícito) no ordenamento jurídico alemão, não obstante a investidura na titularidade do direito de autor resultar da *"autorização para incorporação"* de obras individuais num todo que é afinal não mais do que uma das condições-de-facto para a própria *existência* desse *género* de obra.

31. O direito francês: a combinação de individualidades criativas e a iniciativa empresarial

I – No *direito francês*, partindo da noção contida no art. L.113-2, § 3 do CPI fran.*, a característica tónica da obra colectiva parece ser posta, antes de mais, na fusão nesta – enquanto criação autónoma e una – dos vários contributos individuais, de que resultaria a indivisibilidade dos direitos de cada um dos colaboradores criativos sobre a obra no seu conjunto[289]. Mais do que a "indivisibilidade" dos direitos

---

[288] A este propósito, pode confrontar-se o exposto *supra*, n.º 3-I, sobre o *"princípio do criador/da criação"* ["Schöpferprinzip"] no direito alemão.

[289] Neste sentido, vejam-se em M. VIVANT, "Code...", cit., as anotações III - 8 e 9 ao referido art. L.113-2 do CPI fran.*. Deve, porém, esclarecer-se que esta "fusão dos

dos que contribuem criativamente para a obra colectiva, o que deve realçar-se é, na expressiva asserção de COLOMBET, *"a propriedade que pertence ao único arquitecto encarregado do trabalho* (a obra no seu conjunto) *pelo colectivo"*[290]. Tal conduzirá, ainda seguindo a acuradíssima doutrina deste Autor, na esteira de H. DESBOIS[291], à conclusão imposta pela *singularidade* do estatuto das obras colectivas que implica que uma pessoa meramente jurídica possa ver-se investida de direito de autor, não obstante a sua "inaptidão natural" para a criação intelectual[292].

II – Apoiado em abundante jurisprudência que cita, A. BERTRAND[293] enuncia dois elementos característicos das obras colectivas: a *"elaboração colectiva"* (no sentido de contribuição combinada de uma pluralidade de sujeitos para um fim comum); e a *"iniciativa de uma pessoa física ou moral"* (no que pensamos dever significar o empreendimento e organização/direcção por entidade alheia aos criadores dos contributos individuais). Pelo contrário, ainda segundo BERTRAND, não serão obras colectivas: as *"obras criadas por um só assalariado"*; as *"obras que não sejam criadas sob iniciativa de uma pessoa física ou moral, mas apenas graças à acção conjugada dos próprios autores dos contributos individuais"*; *"as obras simplesmente divulgadas por uma pessoa moral em seu nome"*; e *"as obras que o autor cria sem qualquer constrangimento director, sem subor-*

---

contributos" e o "direito indiviso" mencionados a respeito da obra colectiva significam tão-só que se está perante a *combinação de criações individuais para um fim unitário* (a própria obra colectiva) *que as transcende* e que, como criação independente do mero somatório daquelas, *"pertence" a uma entidade que é alheia* aos ditos colaboradores.

[290] C. COLOMBET, *"Propriété Littéraire…"*, cit., n.º 120, pags. 97 ss.. Este Autor acrescenta mesmo que a obra colectiva pode nascer no quadro do trabalho assalariado (subordinado), desde que os projectos entregues pelos assalariados sejam susceptíveis de sofrer transformações decididas por terceiros no seio da empresa – questão que adiante retomaremos a propósito da *criação de obras por trabalhadores subordinados*.

[291] H. DESBOIS, *"Le Droit d'Auteur en France"*, cit., n.os 172 a 174, pags. 184 ss..

[292] Como tentaremos demonstrar, não cremos que se trate de uma *singularidade* das obras colectivas, pois que é um estatuto jusautoral que partilham com a generalidade das situações – ainda que "de criação individual" - em que o direito de autor se consente ser atribuído, a título originário ou derivado, por via convencional.

[293] ANDRÉ BERTRAND, *"Le Droit d'Auteur et les Droits Voisins"*, cit., n.º 7.711, pags. 293 ss..

dinação a qualquer directiva ou controlo de terceiro que reivindica direitos sobre esta".

III – A partir destas construções da doutrina *francesa*, pode formular-se um primeiro enunciado – geral, com aplicação também ao ordenamento jurídico português – dos *elementos* que integram o *conceito*. Dir-se-á que, a propósito da obra colectiva:

1) não se exclui que a actividade criadora se realize em situação de subordinação jurídica laboral dos colaboradores individuais;
2) sobressai a ideia, que também sublinhámos antes, de o empreendimento e a organização/direcção da actividade criativa pertencerem a pessoa física ou colectiva, que não se conta necessariamente entre os autores dos contributos criativos individuais utilizados na obra colectiva[294] – no que se distinguem claramente das *obras em colaboração*;
3) a actividade criativa dos autores de contributos individuais é *vinculada e dirigida a um fim* (de utilização) *próprio específico do empreendedor*, correspondendo à noção de *criação* (em cumprimento de dever) *funcional* (cfr. *infra* n.º 41).

IV – Retiram-se ainda destas *características elementares* da obra colectiva algumas outras consequências quanto ao *regime*, que interessam particularmente à nossa tese sobre a aquisição originária e o conteúdo originário do direito de autor:

4) o direito de autor constitui-se originariamente na titularidade daquele que, ao empreender a organização e direcção da actividade criativa dos que contribuem para a obra colectiva, contrata para a sua elaboração (cfr. art. L.113-5 do CPI fran.*);
5) mesmo nos ordenamentos jurídicos que fazem da *remuneração proporcional* do autor uma regra injuntiva "de ordem pública" (cfr., por exemplo, art. L.131-4 do CPI fran.* e arts.

---

[294] Note-se que – como pode depreender-se do conjunto de noções já apresentado – nada impede que um, de entre os autores colaboradores, "empreenda e organize ou dirija a actividade criadora" colectiva. Comungará então da posição jurídica de cada um destes, no entanto distinta daquela em que o investe a circunstância de ser titular da organização/ empresa que dirige e enquadra a criação "colectiva".

46 e 55 da LPI esp.*), admite-se a remuneração única global dos contributos individuais para obras colectivas, no que representa a evidência da natureza que lhes apontámos como *criações funcionais*, nascidas de uma actividade vinculada, normalmente de origem convencional, em que o exclusivo de exploração económica pertence ao que empreende, organiza e dirige *a empresa* (nomeadamente *remunerando os seus colaboradores criativos*)[295].

32. O direito espanhol: a presunção de cedência dos direitos dos colaboradores individuais

I – O *direito espanhol*, fundado no art. 8 da LPI esp.*, apresenta características idênticas para as obras colectivas, a saber: a *iniciativa e coordenação* de uma "*pessoa natural* ou jurídica"; a *criação das contribuições individuais em função da sua utilização na obra (colectiva)*; a *fusão (pela escolha e organização) desses contributos em criação única e autónoma* (traduzido na norma legal que afasta a imputação de direitos aos colaboradores sobre o todo); a edição (que a doutrina aconselha dever ser entendida em sentido de "fabricação/produção empresarial"[296]) e divulgação *em nome do que organiza e dirige* a obra.

II – Por outro lado, aparece sublinhada na doutrina espanhola a ideia de que a iniciativa e coordenação aludidas trazem implícita uma *subordinação a uma hierarquia funcional*, inspirada na noção de "criação por autor assalariado" (*ex vi* art. 51 da LPI esp.*) com inerente presunção de cedência de faculdades de exploração pelos autores dos contributos individuais ao beneficiário das respectivas prestações criativas, um empresário.

Esta curiosa concepção, que sempre afastaria "o incómodo" de reconhecer, ao menos aqui, a *atribuição imediata e directa do direito*

---

[295] Em desenvolvimento destas ideias, pode confrontar-se o exposto, por todos, por P.-Y. GAUTIER, *"Propriété littéraire et artistique"*, cit., n.ºs 271-274.

[296] Confronte-se, designadamente, RODRÍGUEZ TAPÍA / BONDÍA ROMÁN, *"Comentarios a la Ley de Propiedad Intelectual"*, cit., em anotação I/II ao artigo 8, pags. 45 ss..

de autor ao empresário – que pode ser pessoa jurídica[297] –, não parece resistir à própria letra do § 2 do mencionado art. 8, que estabelece precisamente – salvo convenção em contrário – a *titularidade originária* do direito do que divulga a obra colectiva.

III – Diferente será que se reconheça na obra colectiva a existência necessária de uma relação contratual prévia – de trabalho, de prestação de serviço – entre aquele que cria esta obra e os autores de contributos que vêm a integrá-la[298]. Aliás, a ser assim, tal só virá confirmar a ideia de *indução por terceiro na criação das obras individuais tributárias*[299], que afirmamos característica destas obras em que os contributos individuais incorporados são, na maior parte dos casos, criados em *função de um fim comum de utilização*, que é específico e pré-determinado – *convencionalmente*, segundo esta tese – pelo autor da obra colectiva.

Não encontramos, contudo, na presuntiva omnipresença de uma origem convencional da criação dos contributos tributários, nada que negue a atribuição originária do direito à entidade – eventualmente uma pessoa colectiva – que organiza a obra colectiva. Em primeiro lugar, porque deve distinguir-se a obra colectiva como um todo autónomo, nascida de uma acção directora com enquadramento empresa-

---

[297] Registe-se que a lei de autor espanhola não prevê nem a atribuição originária nem mesmo a atribuição directa (em resultado do mero facto da criação da obra) do direito de autor ao empregador/beneficiário da prestação criativa realizada em cumprimento de contrato, presumindo sempre a cedência do exclusivo de utilização patrimonial pelos "autores assalariados" (cfr. o citado art. 51 LPI esp.*, que adiante comentaremos a propósito da *obra criada em situação de trabalho subordinado – infra*, n.ºs 49, 53, 56 e 75).

[298] Neste sentido – além de RODRÍGUEZ TAPÍA, *ob.* e loc. citt. – também C. ONTIVEROS BAQUERO, "*Derecho de Autor: La Facultad de Decidir la Divulgación*", cit., pags. 297 ss..

[299] "*Tributárias*", em todo o caso, por força de expressão, já que, como também expressamente reconhece ONTIVEROS BAQUERO, *ob.* cit., pag. 302, a existência de um acordo prévio à elaboração da obra colectiva, entre os autores dos contributos e o da obra no seu conjunto, tem conteúdo e natureza diferentes do que vincula, por exemplo, à criação de uma obra em colaboração em que tal acordo é causal da comunhão de direitos emergente entre os colaboradores. Na obra colectiva, diversamente do que ocorre na obra em colaboração, os vários contributos individuais *integram-na, mas não a enformam* no sentido que importa ao direito de autor, *i.e.*, o objecto de tutela é, no caso daquela, o resultado da actividade criativa – autónoma e própria por uma entidade distinta dos colaboradores individuais – assente em substracto empresarial que a obra em colaboração dispensa.

rial, em que pode estar ausente a intervenção directa dos colaboradores. Por outro lado, porque não deve excluir-se sem escrutínio a possibilidade de verificação de uma *atribuição de faculdades de utilização em benefício da entidade que organiza a obra colectiva* e que seria concomitante da própria vinculação dos colaboradores nesta criação-para-um-fim-colectivo.

IV – Fique também claro que não confundimos a organização criativa da obra colectiva e a actividade empresarial da sua produção industrial, o que fica patente quando analisamos o regime das *obras audiovisuais*. Nem o facto de poderem coincidir na mesma entidade o nega, já que a "logística" da produção de uma edição literária, por exemplo, pressupõe uma estrutura empresarial, mas não contém em si nada de necessariamente criativo[300].

Isto não impede que reconheçamos ao titular da empresa que empreende, organiza e divulga a obra como criação autónoma, a titularidade originária do direito de autor (ou de faculdades neste compreendidas). O que parece pouco avisado é negar a evidência desta realidade – diríamos até que já muito disseminada – pelo recurso forçado e conceptualmente deslocado a (novos) "direitos conexos" ou a "cessões legais presumidas" para o explicar[301].

V – RODRÍGUEZ TAPÍA defende ainda que "*a divulgação* (em nome colectivo) *é elemento essencial à caracterização da obra colectiva*" enquanto tal[302]. Tenta explicá-lo pelo reconhecimento, na esfera do

---

[300] Facto que consente que se entenda que, faltando a *originalidade*, a mera recolecção de obras preexistentes – característica comum às *colectâneas*, mas que, como vimos, não lhes defere por si só a tutela do direito de autor – não reúne os requisitos para a identificação de uma obra colectiva.

[301] Ainda na doutrina espanhola e sem prejuízo de melhor opinião, parece também rebuscada a construção conceptual de I. ESPÍN ALBA, "*Contrato de Edición Literaria*", cit., pags. 73 ss., que entende que a referida disposição legal (art. 8/2 LPI esp.*) "*atribui ao editor o exercício do direito de autor como se este o fora, sem contudo lhe atribuir essa condição*". Concordamos, como adiante se expõe, se se pretende significar que a titularidade do direito pelo editor é derivada; já não vemos utilidade científica na afirmação do seu "exercício" despido daquela, o que, em todo o caso, se afigura uma interpretação *contra legem*.

[302] RODRÍGUEZ TAPÍA, em anotação IV ao citado art. 8, in "*Comentarios a la Ley de Propiedad Intelectual*" sob coordenação de R. BERCOVITZ RODRÍGUEZ-CANO, cit., pags. 151 ss..

que coordena/cria este género de obra, da faculdade de, até esse momento, desistir de um ou mais dos contributos que poderiam vir a integrá-la. Em nossa opinião, esta original construção escamoteia o facto de a obra colectiva não representar um mero somatório de contributos, criativos ou não, mas um bem jurídico autónomo que, como qualquer outra obra, só vê a sua tutela dependente da exteriorização sob qualquer forma e pelo modo que o seu autor entenda: a tutela da obra colectiva não depende da sua divulgação – que até pode nunca acontecer –, mas, como em todos os demais casos sob a Convenção de Berna (CB*), da sua exteriorização segundo expressão formal criativa. A divulgação da obra colectiva pode torná-la conhecida e a sua publicação torná-la acessível à generalidade dos potenciais destinatários, mas não lhe dá existência jurídica como objecto autónomo de direito de autor.

Na construção da nossa tese, aproveitamos antes uma outra asserção de RODRÍGUEZ TAPÍA, segundo a qual *os autores dos contributos individuais (distinguíveis) atribuem, ao que organiza e dirige a obra colectiva, algumas das faculdades de exploração dos mesmos*[303]. Com efeito, ao autorizar a incorporação/utilização jusautoral do seu contributo criativo na obra colectiva, o autor daquele autoriza pelo menos a sua reprodução, podendo, como no caso das publicações periódicas, ver limitado em consequência o exercício do direito próprio que normalmente lhe consentiria a utilização "em separado" (entenda-se, *a exploração económica do respectivo contributo criativo individual, independente da que sofre como parte integrante da obra colectiva*).

VI – Importa ainda reter uma outra ideia que respeita às posições jurídicas relativas dos *diversos colaboradores*, por um lado e *daquele que teve a iniciativa da criação da obra, a editou e sob cujo nome a obra colectiva é divulgada*, por outro. Como bem salienta ROGEL VIDE, é perfeitamente possível que os vários intervenientes se esfumem, sendo impossível identificar a sua contribuição concreta e ressalte, por outro lado, o trabalho de direcção e coordenação da

---

[303] RODRÍGUEZ TAPÍA, "*La Cesión en Exclusiva de los Derechos de Autor*", cit., pags. 111 ss..

pessoa física ou jurídica que, tendo tomado a iniciativa da mesma *(a obra colectiva)*, ostentará, com carácter exclusivo e originariamente [*"en vía de principio"*, no original], a titularidade do direito de propriedade intelectual sobre esta[304/305].

É esta ideia de impossibilidade de atribuição de direitos individuais sobre *o todo*, a obra colectiva, que acolhemos e revela a constituição originária de um *direito de uma entidade terceira* relativo a esta obra. Seja de origem convencional – o que configuraria uma *atribuição* (também) *de faculdades jusautorais pelos criadores das obras incorporadas* quanto à sua utilização na obra colectiva – ou em resultado *natural* das condições materiais da formação desta *nova* obra, parece claro o reconhecimento da constituição de uma situação jurídica própria na titularidade de uma entidade diversa de cada um (ou da comunhão) dos colaboradores criativos.

33. O direito britânico: autoria da empresa ou direitos conexos empresariais (ainda o "entrepreneurial copyright")

I – No *direito britânico*, a sec. 9(1) do UK CDPA* estabelece genericamente que *"autor (de uma obra) é a pessoa que a cria"*. Mas a esta disposição acrescem várias especificações respeitantes a diversas categorias de obras, designadamente:

A) As *gravações sonoras* e *filmes* – sec. 9(2)(a): nos termos desta disposição, "autor" é aquele sob (a orientação de) quem são tomadas as diligências necessárias para [*"the*

---

[304] CARLOS ROGEL VIDE, *"Autores, coautores y propiedad intelectual"*, cit., n.º 5.1., pags. 103 ss. .

[305] No mesmo sentido, JOSÉ MARÍA DESANTES, *"La relación contractual entre autor y editor"*, cit., II/II-A), c), pag. 60, nota 30, que acrescenta duas importantes ideias: *a)* a de que (pensando nas obras colectivas e nas obras em colaboração) «*a diferença a estabelecer do ponto de vista jurídico não estará muito longe das imagens físicas da fusão e da combinação* [...], *desaparecendo naquelas a personalidade dos autores no conjunto, enquanto nas obras em colaboração esta se mantém*»; b) e a de que, «[para a utilização] *das obras colectivas, se forma outro tipo de contrato que não é propriamente o de edição*» - intercalado nosso. Muito embora este Autor não esclareça aqui a que *"outro tipo de contrato"* refere na formação da obra colectiva, retemos a ideia desta sua *origem convencional*, que retomaremos.

arrangements necessary for", na expressão original] a produção (fabricação) do registo sonoro ou do filme[306]. Parece resultar desta disposição que esta entidade será normalmente o produtor do filme ou do registo sonoro *e não*, por exemplo, o que o realiza[307].

B) A tele*comunicação pública*[308] e *retransmissão imediata após a sua recepção daquela comunicação à distância* – sec. 9(2)(b): nos termos da qual é *"autor a pessoa que produz"* [na tradução que julgamos aplicável à vaga expressão inglesa, *"the maker of"*] a comunicação (ou a retransmissão imediata, após a sua recepção, da emissão transmitida). Saliente-se porém que, nos termos da sec. 6(3) UK CDPA*, a referência a "produção da comunicação pública/rádio-teledifusão" respeita ao que transmite o programa *desde que* responsável, de algum modo, pelo seu conteúdo. Em primeira análise e contra a enganadora expressão literal da norma, parecem aqui combinadas a *produção* da comunicação pública (presencial ou à distância) de obras e a própria

---

[306] Dada a particularidade do sistema jurídico britânico, convém acrescentar que o conceito de *gravação/registo sonoro* ["sound recording"] está enunciado (sec. 5(1) UK CDPA*) como respeitando a toda a *gravação de sons susceptível de reprodução*, bem como a toda a *gravação de uma obra literária, dramática ou musical susceptível de reprodução sonora*. Por seu lado, *filme* é toda a *gravação, independentemente do suporte em que esteja fixada, a partir da qual possa ser produzida uma imagem em movimento* [*"moving picture"*]. A tutela legal está expressamente excluída quanto a *"cópias* de (a partir de) uma gravação prévia", autorizada ou não – cfr. sec. 5(2).

[307] Neste sentido, ver COPINGER / SKONE JAMES, *"(On) Copyright"*, cit., n.º 4-55, pags. 94 ss., que afastam da titularidade originária do *copyright*, por exemplo, uma empresa que actue (na produção) como mero agente de uma outra que a financia e controla. Assim também H. LADDIE, P. PRESCOTT, M. VITORIA, *"The Modern Law of Copyright and Designs"*, cit., n.º 11.18, pag. 553.

[308] Julgamos importante esclarecer desde já porque adaptamos a expressão *"broadcast"* [no original em inglês, que mais obviamente se traduziria *"transmissão"* ou *"radiodifusão"*] a *"comunicação pública"*. O preceito que a define – sec. 6(1) –, depois de indicar como tipos do género *"broadcast"* as *"transmissões à distância – telecomunicação – de imagens, sons ou outras informações"*, referencia: tanto "as que possam licitamente ser recebidas pelo público [em ambiente diferente]" – alínea. a); "como as que sejam transmitidas para apresentação pública" – alínea b). A noção não parece, assim, limitada à rádio-teledifusão, incluindo, pelo menos, outras formas de telecomunicação terrestre-hertziana ou por satélite (assim W. R. CORNISH, *"Intellectual Property…"*, cit., n.º 10-27, pags. 343 ss.).

criação e organização dos "programas"[309] transmitidos. Em todo o caso, na medida em que a autoria destes *"programas"* é atribuída quer ao que *o produz e transmite* quer ao que *o realiza e fornece* para esse fim, parece claro podermos encontrar aqui mais um exemplo de "authorship" empresarial.

C) A *(programação de) transmissão por cabo* – sec. 9(2)(c) – legalmente definida como todo o elemento incluído em "serviço de programação por cabo", compreendendo este último toda a forma de telecomunicação ("sem fios") de imagens, sons ou outros elementos, com excepção das referidas em B) – sec. 7(1): em que "author" é o que fornece/ disponibiliza o referido serviço de transmissão por cabo.

D) A *organização tipográfica de uma edição* – sec. 9(1)(d) – entendida como a edição publicada, no todo ou em parte, de uma ou mais obras literárias, dramáticas ou musicais, que não constitua mera reprodução de edição anterior (sec. 8 UK CDPA*), sendo entendido por "author" o que a edita [*"publisher"*[310]].

II – Da enumeração destes *"direitos empresariais"* (na expressão de CORNISH[311]), poderia parecer termos encontrado o que o direito

---

[309] Não é considerado *autor* o que se limita a *disponibilizar os serviços* de radiodifusão (neste sentido, veja-se LADDIE / PRESCOTT / VITORIA, *ob.* cit., n.º 11.20, pag. 556). Espelhando a preocupação constante de esclarecer uma manifesta justaposição de noções relativas a objectos de diferente natureza, a parte final da citada sec. 6(3) acrescenta que «*as referências a programas, neste contexto, devem ser integradas na ideia de "broadcast"*». Tal parece significar que o legislador britânico reincide na fusão num único conceito - neste caso de comunicação pública/rádio-teledifusão – de faculdades de criação e exploração directa de obras (os *"programas"*, quer sejam obras audiovisuais ou simples transmissão à distância – veja-se ainda LADDIE / PRESCOTT / VITORIA, *ob.* e loc. cit., nota 2 ao n.º 11.20). Registe-se ainda que não é protegida a *prestação empresarial do organismo de radiodifusão* que se limita a proporcionar os serviços e sinal para a transmissão (hertziana, por cabo), ou seja, a *organização dos meios para a sua produção* de carácter empresarial/não criativo.

[310] Na sec. 175(1) do UK CDPA*, *"publication"* (de uma obra) é dito significar a edição/distribuição pública de cópias desta. Parece acertado estabelecer a distinção – sob o instituto britânico do "copyright" – entre o *"editor"* de uma obra (por exemplo, de uma publicação periódica), que a organiza e dirige e o *"publisher"*, que a edita (reproduz em exemplares e, por sua conta, divulga e promove a sua distribuição e comercialização).

[311] W. R. CORNISH, *"Intellectual Property..."*, cit., n.ºs 10-26 a -30, pags. 343 ss., que as faz compreender sob a epígrafe *"entrepreneurial copyrights"*, fornecendo várias especificações e jurisprudência aplicável.

britânico consagra de mais próximo à noção "continental" de obras colectivas. No entanto, parte da doutrina compulsada acentua a caracterização dos direitos que lhes respeitam como "*direitos conexos, independentes da autoria, destinados sobretudo a garantir alguma protecção do investimento empresarial, não da criatividade*"[312].

Não temos por indiscutível esta asserção. Se o pressuposto de tutela, em causa nos exemplos citados, é tão-só o investimento empresarial, reflectido nas actividades de gravação de sons e imagens, de produção de filmes, de telecomunicação pública hertziana, por satélite ou cabo, de organização tipográfica editorial, não temos muitas dúvidas sobre o seu carácter não autoral. Se, por outro lado, se tratar do que identificámos como *enquadramento empresarial de actividades criativas*, já poderemos descortinar traços do tal "*algo de novo criativo*" que é característico da organização das obras colectivas.

A verdade, segundo pensamos, reside menos na percepção dos motivos da investidura na titularidade do "*copyright*" a estas entidades pela lei britânica de 1988 (UK CDPA*) – sempre justificável pelos antecedentes históricos e natureza deste direito[313] – e mais, no que agora interessa, na compreensão do sentido dado à expressão "author".

III – A sec. 11(1) do UK CDPA* estabelece a regra geral em sede de titularidade originária do direito: «*o autor de uma obra é o titular primário do* [de todo o] "*copyright*" *que lhe respeite*». Pode depreender-se desta norma que, em regra, a titularidade originária do direito de autor se constitui na esfera jurídica do criador da obra

---

[312] Neste sentido, nomeadamente, COPINGER / SKONE JAMES, *ob.* cit., n.ᵒˢ 4-64 a -66, pags. 95 ss. e W.R. CORNISH, última *ob.* cit., n.ºs 10-29/30, pag. 344.

[313] O anterior "Copyright Act" britânico, de 1956, tratava autonomamente o *copyright dos criadores de obras literárias, artísticas, dramáticas e musicais* (Parte I), por um lado, e análogo direito dos *empresários produtores* de gravações sonoras, de filmes, de emissões radiodifundidas (incluindo "por cabo") e de edições publicadas (Parte II), por outro. Na opinião de CORNISH, *ob.* cit., n.º 10-01, pags. 329 ss., estabelecia-se desta forma uma separação clara entre os "*verdadeiros direitos de autor*" e os "*direitos conexos ou vizinhos dos empresários-investidores*", precursora, por exemplo, da lei de autor alemã (UrhG*) de 1965. O UK CDPA* de 1988, em vigor, abandona esta separação sistemática, tratando conjunta e indiscriminadamente os dois "tipos" de direitos, no que o citado Autor considera existir uma possível "*antecipação dos novos rumos do Direito de Autor*".

intelectual. No entanto – e logo a sec. 11(2) o confirma, a propósito precisamente das "obras criadas por um trabalhador no âmbito e em execução do seu contrato"[314] –, *"authorship"* e *"ownership"* do "copyright" podem não coincidir. Não é, porém, na análise do regime destas excepções que encontraremos a resposta à indagação da consagração pelo direito britânico da tutela autónoma das obras colectivas. Esta implica que a verdadeira autoria – e não apenas a titularidade do direito – seja imputada a uma entidade que empreende, organiza, concerta e dirige a actividade criativa de uma pluralidade de sujeitos.

É, pois, necessário verificar se, para além das impropriamente aqui designadas *"obras de criação empresarial"*, que são, como se viu, produtos ou serviços (*v.g.* actividades de radiodifusão ou emissão por cabo, produção audiovisual, edição literária) e a que respeitam, *a título originário*, meros direitos conexos da autoria, o ordenamento jurídico do Reino Unido reconhece a titularidade originária de verdadeiros direitos de autor a empresas.

IV – Encontramos uma referência a *"autores de obras colectivas e compósitas"* em COPINGER / SKONE JAMES[315]: afirma-se que estão atribuídos *"copyrights* distintos à pessoa que reúne os diferentes contributos individuais integrantes e organiza estas obras, por um lado, e a cada um dos autores dessas contribuições criativas, por outro". São, todavia, estes mesmos Autores que citam uma conhecida decisão do "Court of Appeal" britânico[316] que se pronuncia pela *imprecisão* da noção de autor de obra colectiva como *"a pessoa que reúne e organiza uma re-colecção de elementos* [«materials»] *que selecciona, ordena e dispõe"*. Esta mesma decisão acrescenta que "poderá ocorrer não ser possível identificar o autor da compilação, devendo então recorrer-se à *presunção* contida na sec. 20 do UK

---

[314] Excepção são também – *ex vi* sec. 11(3) – os direitos relativos a "obras" criadas pelos funcionários públicos, pelo Parlamento ou pela Igreja de Inglaterra, em que designadamente a Coroa britânica ou o Parlamento são firmados titulares do *copyright* (cfr. secs. 163 a 167 do UK CDPA*), bem como as "obras" nascidas da actividade de certas organizações internacionais (sec. 168 UK CDPA*).

[315] COPINGER / SKONE JAMES, *"(On) Copyright"*, cit., n.º 4-7, pag. 76.

[316] Decisão judicial *"Waterlow Publishers, Ltd. vs. Rose, The Times"*, de 12 Dez. 1989 – cujo sumário se transcreve naquela obra – que se pronuncia sobre definição contida em LADDIE / PRESCOTT / VITORIA, *ibidem*.

["Copyright"] Act de 1956" (regra actualmente fixada na sec. 104 do UK CDPA*). Esta norma presume autor nomeadamente o que é como tal mencionado nas cópias da obra (literária, dramática, musical ou artística), quando publicada ou tida por concluída sem publicação.

Também em COPINGER / SKONE J. é citada uma outra decisão[317], segundo a qual "ainda que as informações fornecidas por terceiros para, por exemplo, um *directório*, sejam usadas em transcrição literal desses elementos informativos, o autor dessas contribuições – na circunstância dada – será o que solicitou esses dados e não cada um dos terceiros que as facultou para esse fim". BAINBRIDGE[318], referindo também aquelas que dissemos serem impropriamente caracterizadas como "obras de criação empresarial" – no sentido que o direito britânico dá à expressão e que designa afinal *produtos industriais criados a partir de criações protegidas*, como os filmes e outras produções audiovisuais ou produtos editoriais –, salienta que a titularidade do "copyright" pode não coincidir com a dos direitos pessoais ("*moral rights*", na expressão usada no Capítulo IV do UK CDPA* – secs. 77 a 89). Entre os casos que sublinha, está precisamente o da consagração do direito de ser identificado como autor ou "director da obra", direito que é atribuído, no que ao último caso respeita, ao "realizador de um filme"[319].

V – Ora, é precisamente a este propósito que se revela a dicotomia estabelecida pela lei britânica entre a autoria, a que se ligam os "moral rights" do autor da obra e a titularidade do "copyright", que, como vemos no caso das produções audiovisuais (cinematográficas ou não), pertence originariamente ao produtor – sec. 9(2)(b) UK CDPA*. Este compromisso não esconde, porém, a fragilidade do estatuto dos "moral rights" no ordenamento jurídico do Reino Unido, a que, pelo menos com esta designação e tratamento não avulso, eram estranhos até à adesão deste Estado à Convenção de Berna. Com efeito – e para só falar no *direito à identificação como autor* – pode verificar-se, nomeadamente: que, *salvo declaração escrita ou*

---

[317] "*James Nisbet & Co. Ltd. vs. The Golf Agency*" (1907), resumidamente transcrita em COPINGER / SKONE JAMES, *ob.* e loc. citt..

[318] DAVID BAINBRIDGE, "*Intellectual Property*", cit., pags. 58 ss. e 75 ss..

[319] "*Director of a copyright film*", nos termos do disposto na sec. 77(1) do UK CDPA*.

disposição em contrário pelo autor ou ["director"] *da obra, em caso de autorização ou de outra utilização lícita por terceiros, não ocorre violação do conteúdo negativo deste direito* – cfr. sec. 77 do UK CDPA* – *se faltar aquela menção* – sec. 78(1)/3; ou que o reconhecimento da atribuição deste direito ao criador da obra é pura e simplesmente *negado nos casos dos programas de computador ou de quaisquer utilizações da obra realizadas ou autorizadas pelo empregador que seja também,* como é a regra no Reino Unido[320], *titular originário do "copyright"* – sec. 79(1)/3. Nem se diga que estamos perante situações inerentes às características específicas desta faculdade pessoal em particular, já que a lei de autor britânica consagra idênticas derrogações em relação a outros "moral rights" como, por exemplo, o equivalente ao *direito à defesa da integridade da obra* – cfr. secs. 80 e 81 UK CDPA*[321].

VI – Face aos dados disponíveis, julgamos poder formular algumas conclusões a propósito das obras colectivas face ao *ordenamento jurídico* britânico:

1) É duvidosa a consagração das obras colectivas como figura autónoma. A protecção outorgada por lei (cfr. sec. 1(1)(b/c)) a certas "obras" – ditas por alguma doutrina *"de criação empresarial"* – não reflecte mais do que a tutela de verdadeiros *direitos conexos*[322] de *produtores industriais* (empresários do audiovisual, de edição literária, de radiodifusão). No direito britânico, não é a titularidade do direito ("copyright") que sofre atribuição "anómala" nestes casos, mas *a própria natureza do direito atribuído* que, sendo equiparado ao direito de autor, não o é, pois não reflecte a tutela de qualquer actividade criativa exteriorizada numa obra pelo titular desses direitos.

---

[320] Pode confrontar-se o regime das *obras criadas no âmbito de contrato de trabalho*, no ordenamento jurídico do Reino Unido *infra*, n.º 54.

[321] Não cabe nesta dissertação a análise comparada do regime do que, no ordenamento jurídico do Reino Unido, se referem como "moral rights", ainda remotamente assimiláveis (se bem que cada vez menos na esteira da adesão à União de Berna*) *às faculdades pessoais de autor* nos ordenamentos de raiz latino-germânica. Pode encontrar-se uma breve, mas muito elucidativa, síntese desta comparação em W. R. CORNISH, *"Intellectual Property..."*, cit., n.º 11-88/-89, pags. 457/458.

[322] O "entrepreneurial copyright" a cujo conteúdo, objecto e natureza referimos noutro lugar – cfr. *supra*, n.º 4.

2) A separação entre a titularidade ("ownership") originária do "copyright" e a autoria ("authorship") não se verifica quando se investem na titularidade do direito os que empreendam, organizem, dirijam e divulguem em seu nome obras que integrem as contribuições individuais de uma pluralidade de sujeitos. A manifestação desta diferente atribuição pode encontrar-se antes – como se observará em pormenor *infra*, n.º 54 – nas situações em que *a obra é criada no âmbito e em execução de contrato, como o de trabalho,* ou em que a *titularidade é atribuída à Coroa, ao Parlamento ou a certas organizações internacionais*; revela-se também nos casos em que a *titularidade é legalmente presumida* como pertença daquele(s) em nome de quem a obra é divulgada ou publicada, mas por razões que se prendem, sobretudo, com a dificuldade em estabelecer a verdadeira autoria e admitindo prova em contrário (secs. 104 e 105 UK CDPA*).

3) Finalmente, a atribuição, quer ao autor quer ao "director da obra" / realizador de um filme, do que o UK CDPA* denomina *"moral rights"* (sec. 77) – em que as características, designadamente a sua ligação às vicissitudes sofridas pelo "copyright" (secs. 78, 79, 81), desmentem a sua inteira afinidade aos que a Convenção de Berna (art. 6 *bis*) designa *direitos pessoais (morais) do autor* – indicia o reconhecimento da existência de obras colectivas como bens jurídicos autónomos, mas não implica a atribuição do "copyright" ao seu criador.

34. O direito estadunidense: as "complilations" e as "collective works"

I – No que respeita ao *direito norte-americano*, a sec. 201(a) US Copyr.Law*[323] estabelece: «*são investidos na* titularidade originária *do "copyright" o autor ou autores da obra*». A noção de *autor* refere, segundo o Supremo Tribunal dos EUA, «*aquele que efectiva-*

---

[323] Na redacção resultante de Pub. L. 101-650, title VII, Sec. 704(a), de 1 Dez.1990, Stat. 5133.

mente cria a obra, i.e., a pessoa que traduz uma ideia numa [forma de] *expressão fixa e tangível que é susceptível de protecção jusautoral* [sob o "copyright"]»[324/325].

O que seja *"uma pessoa"* no sentido ali usado é questão que se entende requerer exame mais minucioso, já que a expressão de ideias em suporte fixo e tangível pode ser obtida, quer através de processador informático devidamente programado (o que nos transporta para a questão, antes tratada, das impropriamente chamadas *"obras criadas por computador"*) *quer, o que nos interessa mais, pela acção combinada de vários sujeitos sob iniciativa e coordenação empresarial.*

A alínea c) da mesma sec. 201 US Copyr.Law* estatui, por seu lado, que o "copyright" relativo às diferentes contribuições distinguíveis na "collective work"[326] é diverso do direito respeitante a *"esta como um todo"*, ficando naquele investidos originariamente os autores dessas contribuições individualizáveis. Mais se consagra nesta sede legal que a titularidade, pelo autor da "collective work", do "copyright" relativo às contribuições individuais deriva *de atribuição expressa* ou, na ausência desta, se *presume* limitado *à (atribuição de faculdades de) reprodução e distribuição desses contributos integrados na "collective work",* incluindo apenas também as utilizações sucessivas desta [*"in the same series"*, na expressão original].

II – O teor da norma enunciada interpela-nos por vários motivos.

1) Em primeiro lugar, evidencia a desnecessária, face ao disposto na já citada sec. 201(a), expressão da demarcação entre o "copyright" relativo à "collective work" no seu conjunto ["as a whole", na expressão original] e o que é referido às contribuições individuais naquela.

---

[324] Em extracto citado por NIMMER, Melville B. / NIMMER, David, *"(On) Copyright"*, cit., § 5.01, vol. 1, pags.5-4 ss. . Daquela norma legal e desta decisão judicial, concluem estes Autores (*ibidem*) que: «*a legitimidade para reivindicar o "copyright" é (exclusivamente) do autor/criador da obra ou dos seus sucessores jurídicos* [no sentido de *"os que sucedem nos direitos de autor"*]» – intercalado nosso.

[325] Decisão em: *"Community for Creative Non-Violence v. Reid"*, de 1989, referenciada com transcrição resumida em NIMMER. *ob.* cit., vol. 1, pag. 5-5, nota 16.4..

[326] Designação – *"collective work"* – que reproduzimos na versão original, que mesmo uma análise superficial do sistema norte-americano recomenda que não se faça já traduzir por *obra colectiva* sem exame da sua natureza.

2) Depois, justifica que se analise a verificabilidade, nestes casos e nos termos da segunda parte desta alínea, de uma *atribuição dos direitos relativos àquelas contribuições para o titular do "copyright" na "collective work"*.

3) Por último e mais importante, compele a que se determine se a atribuição de faculdades correspondentes à posição jurídica de autor da "collective work" ao que reúne os contributos individuais deixa presumir[327] o reconhecimento de faculdades de utilização (de reprodução, de distribuição) das obras individualizáveis integradas como parte daquela.

Antes de apreciarmos as implicações do que se expôs, cumpre uma análise mais próxima das noções pertinentes a que recorre o direito norte-americano na vigência da sua actual lei de autor.

III – A sec. 103(a) do US Copyr.Law* alarga expressamente a protecção sob o "copyright", consagrada para as modalidades "clássicas" de obras (cfr. sec. 102), ao que denomina, em tradução livre, "compilações e obras derivadas". Em disposição pormenorizada muito extensa (sec. 101), a lei estadunidense define obras derivadas como «*as que assentam em uma ou mais obras preexistentes, tais como as traduções, arranjos musicais, dramatizações, histórias ficcionadas, adaptações cinematográficas*[328], *gravações sonoras*[329], *reproduções de arte*[330], *resumos, condensações,* [...] *ou qualquer*

---

[327] NIMMER – última *ob.* cit., pag. 5-10, nota 7 - considera esta uma presunção *juris tantum* que pode ser afastada por acordo em contrário, encontrando analogia entre esta norma e a do US Copyright Act de 1909, relativa às obras compósitas, para a qual se estabeleceu jurisprudência nesse sentido.

[328] A expressão legal original aqui utilizada é "*motion picture version*", que, nos termos da mesma disposição legal, refere «[todas as *versões* de] *obras audiovisuais que consistam de séries de imagens que, exibidas em sucessão, criem a impressão de movimento, acompanhadas de som, se for o caso*». Assim, não é apenas a adaptação cinematográfica que está aqui em causa, mas toda a adaptação *ao audiovisual*.

[329] A referência a "*sound recording*", entre os exemplos de obras derivadas, afigura-se espúria como já assinalámos antes a propósito do direito britânico. Esta disposição da lei norte-americana não contém qualquer definição que permita interpretá-la como designando algo – como aconteceria se mencionasse, por exemplo, a *sonorização* – que afaste a ideia de que estamos aqui perante um processo técnico-industrial, não criativo e, em todo o caso, não merecedor de tutela como obra, mesmo perante os padrões do ordenamento dos EUA.

[330] As "*art reproductions*" aqui mencionadas deverão ser, naturalmente, as que não obedeçam a mera reprodução mecânica e envolvam criatividade.

outra forma pela qual uma obra seja reformada, transformada ou adaptada».

Mesmo não recorrendo à infeliz expressão a que a lei de autor portuguesa usa para caracterizar o modelo («*obras equiparadas a originais*» – cfr. art. 3º do CDA*), esta disposição da sec. 101 US Copyr.Law* nada acrescenta ao que já resultaria – com excepção dos "*sound recordings*" – do critério geral de protecção pelo "copyright" extensivo a todas as criações originais exteriorizadas. A chamada "*distinguishable variation*" de uma obra preexistente, que os exemplos citados comportam, sempre deverá implicar a originalidade de que lhes advém a tutela.

A maior importância da noção de obra derivada reside, isso sim, na distinção que permite estabelecer – e a lei de autor dos EUA fá-lo com assinalável cuidado – em relação às "compilações ou colectâneas" [a que nos parece corresponder a expressão inglesa "*compilation*" no texto original – secs. 101 e 103(a) US Copyr.Law*].

Na definição de um dos parágrafos da mencionada sec. 101, «"*compilation" é uma obra formada pela re-colecção e reunião de elementos ou dados preexistentes, que são escolhidos, ordenados ou organizados de modo que a obra resultante constitua, no seu conjunto, uma criação original do seu autor*»[331]. Logo o mesmo preceito adita que «*o termo compilação inclui as "collective works"*», definidas em parágrafo autónomo como «*aquelas, como as de carácter periódico, antologias, enciclopédias, em que um certo número de contribuições, que constituem criações separadas e independentes em si mesmas, são reunidas num todo colectivo*».

IV – Este conjunto de minuciosas noções legais é muito valioso para a delimitação do conceito de "collective work" adaptado à realidade jusautoral norte-americana, uma vez que recorta características que normalmente são deixadas à doutrina e jurisprudência identificar.

---

[331] Excepcionalmente e dada a liberdade da tradução e a falta de numeração no parágrafo citado da sec. 101, reproduzimo-lo na versão original: «*A "complilation" is a work formed by the collection and assembling of preexisting materials or of data that are selected, coordinated, or arranged in such a way that the resulting work as a whole constitutes an original work of authorship*».

Antes de mais, a clara *distinção entre as obras derivadas, por um lado e as "compilations" e as "collective works", por outro*. Nas primeiras, é requerida a preexistência de uma ou mais obras que se transformam; é precisamente nesta actividade de adaptação/transformação que deve buscar-se a *massa crítica criativa* que justifica a tutela jusautoral[332]. As obras colectivas, por seu lado, são consideradas *modalidade de uma compilação*, já que *nenhum novo elemento criativo é acrescentado ao das obras preexistentes*[333].

Julgamos que se trata de uma apreciação imprecisa do problema, fundada numa sucessão de premissas também equívocas: que *"uma obra colectiva não seria mais do que uma compilação de obras protegidas"*; que *"uma obra colectiva pode consistir na reunião de obras de um mesmo autor"*; por fim e retomando a errónea ideia antes referida, que *"as obras colectivas poderiam ter sido encaradas, pela lei norte-americana, como obras derivadas a que apenas faltaria a particularidade de não resultarem de uma transformação de obra preexistente"*[334].

V – Examinadas as noções legais norte-americanas, confirmamos que não contribuem para a construção de um conceito de "obra colectiva", pelo menos na acepção europeia conhecida.

A) Em primeiro lugar, é certo que – sob o ordenamento jusautoral dos EUA – só faz sentido falar de obra colectiva quando em presença de um conjunto de contributos criativos (obras), que se congregam para a sua composição. Esta coordenação

---

[332] Este requisito – a existência do que a doutrina e jurisprudência norte-americanas designam *"distinguishable/non merely trivial variation"* (cfr. NIMMER, *"(On) Copyright"*, cit., § 3.03, pags. 3-9 ss.) implicou a discussão em torno da susceptibilidade de protecção jusautoral para obras derivadas criadas a *partir de...outras obras derivadas* e, bem assim, da admissibilidade da outorga de protecção *a uma segunda obra derivada do mesmo género criada a partir de uma mesma obra preexistente*. A questão parece ter sido - bem - resolvida, prevalecendo o entendimento de que "a obra derivada de uma obra derivada" não deixa de ser uma transformação da obra primitiva, requerendo a autorização do titular do direito relativo a esta e que a protecção autónoma de várias obras derivadas de fonte comum se justifica apenas quando qualquer uma destas traduza modificações substanciais daquela, independentes entre si (ver *ob*. e *loc. citt*.).

[333] Veja-se NIMMER, última *ob*. cit., vol. 1, § 3.03, pags. 3-9 ss..

[334] Veja-se NIMMER, *ob*. cit., vol. 1, § 3.02, pag. 3-5 ss..

de contributos, individualizáveis e independentes quanto à sua autoria, é, por si só, característica marcante da diferença em relação às *"compilations/colectâneas"*, em que *os elementos* ["materials", no original] *e dados* componentes podem não constituir obras protegidas[335].

B) Por outro lado, o requisito de protecção jusautoral de uma "collective work" reside na originalidade da criação de uma nova obra, ainda que não se junte nenhum elemento ao acervo criativo preexistente[336]. É a própria actividade de seleccionar e organizar as criações de vários sujeitos, de ordenar e coordenar os seus contributos criativos independentes que constitui *pressuposto* da tutela. Nos EUA, *a "collective work" congrega várias contribuições dotadas de criatividade, não representa a transformação de uma (ou mais) obras preexistentes que incorpora*; isto aproxima-a da noção de *colectânea*, não da de obra colectiva.

C) No entanto, o facto de a protecção das "collective works" sob o "copyright" estadunidense não pressupor (sem que exclua) a tutela das obras que congrega (sec. 103(b) da US Copyr.Law*) evidencia a independência daquela como obra autónoma, identificando como titular (originário) do "copyright" o seu autor. Este não é, enquanto tal, alguém que *transforma* uma obra preexistente (como nas obras derivadas *proprio sensu*); não é, também, o que se limita a recolher elementos, factos ou dados, segundo um processo inovador e, porventura, tecnicamente exigente e financeiramente mais ou menos oneroso (como nas colectâneas)[337]. Aliás, segundo a mencio-

---

[335] Sempre tendo presente que nos reportamos ao direito estadunidense, cite-se decisão em *"United Christian Scientists v. Christian Science Board of Dirs."*, de 1985, a que acedemos tão-só pelo sumário transcrito em NIMMER, *ob.* cit., vol. 1, § 3.03, nota 6, em que se estabelece: «*não ser* requisito da protecção de uma obra derivada a tutela da obra preexistente, *v.g.* a tradução ou adaptação de uma obra caída no domínio público».

[336] NIMMER, *ob.* cit., vol. 1, § 3.03, nota 7, refere em apoio desta tese a decisão proferida em *"E.F. Johnson Co. v. Uniden Corp. of Am."*, de 1985, cujo sumário transcreve.

[337] Nos EUA, o debate doutrinário e jurisprudencial a este propósito tem sido – ao que verificámos – muito fértil. Os termos da controvérsia evoluíram da chamada doutrina (da protecção) do *"sweat of the brow"* ou *"industrious collection"*, espelhada na decisão *"Leon v. Pacific Telephone Co."*, de 1937 – em que foi condenado o que copiou os nomes e

nada disposição muito significativa da sec. 201(c) US Copyr.Law*, é estatuído que, na ausência de atribuição expressa do "copyright" ou de qualquer faculdade que o integre, o titular do direito na "collective work" apenas se presume haver adquirido faculdades de utilização *(reprodução e distribuição)* das contribuições criativas individuais incorporadas como parte *daquela*[338].

VI – Em conclusão, as noções contidas na lei de autor norte-americana não reflectem, não obstante as tentativas de aproximação formuladas, a consagração de um conceito que distinga manifestamente as *"collective works"* das *"compilações de obras"*. Não permite também que se reconheça, no ordenamento jusautoral dos EUA, o conceito europeu de *"obra colectiva"*. Falta-lhe ainda o reconhecimento da *exigência de um enquadramento organizacional que deter-*

---

n.[os] de telefone de uma lista, embora seguindo um diferente critério de disposição: ordenara os assinantes pelo respectivo n.º de telefone copiando o elenco do oponente que adoptara a ordem alfabética. Esta postura foi abandonada, designadamente por se considerar – e com acerto, quanto a nós – que a protecção do esforço organizativo e do resultado da pesquisa, quando *apoiados apenas no investimento técnico e financeiro,* merecem tão-só a tutela no âmbito da repressão da *concorrência desleal,* reservando-se a protecção pelo direito de autor para os casos em que se verifique a criatividade na selecção, coordenação e organização dos elementos reunidos, ainda que com completa identidade das partes (elementos) integrantes.

Em contraponto, pode confrontar-se a decisão em *"Feist Publications, Inc. v. Rural Telephone Serv. Co.",* de 1991, em que, em situação semelhante à citada em *"Leon v. Pacific",* ficou decidido que, na generalidade dos casos, listas telefónicas e outros directórios semelhantes dificilmente reuniriam os requisitos de protecção pelo "copyright". [As decisões citadas podem encontrar-se com todas as referências em NIMMER, *ob.* cit., § 3.04(B), pags. 3-22 ss., que as transcreve sumariadas].

Esta construção bem poderia ter constituído exemplo, que manifestamente a União Europeia e os ordenamentos dos seus Estados-membros não seguiram ao enveredar pela equívoca consagração de um *direito sui generis* dos fabricantes das bases de dados (escrevemos a este propósito em *"Tutela Jurídica das Bases de Dados – A transposição da Directriz 96/9/CE",* I-3, cit.).

[338] Esta presunção de aquisição derivada não exclui, todavia, que, na hipótese muito frequente de aqueles contributos criativos individuais reunirem os pressupostos que permitam considerá-los "works made for hire", o empregador (ou o comitente) se veja investido originariamente na titularidade do "copyright" – cfr. secs. 101 e 201(b) US Copyr.Law*. [Naturalmente, visto o objecto desta dissertação, tratamos com autonomia a figura das *"works made for hire"* sob o instituto do "copyright" nos EUA – cfr. *infra,* n.º 55.]

mina a criação dos vários contributos individuais como função da realização de um fim de utilização unitário definido pelo autor da obra colectiva.

A certeza sobre a relevância desta componente característica do conceito advém-nos da manifesta insuficiência da noção de "colectânea"/"complilation", que, ainda que tratasse da escolha e organização criteriosa de obras, não seria satisfatória para caracterizar realidades no âmbito das chamadas *criações complexas*, como sejam todas aquelas em que se verifique que, sem necessária transformação de obra preexistente, os contributos individuais são criados – *logo para um fim de utilização unitário* – no quadro de uma organização autónoma dos autores dessas contribuições criativas: este parece então ser conceito estranho ao Direito de Autor norte-americano[339].

35. A especificidade do sistema holandês – a titularidade da empresa e a criação funcional de contributos integrados na obra colectiva

I – Neste domínio, merece ainda uma especial referência a *lei de autor dos* Países Baixos (L.aut.hol.*), que dificilmente se poderá

---

[339] Em ilustração de jurisprudência dos EUA mais recente, encontramos alguns exemplos que encorajam a expectativa da aproximação – sob a Convenção de Berna (CB*) – ao conceito europeu de "*obra colectiva*".

Assim, a decisão em "*Cable News Network (CNN), Inc. v. Video Monitoring Services of America, Inc. (VMS)*", cujo sumário é transcrito em NIMMER, *ob.* cit., vol. 1, § 3.04(B), pag. 3-32, em que se alega que a VMS violou o "copyright" da CNN, ao ter reproduzido integralmente certa emissão por cabo desta e comercializado posteriormente segmentos dessa emissão em suporte videográfico. O fundamento apresentado para esta queixa consistiu na *utilização de um programa audiovisual criado por outrem*. Em decisão de 1994 ("*CCC Info Services, Inc. v. Maclean Hunter Market Reports, Inc.*") – também sumariada em transcrição por NIMMER, *ob.* cit., vol. 1, pags. 3-33/34, nota 76 –, foi reconhecida tutela a "um catálogo com valores relativos de carros usados, criado segundo a perspectiva do editor e baseado na sua experiência e avaliação profissional".

Sobretudo neste último caso, deixa antever-se a protecção jusautoral para uma obra em que é valorizada, não obviamente a criatividade dos elementos reunidos – modelos de carros e preços – eventualmente pelos colaboradores dessa publicação, mas as características da concepção *do todo*, organizado a partir da intervenção de um terceiro e sob enquadramento de uma organização deste. Ainda que algo incipientes, estes são exemplos que já nos aproximariam do que descrevemos como "obras colectivas".

enquadrar em qualquer dos sistemas apresentados. Depois de equiparar expressamente a natureza do direito do *autor* ao direito do seu sucessor jurídico, como um *"exclusivo (limitado) de publicação e reprodução da obra"* (art. 1), o seu art. 5 nem sequer considera a possibilidade de utilização independente dos contributos criativos individuais que sejam incorporados em *"obra global"*, qualificando expressamente toda e qualquer publicação ou reprodução não autorizadas pelo "autor desta" («*a pessoa sob cuja orientação e supervisão a obra global foi criada*» – art. 5 §1) como violação do exclusivo jusautoral (art. 5 §2).

II – Pode bem considerar-se esta como exemplar da atribuição originária do direito nestas obras à *entidade terceira organizadora*, a que vimos fazendo referência. Esta é ideia que se reforça quando verificamos que «*a falta de menção da incorporação na obra global, em caso de publicação ou reprodução do contributo criativo independente naquela integrado, é tida como violação do exclusivo do autor daquela*» – art. 5 §3. É também curioso e muito significativo que tal violação do exclusivo jusautoral só ocorra, nos termos do mesmo preceito legal, «*quando a obra individual não tenha sido previamente* (à incorporação) *publicada ou quando o contrário não tenha sido expressamente acordado*».

Ainda segundo a citada lei holandesa, *se a autorização para utilização de cada obra individual na obra colectiva evidenciar que aquela foi (logo) criada para essa utilização, é deixado presumir a titularidade do direito de autor – pelo que empreende (e é autor/ titular do direito) na obra colectiva – também na criação individual assim integrada naquela*. Parece claro que esta é uma das expressões mais perfeitas de um ordenamento que explicitamente plasma a ligação entre a titularidade originária do direito de autor ao que organiza a "obra global"/colectiva à circunstância de a criação de obras singulares incorporadas se verificar em cumprimento de dever funcional.

36. O direito italiano: a atribuição "directa e imediata" do direito de autor a pessoas jurídicas empresariais

I – Em primeira análise, o *direito italiano* estabelece – no que a lei (sobretudo os arts. 3, 7 e 38 L.aut.ital.*), doutrina[340] e jurisprudência[341] desse país denominam *"opere collettive"* – os elementos do tipo que procurámos identificar como característicos das obras colectivas.

A noção legal, contida na norma do primeiro daqueles preceitos (art. 3 L.aut.ital.*), contém uma separação clara dos elementos que destacámos acima, a saber:

1) «a *"opera collettiva" é constituída pela reunião de obras ou partes de obras...»* – aqui se plasma a ideia de pluralidade de contributos individuais, que sublinhámos;
2) «*...que têm o carácter de criações autónomas...»* – no que consagra a autonomia dos contributos criativos e marca a distinção das "obras em colaboração"[342];
3) «*...e que resultam da escolha e coordenação...»* – deixando implícita a exigência da presença de uma acção organizativa e directora por outrem;
4) «*...para um determinado fim literário, científico, didáctico, religioso político ou artístico...»* – salientando o, quanto a nós, decisivo conceito de criação funcional para (a realização

---

[340] Confrontámos o exposto por: VALERIO DE SANCTIS, *"Contratto di Edizione ..."*; TULIO ASCARELLI, *"Teoria della Concurrenza e dei Beni Immateriali"* (também na tradução espanhola de edição mais recente); GRECO / VERCELLONE, *"I diritti sulle opere dell'ingegno"*; GIORGIO OPPO, *"Diritto dell'Impresa"*; LUIGI CARLO UBERTAZZI, *"Il Diritto d'Autore"*– obb. citt.. Ponto por ponto, indicamos as asserções respectivas pertinentes à nossa exposição.

[341] Remetemos genericamente para os sumários de abundante jurisprudência mencionada nas anotações aos arts. 3, 7 e 38 da L.aut.ital.*, em *"Commentario Breve al Diritto della Concorrenza"*, por MARCHETTI / UBERTAZZI, cit. pag. 1789, pag. 1795 e pags. 1840 ss.. A esta remissão genérica acrescentaremos as referências específicas às decisões que, em cada caso, julgarmos pertinentes à matéria.

[342] Neste sentido, referindo as *"opere in comunione"*, veja-se MARCHETTI / UBERTAZZI, *"Commentario breve al Diritto della Concorrenza"*, cit., anotação II ao art. 3 L.aut.ital.*, pag. 1789, que identificam estas pelo carácter indistinguível dos contributos individuais no todo que aquela constitui, o qual resultaria numa "criação simples, não compósita, em comunhão/co-titularidade originária dos co-autores".

de) um fim de utilização unitário específico e que transcende o que é próprio de cada um (ou o do mero somatório dos) autores dos contributos criativos individuais[343].

II – Segundo doutrina italiana consultada de sentido quase uniforme[344/345], a actividade criativa pressuposta neste género de obras, para além da elaboração ou mera re-elaboração de obras preexistentes, consiste na escolha e coordenação das criações incorporadas de que resulta obra (colectiva) a que se reconhece valor criativo e justifica o reconhecimento de direito próprio ao respectivo autor. É, porém, quanto ao reconhecimento desta titularidade que se revelam as especificidades em relação, por exemplo, à construção teórica que nasce quer da lei portuguesa quer da lei francesa tratadas.

VALERIO DE SANCTIS[346], nomeadamente, marca bem a distinção entre o carácter dos contributos para a obra colectiva e o das criações dos colaboradores na "obra em colaboração em sentido técnico",

---

[343] Esta ideia de congregação dos contributos individuais num objecto (com fim de utilização) próprio, que se liga ao que preferimos designar criação (ou utilização de uma obra)-em-função-de-um-fim, revela-se cara a MARCHETTI / UBERTAZZI, *ob.* e loc. cit., para estabelecer a diferença em relação às obras compósitas/coligação de obras que se distinguiriam, nos exemplos citados (obras dramático-musicais, composições musicais com palavras), pela autonomia funcional dos vários contributos criativos integrantes que apenas dariam origem a um *"efeito artístico unitário"*.

[344] Vejam-se: VALERIO DE SANCTIS, *"Contratto di Edizione..."*, cit., n.º 9, pags. 30 ss.; GRECO / VERCELLONE, *"I diritti sulle opere dell'ingegno"*, cit., n.º 30, pags. 92 ss.; UBERTAZZI, *"Il Diritto d'Autore"*, cit., n.º 9, pags. 30 ss..

[345] Não obstante, contra a posição maioritária da doutrina e jurisprudência italianas a que acedemos, VALERIO DE SANCTIS, *"Contratto di Edizione ..."*, cit., n.º 8, pag. 26, considera que *a aquisição originária do direito de autor por pessoas jurídicas deve ser encarada como uma* fictio legis e, em exame de situações particulares, entende dever não poder «... *considerar-se a aquisição senão a título derivado; configurando-se como uma* cessio juris, *que pode ser contrariada* ["paralizzata", no original] *por acordo com os autores em sentido diverso.*» – intercalado nosso.

Já ADRIANO DE CUPIS, *"Os Direitos da Personalidade"*, cit., n.º 13, pag. 334, assevera que: «*A aquisição originária do direito de autor por parte de pessoas jurídicas encontraria a sua justificação unicamente em exigências de ordem social. Se estas exigências podem justificar a aquisição do* direito patrimonial *de autor, a justificação não pode estender-se à aquisição originária do direito moral de autor. Este último direito, ou seja, o direito à paternidade intelectual, não pode respeitar senão a quem tem a paternidade real da obra intelectual* ["opera dell'ingegno", no original], *e portanto só à pessoa física.*».

[346] VALERIO DE SANCTIS, última *ob.* cit., pags. 30 ss. .

salientando a independência da actividade criativa dos primeiros (ao contrário do que se verifica nas *"obras em colaboração"*) em relação àquela de que resulta a própria obra colectiva, como criação de terceiro e objecto de direito de autor autónomo. Este Autor identifica também expressamente o que designa *"direttore dell'opera"* (em expressão que considera equivaler às de *"Herausgeber"*, no direito alemão e *"editor"*, nos sistemas anglo-saxónicos[347]) como titular do direito e parte legítima em eventual contrato de edição da obra colectiva. Prossegue na distinção, que acima sublinhámos, entre este género de obras e as *colectâneas* em que afirma que a reunião das várias obras integrantes «*tem um carácter fundamentalmente técnico, não podendo o director da colectânea considerar-se autor de uma obra colectiva no sentido do direito de autor* [...], *nem o contrato entre este e um* [eventual] *editor como um contrato de edição, mas um contrato de prestação de obra ou de um* [outro] *tipo diverso*»[348]. O mesmo Autor (*ibidem*), fundado no que considera ser o sentido do art. 38 da L.aut.ital.* – que estabelece «*pertencer ao editor da obra colectiva, salvo convenção em contrário, o direito de utilização económica da mesma* [...] *sem prejuízo do direito resultante da aplicação do art. 7*» –, conclui pela consagração legal de uma presunção *juris tantum* de titularidade, devida à "necessidade de propiciar a segurança e certeza jurídica". Já que, não obstante não participar na actividade criativa, "o editor que publica a obra desempenha uma função promotora e centralizadora da criação". Mais acrescenta que «*o jornal, revista ou outra publicação periódica, além de constituir* [...] *uma obra intelectual/obra colectiva, é também um empreendimento industrial sujeito a uma disciplina jurídica particular (de direito privado como de direito público)*»[349].

---

[347] O "Herausgeber" e o "editor" que, para o direito alemão e britânico, respectivamente, caracterizamos *supra*, n.ºs 30-I e 33-I.

[348] V. DE SANCTIS, *ob.* cit., n.ºs 30 e 50, pags. 90 ss. e 154 ss., intercalado nosso.

[349] Este entendimento dá origem a que VALERIO DE SANCTIS, "*Contratto di Edizione* ...", cit., n.º 50, pags. 154/155, identifique na edição da obra colectiva um contrato (de edição) de um novo tipo, em que se combinam várias relações jurídicas: *a) entre editor e autor da obra colectiva enquanto tal; b) entre o autor da obra colectiva ou, mais frequentemente, entre o editor e os titulares dos direitos relativos aos contributos individuais integrantes – nos casos em que aquele é, nos termos do art. 38 L.aut.ital.*, *o titular (originário ou derivado) do direito de autor, assumindo pessoal e directamente a obrigação contratual; c) entre o editor e terceiros.*».

UBERTAZZI sustenta uma interpretação restritiva do disposto no referido art. 38 L.aut.ital.*, segundo a qual:

a) em primeiro lugar, a expressão "*editore*" ali contida não é usada em sentido técnico – já que não esgotaria todas as possíveis utilizações conforme às diversas espécies do *género obra colectiva* –, mas significa "*todo aquele que divulga a obra*";

b) por outro lado, não estaria também aí posta em causa a atribuição da titularidade do direito (patrimonial) de autor directamente ao editor – no que constituiria uma reafirmação inútil da inalienabilidade do direito pessoal –, mas a consagração da concepção finalista alemã ("Zweckübertragungstheorie"), ligada, pelo menos no direito alemão e como se verá, à atribuição convencional do direito de autor. Assim, ainda segundo este Autor, estatuir-se-ia aqui que *apenas as faculdades necessárias à atribuição do direito de publicação/edição se transfeririam pelo contrato*[350].

Em sentido diferente, em GRECO / VERCELLONE é afirmado que o referido art. 38 L.aut.ital.* estabelece "*conteúdo diferente do normal para o contrato de edição de obras colectivas*", já que constituiria reconhecimento da investidura do editor na titularidade do direito patrimonial de autor ao contrário do que é típico da edição de outro género de obras[351]. Confirmam esta interpretação em confronto de outras disposições legais que *apenas legitimam para o exercício de faculdades jusautorais específicas*, como entendem consagrar o regime para a utilização de obras dramático-musicais (art. 34 da lei de autor italiana), de obras coreográficas ou pantomimas (art. 37) ou das obras cinematográficas (art. 45 também L.aut.ital.*).

Os mesmo Autores (*ibidem*) mais acrescentam que a atribuição é *efeito da relação contratual* nascida do contrato de edição da obra colectiva, dispensando qualquer tipo de declaração expressa de vontade nesse sentido. Fazem depender a caracterização, como *originária ou derivada*, desta aquisição pelo editor da questão mais ampla da "natureza da aquisição" em todos os casos em que se verifique o

---

[350] Veja-se L. C. UBERTAZZI, "*Il Diritto d'Autore*", cit., n.º 9, pags. 30 ss. .
[351] Veja-se P. GRECO / P. VERCELLONE, "*I Diritti sulle opere...*", cit., n.º 70, pags. 215 ss.

que chamam *"derrogação legal da regra da aquisição originária do direito de autor face à existência de uma relação jurídica* (trabalho subordinado, comissão, sociedade) *entre o que desenvolve a actividade (criativa) e aquele que a tenha requerido e retribuído* em função *da obtenção desse direito"*.

III – Assim se retoma, mais uma vez, o conceito de criação (actividade criadora) que é função do adimplemento de uma obrigação, embora aqui dissociada da ideia de *enquadramento empresarial*. Com efeito, GRECO / VERCELLONE encontram nesta figura uma analogia com as demais situações em que – à semelhança do estatuído no art. 23 da *lei italiana sobre invenções*[352] – a obra colectiva «*é promovida pelo editor, empreendida e enquadrada na empresa editora* [...], *em que o processo criativo é organicamente atraído para* [essa] *órbita empresarial e a obra (jornal, revista, enciclopédia) se transforma num* produto empresarial» – *ob.* e loc. citt., com intercalados nossos.

Não resulta totalmente claro, perante esta analogia, se os Autores citados põem a tónica do que claramente consideram uma "atribuição anómala" do direito: no enquadramento empresarial (material) do processo criativo; se na relação jurídica estabelecida entre o que contribui *"intelectualmente"* para o resultado e o que *(o) contrata para* essa criação. Esta indagação afigura-se, porém, de pouco relevo para a construção do conceito: a obra colectiva exige, por definição, tanto uma pluralidade de contributos criativos individuais (com reconhecimento de direitos de autor independentes aos seus criadores) como uma iniciativa e organização empresariais que a produzam como bem jurídico apto a uma, qualquer que ela seja, utilização económica. Descobrir se o que empreende na obra colectiva é "parte dessa organização", porque é titular de um dos seus órgãos estatutários, ou

---

[352] R.D. 29 de Junho de 1939, n.º 1127.

Deparámos com a publicação de um *novo Código da Propriedade Industrial* de Portugal – *aprovado pelo Decreto-lei n.º 36/2003, de 5-3*; entrou em vigor em 1-7-2003 e revogou o *supra*mencionado CPIndustr.*. O art. 59º/1 deste *novo Código da Propriedade Industrial* estatui a expressa atribuição do "direito de patente" nas *invenções*, «*feitas durante a execução de contrato de trabalho em que a actividade inventiva esteja prevista*», à respectiva empresa. Como se verá, a principal lei de autor portuguesa é bastante para o tratamento desta questão sem recurso a analogia com a lei reguladora da propriedade industrial.].

é um trabalhador subordinado ou um prestador de serviço contratado pela entidade titular da organização para essa função específica, apenas revelará o carácter originário ou derivado da atribuição do direito de autor, mas não é decisivo para conhecer da autoria destas obras.

Aliás, como salienta ASCARELLI, a aquisição do direito pelo editor, presumida *juris tantum* nos termos do citado preceito legal (art. 38 L.aut.ital.*), parece não poder deixar de considerar-se estabelecida a título derivado, não se exigindo que este participe no processo criativo (da obra colectiva)[353]. Também OPPO sublinha não parecer exacto considerar que o direito de utilização económica atribuído ao editor (pelo mesmo art. 38 L.aut.ital.*) seja fundado sempre e só num contrato de edição com o autor da obra colectiva[354]. Para este Autor, a relação entre estes (editor e autor da obra colectiva) pode resultar na prestação de obra intelectual, tanto no âmbito de *subordinação* (jurídico-laboral) como no da própria *organização empresarial* do editor; neste último caso, a aquisição do direito patrimonial pelo editor teria carácter originário.

IV – Verdadeiramente importante é que se retenha que a imputação da titularidade do direito de autor nestas obras *depende e é determinada* pelas condições materiais da sua concepção, conjugadas com o conteúdo e fim do contrato que *eventualmente* seja estabelecido para a sua criação. E neste postulado não encontramos derrogação de qualquer regra fundamental sobre a titularidade deste direito, mas a demonstração de que a determinação da esfera jurídica em que o direito se constitui resulta do efeito combinado das *condições de criação da obra* (neste caso por um conjunto de pessoas integradas numa organização e dirigidas por esta) e da *vontade* de quem a cria conjugada com a daquele *para quem* é criada.

Corrigida que fica, pela doutrina exposta, a errónea ideia de que a lei de autor italiana criaria uma forma de atribuição do direito de

---

[353] TULIO ASCARELLI, *"Teoria della Concurrenza e dei Beni Immateriali"* (também na tradução espanhola de edição mais recente), cit., XIII, n.º 25, pags 707 ss., conforme jurisprudência do Trib. de Milão de 20.11.51, que cita.

[354] OPPO, *"Creazione Intellettuale, Creazione Industriale e Diritti di Utilizazzione Economica"* in *"Diritto dell'Impresa"*, cit., n.º 6, pags. 363 ss. .

autor ao editor derrogatória da regra angular do art. 7 da mesma lei[355], encontramos, também aqui, reforçado o conceito que ligámos à noção de obra colectiva: o da criação destas obras como *função de fins próprios de uma organização* – chame-se-lhe *empresa*[356] – que empreende, enquadra e (também) define um fim próprio para a utilização da obra assim criada.

A particularidade nestes casos, se de particularidade se pode falar dada a disseminação das obras criadas com estas características, residirá então no facto de o direito de autor que lhes está ligado nascer verdadeiramente de uma *acção empresarial*, que só remotamente se poderá apelidar de "intelectual".

---

[355] Em comentário ao ordenamento jusautoral italiano, Antonio Delgado, *"Obra colectiva: un hallazgo o un pretexto?"*, cit., pags. 121 ss. (*maxime*, pags. 162 ss.), pretende reconhecer na *"opera collettiva"*, tal como a estabelece a lei de autor italiana, a consagração de *"uma colecção criativa de obras independentes e de um autor, o que organiza e dirige essa colecção"*. Esta ideia serve-lhe para o contraponto à lei de autor francesa (de 1957, hoje substituída pelo CPI fran.*), em que não identifica mais do que *"a investidura* – segundo o figurino tradicional, como afirma este Autor – *de uma pessoa com os direitos de autor de outros e para uma forma de exploração concreta das obras destes (os seus contributos singulares)"*.

Afigura-se-nos particularmente relevante, neste enunciado de Delgado, a ideia que expõe (*ob.* cit., pag. 130), segundo a qual a lei de autor italiana evidencia que a obra colectiva é o *fim que determina a actividade do que organiza e dirige a selecção e a coordenação das obras ou partes de obras singulares, fazendo depender a atribuição originária ou derivada do direito a uma empresa da preexistência de uma relação jurídica* (no âmbito da qual a obra seja criada) *entre o criador e essa empresa*.

Falta-lhe ainda, a nosso ver, superar a ilusória concepção da omnipresença de um hipotético "criador individual da obra colectiva" (supostamente algo como um director-de--obra) que "se relacionaria com uma empresa a quem atribuiria direitos de autor". Na verdade, a relação que uma individualidade com este perfil possa estabelecer com *a empresa* é, além de contratual, funcional, pelo que é materialmente incerta – logo de relevância jurídica duvidosa – a indagação sobre *quem* verdadeiramente *cria* a obra colectiva.

[356] Nada obsta a que essa empresa seja uma editora, que assim ocuparia a posição jurídica própria do que "organiza, dirige e divulga a obra".

SÍNTESE EM RECAPITULAÇÃO

A constituição do direito de autor na obra colectiva no confronto de vários ordenamentos jurídicos

A) A lei **alemã** não consente a concepção de uma *imputação da titularidade originária do direito de autor a uma pessoa meramente jurídica*, ainda que a respeito das obras (como as que designa *"Sammelwerke"*) que implicam uma óbvia acção organizativa e directora para a sua criação; acção essa que representa mais do que o simples somatório das contribuições individuais incorporadas. O *direito de autor da empresa editorial* ("Verleger") – evidentemente nos casos em que a edição seja contratada e que são os que aqui importam – *deriva do director* (criador) da obra colectânea (o *"Herausgeber"*); e, bem assim, *o direito de autor na utilização patrimonial das contribuições individuais criativas nesta incorporadas deriva* (para o director ou para o editor) *dos criadores daquelas*.

B) No direito **francês**: *a)* não se exclui que a actividade criadora se realize em situação de subordinação jurídica laboral dos colaboradores individuais; *b)* sobressai a ideia de o empreendimento e a organização/direcção da actividade criativa pertencerem a pessoa física ou colectiva que não se conta necessariamente entre os autores dos contributos criativos individuais utilizados na obra colectiva – no que se distinguem claramente das *obras em colaboração*; *c)* a actividade criativa dos autores de contributos individuais é *vinculada e dirigida a um fim* (de utilização) *próprio específico do empreendedor*, correspondendo à noção de *criação* (em cumprimento de dever) *funcional*; *d)* o direito de autor constitui-se originariamente na titularidade daquele que, ao empreender a organização e direcção da actividade criativa dos que contribuem para a obra colectiva, contrata para a sua elaboração (cfr. art. L.113-5 do CPI fran.*).

C) O direito **espanhol**, fundado no art. 8 da LPI esp.*, apresenta características idênticas para as obras colectivas, a saber: *a)* a *iniciativa e coordenação* de uma *"pessoa natural* ou jurídica"; *b)* a *criação das contribuições individuais em função da obra (colectiva)* no seu conjunto; *c)* a *fusão (pela escolha e organização) desses contributos* *em criação única e autónoma* (traduzido na norma legal que afasta a atribuição de direitos aos colaboradores sobre o todo); *d)* a edição (que a doutrina aconselha dever ser entendida em sentido de "fabricação/produção empresarial") e divulgação *em nome do que organiza e dirige* a obra. Por outro lado, aparece sublinhada na doutrina espanhola a ideia de que a iniciativa e coordenação aludidas trazem implícita uma *subordinação a uma hierarquia funcional*, inspirada na noção de "criação por autor assalariado" (*ex vi* art. 51 da LPI esp.*) com inerente *presunção de cedência de faculdades de exploração pelos autores dos contributos individuais ao beneficiário da prestação criativa, um empresário*. Não encontramos, contudo, na presuntiva omnipresença de uma origem convencional da criação dos contributos tributários, nada que negue a atribuição originária do direito à entidade – eventualmente uma pessoa colectiva – que organiza a obra colectiva. Em primeiro lugar, porque deve distinguir-se a obra colectiva como um todo autónomo, nascida de uma acção directora com enquadramento organizativo, em que pode estar ausente a intervenção directa dos colaboradores. Por outro lado, porque não deve excluir-se sem escrutínio a possibilidade de verificação de uma *atribuição de faculdades de utilização em benefício da entidade que organiza a obra colectiva* e que seria concomitante da própria vinculação dos colaboradores nesta criação-para-um-fim-colectivo.

D) No direito **britânico**, é duvidosa a consagração das obras colectivas como figura autónoma. A protecção outorgada por lei (cfr. sec. 1(1)(b/c) UK CDPA*) a certas "obras" – ditas por alguma doutrina "*de criação empresarial*" – não reflecte mais do que a tutela de verdadeiros *direitos conexos* ("entrepreneurial copyrights") de *produtores industriais*: empresários do audiovisual, de edição literária, de radiodifusão. No direito do Reino Unido, não é a titularidade do direito ("copyright") que sofre atribuição "anómala" nestes casos, mas *a própria natureza do direito atribuído* que, sendo equiparado ao direito de autor, não o é, pois não reflecte a tutela de qualquer actividade criativa exteriorizada numa obra pelo titular desses direitos.

E) As noções contidas na lei de autor **norte-americana** não reflectem, não obstante as tentativas de aproximação formuladas, a consagração de um conceito que distinga manifestamente as *"collective works"* das *"compilações de obras"*. Não permite também que se reconheça, no ordenamento jusautoral dos EUA, o conceito europeu de *"obra colectiva"*. Falta-lhe ainda o reconhecimento da *exigência de um enquadramento organizacional que determina a criação dos vários contributos individuais em função da realização de um fim de utilização unitário definido pelo autor da obra colectiva*. A certeza sobre a relevância desta componente característica do conceito advém-nos da manifesta insuficiência da noção de "colectânea"/"complilation", que, ainda que tratasse da escolha e organização criteriosa de obras, não seria satisfatória para caracterizar realidades no âmbito das chamadas *criações complexas*, como sejam todas aquelas em que se verifique que, sem necessária transformação de obra preexistente, os contributos individuais são criados – *logo para um fim de utilização unitário* – no quadro de uma organização autónoma dos autores dessas contribuições criativas: este parece então ser conceito estranho ao Direito de Autor norte-americano.

F) Segundo a lei **holandesa**, se a autorização para utilização de cada obra individual na obra colectiva evidenciar que aquela foi (logo) criada para essa utilização, *é deixado presumir a titularidade do direito de autor – pelo que empreende (e é autor/titular do direito) na obra colectiva – também na criação individual assim integrada naquela*. Parece claro que esta é uma das expressões mais perfeitas de um ordenamento que explicitamente plasma a ligação entre a imputação da titularidade originária do direito de autor ao que organiza a "obra global"/colectiva à circunstância de a criação de obras singulares incorporadas se verificar em cumprimento de dever funcional.

G) Corrigida a errónea ideia de que a lei de autor **italiana** criaria uma forma de atribuição do direito de autor ao editor derrogatória da regra angular do art. 7 da mesma lei, encontramos, também aqui, reforçado o conceito que ligámos à noção de obra colectiva: o da criação destas obras como *função de fins próprios de uma organiza-*

ção – chame-se-lhe *empresa* – que empreende, enquadra e (também) define um fim próprio a essa actividade criadora. A particularidade nestes casos, se de particularidade se pode falar dada a disseminação das obras criadas com estas características, residirá então no facto de o direito de autor que lhes está ligado nascer verdadeiramente de uma *acção empresarial*, que só remotamente se poderá apelidar de "intelectual".

SECÇÃO III

Exploração económica da obra colectiva

37. O "princípio da unidade de exploração" da obra colectiva – enunciado

I – Verificamos que o "(não) *prejuízo da exploração da obra colectiva no seu conjunto*" é limite comum a toda a utilização individual (*em separado*") de obra discriminável incorporada em obra colectiva, *ex vi* arts. 19º/2 e 18º/2 CDA*. Essa integração fixa uma *destinação específica* aos referidos contributos individuais, que vai condicionar quaisquer utilizações separadas e que o respectivo autor só pode afastar mediante exercício do *direito pessoal de retirada* (neste caso limitado à utilização da obra como "*parte* da obra colectiva")[357].

Esta premissa é válida quer quando o contributo individual seja criado logo para incorporação/utilização na obra colectiva (nos termos que expomos *infra*, n.ᵒˢ 41 e 42), quer quanto a obras preexistentes que sejam incorporadas e ainda que estas já tenham sido objecto de outro tipo de utilização empreendida pelo autor ou consentida por este a terceiro. Os limites à utilização dependerão do *conteúdo e fins do acto de atribuição patrimonial* que consente na sua utilização (incorporação/integração) na obra colectiva, designadamente do carácter exclusivo ou não exclusivo, temporário ou definitivo, da atribuição que consente nessa incorporação.

Em qualquer caso, é certo que a criação de contributo para uma obra colectiva, bem como o acordo para a utilização nesta de uma obra preexistente, constitui delimitação negativa *geral* do conteúdo

---

[357] Sobre o significado e conteúdo do *direito de retirada*, que aqui admitimos limitado a (apenas) algumas utilizações autorizadas da obra, cfr. *infra*, n.º 80.

do direito exclusivo de utilização autónoma ("em separado") da obra incorporada pelo seu autor. Isto porque estamos perante não uma "obra compósita", *mas uma utilização de obra individual em obra colectiva que é efeito da atribuição de faculdades jusautorais (em exclusivo ou não) para os fins específicos da exploração conjunta de uma nova obra*. Este limite é definido pelo *não prejuízo da exploração da obra colectiva como um todo* e verifica-se ainda que o direito de autor na obra integrada caiba ao seu criador, e não à empresa[358].

---

[358] Encontramos normas de teor semelhante sobre a utilização "em separado" de contribuições criativas individuais (entenda-se "utilização da obra não incorporada na obra colectiva jornalística") na generalidade das leis de autor compulsadas.

Assim, os arts. 39 e 42 § 2 L.aut.ital.*, que, apesar da consagração expressa do direito de "utilização separada das contribuições individuais na obra colectiva" (cfr. art. 38 § 2), ressalvam, a par do exercício exclusivo do direito de exploração da obra colectiva pelo que a «organiza e dirige» – *ex vi* arts. 38 § 1 e 7 da mesma Lei –, a não utilização separada pelo criador do contributo literário para jornal ou revista «*antes de decorrido certo prazo sobre o seu envio para publicação*».

Com o mesmo sentido, o § 38(1)/(3) UrhG alemã*, que consagra um *direito exclusivo da empresa ou do director na utilização das obras individuais como parte "de publicação periódica"* (veja-se o tratamento especial que a lei de autor alemã confere às figuras do "Verleger" e do "Herausgeber", que analisamos *supra*, n.º 30-I). Este exclusivo do titular do direito na obra colectiva jornalística não afasta o direito de utilização separada dos contributos individuais decorrido certo prazo e salvo convenção em contrário, mas também presume, salvo acordo em contrário, a atribuição de faculdades *não exclusivas* de utilização dessas contribuições ao editor ou director de "jornal" (§ 38(3), 1ª parte).

Expressa é também a LPI esp.* (art. 52 §1), ao estatuir como limite *especial* à exploração dos contributos individuais incorporados nas "publicações periódicas": «o não prejuízo da exploração da obra em que se hajam inserido».

Por seu lado, a lei de autor dos EUA (recordamos apenas o que já referimos em análise das "collective works" no n.º 34, *supra*) inclui na própria definição de «*periodical issues*» como espécie de "collective works" o requisito de que estas reunam uma «... *pluralidade de contributos, que constituam obras discrimináveis e independentes*» (cfr. sec. 101 US Copyr.Law*), para logo fixar o regime de tutela de direitos nessas contribuições (sec. 201(c)): «o "copyright" em cada contribuição discriminável é distinto do direito na obra colectiva como um todo e é originariamente atribuído ao autor dessa contribuição». Não obstante, a 2ª parte da mesma disposição da lei norte-americana também estatui que, na ausência de (outra) "cedência de direitos", o titular de direitos na obra colectiva «*se presume haver adquirido apenas o direito de reprodução e distribuição do contributo individual como parte da obra colectiva*». Assim, como se salientou em explicação introdutória ao sistema estadunidense, prevê-se a atribuição derivada ao empresário do direito de utilização da obra incorporada em (qualquer) obra colectiva, como "parte desta".

II – A salvaguarda do que podemos designar um *princípio* (geral) *de unidade de exploração da obra colectiva* pela empresa titular do direito de autor nesta parece assim evidenciar-se, uma vez que se demonstra independentemente da titularidade das faculdades de utilização patrimonial dos contributos criativos individuais naquela incorporados[359]. A *independência genética* (material, visto tratar-se de obras de criação não concertada, como na *colaboração* criativa), que demarca o processo criativo da obra colectiva no seu todo do de cada uma das contribuições individuais incorporadas e a *independência funcional* que consente a utilização em separado de uma e de outras, não é incompatível com os limites fixados pelo princípio enunciado à utilização independente das obras incorporadas.

Parece-nos assim razoável concluir que perpassa por vários dos ordenamentos estrangeiros confrontados o mesmo duplo princípio que encontramos na lei de autor de Portugal:

- salvo convenção em contrário, os criadores dos contributos individuais criados para esse fim conservam a titularidade do direito patrimonial de autor quanto a todas as utilizações "em separado"/independentes da que autorizam ao consentir na utilização de obra sua em obra colectiva; contudo,
- essas utilizações não podem nunca realizar-se com prejuízo da exploração da obra colectiva em que inseriram as suas criações.

Questão é agora determinar se *a empresa*, a quem se reconhece expressamente a titularidade do direito de autor na obra colectiva – originariamente (no direito português, art. 19º/1 CDA*), atribuída directa e imediatamente pelas pessoas físicas envolvidas na sua formalização (como vimos ser a construção preferida em vários de

---

[359] Vê-se – quando examinamos o estatuto das *obras audiovisuais* – que, não obstante ficção legal de colaboração na autoria destas, mas, segundo regra que a norma geral do art. 19º/2 CDA* faz aplicável a *todas* as obras colectivas, também a utilização "em separado" de *parte* (no caso, explicitamente da "parte literária e da parte musical") da obra audiovisual não pode comportar *"prejuízo da exploração da obra no seu conjunto"* – cfr. art. 135º *in fine* CDA*. Esta disposição é tanto mais significativa quanto, como veremos também, este limite ocorre naquele caso quando – por presunção que decorre da perfeição do *contrato de produção, ex vi* art. 128º/1 CDA* – já foram concedidas ao *produtor*, um não criador, a globalidade das faculdades inerentes à exploração audiovisual da obra.

entre os ordenamentos estrangeiros compulsados) – deve considerar-se *"ente criador"* ou *simples titular*, originário que seja, do direito de autor nessas obras.

38. Estrutura e natureza da situação jusautoral nas obras colectivas

I – Tendo presente os ordenamentos jurídicos acima confrontados, podem identificar-se os elementos que *estruturam* a situação jurídica que enquadra a obra colectiva. Assim,

A) A obra colectiva é, por natureza e estatuto legal constante, um bem jusautoral autónomo, independente das contribuições criativas individuais que a incorporem/integrem, *i.e.*, as obras que *naquela sejam utilizadas*, quer preexistentes quer criadas para essa utilização na obra colectiva.

B) A obra colectiva não nasce da iniciativa, ainda que concertada, dos sujeitos cujas contribuições criativas a incorporam[360]. Não é,

---

[360] Tal não obsta a que, na obra colectiva possam combinar-se várias situações jurídicas com relevância para o Direito de Autor:
- da *empresa*, titular do direito de autor na obra colectiva como um todo;
- dos *directores/coordenadores* dessa obra a quem seja imputada uma acção criadora, ainda que sejam membros de órgãos da pessoa titular da empresa, como autores vinculados aos *fins* daquela;
- dos *autores de contributos individuais*, titulares de direito de autor relativos às suas criações incorporadas, que – ao contrário do que vimos ocorrer na *obra em colaboração* de que são co-autores – não comungam de quaisquer direitos na obra colectiva como bem jusautoral autónomo;
- a que envolve *estes criadores de contributos incorporados e o(s) titular(es) da empresa*, à qual se vinculam por contrato para criação que determina a titularidade dos direitos nas obras integradas e que, ainda que o direito patrimonial se encontre na titularidade dos criadores individuais, limita o exercício das faculdades de utilização destas;
- eventualmente, também *entre os próprios autores desses contributos*, quando estas obras sejam criadas em colaboração ou incorporadas como obras coligadas.

Verifica-se que LUIZ FRANCISCO REBELLO, *"Introdução ao Direito de Autor"*, vol. I, cit., n.º 32, considera existir «[…] uma procura de um certo equilíbrio [na lei] entre *realidade* [a criação individual, singular ou plural] e a *ficção* [a autoria atribuída a entidade colectiva]» – intercalado nosso. Como expusemos, o problema não se nos coloca nestes termos, já que pouco parece importar, neste domínio, a habitual dicotomia *criação* de pessoa(s)

assim, uma obra de criação plural, mas uma criação singular (e, sobretudo e talvez com maior propriedade, de *autoria singular* individual ou colectiva) que constitui uma situação jurídica complexa, em que se combinam as posições jurídicas dos autores dos contributos individuais – incluída a do director/coordenador da obra –, por um lado e a da entidade titular da obra colectiva, por outro; aqueles não partilham a titularidade do direito de autor na obra colectiva no seu todo.

C) A divulgação ou publicação da obra colectiva "em nome" de uma dada entidade não marca por si só a distinção deste género. Constitui uma presunção legal de autoria, aliás não inovadora face a outras disposições que o estatuem com *carácter geral* (como a do art. 27º/2 CDA*). O art. 19º/1 CDA* – bem como o art. 19º/3, para as *"obras jornalística"* – configuram uma presunção de autoria *da* empresa que coincide com a titularidade originária do direito de autor. Esta presunção admite prova em contrário, nomeadamente quando a verdade material do processo criador de uma obra (presumida) colectiva demonstre a ausência dos pressupostos que caracterizam estas e indique, por exemplo, a *concertação criativa* que apontámos às *obras em colaboração* ou a *mera ligação funcional para uma exploração conjunta* própria da *conexão de obras*.

D) A actividade criativa dos colaboradores individuais – que criem expressamente os seus contributos para a incorporação/utilização na obra colectiva – *é vinculada e dirigida a um fim próprio específico do empreendedor*; é, neste sentido, *uma criação (em cumprimento de dever) funcional*.

E) A ideia de *criação funcional* implica, independentemente dos direitos dos que nela incorporem obras suas sobre a utilização patrimonial destas "em separado", a configuração de um seu *dever de conformação a um fim de utilização patrimonial dessas obras* que

---

física(s) / *criação* de pessoa jurídica – que continua a transparecer também do texto daquele Autor (*ibid.*, pag. 117), em que discorre sobre o estatuto jurídico das *"colaborações individuais nas obras jornalísticas"*. Quanto a nós, ainda que se desse por adquirido que apenas a *titularidade originária do direito*, que não a *autoria,* pertence à empresa, em nenhum momento se põe sequer a hipótese de confundir, com uma ou outra, a autoria ou a titularidade nas contribuições criativas individuais que possam incorporar a obra colectiva.

é próprio da entidade que organiza a obra colectiva (*ex* arts. 19°/2 e 18°/2 CDA*). Os direitos dos colaboradores individuais de obras utilizadas na obra colectiva subordinam-se, assim, à exigência do respeito por uma utilização conforme *ao fim da incorporação*[361/362].

F) O conjunto das características apontadas revela um *princípio de unidade objectiva de exploração da obra colectiva*, que a preserva como unidade patrimonial na titularidade da empresa; esta ideia não é invalidada pela admissibilidade da *utilização em separado dos contributos individuais distinguíveis pelos respectivos autores*, que assim empreendem a exploração económica destas suas obras não enquadrada na da obra colectiva. Estes postulados demonstram-se pela verificação do condicionamento do exercício de faculdades de utilização patrimonial – independente da exploração económica da obra colectiva no seu conjunto – pelos autores das obras incorporadas na obra colectiva, bem como a subordinação dessas utilizações ao não prejuízo da exploração desta como bem jusautoral unitário autónomo.

G) A obra colectiva é um empreendimento da entidade, distinta dos colaboradores[363], que a projecta e planeia e que dirige e organiza a sua criação – e não apenas conjuga as criações individuais que a incorporem. Se houvesse querido conceber-se de outro modo, seria qualificada como obra *em colaboração* (das pessoas dos diversos colaboradores identificáveis, do seu director); se não fosse de verda-

---

[361] Como explicamos no Capítulo – *infra*, n.os 79 a 84 – que dedicamos ao exame da "delimitação *convencional* do conteúdo do direito pessoal de autor", admitimos a verificação de limites ao exercício de direitos pessoais dos colaboradores relativos às obras incorporadas na obra colectiva enquanto parte integrante desta. Reconhecemos, por outro lado e dada a particular natureza e fundamento que aí apontamos a esse feixe de faculdades, ditas "morais" de autor, que a "entidade" (pessoa singular ou meramente jurídica) que organiza, dirige e divulga seja também titular de direitos pessoais *na obra colectiva* (a este propósito, pode confrontar-se a nossa posição, exposta nos n.os *11-II* e 84-II).

[362] Afigura-se-nos também inapropriada – e desnecessária face à construção que formulamos – o recurso à ideia de "cedência implícita de direitos de utilização ao empresário da obra colectiva" construída por parte da doutrina espanhola (veja-se o nosso comentário *supra*, n.º 32).

[363] Distinta dos colaboradores, quer individualmente considerados quer em conjunto; neste sentido, não configura qualquer tipo de *comunhão* ou de *sociedade* que tenham por escopo a criação.

deira autoria que aqui se tratasse, a lei outorgaria ao titular da empresa um (mais um) *direito conexo* – como empreendedor da exploração económica jusautoral de obra alheia –, não um direito de autor.

H) No sentido antes referido, a obra colectiva é uma *obra de empresa*.

II – Em todo o caso e se mais não for dito, afirmar apenas que se está perante *"uma obra de empresa"* pouco ou nada adianta de conclusivo, nem sobre a natureza da obra colectiva nem sequer em benefício das duas questões que, subjacentes à indagação que agora empreendemos sobre este género de obra, nos permitirão estabelecer princípios fundadores para prosseguir o escrutínio de outras modalidades de atribuição *não naturalista* (autor = criador intelectual) da titularidade originária do direito de autor. Referimo-nos *à admissibilidade dogmática da atribuição originária do direito de autor a pessoas meramente jurídicas* e à hipótese de, também no caso das obras colectivas, confrontarmos *a atribuição convencional, neste caso originária, da posição jurídica de autor*. Remetemos a demonstração do último postulado para a conclusão da Parte III, cuidamos daquela já na Secção seguinte.

SÍNTESE EM RECAPITULAÇÃO
Exploração económica da obra colectiva

1. Parece-nos razoável concluir que perpassa por vários dos ordenamentos estrangeiros confrontados o mesmo duplo princípio que encontramos na lei de autor de Portugal:

- salvo convenção em contrário, os criadores dos contributos individuais criados para esse fim conservam a titularidade do direito patrimonial de autor quanto a todas as utilizações "em separado"/independentes da que autorizam ao consentir na utilização de obra sua em obra colectiva; contudo
- essas utilizações não podem nunca realizar-se com prejuízo da exploração da obra colectiva em que inseriram as suas criações.

2. A obra colectiva é, por natureza e estatuto legal constante, um bem jusautoral autónomo, independente das contribuições criativas individuais que a incorporem/integrem.

A obra colectiva não nasce da iniciativa, ainda que concertada, dos sujeitos cujas contribuições criativas a incorporam. Não é, assim, *uma obra de criação plural, mas uma* criação singular (e, sobretudo e talvez com maior propriedade, de *autoria singular* individual ou colectiva) que constitui uma situação jurídica complexa, em que se combinam as posições jurídicas dos autores dos contributos individuais – incluída a do director/coordenador da obra –, por um lado e a da entidade titular da obra colectiva, por outro; aqueles não partilham a titularidade do direito de autor na obra colectiva no seu todo.

3. A divulgação ou publicação da obra colectiva "em nome" de uma dada entidade não marca por si só a distinção deste género. Constitui uma *presunção legal de autoria*, aliás não inovadora face a outras disposições que o estatuem com *carácter geral* (como a do art. 27º/2 CDA*).

4. A actividade criativa dos colaboradores individuais – que criem os seus contributos (logo) para a incorporação/utilização na obra colectiva – *é vinculada e dirigida a um fim próprio específico do empreendedor*; é, neste sentido, *uma criação (em cumprimento de dever) funcional*.

A ideia de *criação funcional* implica, independentemente dos direitos dos que nela incorporem obras suas sobre a utilização patrimonial destas "em separado", a configuração de um seu *dever de conformação a um fim de utilização patrimonial dessas obras* que é próprio da entidade que organiza a obra colectiva (*ex* arts. 19º/2 e 18º/2 CDA*). Os direitos dos colaboradores individuais de obras utilizadas na obra colectiva subordinam-se, assim, à exigência do respeito por uma utilização conforme *ao fim da incorporação*.

5. O conjunto das características apontadas revela um *princípio de unidade objectiva de exploração da obra colectiva*, que a preserva como unidade patrimonial na titularidade da empresa; esta ideia não é invalidada pela admissibilidade da *utilização em separado dos* *contributos individuais distinguíveis pelos respectivos autores*, que assim empreendem a exploração económica destas suas obras não enquadrada na da obra colectiva.

6. A obra colectiva é um empreendimento da entidade, distinta dos colaboradores, que a projecta e planeia e que dirige e organiza a sua criação – e não apenas conjuga as criações individuais que a incorporem. Se houvesse querido conceber-se de outro modo, seria qualificada como obra *em colaboração* (das pessoas dos diversos colaboradores identificáveis, do seu director); se não fosse de verdadeira autoria que aqui se tratasse, a lei outorgaria ao titular da empresa um (mais um) *direito conexo* – como empreendedor da exploração económica jusautoral de obra alheia –, não um direito de autor.

No sentido antes referido, a obra colectiva é uma *obra de empresa*.

SECÇÃO IV
A obra colectiva como "obra (intelectual) de empresa"

39. Síntese dogmática

I – Depois de também confrontadas as múltiplas perspectivas legais, doutrinárias e jurisprudenciais estrangeiras construídas no quadro de ordenamentos de cariz e fundamento muito diversificados, julgamos estar em condições de sintetizar uma perspectiva comum: a tutela jusautoral da obra colectiva não representa uma ficção de autoria de obra intelectual. Pelo contrário, é dificilmente concebível a existência da obra colectiva como bem susceptível de atrair a tutela do direito de autor sem se reunirem as condições materiais em que ocorre a sua exteriorização formal (chame-se-lhe *iniciativa, organização* e, sobretudo, *direcção e enquadramento empresariais*, que *prima facie* são todos factos materiais). Como bem jurídico (também) economicamente relevante que é, não pode conceber-se uma obra colectiva – que ficou claro ser mais do que a simples *"organização, segundo uma estrutura formalmente criativa, de elementos independentes"* (como nas colectâneas) – sem a direcção e enquadramento de uma estrutura organizada em moldes empresariais.

A associação de tal obra à sobredita organização *não é apenas jurídica* – fruto de ficção legal como a que assinalamos em certas obras ditas "em colaboração", sobre as quais tantos legisladores sentenciaram uma paternidade que só eles entendem e que a verdade material do respectivo processo criativo não confirma. Infirma-o, pelo contrário, qualquer exercício conceptual que procure determinar a que "criação pessoal espiritual" pode associar-se, por exemplo, a maior parte dos programas de computador distribuída no mercado: ao engenheiro informático *"A", "B" ou "C"*; a um "grupo de criativos" que os conceberam em colaboração; ao director-coordenador dessa equipa; ao empresário que dita, aconselhado por departamento de "marketing", as modificações que os adaptem às exigências do mercado em concorrência; ou – verdadeiramente – ao colectivo de todos estes que só a organização-empresa, antes de personificar, corporiza? A verdade é que a criação de obras intelectuais "genuinamente colectivas" não consente a imputação de outra autoria que não precisamente a ... *colectiva*, na pessoa de quem decide a sua *expressão formal última*, bem como – consequência inevitável da sua natureza –, por exemplo, o momento da quebra do ineditismo: esta, recorde-se, uma manifestação de *"faculdade pessoal"* que consideramos não ser estranha à *"autoria colectiva"* (cfr. n.ºˢ *11-II* e 84-II). E essa pessoa (porventura meramente jurídica) não é, nas circunstâncias assinaladas, alguém a quem possa (sem esforço imenso de imaginação inventiva) ligar-se qualquer ápice de espiritualidade criativa": tais obras são *naturalmente* destituídas de outra "espiritualidade" que não seja a que as reconhece criativas na inteligência dos que as desfrutam *após* a sua exteriorização formal.

A formação da situação de direito de autor nas obras colectivas, na titularidade de uma organização, não é efeito de acto jurídico constitutivo ou translativo do direito de autor originário, é *consequência natural do próprio processo criativo* que culmina no facto da sua exteriorização (segundo expressão formal criativa).

II – Parece também claro que a direcção do empreendimento de que nasce a obra colectiva tem como cadinho *natural* uma entidade terceira, distinta de cada um (ou do conjunto) dos que para ela contribuem individualmente, criativamente ou não. A este respeito, deve poder ter-se por assente que por mero efeito do *contrato* para criação de obra intelectual que *habitualmente* os vincula à empresa, é frequente que o direito de utilização desses contributos *na (no âmbito da) obra colectiva* se constitua directa e imediatamente na esfera jurídica do titular da empresa que a (à obra colectiva) promove (logo o verificaremos – cfr. *infra*, n.º 41).

III – Se pensarmos em obras colectivas publicadas, o "Herausgeber" alemão, o "direttore dell'opera" italiano ou o "editor" (literário) anglo-saxónico poderão *personificar* a coordenação de que decorre uma – apesar de tudo inconstante, se recordarmos os ordenamentos que confrontámos a este propósito – tendência para os considerar *criadores (factuais) da obra colectiva*. A verdade, porém, é que a generalidade dos ordenamentos compulsados – mesmo os mais persistentemente naturalistas, como o alemão – logo reconhecem o indispensável enquadramento empresarial da sua "intervenção criativa" e admitem que este *"director da obra"* (colectiva)": ou cumula o estatuto de *"dono do empreendimento"/titular da empresa* e é também o verdadeiro e próprio "autor" da obra; ou mantém uma vinculação contratual ao empresário ("Verleger"/"Herr des Unternehmens", "publisher") no âmbito da qual a obra colectiva é criada, de que resulta a atribuição "forçosa" a este do direito de autor[364].

---

[364] Aliás, mesmo o direito alemão – que, subordinado ao *"Schöpferprinzip"* reflectido em interpretação constante da norma do § 7 UrhG alemã*, recusa admitir a autoria por entes meramente jurídicos – confrontou o que alguns Autores designam "Gruppenwerk" ["obra em grupo", numa tradução à letra pouco expressiva], obra criada por vários co-autores sob a direcção de um director/coordenador ["Herausgeber", na expressão original].

Sobre estas escreveu ULMER (já em 1980) – veja-se EUGEN ULMER, *"Urheber – und Verlagsrecht"*, cit., § 34-II, 4, pag. 190: *«face à importância que hoje em dia, é atribuída ao "trabalho em equipa" ["team-arbeit", na expressão original] em obras científicas, na escrita de manuais escolares, obras cartográficas e outras, foi sugerido para a reforma do Direito de Autor, para além do direito em co-autoria, um direito especial de autor na "Gruppenwerk". [...]. Numa obra, por exemplo num manual escolar, criada sob direcção única por um grande número de colaboradores sem que pudesse distinguir-se os seus contributos, segundo a dimensão, importância ou doutra forma, pretendia-se atribuir ao organizador do grupo uma protecção legal em relação à qual os direitos de autor dos colaboradores eram deixados em segundo plano. Do ponto de vista juspolítico, visava-se o objectivo de criar para a editora de manuais escolares ou outro titular do direito de exploração económica da obra* ["Verwerter", segundo caracterização que antes explicámos], *mesmo tratando-se de uma pessoa jurídica, uma posição jurídica que teria prioridade face ao direito de autor dos colaboradores. Contudo, com razão, o legislador não aceitou esta sugestão porque numa "Gruppenwerk" em que os contributos dos colaboradores não podem ser explorados separadamente, pertence aos criadores um direito em co-autoria e o "organizador"* ["organizador do grupo criativo" – "der Organisator der Gruppe", na expressão original que precisamente pretende distinguir esta da figura do "Herausgeber"] *pode adquirir direitos de utilização* ["Nutzungsrechte", segundo caracterização que explicamos adiante] *necessários para a exploração por via contratual»* - intercalados nossos.

Também NORDEMANN (em 1998) – veja-se NORDEMANN, *"Urheberrecht – Kommentar"* (FROMM/NORDEMANN), coordenado por WILHELM NORDEMANN, 9ª ed. cit., em anotação 30, pag. 121, ao § 8 UrhG alemã* – distingue a *obra em colaboração* da que designa "Gruppenwerk", criada por vários co-autores *sob a direcção de um director/coordenador* ("Herausgeber") e recorda: «[...] *empresas editoriais e livreiros alemães tinham*

IV – É, como se sabe, vasta e muito fecunda a elaboração doutrinária em torno do conceito de empresa. Importam à construção que formulamos as concepções que configuram a *"empresa" como realidade independente, organização autónoma colectiva, corpo de interesses que não se confundem com os dos sujeitos que lhe estão ligados.* E neste enunciado congregamos as designadas acepções *subjectiva* e *objectiva* do termo[365]. Como expõe MENEZES CORDEIRO:

exigido o reconhecimento de um "direito de autor" próprio do coordenador de uma obra, devido à sua prestação especial, que é a organização espiritual e a redacção/revisão global ["der geistigen Organisation und Gesamtredaktion des Werkes", na expressão original], *bem como ao aproveitamento comercial dos seus conhecimentos especiais do mercado. Uma tal disposição, no entanto, teria sido incompatível com o princípio do § 7* [da UrhG alemã*] *segundo o qual, apenas podem ser autores os criadores da obra.»* – intercalados nossos.

[365] Como explica ANTÓNIO MENEZES CORDEIRO, *"Manual de Direito Comercial"*, vol. I, cit., § 20º, n.º 90-III/-IV, pags. 234/235: «*III- A imensa versatilidade da empresa torna-a numa locução de uso fácil e apetecido. O Direito português, através de inúmeras leis, reporta-se-lhes em duas acepções:*
 – *subjectiva, quando refere os direitos, os deveres ou os objectivos das empresas;*
 – *objectiva, quando dirige a certas pessoas regras de actuação para com as empresas.*
Na primeira acepção, "empresa" visa designar, em geral, todos os sujeitos produtivamente relevantes: pessoas singulares, sociedades comerciais, sociedades civis, associações, fundações, cooperativas, entidades públicas e organizações de interesses não personificadas. É extremamente útil: evita ao legislador o ter de embrenhar-se em distinções e qualificações de redução impossível e transfere, para o momento da aplicação e à luz da lógica global do sistema, a função de determinar o preciso alcance das normas envolvidas. IV – Na segunda acepção – a objectiva – a empresa tem a vantagem de permitir cominar deveres aos responsáveis por todas as entidades acima referidas, o que seria impensável sem esse apoio linguístico. Ficam envolvidas pessoas singulares (os "empresários individuais"), administradores, gerentes e directores das sociedades comerciais, bem como os seus auxiliares e quadros superiores e ainda, em certos casos, os próprios sócios, quotistas ou accionistas, administradores de associações e os próprios associados, administradores de fundações, administradores de cooperativas e os próprios cooperantes, dirigentes de organismos públicos e contitulares de interesses não personalizados.».
Já JORGE COUTINHO DE ABREU, *"Curso de Direito Comercial"*, vol. I, cit., define: «[...] Diremos então que a empresa ou estabelecimento comercial (em sentido objectivo) é uma *unidade jurídica fundada em organização de meios que constitui um instrumento de exercício relativamente estável e autónomo de uma actividade comercial.»* – *ob.* cit., Parte I, Cap. III-3.1.1.5., pag. 234; e: «[...]. *Tendo em conta quanto se disse, podemos então dizer que* empresa em sentido objectivo é a unidade jurídica fundada em organização de meios que constitui um instrumento de exercício relativamente estável e autónomo de uma actividade de produção para a troca.» – última *ob.* cit., Parte I, Cap. III-3.3., pag. 272.

«*A comercialística de diversos quadrantes aceita hoje que a empresa não é nem pessoa colectiva, nem mero conjunto de elementos materiais. Podemos entendê-la como um conjunto concatenado de meios materiais e humanos, dotados de uma especial organização e de uma direcção, de modo a desenvolver uma actividade segundo regras de racionalidade económica.*»[366].

Importa também à nossa construção a ideia de *comunhão numa acção colectiva que prossegue objectivos próprios*. Desenha-a OLIVEIRA ASCENSÃO: «*I – A empresa tem também sido considerada como instituição. Esta concepção absorve a generalidade dos elementos apresentados pelas restantes e vai além. Para a consideração* institucional [...] *o que é central é o conceito de instituição-coisa: a própria ideia de obra ou de empreendimento, no dizer de Hauriou, que perdura juridicamente no meio social, e a que as pessoas aderem para a realizarem.* [...]. *A empresa supõe um plano para realização de um objectivo – uma ideia de obra – lançada no meio social. Ela unifica contributos materiais e humanos, entre os quais passa a haver uma ordem para a realização do objectivo. O Direito regula a empresa como o* desempenho estável de uma função produtiva, baseado numa organização autónoma. *II – O carácter institucional da empresa vai ainda, em todos os casos, permitir que se demarque, de um interesse subjectivo do titular, movido pelo lucro, um interesse objectivo da empresa.* [...].»[367].

E – acrescentamos – a ideia de "organização autónoma que desenvolve uma acção colectiva e que prossegue objectivos próprios que não se confundem com os dos sujeitos que lhe estão ligados" *é válida independentemente da forma jurídica que assuma*. Ilustra-o COUTINHO DE ABREU: «[...] *É da tradição dizer-se que tal personalidade pressupõe a existência de interesses comuns ou colectivos: estes interesses são condição, se não suficiente, pelo menos necessária para a personalização (a pessoa colectiva é um meio simples e eficaz para prover aos interesses colectivos e – acrescenta-se às vezes – permanentes). Reconhece-se geralmente, por outro lado, que*

---

[366] MENEZES CORDEIRO, *"Manual de Direito Comercial"*, vol. I, cit., § 20°, n.° 90-I, pags. 233/234.

[367] JOSÉ DE OLIVEIRA ASCENSÃO, *"Direito Comercial"*, vol. I, cit., n.° 55-I/-II, pag 147, com intercalados nossos.

é próprio das pessoas colectivas (enquanto unitários sujeitos de direitos e deveres) terem um nome, uma sede, um património autónomo, capacidade de gozo e (através de órgãos) de exercício de direitos; dizendo em outros termos, as pessoas colectivas são organizações juridicamente autónomas: organizações com aparelho orgânico para agirem, organizações que respondem pelos seus actos, organizações dotadas de identidade jurídica própria (nome e sede). Todavia: 1) A existência de interesses comuns ou colectivos não é condição necessária para a personalização: as sociedades unipessoais são (normalmente) pessoas colectivas que visam prover a interesses individuais, privativos dos sócios-únicos (-pessoas humanas; desconsideremos os casos em que os sócios são pessoas colectivas) – maxime interesses relativos à limitação de responsabilidade. 2) Nenhum dos "atributos" referidos é exclusivo das pessoas colectivas.»[368]. E depois: «*Em vez de se ver a sociedade como empresária ou proprietária da empresa, dever-se-ia considerá-la como conjunto de regras e mecanismos destinados a proporcionarem organização jurídica e vida à empresa.*»[369/370].

---

[368] JORGE COUTINHO DE ABREU, "*Da Empresarialidade (As Empresas no Direito)*", Cap. III-2.1.1., pags. 199/200.

[369] Como expõe MENEZES CORDEIRO, "*Manual de Direito Comercial*", vol. I, cit., § 20°, n.° 90-IV/-VI, pags. 235/236: «*IV-* [...] *a "empresa" permite ao legislador determinar medidas em relação às organizações produtivas, sem ter de explicitar tratar-se de conjuntos articulados e dirigidos de meios humanos e materiais.* [...]. *V- Não deve, daqui, inferir-se uma qualquer desvalorização da ideia de empresa.* [...]. *Ela transcende, de resto, o Direito comercial, dada a natureza acidental deste: uma empresa pode visar uma actuação não puramente comercial. Finalmente, verifica-se que qualquer definição de empresa, por bem aprontada que se apresente, lhe retiraria o seu papel de enquadramento, assente, precisamente, numa (certa) indefinição. VI-* [...]. *A empresa, particularmente nas economias abertas do Ocidente, tem toda uma carga valorativa e ideológica. Ela traduz, pelo menos, uma preocupação de uso racional dos meios disponíveis, de modo a minimizar custos e ampliar resultados. E ela implica uma dimensão social e humana já que falar em empresas é referir o elemento pessoal que ela sempre inclui.*» - intercalados nossos.

[370] COUTINHO DE ABREU, "*Da Empresarialidade ...*", cit., Cap. III-2.2.2., pag. 214. O mesmo Autor, última *ob.* e loc. citt., pags. 215-217, assevera: «*Tais formulações têm uma carga sugestiva positiva – lembram a estreita ligação existente entre sociedade e empresa (aquela é em regra constituída para a exploração de uma empresa; estruturas orgânicas de direcção e controlo da primeira são-no também da segunda) –, mas não são inteiramente correctas. Isto, porque (e descontando os casos em que à sociedade não*

Tomamos então a *empresa como núcleo organizativo autónomo de pessoas e bens pelo qual se prossegue uma acção colectiva para um fim unitário e em torno do qual se articulam interesses que,*

corresponde uma empresa: 1) Se pode dizer-se que conteúdo (ou matéria) e forma são dois aspectos de um mesmo fenómeno - sendo o primeiro o "conjunto dos elementos e processos que constituem a base dos objectos e condicionam a existência, o desenvolvimento e a substituição das suas formas", e exprimindo o segundo "o nexo interno e o modo de organização, de interacção dos elementos e processos do fenómeno" –, *então será mais rigoroso ver empresa e sociedade como dois fenómenos distintos, cada um deles com forma e conteúdo próprios. Um conjunto de meios é (tem a "forma" de) empresa porque existem esses meios, e estão organizados ou inter-relacionados de certo modo, com vista à realização de determinado processo produtivo; um conjunto de elementos é (tem a "forma" de) sociedade porque esses elementos estão estruturados de modo adequado à realização de determinado fim através do exercício de certa actividade económica. 2) A sociedade (disciplinada pelo direito societário) é primariamente organização de pessoa(s) (determinação dos direitos e deveres dos sócios, da estrutura orgânico-social, etc.) – embora seja também ordenação patrimonial (fixação da fronteira entre as esferas patrimoniais de sócios e sociedade e das responsabilidades respectivas) e ordenação da empresa (os órgãos sociais determinam a estruturação da empresa, planificam, dirigem e controlam o processo produtivo através dela actuado). Quer dizer, a sociedade é, em alguma medida, organização da empresa – mas não só: é organização que transcende a empresa. Por outro lado, a empresa (no direito das sociedades e não só) é primariamente organização objectivo-instrumental da sociedade – sujeito. 3) Em oposição à ideia da identificação da empresa com a sociedade subjacente àquelas formulações, a ideia da não identidade é confirmada em diversos momentos da vida societária. Assim, por exemplo, o exercício da actividade empresarial para que se constitui a sociedade é normalmente posterior a essa constituição (a sociedade precede a empresa); o património social, mesmo depois de formada a empresa, não tem de esgotar-se nesta (o património da sociedade pode compreender bens e valores não afectados à empresa); a sociedade pode efectuar negócios tendo por objecto a respectiva empresa (vendendo-a, locando-a, etc.); a sociedade pode sobreviver à sua empresa (v.g. em caso de dissolução, a sociedade mantém-se até ao final da liquidação, podendo verificar-se antes desse termo a extinção da empresa), tal como pode extinguir-se antes dela (continuando a empresa na titularidade de outro sujeito).».*

Ou – ainda segundo JORGE COUTINHO DE ABREU, desta feita *in "Curso de Direito Comercial"*, vol. II, cit., Parte II, Cap. I-3., pag. 23: «[…] *c) A sociedade, embora signifique também ordenação da empresa (os órgãos sociais determinam a estruturação da empresa, planificam, dirigem e controlam o processo produtivo através dela actuado), além de ordenação patrimonial (fixação da fronteira entre as esferas patrimoniais de sócio(s) e sociedade e das responsabilidades respectivas), é primariamente organização de sujeitos* […]. *Quer dizer, a sociedade é, em boa medida, organização da empresa (quando exista)* –, *mas não só:* é *organização que transcende a empresa. Por seu lado, a empresa (no direito societário mas não só) é primariamente* organização objectivo-instrumental da sociedade-sujeito, organização normalmente não composta ou integrada pelo(s) sujeito(s) sócio(s). […].» – intercalados nossos.

simultaneamente, congregam e transcendem os dos sujeitos que enquadra e que nela colaboram. É este o "enquadramento empresarial" que apontamos às que designamos *obras colectivas*.

V – Em qualquer dos casos, seja *consequência natural das condições materiais de criação* da obra colectiva que a lei recebe expressamente seja *por efeito de convenção que o estipule*, a "anomalia" nesta sede seria persistir em negar a realidade que evidencia que a obra colectiva não é criação de um sujeito isolado nem de um conjunto mais ou menos articulado de sujeitos, mas o resultado de um empreendimento de cariz empresarial[371]. Se repugna atribuir a autoria de uma obra intelectual a uma *organização personalizada*, então distinga-se criação e autoria e rendamo-nos à evidência de que, pelo menos no caso das obras colectivas, a primeira aparece tão difusa na organização em que se enquadra que ao Direito de Autor só resta reconhecer a autoria da obra colectiva à organização.

Quanto a nós, adoptamos a formulação de FERRARA: *«Não existe dificuldade alguma em admitir que uma pessoa jurídica possa criar uma obra intelectual* ["opera dell'ingegno", no original]; *quando tome a iniciativa, fomente o seu desenvolvimento e dirija a sua execução e publicação* [...]. *A pessoa jurídica é autor da obra que ordenou, porque o trabalho de execução da mesma, interno e anónimo, é uma prestação material posta ao seu serviço e interesse»*[372].

---

[371] Neste sentido, também CARLOS A. BITTAR, *"Direito de Autor na Obra feita sob Encomenda"*, cit., n.º 30, que abona a ideia que desenvolvemos de não se configurar qualquer excepção ao que (se) chama "princípio geral da criação" na atribuição do direito de autor na obra colectiva a terceiro, ainda que uma pessoa jurídica, *"que a dirige, edita e divulga, fundindo-se no conjunto a contribuição de cada elaborador"*. Com efeito – acrescenta este Autor brasileiro, com razão – *«se o terceiro (em geral, uma empresa) tem a iniciativa da obra, dirige a sua realização, oferece os meios materiais para a sua concretização, edita e divulga a obra, com recursos próprios, suportando os riscos da produção, ele – e não os elaboradores – é o criador da obra»*.

Já não acompanhamos BITTAR, quando, do passo seguinte, parece acrescentar como *condição* de afirmação do postulado anterior que *«se não individualizem as contribuições de cada elaborador»*, salvo se esta expressão for interpretada como menção aos que *dirigem pessoal e fisicamente* a obra colectiva, o que até poderia confirmar-se pela afirmação, pelo mesmo Autor (*ob.* e loc. citt., pag. 80), de que o seu entendimento é conforme *«à própria natureza destas entidades de direito (pessoas jurídicas), que participam dos actos da vida civil, sendo representadas, em sua exteriorização por pessoas naturais»*.

[372] FRANCESCO FERRARA, *"Teoria de las Personas Jurídicas"*, tradução espanhola, cit., n.º 117, pags. 789/790, com intercalado nosso.

SÍNTESE EM RECAPITULAÇÃO
A obra colectiva como "obra (intelectual) de empresa"

1. A protecção jusautoral da obra colectiva não representa uma ficção de autoria de obra intelectual. Pelo contrário, é dificilmente concebível a existência da obra colectiva como bem susceptível de atrair a tutela do direito de autor sem se reunirem as condições materiais em que ocorre a sua exteriorização formal (chame-se-lhe *iniciativa, organização* e, sobretudo, *direcção e enquadramento empresariais*, que *prima facie* são todos factos materiais).

2. A formação da situação de direito de autor nas obras colectivas, na titularidade de uma organização, não é efeito de acto jurídico constitutivo ou translativo do direito de autor originário, é consequência natural do próprio processo criativo que culmina no facto da sua exteriorização (segundo expressão formal criativa).

3. Tomamos então a *empresa como núcleo organizativo autónomo de pessoas e bens pelo qual se prossegue uma acção colectiva para um fim unitário e em torno do qual se articulam interesses que, simultaneamente, congregam e transcendem os dos sujeitos que enquadra e que nela colaboram.* É este o "enquadramento empresarial" que apontamos às designadas *obras colectivas.*

Em qualquer dos casos, seja *consequência natural das condições materiais de criação* da obra colectiva que a lei recebe expressamente seja *por efeito de convenção que o estipule*, a "anomalia" nesta sede seria persistir em negar a realidade que evidencia que a obra colectiva não é fruto da criação de um sujeito isolado nem da colaboração em concertação criativa, mas o resultado de um empreendimento de cariz empresarial. Se repugna atribuir a autoria de uma obra intelectual a uma *organização personalizada*, então distinga-se criação e autoria e rendamo-nos à evidência de que, pelo menos no caso das obras colectivas, a primeira aparece tão difusa na organização em que se enquadra que ao Direito de Autor só resta reconhecer a autoria da obra colectiva à organização.

PARTE III

A CONFORMAÇÃO VOLUNTÁRIA DA SITUAÇÃO JURÍDICA PRIMORDIAL DE DIREITO DE AUTOR

CAPÍTULO I
A criação "em cumprimento de dever funcional" – noção e modelos

SECÇÃO I
A noção e o conceito básicos

40. A "criação em cumprimento de dever funcional" (o art. 14º/1 CDA*) – caracterização geral

I – O Código de Direito de Autor e dos Direitos Conexos de Portugal (CDA*) estabelece, no n.º 1 do seu art. 14º, que «*a titularidade do direito de autor relativo a obra feita por encomenda ou por conta de outrem, [...], determina-se de acordo com o que tiver sido convencionado.*». O mesmo preceito legal adianta ao que refere: «*obra* ["feita por encomenda ou por conta de outrem"] *em cumprimento de dever funcional ou de contrato de trabalho*»[373].

Julgamos poder sintetizar em três ideias-chave – que testaremos doravante – a caracterização do que seja "*criação (em cumprimento de dever) funcional*":

---

[373] Analisamos depois (cfr. n.º 41) o regime *especial*, ressalvado na parte inicial do art. 14º/1 CDA*, relativo ao regime das "obras jornalísticas" consagrado nos arts. 173º a 175º, que aqui relevaria (também especialmente) nas criadas *em cumprimento de contrato de trabalho* (cfr. art. 174º CDA*). Fazemos outro tanto quando cuidamos do regime das "obras fotográficas criadas em execução de *contrato*", visto o regime fixado pelo art. 165º/2 CDA* (cfr. *infra*, n.º 48).

- *a actividade do que cria em cumprimento de dever funcional é vinculada e dirigida à realização de um fim alheio ao que cria*, o daquele *para quem*/"por conta de quem" a obra é criada (eventualmente em execução de contrato com esse objecto);
- *a criação em cumprimento de dever funcional implica* – se e só se convencionada – *a atribuição de faculdades de utilização da obra àquele para quem a obra é criada* (se for o caso, aquele que contrata a sua criação);
- *a utilização da obra criada em cumprimento de dever funcional está subordinada aos fins na base do acto* (um contrato, eventualmente) *que vincula à sua criação; esta limitação finalista* – consequência da atribuição de faculdades jusautorais "em cumprimento de dever funcional" – *atinge tanto a utilização da obra pelo que a cria como a daquele para quem*/"por conta de quem" *a obra é criada*.

Dever-se-á então entender que o conceito "criação em cumprimento de dever funcional" esgota o leque de situações previstas no art. 14º/1 CDA*? Define-se, aqui assim, todo o regime-regra quanto à atribuição originária de faculdades jusautorais a entidade diversa do autor? É então supérflua a especificação («..., *quer em cumprimento de dever funcional quer de contrato de trabalho*, [...]»)? É aparente que o preceito citado aponta um regime comum quanto às *condições de atribuição do direito de autor*[374].

---

[374] Tal parece transparecer, nomeadamente, dos escritos de OLIVEIRA ASCENSÃO, *"Direito Civil – Direito de Autor e Direitos Conexos"*, cit., n.º 91-I, pags. 141/142: «*O funcionário público escreve o que será o relatório de um plano de fomento; o empregado de uma empresa de publicidade realiza filmes para uma campanha publicitária; uma fundação cultural encomenda a um historiador uma crónica do período das descobertas. Fala-se genericamente em obra de encomenda para designar, de maneira abreviada, embora imprópria, estas modalidades.*»; e, depois (*ob.* cit., n.º 91-II, pag. 142): «*Não havendo disposição especial, cai-se no regime dos arts. 14º e 15º. Prevê-se aqui a criação feita por empreitada ou por efeito de outro contrato de prestação de serviços.*». Assim também LUIZ FRANCISCO REBELLO, *"Introdução ao Direito de Autor"*, vol. I, cit., n.º 28, 1. pag. 105: («... *a titularidade do direito de autor pode ser atribuída a uma entidade diversa por força da própria lei* ["entidade diversa" do autor-criador, entenda-se, sendo que também cumprirá o exame sobre a *fonte* desta atribuição]. *É o que acontece nos "casos excepcionais"* – [...] – *a que alude o artigo 14º do Código* [CDA*], *e que se verificam*

II – Adiantamos uma noção operativa (geral) de criação em cumprimento de dever funcional: é *aquela que, vinculada e dirigida à satisfação de um interesse alheio ao autor-criador, pode também configurar, por efeito de contrato celebrado entre autor e comitente, a atribuição de faculdades de direito de autor a outrem, aos fins do qual se subordina a utilização da obra assim criada*[375/376].

---

quando uma obra literária ou artística é feita "por encomenda ou por conta de outrem, quer em cumprimento de dever funcional, quer de contrato de trabalho".» – intercalados nossos.

Já ANTÓNIO DE MACEDO VITORINO, *"A eficácia dos contratos de direito de autor"*, cit., § 6º-I, pag. 90, parece subsumi-los a um "género" comum" (sob epígrafe *"encomenda"*): «*As regras dos números 1, 2 e 3 do art. 14º [CDA*] determinam o critério interpretativo que devemos seguir. [...]. A primeira regra estabelece a necessidade de que o fim do contrato de encomenda, quer se trate de uma empreitada, de um contrato [de] prestação de serviço ou de um contrato de trabalho, seja a constituição de um direito [...]*» - intercalados nossos. O mesmo Autor distingue depois o que chama *"tipos contratuais de base"* (ob. cit., § 6º-II, pag. 92): «*A análise dos contratos de encomenda mostra-nos que estes se hão-de reconduzir sempre a um de três tipos civis: a) ao contrato de prestação de serviço; b) ao contrato de empreitada; ou c) a um contrato de trabalho.*».

[375] Poderíamos – em termos gerais - identificá-la como "criação (de obra intelectual) induzida (por terceiro)": *a que é resultado de uma acção combinada de um ou mais sujeitos e de uma entidade jurídica terceira que enquadra essa acção, não apenas materialmente (quer através de directrizes ou verdadeira direcção patronal respeitantes ao desenvolvimento do processo criativo e do seu resultado, quer pela disponibilização do substracto organizacional necessário à sua produção), mas, sobretudo, como função juridicamente relevante (como a realização de uma prestação debitória ou o desenvolvimento de actividade empresarial-societária) para um fim de utilização que transcende o que, normalmente, seria próprio do criador da obra e que, neste caso, é o dessa entidade que empreende e organiza a actividade daquele.* Este conceito – a que recorremos noutros escritos – parece-nos agora desnecessário à caracterização da *criação funcional.*

[376] Parece-nos assim desnecessária – como os próprios termos em que é formulada evidenciam – a distinção contida em ACÓRDÃO DO SUPREMO TRIBUNAL DE JUSTIÇA, de 11-2-2003, in Col.Jur.*, t. I-S.T.J. (2003), pags. 93 ss. (*maxime* pags. 94/95), de que é Relator AZEVEDO RAMOS: «*[...], se a obra foi realizada por encomenda, o direito de autor pertence ao seu criador intelectual, a não ser que tenha sido estabelecida convenção em sentido contrário. Se a obra foi feita por conta de outrem, há que distinguir duas situações: – na falta de convenção em contrário, é de presumir que o direito de autor cabe ao criador intelectual – art. 14º, n.º 2; – se o nome do criador não for mencionado na obra, nem figurar no local destinado para o efeito, [...], é de presumir que o direito de autor fica a pertencer à entidade por conta de quem a obra é feita – art. 14º, n.º 3.*» - intercalado nosso.

Ora, é o mesmo douto ACÓRDÃO (*ibidem*, pag. 94) que esclarece – bem – imediatamente antes, sem distinguir: «*Sendo a obra feita por encomenda ou por conta de outrem, quer em cumprimento de dever funcional, quer por contrato de trabalho, a titularidade do direito de autor define-se em função do que tiver sido acordado.*».

Decompondo a noção, na criação em cumprimento de dever funcional:

a) verifica-se que a acção criadora é vinculada ao cumprimento de uma obrigação – que compreende a realização de prestações criativas;
b) a realização do interesse do credor implica, normalmente também, que a este se atribuam faculdades de utilização da obra intelectual assim criada – esta atribuição pode ser efeito de contrato anterior à criação que o estipule;
c) tal atribuição subordina a utilização da obra, desde o momento da sua exteriorização formal/constituição do direito de autor, aos fins pré-determinados de utilização pelo autor e pelo credor da prestação criativa.

Em suma confirma-se, como antes anunciáramos ser provável (cfr. *supra*, n.º 1), que o facto jurídico que consiste na criação exteriorizada em obra intelectual com expressão formal criativa pode ser, então, também acção: *assim será em todos os casos em que o autor cria uma obra intelectual para um fim de utilização por outrem.*

III – Chegamos assim a um princípio em demarcação da figura, mas ainda pouco preciso nos seus contornos. Ficam por esclarecer aspectos não despiciendos, nomeadamente:

a) se aquela obrigação tem necessariamente origem contratual e, se assim for (ou se assim for também), se quadra um ou mais *tipos contratuais* familiares;
b) se se confirmar que tem origem contratual, *qual o* conteúdo desse contrato[377];

Logo veremos (*infra, maxime* n.º 75) se aproveitamos a interpretação restritiva do n.º 3 do citado art. 14º CDA*, que parece resumir a presunção nele contida aos casos em que a obra seja criada "*por conta de outrem*" – e não quando "*por encomenda*".

[377] Recorremos à noção de "conteúdo do contrato" apresentada por Inocêncio Galvão Telles, *"Manual dos Contratos em Geral"*, 4ª ed. cit., n.º 130, pag. 253, que o descreve como: «... *o seu* âmago, *a* regulamentação de interesses formulada pelas partes *em posição de autonomia*. Constituem-no as *cláusulas contratuais*.», para logo esclarecer (*ibidem*) que cuida dos "elementos do *acordo*".

c) se o objecto *da obrigação é exactamente a criação de obra(s) intelectual(is)*;
d) qual a natureza e efeitos *da atribuição de faculdades a um não autor*.

Orientamos doravante a nossa pesquisa em busca do esclarecimento de cada um destes problemas.

Passamos a examinar *modelos* que dão substância à ideia de criação funcional.

SÍNTESE EM RECAPITULAÇÃO

Criação em cumprimento de dever funcional
– a noção e o conceito básicos

Julgamos poder sintetizar em três ideias-chave a caracterização do que seja "*criação (em cumprimento de dever) funcional*":

- *a actividade do que cria em cumprimento de dever funcional é vinculada e dirigida à realização de um fim alheio ao que cria*, o daquele *para quem*/"por conta de quem" a obra é criada (eventualmente em execução de contrato com esse objecto);
- *a criação em cumprimento de dever funcional implica* – se (e só se) convencionada – *a atribuição de faculdades de utilização da obra àquele para quem a obra é criada* (se for o caso, aquele que contrata a sua criação);
- *a utilização da obra criada em cumprimento de dever funcional está subordinada aos fins na base do acto* (um contrato, eventualmente) *que vincula à sua criação*; *esta limitação finalista* – consequência da atribuição de faculdades jusautorais "em cumprimento de dever funcional" – *atinge tanto a utilização da obra pelo que a cria como a daquele para quem*/"por conta de quem" *a obra é criada*.

SECÇÃO II

O concurso criativo sob enquadramento empresarial – os *contributos criativos para obra colectiva*

41. **O concurso criativo em realização de obra colectiva como modelo de criação em cumprimento de dever funcional – titularidade do direito de autor nos contributos integrados (em exemplo: a utilização de obras discrimináveis em publicações periódicas)**

I – Vimos já que, sob pena de indevida desconsideração de importantes situações jusautorais – quiçá até as mais relevantes sob perspectiva económica e social hodierna –, o direito de autor não aparece sempre formado originariamente na titularidade de uma pessoa física individualizada. Evidenciam-no as situações em que, concebida a obra num cadinho organizacional, a sua exteriorização em forma inteligível só permite associá-la/imputar a sua autoria à dita organização/empresa.

Como escrevemos acima, nas obras colectivas: *a formação da situação de direito de autor na titularidade de uma organização não é efeito de facto voluntário constitutivo ou translativo do direito de autor, é consequência natural do próprio processo criativo que culmina no facto da sua exteriorização (segundo expressão formal criativa).*

Em busca da *fonte* de atribuição de faculdades de direito de autor nas obras colectivas, já antes observámos que deverá distinguir-se o direito de autor na obra colectiva e o direito nos contributos que integram; quanto a estes últimos, esclareça-se que referimos os contributos criativos *individualizáveis* (como criação de uma ou mais pessoas[378]) e objectivamente *discrimináveis* (como obras autónomas), não a acção ou conjugação de acções (ainda que discrimináveis e individualizáveis) que concorrem para a formalização da obra colectiva como objecto autónomo unitário.

II – Como dissemos, na obra colectiva, objecto autónomo de direitos, *o direito de autor constitui-se na esfera jurídica do titular da empresa* porque esta dirige e organiza uma *obra intelectual autónoma* da qual a lei a diz "autora" em menagem à verdade material do processo criativo: a titularidade originária do direito de autor na obra colectiva é da empresa, porque é de uma empresa que a obra nasce com desvanecimento de individualidades humanas no complexo organizacional[379]; e a investidura nesta titularidade originária é *feito da lei* que atende às condições materiais de criação da obra, *não de contrato*.

Por outro lado, até porque os esforços que se conjugam na realização da obra colectiva podem não revestir qualquer criatividade, não tem cabimento qualquer analogia com o que veremos ocorrer quando a *obra em colaboração é divulgada em nome de apenas alguns dos colaboradores com renúncia dos demais ao exercício do direito de autor* (cfr. *infra*, n.º 77-III): na obra colectiva, encontramos uma verdadeira e própria *autoria da empresa*, em que – em obediência ao "*princípio de coincidência autoria/titularidade originária*" antes enunciado (cfr. n.º 18-II, *supra*) – tal autoria coincide na pessoa da entidade titular originária do direito. E o enunciado deste princípio nada mais é do que o corolário da demonstração da validade da nossa proposição segundo a qual: *se a criação de obra intelectual é sempre espiritual – logo humana –, a autoria não o é* (porque materialmente indeterminável em certos casos, noutros porque tal negaria a verdade do processo criativo, em ambos porque *a lei* assim o estabelece). Assim, autoria e titularidade originária coincidem, *em princípio*, (também) porque "autoria" e "criação de obra intelectual" não são sinónimos.

---

[378] Como bem se terá já depreendido em análise anterior da figura, nada impede que os contributos criativos individuais (melhor se diria, *individualizáveis*) possam ser criados "*em colaboração*" ou até mesmo constituírem eles próprios uma *obra colectiva*: na verdade, nada obsta a que se configure ("individualize") um *contributo em colaboração para uma obra colectiva* ou um *contributo colectivo* (obra colectiva) *para uma* (outra) *obra colectiva*.

III – No que respeita aos contributos criativos discrimináveis *para uma obra colectiva* – aqueles que permitem a individualização de autoria e que são (materialmente) susceptíveis de utilização "em separado" (*i.e.*, autónoma da exploração da obra colectiva), verificamos que a formação do direito de autor segue, no essencial, as regras que identificamos aplicáveis à *"criação em cumprimento de dever funcional"* com uma especialidade.

Procuremos demonstrá-lo pelo exame de casos simples.

1) Suponhamos que o autor de contributo criativo individualizável, integrado em obra colectiva, o *criou independentemente dessa utilização particular*: não há (não houve) aqui, evidentemente, *criação* funcional.

Se o autor de uma banda desenhada, porventura até já editada em livro, autoriza a sua publicação em jornal ou revista, fraccionada ao ritmo da edição periódica destes, deve entender-se que, por efeito desta autorização, o autor:

– *conserva o direito na sua obra*, quer mencione ou não a sua autoria, salvo convenção em contrário (art. 173º/1 CDA*)[380];

---

[379] Na expressiva formulação de OLIVEIRA ASCENSÃO, *"Direito Civil – Direito de Autor e Direitos Conexos"*, cit., n.º 78-I, pag. 124: «*Obra colectiva é a que resulta de uma empresa.*»; e depois (n.º 78-II, pag. 125): «*O jornal* [presuntiva obra colectiva] *é uma unidade, mas as pessoas apagam-se perante a empresa que está na sua origem.*» – intercalado nosso. Também LUIZ FRANCISCO REBELLO, *"Introdução ao Direito de Autor"*, vol. I, cit., n.º 32, pag. 117: «[…] *bem pode acontecer – e, na prática, assim acontece – que o organizador e director da obra colectiva, titular do direito de autor sobre esta, não participe criativamente (no sentido rigoroso da expressão) na sua feitura. Quando tal se verifique – e, por maioria de razão, quando a iniciativa da obra pertença a uma pessoa colectiva,* […] *– é evidente o afastamento da noção clássica de autoria, só imputável a uma pessoa física,* […]» – intercalado nosso.

[380] A propósito do art. 173º/1 CDA*, OLIVEIRA ASCENSÃO, *"Direito Civil – Direito de Autor e Direitos Conexos"*, cit., n.º 370-II, pag. 537, caracteriza esta como *"obra de autor independente"*, em que *"o direito de autor pertence ao criador intelectual"*. E acrescenta: «*A consequência é a de que só ao criador intelectual cabe o direito de fazer ou autorizar a publicação em separado ou em publicação congénere. Mas admite-se convenção escrita em contrário.*». Já não acompanhamos a posição deste Autor, quando afirma (*ibidem*) que: «*Isto acontece quer o artigo esteja ou não assinado.*», uma vez que, tratando-se de criação "para outrem" deverá seguir-se, como quanto ao demais, a regra geral contida no art. 14º/3 CDA*.

– atribui a faculdade de utilização da sua obra (a dita "banda desenhada"), enquanto parte integrante da publicação periódica, ao titular do direito na obra colectiva (art. 173º/2 CDA*); e
– deverá conformar utilizações subsequentes da mesma aos fins da utilização autorizada ao titular do direito de autor no jornal ou revista (por aplicação da regra geral do art. 18º/2 *ex vi* art. 19º/2 e /3 CDA*)[381].

Esta é uma atribuição *finalista* de direito de autor, uma vez que:

– *compreende todas as faculdades de utilização inerentes (e limitadas) à finalidade da autorização concedida* – quer as explicitamente atribuídas quer as que se deduzam essenciais aos fins da exploração autorizada;
– tem *efeito limitado aos fins desse acto de atribuição*;
– outrossim *limita a utilização ulterior da obra pelo concedente ao não prejuízo da realização dos fins visados com a atribuição*[382].

Mas não representa uma aquisição *originária* de faculdades jusautorais. Não há *criação* funcional.

2) Vejamos agora como se configura a situação jusautoral se o autor de contributo criativo individualizável, integrado em obra colectiva, o *criou expressamente para essa utilização particular*.

Se o autor de uma crónica a cria, em execução de contrato de trabalho, para ilustrar uma reportagem sobre tema dado, de acordo com as indicações do titular de um jornal ou outra publicação periódica que o emprega como trabalhador, evidencia-se uma particularidade importante – com especialidade de regime também prevista na parte inicial do art. 14º/1 CDA* que salvaguarda a aplicação do art.

---

[381] Tem aqui plena aplicação o que enunciámos como "*princípio da unidade de exploração da obra colectiva*" – cfr. *supra*, n.ºˢ 23, 26 e 37.

[382] Os princípios ligados à "*atribuição finalista* ou *disposição funcional* de faculdades de direito de autor", inspirados na "Zweckübertragungstheorie".

A sua *aplicação geral* à atribuição de faculdades jusautorais é sustentada e explicada por OLIVEIRA ASCENSÃO, "*Direito Civil – Direito de Autor e Direitos Conexos*", cit., n.º 293, pags. 432-434. Antevemo-los, como no caso ilustrado, como *princípios gerais na atribuição de faculdades de direito de autor* – logo verificaremos o seu alcance *em tese geral* (cfr. n.ºˢ 75 e 85, *infra*).

174º do mesmo Código: a obra é criada *em execução de contrato*, mas é também *logo criada para utilização em obra colectiva* ("jornal ou outra publicação periódica)[383]. Poderá distinguir-se:

a) Se a obra (a referida "crónica escrita para um jornal por um trabalhador") tivesse sido criada "para outrem" (em cumprimento de contrato), ainda que um jornal ou outra publicação periódica (presumidos *obras colectivas*, nos termos do art. 19º/3 CDA*), mas *sem enquadramento empresarial*:
  – não se negaria que o fora *"em cumprimento de dever funcional"* – e encontramos o *"fattispecie" comum* da atribuição de faculdades de direito de autor de *toda* a criação "por conta de outrem" (segundo a regra geral do art. 14º/1);
  – para que se verificasse a *atribuição do direito de autor ao empregador* exigir-se-ia *convenção específica* que determinasse tal atribuição – e encontramos agora a *regra geral* para a atribuição de faculdades de direito de autor em *toda* a criação "por conta de outrem" (nos termos expressos do arts. 14º/2 e 174º/1 e /2 CDA*);
  – a *falta da menção que identifica a autoria individual* deixa *presumir essa atribuição* – e descobrimos mais uma *regra geral* aplicável a *toda* a criação "por conta de outrem" (nos termos do art. 14º/3 CDA*)[384].

---

[383] OLIVEIRA ASCENSÃO, *"Direito Civil - Direito de Autor e Direitos Conexos"*, cit., n.º 370-II, pag. 537, regista o carácter mais amplo da epígrafe do art. 174º CDA* («*Trabalhos jornalísticos por conta de outrem*») do que o da previsão normativa «[...*trabalho jornalístico produzido em cumprimento de um contrato de trabalho*...]». Pensamos que o legislador refere toda e qualquer obra jornalística criada "por conta de outrem" – com ressalva das *obras fotográficas* em que a lei inverte a presunção de titularidade do direito de autor (cfr. art. 165º/2 CDA* e o nosso comentário a propósito no n.º 48) –, desde que tal criação se realize no âmbito de contrato que vincule à realização da prestação criativa sob direcção alheia.

[384] Disposição sobre a qual, MACEDO VITORINO, *"A eficácia dos contratos de direito de autor"*, cit., § 6º-III, pag. 97, comenta: «*O critério legal assenta na presunção que infere da menção do nome a intenção de atribuir o direito ao autor (cf. os arts. 14º/3 e 174º/1).* [...] *as duas reproduzem a mesma asserção e estabelecem a mesma presunção. A razão destas presunções cede, porém, perante a convenção das partes porque sobre elas predomina o princípio da autonomia contratual, fixado para todas as formas de encomenda na primeira regra do art. 14º.*» – intercalado nosso. Verificamos esta doutrina em tese geral conclusiva, *infra*, n.º 75.

Aplicar-se-ia também a regra geral do art. 14º: a *delimitação dos fins da utilização* – quer pelo autor-criador (nomeadamente quanto à utilização do seu contributo criativo "em separado", independente da exploração da obra jornalística), quer pelo beneficiário da atribuição – teria de deduzir-se da mesma convenção que operou a atribuição de faculdades jusautorais, nos termos expressos dos arts. 14º/4 e 15º CDA*, conforme melhor se explicará adiante (cfr. n.ºs 75 e 85).

b) Por outro lado, se a obra houvesse sido "criada para outrem" (também em cumprimento de contrato, mesmo que contrato de trabalho), mas *sob égide de uma organização*:
– dir-se-ia também criada *"em cumprimento de dever funcional"*, vista a caracterização do "fattispecie";
– a *atribuição do direito de autor ao titular da empresa* exigiria ainda *convenção específica* que a determinasse – nos termos do art. 174º/1 CDA*, que manifestamente não consagra excepção em relação ao disposto no art. 14º, porquanto não deixa de estabelecer, em conjugação com o art. 174º/4, que a presunção da atribuição de faculdades de utilização ao empresário-empregador, em consequência da falta de menção da designação de autoria, pode ser contrariada por convenção;
– a *falta da menção que identifica a autoria individual* continuaria a deixar *presumir a atribuição de faculdades jusautorais ao empresário-empregador* – nos termos do art. 174º/4 CDA*.

A diferença reside em que, se o autor realizar a obra no quadro dessa organização empresarial, *tal facto delimita, por si só, os fins da utilização ulterior da obra*, porquanto subordina a sua utilização ao "princípio da unidade de exploração da obra colectiva no seu todo" (como resulta do 174º/2). Mas tal não constitui mais do que a aplicação – "particularizada", *visto o fim de incorporação em obra colectiva* – da regra interpretativa comum a toda a atribuição finalista/disposição funcional. E esta é, neste caso, a única *especialidade* em relação ao regime-regra do art. 14º CDA*.

IV – Nos termos expostos, concluímos que a criação de obra individualizável e discriminável ("para outrem"), *ainda que se realize para fins de integração em obra colectiva*:

a) faz depender a atribuição de faculdades de utilização de convenção *específica* que a determine;
b) deixa *presumir*, da falta de menção de designação que identifique a autoria (individual), a *vontade de atribuição* daquelas faculdades à entidade a quem é imputada a autoria da (e a titularidade originária do direito de autor na) obra colectiva;
c) a *utilização* independente de cada contributo incorporado está *subordinada ao não prejuízo pela exploração económica da obra colectiva*;
d) a única "particularidade" reside no facto de *os fins da utilização da obra individualizável e discriminável estarem pré-definidos pelo fim de exploração da obra colectiva no seu todo*.

Partilha, nesta medida da *característica comum a toda a criação* (em cumprimento de dever) *funcional*.

SUBSECÇÃO I

Em particular – o contrato *para criação publicitária*

42. A mensagem publicitária como contributo criativo para obra colectiva

I – A "actividade publicitária" compreende, nos termos da lei, «*o conjunto de operações relacionadas com a difusão de uma mensagem publicitária, incluindo as relações* [...] *daí emergentes entre anunciantes, profissionais, agências de publicidade e entidades que explorem os suportes publicitários*» – art. 4º/1 C.Publ.*. Define-se depois "anunciante", «*a pessoa singular ou colectiva no interesse de quem se realiza a publicidade*» – art. 5º-a) C.Publ.*; e "profissional ou agência de publicidade", «*a pessoa singular que exerce a activi-*

dade publicitária ou a pessoa colectiva que tenha por objecto exclusivo o exercício da actividade publicitária» - art. 5º-b) C.Publ.*[385/386]*.

À primeira vista, será entre estes sujeitos que se estruturarão as situações jurídicas com relevância na atribuição de direitos de autor: os *anunciantes*, como comitentes, contratam a criação publicitária[387]; as *agências* (empresas) publicitárias enquadram essa criação. Por outro lado, no que à atribuição do direito de autor respeita, interessarão também as relações entre *agências de publicidade* e os criadores (individuais) da "mensagem publicitária" – que a lei nunca define, embora os mencione de forma incidental, como veremos.

---

[385] FERREIRA DE ALMEIDA (CARLOS FERREIRA DE ALMEIDA, *"Conceito de publicidade"*, cit., n.º 10., pag. 133, em definição que retoma em *"Contratos de Publicidade"*, cit., I-1., pag. 281) define "publicidade" como «*toda a acção ("informação promocional") dirigida ao público, com o objectivo de promover, directa ou indirectamente, produtos, serviços ou uma actividade económica*». Salienta como elementos estruturantes desta noção: «a) *o "conteúdo informativo" da mensagem publicitária*; b) *a "criação" de uma ideia promocional*; c) *a "destinação" pública* [para "um conjunto indeterminado/relativamente indiferenciado de pessoas"]; d) *o "sujeito", qualquer pessoa no exercício de uma actividade económica*; e) *o "canal" que expressa aquele conteúdo com aquele efeito*» (FERREIRA DE ALMEIDA, *"Conceito de publicidade"*, cit., ibidem, com intercalados nossos).

[386] FERREIRA DE ALMEIDA, *"Relevância Contratual da Mensagem Publicitária"*, cit., I (pags. 10/11 e 12) e III (pags. 24/25), admite poder relevar também da *mensagem publicitária* o valor jurídico de uma proposta contratual – nomeadamente o de «*veículo de propostas contratuais eficazes [...], em que, expressa ou tacitamente, se identifica o contraente-fornecedor, se selecciona o tipo contratual, se descreve o objecto,* [caso em que serão] *até o meio mais apropriado para emitir propostas contratuais dirigidas ao público*»; e continua: «*As mensagens publicitárias emitidas por iniciativa de quem esteja em situação de ser parte nos contratos que promove são tendencialmente cláusulas contratuais gerais lícitas, susceptíveis de inserção em contratos singulares [...]*» - intercalados nossos.

Não cabe evidentemente aqui o comentário a esta caracterização. Não é, no que respeita ao que agora nos ocupa, o *"valor (como proposta contratual) da mensagem publicitária"* que nos interessa, mas a sua *estrutura formal potencialmente revestida de criatividade* que a faça merecedora da tutela jusautoral. Nesta medida, ela representa, já não uma possível predisposição de condições contratuais gerais ou a manifestação de uma vontade contratual dirigida a sujeitos determinados, mas o *objecto* autónomo de contratos (como os que estipulam a sua criação ou produção). Afirmar que, nestes casos, o verdadeiro objecto dos contrato de direito de autor é a *"obra intelectual*-que-a-mensagem-publicitária--pode-conter", afigura-se-nos um mero exercício semântico em torno das relações entre conteúdo e continente, que nos parece de pouco sentido e nenhuma utilidade para esclarecer o significado jusautoral destes objectos.

II – Para completar o quadro da longa nomenclatura legal, deve acrescentar-se que a *"publicidade"* é designada como «*qualquer forma de comunicação feita por entidades* [...], *no âmbito de uma actividade comercial, industrial, artesanal ou liberal, com o objectivo de promover bens, serviços, ideias, princípios, iniciativas ou instituições*» – art. 3º/1 C.Publ.*. Detemo-nos a considerar que, "para os efeitos do citado diploma legal" [*sic*, no texto original da lei], a publicidade é fundamentalmente encarada como uma actividade empresarial – ainda que desenvolvida por pessoas singulares, uma vez que a lei parece apenas prever o seu exercício "profissional" –, logo propícia ao enquadramento do que temos designado *criações (funcionais) para uma organização/empresa*. Por outro lado, a multifacetada natureza dos *meios* que veiculam os objectos publicitários deixa antever a possibilidade de compreender uma pluralidade de *objectos criativos* (escritos, desenhos, gravuras, sons, imagens fotográficas ou cinéticas, *etc*.), pelo que os requisitos de protecção das prováveis "obras publicitárias" são comuns aos de praticamente *todos e cada um* dos géneros previstos no art. 2º CDA*[388].

---

[387] O ACÓRDÃO DO SUPREMO TRIBUNAL DE JUSTIÇA, de 7-7-1999, in Col.Jur.*, t. III-S.T.J. (1999), pags. 23 ss. (*maxime* pag. 24), que tem como Relator FERNANDES DE MAGALHÃES, aprecia incidentalmente a posição jurídica do *anunciante* no fenómeno jurídico publicitário e considera – quanto a nós, bem –, a propósito da responsabilidade civil deste sujeito por mensagens publicitárias ilícitas: «[...], *há que ter em conta que o aludido art. 30º* [do C.Publ.*] *estabelece tão-só como facto gerador da responsabilidade típica no âmbito da actividade publicitária apenas a difusão de mensagens publicitárias que sejam em si mesmas ilícitas,* [...]». E continua (*ibidem*), agora no que mais nos interessa: «*Nesta perspectiva, e tão somente nela, se compreende que a lei a todos responsabilize solidariamente pelos prejuízos causados a terceiros pela mensagem publicitária ilícita e mesmo aí estabelece uma distinção: reconhece que o anunciante é um elemento exterior ao processo publicitário,* [...]» – intercalado nosso.

[388] A profusão de noções a que o C.Publ.* recorre, recomenda, ainda que apenas para efeito desta nossa exposição – que naturalmente não visa o exame exaustivo do "*fenómeno jurídico publicitário*" –, que se fixe terminologia que sirva de instrumento de trabalho.
Assim:
- *publicidade* – o conjunto de actividades que tem por fim promover comercialmente bens ou serviços, assim como (a promoção) de ideias, princípios, iniciativas ou instituições – em adaptação da noção legal no art. 3º/1 C.Publ.*;
- *actividade publicitária* – o conjunto de actos na origem de situações jurídicas que estabelecem as relações entre *anunciantes*, "*profissionais/agências de publicidade*" e *entidades titulares de suportes* e de *veículos publicitários* – cfr. arts. 4º/1 e 5º-b) e -c) C.Publ.*;

III – Aquela que a lei (art. 3º C.Publ.*) chama *"comunicação/ mensagem publicitária"* reconhece-se como objecto autónomo de direitos e pode ser utilizada sem conexão a qualquer obra, colectiva ou não. O *"princípio da identificabilidade"* (art. 8º C.Publ.*) – segundo o qual «*a publicidade deve ser inequivocamente identificada como tal*», exigindo que «[quando] *efectuada na rádio e televisão deve ser claramente separada da restante programação*» – refere claramente à demarcação, também nos *meios "rádio e televisão"*, entre os *programas radiofónicos*, os *programas televisivos* e *obras* que se difundam através daqueles *meios*, por um lado, e os *objectos publicitários* (ainda que criativos) que por aqueles são veiculados, por outro[389/390].

- *objecto publicitário* – todo o objecto jurídico apto à fixação ou difusão de publicidade, incluindo as próprias *mensagens publicitárias* (criativas ou não) que incorporem;
- *suporte publicitário* – o *corpus mechanicum* que fixa a "mensagem publicitária" (papel, película fotográfica ou cinematográfica, suporte digital) - sem que acompanhemos a equívoca equivalência «*suporte publicitário/veículo publicitário*» a que recorre a definição legal – art. 5º-c) C.Publ.*;
- *veículo publicitário* – o meio através do qual a mensagem publicitária é difundida (imprensa escrita, rádio, televisão, "rede" de telecomunicação digital, "placard", serviço de telecomunicações postais ou telefónicas, *etc.*);
- *mensagem publicitária* – o objecto jurídico da *actividade publicitária* que, se revestir as características de *criatividade* requerida para a protecção jusautoral, é uma obra intelectual a que chamaremos *obra publicitária*.

Recordamos que tomamos aqui a *"mensagem publicitária"* pela sua estrutura formal como um possível objecto criativo – logo, uma provável *obra intelectual* –, e não na qualidade que também pode revestir de «*conteúdo informativo cujo enunciado pode consubstanciar por si só uma proposta contratual*», como vimos ser realçado por FERREIRA DE ALMEIDA, *"Relevância Contratual da Mensagem Publicitária"*, cit., I, pags. 10/11.

[389] C. ROGEL VIDE, *"Derechos de autor y programación televisiva"*, cit., n.º 2, pag. 624, salienta até, a propósito dos *"anúncios publicitários em programas televisivos"*: «*Fora, em princípio, da programação, ocupam, por fim, os melhores momentos da mesma. São, regra geral, obras audiovisuais tão curtas como valiosas. Integram, frequentemente, música e imagens alheias das que usualmente não é dada informação alguma.*».

[390] Em Portugal, a lei – cfr. art. 25º/2 C.Publ.* – prevê e regula a "inserção de publicidade *durante* programas televisivos"; por outro lado, é comum a apresentação de "mensagens publicitárias" *como parte* de programas televisivos, que a lei – art. 9º/2 C.Publ.* – parece proibir apenas quando não seja explícita, *v.g.* "oculta ou dissimulada". Notamos que não identificamos um "programa televisivo" com uma obra intelectual, senão que neste podem ser utilizadas obras intelectuais que assim são comunicadas ao público (radiodifundidas).

Os *objectos publicitários* podem assim configurar-se, eles mesmos, como *obras* (em regra, obras colectivas de autoria da empresa/ "agência de publicidade") e que, como tal, partilhem os veículos de difusão (imprensa escrita, rádio ou televisão). É da atribuição da titularidade e da conformação contratual do conteúdo do direitos de autor nestes casos que trataremos de seguida.

43. Titularidade do direito de autor nas "obras publicitárias" criadas em execução de contrato para uma "agência" (empresa de publicidade)

I – A perspectiva jusautoral que resultaria da simples leitura do conjunto de conceitos que, no "Código da Publicidade" português, tem forma de lei é, apesar de tudo, significativa, já que parece comportar uma "dupla atribuição" – melhor, uma *"atribuição em cadeia"* – *de direito de autor*[391]. Nos termos desta:

- aparentemente, o *criador da "obra publicitária"*, que deveria ser investido na titularidade do direito de autor, nunca chegaria a ocupar essa posição jurídica que deferiria – como comissário, trabalhador, ou "colaborador tributário de uma obra colectiva" – à *empresa-agência de publicidade*;

ROGEL VIDE, *"Derechos de autor y programación televisiva"*, cit., n.º 2, pags. 623/ 624, e n.º 3, pags. 624-630, trata com autonomia, respectivamente, da *caracterização* e da *atribuição de direitos em programas televisivos*, segundo a sua espécie: «*longas e curtas metragens, documentários, filmes de desenhos animados, reportagens e telefilmes, espectáculos desportivos, miscelâneas de imagens emitidas em programas alheios, concursos e programas de entretenimento, noticiários e entrevistas e anúncios publicitários*». Visto o objecto deste escrito, só cuidaremos de examinar o regime de utilização de contributos criativos específicos em obras alheias a propósito de cada um dos contratos para criação de obras intelectuais a que respeitem e que compreendam a atribuição de faculdades de utilização pertinentes a essa incorporação (assim, por exemplo, já nos n.ºs 43 e 44, *infra*, a propósito dos *contributos criativos utilizados em obras publicitárias*).

[391] CARLOS FERREIRA DE ALMEIDA, *"Contratos de Publicidade"*, cit., II-2., pag. 284, desenvolve a ideia de encadeamento de situações jurídicas como *típico* da actividade publicitária, mas a propósito da pluralidade de «*contratos de publicidade* [que] relacionam juridicamente os intervenientes que se encontram em elos seguidos da cadeia publicitária [...]; tratar-se-á de uma «*sequência clássica*» em que se identificariam dois [tipos de] contratos de publicidade: o «*contrato de difusão*» e o «o contrato de publicidade *stricto* sensu, que tem como *partes* [apenas] o *anunciante e a agência.*» – intercalados nossos.

- esta entidade, por sua vez, também veria negada a atribuição originária da titularidade do direito de autor que pertenceria ao *anunciante*, desde que a obra colectiva publicitária fosse criada em *cumprimento de dever funcional* nascido de convenção que estipulasse essa atribuição jusautoral (nos termos do art. 14º/1 CDA).

II – O texto da lei, no Código da Publicidade (C.Publ.*) aprovado pelo Decreto-lei n.º 275/98, não consente nem aquela, já complexa, construção e surpreende-nos com a espantosa estatuição: «*Os direitos de carácter patrimonial sobre a criação publicitária presumem-se, salvo convenção em contrário, cedidos em exclusivo ao criador intelectual* [!]» – sic, no texto original do art. 29º/2 C.Publ.*, intercalado com exclamação nosso. Evidentemente, esta esdrúxula formulação do art. 29º/2 C.Publ.* de Portugal nada esclarece quanto ao regime das situações jusautorais constituídas a partir da criação de obras publicitárias em execução de contrato[392], considerado o absurdo que representa dizer "cedida uma posição de exclusivo (patrimonial jusautoral)" a quem – o criador da obra intelectual – a ocupa por condição natural.

No direito espanhol, em matéria de *atribuição do direito de autor nas obras publicitárias*, acrescenta-se a seguinte estatuição à norma que faz aplicar-lhes as regras gerais de direito de autor: «[...] *os direitos de exploração das criações publicitárias presumem-se,*

---

[392] Releva-o bem o ACÓRDÃO DA RELAÇÃO DE LISBOA, de 3-11-1999, in Col.Jur.*, t. V (1999), pags. 136 ss. (*maxime* pag. 137), que tem como Relatora ANA MOREIRA SILVA, em apreciação da atribuição da titularidade originária do direito de autor em pretensa obra publicitária fixada em videograma, ao considerar: «*É certo que também o art. 29º n.º 2 do Dl n.º 330/90, de 23-10* ([anterior] *Código da Publicidade) consagrou idêntica solução* [a atribuição da titularidade do direito de autor, sob o aspecto patrimonial, "determinada em função do acordo celebrado entre o criador e a entidade que encomenda a obra ou por conta de quem ela é feita" – como pode ler-se em outra passagem da mesma douta decisão], *muito embora consagrando uma aquisição derivada do criador intelectual, ao estipular que: "Os direitos de carácter patrimonial sobre a criação publicitária presumem-se, salvo convenção em contrário, cedidos em exclusivo ao seu criador intelectual". Com efeito, aqui parece que se queria beneficiar a empresa de publicidade na exploração sem peias da obra publicitária mas veio a legislar-se o contrário, pelo que o preceito não tem qualquer sentido útil face ao Direito de Autor, nomeadamente ao que se preceitua nos arts. 14º e 15º do CDADC* [CDA*]» – intercalados nossos.

salvo pacto em contrário, cedidos em exclusivo ao anunciante ou à agência»[393]. Revela-se assim uma disposição bem mais razoável do que aquela do C.Publ.*, embora sem esclarecer a *fonte* de tal atribuição e o *conteúdo dos direitos* atribuídos nestes termos[394].

Em França, o CPI fran.* dedica toda uma Secção[395] ao que denomina «*contrat de commande pour la publicité*», que, como temos sustentado, dispensa o emprego do galicismo "*encomenda*" e deve corresponder à "comissão para criação de obras intelectuais" que é expressão que traduz a ideia de vinculação, de origem contratual, para criação de obra que serve fins de utilização pelo comitente[396/397]. Entre as disposições francesas pertinentes, revela-se especialmente significativa do tipo contratual que aqui analisamos a norma contida

---

[393] Cfr. arts. 22 e 23 da "*Ley General de Publicidad - Ley 34/1988, de 11-11*", de Espanha.

[394] NAZARETH PÉREZ DE CASTRO, "*Las obras publicitarias en el ámbito de la propiedad intelectual*", cit., II-A) /-C), pag. 68, e III-1., apresenta três hipóteses em aplicação desta norma, a saber: «"*criação publicitária independente*", entendida como *criação singular sob comissão para o anunciante ou para a agência de publicidade*; "*titularidade originária do direito de autor pela agência de publicidade*", entendida a *obra publicitária como obra colectiva*; "*criação singular sob contrato de trabalho*"». Sobre a aplicação do regime das obras audiovisuais às obras publicitárias que revelem aquela forma de expressão, PÉREZ DE CASTRO parece concluir, face às dificuldades suscitadas pela articulação daquela norma com a LPI esp.*, que deverá prevalecer o entendimento de que «*as obras publicitárias que tenham carácter audiovisual deverão seguir o regime especial daquelas e não o dos contratos a estas relativos*» - *ibidem*, pag. 78.

[395] Arts. L.132-31, L.132-32 e L.132-33 que integram a Secção IV do Capítulo II ("*Dispositions particulières à certains contrats*", que segue imediatamente à regulação legal especial, pelo CPI fran.*, do "*Contrat de production audiovisuelle*") do Título III, dedicado à "*Exploitation des droits*" (de autor).

[396] ANDRÉ LUCAS, "*Traité de la Propriété Littéraire et Artistique*", 2ª ed. cit., n.º 492, pag. 400, face à disposição citada do art. L. 132-3 CPI fran.*, defende que «*o contrato* [o mencionado "*contrat de commande pour la publicité*"] *deve explicitar a destinação da exploração...*». O mesmo Autor (*ibidem*) acrescenta que esta *destinação das utilizações autorizadas* quanto ao aproveitamento económico consentido da obra publicitária «[...] *deverá ser entendida no sentido amplo que lhe dá a norma do art. L. 112-1 do CPI fran.**» – intercalados nossos; e, em citação de DESBOIS: «*Trata-se de responder à questão "porquê e para que fim?"*.».

[397] Expomos – *maxime* n.ºˢ 40, 57, 75, com o desenvolvimento que justifica o objecto desta dissertação – o que entendemos sobre a natureza da agora assim designada "*comissão*" de origem contratual para criação de obra, que, em Portugal, tem sido traduzida como um modelo autónomo de contrato de direito de autor, dito de "*encomenda de obra intelectual*".

no art. L.132-31, §1, CPI fran.* que estatui, com carácter supletivo, que «*em caso de utilização de uma obra criada sob comissão para a publicidade* [«...*une oeuvre de commande utilisée pour la publicité*»], *o contrato entre o produtor e o autor implica a cessão ao produtor dos direitos de exploração da obra*». Percebe-se do remanescente do texto desta disposição – que estabelece como *pressuposto condicionante deste efeito* a «*fixação de remuneração separada para cada modalidade de exploração*» – que o que assim se regula é a *atribuição de faculdades isoladas de utilização* como efeito legalmente ligado ao contrato de realização/criação e produção publicitária[398].

Pensamos que o preceito legal francês citado descobre, independentemente da circunscrição do âmbito de aplicação do regime que consagra, uma realidade comum a toda a *utilização da obra publicitária*.

Tentamos, apesar da fórmula legal portuguesa, determinar a *fonte* da atribuição dos direitos de autor nas obras publicitárias.

44. Contrato para criação (de mensagem) publicitária

I – Centramos a nossa atenção na situação jurídica que emerge do contrato celebrado *entre o anunciante e a agência de publicidade*, que tem como objecto a criação da mensagem (*criativa*) publicitária. Vimos já que, reunidos os pressupostos requeridos, esta pode constituir *obra intelectual*.

A criação publicitária – entenda-se, a *exteriorização formal da mensagem publicitária criativa*, uma vez que a mera "*idealização e concepção*" não são, por si só e nos termos gerais, merecedoras da tutela jusautoral – resulta normalmente de um contrato oneroso, celebrado entre um anunciante e uma dita "agência"/empresa publicitária, que parece constituir um feixe de deveres semelhante aos que vemos caracterizar o que chamamos *criação funcional*. Se tal se confirmar, confrontamos uma criação em cumprimento de uma obri-

---

[398] Apresentamos (*infra, maxime* n.º 85) a nossa tese, no quadro do ordenamento jurídico português, sobre a natureza do efeito do acto de atribuição de faculdades *especificadas* de utilização no âmbito de contrato para criação de obra intelectual.

gação que tem como efeito a atribuição de faculdades de direito de autor conforme aos fins de utilização da obra por outrem, neste caso o anunciante[399/400].

À primeira vista, dir-se-ia não encontrarmos aqui – no que à caracterização dos actos que *atribuem originariamente faculdades jusautorais* respeita – qualquer novidade no universo das *obras criadas para outrem em execução de contrato ou sob égide e enquadramento empresariais*. Sem estranheza ou sobressalto, o direito de autor na obra (dita "mensagem") publicitária constituir-se-ia segundo as regras para a atribuição convencional de faculdades de utilização da obra ao comitente; ou originariamente na titularidade *da entidade* – pessoa singular ou colectiva – que empreendesse e organizasse a criação[401].

---

[399] Como bem nota A. LUCAS, *"Traité de la Propriété Littéraire et Artistique"*, 2ª ed. cit., n.º 658, pag. 511, a comunicação da obra publicitária não obedece a um fim de exploração autónomo, serve a destinação comercial de um produto ou de um serviço - e citamos, na expressiva versão original: «[…] [l'oeuvre publicitaire] *n'est pas communiquée pour elle-même, mais sert la cause commerciale d'un produit ou d'un service. Il ne s'agit plus seulement ici d'une exploitation à des fins publicitaires des droits dérivés. C'est l'oeuvre elle-même qui va jusqu'à un certain point s'identifier au produit ou au service qu'elle va contribuer à distinguer dans l'esprit de la clientèle potentielle.*». Veremos de seguida a importância e as implicações que esta *"exploração subordinada aos fins de aproveitamento de um bem que não é a própria obra"* (seja o produto ou o serviço publicitados) comporta quanto à *atribuição de faculdades de utilização* nas obras publicitárias.

[400] O escopo *último* da criação/produção de objecto publicitário criativo afigura-se, nestes termos, se possível ainda mais obviamente estranho ao que motivaria *imediatamente* o criador, quer se julgue como *criador* a "agência"/empresa que enquadra a actividade criativa quer qualquer dos colaboradores/trabalhadores ou outros *funcionalmente* vinculados a esta para a criação no interesse de terceiro (o "anunciante") co-contratante. A empresa publicitária – movida que é também pelo escopo da vantagem patrimonial que lhe advém pela remuneração do serviço prestado ao anunciante – cria/produz para os fins últimos deste, sejam estes a "promoção de um bem ou produto" ou a "divulgação da imagem institucional" deste. Ora, como asseveramos reiteradamente, esta *criação para os fins de outrem* (dizemo-la *criação funcional*, quer se realize *sob comissão*, no âmbito de *contrato de trabalho* ou enquadrada empresarialmente como *obra colectiva*, desde que se realize no cumprimento de uma obrigação que faz desta criação de obra intelectual uma actividade vinculada) não vê a sua *criatividade* – que é a marca comum a todo o objecto de direito de autor - beliscada pelo facto de se encontrar subordinada a "orientação e direcção" de terceiro. Procuraremos demonstrá-lo *em tese geral* na parte conclusiva desta dissertação.

[401] A titularidade aqui referida é daquele que cria ou (como nas *obras colectivas*) do que promove e enquadra empresarialmente a criação, não, como expressa LOPES SOUSA, *"Do*

II – É, porém, relevante que se trate aqui de uma *criação funcional*, neste caso vinculada aos fins daquele que contrata a actividade/ prestação criativa publicitária, o *"anunciante"*. Assim,

1) A criação da obra publicitária pode ser realizada *no âmbito de contrato com esse objecto, celebrado directamente entre o anunciante e um ou mais criadores*: nada impede verdadeiramente que o anunciante contrate directamente os *"criativos publicitários"* que assim poderão criar em autoria singular ou em colaboração. Verificar-se-á então a atribuição do direito de autor, ora *ao(s) criador(es)* ora ao *anunciante* (comitente ou empregador), nos termos do convencionado naquele contrato que tenha por objecto a criação dessa obra/"mensagem" publicitária: encontramos nesse caso um exemplo de contrato para criação de obras intelectuais (de "obra publicitária"), desde que reunidos os requisitos e nos termos *gerais* que lhe apontamos adiante[402] – *ex vi* art. 14º CDA*.

2) Se a obra publicitária for criada *sob égide e enquadramento empresariais* (da *"agência de publicidade"*), é susceptível de ser caracterizada como obra colectiva, desde que o respectivo processo criativo revista as características antes assinaladas[403]. Nesta poderão combinar-se *dois feixes* de situações de direito de autor:

Contrato de Publicidade", cit., II-X-10.1., pag. 97: «*o artista, criador da ideia* [?] *contida na mensagem publicitária*» - intercalado nosso -, que assim define o que denomina *"contrato de criação publicitária"*. É sabido que *"as ideias"* não se criam, exteriorizam-se/ formalizam-se em bens incorpóreos (*obras intelectuais*, para que mereçam tutela pelo direito de autor), distintos também, como vimos, da *personalidade* do *autor* que as concebe. A criação da obra intelectual também não é imputável ao *"artista"* que, na terminologia consagrada pelo menos desde a Convenção de Roma*, de 1961 (cfr. art. 3), é o que, nessa qualidade, «*interpreta ou executa* obras literárias ou artísticas».

[402] A propósito, pode confrontar-se o que concluímos *infra, maxime* nos n.ºˢ 74-III, 75.
[403] L. LOPES SOUSA, *"Do Contrato de Publicidade"*, cit., n.º 11.1., apercebe-se da falta de especialidade do regime aplicável à *criação publicitária de origem contratual*: «*Às criações publicitárias, que são obras intelectuais, em regra colectivas, fruto do espírito humano, aplicam-se as regras do regime da propriedade intelectual e* [!?] *dos direitos de autor*» – intercalado nosso.

Não obstante o interessante estudo desta Autora versar âmbito que extravasa as sérias implicações jusautorais que *normalmente* envolvem toda a actividade publicitária, vê-se com alguma perplexidade que comece por afirmar, precisamente no trecho citado (*ibidem*, pag. 103), *i)* O que resulta da vinculação de cada um dos autores de contributos criativos individuais à "agência de publicidade", que segue as *regras gerais antes definidas para a atribuição de faculdades jusautorais em obras discrimináveis criadas para utilização em obra colectiva* (a obra/ "mensagem publicitária" considerada no seu conjunto)[404]. Neste caso, a exploração económica *destes contributos individuais quanto a outras utilizações pelos respectivos autores* estará limitada nos termos que definimos, também *em geral*, para a utilização "em separado" de obras integradas em obra colectiva[405].

ii) Um outro que nasce da vinculação da empresa/"agência de publicidade" ao anunciante, que *obriga aquela a criar a obra publicitária para os fins de utilização deste*: reger-se-á pelos princípios e regras que definimos para toda a obrigação constituída por contrato para criação de obras intelectuais[406/407]. Desde que, nos termos do art. 19º CDA*, a "agência de publicidade" deva considerar-se titular ori-

---

que "*as criações publicitárias são obras intelectuais, em regra colectivas, fruto do espírito humano, a que se aplicam as regras da propriedade intelectual e dos direitos de autor*" (passe alguma tautologia e menor rigor lógico e conceptual, como na afirmação da "origem espiritual das obras colectivas"), para depois deixar passar sem qualquer inquietação aparente a fantástica presunção de "*cedência ao...criador intelectual dos direitos patrimoniais de autor*", consagrada no art. 29º/2 do C.Publ.* que transcreve sem comentário (*ibidem*, pag. 104). Vale, no entanto, o ponto que dedica a esta matéria pelo reconhecimento, que julgamos acertado, do carácter *vinculado da criação publicitária*, que traduz: «Assim a criação da obra não fica na total e livre inspiração do criador publicitário. Salvo acordo em contrário, este deve sujeitar-se às instruções recebidas, ...» – *ibidem*, pag. 105.

[404] Regras que enunciamos *supra*, n.º 41.

[405] Confronte-se o exposto em explanação dos princípio e regras que norteiam a utilização ("em separado") de *obras individuais criadas para (ou utilizadas em) obra colectiva* para outros fins de exploração pelos respectivos autores – *maxime* n.ᵒˢ 37-III, 38-I, *supra*.

[406] Este será claramente um *contrato de prestação de serviço*, celebrado entre duas pessoas jurídicas (singulares ou colectivas), como também refere FERREIRA DE ALMEIDA, "*Contratos de Publicidade*", cit., II-4., pags. 292 e 293, embora este Autor generalize esta qualificação tipológica a toda a criação (da "mensagem") publicitária.

[407] Expostos em tese geral – *maxime* n.ᵒˢ 75 – para a atribuição do direito de autor (ou de faculdades neste compreendidas) como efeito de contrato para criação de obra intelectual. Tratar-se-á, neste caso, de *prestação de serviço entre a "agência de publicidade" e o anunciante*.

ginária (e *autora*, como sustentámos) da obra/"mensagem publicitária" considerada no seu conjunto como obra colectiva, seguir-se-á a *atribuição de faculdades de utilização pela "agência" ao anunciante para os fins convencionados*, ainda nos termos gerais[408]. A *exploração da obra publicitária para outros fins*, quer pelo comitente anunciante quer pela "agência" titular originária do direito de autor, também estará limitada nos termos gerais que ligamos à atribuição convencional de faculdades de utilização de obras, com a particularidade de se tratar de *obra colectiva criada em execução de contrato*.

A "particularidade" reside, neste último caso, em que aquela empresa (a empresa/agência" publicitária sob cuja coordenação é criada a obra publicitária) é, por sua vez, contratada para criar (pelo "anunciante"). Não nos parece, contudo, que tal justifique a ilusão de presença de *novos modelos de atribuição* de direitos de autor.

III – Por outro lado, se na obra (colectiva) publicitária puder distinguir-se uma *pluralidade de contributos*, os respectivos criadores pessoais exercerão sobre os que forem discrimináveis os direitos que lhes correspondam tendo em conta o processo criativo, nos seguintes termos:

1) se estiverem vinculados à empresa-agência de publicidade *por contrato de trabalho ou outro para criação de obra intelectual*, também se terão por atribuídos àquela empresa as faculdades de utilização relativas aos seus contributos individuais para a "mensagem/obra publicitária", *desde que tal seja estipulado* – art. 14º/1 CDA*, *ex vi* art. 29º/1 C.Publ.*;
2) se *não* estiverem vinculados à empresa-agência por *contrato que preveja a atribuição a esta de direitos sobre os seus contributos pessoais discrimináveis*, presume-se que apenas os criadores destes exercerão (individualmente ou em comunhão se os tiverem criado em colaboração) os direitos que

---

[408] Cfr. nota anterior.

lhes respeitem sempre com respeito do *fim* a que se destina a criação[409] – art. 14º/2 CDA*, *ex vi* art. 29º/2 C.Publ.*;
3) a particularidade reside em que, neste último caso - por força do formidável art. 29º/2 C.Publ.* –, já não se presumirá, nomeadamente pela falta de menção que designa a autoria, a atribuição originária à empresa titular do direito na obra (colectiva publicitária) do direito de autor nas obras naquela incorporadas, ainda que sejam criadas em execução de contrato (veja-se *infra*, n.ºs 75 e 76, o nosso comentário ao regime do art. 14º/3 CDA* cuja aplicação aqui, assim, se afasta);
4) está, por outro lado, excluída *qualquer* utilização *"em separado"* desses contributos pela empresa – entenda-se *qualquer utilização para fins diversos dos da incorporação na obra/ "mensagem" publicitária* –, salvo quando esta esteja convencionada – arts. 28º (*"proibição de utilização da obra para fins diferentes dos contratualmente estipulados"*) e 29º/3 C.Publ.*;
5) como se disse, já não se admitirá a derrogação do limite genérico – *ex vi* arts. 19º/2 e 18º/2 CDA* – que *impede qualquer utilização patrimonial dos contributos individuais «com prejuízo da exploração da obra publicitária no seu todo»*.

IV – Pensamos assim que o que realmente significa a esdrúxula *«cessão presumida de direitos em exclusivo ao criador intelectual»*, estatuída no art. 29º/2 C.Publ.*, não justifica derrogação do regime-regra e das suas excepções conhecidas. Se a obra publicitária for obra colectiva, cabe à empresa (a "agência de publicidade", neste caso) a titularidade originária do direito de autor na obra no seu conjunto. Se esses contributos tiverem sido criados no âmbito de contrato que o estipule, àquela pertencerão também as faculdades de utilização inerentes (e limitadas) à exploração daqueles para os fins da atribuição (atribuição essa que também limita o direito destes, visto *"princípio do não prejuízo da exploração da obra colectiva"* enunciado).

---

[409] Regra de destinação unitária que, como expusemos, justifica que enunciemos o que chamamos "princípio da unidade da exploração das obras colectivas *(e das obras em colaboração)*", aqui reforçado pelo facto de *a criação da obra publicitária se realizar, neste caso habitualmente, em execução de contrato.*

Aparentemente, dada a estranha formulação daquele preceito, apenas se afastarão quaisquer presunções – como a do art. 164°/2 ou a do art. 14°/3, que analisaremos depois – que levem também à atribuição originária à empresa de direitos nas criações pessoais incorporadas. Por outro lado, se ao inciso «*em exclusivo*» quisermos dar algum conteúdo útil, já se deverá entender que fica excluída qualquer exploração *em separado pela empresa* dos contributos criativos individuais, sem que se derrogue a *limitação genérica* que apontámos ao exercício de direitos nas obras incorporadas dada pelo *"não prejuízo da exploração da obra colectiva no seu conjunto"*, uma vez que tem carácter injuntivo e inutilizaria na prática a exploração da obra publicitária pela empresa.

Dir-se-ia então que a absurda disposição do art. 29°/2 C.Publ.* também poderá interpretar-se, com um mínimo de rigor que ali falta, se entendida como: «*Aos criadores de contributos pessoais incorporados na obra publicitária cabe, em qualquer caso, o direito exclusivo de utilização em separado das suas contribuições*». Parece ser a única formulação que permite respeitar aquele outro comando legal – «[...], *o intérprete presumirá que o legislador consagrou as soluções mais acertadas e soube exprimir o seu pensamento em termos adequados*» – do art. 9°/3 C.Civil*[410].

---

[410] OLIVEIRA ASCENSÃO *"Direito Civil – Direito de Autor e Direitos Conexos"*, cit., n.° 368-II, manifesta uma muito justificada perplexidade sobre disposição de idêntico teor deste "Código", na versão vigente em 1992. Resolve-o depois, *ibidem*, n.° 369-III, identificando uma contradição entre uma interpretação acertada do regime das *obra colectivas* (bem como do das *obras "de encomenda"*) e o que parece apontar a espantosa disposição do art. 29°/2 C.Publ.*, que comentamos.

SÍNTESE EM RECAPITULAÇÃO

O contrato para criação publicitária

1. A criação de obra individualizável e discriminável ("para outrem"), *ainda que se realize para fins de integração em obra colectiva*:
   a) faz depender a atribuição de faculdades de utilização de convenção *específica* que a determine;
   b) deixa *presumir*, da falta de menção de designação que identifique a autoria (individual), a *vontade de atribuição* daquelas faculdades à entidade a quem é imputada a autoria da (e a titularidade originária do direito de autor na) obra colectiva;
   c) a *utilização* independente de cada contributo incorporado está *subordinada ao não prejuízo pela exploração económica da obra colectiva*;
   d) a única "particularidade" reside no facto de *os fins da utilização da obra individualizável e discriminável estarem pré-definidos pelo fim de exploração da obra colectiva no seu todo*.

Partilha, nesta medida da *característica comum a toda a criação* (em cumprimento de dever) *funcional*.

2. Na criação funcional de *obras publicitárias*, pensamos que o que realmente significa a esdrúxula «*cessão presumida de direitos em exclusivo ao criador intelectual*», estatuída no art. 29º/2 C.Publ.*, não justifica derrogação do regime-regra e das suas excepções conhecidas: se a obra publicitária for obra colectiva, cabe à empresa (a "agência de publicidade", neste caso) a titularidade originária do direito de autor na obra no seu conjunto; e, se esses contributos tiverem sido criados no âmbito de contrato que o estipule, àquela pertencerão também as faculdades de utilização inerentes (e limitadas) à exploração daqueles para os fins da atribuição (atribuição essa que também limita o direito destes, visto "*princípio do não prejuízo da exploração da obra colectiva*" enunciado).

Dir-se-ia então que a absurda disposição do art. 29º/2 C.Publ.* poderá interpretar-se, com um mínimo de rigor que ali falta, se entendida como: «*Aos criadores de contributos pessoais incorporados na obra publicitária cabe, em qualquer caso, o direito exclusivo de utilização em separado das suas contribuições*».

SECÇÃO III

A *coligação de obras* como acto constitutivo de uma nova situação jusautoral

45. Delimitação de conceitos

I – A *"coligação de obras"* (prevista com autonomia no § 9 UrhG alemã*, que regula a *"combinação de obras,* de criação independente por vários autores, para uma *exploração em comum"*) representa, no fundamental, uma *união de obras para uma ou mais utilizações conjuntas,* sem que tal configure a criação de uma nova obra: as obras "coligadas" são utilizadas segundo a expressão formal original, não segundo uma nova expressão formal criativa que as combine em obra nova[411]. Trata-se de uma situação muito curiosa, uma vez que, *sem criação de uma nova obra, se constitui uma nova situação jusautoral,* no que se revela também a pujança da autonomia da vontade na formação de situações jurídicas de direito de autor.

No caso das obras coligadas, não existe "criação dependente", mas apenas uma conexão externa de obras, em que está ausente quer a colaboração criativa quer a incorporação de contributos individuais em obra colectiva: *as obras coligadas continuam individualizadas como criações independentes na pendência de uma utilização conjunta.* [Perceber-se-á bem a diferença se compararmos uma *dramati-*

---

[411] Parece figura análoga à que OLIVEIRA ASCENSÃO denomina *conexão de obras,* que apropriadamente distingue das obras compósitas que são obras derivadas (*"Direito Civil - Direito de Autor e Direitos Conexos",* cit., n.ᵒˢ 81 e 85, pags. 127 ss. e 134 ss., respectivamente). Distintas, as *obras compósitas,* como as demais obras derivadas, *incorporam uma obra preexistente,* o que significa que é criada uma *nova obra a partir de* uma outra, embora sem a colaboração (criativa) do autor desta – cfr. arts. 20º/1 e 3º/1, a) CDA*.

zação ou *cinematização* de um romance (obra compósita derivada) e a publicação desse mesmo romance em que a obra literária seja ilustrada com desenhos *para o fim* de uma edição determinada (mera conexão de obras ou, caso tenha ocorrido concertação criativa de texto e desenhos, obra em colaboração)[412].]

A *coligação de obras* também não configura uma (*obra-*)colectânea *ou compilação criativa*, em que não se estabelece relação entre os autores das obras reunidas.

---

[412] A lei de autor britânica (sec. 10(1) UK CDPA*) formula noção de obra em colaboração que assenta na *insusceptibilidade da distinção dos contributos individuais dos colaboradores criativos:* «[...] uma obra realizada pela colaboração de dois ou mais autores na qual a contribuição de cada um é indistinta da do outro autor ou autores». Aproxima-se assim da noção alemã (§ 8(1) UrhG alemã*) que parece revelar a preferência pela acentuação de *uma das* consequências possíveis dessa inseparabilidade no regime jurídico de *exploração económica em separado dos contributos criativos individuais* na obra em colaboração: a «[...] *criação conjunta de uma obra por uma pluralidade de pessoas, que impede que as respectivas contribuições possam ser exploradas separadamente* [...]».

Não obstante a assinalada diferença conceptual face à lei portuguesa (manifesta no confronto, por exemplo, dos arts. 16º/1-a), *in fine*, e 18º/2 CDA*, adiante exaustivamente comentados), julgamos também aqui apropriada a distinção enunciada por W. R. CORNISH, *"Intellectual Property..."*, 4ª ed., cit., n.º 10-12, pag. 387 e n.ºs 12-19/-20, pags. 468/469, que salienta que: «*quando se aplicam palavras à música* [entenda-se, como numa "canção"], *sempre foi entendido, no âmbito da lei britânica, que umas e outra se mantêm objecto de diferentes "copyrights"*» – intercalado nosso; assim como: «*Não se verifica co-autoria quando uma obra criativa é composta de partes que requerem actividade mental: o texto e música para uma canção ou ópera; o guião, cenário e desenho de guarda-roupa para uma peça dramática;*[...]. *Nestes casos, (co)existem "copyrights" distintos, um com diferente duração medida em relação ao respectivo autor, cada um requerendo para a sua exploração o consentimento do titular do respectivo direito*» – intercalados nossos. Parece-nos uma boa caracterização de coligação de obras.

O mesmo Autor, *ibidem*, acrescenta, fundado em decisão judicial que sumaria em conclusão – cfr. nota (60) ao citado n.º 12-20 – uma noção tão concisa como precisa de obra em colaboração: «*A co-autoria verifica-se quando os colaboradores tiverem criado uma única obra protegida* ["have worked to produce copyright work of a single kind"] *"na prossecução de um desígnio conjunto preconcebido"*». E aqui temos, em poucas palavras, as ideias de *"unidade no objecto criado"* e de *"concertação criativa"*, que reputamos ser tão importantes em explicação das teses que sustentamos sobre a unidade da exploração das obras em colaboração, se bem que não como contraponto a uma *total independência na utilização das obras coligadas*, em que reconhecemos a limitação ao exercício de direitos determinada pela afectação (incidental) a uma utilização conjunta, como se verá já adiante.

II – A "coligação funcional" na conexão de obras também só na aparência poderá reconduzir-se ao *género* obra colectiva, dada a normal ausência dos elementos que dizemos caracterizá-lo.

Na obra colectiva, a "conexão" entre as várias obras integradas obedece a uma verdadeira *coordenação/direcção criativa a partir da incorporação de contributos individuais (porventura também criativos) sob égide e com enquadramento empresariais*; e, mais importante, implica a criação de uma *nova obra*. Essas contribuições integradas na obra colectiva – também coligadas para uma utilização conjunta – são criadas ou incorporadas (ou adaptadas para a incorporação, se estiverem compreendidas obras que sejam *transformadas para esse fim*) logo em função de um fim comum. Este *"fim* de utilização *comum"* das várias obras utilizadas na obra colectiva é específico e próprio à entidade que empreende e organiza a criação desses contributos criativos individuais incorporados; como vimos, igual destinação marca as obras preexistentes cujos autores/titulares do direito autorizem a sua utilização na obra colectiva.

Pretender que a conexão/junção (voluntária, negocial ou não, mas incidental) de várias obras – como na *coligação* em sentido próprio – é uma espécie daquele género, implica também que se ignore indevidamente que o *destino primário* da obra colectiva é a utilização conjunta dos contributos criativos que a integrem (sendo a utilização separada destes, essa sim, incidental). Esta *finalidade específica* da criação/incorporação implica, como vimos, a omnipresença da estrutura organizativa (empresarial), quer na sua génese quer como factor que condiciona a sua utilização patrimonial. E nestas características se marcam diferenças importantes entre a *utilização de contributos criativos individuais utilizados na obra colectiva* e a *coligação funcional de obras*.

III – Por outro lado, se evocarmos situações de «coligação de obras de um mesmo autor», encontramos uma manifestação da *diferença* de identidade da conexão de obras em relação às obras em colaboração que, por definição, pressupõem uma pluralidade de autores[413/414].

---

[413] Como exemplos conhecidos, podem mencionar-se óperas como "Tannhäuser" e "Die Meistersinger von Nürnberg", por R. Wagner – em que este compositor, como em

Nada há na ideia de *conexão de obras* que afaste a admissibilidade de uma junção funcional – combinação para uma utilização conjunta – de obras de um único autor. Não está presente a *cooperação criativa de uma pluralidade de sujeitos* (como nas obras em colaboração); não é relevante o *concurso criativo plural sob coordenação/direcção de outrem e sob égide e com enquadramento empresariais* (como nas obras colectivas); não se trata da mera *re-colecção criativa de obras que, pela escolha ou organização dos elementos incorporados, constitua ela própria uma nova obra* (como vemos acontecer nas colectâneas, as quais, de resto, também não supõem necessariamente que as obras coligidas tenham autoria plural ou no seu "sub-género", as obras-base de dados que até podem não incorporar qualquer obra intelectual)[415].

---

todas as suas restantes óperas, é também autor do *libreto*, como assinalam D. Grout / C. Palisca, in "A History of Western Music", R.U., 1988, trad. portuguesa ("História da Música Ocidental") por Ana L. Faria, Lisboa, 1997, pags. 644 ss. .

[414] É elucidativa a posição em COPINGER / SKONE J., *"(On) Copyright"*, 14ª ed. cit., vol. I, n.º 5-159, pag. 297, face à redacção das secs. 9(2)(ab) e 10(1A) UK CDPA* (em resultado das *"The Copyright and Related Rights Regulations 1996, No. 2967"* que visam a transposição da Directriz UE n.º 92/100/CEE*) que instituem a "joint authorship" do *produtor* e do *realizador* nas obras cinematográficas, quando asseveram: «*Um "film" será agora sempre uma obra de autoria conjunta do produtor e do realizador principal, salvo se forem uma e a mesma pessoa*».

Define-se assim bem a *pluralidade subjectiva na criação* que é marca distintiva das obras em colaboração. Desta e segundo os mesmo Autores, resulta para o direito britânico quer a co-titularidade em comunhão genética do "copyright" [«... *as tenants in common rather than as joint tenants, ...*», sic na expressão original], quer a *comunhão funcional no exercício deste direito* [«... *nenhum co-titular tem o direito de exercer isoladamente os direitos compreendidos no "copyright" ...*»] – cfr. *ob.* cit., n.ᵒˢ 5-161 e 5-165, pags. 298 e 299, respectivamente.

[415] Não pode, porém, afirmar-se que, por exemplo, qualquer ópera ou texto de banda desenhada representem sempre uma mera coligação de obras, uma vez que, tudo dependendo das circunstâncias concretas do respectivo *processo criativo*, podem configurar perfeitamente uma obra colectiva ou uma obra em colaboração, desde que reunidos os pressupostos indicados. Como esclarece W. NORDEMANN, em anotação (2), pag. 123, ao § 9 UrhG alemã*, *in "Urheberrecht – Kommentar..."* (FROMM/NORDEMANN), coordenado por W. NORDEMANN, 9ª ed. cit.: «*Com a afirmação pelo legislador de que deve tratar-se de várias obras independentes, foi facilitada uma delimitação clara entre obras coligadas e adaptação e co-autoria. Na adaptação, são exploradas conjuntamente duas criações – obra original e adaptação –, mas não se trata de duas obras autónomas; no caso da co-autoria, surge apenas uma única obra. Na prática, só apresenta dificuldades a delimitação entre coligação*

Pode então concluir-se pela desnecessidade de uma pluralidade de criadores na origem da coligação de obras: a *coligação funcional*, que determina a utilização conjunta na pendência da conexão, não tem por base uma *comunhão genética* por ausência da concertação criativa própria das obras em colaboração. A ideia de *"pluralidade subjectiva"* é, aqui assim, substituída pela de *"pluralidade objectiva"* na base desta situação.

As obras em conexão são assim *criações independentes que se coligam voluntariamente para uma exploração económica de que antes não eram susceptíveis*. Vejamos em que termos.

46. Uma situação jusautoral nova de origem voluntária

I – Negar a *génese negocial* da situação de conexão de obras, quando *a coligação não nasça de um acordo, mas de um acto do próprio autor* que liga duas obras suas para uma utilização determinada, não impede que se sublinhe, em contrapartida, que o autor ou autores que ligam duas ou mais obras próprias para uma utilização determinada – provavelmente atribuindo até a terceiros as faculdades de utilização destas inerentes à conexão (edição, dramatização, *etc.*) – as afectam a uma nova modalidade de exploração económica demarcada pelo *fim* da utilização, empreendida pelos próprios ou autorizada a outrem. Na medida em que a referida afectação a um fim de utilização conjunta não resulta das condições materiais de criação de qualquer das obras coligadas – como vimos acontecer nas *obras em colaboração* –, revela o *carácter voluntário desta ligação funcional*.

---

de obras e co-autoria. Na situação [em que ocorra] *uma exploração conjunta de vários contributos, trata-se de uma coligação de obras, quando não estão preenchidos os pressupostos da co-autoria em que não é possível a utilização separada dos vários contributos individuais* [...]. *Obras-colectânea e compilações são obras coligadas apenas de facto, uma vez que nelas não existe relação jurídica entre os vários autores, mas apenas entre os autores individuais e o coordenador* [...da obra – "Herausgeber", no original]» - intercalado do nosso.

II – Por outro lado, esta utilização, marcada pela finalidade do acto que determinou a conexão de obras, empresta ao resultado potencialidades próprias de exploração económica dos objectos coligados, que são distintas das que proporcionava a sua utilização "não coligada" e que consentem que se considere confrontarmos *uma nova situação jusautoral nascida do acto de conexão*.

Deve, pois, distinguir-se o acto de coligação das obras, que é uma *mera modalidade de utilização* destas e o complexo de potencialidades de aproveitamento que é gerado por aquele, com objecto próprio e conteúdo delimitado pelo fim da conexão, que é *constitutivo de direitos de autor* (que não preexistiam à nova situação jurídica). Verificamos então que a coligação ou conexão de obras resulta de acto que é *constitutivo de uma nova situação jusautoral que* condiciona a exploração conjunta dessas obras aos fins que mobilizaram a conexão[416].

[Como dissemos, os autores que coligam as suas obras para uma nova utilização – *por exemplo, os autores de um poema e de uma obra musical criados com independência que acordam que as suas obras se coliguem para compor uma canção* – não criam uma nova obra, nem incorporam aquelas numa outra obra (colectiva) criada sob égide e coordenação de um terceiro empreendedor, mas também não se limitam a coligi-las para formar uma colectânea em que o valor criativo apenas se mede pela originalidade e novidade da escolha ou organização dos elementos incorporados que, não obstante, conservam a sua aptidão a uma utilização separada. A "canção" assim formada não representa a criação de uma nova obra, mas é susceptível de um aproveitamento económico que cada uma das suas

---

[416] Sem nos determos na apreciação que ali é feita em distinção entre *obras em colaboração, coligação de obras/obras compósitas* e *obras colectivas*, julgamos de interesse que se confronte a ideia que expomos e o excerto da decisão plasmada no ACÓRDÃO DO SUPREMO TRIBUNAL DE JUSTIÇA, de *14-12-1995, in* Col.Jur.*, t. III-S.T.J. (1995), pags. 163 ss. (*maxime* pag. 165), de que é Relator ALMEIDA E SILVA: primeiro, em citação de OLIVEIRA ASCENSÃO (*"Direito de Autor e Direitos Conexos..."*, pag. 134) – «*"A obra compósita, na terminologia legal, é também uma modalidade de conexão de obras. Mas a lei especifica-a por haver uma prevalência de uma das obras, em termos tais que se pode falar de uma incorporação de obra alheia."*»; depois, no que mais aqui nos interessa – «*Na mera conexão de obras não se suscita o problema da atribuição do direito de autor, mas o da exploração sobre a obra de conjunto.*».

componentes criativas (música e texto poético) não consentiam isoladamente (a *canção* pode, por exemplo, ser editada *independentemente* das utilizações que pudessem ser dadas a cada uma daquelas ou ser incorporada *autonomamente* na banda sonora de uma obra cinematográfica). Neste sentido, constitui-se todo um novo leque de possibilidades de aproveitamento de um bem jurídico que não preexistia à coligação das obras, que só não se trata da criação de uma *nova obra* na medida em que não há necessariamente nada de *criativo* no acto de coligar.

Não pode, porém, negar-se que a situação jurídica que representa a possibilidade de aproveitamento desta conexão é *nova* e não o mero somatório das possibilidades de exploração das obras coligadas se consideradas isoladamente[417/418]: se nos é permitida a expressão, dizemos que, "*na coligação de obras, do velho faz-se (material e juridicamente) novo*".]

---

[417] OLIVEIRA ASCENSÃO, *"Direito Civil – Direito de Autor e Direitos Conexos"*, cit., em nota (1) ao n.º 86-I, pag. 135, afirma mesmo que (quando há mera conexão): «*Há o que poderíamos chamar uma obra colectiva, e não composta, se pudéssemos recorrer às categorias da Teoria Geral*».

OLIVEIRA ASCENSÃO, agora em *"Direito Civil – Teoria Geral"*, vol. I, 2ª ed. (2000), cit., n.º 214-III, pag. 371, define: «*Coisa complexa será [...] aquela que na vida social é tratada como nova unidade, podendo portanto essa unidade ser tomada em conta pelo direito. [...]. Pode uma das coisas* ["uma coisa resultante da combinação de várias coisas é uma coisa complexa" – do mesmo Autor, última *ob*. cit., n.º 214-II, pag. 370] *perder a sua autonomia no novo conjunto, ou pode pelo contrário a nova função a que foram afectas não destruir a função própria de cada elemento singular. É esta, na nossa opinião, a característica mais saliente entre as coisas compostas e colectivas.*» – intercalados nossos. Nestas últimas, segundo o mesmo Autor, cada uma das coisas combinadas "mantém inteiramente as características que tinha individualmente considerada".

[418] Afigura-se-nos possível estabelecer também, a partir das ideias enunciadas, simultaneamente: a diferença em relação às obras compósitas que, como dissemos, apenas incorporam obras preexistentes que passam a ser exploradas como parte daquela; a vizinhança mais próxima aos actos de incorporação de criações individuais em obra colectiva, que também não são criativos, mas são tributários, como explicámos, de uma nova realidade jurídica de criação empresarial (alheia aos autores dos contributos integrados) que é susceptível de exploração jusautoral autónoma.

III– Pode então afirmar-se que, na *conexão de obras*:

1) Não há uma *"criação plural"*, nem sequer a criação de uma *nova obra*. A coligação não resulta de concertação/colaboração criativa e também não configura, por exemplo, uma *colectânea*.

2) "Coligam-se" obras para uma determinada utilização conjunta que por sua vez implica, como vimos, o condicionamento e a subordinação da sua futura exploração autónoma aos fins do acto constitutivo da nova situação jusautoral. Este é um acto de utilização das obras que se coligam, segundo uma das modalidades de aproveitamento que lhe são próprias; já a exploração das obras coligadas realiza-se no âmbito de uma nova situação jurídica de que a coligação é o acto constitutivo[419].

3) Pela conexão de obras, constitui-se uma *nova situação jurídica* de aproveitamento de um bem com relevância jusautoral *específica* (que proporciona um aproveitamento económico das obras coligadas distinto do sofrível por cada uma das obras em conexão isoladamente consideradas). Neste sentido, os direitos relativos ao *novo objecto jusautoral* não derivam do direito de autor nas obras coligadas, pois não preexistem ao acto de coligação.

4) A *titularidade* do direito de autor em cada uma das obras coligadas permanece na esfera jurídica dos sujeitos a quem se encontrava atribuída no momento da conexão. O acto que opera a conexão determina, contudo, ou *novas condições de exploração* de um *novo bem jurídico* pelos próprios ou *uma atribuição patrimonial* a terceiros; em ambos os casos é *constitutiva* de faculdades que só podem ser exercidas em relação à nova situação jusautoral. Quando os titulares do direito de autor em cada um das obras coligadas as utilizam ou autorizam terceiros a uma utilização destas *em conexão*,

---

[419] Em sentido contrário, OLIVEIRA ASCENSÃO, *"Direito Civil – Direitos de Autor e Direitos Conexos"*, cit., n.º 86-I, afirma que: «*Por isso, não há que falar em direitos, patrimoniais ou pessoais, sobre a obra de conjunto, antes há que conjugar a posição dos vários intervenientes na exploração da obra de conjunto e das suas contribuições*».

não fazem mais do que aproveitar uma das modalidades de exploração destas. Mas, simultaneamente, criam uma nova realidade jusautoral, em que o conteúdo é determinado pelo fim da sua constituição e é distinto do que permite o aproveitamento de cada uma daquelas isoladamente consideradas.

[O autor de um texto literário e o autor de desenhos que o ilustram – que, sem colaboração criativa, acordam na conexão para uma utilização conjunta das duas obras – limitam-se a aproveitá-las segundo uma das modalidades jusautorais que estas proporcionam, mas também constituem inequivocamente uma nova situação jusautoral. Esta constitui-se na sua titularidade conjunta ou na de terceiros a quem tenham atribuído faculdades de utilização do "texto ilustrado" ou dos "desenhos legendados literariamente" – que é nova e independente das que preexistiam à coligação. Neste sentido, a coligação de obras é uma situação jurídica autónoma e nova, já que proporciona um novo aproveitamento jusautoral dos bens (obras coligadas) que são o seu objecto mediato.]

5) Na nova situação de direito de autor assim constituída, o direito de autor é exercido nos termos gerais, embora limitado pelo *fim da coligação*. As divergências *sobre utilizações não prefiguradas, não compreendidas nos fins de utilização que se deduzem do acto constitutivo da coligação serão* dirimidas segundo as regras da boa fé e, bem assim, a utilização "em separado" (*independente da exploração económica em conexão*) das obras coligadas que possam entender-se limitadas pelo fim dessa conexão. Trata-se então de aplicar o regime das obras em colaboração a esta modalidade – «mais frouxa», para usar a sugestiva expressão de OLIVEIRA ASCENSÃO[420] – de "combinação de contribuições criativas discrimináveis"[421].

---

[420] JOSÉ DE OLIVEIRA ASCENSÃO, *"Direito Civil - Direitos de Autor e Direitos Conexos"*, cit., n.º 86-III, pag. 136.

[421] OLIVEIRA ASCENSÃO, *"Direito Civil - Direitos de Autor e Direitos Conexos"*, cit., n.º 86-II, pag. 135, que reserva a aplicação do disposto no art. 18º/1 CDA* – que é expressamente previsto como aplicável às *obras em colaboração* – à situação de conexão de obras. Já expusemos (*supra*, n.º 22-II, 4) os termos em que o consideramos também aplicável às obras em colaboração.

IV – Em suma, pode afirmar-se que a chamada *conexão ou coligação de obras (acto de)* reflecte tão-só uma nova *modalidade de utilização* particular das obras envolvidas: não representa um acto de criação de uma nova obra, mas mais um exemplo de constituição voluntária de uma nova situação jurídica de direito de autor, em que a exploração económica das obras é determinada pelo *fim* do acto constitutivo.

SÍNTESE EM RECAPITULAÇÃO

A coligação de obras como acto constitutivo de uma nova situação jusautoral

1. As obras em conexão são criações independentes que se coligam voluntariamente para uma exploração económica de que antes não eram susceptíveis.

"Coligam-se" obras para uma determinada utilização conjunta que por sua vez implica o condicionamento e a subordinação da sua futura exploração autónoma aos fins do acto constitutivo da nova situação jusautoral. Este é um acto de utilização das obras que se coligam, segundo uma das modalidades de aproveitamento que lhe são próprias; a exploração das obras coligadas realiza-se no âmbito de uma nova situação jurídica de que a coligação é o acto constitutivo.

2. Pela conexão de obras, constitui-se uma *nova situação jurídica* de aproveitamento de um bem com relevância jusautoral *específica* (que proporciona um aproveitamento económico das obras coligadas distinto do sofrível por cada uma das obras em conexão isoladamente consideradas). Neste sentido, os direitos sobre o *novo objecto jusautoral* não derivam do direito de autor nas obras coligadas, pois não preexistem ao acto de coligação. A coligação de obras é acto constitutivo de uma nova situação de direito de autor.

Na nova situação de direito de autor assim constituída, o direito de autor é exercido nos termos gerais, embora limitado pelo *fim da coligação*.

SECÇÃO IV
Fonte da situação jusautoral (conexa) constituída pela *produção de suportes que fixam obras* – o investimento empresarial e o contrato para fixação fono/videográfica

47. **A produção de suportes de obras – em particular, o investimento empresarial e o contrato para fixação fono/videográfica**

I – O confronto das figuras do *produtor (de obra) audiovisual* e do *produtor de fono/videogramas* ilustra bem a distinção que explica a posição jusautoral deste último, um "produtor de suportes" de obras intelectuais.

O "produtor de obras" – *maxime* o produtor de obras cinematográficas ou outras audiovisuais (cfr. art. 140º CDA*) – *participa no processo criativo das obras que "produz"*. Como vimos, não significa isto que o produtor (de obra) audiovisual seja autor nem que, pelo menos nos ordenamentos jusautorais de raiz latino-germânica, "goze de prerrogativas de co-autor dessa obra"[422]. No entanto, a sua intervenção no processo criativo que culmina na exteriorização da obra na sua expressão formal primeira – em execução, aliás, do próprio *"contrato de realização e de produção cinematográfica/audiovisual"*[423] – não consente que se lhe negue uma cooperação na activi-

---

[422] *Até à transposição da Directriz 92/100/CE* para o direito britânico, o autor das obras cinematográficas era «*a pessoa* [individual ou colectiva] - *que promove os actos necessários à sua obtenção/produção*». Após a transposição da Directriz 92/100/CEE* para o ordenamento jurídico do Reino Unido – pelas *"The Copyright and Related Rights Regulations 1996, No. 2967"* (novas secs. 9(2)(ab) e 10(1A) UK CDPA*) –, a obra cinematográfica é hoje ali caracterizada como uma obra de *autoria conjunta* do realizador e do produtor. E, quanto a este último, que é «*a pessoa responsável pela organização* [do empreendimento que leva à sua formalização], *particularmente quanto aos aspectos financeiros*».

[423] Segundo o tipo paradigmático que procuramos definir *infra*, n.ºs 60 e 68.

dade criadora que está para além da que anunciaria a sua designação como *"empresário do filme"* – na expressão do art. 126º/1 CDA*[424].

Por outro lado, na linha do que escrevemos recentemente, «a produção de videogramas (e de fonogramas ou de fono/videogramas), objecto de tutela pela atribuição de *direitos conexos* – nos termos expressos da lei (por todos, cfr. art. 176º/1e /3[425]), conforme ao convencionado internacionalmente (art. 3-c) CRoma*) – não tem qualquer relevância no processo, quer criativo quer empresarial, de produção de obras, incluindo as audiovisuais»[426].

O produtor cinematográfico/audiovisual envolve-se no processo criador da obra que "produz", ainda que tão-só ao providenciar o enquadramento organizacional sem o qual a realização da obra (audiovisual) não é praticável. Como veremos, fica investido de verdadeiros poderes de autor: o exclusivo de exploração económica (audiovisual) da obra que produz é *efeito do contrato que celebra para a realização* (que é actividade criadora) *daquela*.

O produtor de um fono/videograma, que é aquele que "pela primeira vez fixa uma obra em filme (ou em outro suporte fono/videográfico) ou sons, imagens ou sons e imagens", adquire um direito conexo por acto próprio: essa sua acção, que consiste tão-só em fixar uma obra em suporte tangível, é em absoluto *não criadora*.

---

[424] O "patrocínio empresarial" no processo de exteriorização e de individualização das obras cinematográficas é, sublinhe-se, precisamente o factor que TULIO ASCARELLI (*"Teoria della Concorrenza..."*, tradução espanhola cit. da edição de 1960, XIII-26, pags. 708 ss.) realça como mais característico da verdadeira produção cinematográfica – pode confrontar-se *infra*, no n.º 66, a nossa apreciação do direito italiano que regula a produção audiovisual.

[425] Confrontámos a alteração deste preceito do CDA* pela Lei n.º 50/2004, de 24-8. No entanto, os números 1 a 3 do citado art. 176º não sofreram alteração.

[426] Em trecho dedicado ao tema, no âmbito do nosso *"Filmagem de espectáculos desportivos e «direito de arena»"*, cit., 2.3., pag. 49.

Como também sublinhámos então, mesmo no ordenamento britânico, em que a outorga de "copyright" implica a fixação das obras em suporte material, os "sound recordings" e os "films" – *ex vi* sec. 5(1)(b) UK CDPA* – são protegidos como *objecto independente* das obras que fixem (cfr. *infra*, n.º 62). De forma ainda mais nítida, no direito dos EUA, verifica-se o contraponto entre os "motion pictures" e os "films" ou "tapes" que os incorporem e, bem assim, a distinção entre "sound recording" (obra) e "phonorecord" (meros suportes, com excepção expressa «*dos que acompanhem obras cinematográficas ou audiovisuais*») – cfr. secs. 102(a)(6) e 101 US Copyr.Law* e o nosso comentário *infra*, n.º 63.

O seu direito (conexo) como produtor *incide sobre a exploração económica dos suportes fono/videográficos em que fixe obras e é só mediatamente que atinge a exploração da obra ou obras audiovisuais* cuja "primeira fixação" empreende – se for o caso, já que a tutela jusautoral conexa abrange a fixação de sons ou imagens não criativos. E isto não porque tenha qualquer intervenção no respectivo processo criador nem sequer porque contrate essa criação com o(s) autor(es) da(s) obra(s) que fixe, mas simplesmente porque lhe são atribuídas faculdades de utilização (pelo *"contrato de fixação fono/ videográfica"* que examinamos de seguida), quiçá até pelo produtor audiovisual que entretanto tenha adquirido o direito de exploração da obra[427].

II – Em expressão inequívoca da qualificação legal do feixe de poderes correspondente à produção de fono/videogramas como direito conexo, deve ter-se presente o disposto no art. 7º/1, alíneas b) e c), do Decreto-lei n.º 332/97, de 27-11[428], que qualifica a outorga do *direito de distribuição* (pôr em circulação) ao *"produtor de fonogramas ou de videogramas"* e ao *"produtor das primeiras fixações de um filme"* como «*extensão* (daquela faculdade) *aos titulares de direitos*

---

[427] Explica-o bem OLIVEIRA ASCENSÃO – *"Direito Civil – Direito de Autor e Direitos Conexos"*, cit., n.ºs 388 e 389, pags. 566 ss. –, quando especifica que a protecção jusautoral/conexa da posição do produtor de fono/videogramas *não é reflexo da protecção da obra literária ou artística* [como] *resulta do facto de a tutela se manter mesmo que a obra caia no domínio público*. E continua (*ibidem*): «[...] *o fonograma ou videograma é da mesma forma protegido quando não contém nenhuma obra literária ou artística: quando se limita a reproduzir ruídos da natureza, por exemplo.*» - ob. cit., n.º 388-II. O mesmo Autor (*ibidem*, n.º 388-III) antecipa, porém, a consequência que a defesa de tal posição comporta, ao reconhecer que poderá conduzir a encontrar, por esta via e como objecto *comum* da tutela jusautoral, uma «*prestação empresarial, englobando as do empresário de espectáculos, do produtor de fonogramas, do organismo de radiodifusão e do produtor cinematográfico*».
Conclui, enfim (*ob.* cit., n.º 389), o que subscrevemos: «...*o que se sujeita a um regime particular é a utilização da coisa incorpórea, mediante a utilização da coisa corpórea* [...]. *O objecto do direito é pois a própria coisa corpórea, muito embora este direito nada tenha que ver com a propriedade da coisa corpórea* » - intercalados nossos.
[428] O Decreto-lei n.º 332/97 transpõe para o ordenamento jurídico português a Directriz da UE n. º 92/100/CEE*, relativa *"ao direito de aluguer, ao direito de comodato e a certos direitos conexos aos direitos de autor em matéria de propriedade intelectual"* – cfr. *supra*, em "Abreviaturas de uso frequente".

conexos», que têm precisamente por objecto «*o original ou cópias da obra*»; trata-se pois de suportes materiais (bens corpóreos) como meros veículos de circulação, nomeadamente, de obras[429].

É assim legítimo que se sustente que *o direito do produtor do fono/videograma* – nos termos do art. 176º/1 e /3 CDA*[430] – se constitui *originariamente* na sua titularidade e – o que é mais revelador – que *nasce de uma actividade própria, a fixação em suporte físico de obra intelectual ou de interpretação ou execução artísticas, mas é independente da tutela (também jusautoral) destas*. Esta asserção é tanto mais importante quanto marca a autonomia do *pressuposto*, bem como a separação do *objecto* de tutela jusautoral, mas não esclarece, muito pelo contrário, a outorga de poderes jusautorais ao respectivo produtor.

Como explicar, então, que se lhe outorguem poderes típicos de um verdadeiro titular de direitos de conteúdo análogo aos de um autor? Antes de formularmos uma explicação, examinemos as *fontes* da atribuição desses poderes.

III – Temos presente que aquele que "*fixa pela primeira vez em suporte fono/videográfico sons, imagens ou imagens e sons*" – dito "produtor de (fono)/videogramas"[431] – não empreende necessariamente assim *a utilização de uma obra*: se os sons ou imagens fixados não consubstanciarem qualquer obra intelectual, nem por isso deixa de constituir-se o referido *direito conexo*, já que, nos termos da citada disposição legal portuguesa, («[...] *fixa pela primeira vez os sons provenientes de uma execução* [de obra] *ou quaisquer outros*,

---

[429] Como já assinalámos em nota (38) à pag. 50 do nosso "*Filmagem de espectáculos desportivos ...*", cit.: «A protecção é outorgada à *primeira fixação* de sons ou de imagens «de qualquer proveniência» – cfr. art. 176º/3 CDA*, que podem assim figurar ou não obras protegidas. Aliás, logo o art. 177º "ressalva" os direitos dos autores das obras utilizadas, revelando a produção de um fonograma ou videograma como aquilo que verdadeiramente é: a *fixação*, sujeita a autorização do titular do direito de autor, de uma obra intelectual.

[430] Confrontámos a alteração deste preceito do CDA* pela Lei n.º 50/2004, de 24-8. No entanto, os números 1 a 3 do citado art. 176º não sofreram alteração.

[431] Cfr. art. 3-c) CRoma*, art. 7º/1 Directriz da União Europeia (UE) n. º 92/100/CEE*, art. 2-d) WPPT* e art. 176º/3 CDA*.

ou as imagens de qualquer proveniência, acompanhadas ou não de sons» – art. 176º/3 CDA*).

Nota-se, porém, que o art. 141º CDA* consagra o princípio da reserva de fixação/gravação de obras em suporte material como exclusivo do autor destas – já estabelecida no art. 68º/2-d) CDA*, que dispõe que «[...] *fixação é a incorporação de sons ou imagens* [...] *num suporte material suficientemente estável e duradouro que permita a sua percepção, reprodução ou comunicação de qualquer modo»*[432/433/434].

---

[432] A ideia de equivalência entre as noções de *fixação* e *reprodução* de obras, que ressalta da combinação daquelas disposições, é rebatida por OLIVEIRA ASCENSÃO que sustenta que nem toda a fixação deve ser considerada reprodução: «*A reprodução – uma vez que se fala em cópias [ex art. 176º/7 CDA*] – impõe assim a preexistência dum exemplar. A reprodução implica necessariamente uma pluralidade de exemplares.*» (cfr. OLIVEIRA ASCENSÃO, *"Direito Civil – Direito de Autor e Direitos Conexos"*, cit., n.º 154-III, pag. 229, com intercalado nosso). E o mesmo Autor continua (*ibidem*): «*Fixação, num sentido muito amplo, é a outorga dum suporte material, que pode ser único. A reprodução, porém, mesmo que seja em exemplar único (art. 81º/a), pressupõe sempre uma pluralidade de exemplares.*».

O mesmo Autor acrescenta, a propósito do que designa "direito de fixação": «*Mas para haver direito de fixação é necessário que se verifiquem ainda duas situações típicas. 1º A fixação da obra em aparelho destinado a proporcionar por meios mecânicos, eléctricos, electrónicos ou químicos a comunicação da obra ao público* [no sentido do disposto no art. 68º/2-d) CDA*]. *2º Que se trata de fixação sonora ou visual, nas condições do art. 141º/1:* "*a incorporação de sons ou de imagens, separada ou cumulativamente, num suporte material suficientemente estável e duradouro que permita a sua percepção, reprodução ou comunicação de qualquer modo, em período não efémero.*"» (OLIVEIRA ASCENSÃO, última *ob.* cit., n.º 155-I-IV, pags. 230/231, com intercalado nosso).

Este postulado parece ser também o que tem maior correspondência no sentido da norma – contida no mencionado art. 68º/2-d) CDA* –, da qual transparece que o exclusivo do autor quanto à fixação/gravação de obra sua se circunscreve à que ocorra em *suporte apto à reprodução* (mecânica, eléctrica, electrónica, química e, quiçá, digital) e *destinada* à sua apresentação ou comunicação públicas, e que esta última depende de autorização específica do autor que já tenha consentido na fixação (cfr. art. 141º/1 e /3 CDA*). Isto, sem prejuízo da nossa verificação de que, em transposição da Dir.Soc.Inf.* (*maxime* do seu art. 2º), tenha sido alterada – não necessariamente a norma do disposto na citada *alínea d)* do n.º 2 do art. 68º CDA*, que regula a "fixação/gravação de obras –, mas a contida no disposto na *alínea i)* do mesmo artigo legal que reserva o exclusivo de "reprodução por quaisquer meios". Tal não implicará, contudo, que a noção de "*fixação*" se altere: na nossa perspectiva ela continua a ser "acto preparatório da reprodução" de obras; simplesmente, poderá (deverá) considerar-se que, em "ambiente informático" ou outro de índole análoga, poderá ocorrer "reprodução temporária/efémera" não precedida de "fixação/gravação em suporte estável".

Como antecipámos, trata-se de uma verdadeira "autorização para o aproveitamento de um *outro* bem" (o exemplar, *coisa corpórea*, em que pode fixar-se uma obra), mas não para a exploração económica *imediata* da obra fixada. Significa isto que o exclusivo assim outorgado ao produtor (*ex vi* art. 176°/3 CDA*) sobre o fono/videograma que fixe uma obra ou uma prestação artística é um direito – porventura um *direito real* – sobre o suporte em que aquelas se fixam, fruto da "indústria" do *produtor do fono/videograma*? Parece claro que não, mas continua por apurar qual a *fonte* da atribuição destes poderes ao produtor de fono/videogramas.

IV – Vimos já que a posição jurídica do produtor de suportes de obras não permite confusão com a do que *produz obras cinematográficas/audiovisuais*, pois não representa qualquer participação no processo de exteriorização (criação e produção) das obras fixadas sob a autorização concedida. Sabemos também que é totalmente independente do direito *real* que incida sobre a coisa corpórea, o suporte (cada exemplar do fonograma ou do videograma).

Verificamos também que o art. 184°/1 e /2 CDA* faz depender de autorização do produtor do fonograma ou videograma *a reprodução ou distribuição ao público (de cópias) dos mesmos* e a sua *comunicação pública por qualquer forma* (que a lei designa com alguma imprecisão, respectivamente, "difusão por qualquer meio" e "execução pública"[435/436]).

---

[433] Confrontámos a alteração deste preceito do CDA* pela Lei n.º 50/2004, de 24-8. No entanto, a alínea d) do n.º 2 do citado art. 68° não sofreu alteração.

[434] Importa também que se saliente que, independentemente do entendimento apontado à expressão legal destes conceitos, a "fixação" – a que refere o citado art. 141° CDA* –, que estará na base do referido "contrato de fixação fonográfica ou videográfica", não é mera faculdade de utilização patrimonial (jusautoral) de uma obra.

Com efeito, o n.º 2 do mesmo preceito legal dispõe expressamente que a autorização para a fixação de sons ou imagens «habilita [?] a entidade que a detém [?] a fixar, reproduzir e vender os exemplares reproduzidos» – intercalados nossos.

[435] Já assinalámos antes – cfr. nota (34) à pag. 48 do nosso *"Filmagem de espectáculos desportivos ..."*, cit. – a falta de rigor conceptual das expressões legais citadas ("difusão" e "execução pública"). Sobre estas, OLIVEIRA ASCENSÃO, *"Direito Civil – Direito de Autor e Direitos Conexos"*, cit., n.º 390-III, pag. 570, bem salienta que: «*A execução pública é uma das modalidades da difusão por qualquer meio. Mas também "qualquer*

Por outro lado, a lei faz depender de autorização do autor «[...] *a fixação da obra, entendendo-se por fixação a incorporação de sons ou de imagens, separada ou cumulativamente, num suporte material suficientemente estável e duradouro que permita a sua percepção, reprodução ou comunicação por qualquer modo,* [...].». Esta "autorização" deve ser outorgada por escrito e é atribuída como efeito do que a lei denomina "*contrato de fixação fonográfica ou videográfica*" que investe o beneficiário (o dito "produtor do suporte") dos poderes de «*fixar a obra, reproduzir, pôr em circulação e comunicar ao público a obra fixada nesse suporte*» – cfr. art. 141º/2 e /3 CDA*[437].

Verificamos então que aquele que pretenda a exploração económica de um fono/videograma que fixe uma obra interfere simultaneamente com o *exclusivo (jusautoral conexo) do produtor do fono/videograma que a fixe* e com o *exclusivo do autor da obra que se contém nesse produto*[438]. Quanto a este último, deparará – uma vez que pretende também a utilização da obra *fixada* no fono/videograma – com a reserva outorgada pelo autor ou pelo artista ao produtor do suporte, mediante a *atribuição de uma licença típica*: a que nasce do chamado *contrato de fixação fono/videográfica*.

---

forma de comunicação pública" (n.º 3) [do citado art. 184º CDA*] *equivale a* "*difusão por qualquer meio*". *Com diferente terminologia, os dois números abrangem afinal a mesma realidade de utilização, a* "unkörperliche Wiedergabe" [a "comunicação (pública) incorpórea" que é noção que caracterizaremos em exame da doutrina alemã].» - intercalados nossos.

[436] Confrontámos a alteração deste preceito do CDA* pela Lei n.º 50/2004, de 24-8. No entanto, a alteração aos n.ºs 1 e 2 do citado art. 184º não altera a essência do exclusivo jusautoral aqui descrito, nem, sobretudo, o sentido da asserção que construímos com base nesta disposição legal.

[437] Como já antes salientámos (cfr. nota (40) à pag. 53 do nosso "*Filmagem de espectáculos desportivos ...*", cit.), OLIVEIRA ASCENSÃO, "*Direito Civil – Direito de Autor e Direitos Conexos*", cit., n.º 157-II, pags. 232/233, afirma que «*melhor se falaria de um contrato de edição fonográfica ou videográfica*». Não obstante, pensamos que se divisa no sinalagma do contrato de edição *proprio sensu* o *dever* correspectivo do "editor" de promover a reprodução, distribuição e venda dos exemplares da obra editada, que aqui não se regista consagrado. Por outro lado, a própria lei (cfr. art. 147º/1 CDA*), que torna aqui subsidiário o regime do *contrato de edição*, sugere também a aplicação parcial, "*com adaptações*", do regime da *recitação e execução* à regulação do «*espectáculo consistente na comunicação pública de obra fonográfica ou videográfica*». Em todo o caso, a ideia de *licença para fixar e reproduzir em exemplares*, subjacente à edição, não deixa de fazer sentido quando aplicada à produção de fono/videogramas.

[438] Cfr. o nosso "*Filmagem de espectáculos desportivos ...*", cit., 2.3.1., pag. 52.

V – Para OLIVEIRA ASCENSÃO: «*O objecto do direito* [do produtor de fono/videogramas] *é* [...] *a própria coisa corpórea, muito embora este direito nada tenha que ver com a propriedade da coisa corpórea. Atende-se a um tipo de particulares utilizações desta* [as que a tomam como *meio* de utilização da obra], *em vez de atender à universalidade das utilizações, como na propriedade*»[439]. Concordamos que o direito do produtor de um fono/videograma não tem por objecto *nem uma obra* nem a sua interpretação ou execução artísticas: os direitos dos autores e os dos artistas intérpretes ou executantes das obras fixadas, se não permanecem intocados na medida em que podem ver-se *concedidos ao produtor do suporte para os fins da fixação*/gravação por mero efeito do contrato de fixação, constituem-se originariamente na titularidade daqueles. Por outro lado, não se configura também *o aproveitamento típico reservado ao proprietário* de uma coisa: o que adquire a propriedade *do suporte* de um fono/videograma não fica investido de poderes que consintam, como ao produtor desse objecto de direitos conexos, a sua reprodução lícita ou quaisquer outras faculdades ligadas à *exploração da obra* fixada, nos termos expressos do art. 141º/4 CDA*.

Simplesmente, quer o dito "suporte material" (analógico ou digital) fixe uma obra, uma prestação artística ou, por exemplo, uma base de dados (objecto do novel "direito *sui generis*"), encontramos um complexo de situações jurídicas que normalmente não se acolheriam sob a capa do Direito Intelectual, pois que têm como *pressuposto* actividades de formalização de bens em que o componente técnico-empresarial sobreleva, quando não substitui inteiramente, qualquer *espécie* de criação espiritual. Trata-se, isso sim, de reservar como privativas faculdades que são típicas da criação de obras a *produtores* (que promovem a fixação) de *bens imateriais*, independentemente da natureza destes. Em todo o caso:

- o pressuposto da tutela jusautoral – se bem que "conexa" – não é aqui a criação de obra intelectual, mas o *investimento numa actividade técnica industrial e comercial*;

---

[439] OLIVEIRA ASCENSÃO, *"Direito Civil – Direito de Autor e Direitos Conexos"*, cit., n.º 389-I, pag. 568 – intercalado nosso.

- acresce a atribuição, pelo autor, de faculdades de utilização da obra fixada no fono/videograma por efeito do *contrato para fixação fono/videográfica*.

As fontes da situação jusautoral conexa ligada à produção de fono/videogramas são assim:

a) uma actividade própria de cariz industrial: a "primeira fixação em suporte material" de sons, imagens ou de sons e imagens (sejam ou não criativos);

b) quando promova a fixação de obra intelectual, *também o contrato de fixação fono/videográfica*.

VI – Em tese geral, deve, pois, reter-se que, aos direitos de autor em que se vejam investidos os que *criam* quaisquer obras intelectuais ou os que *produzem* obras audiovisuais[440], acresce o reconhecimento legal de *direitos conexos ao que empreende a "(primeira) fixação" de obras em suportes materiais* (no caso, os fono/videogramas) que são aptos à sua reprodução e que constituem um *meio* para a sua comunicação pública[441].

---

[440] O art. 24º CDA* é expresso no reconhecimento da *co-autoria nas obras videográficas* ao "realizador e aos autores do texto ou da música". Não obstante as críticas que nos merece esta formulação, fica clara a demarcação legal entre a *autoria* das obras audiovisuais e a posição jurídica do *produtor* dos suportes videográficos.

[441] Confronte-se trecho de ACÓRDÃO DO SUPREMO TRIBUNAL DE JUSTIÇA, de 21-5-1996, in Col.Jur.*, t. II-S.T.J. (1996), pags. 78 ss. (*maxime* pag. 79), de que é Relator HERCULANO LIMA: «[...], *a entidade a quem é concedida autorização para a fixação da obra, a qual pressupõe a autorização do respectivo autor (artigo 3º n.º 1, do Decreto-lei n.º 227/89, de 8 de Junho* ["Importação, fabrico, produção, edição, distribuição e exportação de fonogramas"]) *fica com o direito de reproduzir e vender os exemplares reproduzidos, nos termos do n.º 2 do artigo 141ª* [CDA*]. *Mais pertencendo ao produtor do fonograma o direito de proceder à sua distribuição, óbvio é que a distribuição por terceiro está apenas dependente da sua autorização.*» – intercalados nossos..

Explícita e, quanto a nós, acertada neste sentido, postula o seguinte excerto de ACÓRDÃO DA RELAÇÃO DE LISBOA, de 3-11-94, in Col.Jur.*, t. V (1994), pags. 87 ss. (*maxime* pag. 89), de que é Relator CARVALHO PINHEIRO (em comentário a normas – sucessivamente fixadas nos arts. 4º, 61º/1, 137º-1, 138º e 141º do Código de Direito de Autor português de 1966 e dos arts. 1º-a) e –b) e 2º-a) da Lei n.º 41/80, de 12-8 – que considera consagrarem princípios que o CDA* vigente acolhe também): «[...] *a Apelante, necessitava para editar fotograficamente uma obra já lançada no estrangeiro, de obter dois tipos de autorização do produtor originário, proprietário do "master" (matriz) em que a obra está fixada, mas também a autorização do respectivo autor, criador da obra, ou dos seus representantes.*».

O direito do produtor de fono/videogramas não é, assim, nem direito real nem direito de autor: é direito (conexo) que tem por fonte tanto uma acção própria (o *investimento empresarial* na primeira fixação da obra em suporte) como – quando promova a fixação de obras intelectuais – o *contrato para fixação fono/videográfica* (pelo qual o autor autoriza a fixação e com isto atribui faculdades de utilização da obra fixada).

SÍNTESE EM RECAPITULAÇÃO
Fonte da situação jusautoral (conexa) constituída pela produção de suportes que fixam obras – o investimento empresarial e o contrato para fixação fono/videográfica

1. É legítimo que se sustente que *o direito do produtor do fono/ videograma* – nos termos do art. 176º/1 e /3 CDA* – se constitui *originariamente* na sua titularidade e – o que é mais revelador – que *nasce de uma actividade própria, a fixação em suporte físico de obra intelectual ou de interpretação ou execução artísticas, mas é independente da tutela (também jusautoral) destas*.

2. O produtor do fono/videograma deparará – uma vez que pretende também a utilização da obra *fixada* no fono/videograma – com a reserva outorgada pelo autor ou pelo artista ao produtor do suporte, mediante a *atribuição de uma licença típica*: a que nasce do chamado *contrato de fixação fono/videográfica*.

3. As fontes da situação jusautoral conexa ligada à produção de fono/videogramas são:

a) uma *actividade própria de cariz industrial*: a "primeira fixação em suporte material" de sons, imagens ou de sons e imagens (sejam ou não criativos);

b) quando promova a fixação de obra intelectual, *também o contrato de fixação fono/videográfica*.

4. O direito do produtor de fono/videogramas não é, então, nem direito real nem direito de autor: é direito (conexo) que tem por fonte tanto uma acção própria (o *investimento empresarial* na primeira fixação da obra em suporte) como – quando promova a fixação de obras intelectuais – o *contrato para fixação fono/videográfica* (pelo qual o autor autoriza a fixação e com isto atribui faculdades de utilização da obra fixada).

SECÇÃO V

A *alienação de suporte material de obra* como acto conformador de uma nova situação jusautoral

48. Exame de um modelo particular: as obras fotográficas criadas em execução de contrato

I – Uma excepção aparente, quanto aos *pressupostos* – que não quanto à *natureza*, como se verá – *da atribuição* de faculdades que conformam originariamente a situação de direito de autor, é a que resulta observável no regime das obras fotográficas (*ex* art. 165º/2 CDA*).

II – Agora que cuidamos do exame de modelos de *criação em cumprimento de dever funcional*, justifica atenção particular o regime (também) excepcional, previsto no art. 166º CDA*, para a *atribuição* – por cessão presumida – *de faculdades de direito de autor nas* fotografias *ao adquirente do suporte material ("negativo" ou película fotográfica)*. Dir-se-ia que não confrontamos um exemplo de *criação funcional*, uma vez que, excepto se a obra fotográfica cujo suporte é alienado for *criada por conta de outrem*, a alienação do respectivo suporte material pressupõe a sua exteriorização formal com prévia constituição do correspondente direito de autor. Contudo, *é perfeitamente configurável uma situação em que* – em cumprimento de contrato, com ou sem enquadramento empresarial[442] –, o autor-fotógrafo ora recorre a equipamento (os suportes materiais das fotografias incluídos) da entidade que o contrata ora aliena os negativos das obras fotográficas que realize.

---

[442] Não esquecemos a caracterização muito particular que o art. 165º/2 CDA* empresta ao regime das fotografias criadas no âmbito de contrato, que examinaremos de seguida.

III – Trata-se de matéria que reveste particular importância, sobretudo no domínio da "foto-reportagem", porque é muito frequente que o autor-fotógrafo recorra quer a equipamento e suportes fotográficos de uma empresa jornalística (especialmente se for trabalhador desta) quer à cedência a esta dos suportes das prestações fotográficas que realiza. Depois, afigura-se constituir uma das poucas excepções à regra – art. 10º/2 CDA* – da independência entre vicissitudes sofridas pelos direitos sobre os suportes de obras e as atribuições de direito de autor, não sendo também indiferente a natureza dos efeitos dos actos de atribuição envolvidos.

Partilhamos a opinião segundo a qual se trata aqui de uma *atribuição de faculdades de direito de autor presumida do acto de alienação do negativo/película/suporte da obra fotográfica*[443/444]. Subsistem, contudo, duas outras questões: a da *natureza desta atribuição* do direito de autor; e a do estatuto da *obra fotográfica* (incorporada em obra colectiva como um "jornal ou outra publicação periódica") *que seja criada com equipamento e suportes que sejam propriedade da empresa jornalística.*

---

[443] Neste sentido, veja-se, por todos, OLIVEIRA ASCENSÃO, *"Direito Civil – Direito de Autor e Direitos Conexos"*, cit., n.º 348-III, pag. 505.

[444] Aprecia-se, em ACÓRDÃO DA RELAÇÃO DO PORTO, de 20-10-1992, in Col.Jur.*, t. IV (1992), pags. 257 ss. (*maxime* pag. 258), que tem como Relator CARDOSO LOPES, a jurisprudência firmada sobre a titularidade do direito de autor em dada fotografia que poderia advir da propriedade do fotograma. Ali se expõe, em aplicação incontroversa do disposto nos dois números do art. 10º CDA*, que: «*A simples propriedade do exemplar fotográfico não confere quaisquer direitos à obra em si como coisa incorpórea, [...]*». Mas continua: «*É certo que – art. 1305º do Cód. Civil – "o proprietário goza de modo pleno e exclusivo dos direitos de uso, fruição e disposição das coisas que lhe pertencem". Porém, negado que seja o invocado direito de autor, o simples proprietário do exemplar fotográfico não goza, face ao disposto no art. 10º, n.º 2, do exclusivo de reprodução. Não é aplicável ao caso "sub judice" o art. 1305º do Cód. Civil, pois só a título subsidiário é que poderia ser aplicado, como se prescreve no art. 1303º do mesmo código. Nos termos deste n.º 2, "são, todavia, subsidiariamente aplicáveis aos direitos de autor e à propriedade industrial as disposições deste código, quando se harmonizem com a natureza daqueles direitos e não contrariem o regime para eles especialmente estabelecido.*». Julgamos que o juízo formulado confirma o que pensamos: a propriedade do negativo, película fotográfica/fotograma que seja suporte de obra fotográfica não determina, por si só, a titularidade de qualquer direito de autor; não obstante, pode deduzir-se da alienação desse negativo – pelo autor ao comitente da obra fotográfica – a atribuição de faculdades de exploração económica da obra que fixa.

IV – No que respeita ao último problema, julgamos que, dado os efeitos que a lei – art. 166º CDA* – presume da *"alienação do negativo"*, não se verifica uma verdadeira cessão global do direito de autor em benefício do adquirente do suporte da obra fotográfica. À semelhança do que ocorre com idêntico pressuposto (a alienação do suporte da obra) para a *atribuição de faculdade de expor as* obras de artes plásticas – cfr. art. 157º/2 CDA* –, julgamos que o autor da obra fotográfica que aliena o seu suporte *atribui em exclusivo ao adquirente*, salvo convenção em contrário, *as faculdades de utilização patrimonial inerentes (e limitadas) à sua exploração para os fins da alienação do suporte*, a qual não representa mera tradição material da película fotográfica, mas é verdadeiro *efeito do negócio de alienação que constitua direitos sobre o negativo*[445].

A circunstância de a lei enumerar as faculdades atribuídas com a alienação (cfr. art. 165º/1 *ex vi* art. 166º), bem como o facto de omitir formalidades e requisitos formais da transmissão total do direito (cfr. art. 165º/1 *ex vi* art. 166º) indiciam confrontarmos uma simples autorização, com exclusivo, para exploração segundo as modalidades e para os fins do negócio de alienação do suporte – e não a transmissão global do direito de autor[446].

No entanto, não pode esquecer-se que a incorporação da obra fotográfica na obra (presumivelmente colectiva) jornalística resulta necessariamente de acordo para esse fim. Ora, quando o autor da fotografia não esteja já vinculado à empresa por *contrato para a criação dessa obra*, a atribuição das faculdades de utilização para os

---

[445] OLIVEIRA ASCENSÃO, também em *"Direito Civil – Direito de Autor e Direitos Conexos"*, cit., nota (3), pag. 505, ao n.º 348-III, também reconhece existir um verdadeiro *negócio de alienação* – e não mera tradição material da coisa – no acto que, com este efeito jusautoral acessório, transfere o negativo/película fotográfica. A sua conclusão é, porém e como assinalamos na nota seguinte, diferente da nossa.

[446] Pelo contrário, como vimos, OLIVEIRA ASCENSÃO, última *ob.* cit., n.º 291-I, considera esta, a par das consagradas nos arts. 17º/3 e 157º/2, como modalidades de «*cessão não negocial*». Ora, verifica-se que o mesmo Autor a qualifica também como «*atribuição patrimonial do direito de autor presumida, não da mera tradição do negativo, mas do negócio de alienação que seja acompanhado da constituição de direitos sobre o negativo*» (*ob.* cit., nota (3), pag. 505, ao n.º 348-III). A particularidade *excepcional* reside, pois, apenas na atribuição de efeitos jusautorais a um *negócio* de disposição de coisa corpórea que é suporte necessário da obra (como é também o caso das obras de artes plásticas ditas "de exemplar único").

fins de exploração jornalística pela empresa tanto pode resultar de *acto* que autoriza o empresário à utilização com esse fim como, o que é porventura até mais frequente, da alienação do negativo fotográfico, por *negócio* que tem por efeito presumido por lei essa mesma autorização de utilização, neste caso sempre com carácter *exclusivo* que veda toda a ulterior "utilização em separado" pelo autor-fotógrafo[447].

V – O art. 165º/2 CDA* não é explícito na consagração de uma atribuição originária da titularidade do direito de autor ao comitente da obra fotográfica: estabelece «[...] *presume-se que o direito previsto neste artigo pertence à entidade patronal ou à pessoa que fez a encomenda*». E que "direito" é esse? Não mais do que o *conjunto de faculdades* («*de reproduzir, difundir e pôr à venda com as restrições referentes à exposição, reprodução e venda de retratos* ...»), que enumera no n.º 1 e que não preenchem o conteúdo íntegro do direito patrimonial, enunciado no art. 68º CDA*.

Em todo o caso, depara-se uma *inversão da presunção* (*ex* art. 14º/2 CDA*) de *atribuição originária do direito ao autor*. Assinalaremos solução equiparável em normas de teor idêntico a propósito das *obras-base de dados* e dos *programas de computador* (*infra*, n.º 78). Vale o que ali expomos na parte que aqui releva: «se nada for convencionado – e, é claro, se nada for convencionado em contrário –, constituem-se originariamente na esfera jurídica do empregador ou do comitente – se não a *titularidade*[448] – pelo menos um conjunto

---

[447] Com posição diferente, OLIVEIRA ASCENSÃO, *"Direito Civil – Direito de Autor e Direitos Conexos"*, cit., n.º 348-III, pag. 505 e n.º 291-I, pag. 430, afirma estarmos perante a «*consagração de uma forma completamente diferente de transmissão do direito de autor* [...] *que dispensa o formalismo em geral estabelecido para a transmissão universal*». Assinale-se que este Autor, *ob.* cit. n.º 291-I, coloca esta em paralelo com outras formas de *atribuição presumida* do direito patrimonial, a saber: a prevista no art. 157º/2 CDA*, em que se presume a *atribuição do direito de exposição da obra de arte plástica ao adquirente do respectivo suporte*; a *"cedência"* presumida do direito de exploração pelo colaborador que aceite a omissão da menção da sua co-autoria na divulgação da obra em colaboração, nos termos do art. 17º/3 CDA* – logo analisaremos estas.

[448] Como veremos a propósito dos *programas de computador e das obras-base de dados criadas em execução de contrato para criação de obra intelectuais*, a caracterização da posição jurídica do comitente (também) depende do que concluirmos sobre a *natureza da atribuição contratual conformadora da situação jusautoral* (veja-se *infra*, n.º 85).

significativo de faculdades patrimoniais de autor; em contrapartida, não se vê que esta regra não consinta *estipulação diversa*, nos termos do art. 14º/1 CDA*, dado que a excepção que consagra se dirige à previsão do art. 14º/2 e tão-pouco se compreende na ressalva que aquele n.º 1 anuncia (a que respeita ao regime do art. 174º CDA* [...]).»

A inversão desta presunção não invalida, porém, que o direito de autor, ainda que assim reconhecido na esfera jurídica do que contrata a criação da obra fotográfica, seja *atribuído segundo os princípios e regras que caracterizam* – como vamos descobrindo – *toda a situação jusautoral conformada convencionalmente*: aqui, *inverte-se a presunção caso falte a convenção que estipule a atribuição* (veremos que tal ocorre também, por exemplo, se a obra for utilizada sem menção da designação que identifique a autor-criador); não se exclui *que se convencione a atribuição, ao autor, da titularidade originária do direito.*

SÍNTESE EM RECAPITULAÇÃO

A alienação de suporte material como acto conformador de uma situação jusautoral

A inversão da presunção (contida no art. 14º/2 CDA*) não invalida que o direito de autor, ainda que assim reconhecido na esfera jurídica do que contrata a criação da obra fotográfica, seja *atribuído segundo os princípios e regras que caracterizam* – como vamos descobrindo – *toda a situação jusautoral conformada convencionalmente*. Aqui, *inverte-se a presunção caso falte a convenção que estipule a atribuição*; não se exclui *que se convencione a atribuição originária do direito ao autor.*

SECÇÃO VI
Criação funcional em execução de *trabalho subordinado* e de *prestação de serviço* – autonomia criativa e subordinação jurídica

SUBSECÇÃO I
Enquadramento

49. Trabalho e serviço para-criativos – determinação da prestação devida

I – Poderia, em primeira análise desta matéria, julgar-se que todo o contrato que constituísse a obrigação de criar obra intelectual se diria com eficácia jusautoral (*"contrato de direito de autor"*). Assim, por exemplo: actos como os de execução (e, quiçá, a própria celebração) de um *contrato de trabalho* que compreendesse a prestação de "trabalho intelectual"[449] aspirariam a uma plena eficácia jusautoral, ainda que dos mesmos não resultasse a exteriorização de qualquer objecto em que fosse reconhecível o mais leve resquício de expressão formal criativa, desde que se convencionasse que qualquer obra intelectual criada "pertenceria", a par de todos os demais "produtos" da actividade assalariada, à entidade empregadora[450]. Na mesma

---

[449] Conforme caracteriza o expressamente previsto nomeadamente no art. 5º/1 da LCT*, segundo distinção que o Código do Trabalho (aprovado pela Lei n.º 99/2003) abandona.

[450] Tal ocorreria em conformidade com a característica – a "subordinação jurídica" – genericamente apontada como decisiva na delimitação do chamado "trabalho subordinado" (executado no âmbito de contrato individual de trabalho). Como expõe PEDRO ROMANO MARTINEZ, *"Direito do Trabalho"*, ed. 2002 cit., § 6º-V, pags. 146/147: «[...]; *o trabalhador*

linha de raciocínio, os actos pertinentes ao giro empresarial (e, quiçá, logo o próprio contrato constitutivo) de uma *sociedade* que tivesse por objecto principal (ou até por objecto único) a concepção, produção, divulgação e exploração económica de escritos, de programas de computador ou de bases de dados poderia considerar-se também com relevância jusautoral, independentemente de essa acção empresarial vir a traduzir a criação de qualquer obra literária, programa de computador ou base de dados "criativos", contanto que todos(as) os(as) que produzisse e divulgasse o fossem no âmbito dessa iniciativa empresarial e divulgados(as) em nome de tal pessoa jurídica[451].

No entanto, é também verdade que daquele contrato de trabalho ou deste contrato de sociedade se diz que proporcionam o enquadramento jurídico necessário, quando conjugados com manifestação de vontade apropriada, à constituição (ou conformação do conteúdo) de situações jurídicas de direito de autor. A ser assim, tal bastará para que se considere que deparamos com *"contratos de direito de autor"*? Deverá antes reclamar-se a configuração de *contratos de trabalho e de contratos de sociedade com "regime especial"*? A proposição verdadeira parece dever formular-se em moldes diferentes: para a

---

põe à disposição de outra pessoa a sua actividade, sem assumir os riscos. Assim, os resultados dessa actividade entram, desde logo, na esfera jurídica do empregador.». O mesmo Autor, em *"Tutela da actividade criativa do trabalhador"*, cit., pag. 304, acrescenta: «... *esta perspectiva da alienidade da prestação de trabalho, válida no que respeita à generalidade das actividades desenvolvidas por trabalhadores, carece de uma adaptação no caso de se estar perante o cumprimento de um contrato de trabalho que pressupõe o desempenho de uma actividade criativa.*»; e, *ob. cit.*, pag. 308: «*Pode, assim, concluir-se que, tanto nas obras individuais como colectivas, a titularidade sobre a faceta patrimonial do direito de autor depende do acordo estabelecido entre o empregador e o trabalhador.*».

Sem prejuízo do adiante analisado em pormenor, sempre adiantamos que nestas asserções se adivinha a percepção do essencial no que agora aqui importa: que a contratação do chamado "trabalho criativo" *não é, por si só*, apta à produção de efeitos de direito de autor quanto ao "resultado" do trabalho executado; antes requer convenção específica com essa eficácia e – por mais óbvia que possa parecer a reafirmação – que tal "trabalho" se concretize na formalização de obras, prevista na convenção laboral (ou de prestação de serviço).

[451] À objecção que pudesse surgir quanto a uma provável imputação de autoria aos colaboradores – pessoas físicas que criassem no quadro de tal empresa –, facilmente se contraporia, citando o exemplo anterior, que bastaria que o "produto da actividade" destes pertencesse a quem os empregasse, muito provavelmente a própria sociedade.

produção de efeitos jusautorais é necessário que, da prestação de actividade (ou "de resultado") contratada, advenha a criação de obra, já que só a exteriorização desta segundo expressão formal criativa faz nascer o direito de autor. Por outro lado, para que a conformação desse direito se verifique segundo modelo diferente do que resulta da lei – que, em regra, imputa a titularidade originária do direito ao autor –, é necessário que a vontade contratual se manifeste especificamente nesse sentido, como se verá[452].

Logo, nenhum dos tipos contratuais assinalados é, por si só, apto à produção de efeitos de direito de autor: *a convenção com eficácia jusautoral assoma assim como* autónoma.

II – Por outro lado, deve verificar-se se, quando a obra for criada no âmbito de uma actividade vinculada contratualmente, a situação jurídica de direito de autor se constitui ainda na esfera jurídica do autor contratado. Qualquer atribuição de faculdades de utilização da obra – seja originária ou derivada, constitutiva ou translativa – depende da exteriorização da obra segundo expressão formal criativa: este é o facto – o facto singular – que faz nascer a situação jurídica de direito de autor.

Quem se vincula contratualmente a criar uma ou mais obras intelectuais cumpre a obrigação pela adopção de uma conduta diligente que revele o "esforço criador". Mas, ainda que da sua actividade resulte a criação de uma ou mais obras no âmbito contratado, a "obrigação de criar" a que aquele se vinculou não compreende, por si só, qualquer efeito atributivo de faculdades de direito de autor: o direito de autor constitui-se independentemente do vínculo contratual; a atribuição originária da sua titularidade a pessoa diferente do autor--criador depende de convenção específica que o determine – e este é um desvio importante, por exemplo, à ideia de "apropriação originária pelo empregador" de todo o resultado da actividade laboral do empregado.

[Se *H.*, pintor retratista, for contratado para pintar o retrato de um Presidente da República *com vista à sua exposição na galeria*

---

[452] Como vimos e veremos, em análise específica do disposto no art. 11º e nos arts. 14º/1 e /2 e 15º CDA*.

oficial em que se reúne o acervo de "retratos oficiais" dos Presidentes da República Portuguesa, ser-lhe-á exigível que pinte "um retrato", não se cumprindo a obrigação se, fazendo uso da sua "liberdade de estilo artístico", apresentar uma figuração cubista do retratado, em que não se reconheça a pessoa representada – os *fins da utilização pretendida (a exposição na dita "galeria oficial")* determinam que lhes devesse conformar o "estilo artístico" da obra a criar para outrem. Se *M.*, jurisconsulto, for contratado pelo Secretário de Estado *Y.* para elaborar "parecer jurídico" que apoie determinada decisão administrativa, a obrigação ter-se-á por cumprida desde que, de modo fundamentado, emita a sua opinião técnica, ainda que desfavorável, sobre a legalidade da referida decisão – *o Governante comitente não pode exigir-lhe que conforme o teor do seu "parecer" à expectativa (opinião favorável) que intimamente acalentava, mas tão-só que a opinião seja apresentada de modo fundamentado de acordo com as qualificações académicas do jurisconsulto.* Aqueles para quem as obras são criadas mais poderão exigir a sua "entrega", desde que os respectivos autores "*manifestem por sinais inequívocos a intenção de a divulgar*", com quebra do seu ineditismo (*ex* art. 50º CDA*, nos termos que expomos *infra*, n.º 79).

Assim se define, nos exemplos citados, o conteúdo da obrigação de *H.* e de *M.*. Se um ou outro estivessem vinculados por contrato de trabalho, seriam apenas as condições materiais da realização da "prestação criativa" que se teriam por alteradas (estas poderiam ser heterodeterminadas quanto, nomeadamente, ao tempo e local de trabalho, mas o grau de diligência exigível não se alteraria.

Questão *diferente* é a qualificação destes como *contratos de direito de autor*. Só ocorreria atribuição de faculdades jusautorais ao comitente (ou ao empregador), desde que (e na medida em que) tal estivesse expressamente convencionado ou pudesse deduzir-se – também convencionado – dos fins de utilização mutuamente aceites por autor criador e pelo credor das "prestações criativas" (no caso de *H.* acima referenciado, *excepcionalmente* a lei – art. 157º/2 CDA* (cfr. *supra*, n.º 48) – faz presumir da "entrega" da obra a atribuição da faculdade de a expor, mas mais nenhuma outra). Deixamos, porém, a explicação exaustiva dos princípios que agora apenas enunciamos para o ponto deste escrito em que analisamos o *conteúdo da situação jusautoral conformada voluntariamente* (cfr. *infra*, n.º 75).]

III – Identificamos então elementos comuns às situações em que a criação de obra intelectual em execução de contrato é acompanhada da atribuição de faculdades jusautorais:

1) a prestação específica devida tem por objecto a criação de uma ou mais obras intelectuais, tanto pelo trabalhador como pelo prestador de serviços[453];
2) a realização da prestação devida visa a satisfação de um *fim de utilização da obra por outrem* (*comitente*);
3) essa actividade pode enquadrar-se ou não nos meios e fins de uma organização empresarial dirigida por uma entidade alheia ao(s) criador(es)[454/455] – vimos que, se enquadrada por uma empresa, como no caso dos contributos criados para incorporação/utilização em obra colectiva, se presumem como fins da criação os que correspondam à actividade principal

---

[453] Sobre o papel da autonomia da vontade na definição do tipo contratual trabalho/prestação de serviço, veja-se nomeadamente: ANTÓNIO MENEZES CORDEIRO, *"Manual de Direito do Trabalho"*, cit., § 45°, n.° 152-III, pag. 536; PEDRO ROMANO MARTINEZ, *"Direito do Trabalho"*, cit., § 4°, n.° 5-*d*), pags. 95 ss.; JOSÉ JOÃO ABRANTES, *"Do Direito Civil ao Direito do Trabalho. Do Liberalismo aos Nossos Dias"*, cit., maxime n.°s 2.2.3., pags. 26/27, e 3., pag. 34; ANTÓNIO MONTEIRO FERNANDES, *"A Evolução das Relações de Trabalho desde 1974: algumas tendências"*, Coimbra, 1984; FERNANDO R. LOPES, *"Trabalho subordinado, trabalho autónomo..."*, cit., pags. 67 ss.; PEDRO FURTADO MARTINS, *"A crise do contrato de trabalho"*, cit., pags. 355 ss.; ANTÓNIO NUNES DE CARVALHO, *"Ainda sobre a Crise do Direito do Trabalho"*, cit.; o nosso *"Modelos de Organização do Tempo de Trabalho"*, III-C)/ -D), *in* "Estudos do Instituto de Direito do Trabalho", vol. I, Coimbra, 2001, pags. 322-326.

[454] Características que levam ADALBERTO PERULLI, *"Il Lavoro Autonomo"*, cit., pags. 172 ss., a afirmar que representa a reconstrução do contrato de trabalho como *contrato de organização*/"contratto di organizzazione" e *locatio operis*.

[455] Julgamos que tem razão MARIA DO ROSÁRIO PALMA RAMALHO, *"Da Autonomia Dogmática do Direito do Trabalho"*, cit., § 3°, 4.2.-III, pag. 68, quando afirma, sobre o "trabalho subordinado": «[...], o sentido juridicamente relevante da ideia de actividade de trabalho tem exactamente que partir de um contributo extrajurídico: a valência sociológica do trabalho, que o reconduz à ideia de actividade humana de criação de utilidades implicando um certo esforço.» – intercalado nosso. Para concluir (*ob.* e loc. citt., pag. 69): «[...], a identificação deste conteúdo essencial do fenómeno do trabalho ["a prestação de uma *actividade humana* (de produção de utilidades)"] permite distingui-lo de outras formas de produção de utilidades – [...]. O trabalho tem a ver com um comportamento humano, i.e., com a prestação de uma actividade pelo sujeito e não com uma operação de entrega de um quid *material, anterior à prestação.*» – intercalados nossos.

dessa organização ou os prefigurados como fins de utilização da própria obra colectiva (cfr. *supra*, n.ᵒˢ 37 e 41);
4) para que o contrato revista eficácia jusautoral, é decisivo que, com ou sem enquadramento empresarial, se convencione:
   a) que a criação de obra intelectual é objecto do contrato; e
   b) que o direito de autor (ou faculdades neste compreendidas) é atribuído como efeito da criação em execução do contrato.

SUBSECÇÃO II

Trabalho e prestação de serviço para criação de obras intelectuais (continuação) – confronto de ordenamentos jurídicos estrangeiros

50. **Direito alemão: oneração do direito de autor e atribuição finalista de faculdades de utilização da obra**

I – O § 43 UrhG alemã* estabelece a aplicação das regras gerais sobre atribuição de direito de autor às obras criadas em execução de trabalho ou de serviço [*"Arbeits oder –Dienstverhältnis"*, na expressão original da Lei citada[456]]. Refere às normas dos §§ 31 a 44 UrhG

---

[456] Em caracterização das figuras de "Arbeitsvertrag"/"Dienstvertrag" e de "Werkvertrag", recorremos à explicação de WOLFGANG ZÖLLNER / KARL-GEORG LORITZ, *"Arbeitsrecht"*, 5ª ed. cit., Parte I, § 4 III e III-1., pags. 40/41:

[«[...] A *situação/relação de trabalho é o conjunto das relações jurídicas constituídas entre o empregador* ["Arbeitgeber"] *e o empregado/trabalhador* ["Arbeitnehmer"] *através de um contrato de trabalho. O contrato de trabalho* ["Arbeitsvertrag"] *é um contrato de serviço* ["Dienstvertrag"] *de direito privado. A sua característica é que o empregado se auto-obriga à prestação de trabalho dependente.*[...].

Apenas situações jurídicas fundadas num contrato de direito privado são relações de trabalho. Por isso, os funcionários públicos não são empregados por dois motivos: primeiro, a relação de trabalho existente entre eles e a sua entidade patronal não é do direito privado, segundo, a constituição não é feita através de contrato mas através de um acto administrativo realizado com o consentimento do funcionário. [...]. *Conforme o direito actualmente em vigor, não é possível a constituição de uma situação/relação de trabalho através de um acto administrativo.* [...]. *O facto de a situação jurídica laboral ser necessariamente constituída por contrato não implica que, em todas as circunstâncias, a eficácia*

alemã* que constituem – em conjunto com as plasmadas nos §§ 7 (veja-se *supra*, n.º 3-I, a explicação do *"Schöpferprinzip"*, no Direito de Autor alemão) e 28 a 30 (*maxime* a do § 29) da mesma UrhG alemã* – a espinha dorsal em que assenta o sistema monista que estrutura o direito de autor no ordenamento alemão.

---

do vínculo juslaboral dependa da validade do contrato. Basta perfeitamente um acordo de vontades pelo qual o empregado deve ser encarregado contra remuneração com trabalho definido por outrem ["fremdbestimmter Arbeit", na expressão original].» - pags. 40/41, intercalados nossos.

E Zöllner / Loritz continuam (última *ob.* cit., III-2., pags. 41/42): «[...] *a) Os contratos de obra* ["Werkverträge"], *como são celebrados sobretudo com empresários independentes, não constituem qualquer situação/relação de trabalho. A diferença entre um contrato de prestação de serviço e um contrato de obra pode, no entanto, ser problemática sob certas circunstâncias.* [...].

As dificuldades de delimitação resultam do facto de, no fundo, tanto um contrato de obra como um contrato de prestação de serviço apresentarem como objecto da prestação uma prestação de trabalho. Quando é dito por motivos de delimitação que, no contrato de obra, o objecto da prestação é o resultado do trabalho ["Arbeitserfolg", no original], *tal é dúbio dado que o que se deve é a "produção"* ["Herstellung", no original]" *que é um processo, e frequentemente esta deve ser feita pelo devedor. No caso do contrato de prestação de serviço, por outro lado, o mero investimento de trabalho* ["Arbeitseinsatz"] *como objecto de prestação não será totalmente suficiente um vez que não são devidos apenas "esforços subjectivos"* [...]. *A regra genérica para uma delimitação segundo a qual o contrato de obra é definido, em primeiro lugar, pelo resultado, enquanto o contrato de serviço é definido, em primeiro lugar, pela actividade, é apenas uma ajuda com limitações, nomeadamente quando o resultado devido reside numa actividade que se repete sempre.* [...]» – intercalados nossos.

E conclui o mesmo Autor (*ob.* cit., III-2., pags. 42/43): «*Para o Direito do Trabalho, fica em aberto se se deve negar a existência de um contrato de trabalho por outros motivos, como por exemplo quando o devedor da "prestação de trabalho" está numa situação de independência em relação ao empregador. Quando, no entanto, ele tem de obedecer às instruções do empregador em relação à prestação do trabalho, a distinção adquire uma importância significativa relativamente à questão de saber se se trata de um tipo legal regido pela lei de trabalho. Quando o prestador trabalha com meios empresariais próprios, tal constitui um indício, mas quando estes meios têm apenas uma pequena dimensão, tal facto não constitui indício sólido bastante de uma actividade empresarial independente. Quando ele efectua a prestação sob responsabilidade própria, faltará nesse caso o factor de estar sujeito às instruções, e assim pelo menos não se tratará de um contrato de trabalho. Quando segundo o contrato, deve suportar o risco* [...], *trata-se de um contrato de obra (Werkvertrag).* [...]. *Também é um indício a questão se se trata de uma situação jusobrigacional duradoura.* [...]. *Quando tal é o caso fala-se da existência de um contrato de serviço. Mas também este critério é inseguro, dado que existem por um lado relações de contrato de obra com um carácter permanente e por outro relações de*

Para maior fidelidade ao pensamento original sobre os conceitos que a enformam (e dada a sua importância na compreensão da construção dogmática alemã neste domínio), escolhemos citar explicação compreensiva por um Autor alemão.

[Esclarece-se assim a complexa (na própria expressão de Autores alemães consultados) construção dogmática germânica em ilustração explicativa do reflexo do *sistema monista* na formulação da situação jusautoral no ordenamento jurídico alemão. Para o efeito, segundo SCHACK[457]: «*Da concepção monista vigente na Alemanha do direito de autor como direito unitário (direito pessoal e direito de exploração intrinsecamente ligados* ["persönlichkeits – und verwertungsrechtliche Bestandteile", na designação original alemã), *conclui-se a intransmissibilidade no seu todo, § 29(2) UrhG* [UrhG alemã*]. [...] *também os direitos de exploração, do § 15 UrhG, são intransmissíveis. Não é possível uma atribuição translativa do direito de autor nem no seu todo nem em relação aos seus vários componentes individualizados. O autor só pode dispor do seu direito mediante a atribuição de faculdades individuais* ["Nutzungsrechte"] *compreendidas no direito de exploração* ["Verwertungsrecht"] *que lhe está reservado. Os direitos/faculdades de utilização* ["Nutzungsrechte"] *autorizam o adquirente a utilizar a obra, segundo o âmbito da concessão do direito acordado, para um tipo de utilização ou para todos, em concorrência com outros* [direitos/faculdades] *ou em exclusivo.*» – intercalados nossos. E continua (*ibidem*): «*Esta concessão*

---

prestação de serviço que se esgotam pela realização do serviço prestado. Parece não existir uma característica distintiva segura para os casos-limite. [...]» – intercalados nossos.].

Essencial para a distinção parece, pois, ser que o vínculo contratual para-criativo envolva subordinação ou sujeição a direcção e instruções daquele por conta de quem a obra é criada – assim – "*em cumprimento de dever funcional*".

MARIA DO ROSÁRIO PALMA RAMALHO, "*Da Autonomia Dogmática do Direito do Trabalho*", cit., § 3°, n.° 5.1.-II, pag. 113 e respectiva nota (242) discorre sobre as consequências da «*falta de autonomia* [no sistema germânico] *do contrato de trabalho na lei civil, concomitante com as diversas referências à* relação de trabalho *em sede do regime legal do* Dienstvertrag», na origem das denominadas teorias *institucionalistas* (cfr. *supra* neste escrito as referências em explicação destas concepções), «*que deslocam o cunho laboral da actividade de trabalho do momento do consenso negocial para a fase do desenvolvimento da relação na organização (instituição) do credor*».

[457] H. SCHACK, "*Urheber- und Urhebervertragsrecht*", cit., § 16-II 1, pags. 241/242 (529-531), intercalados nossos.

não tem efeito translativo, mas constitutivo. À semelhança do que acontece com o direito de propriedade com usufruto (§ 1030 BGB) ou penhor (§ 1204 BGB) sobre a propriedade, o direito de autor é onerado ["belastet", no original]. *O autor continua titular do direito de autor e dos direitos de exploração* ["Verwertungsrechte"], *enquanto na esfera do adquirente se constituem direitos de utilização* ["Nutzungsrechte"] *que podem ser, no seu âmbito, iguais aos correspondentes direitos de exploração* ["vom Umfang her den entsprechenden Verwertungsrechten deckungsgleich", no original] *ou abranger apenas fracções individualizadas* ["Ausschnitte", no original] *destes.* [...]. *Apesar da continuada ligação ao autor, a concessão de direitos de utilização é uma disposição* ["Verfügung", no original] *porque onera não apenas o direito maior* ["Mutterrecht", no original], *mas permite que se constitua na pessoa do adquirente um novo direito tal como nas disposições tradicionais, portanto modifica directamente a situação jurídica* [originária]». Mais afirma (*ibidem*): «*Esta construção dogmática complicada serve a protecção do autor que pode defender* ["durchsetzen", no texto original alemão] *ele próprio os seus direitos "pessoais" e "de exploração económica" mesmo quando concedeu direitos de exploração em exclusivo* ["wenn er die ausschließlichen Nutzungsrechte bereits einem anderen eingeräumt hat", na expressão original]. [...]. *Esta ligação continuada ao autor é também vantajosa quando o direito de utilização* ["Nutzungsrecht"] *cesse pelo decurso do tempo ou pela renúncia. Nestes casos, termina a oneração do direito de exploração* ["die Belastung des Verwertungsrechts", no original] *sem que o direito de utilização tenha de ser re-transferido por um negócio jurídico em particular.*».]

Em suma, verificamos então que *"Verwertungsrecht"* (que traduzimos por *"direito(s) de exploração económica da obra"*) e *"Nutzungsrecht"* (para o que propomos a denotação *"faculdade(s) de utilização patrimonial"* individualizadas) são assim apresentados como *faculdades em que se distingue, mais do que a esfera jurídica em que se constituem, a própria estrutura do direito de autor que seja objecto de atribuição patrimonial*: as primeiras integram o conteúdo originário do direito patrimonial de autor e permanecem íntegras, apenas sujeitas a oneração, na titularidade do autor-criador; as segundas, fruto de oneração do "Verwertungsrecht" pelo acto atributivo (constitutivo de nova situação jusautoral), *concedidas, mesmo que em exclusivo, sem desmembramento daquele que se reconstitui na sua plenitude assim estas cessem*. Verdadeiramente, só esta explicação – que assimila *todo* o conteúdo (pessoal e patrimonial) do direito de autor a um conjunto de regras de característica uniforme – nos parece compatível com um entendimento deste instituto nos ordenamentos jusautorais germânicos, assim ditos "de concepção monista".

II – Observa-se que a mesma norma citada (§ 43 UrhG alemã*) admite *acordo contrário* entre o autor e o titular da faculdade de exploração não exclusiva que afaste a aplicação do citado complexo normativo. Por outro lado, ainda em regulação da atribuição de faculdades de direito de autor por empregado em execução de contrato de trabalho, deparamos com a consagração – em transposição da DPC* (art. 2º/3) – de uma *presunção* de legitimação para o exercício de faculdades de natureza económica ao empregador, «*quando o programa de computador seja criado em cumprimento de dever funcional ou de acordo com as instruções do empregador.*» – cfr. § 69*b* UrhG alemã*.

III – Em tentativa de conjugação destas disposições da lei de autor alemã, julgamos poder sintetizar o regime de atribuição de faculdades de direito de autor por efeito de contrato de trabalho ou de (prestação de serviço), nos seguintes termos:

- Por aplicação conjugada dos preceitos dos §§ 31 a 42 e 43 da UrhG alemã*, o "fattispecie" comum regulado respeita a situações em que o autor-empregado executa contrato de trabalho ou de serviço cujos deveres contratuais compreendem a criação de obras, *com exclusão daquelas em que, sem prejuízo da "dependência contratual, juslaboral ou de serviço", a criação é meramente ocasional ou puramente acidental. Quanto a estas últimas, criadas no âmbito do que o direito alemão caracteriza (ex § 631 BGB*) como "contrato de obra" sem enquadramento organizacional, aplicar-se-ão as regras gerais de* toda a atribuição de faculdades de direito de autor (§§ 31 a 42), dependente de convenção que a determine, *sem que se presuma acordo tácito na utilização da obra pelo comitente, deduzido do vínculo funcional pré-estabelecido*[458]. Destas asserções – conforme ao entendimento de doutrina alemã consultada[459] –, ressalta como elemento integrante do

---

[458] Neste sentido, SCHACK, *"Urheber- und Urhebervertragsrecht"*, cit., § 29, V-1., pag. 438 (981): «*A história da criação e a finalidade do § 43* [UrhG alemã*] *de abranger todos os empregados numa situação dependente constituem um argumento forte para que devam ser consideradas como relações de serviço apenas contratos de serviço de direito público, mas não de direito privado no sentido do § 611* [BGB*]. *O critério de delimitação* [para aplicação] *do § 43 não é a natureza jurídica* [de direito público ou privado] *da situação/relação de emprego, mas a dependência do artista* [autor]. *É empregado* ["Arbeitnehmer"] *quem está integrado num espaço organizacional alheio, está dependente de instruções e presta trabalho definido por outrem. Independente e por isso não abrangido pelo § 43 é, no entanto, o artista que pode organizar a sua actividade livremente e livremente pode determinar o seu tempo/horário de trabalho.*» - intercalados nossos.

A propósito, mais esclarece SABINE ROJAHN, *in "Urheberrecht - Kommentar"*, coordenado por G. SCHRICKER, 2ª ed. cit., em anotação II-1., pag. 679 (10) ao § 43 UrhG alemã*: «*A intenção do legislador era abranger todos os empregados numa situação de trabalho dependente e, nomeadamente, independentemente da questão de saber se trabalham em economia privada ou de direito público, se se trata de situação/relação de trabalho ou de emprego público. O § 43 abrange, concluindo, as relações de trabalho ou relações de serviço de direito público e de direito privado, quer dos funcionários públicos quer dos trabalhadores* [em geral].» - intercalado nosso.

[459] K. VINCK, em anotação 2 ao § 43 UrhG alemã*, *in "Urheberrecht - Kommentar..."* (FROMM/NORDEMANN), coordenado por W. NORDEMANN, 9ª ed. cit., pag. 367 (2), é explícito: «*Quem apenas ocasionalmente é criativo no cumprimento de deveres contratuais de trabalho ou quem apenas, como artista livre, cria uma obra por encomenda não celebra contrato de serviço* ["Dienstvertrag"] *–cfr. § 611 BGB*], *mas um contrato de obra* ["Werkvertrag" – cfr. § 631 BGB*] *com o comitente mesmo quando estiver absolutamente dependente economicamente do empregador ou subordinado às indicações artísticas deste. Pertencem-lhe todos os direitos consagrados nos §§ 31 a 42, segundo o convencionado no contrato com o que encomenda a obra* ["Besteller"].». – intercalados nossos. [A expressão usada – "Auftraggeber", no original – que traduzimos por "*comitente*", porventura melhor se traduziria por "*mandante*", não fora a particular caracterização da figura no direito alemão, onde o mandatário se obriga a gerir o negócio que lhe é confiado – cfr. § 662 BGB* e o comentário a propósito por M. JANUÁRIO DA COSTA GOMES, *"Contrato de Mandato"*, in " *Direito das Obrigações"*, 3º vol.-IV, cit., sob a coordenação de MENEZES CORDEIRO, pag. 275, que recorda que, segundo a doutrina, se entende que, no direito alemão: «*os actos de gestão a cuja prática o mandatário se obriga não têm de ser actos jurídicos, podendo ser actos materiais.*»].

Já EUGEN ULMER, *"Urheber- und Verlagsrecht"*, cit., § 95-II, pag. 401, ensinava: «*O acordo sobre a concessão de direitos em obras criadas em cumprimento de obrigações*

"fattispecie" que a criação de obra se realize, nestes casos, no âmbito de contrato de *execução continuada em que a obrigação constituída compreende, entre os deveres principais do autor contratado, a criação de obras intelectuais*: é inevitável a evocação, com aplicação ao regime em apreço, do conceito de *criação em cumprimento de dever funcional*, nos termos que formulámos.

– No que nos parece ser o resultado da aplicação conjugada do novo § 69*b* UrhG*, a lei alemã *presume*, da criação de programas de computador em execução de contrato com as características enunciadas no ponto anterior, a existência de *acordo tácito para a utilização por aquele "para quem/por conta de quem" a obra é criada*, deduzida da entrega da obra pelo autor-empregado. Esta regra tem sido interpretada como de atribuição ao empregador (tácita, deduzida da entrega da obra e da aceitação desta por este) do conjunto de faculdades de utilização da obra que onera o direito do autor/programador-empregado nos estritos limites da exploração empresarial consentida; tal não constitui mais do que a aplicação das regras que, em geral – decorrentes da "Zweckübertragungstheorie", que explicamos de seguida – determinam a *atribuição derivada de faculdades de direito de autor* ("Nutzungsrechte") *sob o direito alemão*[460].

---

resultantes de uma situação/relação de trabalho ou de serviço pode ser feita expressa ou tacitamente.». E continuava, *ob.* cit., § 95-II, 1., pag. 402: «[Os acordos tácitos] *podem ser presumidos em obras criadas por trabalhadores, resultantes dos seus deveres laborais, mas não em obras que criem por iniciativa própria, mesmo utilizando conhecimentos adquiridos na sua situação de trabalho.»* – intercalados nossos.

[460] Neste sentido, VINCK, em anotação 3 ao § 43 UrhG alemã*, *in "Urheberrecht - Kommentar..."* (FROMM/NORDEMANN), coordenado por W. NORDEMANN, 9ª ed. cit., pag. 369 (3): «*Nestes casos* [criação de programas de computador], *entendia-se já anteriormente* [ao aditamento do § 69*b* à UrhG] *ocorrer uma concessão ampla de direitos a favor do empresário, de modo que não resta qualquer espaço para uma exploração própria do "software" pelos próprios programadores empregados. A introdução do § 69*b garante todos os direitos de exploração, relativamente a programas de computador, ao titular da empresa. O momento da atribuição do direito de utilização é, em regra, o da entrega da obra e sua aceitação pelo empregador. Tais concessões são feitas, em regra, tacitamente, porque a actividade do autor-empregado é definida por um terceiro e ele tem de partir do princípio de que a sua obra, como resultado do trabalho, pertence ao empregador no que

– Nos demais casos, a *atribuição* de faculdades de utilização patrimonial da obra *depende sempre de convenção escrita*, integrante do referido contrato que constitui a obrigação de criar em cumprimento de dever funcional. Deve ser interpretada não como antedisposição de faculdades jusautorais, mas como *atribuição de faculdades sobre* obras futuras (cfr. § 40 UrhG)[461].

– Em qualquer caso, o âmbito material da concessão de faculdades jusautorais – *como efeito do contrato em cumprimento de dever funcional de que conste cláusula específica de atri-*

---

respeita à sua exploração empresarial.» – intercalados nossos. [Esclarecemos que a expressão, no original alemão, é *"Einräumung"/concessão* que, conforme a explicação acima intercalada sobre a concepção do direito de autor no ordenamento alemão, que veda a transmissão total ou parcial de faculdades jusautorais, nos faz entender como atribuição constitutiva].

No entanto, NORDEMANN / VINCK, agora em anotação 1 ao § 69*b* UrhG alemã*, *in "Urheberrecht – Kommentar..."* (FROMM/NORDEMANN), coordenado por W. NORDEMANN, 9ª ed. cit., pag. 483 (1), postulam: «[*O empregador*] *adquire todos os direitos patrimoniais, portanto todos os direitos de exploração* ["alle Verwertungsrechte"]. *Portanto, é irrelevante se a empresa para a qual foi escrito o programa executa de facto determinadas acções de exploração; a doutrina que defende a atribuição ao empregador do direito sobre o resultado do trabalho foi consequentemente aplicada, de forma que pode falar-se de uma aproximação à doutrina americana "work-made-for-hire-doctrine". O § 69*b, *no entanto, deixa margem para outros acordos contratuais. Por isso, trata-se de uma regra de interpretação legal, mas não de uma licença legal. A regra de atribuição finalista (§ 31(5)) não é aplicável no âmbito do §69*b, *porque os direitos juspatrimoniais são completamente atribuídos ao empregador.*» – intercalados nossos. A confirmar-se este entendimento, deparamos, em verdadeira ruptura com a construção alemã tradicional acima descrita, com um regime *excepcional* – não *especial* –, porquanto prevê, não como na tradição anglo-americana uma atribuição originária do direito de autor ao empregador, mas, ainda assim, uma transmissão do direito de autor *proprio sensu*.

[461] KAI VINCK, em anotação 3 ao § 43 UrhG alemã*, *in "Urheberrecht – Kommentar..."* (FROMM/NORDEMANN), coordenado por W. NORDEMANN, 9ª ed. cit., pag. 369 (3), é explícito sobre o que caracteriza como "Der Zeitpunkt der Einräumung der Nutzungsrechte": «[No caso de se concluir que a atribuição de faculdades de direito de autor é efeito normal do contrato que determina que todo o resultado do trabalho pertence ao empregador ("Arbeitgeber")], *tal concessão* [do direito ao empregador] *pode ser feita no entanto também no momento da celebração do contrato de trabalho ou de serviço. Nesse caso, trata-se então de uma concessão de direitos em obras futuras, para a qual necessita de forma escrita* [§ 40 UrhG*]. *Contratos de trabalho celebrados oralmente ou contratos de trabalho sem cláusula de autor* ["Urheberklausel", no original] *não produzem por isso o efeito de uma transferência de direitos antecipada.*» – intercalados nossos.

buição de faculdades de direito de autor – é definido de acordo com a teoria da atribuição finalista (a "Zweckübertragungstheorie" – em aplicação do § 31(5) *ex* § 43 UrhG – que traduz, afinal, não mais do que um princípio para a interpretação do conteúdo da atribuição voluntária de faculdades), *limitado às faculdades requeridas pela exploração empresarial* do "Arbeitgeber"[462]. Assim, salvo convenção específica em sentido diverso, não se devem ter por atribuídas ao empregador faculdades estranhas ao objectivo empresarial da entidade "por conta de quem" a obra é criada.

IV – [Em explicação sumária da teoria da atribuição finalista ou da disposição funcional ("Zweckübertragungstheorie"), segundo SCHACK[463]: «[...] *o autor, em caso de dúvida, não concede outras faculdades de exploração* ["Nutzungsrechte"] *que não as exigidas pela finalidade da "disposição"/atribuição* ["Verfügung"]»[464]. Mais

---

[462] A aplicação à criação em cumprimento de contrato da teoria da "*atribuição finalista*" ou "*disposição funcional*" [a "Zweckübertragungstheorie", que explicamos de seguida, n.º 50-IV] é genericamente sustentada pela doutrina alemã, em aplicação – *ex* § 43 UrhG alemã* – da regra do § 31(5) da mesma Lei. Assim, ULMER, "*Urheber- und Verlagsrecht*", cit., § 95-III, 2., pags. 404/405, sustentava que a regra da "*atribuição em função da finalidade* ("Zweckübertragung") se aplica nas obras criadas sob vínculo laboral ou de serviço, sendo decisiva a finalidade prosseguida pela empresa beneficiária dessa atribuição. Assim também VINCK, em anotação 3 ao § 43 UrhG alemã*, *in* "*Urheberrecht – Kommentar...*" (FROMM/NORDEMANN), coordenado por W. NORDEMANN, 9ª ed. cit., pags. 369/370, que afirma: «*Relativamente ao âmbito da concessão, aplica-se, na medida em que não exista acordo expresso, a teoria da atribuição finalista, em forma adaptada. Não se pode imaginar qualquer situação de trabalho ou de serviço de cuja natureza e conteúdo se possa concluir que o âmbito dos direitos de utilização a conceder se possa definir independentemente do objectivo empresarial da editora* ["Verlagszweck", no original]. *Nesse sentido continuam a valer as regras de interpretação* [...], *quando no caso individual não resultar nada em contrário do carácter ou do conteúdo da situação/relação de trabalho ou de serviço.* [...]. *Uma transferência de direitos tácita é feita apenas com o âmbito necessário à exploração empresarial da obra.*» – intercalados nossos.

[463] H. SCHACK, "*Urheber – und Urhebervertragsrecht*", cit., § 16-IV-3., pag. 249 (547), intercalados nossos.

[464] SCHACK, "*Urheber – und Urhebervertragsrecht*", cit., § 16-IV-3., em nota 58 à pag. 248, chama a atenção para o facto de o termo "*Zweckübertragungstheorie*" ser impreciso, dado que: «*segundo opinião actual, os direitos de autor já não podem ser transmitidos/atribuídos translativamente* ["übertratragen", no original], *mas podem ser concedidas apenas faculdades de utilização.*» – intercalado nosso. Explicá-lo-emos já de seguida.

acrescenta (*ibidem*) que deste princípio de interpretação – consagrado em várias disposições da lei de autor alemã, §§ 31(5), 37, 43, 88(2) UrhG alemã*[465] –, se conclui a tendência do direito de autor para permanecer ligado ao autor, na medida do possível: «*A teoria finalista visa proteger o autor que, devido a desconhecimento ou necessidade económica, abdique dos seus direitos de forma generalizada. Pretende-se que o autor goze, na medida o mais alargado possível, dos frutos económicos da exploração da sua obra. Recorrendo a uma fórmula conhecida, "in dubio pro auctore"*»[466].

No entanto, como acrescenta SCHACK (*ibidem*): «*O § 31 não estabelece mais do que uma regra de interpretação que apenas pode aplicar-se quando existam dúvidas relativamente ao âmbito e dimensão*

---

[465] Todo o § 31 UrhG alemã* foi alterado pela chamada "*Gesetz zur Stärkung der vertragslichen Stellung von Urhebern und ausübenden Künstlern*", de 22-3-2002. Este § 31(5) UrhG alemã* passa agora a consagrar: «*Quando, na concessão de um direito* [faculdade] *de utilização, não são expressamente designadas as várias modalidades de utilização, o objectivo posto na base do contrato por ambas as partes é relevante para a determinação dos tipos de utilização abrangidos pelo direito. O mesmo se aplica para determinar se é concedido um direito* [faculdade] *de utilização, para a determinação do carácter exclusivo ou simples do direito de utilização concedido, do âmbito do direito de utilização e do direito de interdição* ["Verbotsrecht", entendido como conjunto de faculdades de exercício vedado a terceiros] *e das limitações às quais está sujeito o direito de utilização.*» - intercalados nossos.

Do comentário a que acedemos (de 22-7-2002), a cuja superficialidade não é estranha a muito recente data de entrada em vigor do preceito legal citado na sua nova redacção – cfr. LOTHAR HAAS, "*Das neue Urhebervertragsrecht*", cit., n.º 2-III, g), pag. 25 (89-92) –, ressalta: «*Uma nova 2ª parte* [do n.º 5 § 31 UrhG alemã*] *aplica a regra* [da atribuição/ disposição funcional em que se funda a "Zweckübertragungstheorie"] *agora expressamente à determinação da efectividade da atribuição/concessão do direito de utilização e à fixação do conteúdo do direito de utilização concedido no caso particular/específico.* [...]. *No seu conteúdo o § 31(5), 1ª parte, ficou inalterado.* [...]. *Esta nova 2ª parte também não traz nada de novo. Na medida em que, até agora, o § 31(5) foi interpretado no sentido de que o "Zweckübertragungsprinzip" não se aplica apenas à questão da determinação das modalidades de faculdades de utilização concedidas.*» – intercalados nossos. Regulará também, segundo este Autor (*ibidem*), entre outros aspectos, a fixação da efectividade dessa atribuição e do seu conteúdo, o objecto, limitações e carácter exclusivo ou não exclusivo do direito atribuído. O mesmo Autor adianta (*ob.* e *loc. citt.*) que a nova redacção não acrescentou à regra mais do que o sentido – que, em sua opinião, sempre teve – de mera norma dispositiva com carácter interpretativo.

[466] No mesmo sentido, PAUL HERTIN, in "*Urheberrecht – Kommentar...*" (FROMM/ NORDEMANN), coordenado por W. NORDEMANN, 9ª ed. cit., pag. 298 (19).

da concessão de direitos.»[467]. E prossegue (*ibidem*, também com intercalados nossos): «[O princípio da atribuição finalista/disposição funcional] *Não serve as situações em que os tipos de utilização são enumerados individual e precisamente no contrato individual* [...]»[468].

Para além desta sucinta explicação, voltamos a testar a aplicação deste princípio de interpretação da atribuição voluntária de faculdades jusautorais, a propósito da tese final que construímos sobre a *conformação contratual do conteúdo do direito de autor*.]

V – Em suma, sob o direito alemão, *não* pode afirmar-se que ocorra *constituição originária do direito de autor na titularidade do empregador* (ou do beneficiário de uma prestação de serviço) – no que constitui tão-só a aplicação da regra geral de *inalienabilidade do direito* de autor, correspondente ao sistema monista que enforma este ordenamento jusautoral. A atribuição de faculdades de direito de autor, que depende de *convenção específica e escrita* (a "Urheberklausel" que referimos) que o estipule, é assim entendida como "disposição

---

[467] Sobre as consequências da concepção monista do direito de autor, reflectida na lei alemã, cfr. *supra*, n.º 50-I, o que fica exposto sobre a característica da atribuição (constitutiva) de faculdades jusautorais ("Nutzungsrechte") neste ordenamento jurídico e, bem assim, o "não desmembramento" e inalienabilidade do direito (*também o patrimonial*) de autor ("Verwertungsrecht").

[468] Esta explicação da "Zweckübertragungstheorie" por H. SCHACK – anterior à recente alteração (também) deste preceito da UrhG alemã* pela chamada *"Gesetz zur Stärkung der vertraglichen Stellung von Urhebern und ausübenden Künstlern"*, de 22-3-2002 (cfr. "Abreviaturas", no início deste escrito) – é, no essencial, coincidente à da generalidade da doutrina alemã consultada. Assim: EUGEN ULMER, *"Urheber – und Verlagsrecht"*, cit., § 84-III, pags. 364/365; assim também PAUL HERTIN, em anotação IV aos §§ 31/32 UrhG alemã*, *in "Urheberrecht – Kommentar..."* (FROMM/NORDEMANN), coordenado por W. NORDEMANN, 9ª ed. cit., pags. 298-300.

Já GERHARD SCHRICKER, *in "Urheberrecht – Kommentar"*, coordenado por SCHRICKER, 2ª ed. cit., em anotação III-2. aos §§ 31/32 UrhG alemã*, pags. 578/579 (34), explica: «*O significado do n.º 5* [do § 31 da UrhG citada] *vai para além do de uma regra de interpretação. Implica* [a consagração de] *um ónus de especificação pelo adquirente do direito. Quando este não "designa individualmente" as modalidades de utilização* [concedidas pelo acto atributivo], *então a interpretação* [do conteúdo de tal acto] *é fixada pelo objectivo do contrato, o que – pelo menos tendencialmente – significa uma desvantagem para o adquirente.* [...]. *O § 31(5) também pode ser compreendido como uma regra formal* que, em caso de incumprimento, não provoca a ineficácia, mas [impõe] *uma interpretação tendencialmente restritiva.*» – intercalados nossos.

de faculdades sobre *obras futuras*". O conteúdo da atribuição (o conjunto de faculdades assim atribuídas) é deduzido, salvo estipulação contratual diversa, dos fins de exploração empresarial corrente do beneficiário da atribuição – no que constitui não mais do que a aplicação do princípio interpretativo – *"de atribuição finalista/disposição funcional"* comum a toda a atribuição *voluntária* de faculdades jusautorais; a *excepção* parece conter-se no regime dos *programas de computador* criados em execução de contrato, em que, salvo estipulação em contrário, são atribuídas ao beneficiário *todas as faculdades de exploração económica* do programa assim criado.

51. Direito francês: titularidade originária e inalienabilidade do direito pelo autor

I – Na principal lei de autor francesa, o art. L.111-1, § 3, do CPI fran.* estabelece que «*a existência ou celebração de um contrato de "louage d'ouvrage" ou "de service" pelo autor de uma obra intelectual não implica nenhuma derrogação do gozo do direito reconhecido pela alínea 1ª* (§ 1 deste art. L.111-1, que consagra a *"atribuição ao autor de uma obra, pelo simples facto da sua criação, de um direito exclusivo de propriedade incorpórea oponível a todos"*)[469].

---

[469] Recorda-se que o art. 1708 do C.Civ.fran.* estabelece a separação entre dois tipos de "louage": o "louage de choses" e o "louage d'ouvrage". O art. 1709 do mesmo Código define o "louage de choses" como «*o contrato pelo qual uma das partes se obriga a proporcionar à outra o gozo temporário de uma coisa, mediante um preço que esta se obriga a pagar àquela.*»; o art. 1710 do C.Civ.fran.* estabelece que: «*O "arrendamento" de obra* ["louage d'ouvrage"] *é um contrato pelo qual uma das partes se obriga a realizar algo para outra, mediante um preço convencionado.*». Logo o art. 1711 do mesmo Código esclarece em definição: «*Designa-se "loyer" o arrendamento de trabalho ou de serviço.*». Esta é uma distinção que M. R. PALMA RAMALHO, *"Da Autonomia Dogmática do Direito do Trabalho"*, cit., § 3º, n.º 4.5.-II e respectiva nota (186), pags. 85/86, diz reflectir "o elemento de subordinação do prestador de trabalho pelo reconhecimento de poderes de direcção e disciplina na titularidade do empregador": «*Este é o caso do sistema francês que também não autonomiza na lei civil a figura do contrato de trabalho relativamente à figura da* location d'ouvrage [...]: *não referindo expressamente a posição de autoridade do empregador no contrato, a regulamentação específica da matéria laboral no* Code du travail *prevê a vigilância directa e habitual do credor da prestação sobre o trabalhador*

A partir da norma citada, a doutrina francesa consultada revela interpretação de sentido não uniforme. Assim,

– O direito de autor *"constitui-se sempre* na titularidade (originária) do autor-assalariado, ainda que a obra seja criada em execução de instruções dadas pelo empregador"[470]. Verifica-se que parte da doutrina refuta mesmo – por a considerar *contra legem* – a admissibilidade de uma *"cessão implícita" do direito em benefício do empregador*, deduzida da execução da obra no âmbito de contrato em que o trabalhador se vincula especificamente à criação de obras intelectuais.

Esta não é posição uniforme, uma vez que se admite, pelo contrário, que: «*O contrato de trabalho, com ou sem cláusula relativa à cessão de direito de autor, pode constituir instrumento suficiente para induzir uma transferência dos direitos patrimoniais do assalariado ao empregador.*»[471].

[...]» – intercalado nosso. Não cabe aqui o registo de particularidades desta distinção no direito civil francês (a propósito pode ver-se art. L.121-1 da *"L. n. 73-4, de 2-1-1973"*, de França, e respectivas anotações em *"Code du Travail – 2000"*, por BERNARD TEYSSIÉ, 16ª ed., Paris, 2000, pags. 19 ss.).

[470] Como expõe ANDRÉ LUCAS, *"Traité de la Propriété Littéraire et Artistique"*, 2ª ed. cit., n.º 158, pag. 150. Assim também segundo jurisprudência da "Cour de cassation", *apud* A. LUCAS, *"Traité de la Propriété Littéraire et Artistique"*, 2ª ed. cit., n.º 163, pag. 154 e respectiva nota (33).

Contra, ANDRÉ BERTRAND, *"Le Droit d'Auteur et les Droits Voisins"*, cit., n.º 7.41., pag. 324, que sustenta: «[...], *desde que uma criação seja realizada por vários empregados ou em colaboração, por um empregado com outros empregados, no âmbito do seu trabalho, logo num contexto hierarquizado, estamos naturalmente na presença de uma obra colectiva que pertence ao empregador.*». Conforme exposto *supra* (*maxime* n.ºs 37 e 38), esta parece-nos uma equiparação indevida entre a situação daquele(s) que realiza(m) contributos criativos *individuais* para utilização em obra colectiva e a acção daqueloutros – designadamente o director/coordenador – que concorrem para a criação da *obra colectiva como um todo*.

[471] Assim, ANDRÉ BERTRAND, *"Le Droit d'Auteur et les Droits Voisins"*, cit., n.º 7.421., pag. 326.

BERTRAND, *"Le Droit d'Auteur et les Droits Voisins"*, cit., n.º 7.422., pag. 328 – que vimos defender configurar-se uma situação de "contributo criativo para uma *obra colectiva*" (cfr. nota anterior). Mais refere que, nesta, que designa "cessão *de facto* dos direitos patrimoniais do criador-assalariado ao seu empregador": «*o assalariado deve realizar a sua obra no âmbito da sua actividade normal; a cessão está limitada ao objecto social da empresa.*».

– Mais é considerado que o empregador nem sequer pode subordinar a celebração do contrato de trabalho à cessão expressa pelo autor-empregado dos seus direitos de autor, visto que assim contrariaria a proibição legal (cfr. art. 131-1 CPI fran.*) da cessão do direito de autor em obras futuras[472].
– Aquela primeira interpretação do preceito legal citado é feita extensiva à regra que, no ordenamento francês, serve a transposição da DPC* neste domínio[473]. Assim, nos programas de computador "criados por um ou mais empregados no exercício das suas funções ou segundo instruções do respectivo empregador" – e, ao que parece, *independentemente de se tratar de actividade compreendida na actividade (usual) da empresa* ou de *o trabalhador criar com recurso a técnicas ou meios específicos da empresa*[474] –, é considerado que, vista a expressão legal ("sont *dévolus* à l'employeur"), se trata de verdadeira cessão do direito patrimonial que antes se constituiria na esfera jurídica do autor-empregado (na qual permaneceriam as faculdades pessoais de autor)[475].

II – Nos termos expostos, a *não aquisição originária pelo empregador* de quaisquer faculdades de direito de autor nas obras criadas

---

[472] Ainda Lucas, *"Traité de la Propriété Littéraire et Artistique"*, 2ª ed. cit., n.º 164, pag. 156.

[473] Trata-se do art. L.113-9, § 1, CPI fran.*: «*Salvo disposição ou estipulação em contrário, os direitos patrimoniais* nos *programas de computador e respectivo material de concepção* ["leur documentation", no texto original da *"L. n. 94-361, de 10-5-1994"*, de França] *criados por um ou mais empregados no exercício das suas funções ou segundo instruções do respectivo empregador são atribuídos* ["dévolus", no original] *ao empregador que fica "legitimado/habilitado" para o seu exercício.*».

[474] Pelo menos assim interpreta A. Lucas, *"Traité de la Propriété Littéraire et Artistique"*, 2ª ed. cit., n.º 160, pags. 151/152, o sentido da jurisprudência dominante, em contraponto ao previsto para as *invenções em execução de contrato de trabalho* pelo art. L.611-7, 1º, CPI fran.*.

[475] A. Lucas, *"Traité de la Propriété Littéraire et Artistique"*, 2ª ed. cit., n.º 160, pag. 152, nota (19), mais assinala que configurar esta como "cessão" é solução preferível à que resultaria da tradução literal da DPC* que «*só legitimaria/habilitaria o empregador ao exercício dos direitos patrimoniais.*». Logo retiraremos as nossa conclusões em interpretação da disposição Comunitária e da sua transposição para o ordenamento de Portugal (cfr. *infra*, n.º 78).

por autor-empregado veda, no direito francês, também qualquer *presunção de cedência destas por efeito de contrato*, ainda que este tenha por objecto principal a criação de obras intelectuais e mesmo que se trate de obras criadas no âmbito do giro empresarial principal, estatutariamente definido. A isto, somar-se-á a *impossibilidade legal de uma antedisposição convencional expressa* das mesmas, concomitante à celebração do contrato para criação de obras intelectuais – [em todo o caso, os Autores franceses que perfilham este conjunto de axiomas admitem que a regulação legal neste domínio poderá/deverá evoluir, pelo menos no sentido da admissibilidade da *cessão global dos direitos em obras futuras*[476].]

52. Direito italiano: aquisição derivada do direito pelo comitente

I – A lei de autor italiana não disciplina expressamente a *criação de uma obra em cumprimento de contrato de trabalho subordinado ou de prestação de serviço*. No entanto, face à regra geral – o art. 107 L.aut.ital.*, que prevê, na parte relevante que «*Os direitos de utilização dos autores da obra intelectual* ["... spettanti agli autori delle opere dell'ingegno", no original], [...], *podem ser adquiridos, alienados ou transmitidos por todos os modos e formas admitidos pela lei,* [...]» –, a doutrina italiana consultada admite que o contrato que tenha por objecto o "trabalho criativo" tenha eficácia atributiva de faculdades jusautorais[477].

A construção conceptual sobre a natureza e efeitos dessa atribuição parece obedecer aos seguintes axiomas:

---

[476] Neste sentido, A. LUCAS, *"Traité de la Propriété Littéraire et Artistique"*, 2ª ed. cit., n.º 165, pags. 156/157.

[477] Neste sentido, veja-se: LUIGI CARLO UBERTAZZI / MAURIZIO AMMENDOLA, *"Il Diritto d'Autore"*, cit., n.º 7, pag. 27; TULIO ASCARELLI, *"Teoria della Concurrenza e dei Beni Immateriali"* (tradução espanhola), cit., XIII-31, pags. 732/733; PAOLO GRECO / PAOLO VERCELLONE, *"I diritti sulle opere dell'ingegno"*, cit., n.º 81, pag. 253/254; VALERIO DE SANCTIS, *"Contratto di Edizione – Contratti di Rappresentazione e di esecuzione"*, cit., n.º 8, pags. 27-30; VITTORIO DE SANCTIS / MARIO FABIANI, *"I Contratti di Diritto di Autore"*, cit., n.º 16, pags. 81-83; MARIO FABIANI, *"I contratti di utilizzazione delle opere dell'ingegno"*, cit., n.º 68, pags. 277/278.

– Em aplicação conjugada dos arts. 2580 e 2576 do C.Civ.ital.* (este com redacção coincidente à do art. 6 L.aut.ital.*)[478], o direito de autor – com excepção do que nasce pela formalização das obras colectivas[479] – constitui-se sempre na titularidade do autor contratado. A aquisição do direito (patrimonial) de autor pelo comitente é efeito do contrato e é considerada sempre derivada. A actividade criadora deve ser o objecto do contrato[480/481].

---

[478] Arts. 2576 C.Civ.ital.* e 6 L.aut.ital.*: «*O título originário de aquisição do direito de autor é a criação da obra, enquanto expressão particular do trabalho intelectual.*». Art. 2580 C.Civ.ital.*: «*O direito de autor pertence ao autor e aos seus sucessores nos limites e para os efeitos fixados em legislação especial.*». Já GIUSEPPE AULETTA, *"Del Marchio del Diritto d'Autore sulle Opere dell'Ingegno Letterarie e Artistiche"*, in "Commentario del Codice Civile", cit., em anotação I ao Art. 2576 C.Civ.ital.*, pag. 155, enunciava o princípio: «[…], *o ordenamento atribui a este* [o autor], *a título originário, tratando-se dos primeiros direitos constituídos sobre o bem, dois direitos, um direito moral inalienável e intransmissível (art. 22 da lei de 1941* [L.aut.ital.*] *e um direito patrimonial de propriedade da ideia*».

AULETTA, *ob.* cit., *ibidem*, pag. 154, definira o direito de autor como «*direito* [de propriedade sobre a obra intelectual a favor do autor da ideia], *do qual derivam depois todos os direitos* [faculdades] *patrimoniais sobre o bem adquiridos por terceiros. Também nos casos em que a ideia tenha sido alienada antes das sua criação,* […], *a ideia é adquirida no próprio momento da criação,* […] *mas tal aquisição é porém sempre precedida, se também se puder dar conta da distinção entre as duas aquisições lógica mas não cronologicamente, da aquisição da propriedade pelo autor; a prova é-nos dada pelo artigo em exame* [o art. 2576 C.Civ.ital.*], *que afirma que a aquisição originária da ideia advém só a favor do autor, mas a verificação deste facto* ["mentre la constatazione", no original] *tem importância prática, porque ter o autor sido titular da ideia, ainda que por um momento, implica a aplicação do art. 4, 2º e 3º do art. 119 da lei de 1941* [art. 119 L.aut.ital.* que estabelece as faculdades jusautorais susceptíveis de atribuição pelo autor no contrato de edição].» – intercalados nossos.

[479] Sobre a formação originária do direito de autor nas obras colectivas, no ordenamento jusautoral de Itália, cfr. *supra*, n.º 66. Recorda-se que, como assinalámos e contra a posição maioritária da doutrina italiana a que acedemos, VALERIO DE SANCTIS, *"Contratto di Edizione …"*, cit., n.º 8, pag. 26, considera que *a aquisição originária do direito de autor por pessoas jurídicas deve ser encarada como uma* fictio legis.

[480] Os Autores italianos consultados são, com divergências de pormenor, unânimes quanto a este ponto. As diferenças assinalam-se – se bem que não sobretudo quanto ao carácter derivado da transmissão senão quanto à fonte dessa transmissão (o próprio contrato de trabalho *de per si* ou acto translativo subsequente) – a propósito da *aplicação* à aquisição do direito de autor nestes casos do art. 23 das "disposizioni legislative in materia di brevetti per invenzioni industriali" (R.D. 29-6-1939, n. 1127): Art. 23 §1 – «*Quando a invenção*

industrial é realizada em execução ou cumprimento de um contrato ou de uma situação/ relação de trabalho ou de emprego, no qual a actividade inventiva está prevista como objecto do contrato e da relação e para esse fim retribuída, os direitos derivados dessa invenção pertencem ao "dattore di lavoro" [que preferimos traduzir "beneficiário da prestação", trate-se ou não, no caso em apreço, de um empregador], *salvo o de o inventor ser reconhecido autor.»* – intercalado nossos.

Assim T. ASCARELLI, *"Teoria della Concurrenza e dei Beni Immateriali"* (tradução espanhola), cit., XIII-31, pags. 731/732: «*Para que o direito, ainda que a título derivado, pertença ao empregador, deverá poder incluir-se, como objecto do contrato, a própria actividade criadora de obras intelectuais.* […], *actividade criadora que não pode confundir-se com a simples prestação intelectual.* […]. […] *quando o contrato de trabalho (e pode tratar-se de contrato trabalho subordinado ou autónomo) implique a criação de uma obra intelectual* […], *hipótese bastante frequente no campo da produção cinematográfica (onde depois ocorre a regulação normativa da atribuição do direito de autor na obra cinematográfica) e no da produção de material publicitário, etc., será preciso ter em conta o art. 110 da lei no que respeita a prova por escrito da transmissão da utilização* […]» – intercalados nossos. ASCARELLI traduz aqui também a sua discordância quanto à aplicação do art. 23 da lei italiana "sobre invenções", acima transcrito na parte pertinente, sublinhando o *carácter derivado* da atribuição do direito de autor.

Em sentido sensivelmente distinto, P. GRECO / P. VERCELLONE, *"I diritti sulle opere dell'ingegno"*, cit., n.º 81, pags. 253/254, são peremptórios: «*Afirma-se geralmente que o efeito jurídico do contrato de trabalho subordinado é a atribuição ao empregador* ["dattore di lavoro", no original] *do resultado da actividade produtiva do trabalhador. É afirmação a partilhar, mas com os esclarecimentos convenientes.* […] *trata-se de um efeito não essencial mas apenas natural da relação. É perfeitamente admissível que as partes prevejam a atribuição ao trabalhador dos direitos (de propriedade ou sobre bens imateriais) que tenham por objecto o bem produzido, contentando-se o empregador com outras utilidades que lhe advêm da actividade do trabalhador.* […]. *Por outro lado, e sobretudo, não é exacto que todo e qualquer resultado da actividade devida pertença ao empregador; porque para a atribuição a este é necessário que a actividade seja devida em função daquele resultado.* […]. […] *seria verdadeiramente excessivo aplicar esta regra* [que faz compreender na "função económica e social" da situação de trabalho subordinado a apropriação pelo empregador do resultado do trabalho] *também às hipóteses em que a actividade devida por força do contrato não está em si mesma vocacionada à aquisição de direitos a título originário e portanto o comportamento que a lei liga a esta aquisição é simplesmente devido à existência da relação de trabalho.* […]. *Pelo que, se a regra deve aplicar-se também em sede de obras intelectuais criadas por dependentes, o âmbito limitar-se-á sempre aos casos em que (para parafrasear a expressão contida no art. 23)* [da lei italiana "sobre invenções" acima citada] *a obra intelectual é realizada em execução de uma relação de trabalho na qual a actividade criativa está prevista como objecto do contrato e para tal fim retribuída.*» – intercalados nossos. E é com este fundamento, como se verá no ponto seguinte, que sustentam que a aquisição do direito de autor pelo empregador resulta *"directa e imediatamente"* do contrato de trabalho, vista a *especial estrutura da situação juslaboral em causa*.

II – Quando a obra seja realizada, por um ou mais autores, no *âmbito de uma empresa* – e sem que se questione que o direito é *adquirido a título derivado* – traçam-se duas correntes de opinião sobre a natureza e eficácia do acto atributivo.

– Por um lado, sustenta-se que o direito se constituiria imediata e directamente – em momento cronologicamente coincidente à formação originária da situação jusautoral – na esfera do credor da prestação de "trabalho intelectual". E trazemos ao texto principal excerto pertinente desta construção doutrinária, talentosamente exposta em GRECO / VERCELLONE: «[...] *quando, como na hipótese em exame, a aquisição do direito advém por força de um acto criativo simultaneamente da obra e do direito, seria verdadeiramente inútil complicar as coisas imaginando que um sujeito (o autor) adquire o direito e ao mesmo tempo o perde por transferência automática para outro sujeito (o "dattore di lavoro"). As possibilidades são apenas duas: a aquisição na pessoa do autor com obrigação de transferência subsequente ou a aquisição directa e imediata pelo "dattore di lavoro". Excluída a primeira, como se viu, sobra apenas a segunda: pelo acto de criação da obra intelectual os direitos morais constituem-se e permanecem na esfera do autor*(-empregado)*, os direitos patrimoniais constituem-se imediata e directamente na esfera do "dattore di lavoro"*.»[482/483].

---

[481] Esta solução contrasta com a consagrada para as fotografias não criativas, para as quais os arts. 87 a 92 da L.aut.ital.* prevêem a outorga de *direito conexo ao executante de «imagens de pessoas ou de aspectos, elementos ou factos/acontecimentos da vida natural ou social com recurso a processos fotográficos ou análogos aos da fotografia».* Referem às fotografias puramente mecânicas ou destituídas de criatividade por oposição às que são verdadeiro objecto de direito de autor (cfr. art. 2/7 L.aut.ital.*") que são, no direito italiano, objecto de um *direito conexo* (cfr. notas ao n.º 72-II, *supra*). No caso destas, o art. 88, §§ 2 e 3, L.aut.ital.* estabelece *a atribuição originária do direito em exclusivo*, quer ao empregador quer ao comitente, *desde que «a fotografia seja obtida no âmbito e em execução de um contrato [...], nos limites do objecto e da finalidade do contrato.»* – intercalado nosso.

[482] GRECO / VERCELLONE, *"I diritti sulle opere dell'ingegno"*, cit., n.º 83, pag. 259. Esta posição não implica que estes Autores defendam que se depara uma *aquisição originária pelo empregador ou pelo comitente*. Na verdade, logo explicam (*ibidem*): «*Parece mais lógico falar de aquisição originária quando o nascimento do direito coincide cronologicamente*

– Uma outra corrente doutrinária favorece a ideia, segundo a qual, constituindo-se ainda e sempre o direito de autor originariamente na titularidade do autor-trabalhador/prestador de serviço, a aquisição deste pelo credor da prestação de trabalho ou de serviço (para criação de obras intelectuais) seria efeito do mesmo contrato como acto translativo ulterior (à constituição do direito de autor)[484].

No caso da obra criada em cumprimento de contrato prestação de serviço, em que releva essencialmente a ausência do enquadra-

---

com a atribuição deste ao "dattore di lavoro" e esta última não se verifica sob pressuposto e em correlação com a atribuição precedente ao autor; é porém indiscutível que tal aquisição advém como consequência de um facto criativo do autor e sobretudo na medida em que existe um título que confronta o autor (obrigação de por este ser desenvolvida actividade criativa). No entanto, este não é um problema relevante. O que interessa é tão-só estabelecer o modo de aquisição que, como se repete, se produz directa e imediatamente na esfera do credor de trabalho, com a exteriorização ["col venire ad esistenza"] da criação intelectual, como efeito natural da relação de trabalho subordinado que tenha por objecto a actividade criativa.».

[483] Neste sentido, como se antecipou, GRECO / VERCELLONE, *"I diritti sulle opere dell'ingegno"*, cit., n.º 83, pag. 258: «[...], *quando o* [trabalhador] *dependente está efectivamente adstrito à actividade criativa, a atribuição dos direitos de autor ao "dattore di lavoro" advém como efeito do contrato de trabalho, não já por negócio translativo* [subsequente e autónomo] *pelo qual aqueles direitos, nascidos na esfera do autor, se transferissem depois ao "dattore di lavoro".*» - intercalados nossos.

[484] L. C. UBERTAZZI / M. AMMENDOLA, *"Il Diritto d'Autore"*, cit., n.º 7, pags. 27/28, são explícitos na afirmação do *carácter derivado da aquisição directa e imediata do direito patrimonial por efeito da realização/exteriorização da obra, no desenvolvimento da actividade criativa prevista no contrato de trabalho.* Defendem – apesar de admitirem a aplicação da regra citada do art. 23 da lei italiana "sobre invenções" – a necessidade de forma escrita, exigida pelo art. 110 da L.aut.ital.* para a transmissão de direitos patrimoniais.

Também VITTORIO DE SANCTIS / M. FABIANI, *"I Contratti di Diritto di Autore"*, cit., n.º 16, pags. 81/82, defendem que a aquisição do direito patrimonial pelo o comitente ou pelo empregador é efeito do contrato: «..., *efeito que é substancialmente idêntico ao do acto de transferência de direitos de utilização patrimonial de obras preexistentes.* Acrescentam porém [na sequência de posição de OPPO, *"Creazione intelletualle"*, *in* "Riv. Dir. Civ.", 1969, I, *apud* VITTORIO DE SANCTIS / FABIANI, *ob.* e *loc. citt.*, nota (46) à pag. 82) que: «[...], *a aquisição do direito em benefício do comitente ou do empregador* ["dattore di lavoro"] *verifica-se em todo e qualquer caso em que a criação da obra ocorra no âmbito da empresa por conta da qual a obra é realizada com recurso aos meios e enquadramento organizacional daquela e para os fins pré-definidos* (ob. cit., pags. 82/83, com intercalados nossos). Assim também MARIO FABIANI, *"I contratti di utilizzazione delle opere dell'ingegno"*, cit., n.º 68, pag. 277.

mento organizacional da actividade criadora e do fim, previamente definido, de utilização empresarial da obra assim criada, discute-se tão-só – já que são tidos por comuns a natureza e efeitos da atribuição[485] – se *o momento da produção do efeito atributivo é o da entrega da obra* (ex art. 2226 C.Civ.ital.*) *ou o da sua aceitação pelo comitente*[486].

III – As faculdades jusautorais atribuídas são apenas as que, salvo disposição contratual expressa, tendo presente a regra da independência das faculdades de utilização patrimonial (arts. 19 e 119, *maxime* § 5, L.aut.ital.*, esta última de aplicação específica ao "contrato de edição"), sejam essenciais à consecução do escopo contratual tal como resulta da interpretação da vontade dos contratantes ou se deduz do escopo principal da actividade daquele "por conta de quem" a obra é criada[487].

---

[485] É muito significativa, quanto à assimilação do "fattispecie" obra criada no âmbito de contrato de trabalho/obra sob comissão, a asserção de LORENZO DE SANCTIS, *"Opera dell'ingegno su commissione..."*, cit., pag. 151: «[...] *no âmbito da produção de obra intelectual, no esquema de base contratual que relaciona aquele que reclama a obra e aquele que a cria, não subsistem em nossa opinião diferenças estruturais específicas e substanciais consoante a obra seja criada em relação de trabalho subordinado ou em relação de comissão de obra; sendo ambas relações directas, apesar dos diversos contextos de subordinação ou de autonomia, para a criação de obras intelectuais e para a sua utilização.»* – intercalado nosso. Postulado no qual este Autor sintetiza um importante aspecto comum: *independentemente do enquadramento organizacional, sempre deparamos com a atribuição de faculdades jusautorais conformada pelo fim deduzido do contrato para criação de obra intelectuais.*

[486] VITTORIO DE SANCTIS / M. FABIANI, *"I Contratti di Diritto di Autore"*, cit., n.º 16, pag. 83, assente na regra de direito civil. LUIGI C. UBERTAZZI / M. AMMENDOLA, *"Il Diritto d'Autore"*, cit., n.º 8, pag. 29, advogam que o "fattispecie" aquisitivo se preenche com *a sua aceitação, salvo se resultar da interpretação do contrato que, tendo o comitente aceite previamente o resultado do trabalho de outrem, se considerará que a plena eficácia atributiva é concomitante à constituição do direito de autor com a exteriorização da obra.*

[487] Esta é a posição de L. C. UBERTAZZI / MAURIZIO AMMENDOLA, *"Il Diritto d'Autore"*, cit., n.º 7, pag. 28, com base na regra da "independência relativa das faculdades de utilização patrimonial" – comum à consagrada em Portugal (art. 68º/4 CDA*). Assim também VITTORIO DE SANCTIS / MARIO FABIANI, *"I Contratti di Diritto di Autore"*, cit., n.º 16, pag. 83.

Coerentes com a sua posição – acima descrita – sobre a natureza da aquisição do direito pelo empregador e pelo comitente, GRECO / VERCELLONE, *"I diritti sulle opere*

IV – Tudo considerado, parece prevalecer hoje a opinião segundo a qual, no ordenamento italiano, seja a obra criada em execução de contrato de trabalho seja de "contratto d'opera"[488], o direito de autor é adquirido pelo credor da "prestação criativa" a título derivado. A atribuição jusautoral é *efeito conjugado da celebração do contrato para criação de obras intelectuais e da exteriorização* da obra (ou da *aceitação* desta, se se tratar de obra criada em resultado de prestação de actividade não subordinada).

Quando a actividade criadora seja enquadrada numa empresa, para que a atribuição do direito se verifique com a natureza e os efeitos assinalados, é necessário que a obra seja criada *no âmbito* (com recurso a meios e no quadro organizacional) *da empresa por conta de quem (e para os fins da qual) a obra é* criada. Em qualquer caso, a "prestação criadora" deve realizar-se (e ser retribuída) *em execução da actividade contratada que tenha por objecto a criação de obras intelectuais.*

A *atribuição é limitada às faculdades necessárias à satisfação do interesse pretendido pelo credor com a contratação*, que se deduz por interpretação do contrato, visto (também e se for o caso) o objecto da actividade organizacional que enquadra a "prestação criadora".

---

dell'ingegno", cit., n.º 83-1), pag. 260, sustentam que, uma vez estabelecido que a actividade laboral estava prevista e retribuída como actividade criativa de obras intelectuais: «[...], *se o trabalhador foi contratado para que criasse obras intelectuais por conta e em benefício do "dattore di lavoro", o efeito natural é que este adquira em exclusivo* todas *as faculdades patrimoniais que a lei prevê para o titular originário.».*

[Confrontámos a alteração deste preceito do CDA* pela Lei n.º 50/2004, de 24-8. No entanto, o n.º 4 do citado art. 68º não sofreu alteração].

[488] O art. 2222 C.Civ.ital.* descreve o conteúdo do "contratto d'opera" no direito italiano como: um *contrato sinalagmático, oneroso, que vincula à realização de uma obra ou serviço, sem subordinação ao comitente.* No seu *"Commentario breve al Codice Civile",* cit., em anotações I e II-1 e –2, pags. 2147/2148, ao art. 2223 deste Código, G. CIAN / A. TRABUCCHI referem este como: «*um fattispecie residual de trabalho autónomo:* [...].». Mais acrescentam (*ibidem*): «*Qualquer actividade humana, economicamente relevante, pode ser objecto quer de relação de trabalho subordinado quer de relação de trabalho autónomo. O elemento essencial do primeiro tipo de relação é a* subordinação, *entendida como vínculo de sujeição pessoal do prestador ao poder directivo do "dattore di lavoro" que é inerente à particular modalidade de desenvolvimento/realização, e não apenas ao resultado, da prestação laboral.».*

53. Direito espanhol: atribuição finalista presumida do contrato

I – A principal lei de autor de Espanha (LPI esp.*) estabelece que «*a transmissão dos direitos de exploração na obra criada "por causa" de uma relação de trabalho reger-se-á pelo convencionado no contrato, devendo este celebrar-se por escrito.*» – cfr. art. 51/1 LPI esp.*. Logo o n.º 2 do mesmo art. 51 presume da falta de pacto escrito a cedência, em exclusivo, ao empregador de certas faculdades jusautorais. Por outro lado, em transposição da DPC*, o art. 97/4 (*ex vi* art. 51/5 LPI esp.*) da mesma Lei dispõe: «*Quando um trabalhador assalariado crie programa de computador, no exercício das funções que lhe tenham sido confiadas/determinadas ou seguindo as instruções do seu empregador* ["empresario", no texto original da lei]*, a titularidade dos direitos de exploração correspondentes ao programa* [...] *assim criado,* [...]*, atribuir-se-á* ["corresponderán" (!?), no original[489]]*, em exclusivo, ao empregador, salvo convenção em contrário.*» – intercalados nossos.

Encontrámos já – dir-se-ia que em todos os ordenamentos que confrontaram simultaneamente a adesão à CB* e a transposição da DPC* – a mesma aparência de regime dual. Tentemos compreendê-lo.

II – Resulta das disposições consagradas que o empregador é beneficiário de uma *atribuição derivada de faculdades de direito de autor nas obras criadas por trabalhador subordinado*. Esta atribuição pode ter por fonte: pacto (autónomo) *que a determine nos termos gerais* – e segue então, sem qualquer especialidade, a regra geral para a atribuição translativa de faculdades jusautorais, que determina que a cessão de faculdades patrimoniais que sejam atribuídas com carácter exclusivo deve ter carácter *expresso e escrito* (arts. 51/1, 43 e 48 LPI esp.*)[490]; ou o próprio *contrato de trabalho* com cessão

---

[489] Logo assinalaremos as conclusões que, também desta falta de correspondência gramatical, a doutrina espanhola consultada retira em interpretação deste preceito.

[490] J. M. RODRÍGUEZ TAPÍA / F. BONDÍA ROMÁN, "*Comentarios a la Ley de Propiedad Intelectual*", cit. em anotação IV ao Art. 51, pag. 230, afirmam que a convenção que estabeleça a cessão de faculdades jusautorais: *a) pode ser* cláusula do contrato de trabalho ou de convenção colectiva; *b) que este pacto pode ser parte do contrato de trabalho ou ser estipulada* a posteriori, *desde que respeite os requisitos formais do contrato de trabalho;*

presumida de certas faculdades (art. 51/2 LPI esp.*)[491]. Interessa-nos agora sobretudo esta última.

A *cessão presumida de faculdades jusautorais* tem como pressupostos: que a obra seja criada em execução de contrato de trabalho que compreenda, entre o deveres específicos emergentes do vínculo laboral, a criação de obras intelectuais[492]; que tal contrato seja *"escrito e que inclua uma cláusula que estipule as condições de transmissão dos direitos de propriedade intelectual"*[493].

Produz-se o *mesmo efeito atributivo presumido do enquadramento juslaboral* quando a obra intelectual seja criada, embora para fins não compreendidos nos da actividade habitual do empregador, seguindo instruções do empregador que empreende uma nova activi-

---

c) está sujeita aos limites *a que o art. 43 LPI esp.** ["transmissão *inter vivos*" de direito de autor] *subordina toda a cessão de faculdades patrimoniais* [v.g. limites *temporais, espaciais* e decorrentes da *independência das faculdades* compreendidas no direito patrimonial de autor]. Assim também: J. M. RODRÍGUEZ TAPÍA, agora *in "Comentarios a la Ley de Propiedad Intelectual", obra coordenada* por RODRIGO BERCOVITZ RODRÍGUEZ-CANO, cit., em comentário VI ao art. 51, pags., 842/843; MARIA DEL CARMEN GETE-ALONSO Y CALERA, também *in "Comentarios a la Ley de Propiedad Intelectual", obra coordenada* por RODRIGO BERCOVITZ RODRÍGUEZ-CANO, cit., em comentário IV-1 ao art. 43, pag. 768.

Mais é entendido que, sob o direito espanhol, está vedada a cessão global e definitiva do direito (por todos, veja-se RODRÍGUEZ TAPÍA / F. BONDÍA ROMÁN, *"Comentarios a la Ley de Propiedad Intelectual"*, cit. em anotação II ao Art. 43, pags. 209/210), o que, como se verá, é entendido poder bulir com a regra geral de *"proibição de cessão global de direito de autor em obras futuras"* – *ex* art. 43/3 LPI esp.*

[491] EDUARDO GUTIÉRREZ-SOLAR BRAGADO, *"Transmisión de los Derechos de Explotación de la Obra del Creador Asalariado"*, cit., pag. 11, considera que: «*Uma interpretação global do art. 51 obriga a entender a referência a contrato não como alusiva a contrato de trabalho, senão a qualquer acordo consensual que acolha a transmissão, já que o número 2, diversamente do 1, não se refere a* contrato de trabalho.».

[492] Assim RODRÍGUEZ TAPÍA, *in "Comentarios a la Ley de Propiedad Intelectual"*, obra coordenada por RODRIGO BERCOVITZ RODRÍGUEZ-CANO, cit., em comentário II ao art. 51, pags., 840/841: «[...] *o título atributivo da cessão presumida de direitos deve-se tanto à relação laboral que, para outros efeitos, determina a alienação dos resultados* [do trabalho] *ao empregador quanto à correspondência da obra criada às funções desempenhadas no trabalho, o que se concretiza num dever mais ou menos preciso de criação da obra.*» – intercalados nossos.

[493] Como enuncia GUTIÉRREZ-SOLAR BRAGADO, *"Transmisión de los Derechos de Explotación de la Obra del Creador Asalariado"*, cit., pag. 12.

dade empresarial: condição é que a obra seja criada *no âmbito da actividade devida pelo trabalhador sob o poder de direcção patronal*[494].

A atribuição de faculdade jusautorais em obras criadas em execução de contrato para criação de obras intelectuais não laboral segue os mesmo princípios e regras, desde que verificados pressupostos análogos: que se trate de *"criação induzida"* pelo beneficiário da atribuição e realizada sob instruções ou direcção deste; que não se trate de actividade exercida em concorrência com o comitente; que o contrato preveja a alienação do resultado da actividade criadora[495]; que se verifique como efeito de *pacto escrito que tenha por objecto*

---

[494] Assim RODRÍGUEZ TAPÍA, in *"Comentarios a la Ley de Propiedad Intelectual"* sob coordenação de R. BERCOVITZ RODRÍGUEZ-CANO, cit., em comentário III ao art. 51, pag. 841. Assim também RODRÍGUEZ TAPÍA / F. BONDÍA ROMÁN, *"Comentarios a la Ley de Propiedad Intelectual"*, cit. em anotação II ao Art. 51, pag. 229: «*O pressuposto* [de aplicação do citado art. 51/2 LPI esp*] *não requer que a obra criada pelo autor assalariado* [integre actividade] *compreendida no objecto habitual, pelo que pode compreender também obras cometidas pelo empregador* ["obras encargadas por el empresario", no original] *para novas "linhas" de produção ou comercialização, que pretende inovar parcial ou radicalmente a sua actividade habitual.*» – intercalado nosso.

GUTIÉRREZ-SOLAR BRAGADO, *"Transmisión de los Derechos de Explotación de la Obra del Creador Asalariado"*, cit., pag. 13, considera que: «*Além do objecto social e da prática comercial habitual da empresa, pode recorrer-se ao critério da especialidade própria do autor assalariado como indício para resolver os casos duvidosos.*».

[495] Como nota RODRÍGUEZ TAPÍA, última *ob.* cit., em comentário IV ao art. 51, pags. 841/842: «*Parece que estes três elementos se verificam sem dúvida nas relações nascidas da função pública, mas a falta de "espontaneidade na criação" não abarca todas as criações do funcionário, mas apenas aquelas realizadas em consequência do serviço público. Não é tão claro nos de mandato e de "contrato de obra". No "contrato de obra", existe um certo grau de incitação ou de concepção da obra com instruções mais ou menos precisas e existe também alienação dos resultados do trabalho, quando os materiais tenham sido fornecidos pelo comitente* [...]; *mas não há relação de subordinação,* [...]. *No caso do mandato, haveria de ver se a relação entre mandante e mandatário acarreta necessariamente a criação de obras ligadas à relação de confiança entre um e outro. Na medida em que o mandante, assente na confiança causal da sua relação, possa impedir o mandatário do uso da obra criada por mandato ou para o mandato e execução do mesmo, poderíamos dizer que, se bem que não haja uma dependência ou subordinação orgânica, um está sob as ordens do outro na base de uma relação de confiança.* [...]. *Desta forma* [os] *que criam obras protegidas em virtude dos seus deveres* [contratuais], *empregos ou mandatos* [...] *estão igualmente obrigados,* por razões causais, *a permitir que o* ius prohibendi *sobre essas criações seja exercido, no âmbito da sua actividade habitual, pelo empregador, mandante,* [...].» – intercalados nossos.

a *"cessão de propriedade intelectual, celebrado no início da relação jurídica ou no decurso da mesma"*[496].

III – A delimitação das faculdades atribuídas é ditada – mais do que pela actividade habitual do empresário-empregador – pelo fim (consentido) de utilização da obra pelo empregador. Este não pode explorar a obra criada segundo *modalidades de exploração não compreendidas nos fins do contrato* (*nem que sejam desconhecidas pelo autor-empregado no momento da entrega da obra*[497]): as faculdades de utilização cedidas nas obras criadas pelo autor-empregado devem considerar-se compreendidas no resultado da actividade devida sob direcção patronal; os fins dessas utilizações devem deduzir-se dos que correspondem à integração funcional do autor-trabalhador na actividade habitual da empresa-empregadora[498].

IV – A LPI esp.* consagra regra que estabelece a invalidade da transmissão do direito de autor em conjunto indeterminado de obras futuras – art. 43/3 LPI esp.*: «*Será nula a cessão de direitos de exploração que respeitem ao conjunto das obras que o autor possa criar no futuro.*». Os fundamentos que a doutrina espanhola consultada apresenta para fundamentar a não incompatibilidade entre esta proibição e a licitude do pacto atributivo de faculdades jusautorais em obras *a criar* no âmbito de contrato de trabalho relacionam-se sobretudo com o facto de, *pelo contrato de trabalho para criação de obras intelectuais*, não se verificar a atribuição de faculdades de

---

[496] Como expõe GUTIÉRREZ-SOLAR BRAGADO, *"Transmisión de los Derechos de Explotación de la Obra del Creador Asalariado"*, cit., pag. 12.

[497] Esta é, afinal, também aplicação das regras que, na LPI esp.* (art. 43/5) – como, por exemplo, no § 31(5) UrhG alemã* –, decorrem do mesmo princípio de *atribuição finalista* limitada às faculdades de utilização que o autor pode legitimamente esperar/antever que sejam exercidas pelo beneficiário da atribuição no momento em que esta se verifica. O § 31(4) UrhG alemã* *mais estabelece*: «*A concessão de faculdades de utilização para modalidades de utilização ainda desconhecidas, bem como as obrigações que lhes respeitem são ineficazes.*».

[498] GUTIÉRREZ-SOLAR BRAGADO, *"Transmisión de los Derechos de Explotación de la Obra del Creador Asalariado"*, cit., pag. 14, conclui que a *"actividade habitual do empresário"* define «*os direitos que são cedidos* [...] *e as modalidades* [de exploração] *consentidas*».

utilização relativas ao "conjunto (a totalidade)" da criação intelectual futura do autor-empregado, mas tão-só das que, *identificadas pelo fim de exploração empresarial (habitual), o trabalhador se vincula especialmente a criar*[499].

V – A criação de *programa de computador* por trabalhador subordinado, em execução do seu contrato ou segundo instruções do seu empregador, determina que a este se veja atribuída *ex lege* a titularidade do direito de autor (cfr. arts. 51/5 e 97/4 LPI esp.*)[500]. Identificam-se como características desta, que é apontada como "cessão legal" do direito de autor em benefício do empregador-comitente:

---

[499] Assim MARIA DEL CARMEN GETE-ALONSO Y CALERA, também *in "Comentarios a la Ley de Propiedad Intelectual"*, obra *coordenada* por RODRIGO BERCOVITZ RODRÍGUEZ-CANO, cit., em comentário 1. ao Art. 43, pag. 768.

Explícito, GUTIÉRREZ-SOLAR BRAGADO, *"Transmisión de los Derechos de Explotación de la Obra del Creador Asalariado"*, cit., pag. 15, afirma mesmo: «*Decorrido este período* [de cinco anos, estabelecido como limite temporal máximo supletivo para a transmissão de direitos de exploração, nos termos do art. 43/2 LPI esp.*], *é lógico que os direitos revertam para o autor. Se o empregador deseja continuar a exploração da obra,* [...], *deve compensar economicamente o autor assalariado pela "prorrogação" da exploração; caso não tenha interesse em continuar com a dita exploração, o trabalhador-autor pode explorar a obra, pois já não há concorrência desleal.*».

[500] Neste sentido, RODRÍGUEZ TAPÍA / F. BONDÍA ROMÁN, *"Comentarios a la Ley de Propiedad Intelectual"*, cit. em anotação III ao art. 97, pag. 362.

Essa é, aliás, a interpretação que – *apesar de* excepcional *no ordenamento jusautoral espanhol* – parece mais conforme ao sentido da norma contida no preceito legal citado (art. 97/4 LPI esp.*). E assim é, sobretudo, se confrontadas as que precedem esta (nos n.ºs 1 e 2 do mesmo art. 97 desta LPI): Art. 97/1 – que aplica as regras gerais sobre atribuição originária da titularidade «*à pessoa ou grupo de pessoas naturais que o hajam criado, ou à pessoa jurídica que seja reconhecida como titular dos direitos de autor nos casos expressamente previstos nesta Lei.*», como no caso das obras colectivas (cfr. *supra*, n.º 32, o que expusemos em explicação do regime destas obras no direito espanhol); n.º 2 – que admite, *quando o programa de computador se reconheça como obra colectiva*, "convenção contrária" ao reconhecimento da «*autoria à pessoa natural ou jurídica que a edite ou divulgue em seu nome*». Estas duas disposições legais suscitam a RODRÍGUEZ TAPÍA / F. BONDÍA ROMÁN, última *ob.* cit., em anotação I-b) ao art. 97, pag. 360, a seguinte observação: «*Em definitivo, cabe sustentar que coexistem na nossa LPI dois sistemas de atribuição de autoria: um, a criação, para todo o tipo de obras, incluídas, por certo, as obras programas de computador; outro, privativo dos programas de computador, a lei, na medida em que liga a atribuição de autoria* ["anuda la concesión de autoria", na expressão original] *a actos que nada têm que ver com a criação, como são a edição e divulgação de um programa que mereça a qualificação de obra colectiva.*».

- a circunstância de o trabalhador estar vinculado pelo contrato de trabalho *à criação de programas de computador*;
- que, no caso de obra-programa de computador criado por trabalhador subordinado, *a aquisição do direito pelo empregador é derivada, resultante de cessão legal, que pode ser afastada por convenção em contrário* – enquanto, nos termos gerais (*ex* art. 51 LPI esp.*), é derivada e efeito do contrato para criação de obras intelectuais, por cessão presumida ou expressa, como vimos;
- que esta transmissão *compreende todas as faculdades patrimoniais incluídas no direito de autor, e não apenas as que resultem essenciais ao exercício da actividade habitual do empregador*[501].

O manifesto desconforto dos Autores consultados, perante esta solução legal espanhola em transposição da DPC*, revela-se constante até ao ponto da qualificação desta como *"atribuição derivada constitutiva por disposição da lei"* – valendo, neste caso, o qualificativo "constitutiva" pela caracterização da formação do direito de autor como *simultânea na esfera jurídica do empregador* (faculdades de exploração) *e do autor-trabalhador*[502].

VI – Em síntese, a *titularidade originária do direito de autor* em obra intelectual criada por autor assalariado, no direito espanhol, é

---

[501] Assim em paráfrase do exposto por RODRÍGUEZ TAPÍA / F. BONDÍA ROMÁN, *"Comentarios a la Ley de Propiedad Intelectual"*, cit. em anotação III-A a C), pags. 362-364.

[502] Assim JESÚS DELGADO ECHEVERRÍA, *in "Comentarios a la Ley de Propiedad Intelectual"*, obra coordenada por de R. BERCOVITZ RODRÍGUEZ-CANO, cit., em anotação IV ao art. 97, pags. 1442/1443, que acrescenta (*ibidem*, pag. 1443): «*A expressão ["titularidade originária corresponderá(ão)..."] poderia querer indicar uma aquisição originária, ainda que em nenhum caso do direito de autor como um todo, ou com exclusão dos direitos (morais) pertencentes ao autor. A própria inadequação gramatical faz pensar que o termo "titularidade" foi introduzido num último momento, com o propósito de reforçar a posição do empresário.*».

Assim também GUTIÉRREZ-SOLAR BRAGADO, *"Transmisión de los Derechos de Explotación de la Obra del Creador Asalariado"*, cit., pag. 18: «*A aquisição pelo empregador* [dos direitos nos programas de computador], *com base neste art. 97/4 TRLPI* [LPI esp.*], *verifica-se, como no art. 51 TRLPI, a título derivado, pois os direitos nascem na pessoa do trabalhador que posteriormente os cede àquele.*» - intercalado nosso.

do autor-empregado. A *atribuição de faculdades ao empregador é regulada pelo estipulado*, expressamente e por escrito, *no contrato de trabalho* (ou em cláusula a este aposta). Na *falta de convenção, presume-se a cessão de faculdades de utilização* nas obras criadas pelo autor-empregado que possam considerar-se compreendidas no "resultado" da actividade devida sob direcção patronal. Nestes casos – e naqueles em que a *obra é criada sem enquadramento juslaboral* – o efeito atributivo de direito de autor produz-se em relação a todas as obras criadas *segundo instruções do comitente*. O *acto atributivo presumido* da criação de obra intelectual em cumprimento de contrato de trabalho *deve ser interpretado segundo as mesmas regras (atribuição finalista/disposição funcional) que delimitam o conteúdo de toda a atribuição de faculdades jusautorais*, i.e., atribuem-se apenas as faculdades essenciais à consecução do fim em função do qual a obra é criada.

A atribuição de faculdades de direito de autor nos *programas de computador* criados em cumprimento de contrato de trabalho obedece a regras excepcionais, que determinam que *a atribuição jusautoral se verifica independentemente de convenção que a estipule especificamente e que compreende todas as faculdades incluídas no direito patrimonial de autor*.

54. Direito britânico: atribuição originária do direito ao empregador

I – A lei de autor do Reino Unido estatui (cfr. sec. 11(2) UK CDPA*): «*No caso de uma obra* [...] *ser criada/realizada por um empregado no âmbito do seu "employment"* ["made by an employee in the course of his employment", no texto da lei], *o seu empregador é o titular originário de todo o "copyright" na obra, sem prejuízo de acordo em contrário.*». São considerados fundamentais vários pressupostos para a aquisição originária do direito pelo empregador, no ordenamento britânico.

– Em primeiro lugar, é necessário que a obra (literária, dramática, musical, artística, cinematográfica, jornalística[503]) tenha sido criada por um "employee". A caracterização do que seja um "employee", para este efeito, remete-nos para a definição contida na sec. 178 UK CDPA*: «*a pessoa que seja contratada* ["employed", na expressão original] *por "contract of service" ou de aprendizagem* ["apprenticeship"].»[504] A noção de "contract of service" releva do facto de *a obra ser criada como parte integrante da actividade empresarial que a enquadra*, mais do que do grau de subordinação em que a actividade é desenvolvida (a aplicar apenas este critério, deveria aferir-se se tal "subordinação" respeitaria não apenas à obra criada, senão também ao enquadramento do processo criativo)[505]; contrapõe-se, nestes termos, à noção de "contract for services" em que a *obra é criada para a empresa não como parte essencial, mas apenas acessória, da actividade principal desta*[506].

---

[503] Em relação às obras jornalísticas, assinala-se que, sob o instituto britânico do "copyright", é aplicável a regra geral enunciada a todas as criadas após 1-8-1989 (em aplicação do UK CDPA*). Por não caber nesta análise sumária dos *"grandes princípios"* que norteiam a atribuição originária do "copyright" ao empregador, fica apenas a nota – com remissão de análise mais aprofundada para as obras consultadas (por todas, veja-se: COPINGER / SKONE JAMES, *"(On) Copyright ..."*, vol. I, 14ª ed. cit., n.º 5-09, pag. 220 e n.º 5-25ª, pag. 228; e W. R. CORNISH, *"Intellectual Property ..."*, cit., n.º 12-06, pag. 462) –, à qual acrescentamos que a uniformização de regimes se aconselharia, em nome da simplicidade e na ausência de verdadeira *diferença substancial*, também para o ordenamento jusautoral português.

[504] Os intercalados são nossos, com nota de que a especificidade das noções desaconselha, em nome do rigor conceptual, a tradução livre sem explicação do seu significado preciso.

[505] Em COPINGER / SKONE JAMES, *"(On) Copyright ..."*, vol. I, 14ª ed. cit., n.º 5-12, pags. 221/222, é explicado que devem ser considerados *outros factores*, para além do "grau de subordinação" ["degree of control", na expressão original]. Assim, se o autor-empregado, no desenrolar do processo criativo: «[...] *fornece o seu próprio equipamento, contrata os seus próprios ajudantes, o grau de risco financeiro que assume, qual o grau de responsabilidade que assume no investimento e na gestão do empreendimento criativo*». No mesmo sentido, veja-se LIONEL BENTLY / BRAD SHERMAN, *"Intellectual Property Law"*, cit., I-3.1.1, pag. 118. E que familiares que são estes critérios ao chamado "método indiciário" para a distinção entre contrato de trabalho e de prestação de serviço, por exemplo sob a lei de Portugal!

[506] Assim o explicam: COPINGER / SKONE JAMES, *"(On) Copyright ..."*, vol. I, 14ª ed. cit., n.º 5-12, pags. 221/222; W. R. CORNISH, *"Intellectual Property ..."*, cit., n.º 12-06, pag. 461;

- Por outro lado, nos termos da própria sec. 11(2) UK CDPA*, é condição que tenha sido criada "in the course of employment". Significa isto que, *consideradas as circunstâncias do caso concreto, a obra criada deve estar compreendida entre aquelas que o empregador poderia razoavelmente esperar ou exigir do seu empregado*; por outras palavras e mais simplesmente, quando *o acto criador possa considerar-se como realizado em cumprimento dos deveres contratuais*[507].
- A regra de atribuição originária do "copyright" ao empregador *pode ser afastada por acordo em contrário*. Este acordo pode ser *expresso ou tácito, escrito ou oral*. É considerado que o acordo deve ser *anterior à criação* e que pode deduzir-se de *prática reiterada do empregador que consinta a* (tenha reiteradamente consentido na) *utilização pelo seu empregado das obras* por este criadas nas condições enunciadas nos pontos anteriores: designadamente pela não oposição ou consentimento usuais à disposição por este de direitos de exploração económica das obras assim criadas.

H. Laddie / P. Prescott / M. Vitoria, *"The Modern Law of Copyright and Designs"*, cit., n.º 11.26, pags. 560/561; Lionel Bently / Brad Sherman, *"Intellectual Property Law"*, cit., I-3.1.1, pag. 118, que acrescentam como "critérios indiciários" para a distinção entre estes "tipos contratuais" a natureza da *remuneração*, o *regime fiscal aplicável, etc.* . Todos os citados recorrem a sentença, de que podemos encontrar trecho pertinente na *ob.* e *loc. citt.* de Laddie / Prescott / Vitoria, em que, para a caracterização em distinção de "contract of service", se recomenda dever buscar-se «*whether a man is employed as part of the business, and his work is done as an integral part of the business; whereas under a contract for services, his work, although done for the business, is not integrated into it but is only accessory to it.*».

[507] Assim o ensinam: Copinger / Skone James, *"(On) Copyright ..."*, vol. I, 14ª ed. cit., n.º 5-16, pag. 225; W. R. Cornish, *"Intellectual Property ..."*, cit., n.º 12-05, pag. 461; H. Laddie / P. Prescott / M. Vitoria, *"The Modern Law of Copyright and Designs"*, cit., n.ºs 11.37 a 11.39, pags. 563-566; Lionel Bently / Brad Sherman, *"Intellectual Property Law"*, cit., I-3.1.2, pags. 119/120. Todos os citados recorrem a sentença, de que podemos encontrar trecho pertinente na *ob.* e *loc. citt.* de Laddie / Prescott / Vitoria, em que «*um consultor financeiro, empregado de uma empresa de consultoria em gestão, recebeu remuneração extraordinária como contrapartida da utilização de obra que havia criado durante as horas de trabalho, mas cuja criação não estava compreendida nos seus deveres como empregado.*»

II – Em resumo, não pode escamotear-se, visto o conjunto de noções que concorrem para a formulação do conceito de "employee" sob o instituto britânico do "copyright", que *este corresponde ao de* (autor-)*empregado que cria a sua obra em execução de contrato que tem por objecto a criação habitual de obras intelectuais*. A particularidade reside na regra de *atribuição originária da titularidade do direito ao empregador*.

Por outro lado, é manifesto que o conceito de criação "in the course of employment" traduz satisfatoriamente (sob o ponto de vista europeu continental) a ideia de *criação em execução de contrato* que determina a atribuição originária do "copyright" ao empregador. Mais é admitida *convenção que afaste a regra geral* de atribuição do direito como efeito do contrato[508].

55. Direito estadunidense: atribuição da titularidade do direito determinada pela convenção

I – Em regulação desta matéria nos Estados Unidos da América, a sec. 201(b) US Copyr.Law* (sob epígrafe "works made for hire" – que não traduzimos por razões, ligadas ao seu significado *sui generis*, que já se perceberão) estabelece: «*Nas obras "made for hire", o empregador ou outra pessoa para quem a obra seja realizada* ["prepared"] *é considerado autor para os fins desta secção, e, salvo se as partes tiverem expressamente acordado diversamente por escrito por si assinado, é titular de* ["owns", no original] *todos os direitos/faculdades compreendidas no "copyright"*».

Apesar de a interpretação jurisprudencial primitiva generalizada considerar que a situação de "employment" «*existiria independentemente do carácter continuado* (estável, duradouro) *ou formal da relação, sem considerar, por exemplo, o carácter regular e periódico do pagamento da remuneração ao autor-empregado e admitindo mesmo que este fosse pago à peça ou até não remunerado*», a juris-

---

[508] Conforme assinalam: COPINGER / SKONE JAMES, *"(On) Copyright ..."*, vol. I, 14ª ed. cit., n.º 5-24, pags. 2277228; W. R. CORNISH, *"Intellectual Property ..."*, cit., n.º 12-07, pags. 462/463; LIONEL BENTLY / BRAD SHERMAN, *"Intellectual Property Law"*, cit., I-3.1.3, pag. 120.

prudência, por fim fixada pelo Supremo Tribunal – após a adesão dos EUA à União de Berna (ver CB*) –, parece atender a um número de factores, variável segundo as circunstâncias do caso, que relevam da distinção entre "*empregado assalariado*" e "*demais contratados*"[509].

- Por convenção, *as partes podem estipular a atribuição de* "initial ownership of the copyright" *quer ao empregador quer ao autor-empregado.*
- Na ausência de acordo, nem sempre se presume a atribuição do direito: «*se o resultado da actividade literária do empregado não for realizada no âmbito dos deveres especiais emergentes da sua situação de "employment"*, [o "copyright"] *permanece na titularidade do empregado; assim também se o resultado dessa actividade criativa não estiver compreendido entre os que são objecto da actividade contratada* [...].»[510].
- Assim: «*ainda que se convencione que as obras realizadas por um empregado, fora do âmbito dos seus deveres funcionais, sejam consideradas "works made for hire", tal não as faz integrar em tal "categoria/género"*»[511].

II – Sem a limpidez de outras construções neste domínio, evidencia-se ainda assim, na figura das "works made for hire" sob o instituto do "copyright" norte-americano, a exigência de uma situação *sui generis* de emprego, ainda que não uniformemente indissociada pela jurisprudência da execução estável e continuada de uma situação de subordinação empregador/empregado. Revela-se também, como regra, a atribuição originária da titularidade do direito ao empregador que já descobríramos no direito britânico.

No entanto, admitida que é também a convenção atributiva do "copyright", é legítima a *ligação do conceito de "work made for*

---

[509] Em ilustração desta tese – com abundante jurisprudência citada em excerto, veja-se NIMMER (MELVILLE NIMMER / DAVID NIMMER, *"Nimmer On Copyright (A Treatise on the Law of Literary, Musical and Artistic Property, and the Protection of Ideas)"*, cit., *maxime* §§ 5.03[B][1][a], 5-13, -32.

[510] Assim o explica, ilustrado com abundante jurisprudência citada em excerto, NIMMER, *"Nimmer On Copyright ..."*, cit., *maxime* §§ 5.03[B][1][b] [*i*], 5-32, -34.

[511] Assim NIMMER, *"Nimmer On Copyright ..."*, cit., *maxime* §§ 5.03[B][1][b] [*ii*], 5-35, -37.

hire" à *ideia de* criação (funcional), *em cumprimento de deveres contratuais compreendidos nos que emergem especificamente da situação de "employment"*, para a realização de fins próprios do empregador.

SUBSECÇÃO III

O trabalho criativo subordinado

56. **Subordinação juslaboral e criação de obras intelectuais: a prestação de trabalho criativo** – *incorporação empresarial da actividade laboral e poder de direcção, heterodeterminação da função e indeterminação do conteúdo da prestação devida, actuação finalista do trabalhador e exigibilidade da prefiguração dos fins da actividade, alienidade dos resultados do trabalho*

I – O simples enunciado do título – *"trabalho criativo subordinado"* – parece encerrar uma contradição nos próprios termos. Dir-se-ia que a actividade criadora, entendida no sentido constitucional como *"liberdade individual de acção criativa e da sua expressão (criadora)"* a que já referimos (cfr. *supra*, n.º 7-I), não se compadece com as características apontadas à *prestação de trabalho* subordinado.

A incongruência é, porém, só aparente: na criação de obra em execução de contrato, não é a "liberdade criativa" que se cerceia, são as condições concretas em que se desenvolve o processo criativo que se (pré)determinam; pelo que, salvaguardada a "autonomia técnica" do trabalhador contratado que as leis de trabalho em geral consagram, é a especificidade do conteúdo e a eficácia dos *contratos de trabalho que tenham por objecto a criação de obras intelectuais* que justifica o exame autónomo.

Antes, porém, julgamos dever compulsar as *condições concretas da prestação de actividade criadora no âmbito de contrato* de trabalho.

II – Dir-se-ia que a actividade criativa realizada em cumprimento de contrato de trabalho é normalmente enquadrada por uma organização (uma *empresa-empregadora*) e desenvolvida sob a autoridade e direcção de um empresário/empregador[512]. Este postulado não re-

---

[512] Nota-o nomeadamente ANTÓNIO DA MOTTA VEIGA, *"Lições de Direito do Trabalho"*, cit., n.º 10, pag. 30, no que assinala com a superação (*ex* LCT) do "tratamento jurídico diversificado" correspondente à distinção tradicional entre trabalho manual e trabalho intelectual: «*A actividade intelectual pura, isto é, não exteriorizada ou simplesmente contemplativa, não é trabalho em sentido jurídico.* […]. […], *as modalidades de trabalho intelectual que, anteriormente, em muitos casos, correspondiam sobretudo a formas de trabalho autónomo – de artistas, de profissionais livres – são hoje cada vez mais prestadas no âmbito de empresas ou organizações, que coordenam essas formas de trabalho com outras, intelectuais ou manuais,* […]. *E então o trabalhador intelectual aparece a realizar a sua actividade por conta alheia, cedendo os seus serviços a essas empresas ou organismos,* […].» – intercalados nossos. Já MÁRIO PINTO, *"Direito do Trabalho"*, cit., depois de afirmar que o "conceito jurídico de trabalho pode coincidir com o âmbito do critério profissional": «*O direito do trabalho* […] *ocupa-se tipicamente com o trabalho (profissional) quando ele é prestado no interesse de outrem, ou por conta de outrem, como objecto de uma relação jurídica em que o trabalhador se coloca numa posição de subordinação jurídica, constituindo a actividade laboral em si mesma directamente uma prestação de natureza obrigacional. É o chamado trabalho subordinado, por contraposição com o chamado trabalho autónomo,* …» (*ob.* cit., I, Cap. 3-I, n.º 8, pag. 72, com intercalado nosso), salienta que: «…, *como regra, o direito estabelecido visa o trabalho subordinado na empresa, e não em qualquer empresa, mas sim na empresa típica.*» (*ob.* cit., I, Cap. 4-II, n.º 8, pag. 125, com intercalado nosso); e, sobre "o conceito de empresa, em direito do trabalho": «…, *o direito do trabalho só terá provavelmente que preocupar-se com a expressão organizatória e colectiva da prestação de trabalho, com que se articulam inequivocamente diversas consequências juslaborais.*» (*ob.* cit., I, Cap. 4-II, n.º 8, em nota (164) à mesma pag. 125). MÁRIO PINTO / PEDRO FURTADO MARTINS / ANTÓNIO NUNES DE CARVALHO, in *"Comentário às Leis do Trabalho"*, vol. I, cit., em anotação 2., pag. 24, ao Art. 1º LCT*, mais adiantam: «*A fundamental especificidade da relação laboral repousa nessa atribuição ao credor da faculdade de organizar a actividade debitória desenvolvida pelo trabalhador,* […]. *Tal faculdade, que permitiu a certa doutrina qualificar o contrato de trabalho como* contrato de organização, *confere a este tipo contratual uma virtualidade única:* […]. […], *o trabalho humano, livre e produtivo que é prestado contra retribuição, sob as ordens e direcção de outrem, é, de forma típica, o trabalho prestado numa organização, ao lado de outros trabalhadores, organização essa que, por sua vez, é, também tipicamente, a empresa. Muito embora esta opção não esteja expressamente formulada* […], *o paradigma de contrato de trabalho pressuposto na LCT é o do trabalho prestado numa empresa.*» – intercalados nossos.
[Não cabe aqui, evidentemente e visto o objecto e a economia desta dissertação, mais que a análise perfunctória da riquíssima literatura jurídica que, em Portugal, tem buscado a definição de um paradigma de *situação jurídica laboral*. Sob pena de grave injustiça e com

vela, contudo, toda a verdade do processo criativo com este enquadramento[513]. Para tanto, necessário seria que se demonstrasse que toda a criação de obra intelectual realizada em execução de contrato de

---

risco de omitir referência a outros estudos de igual importância, sempre realçamos – *para além dos escritos publicados que citamos neste Capítulo* – os que referenciamos também no nosso *"Situação jurídica laboral ..."*, cit., designadamente: por RAUL VENTURA, *"Teoria da Relação Jurídica de Trabalho – Estudo de Direito Privado"*, I, Porto, 1944, pags. 70 ss.; por INOCÊNCIO GALVÃO TELLES, *"Contratos Civis (Projecto completo de um titulo do futuro Código Civil Português e respectiva Exposição de Motivos)*, in Boletim do Ministério da Justiça, n.º 83, 1959, pags. 168 ss. e 252 ss.; por PEDRO ROMANO MARTINEZ, *"Trabalho Subordinado e Trabalho Autónomo"*, cit.; por ANTÓNIO MONTEIRO FERNANDES, *"Competitividade, Cidadania e Direito do Trabalho"* (maxime pags. 38-40) e *"Para a Agenda de uma reforma da Legislação Laboral"* (maxime pags. 71/72), ambos *in* "Um Rumo para as Leis Laborais", Coimbra, 2002; por FERNANDO RIBEIRO LOPES, *"Trabalho subordinado ou trabalho autónomo: um problema de qualificação"*, cit.; por PEDRO FURTADO MARTINS, *"A Crise do Contrato de Trabalho"*, cit.].

[513] A noção de contrato de trabalho subordinado – dita emergente da de *locatio operarum* – não se contraporia exactamente ao tipo do "contrato de obra" que, por exemplo, o direito civil italiano tipifica como «*aquele em que uma pessoa se obriga a cumprir/ completar, mediante uma contrapartida, uma obra ou um serviço, com trabalho predominantemente próprio e sem vínculo de subordinação para com o comitente*» e que, distinto da *locatio operis*, teria a sua génese e fundamento em actividades de cariz pré-industrial enquadradas por uma estrutura empresarial.

MAX KASER, *"Direito Privado Romano"*, cit., § 42-III, pag. 253, refere: «*A utilização da* locatio conductio *como "contrato de serviços", no qual o* locator *vai trabalhar e cede os seus próprios serviços, não teve, numa economia de* ESCRAVATURA, *que cobria em grande parte as necessidades de trabalhadores ordinários e qualificados, a mesma importância que hoje: contudo, não se deve subestimar o emprego de assalariados em Roma.* [...]. *As obrigações derivadas do contrato de serviços seguem princípios semelhantes aos do arrendamento, em especial do aluguer de escravos. A* actio conducti *do empregador visa a correcta prestação do serviço, a* actio locati *do empregado visa o pagamento do salário (*merces*).*» – intercalado nosso. E continua, última *ob.* cit., § 42-IV, pag. 254: «*Se a* locatio conductio *se celebra como "contrato de obra", o* conductor *(hoje: "empreiteiro") obriga-se a produzir com a sua actividade um determinado* RESULTADO *numa pessoa ou coisa que lhe é entregue pelo* locator *("comitente").*».

P. ROMANO MARTINEZ, *"Direito das Obrigações (Parte Especial) – Contratos (Compra e venda, Locação, Empreitada)"*, 2ª ed. cit., Parte III, n.º II. § 4, 1.-I e respectiva nota (3), pags. 326/327, considera estas figuras emergentes (com reflexo, ainda hoje, no C.Civ.esp.* – arts. 1583 a 1603 – e no C.Civ.fran.* – arts. 1713 a 1778 e 1779 a 1799 - da distinção da «locatio conductio *do Direito Romano em três modalidades: a* locatio conductio rei, *que corresponde à actual locação;* a locatio conductio operarum, *antecedente histórico dos contratos de trabalho e de prestação de serviço; e a* locatio conductio operis faciendo, *que veio dar origem ao contrato de empreitada.*».

Já PERULLI, *"Il Lavoro Autonomo"*, cit., pags. 172 ss., reconduz a noção de *locatio operis* – tida como contrato que tem por objecto uma actividade que visa a obtenção de um

trabalho é *sempre enquadrada por uma organização/empresa* (como vimos ocorrer quanto às *obras colectivas*); ou, em termos mais gerais,

determinado resultado com a contrapartida de uma correspectiva vantagem patrimonial – a uma espécie de um género, a *locatio et conductio*, paralelo ao que filiaria a *locatio rei* e a *locatio operarum*. Seria então imprópria a pertença desta última a uma mesma estirpe da *locatio operis*, da qual supostamente resultaria, por seu lado, o que hoje se caracteriza "trabalho autónomo". Este Autor considera mais correcto reconduzir a distinção clássica a apenas dos tipos de *locatio*: a *locatio rei utendae et fruendae* e a *locatio operis faciendi*, estando a noção de *locatio operarum* reservada à prestação material de trabalho escravo. A consolidação de uma distinção entre *"locação de coisas e de obras"* - ainda hoje reflectida nomeadamente na terminologia do Código Civil espanhol: "Del arrendamiento de obras y servicios", arts. 1583 ss. no Cap.III ("Del contrato de arrendamiento") do Título VI do Livro das Obrigações, aliás já substancialmente derrogado pelo "Estatuto de los Trabajadores" espanhol (aprovado pelo Real Decreto Legislativo 1/1995, de 24.03., sucessivamente modificado) – só seria adquirida definitivamente no "Code Napoléon". Sobre a questão da inaplicabilidade da distinção clássica, que busca no objecto da prestação de actividade (*operae* ou *opus*) – resultante da tripartição da *locatio* (*rei, operis e operarum*) –, à criação da obra intelectual, veja-se também LORENZO SE SANCTIS, *"Opera dell'ingegno su commissione…"*, cit., pag. 150.

Em desenvolvimento desta análise pode confrontar-se MARIA DO ROSÁRIO PALMA RAMALHO, *"Da Autonomia Dogmática do Direito do Trabalho"*, cit., § 3°, n.° 4.3.-III, pags. 75 ss. e § 7°, n.° 12-II a –V, pags. 168 a 183, que afirma como princípio de demonstração: «*..., parece-nos que, mesmo sem uma indagação histórica mais profunda sobre a figura da* locatio, *a delimitação unitária do direito laboral como área jurídica, [...], aponta para a modernidade do fenómeno do trabalho subordinado, que deve assim ser reconhecido como um produto da Revolução Industrial. Este entendimento justifica-se, na nossa perspectiva, por dois motivos: por um lado, porque a dimensão axiológica actual do requisito da liberdade do trabalhador, que vimos ser essencial ao conceito de actividade laboral, é de origem recente, decorrendo da conjugação da ideia de liberdade com o princípio da igualdade proclamado na Revolução Francesa; por outro lado, porque a parcela regulativa colectiva do direito do trabalho, que vimos ser indispensável à sua diferenciação como área jurídica ao lado da parcela regulativa individual, só ganha significado na sociedade moderna.*» (*ob.* e *loc. citt.*, pags. 173/174, intercalados nossos). E conclui: «*Embora, formalmente, a* locatio *forneça ao fenómeno do trabalho subordinado uma moldura conforme com os ideais de liberdade e de igualdade da época [post* Revolução Francesa, do início de oitocentos], *na prática a estrutura dominial do vínculo laboral manter-se-á sem alterações de fundo até ao final do século XIX, porque é só por esta altura que as denúncias sobre a situação de miséria do operariado e os fenómenos laborais colectivos ganham peso suficiente para forçarem a ordem jurídica a reconhecer que a formal liberdade e igualdade entre trabalhadores e empregadores corresponde, na prática, à real inferioridade jurídica e económica dos primeiros em relação aos segundos, e a iniciar uma intervenção legislativa regular no domínio laboral. É pois neste sentido que consideramos que a concepção igualitária sobre a prestação de trabalho subordinado, propiciada pela figura da* locatio, *começa por ser formal e só muito mais tarde tem tradução prática.*».» – *ob.* e *loc. citt.*, pags. 182/183.

que todo o trabalho subordinado é executado num quadro empresarial. Mas não é exactamente assim.

III – Passamos em revista, comentada, parte da doutrina portuguesa que mais directamente versa esta particular característica no vínculo laboral. Procuramos identificar cada uma das características que normalmente se têm por pertinentes à prestação juslaboral e testar a sua aplicação à prestação de "trabalho criativo".

Começamos por citar a síntese crítica de MENEZES CORDEIRO que assinala: «[...] *a realidade empresarial, aparentemente promissora, tem provocado dificuldades, quando arvorada a vector dogmático laboral autónomo. Na verdade, num aspecto que as doutrinas comunitário-pessoais tinham sobre-avaliado, a situação laboral apresenta, como projecção sociológica marcante, a incorporação do trabalhador na empresa. A relação de trabalho, mais do que mero vínculo de troca, seria assim uma relação organizatória: ela determinaria a inclusão do trabalhador na empresa, [...]. Os aspectos organizatórios esgotam-se, no entanto, ou em limitações legais ou colectivas à autonomia privada ou em cláusulas eventualmente acordadas aquando da celebração do contrato de trabalho. Para além disso – e só aí poderia surgir algo de especificamente laboral – apenas se encontra o produto do* poder de direcção *do empregador: este determina os aspectos organizatórios da empresa, quando ela exista e requeira uma organização. Na busca das raízes profundas do* poder de direcção *encontra-se a natureza do trabalho como* serviço hetero-determinado. *As especificidades empresariais, quando analisadas, redundam, afinal, no próprio trabalho subordinado: não permitem traços autónomos.*»[514].

BERNARDO LOBO XAVIER, em aproximação ao conceito de empresa na disciplina laboral, propõe: «[...] *poderemos pensar a empresa como a organização de pessoas que, controlando bens ou serviços, tem como finalidade a produção. Como veremos depois, para a nossa disciplina os aspectos da produção não são tão relevantes como os organizativos: acentuar-se-á aqui que postulamos uma organização hierarquizada e que as relações vinculativas que surgem*

---

[514] ANTÓNIO MENEZES CORDEIRO, *"Manual de Direito do Trabalho"*, cit., § 4°, n.° 19-I, pags. 99/100, com intercalados nossos.

são de carácter laboral, tendo por fonte o contrato de trabalho: [...]»[515]. Mais esclarece (*ibidem*, pag. 25): «*A organização de pessoas existe na base de contratos individuais de trabalho subordinado, que constituem o título jurídico próprio para a* subordinação *indispensável à coordenação e à supra-infra-ordenação de que depende o funcionamento deste tipo de estruturas hierarquizadas privadas*.».

ROSÁRIO PALMA RAMALHO – que também explica as concepções comunitário-pessoais da situação juslaboral[516] – assevera: «[...], *mesmo que fosse concebível a recondução das empresas à figura da instituição, esta construção apenas seria adequada aos vínculos laborais de escopo empresarial, ou, pelo menos, que envolvessem uma organização dotada de um mínimo de complexidade, o que não sucede em todos os casos.*»[517]. Não obstante, em conclusão de enunciados vários em passagem do escrito citado, a mesma Autora considera: «*A nosso ver, a extensão e importância das referências do sistema normativo nacional à empresa, a admissibilidade da partilha de interesses secundários entre o empregador e o trabalhador na empresa e o facto de eles colaborarem numa organização confirmam o valor da componente organizacional do vínculo de trabalho: apesar de não integrar a noção legal de contrato de trabalho, a ideia de integração do trabalhador numa organização transparece, afinal, em todo o seu regime jurídico. Ao lado da componente de*

---

[515] BERNARDO DA GAMA LOBO XAVIER, *"O despedimento colectivo no dimensionamento da empresa"*, cit., n.º 1.4., pag. 21, com intercalados nossos. Sobre a (não) essencialidade – neste âmbito – do "carácter produtivo da actividade organitaiva empresarial", expõe LOBO XAVIER, *ob.* cit., n.º 1.4., pag. 31: «*Para nós, os contratos de trabalho, cuja característica essencial é a subordinação, são o título jurídico especificamente organizatório presente na empresa laboral, para o qual é pouco significativo o carácter produtivo ou económico da actividade organizativa*»

[516] MARIA DO ROSÁRIO PALMA RAMALHO, *"Relação de Trabalho e Relação de Emprego"*, cit., n.º 2-II, pag. 659, descreve o que designa "refundamentação dogmática do vínculo laboral, por uma de duas vias": «... *ou admitindo que na origem da relação laboral está um contrato, mas reconhecendo a este contrato natureza pessoal e não patrimonial – é a perspectiva contratualista* [...]; *ou valorizando directamente como facto constitutivo da relação de trabalho o acto material de integração do trabalhador na empresa, que é perspectivada, para este efeito, como uma instituição* [...] *– é a perspectiva institucionalista* [...].» – intercalados nossos.

[517] ROSÁRIO PALMA RAMALHO, última *ob.* cit., n.º 3-IV, pag. 665, com intercalado nosso.

troca obrigacional[518], *o contrato de trabalho tem uma inequívoca componente organizacional.*»[519].

Notamos de comum nestes Autores a refutação da suficiência da ideia de *"incorporação do trabalho na empresa"* como marca distintiva da situação juslaboral, visto que os traços da *hetero-determinação da prestação de actividade pelo trabalhador* também podem e devem buscar a sua génese no próprio conteúdo da obrigação que emerge do *contrato de trabalho*: *a prestação principal devida pelo trabalhador caracterizar-se-ia então, sobretudo, pela hetero-determinação do seu objecto, pré-determinado pelo empregador que fixa a função, e conformada em cada momento pelo poder de direcção patronal.*

Poderá deduzir-se que a actividade laboral (dita "de trabalho subordinado") constitui não mais do que *uma prestação de serviço hetero-determinado*, *maxime* quanto às condições concretas da prestação dessa actividade? A resposta afirmativa – que as formulações citadas dos Autores referenciados em boa verdade também não consentem – afigura-se insuficiente como explicação do fenómeno.

Sem sobressalto lógico, parece poder construir-se antes uma outra ideia a partir daqueles axiomas: *fruto da sua subordinação hierárquica, o trabalhador vê a sua prestação conformada pelo empregador* (ou pelo seu superior hierárquico) *que exerce o poder de direcção*. Referido à actividade criativa subordinada, significa isto que são as condições concretas de prestação da sua actividade laborativa que devem conformar-se ao poder director patronal; que o objecto dessa prestação deve servir os fins de utilização da obra pelo empregador que contrata a criação: *a prestação criadora do trabalhador subor-*

---

[518] A acentuação da patrimonialidade da actividade laboral é já expressa em MENEZES CORDEIRO, *"Manual de Direito do Trabalho"*, cit., § 6°, n.° 25-II, pag. 125: «*A actividade laboral tem um sentido* essencialmente económico: *ela traduz um bem avaliável em dinheiro que, como tal, assume natureza patrimonial. Esta qualidade, posta em dúvida pelo pensamento comunitário-pessoal, mas hoje admitida, tem um relevo grande, de princípio: sendo patrimonial, o bem-trabalho rege-se pela* constituição patrimonial privada *surgindo designadamente disponível: ele circula na sociedade, apenas com as restrições expressas que o Direito tenha enquadrado a seu respeito.*» (em caracterização do *"bem-trabalho"*, cfr. § 4°, 19-II, pag. 100, na mesma *ob.* cit. deste Autor).

[519] ROSÁRIO PALMA RAMALHO, *"Relação de Trabalho e Relação de Emprego"*, cit., n.° 4-III, pag. 671.

dinado deve, neste sentido, realizar-se conformada às condições materiais impostas pelo empregador e – aqui mais importante – *ter o objecto abstractamente prefigurado pelo credor-empregador.*

IV – Ora, à luz das concepções descritas e ao avaliarmos a situação do autor-empregado sob direcção patronal que *cria obra intelectual em execução de contrato de trabalho*, forçoso parece ser que se conclua que *o objecto da prestação devida* – apesar de *criadora* (geradora de um "resultado criativo" na acepção antes explicada) – *é então conformada por outrem*, neste caso pelo empregador. Mas esta conformação da prestação laboral à vontade (e fins) do empregador não implica uma definição prévia do objecto *concreto* dessa prestação; tal só ocorreria se, contratualmente, se fixasse cada um dos actos contidos na prestação devida pelo (autor-)trabalhador. Não é assim.

Em tese geral, explica-o bem BERNARDO LOBO XAVIER que, em aproximação à ideia de *subordinação jurídica*, salienta um aspecto conexo, a indeterminação do conteúdo da prestação devida: «*Não individualizam, [...], os contratos de trabalho aqueles serviços que o trabalhador é chamado concretamente a desenvolver: neles apenas se refere um tipo genérico de actividade. Ora, a determinação a cada momento das tarefas a prestar pertence, no contrato de trabalho, ao outro contraente, que não as desenvolve, isto é, ao empregador. O conteúdo da prestação de trabalho é, pois, indeterminado, havendo lugar a uma especificação, a cargo do empregador, no que toca à modalidade concreta pretendida do serviço abstractamente prometido no contrato.*»[520]. E continua: «*Contratando, o trabalhador vincula-se a prestar um certo tipo de actividade, e mais se sujeita (encontramos aqui a ideia de subordinação) a que ela seja concretamente determinada pela escolha da entidade patronal. [...]. Não se identificam, pois, completa e pormenorizadamente no contrato todos os elementos da actividade laborativa. A sua fixação fica ao cuidado da entidade patronal que, no exercício do seu poder complementar de escolha, desenha o programa de cumprimento do tra-*

---

[520] BERNARDO DA GAMA LOBO XAVIER, *"Curso de Direito do Trabalho"*, cit., n.º 23, pag. 287.

balhador, a executar de acordo com os fins que ela tiver por convenientes e que são caracteristicamente os da organização *ao serviço dos quais está o contrato.»*[521].

Também JÚLIO GOMES aduz: «*Embora balizada, designadamente pela categoria ou pelo conteúdo funcional desta, a prestação exigível há-de ser concretizável a par e passo, não se podendo sequer excluir que temporariamente sejam exigidas ao trabalhador outras funções, desde que não haja "modificação substancial" da sua posição [...]. [...] pode dizer-se que no contrato de trabalho se esbate a fronteira entre a celebração e a execução do contrato, já que ao longo da execução se vai redefinindo permanentemente o conteúdo da prestação que se espera do trabalhador.»*[522].

Parece poder concluir-se do exposto que o empregador define as condições concretas (objecto, tempo, local) em que tal actividade criadora se realiza. Ao dirigir a actividade laboral, o empregador *determina a função e conforma o conteúdo da prestação*; mais *pré-determina os fins* a cuja realização a prestação laboral deve subordinar-se.

V – Significará o exposto que o empregador, que subordina a actividade do autor-trabalhador às condições em que pretende que a prestação se realize, também pode exigir do trabalhador que *prefigure a finalidade da sua acção laborativa* – que deveria então, em cada momento, em cada acto, ter presente realizar?

Em termos gerais, LOBO XAVIER esclarece: «*É [...] com o exercício do* poder determinativo *que a entidade empregadora dá um "destino concreto" à força de trabalho que o trabalhador põe à sua disposição. [...]. Por isso se tem dito que a posição do trabalhador se configura antes de mais como um "estar à disposição": contratando, submeteu-se a desempenhar, dentro das prometidas, aquelas actividades que a entidade empregadora a cada momento venha pretender, estando o resultado dessa actividade e a sua utilidade como que fora do contrato.»*[523].

---

[521] BERNARDO LOBO XAVIER, última *ob.* cit., n.º 23, pag. 288, com intercalados nossos.

[522] JÚLIO MANUEL VIEIRA GOMES, *"Deve o trabalhador subordinado obediência a ordens ilegais?"*, cit., pag. 181.

[523] BERNARDO DA GAMA LOBO XAVIER, *"Curso de Direito do Trabalho"*, cit., n.º 23, pag. 289, com intercalados nossos.

Especificamente sobre a relevância geral da prefiguração dos fins *na conformação da actividade laboral*, MONTEIRO FERNANDES, que a tal refere como "o resultado previsto e desejado pelo empregador e que constitui a sua motivação negocial", sustenta: «[...] *é a finalidade* [...] *que confere sentido, forma e limites – como objecto de uma obrigação – à* actividade *comprometida pelo trabalhador.* [...]. *Há, no entanto, que ajuntar aqui duas precisões importantes.* [...]. *A segunda observação é a de que o fim da actividade só é, neste plano, relevante* se e na medida em que for ou puder ser conhecido pelo trabalhador. *Já se vê que tal conhecimento pode ser impossível quanto ao escopo global e terminal visado pelo empresário-empregador; todavia, o processo em que a actividade do trabalhador se insere é naturalmente pontuado por uma série de objectivos* imediatos, ou, na terminologia dos autores alemães, fins técnico-laborais [...], os quais, ou uma parte dos quais (pelo menos os directamente condicionados *pela execução do trabalho), se pode exigir – e presumir – sejam nitidamente representados pelo trabalhador.* [...] *A relevância do* fim *da actividade comprometida pelo trabalhador manifesta-se, antes de tudo, no elemento* diligência *que integra o comportamento por ele devido com base no contrato.*»[524].

Dir-se-ia então – mesmo quando pensamos na actividade laboral específica do autor-empregado – que a este *não é exigível que prefigure mais do que os objectivos imediatos necessários à satisfação do interesse do credor-empregador*. Para além destes, que dariam a medida da "diligência exigível" no cumprimento pontual da obrigação, toda a atribuição de faculdades de utilização na obra intelectual – *previsivelmente condicionada pelo fim de tal disposição (funcional)* – se antecipa como requerendo convenção específica complementar do vínculo laboral geral.

VI – A observação formulada no parágrafo anterior leva-nos a examinar um outro elemento apontado como característico da situação juslaboral: a alienação do "resultado" da actividade laboral *como efeito natural da execução do contrato de trabalho*. Desta se diz –

---

[524] ANTÓNIO MONTEIRO FERNANDES, *"Direito do Trabalho"*, cit., § 9, A)-IV, pag. 126, e -V, pag. 127, com intercalados nossos.

como ROMANO MARTINEZ – que: «[...] *o trabalhador exerce uma actividade para outrem, alienando a sua força de trabalho; o trabalhador põe à disposição de outra pessoa a sua actividade, sem assumir os riscos. Assim, os resultados dessa actividade entram, desde logo, na esfera jurídica do empregador.*»[525]. Contudo, o mesmo Autor logo considera (*ibidem*, com intercalado nosso) que: «[...] *esta perspectiva da alienabilidade da prestação de trabalho, válida no que respeita à generalidade das actividades desenvolvidas por trabalhadores, carece de uma adaptação no caso de se estar perante o cumprimento de um contrato de trabalho que pressupõe o desempenho de actividade criativa.*»; e – depois de haver já admitido que possam suscitar-se "dúvidas quanto à integração no âmbito laboral no domínio de actividades artísticas, nas quais a criatividade tem um papel relevante"[526] – desenvolve a explicação do regime "de Direito de Autor" nas obras criadas "por conta de outrem". Logo aí julgamos que evidencia que, neste domínio, a titularidade dos (direitos respeitantes aos) "resultados" da actividade laboral do autor-empregado – *precisamente quando esses "produtos" constituam obras intelectuais* – não se forma na esfera jurídica do credor de tal prestação como efeito natural do contrato de trabalho[527].

VII – Valioso e esclarecedor sobre a *fonte* da atribuição convencional de faculdades jusautorais criadas em execução de contrato, é também o exame do regime aplicável às que sejam realizadas no âmbito de "contratos (ditos) equiparados ao de trabalho". Sobre estes escreve JOSÉ J. ABRANTES: «*Mantendo-se o critério da subordinação jurídica, mais por razões de segurança e de certeza do direito, várias legislações têm, todavia, procedido a uma* assimilação ou equiparação, *para certos efeitos, dessas situações à relação de trabalho subordinado com base na respectiva similitude, ditada pela comum carência de tutela. É, como se sabe, o caso do* trabalho no domicílio

---

[525] PEDRO ROMANO MARTINEZ, *"Direito do Trabalho"*, cit., § 23, 1.-*f*.1), pag. 467, com intercalado nosso.
[526] P. ROMANO MARTINEZ, *"Trabalho subordinado e Trabalho Autónomo"*, cit., 3.-*b*.2)-II, pag. 281.
[527] Ainda ROMANO MARTINEZ, *"Tutela da Actividade Criativa do Trabalhador"*, cit., pags. 305 ss., e *"Direito do Trabalho"*, cit., § 23, 1.-*f*.2), pags. 468 ss. .

ou do trabalho artesanal.»⁵²⁸. Tratar-se-ia, por certo e contanto que demonstrada a sua aptidão na produção de efeitos de direito de autor, de um relevante *tertium genus* que dispensaria quer as *condições materiais* inerentes à iniciativa e enquadramento empresariais quer a *subordinação jurídica*, ambas de relevância já verificada na conformação inicial da situação de direito de autor.

O art. 2º LCT* prevê a «*regulamentação* [!?] *em legislação especial* [dos] *contratos que tenham por objecto a prestação de trabalho realizado no domicílio ou no estabelecimento do trabalhador* [!?], *bem como* [...], *sempre que num ou noutro caso o trabalhador* [!?] *deva considerar-se na dependência económica daquele* [aquele a quem "fornece o produto acabado"].» – intercalados nossos.» A dita *"regulamentação especial"* apareceu, vinte e dois anos depois, pelo Dec.-lei n.º 440/91, de 14-11 (retomada no novel Código do Trabalho⁵²⁹), que contribuiu para o recorte legal da figura com o inciso «*sem subordinação jurídica*» em pretendida caracterização da *prestação do (dito) "trabalhador no domicílio"*. Como dissemos, deparar-se-ia um importante *tertium genus* – não juslaboral em sentido próprio, visto a expressa ausência de "subordinação jurídica" – que até poderia contribuir para o enriquecimento das *fontes contratuais geradoras de situações de criação em cumprimento de dever funcional*, se não fosse muito duvidoso que uma criação de obra intelectual nas condições descritas, (expressamente) *não subordinada* e (implicitamente) *não enquadrada empresarialmente*, pudesse considerar--se "em cumprimento de dever funcional".

Restaria então tentar acrescentar aos pressupostos que temos vindo a coligir na demanda de um conceito de *criação funcional* a aludida "dependência económica" daquele que, assim contratado, criasse obras intelectuais. Sobre esta, afirma MONTEIRO FERNANDES que: «*Esta* [a dependência económica] *revela-se por dois traços fundamentais e estreitamente associados: o facto de quem realiza o traba-*

---

⁵²⁸ JOSÉ JOÃO ABRANTES, *"Do Direito Civil ao Direito do Trabalho"*, cit., n.º 1, pag. 20, com intercalados nossos.

⁵²⁹ Confrontámos a publicação da Lei n.º 35/2004, de 29-7 (dita "Regulamentação do Código do Trabalho"), que no seu art. 14º/2 contém definição do respectivo "Âmbito (de aplicação)" que coincide formal e substancialmente com a que constava do art. 1º/1 do citado Decreto-lei n.º 440/91, *ex vi* do art. 2º LCT*.

lho, exclusiva e continuamente, para certo beneficiário, encontrar na retribuição o seu único ou principal meio de subsistência [...]; *e, de outro ângulo, no facto da actividade exercida, ainda que em termos de autonomia técnica e jurídica, se inserir num processo produtivo dominado por outrem.*»[530]. Reforçar-se-iam então as expectativas: de não apenas encontrar aqui uma expressão genuína da enigmática referência a "trabalho intelectual" contida no disposto no art. 5°/1 LCT*[531]; e também – o que mais aqui importaria – de descobrir na "*dependência económica*" do "trabalhador no domicílio" o elo que permitisse fazer incluir estes contratos entre os que relevam na conformação primordial da situação jusautoral (*ex* art. 14° CDA*)[532].

Contudo, não pode perder-se de vista que a "equiparação" de que aqui se trata é, como MONTEIRO FERNANDES também assinala, não uma assimilação conceptual a "contrato de trabalho", mas – a exemplo do que indica ver consagrado no direito alemão sobre «*pessoas assimiladas a trabalhadores*» – «[serve antes] *de chave de acesso à aplicação de normas ou regimes contidos em* algumas *leis do trabalho que expressamente o referem* [...]»[533]. Ora, entre nós, o art. 1°/5 do citado Dec.-lei n.º 440/91 exclui precisamente da aplicação do regime que consagra «*os contratos que tenham por objecto a prestação de trabalho intelectual*»; porquanto, mesmo que se considere que estes podem compreender (eventualmente também) prestações

---

[530] A. MONTEIRO FERNANDES, *"Direito do Trabalho"*, cit., § 9, D)-III, pag. 134, com intercalados nossos.

[531] Visto ter sido – bem, como já assinalámos – abandonada a dicotomia "*trabalho manual*"/"*trabalho intelectual*" no articulado do Código do Trabalho, antecipa-se que a "regulação especial" – anunciada no art. 13° deste - dos que aí se designam «*contratos que tenham por objecto a prestação de trabalho, sem subordinação jurídica, sempre que o trabalhador deva considerar-se na dependência económica do beneficiário da actividade*» não a reintroduza. [Como dissemos, a legislação complementar ao Código do Trabalho – dita "Regulamentação", aprovada pela Lei n.º 35/2004, de 29-7, confirma aquela suposição (cfr. arts. 14° a 26° da Lei 35/2004).]

[532] Em brevíssima nota sobre estes "*contratos equiparados a contratos de trabalho*" no nosso "*Situação jurídica laboral – notas para a definição de um paradigma*", cit., pags. 18-20 (*maxime*, pags. 19/20), apresentamos alguns pontos de crítica das concepções construídas a propósito dos ditos "*trabalhadores no domicílio*" e (supostamente) correspectiva "*dependência económica*".

[533] MONTEIRO FERNANDES, *"Direito do Trabalho"*, cit., § 10, D)-*a*)-II, pags. 149/150.

para criação de obras intelectuais *em execução de dever funcional com origem contratual*, não deve registar-se, a propósito dos "contratos equiparados a contratos de trabalho", qualquer especialidade em relação à aplicação do *regime geral de Direito de Autor para as obras criadas em execução de contratos ... de prestação de serviço*[534].

VIII – Não refutamos, enfim, que o "trabalhador criativo" esteja *juridicamente subordinado* ao que o contrata – conforme característica-síntese tradicional apontada à prestação laboral (apesar de, quanto a nós, pelo menos insatisfatória[535]). Por outro lado, vimos já que debater o *"grau de autonomia criativa"* – qual seja a *margem de criatividade* deixada ao que age sob direcção ou orientação de outrem – é um exercício vão: como procurámos demonstrar, a *tutela jusautoral* do "resultado" (a *obra exteriorizada*) da actividade criadora depende – e depende apenas – da criatividade reconhecida ao objecto exteriorizado. Ora, o reconhecimento da *criatividade* de uma obra intelectual, única condição de tutela sob direito de autor, resolve-se na *inteligibilidade da expressão formal* do objecto-obra, uma vez exteriorizada e com total independência da imputação da sua *autoria*[536], à qual dissemos corresponder, *em princípio, a titularidade originária do direito de autor*[537].

---

[534] Julgamos que é de *prestação de serviço* – não de *trabalho subordinado*, até por definição – que aqui se trata: explicamo-lo sumariamente no nosso *"Situação jurídica laboral ..."*, cit., pags. 18-20. Aliás e como apontámos já, o Código do Trabalho recentemente aprovado (art. 13°) é expresso na definição: «[sujeita aos "princípios definidos neste Código os] *contratos que tenham por objecto a prestação de trabalho, sem subordinação jurídica, sempre que o trabalhador deva considerar-se na dependência económica do beneficiário da actividade*».
No entanto, como se verá não depende desta qualificação a determinação dos pressupostos que conformam a situação jusautoral constituída – pela criação/formalização de obra intelectual – em execução de contrato.

[535] A este respeito, pode confrontar-se ainda o que expomos no nosso *"Situação jurídica laboral ..."*, cit., pags. 20-23, também com remissão para a vasta elaboração doutrinária contida nas obras ali citadas.

[536] Em obediência ao axioma que fizemos corresponder a esta ideia: "no processo lógico que leva à outorga de tutela jusautoral, a obra que é objecto de direito de autor precede a autoria, não o contrário: *conhece-se primeiro a obra, indaga-se depois da sua autoria*" (cfr. *supra*, n.° 12-I).

[537] Trata-se do *"princípio de coincidência subjectiva entre a titularidade originária do direito de autor e a autoria"*, que enunciamos *supra*, n.ºˢ 2 e *18-II*.

Concluímos então que a prestação criadora do trabalhador subordinado deve ter o objecto abstractamente prefigurado pelo credor--empregador. Tal não cerceia a criatividade do resultado que, *em concreto*, virá (poderá vir) a formalizar-se em uma ou mais obras intelectuais que o trabalhador crie; simplesmente, as obras criadas neste âmbito devem *servir os fins de utilização* prefigurados pelas partes contratantes ao fixar o objecto da prestação devida pelo trabalhador.

Questão diferente – também objecto da nossa indagação – é saber se a *autoria destas obras é imputada ao trabalhador "criativo"* – e, se assim for, se se aplica aqui o princípio, que formulámos antes, que faz coincidir subjectivamente a autoria e a *titularidade originária do direito* de autor nas obras que assim crie.

IX – No entanto, o problema que se resolve pela averiguação do enquadramento (material e jurídico) da actividade criadora não é o da susceptibilidade de tutela jusautoral dos bens criados, mas o da conformação da situação jurídica de direito de autor nas criações "para outrem". É verdade que, usualmente, o empregador enquadra empresarialmente a actividade de criação intelectual do seu trabalhador; nesta medida, organiza e dirige o processo de criação, determina uma função, pode até conformar a prestação do trabalhador/empregado impondo-lhe uma disciplina laboral (pode fixar, de forma mais ou menos rígida, um período, horário e local de trabalho), fornece-lhe os instrumentos de trabalho adequados, se for o caso. Não se segue, porém, que a mera adstrição de origem contratual – ainda que de característica juslaboral ("subordinada") - à criação de obras intelectuais determine *por si só* a constituição, na esfera jurídica do empregador, de direitos sobre os "resultados do trabalho". Em última análise, como se verá, tudo depende da determinação do conteúdo da obrigação *pelo que cria em execução de contrato de trabalho* e dos efeitos do cumprimento: afinal, se aquele que "subordina" a sua actividade criativa aos poderes de autoridade e direcção patronais se *vincula* apenas *à realização diligente de "prestações criativas"* ou se, pelo mesmo acto negocial que o vincula à prestação laboral, também (ante-) *dispõe do direito de autor nas obras que crie nesse enquadramento.*

Para o esclarecer, examinemos primeiro as situações, de direito privado, em que é manifestamente inexigível o enquadramento empresarial da actividade do que, vinculado por contrato, também *cria para outrem*.

SUBSECÇÃO IV
A prestação de serviço criativo (a dita "encomenda de obra")

57. **(A)tipicidade do modelo** *(mandato, empreitada, prestação de serviço inominada)*

I – Escrevemos há anos[538], a propósito de comentário a Acórdão do Supremo Tribunal de Justiça[539], que *o contrato pelo qual alguém se vincula à criação de uma obra para utilização por outrem é modalidade atípica de contrato de prestação de serviço*: «[...] *o contrato que tenha por objecto a criação de obra* futura [logo veremos a justeza desta caracterização] não é empreitada, *sempre poderá discutir-se o que seja e que regime se deve aplicar-lhe*. E continuávamos (*ibidem*): «*Ao vincular-se à criação de obra intelectual, o que fica adstrito a esta obrigação vincula-se* [...] *não apenas a* criar a obra, *mas também a* entregá-la *ao co-contratante para publicação* [...] *ou uso próprio deste* [...]. *Só que a entrega do "original" da obra é* acessória *da obrigação principal de "proporcionar (ao editor)*

---

[538] Cfr. o nosso *"O direito pessoal de autor no ordenamento jurídico português"*, cit., III-1., 4.2.4.1.-A), pags. 93-97 *(maxime* pags. 96/97). Este *trecho foi aí aditado* ao texto da dissertação de Mestrado em Ciências Jurídicas, apresentada na Faculdade de Direito de Lisboa e discutido sob o mesmo título um ano antes e em que aquela monografia se baseia.

[539] Acórdão do Supremo Tribunal de Justiça, *de 3-11-1983*, transcrito na Revista da Ordem dos Advogados (R.O.A.) – Ano 45-I, de Abril de 1985, pags. 113-127, que decidia em síntese, no trecho que aqui mais interessa: «*o contrato de empreitada pode ter por objecto uma obra eminentemente intelectual ou artística, nomeadamente a produção de filmes para uma empresa de televisão, que se obrigou a pagar certa quantia, em prestações, fornecendo ainda as películas de imagem e som, além dos meios e serviços clausulados normais.*».

os meios necessários para o cumprimento do contrato". [...]. Esta é uma obrigação "de facere", típica do contrato de edição ou de outros de características, conteúdo e objecto semelhante, cujo regime especial o C.D.A. regula.»[540]. Sem enjeitar – pelo menos por enquanto – o essencial da noção exposta, acertamo-la agora, quando retomamos o tema a propósito desta *criação de obra intelectual para outrem, induzida por um credor-comitente*.

Cuida-se do *modelo para criação de obras intelectuais* que se tem designado *"obra de encomenda"*[541], em que a acção criativa é realizada – sem enquadramento empresarial nem subordinação jurídica – no âmbito de *contrato que vincula o agente criativo à criação de obras intelectuais para (fins de utilização por) outrem*; noção tão próxima afinal da ideia de *"criação funcional"* que expusemos no início deste Capítulo.

II – ANTEQUERA PARILLI descreve as situações a que respeitam estas criações como aquelas em que: «*uma pessoa contrata o autor para a realização de uma obra futura, em troca de uma contraprestação, sem que exista entre o comitente e o comissário uma relação de subordinação nem seja aplicável, em consequência, o regime aplicável para as relações de trabalho.*»[542]. Já BITTAR salienta tratar-se de obras em que *"a iniciativa de criação é de outrem* (que não o seu criador), *que as solicita, sugere, orienta ou dirige, cuidando da res-*

---

[540] Ainda no nosso *"O direito pessoal de autor ..."*, cit., III-1., 4.2.4.1., pag. 92, em que asseveráramos, então sobre o *conteúdo da obrigação nascida do contrato de edição*, que: «A *obrigação principal que para o autor emerge do contrato de edição é a de "proporcionar ao editor os meios necessários para cumprimento do contrato", isto é, exercer o seu* direito de divulgação, *sendo a entrega do original, se bem que indispensável, uma obrigação acessória desta. Nesta medida, trata-se de uma obrigação "de facere", cujo incumprimento confere ao editor o* direito de resolver o contrato e de obter o ressarcimento pelos prejuízos sofridos [...]» – os intercalados são novos.

[541] PEDRO ROMANO MARTINEZ, *"Os grandes tipos de contratos de direito de autor"*, cit., n.º 5.1.-b), pag. 398, refere a *"obra de encomenda"* como aquela em que *"a iniciativa da realização ficou a cargo de pessoa diversa da do seu autor"*. Ocupa-se de seguida (*ibidem*, pags. 398/399) em sumariar situações que relevam da "qualificação da relação contratual entre aquele que encomenda e aquele que realiza a obra", entre o contrato de trabalho e a prestação de serviço (nas suas diversas modalidades).

[542] RICARDO ANTEQUERA PARILLI, *"Las obras creadas por encargo y bajo relación de trabajo"*, cit., pag. 107.

*pectiva reprodução e divulgação."*⁵⁴³. L. DE SANCTIS, sobre o que denomina *"contratto di commissione d'opera"*, em que uma parte confia à outra a criação de uma obra intelectual, caracteriza-as com recurso a duas ideias-chave: «*o resultado visado é a criação de obra intelectual e a possibilidade jurídica de o comitente utilizar a mesma para os seus próprios fins.*»⁵⁴⁴; mais acrescenta (*ibidem*) que: «*contudo, não é menos verdadeiro que o objecto típico e legal do "contratto d'opera" puro é um mero "facere"* [...]; *o elemento do "dare" é em princípio estranho ao modelo típico do "contratto d'opera" mesmo constituindo frequentemente um elemento recorrente, mas sempre acessório.*»⁵⁴⁵.

O conjunto destes enunciados, conjugado com a delimitação do género (*"obra criada em execução de contrato de trabalho"*) que analisámos antes, permite que se observe já que estas obras são criadas *em execução de contrato*, logo *para os fins de utilização pelo* comitente. Falta que se apure o *conteúdo da obrigação do autor--comissário e o objecto da prestação devida*.

Vejamos primeiro se quadra nos tipos contratuais que, no direito português, habitualmente se lhe fazem aproximar, o *mandato* e a *empreitada*.

III – É hoje já genericamente rejeitada a assimilação da *prestação de serviço para criação de obras intelectuais* à figura do mandato, como modalidade de *prestação de serviços* (arts. 1154° e 1157° ss. C.Civil*).

Na delimitação entre *mandato* e figuras afins, JANUÁRIO GOMES sustenta que, nos casos em que: «*o contrato* ["de trabalho", no caso que aprecia] *tem por objecto a prestação duma* actividade intelectual [...], *o critério passa, necessariamente, pelo outro requisito essencial à caracterização do contrato de trabalho:* a subordinação jurídica.

---

⁵⁴³ CARLOS ALBERTO BITTAR, *"Direito de Autor na Obra Feita sob Encomenda"*, cit., n.° 22, pags. 61/62.

⁵⁴⁴ LORENZO DE SANCTIS, *"Opera dell'ingegno su commissione..."*, cit., pag. 152.

⁵⁴⁵ MÁRIO JÚLIO DE ALMEIDA E COSTA, *"Noções fundamentais de Direito Civil"*, 4ª ed. cit., n.° 17.1.1., em nota (2) à pag. 139, recorda: «*Algumas fontes, como a linguagem comum, empregam o termo* dare *na acepção genérica de entrega de um objecto com qualquer finalidade. Mas, em sentido técnico,* dare *refere-se à transferência da propriedade ou à constituição de outro direito real, e não à entrega material da coisa.*».

Existindo esta, há contrato de trabalho, qualquer que seja a natureza da actividade; existindo autonomia, haverá contrato de mandato se a actividade a desenvolver pelo "trabalhador autónomo" se traduzir na prática de actos jurídicos.»[546]. Bastará então à refutação da assimilação entre o mandato e o contrato para criação de obras intelectuais – sem subordinação jurídica – a *distinção pelo objecto da prestação*? A ser assim – e pouco já não seria –, poderá afirmar-se que sempre que o objecto da prestação devida pelo comissário seja a criação de obra intelectual (um *acto material*, como expusemos antes) não se configura mandato, mas uma outra modalidade de prestação de serviço –, sendo certo que sempre subsistiriam dúvidas quando, como na actividade dos *mandatários judiciais*, a actividade contratada compreendesse a realização de *actos jurídicos* que podem ser também *criativos* (sem que caiba aqui apreciação sobre se estes são "*excluídos da protecção*" jusautoral, nos termos expressos do art. 7º/ 1-b) CDA*[547]). Aprofundemos um pouco mais o exame desta figura contratual.

PESSOA JORGE depois de recordar os significativos antecedentes da figura no Direito romano[548], também conclui que: «*A prestação*

---

[546] M. JANUÁRIO DA COSTA GOMES, *"Contrato de Mandato"*, in " *Direito das Obrigações"*, 3º vol.-IV, cit., sob a coordenação de MENEZES CORDEIRO, n.º 4.6., pag. 310.

[547] Sobre esta questão pode confrontar-se o exposto por OLIVEIRA ASCENSÃO, *"Direito Civil – Direito de Autor e Direitos Conexos"*, cit., n.ºs 73 e 74 (*maxime* n.º 74-II, pag. 119), no que se afigura ser a indiscutível afirmação – *sob pena de contrariedade ao art. 2-bis/1 e /3 CB** – do reconhecimento ao autor do «*direito exclusivo de reunir em compilação as suas obras mencionadas nas alíneas precedentes*», entre as quais se contam precisamente os "discursos proferidos nos debates judiciários" que se julga dever compreender as diversas "peças processuais *criativas*", como os articulados e alegações de parte. Tratamos autonomamente este assunto nos pontos que dedicamos ao regime dos designados "*textos oficiais*" e às "*obras criadas para entes públicos*" – cfr. *infra*, n.ºs 58 e 59.

[548] FERNANDO PESSOA JORGE, *"O mandato sem representação"*, cit., n.º 7., pag. 35: «[no Direito romano] *O objecto do mandato consistia na prática de um ou vários actos, quer* jurídicos, *quer* materiais.»; evidencia assim que não era a natureza do objecto que distinguia o mandato de outros contratos, *v.g.* «os *de prestação de serviços*, como a *locatio conductio operis* e a *locatio conductio operarum.*». – intercalado nosso. A propósito, mais assinala (*ibidem*, pags. 37/38) que: «... [visto não ser a natureza jurídica dos actos de que o mandatário se encarrega a característica distintiva do mandato], *os romanos puderam reconduzir ao mandato certos serviços que, embora de carácter material (isto é, não jurídico), correspondiam a uma actividade intelectual ou social superior. Quando, porém, a evolução dos costumes levou a admitir a retribuição dessas actividades* [segundo o

do mandatário, mesmo quando envolve a prática de actos materiais, tem por objecto fundamental um acto jurídico, uma declaração de vontade destinada a produzir efeitos de direito; pelo contrário, o contrato de prestação de serviços visa a realização de uma actividade de carácter material, em que os actos jurídicos, se os houver, não constituem o seu elemento principal.»[549/550]. No entanto, o mesmo Autor salienta mais, a propósito do que identifica como "causa do

---

mesmo Autor (*ob.* e *loc. citt.*), o mandato era caracteristicamente gratuito], *os jurisconsultos tiveram relutância em classificar os respectivos contratos como* locationes conductiones *e, mantendo a qualificação de mandato, entenderam que não se tratava de* preço *do serviço (*merces*), mas de* remuneração *como prova de reconhecimento (*honorarium*) [...]. No entanto, quanto a este ponto a jurisprudência romana não se desenvolve com clareza: assim, vários passos mostram a qualificação como* locatio conductio operarum *de contratos referentes ao exercício de profissões liberais, como a medicina, o ensino de disciplinas superiores e mesmo a advocacia.»* – intercalados nossos.

[549] PESSOA JORGE, *"O mandato sem representação"*, cit., n.º 43, pag. 229. O mesmo Autor acrescenta (*ibidem*, pag. 230) que a "reacção em rejeição da assimilação a contrato de prestação de serviços «*quando* este *versa sobre actividades de carácter intelectual ou socialmente superior* [que vimos assinalar ter ocorrido sob o direito romano]». [...] «... *não tem razão de ser. Trata-se de uma designação jurídica, cuja felicidade é discutível, mas que não está de forma nenhuma vinculada a uma ideia de serviço inferior ou de serviço prestado na dependência de outrem;* ...» – intercalado nosso.

Também PEDRO ROMANO MARTINEZ, *"Direito das Obrigações (Parte Especial) - Contratos (Compra e venda, Locação, Empreitada)"*, 2ª ed. cit., Parte III-I, § 4º, 1.-IV, pags. 328/329, funda a distinção – aqui entre *mandato* e *empreitada* – no "objecto da prestação": «*A prestação do mandatário tem por objecto principal a prática de actos jurídicos podendo, para tal, ser necessária também a realização de actos materiais. O mesmo se diga quanto ao empreiteiro, mas na perspectiva inversa.*».

[550] Em definição construída a partir do disposto nos arts. 1583 ss. e 1588 ss. do C.civ. espanhol*, também L. F. RAGEL SÁNCHEZ, *"Manual de Derecho Civil – Derecho de Obligaciones y Contratos"*, cit., pags. 545 ss., sustenta que a característica que ("verdadeiramente") diferencia o contrato de obra do contrato de mandato é que aquele «*tem por objecto uma actividade material que se traduz num resultado convencionado*, enquanto o mandato tem por objecto uma actividade jurídica de conteúdo mais amplo, que pode consistir tanto numa obrigação de meios como de resultado». Ainda segundo este Autor, «*o obrigado pelo contrato de obra deve entregar uma coisa em que incorporou o seu trabalho ou indústria*, enquanto o mandato é uma pura obrigação *de facere*».

Merece saliência o facto de aqui se prefigurar que o dito "*contrato de obra*" - que este Autor bem reconhece ter por objecto (também) uma obrigação *de dare*, seja a de *entregar o resultado da obra finalizada* – não constitui uma mera "*obrigação de meios ou diligência*"; noção que, de resto, tentaremos demonstrar ser inapropriada a uma qualquer caracterização rigorosa do conteúdo das obrigações.

mandato *em geral*", que – parafraseamos – diz poder fazer-se fundamentalmente de dois modos: com *intervenção do mandatário como representante do interessado;* ou com *a interposição de pessoa que, ao realizar o negócio, assume a posição material de parte* – "recebendo os efeitos do acto para depois os transmitir ao interessado ou, de qualquer modo, fazer reflectir no seu património os resultados económicos daquele" acto: «*Dá-se então a chamada* interposição de pessoa; *o "terceiro" não é um representante, mas uma interposta pessoa.*»[551].

É certo que o mandatário *presta um serviço*, realiza uma actividade em benefício *de outrem*, que pode actuar nessa qualidade *não investido de poderes de representação*, que se vincula a uma *prestação "de facere"*. No entanto, quando pensamos na *prestação de serviço que tenha por objecto a criação de uma ou mais obras intelectuais*, não vislumbramos nem "representação" nem uma "interposição de pessoa que pratica actos eminentemente jurídicos" cujos efeitos vêm a produzir-se, ainda no âmbito da finalidade do contrato, na esfera daquele que o contratou. Na *prestação de serviço que tenha por objecto a criação de uma ou mais obras intelectuais*, a produção de efeitos jurídicos na esfera do comitente – qual seja a atribuição de faculdades jusautorais de utilização da(s) obra(s) criada(s) – depende (e parece depender apenas) de *facto material* de criação de obra intelectual pelo autor-comissário e *da convenção que determina essa disposição/atribuição*.

Fica por indagar se a produção de tal efeito depende também da *entrega da obra*. Começamos a desenhar a resposta em exame sumário de um outro tipo contratual, o da empreitada.

IV – No nosso escrito antes particularizado[552], tivemos oportunidade de sintetizar e comentar o proveitoso debate doutrinário que, em Portugal, na década de oitenta do sec. XX, foi sustentado sobre a qualificação do contrato pelo qual um organismo de radiodifusão contratara a produção de "filmes". Salientamos – além da douta sen-

---

[551] PESSOA JORGE, *"O mandato sem representação"*, cit., n.º 30, pag. 158.

[552] *"O direito pessoal de autor no ordenamento jurídico português"*, cit., III-1., 4.2.4.1.-A), pags. 93-97 (*maxime* pags. 94-96).

tença do Supremo Tribunal de Justiça[553] – a correspondente *"Anotação"* por FERRER CORREIA / HENRIQUE MESQUITA, o *"Parecer"* por ANTUNES VARELA e a *"Anotação"* por CALVÃO DA SILVA, de sentido não uniforme. No trecho assinalado desse nosso escrito, pode encontrar-se o que consideramos essencial à compreensão do que é aduzido por estes Autores em cada uma das obras referenciadas. Apuremos e acertemos agora as ideias então expressas.

Em síntese, a primeira *"Anotação"* citada invoca quer o argumento *literal*: «*A substituição, no texto do Projecto* [o Projecto de Código Civil de 1966] *e no texto definitivo do Código, da palavra "coisa" pela palavra "obra" torna ainda mais claro que as* criações do espírito [...] *foram incluídas pelo legislador no objecto do contrato de empreitada*»; quer o *sistemático*: «*A empreitada, como é sabido, constitui uma modalidade ou sub-espécie do contrato de prestação de serviço, conforme expressamente se declara no art. 1155º.* [...]. *Na ausência de forte indicação em contrário* [...], *deve entender-se que as características do género* [o "contrato geral de prestação de serviço (locatio operis)", nas palavras dos Autores desta *"Anotação"*] *se acham presentes em cada uma das espécies. Ou seja: dada a definição do contrato de prestação de serviço* [...] *e a*

---

[553] O citado ACÓRDÃO *do STJ, de 3-11-1983*, como dissemos transcrito na Revista da Ordem dos Advogados (R.O.A.) – Ano 45-I, de Abril de 1985, pags. 113-127, não obstante decidir com base na principal lei de autor então vigente em Portugal (o Código de Direito de Autor, aprovado pelo Decreto-lei n.º 46 980, de 27-4-1966), mantém actualidade nomeadamente na parte em que considera (II-*a*)): «*A corporização, consistente nos filmes, fitas e outros meios materiais, deve ser tida como "coisa", visto que coisa, segundo o artigo 202º, n.º 1, do Código Civil* [C.Civil*], *é "tudo aquilo que pode ser objecto de relações jurídicas". Logo, deparamos com a obra, que o art. 1207º prescreve. Se bem que a componente do engenho ou trabalho mental seja mais intensa no caso em apreço no recurso, do que em muitas outras hipóteses de empreitada, a componente material, a corporização nos filmes, da gravação de imagens e som em filmes ou fitas, deve ser suficiente para a integração do conceito de obra, imposta no referenciado artigo 1207º. De resto, o artigo 8º, n.º 3, do Decreto-lei n.º 46 980, preceitua: "Não exclui o direito de criador o facto de ela ser feita por encomenda ou por conta alheia ou mesmo no cumprimento de um dever funcional ou de um contrato de trabalho". Admite, pois, a encomenda, que deve ser tida como empreitada. Em suma: trata-se de um contrato de empreitada, e não de um contrato inominado.*» - intercalado nosso. Manifestámos então – no já citado trecho do nosso *"O direito pessoal de autor no ordenamento jurídico português"*, cit., III-1., 4.2.4.1.-A), pags. 93-97 (*maxime* pags. 96/97) – discordância deste trecho do douto ACÓRDÃO em termos que agora se retomam, desenvolvem e acertam.

acepção corrente da palavra "obra" [...], deveria o legislador, se porventura tivesse querido excluir do quadro da empreitada este último tipo de obra, ter manifestado adequadamente essa intenção limitativa.»[554/555]. Consistentes com esta posição, mais extrapolam do regime da empreitada as regras que determinam a "atribuição para o dono da obra da propriedade desta após a respectiva aceitação" (*ex* art. 1212º/1 C.Civil*) para as considerarem aplicáveis "*com* adapta- ções *impostas pela natureza específica das* coisas incorpóreas", em termos tais que a *entrega da obra intelectual pelo autor-contratado teria como efeito a "transmissão de todos os poderes compreendidos em tal direito*"[556]. Notamos – no que constitui também já antecipação do que pensamos sobre a matéria em apreço – que, mesmo em defesa desta tese, A. Ferrer Correia e M. Henrique Mesquita (*ibidem*) reconhecem que *tal efeito só se produziria se tivesse sido clausulada a transmissão total dos referidos poderes*. Mais acrescentamos que é precisamente o art. 1212º/1 C.Civil que nos impele a considerar não depararmos com empreitada: a transferência (ou a permanência) da

---

[554] ANTÓNIO FERRER CORREIA / MANUEL HENRIQUE MESQUITA, *"Anotação (de* ACÓRDÃO *do STJ) – A obra intelectual como objecto possível do contrato de empreitada; direito de o dono da obra desistir do contrato e efeitos da desistência"*, cit., n.º 7, pags. 140/141, com intercalados nossos.

[555] FERRER CORREIA / HENRIQUE MESQUITA, *"Anotação (de* ACÓRDÃO *do STJ) – A obra intelectual como objecto possível do contrato de empreitada; ..."*, cit., n.º 8, pags. 142/143, focam também um dos aspectos do *regime* da empreitada - a faculdade de *desistência*, reservada ao dono da obra nos termos do art. 1229º C.Civil*, justificado (como os mesmos Autores explicam) na *perda de interesse* pelo dono da obra *em que a empreitada se inicie ou conclua* e, em circunstâncias dadas, *na inutilidade superveniente da realização da obra para o interessado sob pena de,* se nesse caso o contrato se cumprisse, *se ver executado um projecto a que ele se vira compelido a renunciar* -; e concluem: «*Seria absurdo,* [...], *que alguém pudesse desistir da* construção de um edifício *mas não do projecto a ele respeitante. Para evitar tal absurdo é, porém, indispensável entender que as obras* de natureza intelectual [...] *cabem também, com as demais, no âmbito da empreitada. A limitação deste contrato às obras de índole exclusivamente material deixaria de fora um vasto sector de actividades* [...] *onde se suscitariam idênticos problemas e idênticos conflitos de interesses e para os quais se impõe, por conseguinte, uma regulamentação também idêntica.*» – intercalados nossos.

[556] FERRER CORREIA / HENRIQUE MESQUITA, *"Anotação (de* ACÓRDÃO *do STJ) – A obra intelectual como objecto possível do contrato de empreitada; ..."*, cit., n.º 11, pag. 145, que mais esclarecem: «[...] *com a aceitação, o dono da obra* [também da *obra intelectual,* em corolário das posições expendidas] *adquire, não só o direito de a usar e fruir, mas também o de se aproveitar de todas as utilidades económicas que ela comporta (designadamente explorando-a em termos comerciais, por si ou por outrem).*» – intercalado nosso.

propriedade da obra para o comitente (suposto "empreiteiro") não quadra em qualquer esquema aceitável sobre a constituição do direito de autor, que não é propriedade – menos ainda no que às faculdades pessoais respeita.

Por outro lado, no *"Parecer"* acima citado discorre-se em sentido diverso e conclui-se pela configuração de um *contrato inominado*[557]. Assim, Antunes Varela assevera que: «*A* causa *do contrato* [de *empreitada*, na lei civil de Portugal] *assenta* [...] *sobre o* binómio [...] obra-preço, *traduzindo-se na realização duma* obra *contra um* preço.»[558]; para considerar logo depois que: «*Os* dois *elementos* típicos *da empreitada, como figura* específica *dentro da categoria* genérica *da* prestação de serviços, *ou seja, tal como a traça e define a lei civil portuguesa, são a* autonomia *(do empreiteiro*[559]*) e a* realização de uma obra. [...]. *Do que não pode prescindir-se é dum* resultado material, *por esse ser o sentido usual, normal, do vocábulo* obra *e tudo indicar que é esse o sentido do art. 1207º*»[560]. Mais sustenta Antunes Varela que a obtenção de um resultado ("material", em sentido que pensamos querer significar, visto os exemplos que ali evoca, "que consista na realização de uma *prestação de coisa*") não é essencial à noção de prestação de obra intelectual em execução de contrato. E parafraseamo-lo (*ob.* e loc. citt., *passim*): ao contrário da empreitada – aquela não tem por objecto (ainda que acessório) a

---

[557] JOÃO DE MATOS ANTUNES VARELA, *"Parecer sobre a prestação de obra intelectual (em consulta sobre* ACÓRDÃO *do STJ) relativo à qualificação jurídica do contrato celebrado entre a FILFORM e a RTP)"*, cit., n.º 4, pag. 172.

[558] ANTUNES VARELA, *"Parecer sobre a prestação de obra intelectual ..."*, cit., n.º 3, pag. 168, com intercalado nosso.

[559] O conceito de *"autonomia"* aqui expresso está hoje explicitado pelo mesmo Autor como equivalente ao de *"falta de subordinação própria do contrato de trabalho"*, em *"Código Civil (Anotado)"*, vol. II, por FERNANDO PIRES DE LIMA / JOÃO ANTUNES VARELA, 4ª ed. cit., em anotação 3., pag. 865, ao Artigo 1207º.

[560] Cfr. Antunes Varela, *"Parecer sobre a prestação de obra intelectual ..."*, cit., n.º 3, pag. 169, com intercalados nossos. Este trecho está reproduzido *in* PIRES DE LIMA / ANTUNES VARELA, *"Código Civil (Anotado)"* -, inscrito na última edição deste *"Código Civil (Anotado)"*, vol. II, 4ª ed. cit., em anotação 3., pag. 865, ao Artigo 1207º.

[561] *"Os exemplares em que se materializa a edição de um estudo que um professor de direito, um juiz ou um advogado se obriga perante uma casa editora a escrever e publicar"* – no exemplo com que ANTUNES VARELA, *"Parecer sobre a prestação de obra intelectual ..."*, cit., n.º 3, pag. 170, ilustra a sua posição sobre os que designa *"contratos de publicação ou edição"*.

entrega de uma coisa[561] cuja propriedade ou autoria se transfere[562], mas a "cedência do direito de exploração económica, mediante o pagamento de taxa global".

A última *"Anotação"* acima mencionada (que reporta já ao regime do CDA* hoje vigente), depois de análise pormenorizada dos dois últimos Comentários, conclui também pela aplicação às obras intelectuais de: «... *uma disciplina jurídica própria e especial que se sobrepõe à regulação das modalidades (típicas ou nominadas) do contrato de prestação de serviços.*»[563]. Calvão da Silva (*ibidem*) propusera já uma importante formulação, que também carreamos em construção da nossa tese neste domínio: «[...], *porque o autor da obra espiritual divulgada ou publicada pode retirá-la – ou nela introduzir as modificações que entenda essenciais para preservar a sua reputação e personalidade de criador, pois quem pode o mais pode o menos – a todo o tempo de circulação,* por maioria de razão deve poder recusar a entrega de obra que entenda não ser digna de si, [...] *– embora, obviamente, com a obrigação de indemnizar os danos causados. Razões morais mais atendíveis do que estas não pode haver, além de que, no fundo,* a recusa de entrega da obra mais não é do que o exercício pelo autor da faculdade de não divulgação da mesma, *contida no direito moral de autor (art. 67º, n.º 1, do*

---

[562] ANTUNES VARELA, última *ob.* cit., n.º 3, pag. 170, refere mesmo: «*A este requisito do resultado* material *como elemento* essencial *da empreitada anda estreitamente associada a ideia de que a* coisa criada, construída ou reparada *pelo empreiteiro passa a pertencer, ou* já pertencia*, à contraparte antes do contrato. Por isso se lhe chama* dono da obra *– porque ele é ou* passa a ser *o* proprietário *da obra realizada, quer esta constitua uma* nova coisa autónoma*, quer se trate de uma simples* benfeitoria *(pintura da casa, limpeza da vala, etc.).*».

[563] JOÃO CALVÃO DA SILVA, *"Anotação (de* ACÓRDÃO *do STJ) – Direitos de Autor, Sanção pecuniária compulsória e Cláusula penal"*, cit., n.º 7, pag. 142. Aí sustenta também (*ob.* e loc. citt., pags. 142/143) que: «[...] *através da aplicação da legislação própria – o Código de Direito de Autor – são prevalentemente protegidos os prioritários e indefectíveis interesses de ordem pessoal, moral e espiritual do criador, aos quais se subordinam os interesses de natureza patrimonial e os contratos por que se faz a sua exploração.*»; «[...] *considerar o contrato pelo qual alguém se compromete a realizar para outrem uma obra intelectual regulado pelas disposições do mandato ou da empreitada, embora com as adaptações impostas pela natureza específica dos bens imateriais, é inverter a ordem natural das coisas, dando primazia ao* posterius *(direito patrimonial e contratos de exploração pecuniária) sobre o* prius *(direito moral), ao efeito sobre a causa, numa clara violação da lei [...].*».

Código do Direito de Autor).»⁵⁶⁴. E acrescenta-lhe outro postulado significativo: «*A validade jurídica do contrato relativo à obra de criação e do espírito, recaindo sobre coisa futura, não pode, assim, ser posta em causa, apenas sendo nulo aquele em que o autor transmita ou onere obras futuras sem prazo limitado* [...]. *Só que, no momento da celebração do contrato de encomenda de obra futura, o criador intelectual não dispõe, pelo menos validamente, dos poderes concedidos para tutela dos direitos pessoais (morais) sobre a sua obra,* [...]; *dispõe, apenas, dos poderes que são disponíveis, os direitos patrimoniais de autor.*»⁵⁶⁵.

Em apreciação global conclusiva sobre este tema, OLIVEIRA ASCENSÃO considera que «[...] *qualquer tipo de contratos pode produzir efeitos de Direito Autoral*», pelo que «[...] *em abstracto, nada exclui que uma encomenda de obra literária ou artística se processe nos termos da empreitada.*»⁵⁶⁶. Sustenta demais que: «*Não basta porém apelar para a idoneidade abstracta da obra literária para ser*

---

⁵⁶⁴ CALVÃO DA SILVA, *"Anotação (de* ACÓRDÃO *do STJ) – Direitos de Autor, ..."*, cit., n.º 4, pags. 133/134, com intercalados nossos.

⁵⁶⁵ CALVÃO DA SILVA, *"Anotação (de* ACÓRDÃO *do STJ) – Direitos de Autor, ..."*, cit., n.º 5, pags. 135/136, intercalados nossos.

O mesmo Autor ainda acrescenta (última *ob.* cit., n.º 5, pag. 137): «[...] *a lei só não permite a disposição antecipada do direito moral de autor – não consentindo, portanto, a sua transmissão ou oneração sobre obra futura, o que proscreve ao autor a possibilidade de privar-se, no momento da celebração do contrato de encomenda, da faculdade de divulgar ou manter inédita a obra a criar – como, ainda, lhe concede o dito direito de retirada quando o poder de disposição e de divulgação é exercido ex* post, *depois da obra realizada.*». Conclui (*ibidem*) ser assim: «... *derrogada a regra comum dos contratos, nomeadamente o princípio* pacta sunt servanda [...], *já que permite ao autor de obra intelectual, que tenha razões morais atendíveis, desvincular-se unilateralmente de contrato validamente celebrado, mediante a obrigação de indemnizar os interessados pelos prejuízos que a não entrega ou retirada da obra lhes causar.*» – intercalado nosso.

Analisamos adiante (*maxime* n.º 84) a importância desta asserção quanto à *conformação das faculdades pessoais de autor em caso de atribuição convencional de faculdades jusautorais a pessoa diferente do autor-criador*. Por agora, circunscrevemos a análise à qualificação do dito "contrato de encomenda de obra intelectual".

⁵⁶⁶ JOSÉ DE OLIVEIRA ASCENSÃO, *"Direito Civil – Direito de Autor e Direitos Conexos"*, cit., n.º 285-II, pags. 422, que acrescenta: «*A entrega da obra exige um continente, de que a obra é conteúdo. Só dos termos do contrato resultará se se teve particularmente em atenção a actividade ou o resultado final.*». (Do mesmo Autor, a este propósito, cfr. também esta *ob.* cit., n.ᵒˢ 91-94, pags. 141-147).

qualificada como obra no contrato de empreitada. [...]. Necessário é saber se o regime do contrato de empreitada é ou não adequado a esta situação. Se o não for, estará ainda em causa a integração dos contratos no tipo civilístico da prestação de serviços, ou o recurso meramente analógico a disposições do mandato ou da empreitada.»[567].

Nesta linha de raciocínio, o problema é enfrentado por ROMANO MARTINEZ que alinha um conjunto de argumentos em refutação *do cabimento das obras incorpóreas no objecto possível do* contrato de empreitada. Segundo este último Autor, um conjunto de razões militam *em sentido negativo e apontam que o contrato de empreitada só pode ter por objecto "coisas corpóreas, materiais"*: o *conteúdo da obrigação* emergente do contrato de empreitada, que diz afeiçoado à realização desse tipo de obras (*v.g. "o direito de fiscalizar e de exigir eliminação dos defeitos"*); o *efeito* da entrega da obra (*"o mesmo se diga em relação à transferência da propriedade (art. 1212º CC* [C.Civil*]), *onde o legislador até fala em aceitação da coisa e não da obra, numa clara alusão de que a referida transferência se reporta a bens corpóreos"*); a *articulação sistemática* entre o género e as modalidades da prestação de serviço (*"admitir a coisa incorpórea no objecto do contrato de empreitada, levaria a que o contrato de empreitada na prática, abrangesse todo o conteúdo do contrato de prestação de serviço"*); a *característica da obra intelectual* (*"a exteriorização que resulta da realização de obras intelectuais não se pode confundir com a obra em si, porque a obra intelectual não se converte em coisa corpórea"*); a *natureza da obrigação* emergente (*"pela natureza da própria obrigação, tem de se admitir que o criador possa desistir a todo o tempo da actividade a que se obrigou, e, na empreitada, tal possibilidade só é concedida ao dono da obra"*)[568]. Romano Martinez considera, enfim, que (última *ob.* cit., pag. 391): «*Aos negócios pelos quais alguém se obriga a realizar uma obra intelectual aplicam-se, em primeiro lugar, as disposições respeitantes ao Direito de autor, e em tudo o que não estiver nestas*

---

[567] OLIVEIRA ASCENSÃO, também em *"Direito Civil – Direito de Autor e Direitos Conexos"*, cit., n.º 285-III, pag. 422, com intercalado nosso.

[568] PEDRO ROMANO MARTINEZ, *"Direito das Obrigações (Parte Especial) – Contratos (Compra e venda, Locação, Empreitada)"*, 2ª ed. cit., Parte III-III, § 7º-IV, pags. 390-392.

regulado, poderão, em casos delimitados e por via analógica, aplicar-se as regras do contrato de empreitada. Apesar de se estar perante contratos atípicos de prestação de serviço, a identidade de problemas pode aconselhar a aplicação de certos preceitos do contrato de empreitada, a fim de que idênticos problemas tenham soluções similares.»[569].

Na linha de jurisprudência posterior ao *Acórdão* que vimos comentado, L. FRANCISCO REBELLO manifesta adesão ao teor de decisão, nos termos da qual: «*Não sendo uma "obra material" o objecto do contrato, mas sim uma "criação intelectual do domínio artístico, exteriorizada [...] numa pintura em tela", se configurava "um contrato de prestação de serviço inominado".*»[570].

V – Consideradas as características da prestação de serviço que tenha por objecto a criação de uma ou mais obras intelectuais, não nos parece necessário – nem útil – colar um tipo legal único (*v.g.* a "empreitada") a tal prestação de serviço. Importante é – e nisto sintetizamos a posição que adoptamos – que:

- o autor contratado para criar deve empregar a diligência exigível à consecução do resultado prefigurado no momento da contratação (*deve diligenciar na criação de uma ou mais obras que sirvam os fins na base da contratação*);

---

[569] ROMANO MARTINEZ, *"Direito das Obrigações (Parte Especial) ..."*, 2ª ed. cit., Parte III-III, § 7º-IV, nota (4) à pag. 391, delimita pela negativa o âmbito de aplicação das normas que regulam a empreitada, ao referir designadamente, na linha de ACÓRDÃO *do STJ* que cita, que: «*O regime jurídico da empreitada, a aplicar-se, não pode derrogar as regras derivadas do Direito de Autor, em especial os arts. 59º e 60º do Código do Direito de Autor*». Mais sustenta a aplicação de regras da empreitada – em detrimento das do mandato – como as que regulam o *prazo prescricional* (cfr. última *ob.* e loc. citt., pags. 391/392). Nega enfim que a *natureza do objecto da prestação* ("coisa corpórea imaterial/ coisa incorpórea") apresente por si só uma solução definitiva: «[...] *a mesma prestação pode corresponder, consoante as circunstâncias, a uma coisa corpórea imaterial* ["reparar um automóvel", segundo exemplo que abona] *ou a uma coisa incorpórea* ["*se (...) pintor foi contactado para, com toda a liberdade e com base no seu espírito criativo, pintar um fresco na parede*", caso em que não se depararia já contrato de empreitada conforme acrescenta].» – última *ob.* e loc. citt., pags. 392/393, com intercalados nossos.

[570] LUIZ FRANCISCO REBELLO, *"Introdução ao Direito de Autor"*, vol. I, cit., n.º 29, pags. 109/110 e *"Código do Direito de Autor e dos Direitos Conexos (Anotado)"*, 3ª ed. cit., em anotação 1. ao Art. 14º, pag. 56, em tomada de posição sobre ACÓRDÃO DO SUPREMO TRIBUNAL DE JUSTIÇA, de 2-2-1988, *in* BMJ*, n.º 374 (1988), pags. 449-454.

- quando crie uma ou mais obras intelectuais no âmbito do contrato celebrado, deve consentir que o comitente utilize a obra ou obras criadas para os fins em que baseou a contratação;
- o conteúdo do direito que é atribuído ao comitente é determinado pelo convencionado, devendo compreender todas as faculdades de utilização da obra ou obras criadas conforme aos fins da utilização pretendida, mutuamente prefigurados no momento da contratação;
- os fins da utilização pretendida podem ser expressamente estipulados, deduzir-se das faculdades de utilização expressamente atribuídas ou de outras circunstâncias que o autor conheça ou deva conhecer como determinantes da contratação (*nomeadamente a actividade usual do comitente ou outra circunstância particular que saiba ou deva saber ter determinado a celebração do contrato*);
- a "entrega" da obra ou obras criadas em execução do contrato é essencial ao cumprimento da obrigação, na medida em que seja exigível ao exercício das faculdades de utilização atribuídas pelo contrato; não obstante, o autor contratado pode "recusar a entrega" ou opor-se à utilização da obra criada, pelo exercício das faculdades pessoais de autor pertinentes (cfr. *infra*, n.ºs 79 a 83).

SUBSECÇÃO V

A "relação jurídica de emprego público" e situações de direito de autor nascidas de contratos celebrados com entes públicos

58. **O regime nas obras criadas por "trabalhadores da Administração Pública e demais agentes do Estado e outras entidades públicas"**

I – Requer exame autónomo a aplicação das regras que regulam o *trabalho por conta de outrem* a situações que, fora do domínio de aplicação do Direito do Trabalho, evidenciam a *subordinação* que caracteriza este. Pensamos nomeadamente nas obras intelectuais que possam ser criadas no âmbito da denominada "relação jurídica de emprego público", que não esgota o leque das situações em escrutínio. Em enunciado geral sobre a propriedade da "assimilação" do regime que regula aquela particular situação jurídica e o que temos analisado como aplicável às situações juslaborais (de direito privado[571]) *em geral,* escreve JOSÉ JOÃO ABRANTES: «*Mas nem todo o trabalho juridicamente subordinado cai no domínio da aplicação do Direito do Trabalho; apenas o que é prestado por força de um* contrato de trabalho. *O trabalho dos funcionários públicos, embora seja trabalho subordinado, está excluído do âmbito do Direito do Trabalho e sujeito ao Direito Administrativo: existe aí uma* relação jurídica de emprego público, [...]. *Acontece, contudo, que cada vez se vão esbatendo mais as fronteiras entre direito público e direito privado na regulamentação jurídica do trabalho, com o regime das relações jurídico-públicas permeável à penetração de princípios e dispositivos próprios do ordenamento laboral, o que se denota com particular nitidez no campo das relações colectivas de trabalho,* [...].»[572]

---

[571] Sobre a qualificação *pública ou privada* das várias "disciplinas do Direito do Trabalho", em Portugal, pode confrontar-se, por todos: ANTÓNIO MENEZES CORDEIRO, *"Manual de Direito do Trabalho"*, cit., § 3º, n.º 10, pags. 62-66; PEDRO ROMANO MARTINEZ, *"Direito do Trabalho"*, ed. 2002 cit., § 3º, n.º 1, pags. 49-62 (maxime n.º 1-VI, pags. 54/ 55 e –XII, pag. 61); ANTÓNIO MONTEIRO FERNANDES, *"Direito do Trabalho"*, cit., § 1, n.º 4-I, pags. 46/47 (*maxime* pag. 47) – todos em acentuação do carácter privado do regime regulador da situação jurídica que emerge do contrato *individual* de trabalho. No que respeita a *situação juslaboral* individual, que aqui mais nos interessa, o primeiro destes Autores formula o seguinte axioma: «O Direito do trabalho individual é Direito privado. [...], *pode considerar-se haver, no seu seio, um predomínio da igualdade e da liberdade, por oposição à autoridade e à competência. Além disso, verifica-se que, em termos histórico-culturais, o regime do contrato individual de trabalho se desprendeu das obrigações, com as quais mantém contactos estreitos; o vínculo laboral é, aliás, tipicamente obrigacional.*» (MENEZES CORDEIRO, *"Manual de Direito do Trabalho"*, cit., § 3º, n.º 10-IV, pag. 64, com intercalado nosso).

[572] JOSÉ JOÃO ABRANTES, *"Do Direito Civil ao Direito do Trabalho"*, cit., n.º 1, pags. 19/20, com intercalados nossos. Juntamos algumas breves notas sobre este assunto no nosso *"Situação jurídica laboral – notas para a definição de um paradigma"*, cit., pags. 11-15 (*maxime,* pag. 14). Sobre a dita "relação jurídica de emprego público", tínhamos escrito já também alguns breves apontamentos no nosso *"A relação jurídica de emprego público no anteprojecto de lei de bases: Estatuto da Função Pública"*, in "Revista Jurídica AAFDL", n.º 1, Lisboa, Dez.1978-Mai.1979.

Não cumpre aqui – quando cuidamos tão-só do *enquadramento juslaboral da prestação criativa de obras intelectuais* – mais do que determinar se, no âmbito da denominada "relação jurídica de emprego público", quando compreenda prestações criadoras de obras intelectuais, *a característica dessa "relação jurídica" consente na* atribuição de quaisquer direitos privativos sobre os "resultados" da actividade assim prestada:

a) cuja exteriorização segundo expressão formal criativa consubstancie obra intelectual – o que pareceria uma evidência, não fora a formulação equívoca de certas disposições no CDA*[573]; e

b) que sejam susceptíveis da atribuição de um exclusivo jusautoral em obediência ao que enunciámos como "princípio de coincidência entre autoria e titularidade originária do direito de autor" (cfr. n.ºˢ 2 e *18-II, supra*) – o que pareceria depender apenas da confirmação do primeiro postulado, mas que depara com a norma que, no art. 269º/1 CRP*, subordina o «*exercício de funções pelos trabalhadores e agentes da Administração Pública ao serviço exclusivo do interesse público*».

Importa então determinar se a actividade dos funcionários públicos e demais sujeitos vinculados no âmbito da aludida "relação de emprego público" consente na "assimilação" à dos que criam em execução de contrato individual de trabalho. Se – e só se – assim for, cuidaremos de delimitar os contornos da situação jusautoral que, assim, possa ver-se constituída.

II – O art. 3º RJEP* estabelece que: «*A relação jurídica de emprego público constitui-se por* nomeação *e* contrato de pessoal». Nos termos do mesmo RJEP* (art. 14º[574]), o contrato de pessoal «*só pode revestir as modalidades de: a)* contrato administrativo de provi-

---

[573] Veja-se designadamente a, aparentemente contraditória, expressão legal das normas contidas nos arts. 3º/1-c) e 8º CDA*, que é matéria de que trataremos de seguida.

[574] Deparámos com a publicação da Lei n.º 23/2004, de 22-6, que expressamente (art. 28º) alterou o art. 7º/1 do Dec.-lei n.º 184/89, de 2-6, e esclarece: «*O contrato de pessoal é um acto bilateral, nos termos do qual se constitui uma relação de trabalho subordinado.*».

O art. 29º da mesma Lei mais estabelece, em alteração ao art. 14º/1-b) e /3 do Decreto-lei n.º 427/89, de 7-12, que: *o contrato de pessoal pode revestir a modalidade de*

mento; *b) contrato de trabalho a termo certo»*. A nomeação confere ao nomeado a qualidade de *funcionário* (art. 4º/5 RJEP*), o contrato administrativo de provimento confere ao particular outorgante a qualidade de *agente administrativo* (art. 14º/2 RJEP*), o contrato de trabalho a termo certo *não confere a qualidade de agente administrativo e rege-se pela lei geral sobre contratos de trabalho a termo* (art. 14º/3 RJEP*575). É ainda admitida a celebração de contratos de tarefa e de avença, que têm por "objecto", respectivamente: «[...] *a execução de trabalhos específicos, de natureza excepcional, sem subordinação hierárquica* [...]» e «[...] *prestações sucessivas no exercício de profissão liberal* [...]»576. Não cabe aqui, considerado o

---

contrato de trabalho em qualquer das suas modalidades[sic]; que *o contrato de pessoal não confere a qualidade de funcionário público ou agente administrativo e se rege pelo Código do Trabalho*. Estabiliza-se, pois, o entendimento em que assenta o nosso discurso.

575 O ACÓRDÃO DO TRIBUNAL CONSTITUCIONAL, n.º 368/2000 (DR* I Série-A, de 30-11--2000) *declara inconstitucional o n.º 3 do art. 14º do RJEP*, na medida em que consinta interpretação segundo a qual os contratos de trabalho a termo celebrados pelo Estado se convertem em contratos de trabalho por tempo indeterminado, desde que ultrapassado o limite de duração máxima total que a lei geral do contrato individual de trabalho* [neste caso, os arts. 44º e 47º do Dec.-lei n.º 64-A/89, de 27-2], *por violação do art. 47º/2 CRP**; por outro lado, não parece consentir que se conclua pela inconstitucionalidade desta forma de contratação.

576 É esclarecedora a distinção operada por DIOGO FREITAS DO AMARAL, *"Curso de Direito Administrativo"*, vol. II, cit., n.º 161, pags. 550 ss., que – depois de caracterizar a "(mera) *prestação de serviços, em que sucede a busca de um auxiliar privado "che verso un corrispettivo si obbliga ad una determinata prestazione"* (sic no original, em citação de V. ANTONIO CIANFLONE, *"L' Appalto di Opere Pubbliche"*, apud FREITAS DO AMARAL, *ob.* cit., pag. 552) – expõe: «*O "contrato de provimento" é o* contrato administrativo pelo qual um particular ingressa nos quadros permanentes da Administração e se obriga a prestar-lhe a sua actividade profissional de acordo com o estatuto da função pública. *É preciso não confundir o contrato administrativo de provimento com outras formas de provimento em lugares da função pública (a nomeação, por exemplo). É que,* [...], *o provimento pode ser feito de várias maneiras, das quais as duas mais importantes são a nomeação e o contrato de provimento: se o provimento é feito por nomeação, isso significa que juridicamente estamos perante um acto administrativo, um acto unilateral, que o particular depois aceitará ou não, ao passo que o provimento por contrato dá origem a um verdadeiro contrato administrativo.*» *– ob.* cit., pag. 553, com intercalados nossos.

E continua o mesmo Autor: «*Outra distinção importante é a que existe entre o contrato administrativo de provimento e o* contrato civil de prestação de serviços. *O contrato de provimento é um contrato administrativo pelo qual o particular se torna funcionário público, ao passo que o contrato civil de prestação de serviços é um contrato civil que tem por objecto encarregar um particular de uma tarefa determinada, sem que por isso ele se*

objecto desta dissertação, proceder ao escrutínio exaustivo do regime de cada uma destas figuras, *senão para determinar se a criação de obras intelectuais no desempenho daquelas funções* (de funcionário público ou agente administrativo) *ou em execução destes contratos* (a termo e de tarefa ou de avença) *podem ser assimiladas às que determinam a atribuição de faculdades jusautorais ao comitente sob a lei de autor* (*v.g.* sob a lei de autor portuguesa, *maxime* nos termos do arts. 14º CDA* e de outras disposições pertinentes que logo examinaremos)[577].

torne funcionário público.» – *ob.* cit., pag. 554. Mais acrescenta (*ibidem*): «*Existe uma outra distinção a fazer, que é a que se estabelece entre o contrato administrativo de provimento e o* contrato de trabalho. *O contrato de trabalho é um acordo de direito privado pelo qual um particular se torna empregado de uma entidade patronal: aqui há um ingresso nos quadros permanentes da empresa, da entidade patronal. Simplesmente, o contrato de trabalho tem um determinado regime jurídico, ao passo que o contrato administrativo de provimento tem outro: o regime deste último contrato é o chamado regime da função pública, ao passo que o regime do contrato de trabalho é o regime normal dos trabalhadores das empresas privadas.*».

[577] A lei espanhola sobre patentes, faz extensivas as normas relativas às "*invenções laborais*" «*aos funcionários, empregados e trabalhadores do Estado, Comunidades Autónomas, Províncias, Municípios e demais Entes Públicos*»; com base nesta, GUTIÉRREZ-SOLAR BRAGADO (*"Transmisión de los Derechos de Explotación de la Obra del Creador Asalariado"*, cit., pags. 7/8) considera – «*vista a amplitude do art. 160 TRLPI* [LPI esp.*]» – aplicável o regime das obras criadas sob contrato para criação de obra intelectuais: «*a todos aqueles que, independentemente de serem titulares de um contrato de trabalho ou tenham uma relação de serviço ou estatutária, prestem a sua actividade e possam chegar a ser criadores intelectuais, como inventores ou autores, também na Administração das Comunidades Autónomas ou em todo o sector público*». Trata-se da *"Ley de Patentes"*, de 20-3-1986, de Espanha (art. 20/1).

No direito alemão, a questão da aplicação deste regime a "*empregados públicos*" tem também sido discutida. Sobre a controvérsia, na doutrina alemã, a propósito da natureza, pública ou privada, que deve revestir a criação em cumprimento de dever funcional a que se aplica o regime do § 43 UrhG alemã* (que já examinámos), podem ainda confrontar-se posições diversas nomeadamente por KAI VINCK, em anotação 2 ao § 43 UrhG alemã*, *in "Urheberrecht – Kommentar..."* (FROMM/NORDEMANN), coordenado por W. NORDEMANN, 9ª ed. cit., pag. 368 (2).

Em Portugal, o CDA* afigura-se omisso neste ponto. Também os arts. 2º e 3º CPIndustr.* não esclarecem em termos que consintam aplicação analógica: se o último destes aplica «*o presente Código* [...] *a todas as pessoas singulares ou colectivas, ...*»; já o referido art. 2º estabelece abranger «*a indústria e comércio propriamente ditos, as indústrias das pescas, agrícolas, florestais, pecuárias e extractivas, bem como todos os produtos naturais ou fabricados e os serviços.*». Deparámos com a publicação de um *novo Código da Propriedade Industrial – aprovado pelo Decreto-lei n.º 36/2003, de 5-3*, que entrou em vigor em 1-7-2003 e revogou o *supra*mencionado CPIndustr.*. Os arts. 2º e 3º deste

Para tanto, circunscrevemos a nossa análise às características do vínculo nascido nas várias situações delineadas[578].

III – Em precisão do objecto da indagação que segue, diga-se que *não está obviamente em causa a realização de prestações criativas por sujeitos que*, embora vinculados à Administração Pública nas circunstâncias descritas, *as realizem noutra qualidade, fora desse âmbito*. É certo que o RJEP* (arts. 31º e 32º) limita o que designa "acumulação de funções": trata-se quer da "acumulação de funções e cargos públicos" quer do "exercício em acumulação [daqueles e] de actividades privadas". As mesmas normas legais de resto, prevêem como admissível tal "acumulação" precisamente quando se trate de actividades que normalmente têm por objecto a criação de obras intelectuais: no primeiro caso, «*actividades docentes*» – cfr. art. 31º/2-d) RJEP* e art. 2º/1-b) CDA* e «*criação artística e literária, realização de conferências, palestras, acções de formação de curta duração e outras de idêntica natureza*» – cfr. art. 31º/3-a) RJEP*; no segundo, «*a criação artística e literária, realização de conferências, palestras, acções de formação de curta duração e outras actividades de idêntica natureza*» – cfr. art. 32º/2 RJEP*. Bem se entenderá decerto que o que está então em causa é: no segundo caso aludido, o exercício de actividade que compreende prestações criativas, *por*

---

contêm disposições semelhantes às assinaladas, respectivamente, nos incisos dos arts. 3º e 2º CPIndustr.* Como se assinalou já, o art. 59º/1 deste *novo Código da Propriedade Industrial* estatui a expressa atribuição do "direito de patente", nas *invenções «feitas durante a execução de contrato de trabalho em que a actividade inventiva esteja prevista»*, à respectiva empresa.].

[578] SÉRVULO CORREIA, *"Legalidade e autonomia contratual nos contratos administrativos"*, cit., n.º 29, distingue primeiro o contrato administrativo pela «criação, modificação ou extinção de relações jurídicas, disciplinadas em termos específicos do sujeito administrativo, entre pessoas colectivas da Administração ou entre a Administração e os particulares. [..] *em que pelo menos um dos contraentes participa como Administração, isto é, como pessoa colectiva integrada num sistema orgânico dotado de um regime privativo.*» (pag. 397, com intercalado nosso). Considera depois (*ob. cit.*, n.º 29, pag. 402): «[...]: *o contrato é administrativo quando fosse de direito administrativo uma norma de conteúdo correspondente ao da estipulação contratual. Por outras palavras, o contrato que estatua uma regulamentação de interesses que não encontre na lei uma regulação paralela será administrativo quando os direitos e obrigações que estabeleça só possam, em abstracto, ter por titular uma pessoa colectiva integrada na Administração e agindo nessa qualidade.*» – intercalado nosso.

conta própria ou de outrem, mas sob enquadramento jusautoral *geral* (o que temos analisado ao longo de toda esta dissertação); no primeiro, o exercício de "funções ou cargos públicos" que também pode compreender a criação de obras intelectuais. Só a previsão correspondente a este último caso nos importa agora, conquanto se afigure indiferente à caracterização da situação jusautoral correspondente que tal criação se realize ou não "em regime de acumulação", salvo se se demonstrar que a actividade de criação de obra intelectual pelo que exerce "função ou cargo público" é, em si mesma, incompatível com a constituição de direito de autor.

O que merece então ponderação específica é a situação jusautoral emergente da criação de obras intelectuais por *"tarefeiros e avençados"*, *"contratados a termo"*, bem como por *"funcionários públicos e agentes administrativos"*, independentemente de outras actividades exercidas pelos sujeitos envolvidos.

IV – Sobre os primeiros, é a definição legal que elucida: o *contrato de tarefa «caracteriza-se por ter como objectivo a execução de trabalhos específicos, de natureza excepcional, sem subordinação hierárquica ...»*; o *contrato de avença «caracteriza-se por ter como objecto prestações sucessivas, no exercício de profissão liberal ...»*[579]. Mas estas disposições referem tão-só às condições de legalidade do vínculo; nada acrescentam em caracterização do regime aplicável à criação de obras intelectuais, quer no âmbito de "relação de emprego público" quer em execução de "contrato de tarefa" ou "de avença".

Em todo o caso e no que importa a esta análise, também a omissão reguladora ajuda à interpretação: *a conformação originária de situações jusautorais pela criação de obras intelectuais em execução de contratos de "avença" ou de "tarefa" celebrados com órgãos da Administração Pública* não revela qualquer especialidade – que não alguma que se descubra resultar ou da característica das funções assim exercidas ou do "género" das obras criadas (como veremos acontecer em exame do estatuto jusautoral dos denominados

---

[579] Cfr. art. 7º/2 e /3 do Decreto-lei n.º 409/91, de 17-10 (alterado pela Lei n.º 6/92, de 29-4).

"*textos oficiais*" – cfr. *infra*, n.º 59). Por outras palavras, não deparamos com uma situação jurídica que justifique a aplicação de regras que não sejam as que regulam *toda a criação* (em prestação de serviço) *para outrem*, visto que, se dúvidas houver quanto a outras situações em que a Administração Pública seja também "sujeito--comitente" de obra intelectual (as de "emprego *público*", em particular), *nestas não existe qualquer elemento de permanência ou profissionalização ou sequer indício de subordinação hierárquica que justifique a destrinça*. Assim, se um "tarefeiro" ou um "avençado" pela Administração for contratado para a criação de obras intelectuais – ainda que se considere que o escopo da sua acção é o "*interesse público normalmente prosseguido pelos órgãos da Administração Pública, seus titulares, funcionários ou agentes*" –, as regras de direito privado bastarão à regulação da conformação das situações jusautorais que possam assim constituir-se. Isto, sem prejuízo da necessária conformação aos fins de "*interesse público*" de cuja prossecução a sua acção criadora poderá ser tributária e que sempre constituirão limitação (suplementar) à exploração *em separado* da obra ou obras que criem em execução daqueles contratos[580]. Relevarão então as "razões de interesse público" *que limitem o normal exercício das prerrogativas jusautorais pelo autor contratado*: muito simplesmente,

---

[580] Como explica José M. Sérvulo Correia, "*Legalidade e autonomia contratual nos contratos administrativos*", cit., n.º 28, pags. 387/388: «*O exame do Direito comparado mostra frequentemente a celebração pelas Administrações, para efeito da directa prossecução dos interesses públicos a seu cargo, de contratos que nem por essa circunstância passam a ter um regime que lhe altere o tipo relativamente ao dos que com idêntica contextura sejam estipulados entre particulares.*».

Por outro lado, como Sérvulo Correia acrescenta (*ob. cit.*, n.º 47, pag. 532): «*Se é de aceitar, como princípio de base, a existência de* autonomia privada *da Administração nos seus contratos de direito privado, há no entanto que reconhecer que essa autonomia sofre, também no Direito português, maiores limitações do que aquelas que incidem sobre os particulares em situações semelhantes. É o que acontece desde logo com a* aplicação dos princípios constitucionais da Administração Pública [*v.g.* "princípio da *legalidade*", "princípio da *especialidade*", "princípio da *imparcialidade*" – *ex* art. 266º ss. CRP*]» – intercalado nosso.

Ana Fernanda Neves, "*Relação jurídica de emprego público*", cit., VII, pags. 255/256, considera mesmo que: «*De par à subordinação jurídica inerente à condição de trabalhador coexiste uma outra subordinação, ao interesse público. Estas duas subordinações não estão necessariamente em tensão;* [...]».

o autor-"tarefeiro"/-"avençado", contratado para criar uma ou mais obras intelectuais, não poderá fazer da obra qualquer utilização que prejudique os fins (eventualmente "de interesse público") que possam estar na base da sua contratação e que a obra possa servir.

[Se *A*, tarefeiro, for contratado pelo Governo para redigir o texto de um anteprojecto de proposta de lei, *nenhuma situação jusautoral chega a constituir-se com este objecto*, dado o particular *género* da obra criada (cfr. arts. 8°/1 e 3°/1-c) CDA*); se o fizer enquadrar por anotações doutrinárias justificativas, a sua reprodução pelo comitente é livre, mas *A* poderá fazer do escrito que elaborou todas as utilizações que não prejudiquem os fins na base da sua contratação e que a obra (o anteprojecto anotado) deve servir (cfr. arts. 8°/2 e 3°/1-c) CDA*[581]).] Porém, nada disto é novo ou estritamente inerente à natureza do vínculo, visto que apenas se acrescenta um limite que decorre da natureza do comitente que sempre se poderá considerar (sem perder de vista a sua especificidade) entre os que limitam toda a criação para outrem.

Concluímos que, sem prejuízo da consideração de "razões de interesse público" que sempre podem condicionar o *exercício* de prerrogativas jusautorais *comuns*, pertencerá ao *"tarefeiro"* ou *"avençado"* que crie obra intelectual para ente público (ou a este, *conforme o convencionado*), o direito de autor que sempre caberia em regime de prestação de serviço.

V – No que respeita a situação dos trabalhadores *contratados a termo* e, bem assim, dos que o sejam por *contrato individual de trabalho* (cfr. art. 11°-A do Decreto-lei n.° 184/89[582]), parece acertada a aplicação das regras de direito privado, visto que:

    a) quanto aos *"contratados a termo"*, é o RJEP* (art. 14°/3) que estabelece não apenas que «[tal contrato] *não confere a qualidade de agente administrativo*» como – expressamente, diz

---

[581] O art. 8°/2 CDA* apenas exclui o reconhecimento de exclusivo jusautoral ao autor-funcionário «*no âmbito da actividade de serviço público de que se trate*». Não exclui, portanto, qualquer utilização fora desse âmbito – a publicação em colectânea de trabalhos preparatórios, por exemplo –, que só não é exclusiva porque o comitente detém, neste caso, a faculdade de reprodução.

reger-se «*pelo regime geral* (de direito privado) para os *contratos de trabalho a termo certo*»;

b) quanto ao *"pessoal auxiliar"* com quem a Administração Pública celebre *contrato individual de trabalho*, na ausência de norma equivalente à citada do RJEP*, não se vê que a analogia deva ser excluída[583].

Na verdade, parece depararmos com "trabalhadores da Administração Pública excluídos do âmbito da função pública"[584], o que, vista a subordinação hierárquica inerente às situações descritas, indicia a *não especialidade do regime das situações jusautorais que possam conformar-se no exercício das actividades contratadas corres-*

---

[582] Aditado, pela Lei n.º 25/98, de 26-5, ao Decreto-lei n.º 184/89, de 2-6, que aprovou os «*princípios gerais sobre salários e gestão de pessoal na função pública*», diploma legal em desenvolvimento de cujo regime jurídico foi aprovado o RJEP*.

Deparámos com a publicação da Lei n.º 23/2004, de 22-6, que expressamente (art. 30º) revogou os arts. 9º a 11º-A do Dec.-lei n.º 184/89, de 2-6, mas que consagra expressamente (arts. 2º e 9º) a aplicação aos contratos de trabalho celebrados por pessoas colectivas públicas do *regime do Código do Trabalho*. Estabiliza-se, pois, o entendimento em que assenta o nosso discurso.

[583] Confrontámos a publicação da Lei n.º 23/2004, de 22-6, que expressamente (art. 30º) revogou os arts. 9º a 11º-A do Dec.-lei n.º 184/89, de 2-6, mas que consagra expressamente (arts. 2º e 9º) a aplicação aos contratos de trabalho celebrados por pessoas colectivas públicas do *regime do Código do Trabalho*. Estabiliza-se, pois, o entendimento em que assenta o nosso discurso.

[584] J. GOMES CANOTILHO / VITAL MOREIRA, *"Constituição da República Portuguesa Anotada"*, 3ª ed. cit., em anotação II ao artigo 269º CRP*, pag. 945, admitem que: «[…] *não é constitucionalmente obrigatório que todos os trabalhadores e agentes do Estado e demais entidades públicas pertençam à função pública propriamente dita e possuam o respectivo regime. […], a Constituição deixa claramente para a lei a delimitação do seu âmbito objectivo e subjectivo, podendo até excluí-lo, com maior ou menor amplitude, em relação a certas entidades ou serviços ou em relação a determinadas categorias de agentes e trabalhadores.*» – intercalado nosso. Os mesmos Autores (*ob*. cit., em anotação IV ao mesmo artigo 269º, pag. 945) acrescentam: «*A fórmula trabalhadores da Administração Pública* [que resulta da 2ª revisão constitucional [ver CRP*, *supra* em "Abreviaturas…"] – […] – *tem um duplo sentido: (a) deixa de estabelecer-se uma dicotomia estrutural na relação de emprego entre "funcionalismo público", regido por um estatuto jurídico especial, e "trabalhadores da Administração Pública", regidos pelas leis gerais do trabalho.*» – intercalado nosso. Segundo PAULO VEIGA E MOURA, *"Função Pública …"*, cit., IV-B), n.º 12, em anotação (70) à pag. 54, tal ocorreria «[…] *sempre que a legislação vigente* [como sucede no caso em apreço] *nega a qualidade de agente aos contratados a termo*» – intercalados nossos.

pondentes: para estes, vale pois de pleno o que considerámos na parte final do ponto IV. imediatamente anterior, com as adaptações que verifiquemos impostas pela circunstância de se tratar de *criação em execução de contrato de trabalho*; e não, como ali, de prestação de serviço.

VI – A "relação jurídica de emprego público" compreende – também e *a título principal* (*ou apenas*, se pensada em sentido próprio e segundo certas concepções[585]) – a situação de *funcionários* e de *agentes administrativos*[586/587]. Realçamos os elementos que, visto

---

[585] Citamos, por todos, PAULO VEIGA E MOURA, *"Função Pública ..."*, cit., IV-C), n.º 13, pags. 54 ss. (*maxime* pag. 57 e notas (74) e (75) na mesma), que entende que: «*O que caracteriza a relação jurídica de emprego público é a natureza das funções que por força de um determinado vínculo contratual se passam a exercer, de tal sorte que se estará perante tal espécie de relação jurídica quando a mesma tenha o seu facto constitutivo numa nomeação ou num contrato administrativo de provimento ou sempre que o exercício de funções próprias e permanentes do serviço público indicie uma profissionalização no desempenho das mesmas.*». Reproduzimo-lo sem crítica que aqui não cabe, embora não possamos deixar de notar que – se bem que sagaz – contraria construções doutrinárias e jurisprudenciais que o mesmo Autor (*ibidem*) assinala, e parece circunscrever a noção para além do que o art. 3º RJEP* anuncia.

[586] MARCELLO CAETANO, *"Manual de Direito Administrativo"*, vol. II, 10ª ed. cit., definia funcionário público como «*o agente administrativo provido por nomeação vitalícia voluntariamente aceite ou por contrato indefinidamente renovável, para servir por tempo completo em determinado lugar criado por lei com carácter permanente, segundo o regime legal próprio da função pública*» (MARCELLO CAETANO, última *ob.* cit., n.º 253, pag. 672) e os agentes administrativos como «*os indivíduos que por qualquer título exerçam actividade ao serviço de pessoas colectivas de direito público, sob a direcção dos respectivos órgãos.*» (MARCELLO CAETANO, última *ob.* cit., n.º 245, pag. 641). O reconhecimento dos elementos de *profissionalidade* e de *permanência*, que encontramos na noção citada em caracterização da posição de funcionário público e a *subordinação hierárquica* como característica comum a funcionários e agentes administrativos, foi seguido por grande parte da doutrina e jurisprudência portuguesas. Nota-o PAULO VEIGA E MOURA, *"Função Pública – regime jurídico, direitos e deveres dos funcionários e agentes"*, cit., III-A), n.º 7, em anotações (43) e (44), à pag. 26 e (45) à pag. 27, onde enuncia abundante bibliografia e alguma jurisprudência que pretende confirmá-lo. Este último Autor, *"Função Pública ..."*, cit., propõe *"um novo conceito de funcionário público"* e *"uma restrição do conceito de agente administrativo"*, em, respectivamente, III-B), n.º 8, pags. 27 ss. (*maxime* pag. 29) e em III-C) e -D), pags. 36 ss. e 44 ss.(*maxime* pags. 44/45).

Entendemos não caber neste escrito o escrutínio das várias noções, senão na medida em que relevem da caracterização que visamos da situação jurídica que emerge da criação por "trabalhadores da Administração Pública e demais agentes do Estado e outras entidades públicas" (art. 269º CRP*).

o regime plasmado no RJEP* e legislação complementar, parece caracterizar a situação jurídica de uns e outros. Assim:

- o *carácter profissionalizado e "em permanência"* das funções desempenhadas pelos *funcionários* (art. 4°/1 RJEP*); o *carácter transitório «por pessoa não integrada nos quadros»* das funções desempenhadas pelos *agentes administrativos* – arts. 15°/1 e 16°/2 RJEP*;
- a *subordinação* («*exercício de funções sob autoridade e direcção dos órgãos da Administração Pública*»), com sujeição ao regime jurídico da função pública, tanto de funcionários como de agentes – arts. 3° e 6° do Dec.-lei n.° 184/89 e 4°/1 e 15°/1 do RJEP* – que provavelmente justifica a designação constitucional comum ("trabalhadores da Administração Pública e demais agentes do Estado")[588];
- o *conteúdo, objecto e escopo* comuns («*exercício de funções próprias do serviço público: aquelas a que corresponda a aplicação de medidas de política e a concepção, execução e acompanhamento das acções tendentes à prossecução das atribuições de cada serviço*») – arts. 4°/1 e /2 e 15°/1 RJEP*.

---

[587] Parece-nos sensato – visto também a comunhão de características de uma e outra situações – não nos envolvermos aqui no importante debate em distinção destas figuras, que ultrapassa seguramente a que, de forma mais singela, a faria assentar na fonte constitutiva ("*nomeação*" e "*contrato de administrativo de provimento*", respectivamente).

[588] FRANCISCO LIBERAL FERNANDES, "*Autonomia colectiva dos trabalhadores da Administração Pública. Crise do modelo de emprego público*", cit., III-3.1., pags. 125/126, recorda: «*Essa modificação* [operada pela Primeira Revisão da Constituição (em 1982), que substituiu, no que é hoje o art. 269° CRP*, a expressão "funcionários e agentes do Estado" por "trabalhadores da Administração Pública e demais agentes do Estado e outras entidades públicas"] *teve* [...] *um duplo significado: por um lado, pôs termo à dicotomia trabalhadores-funcionários; além disso, retirou do texto constitucional a expressão que poderia criar obstáculos à equiparação entre trabalhadores da Administração e do sector empresarial em matéria de exercício de direitos fundamentais. Por outro lado, ao transpor o conceito de trabalhador para o sector da função pública, o legislador constituinte acabou por privar de sentido útil a tradicional divisão entre agentes funcionários e agentes não funcionários.* [...]. *Assim, são trabalhadores todas as pessoas que exercem uma profissão da qual vivem habitualmente e, por isso, dela se encontram economicamente dependentes, nos casos em que as condições do seu exercício são definidas por outrem que não por cada um dos respectivos profissionais ou por todos em conjunto* [apud JORGE LEITE, *Rev. Min. Púb.*, n.° 39, p. 28-29].» – intercalados nossos.

Temos presente que a constituição da "*relação jurídica de emprego na Administração Pública*", no caso da investidura na qualidade de *funcionário*, não tem por fonte um contrato, mas um *acto administrativo de nomeação* (cfr. arts. 4º a 6º RJEP*). Contudo, mais do que o *acto constitutivo*, são as *condições concretas da prestação da actividade* (*maxime* a "subordinação") que lhe emprestam ou retiram o cunho característico da situação juslaboral: quanto a este, a especificidade do estatuto jurídico dos funcionários públicos afigura-se-nos mais formal do que material[589/590/591]. Trata-se de obras criadas *em cumprimento de dever funcional*, pelo que, quando cuidamos, como é o caso, de determinar a aplicabilidade do regime da criação

---

[589] Assinala-o JOÃO CAUPERS, "*Situação jurídica comparada dos trabalhadores da Administração Pública e dos trabalhadores abrangidos pela legislação reguladora do contrato individual de trabalho*", cit., pag. 246, o que não invalida que conclua – como vimos acontecer no escrito assinalado de J. J. ABRANTES – pela existência de «[...] *uma tendência para a aproximação dos regimes jurídicos da função pública e do contrato individual de trabalho:* [que] *não se trata, todavia, de uma evolução linear, apresentando "pontos de fuga", como em matéria do direito à greve.*».

[590] Como expõe FRANCISCO LIBERAL FERNANDES, "*Autonomia colectiva dos trabalhadores da Administração Pública. ...*", cit., III-2.1., pag. 114: «[...], *a situação jurídica em que o funcionário se enquadra adquire contornos específicos, na medida em que a sua relação com o Estado envolve uma combinação de elementos de natureza privada – a prestação subordinada de trabalho – e de carácter jurídico-político – a participação, ainda que indirecta, no exercício da autoridade do Estado.*». O mesmo Autor mais esclarece, primeiro (última *ob.* cit., III-2.1., pag. 115): «*Enquanto elemento do aparelho administrativo, o funcionário desempenha uma actividade dirigida à prossecução do interesse colectivo,* [...]. *Todavia, no actual ordenamento jurídico, esta característica não retira a qualidade de* sui iuris *a quem exerce uma profissão sob direcção de um ente público, nem é um obstáculo à aplicação da disciplina consagrada para o trabalho subordinado.*» - intercalado nosso; depois (*ob.* cit., III-2.2., pags. 115/116): «*Para além da continuidade, permanência e exclusividade com que era definida a relação de serviço* [público] - *notas estas que tinham como referência o carácter duradouro e ininterrupto dos serviços administrativos –, o reconhecimento da natureza patrimonial à retribuição auferida pelo funcionário veio a conferir àquela relação o carácter sinalagmático típico do contrato de trabalho* [veja-se o acima exposto sobre a "patrimonialidade" *característica da prestação laboral*]. [...]. *Neste aspecto, a evolução do direito da função pública não fez mais do que confirmar a ideia de que o emprego público é uma actividade profissional substancialmente idêntica à dos trabalhadores do sector empresarial,* [...].» – intercalados nossos.

[591] Em apreciação desta questão particular nos ordenamentos jurídicos alemão e espanhol, podem confrontar-se as notas que acrescentamos ao exposto *supra*, em notas ao n.º 50-III e ao n.º 53-II, respectivamente.

de obras intelectuais para outrem (*juridicamente subordinada*, neste caso), consideramos que depende primeiro da identidade de condições materiais de desenvolvimento do processo criador por funcionários ou não funcionários. Assim, só se justificará o afastamento do regime geral de Direito de Autor se tal for expressamente estatuído por norma que regule a situação jurídica de emprego público que àqueles envolve; se assim não for – como não vemos que seja –, aplicar-se-ão as regras gerais de Direito (comum) de Autor com as especificidades que se assinalam adiante e que respeitam tão-só – ainda segundo as regras de Direito de Autor – ao "género" das obras criadas e aos fins de utilização prefigurados pelo autor e comitente (cfr. n.ºs 40, 74 e 75).

VII – Por outro lado, nem a estrutura manifestamente não empresarial da Administração Pública[592] impede que as obras criadas por iniciativa e sob enquadramento dos seus órgãos possam considerar-se obras colectivas, desde que reunidas as condições que vimos definirem estas; nem, como também já observámos na linha da doutrina que seguimos, o enquadramento empresarial da actividade criativa é essencial ao reconhecimento de subordinação em prestação de actividade para outrem: haverá "obras colectivas de entes públicos", assim como é perfeitamente configurável a "criação subordinada por funcionários públicos" – sem que, num caso como no outro, deva registar-se fundamento para o afastamento do regime de Direito (comum) de Autor.

VIII – Em conclusão, afastada do CDA* a distinção entre prestações criativas em benefício de entes públicos e de entes privados, dir-se-á que, mesmo no caso de funcionários públicos e agentes administrativos, se preenchem os pressupostos que permitem confi-

---

[592] Conforme observação que nos parece pertinente de JOÃO CAUPERS, *"Situação jurídica comparada dos trabalhadores da Administração Pública ..."*, cit., pag. 246. Esta não parece dever ser desmentida pelo consagrado no art. 3º/1 da Lei n.º 23/2004, de 22-6, ao estabelecer que «*as pessoas colectivas públicas são equiparadas a empresas*», visto que tal "equiparação" resulta expressamente "*para efeitos de aplicação das regras do Código do Trabalho*", nomeadamente tendo em vista a sua "graduação" («*grandes empresas*») que naquele Código é relevante para efeitos muito particulares.

gurar aqui uma, como as demais, *criação (em cumprimento de dever) funcional sujeita às regras gerais de Direito de autor*. E este entendimento é extensivo a todas as obras – *"textos* não *oficiais"*, segundo a terminologia legal – criadas por "trabalhadores da Administração Pública e demais agentes do Estado e outras entidades públicas", bem como às obras criadas pelos contratados por entes públicos para esse fim (mediante *contrato individual de trabalho com ou sem termo, contrato de avença* ou *de tarefa*).

A aplicação das regras comuns de Direito de Autor não obsta, pelo contrário, à necessária conformação da utilização das obras assim criadas aos fins de *"interesse público"* de cuja prossecução a sua acção criadora poderá ser tributária e que sempre constituirão limitação (suplementar) à exploração *em separado* da obra ou obras criadas nesse âmbito, limitada que *sempre* está também pelos fins da utilização consentida.

59. O regime nas ditas "obras oficiais"

I – Como anunciámos, verifica-se que, a respeito de certos *"géneros" de obras* – ditas "textos oficiais" –, se estatui que «*não beneficiam de protecção* [jusautoral]» – cfr. arts. 3º/1-c) e 8º CDA* –, em sinal da sua especificidade como *"género"* próprio. Se bem que normalmente criadas por "trabalhadores da Administração Pública e demais agentes do Estado e outras entidades públicas" ou por "sujeitos contratados por entes públicos" *no âmbito do respectivo vínculo*, não parece ser a qualidade da pessoa do comitente que, nestes – como nos demais – casos, determina a conformação da situação jusautoral que porventura se constitua. Confirmamo-lo em análise do regime aplicável a tais *"obras oficiais"*.

A matéria é versada no disposto no art. 8º CDA*. É logo a epígrafe do preceito que equivoca, pois menciona *"compilações e anotações de textos oficiais"*. Não refere, como uma leitura mesmo perfunctória do seu conteúdo deixa perceber, às situações jurídicas constituídas pela *"selecção ou organização criativa dos elementos*

que se compilam"⁵⁹³; a tutela destas é assegurada nos termos do consagrado no art. 3º/1-c) CDA*.
Estão antes em causa aqueles que o disposto na referida alínea c) do n.º 1 do art. 3º CDA* enumera como «*textos ... de quaisquer órgãos ou autoridades do Estado ou da Administração* [Pública]», em muito provável consagração de uma das soluções deixadas às legislações dos países da União de Berna (pelo art. 2/4 CB*) quanto à tutela de «*textos oficiais de carácter legislativo, administrativo ou judiciário, bem como às traduções* ["oficiais"] *destes textos.*»; aos quais, nos termos da mesma citada norma da lei portuguesa, parece dever acrescentar-se os «["textos" de] *convenções* [internacionais], *regulamentos, relatórios e decisões administrativas*»⁵⁹⁴.

O art. 3º/1-c) CDA* estabelece a constituição de direito de autor relativo a «*compilações sistemáticas ou anotadas de textos* (de convenções, de leis, de regulamentos e de relatórios, de decisões administrativas, judiciais ou de quaisquer órgãos ou autoridades do Estado ou da Administração Pública)». Bem se entende que o pressuposto de tutela destas "compilações" é *a* criatividade na sistematização *dos referidos "textos"*, que é critério que nos é familiar, pois encontrámo-lo já a propósito das "*obras-colectânea*" e das "*obras-base de dados*": é requerido tão-só que se reconheça criatividade na expressão formal da *organização/arranjo/disposição dos elementos* ("textos", na expressão legal⁵⁹⁵) *compilados*.

---

⁵⁹³ Neste sentido, aliás inequívoco: JOSÉ DE OLIVEIRA ASCENSÃO, *"Direito Civil - Direito de Autor e Direitos Conexos"*, cit., n.º 71-I, pag. 114; LUIZ FRANCISCO REBELLO, *"Código do Direito de Autor e dos Direitos Conexos (Anotado)"*, 3ª ed. cit., em anotação 1. ao Art. 8º, em que também comenta trecho do ACÓRDÃO DO TRIBUNAL CONSTITUCIONAL, n.º 1057/96, de 16-10 (DR* II SÉRIE, de 23-11-1996).

⁵⁹⁴ Assim, com âmbito material mais amplo do que o que a disposição citada da CB* anuncia e, por exemplo, OLIVEIRA ASCENSÃO, *"Direito Civil – Direito de Autor ..."*, cit., n.º 71-II, pag. 115, assinala.

⁵⁹⁵ Como bem nota OLIVEIRA ASCENSÃO, *"Direito Civil – Direito de Autor ..."*, cit., n.º 71-II, pag. 115: «*Falando-se em textos, entende-se que não se abrangem apenas obras literárias, mas qualquer categoria de obras que possam merecer a designação de obras oficiais.*». Pensamos que, vista a novel tutela das obras-base de dados, os "elementos compilados" ("textos oficiais") podem também ser *outros elementos imateriais não criativos que componham uma base de dados* (cfr. *supra*, n.º 15).

Por outro lado, julgamos que, não obstante a omissão do inciso «... *pela escolha ou* ...» verificada no confronto da norma da alínea b) do mesmo art. 3º/1, também relevará como pressuposto de tutela a criatividade na escolha/selecção desses elementos.

II – O reconhecimento da criatividade das "compilações de obras oficiais" é assim *independente da que se reconheça aos elementos* ("textos") *incorporados*, o que se deduz do disposto no art. 3º/2 CDA* – para além de normas análogas respeitantes à novel tutela das "obras-base de dados" (por todas, veja-se a consagrada no art. 4º/2 e /3 Dec.-lei n.º 122/2000, que transpõe a DBD* para o ordenamento jurídico português). O problema consiste então em esclarecer se também os elementos imateriais que integram tais "compilações de textos oficiais" são susceptíveis de constituir objecto de direito de autor: referimos a todas as "obras protegidas" incorporadas nos (ou coligadas aos) ditos "textos oficiais".

Quanto às «*anotações*» (ou outras obras ou elementos imateriais coligados aos "oficiais", como, por exemplo, "notas remissivas"), a disposição é inútil, porquanto, "compiladas" ou não, *merecerão (ou não) tutela jusautoral como obras autónomas nos termos gerais*[596].

Quanto aos «*textos oficiais*», é o art. 8º/1 CDA* que dispõe que a formalização dos mesmos *não constitui qualquer situação jurídica de aproveitamento económico exclusivo que compreenda a atribuição de direito de autor*: trata-se de objectos imateriais (porventura criativos) que não fazem nascer na esfera jurídica dos seus criadores qualquer direito de autor. Prenunciámos esta hipótese quando referimos a atribuição de direitos aos "trabalhadores da Administração Publica" (cfr. *supra*, n.º 58).

---

[596] Como observa OLIVEIRA ASCENSÃO, *"Direito Civil – Direito de Autor e Direitos Conexos"*, cit., n.º 48-I, pag. 84.

SÍNTESE EM RECAPITULAÇÃO

Criação funcional em execução de *trabalho subordinado* e de *prestação de serviço* – autonomia criativa e subordinação jurídica

1. Identificamos então elementos comuns às situações em que a criação de obra intelectual em execução de contrato é acompanhada da atribuição de faculdades jusautorais:

- a prestação específica devida tem por objecto a criação de uma ou mais obras intelectuais, tanto pelo trabalhador como pelo prestador de serviços;
- a realização da prestação devida visa a satisfação de um *fim de utilização da obra por outrem* (*comitente*);
- essa actividade pode enquadrar-se ou não nos meios e fins de uma organização empresarial dirigida por uma entidade alheia ao(s) criador(es) – vimos que, se enquadrada por uma empresa, como no caso dos contributos criados para incorporação/utilização em obra colectiva, se presumem como fins da criação os que correspondam à actividade principal dessa organização ou os prefigurados como fins de utilização da própria obra colectiva (cfr. *supra*, n.ᵒˢ 37 e 41);
- decisivo é que, com ou sem enquadramento empresarial, se convencione:
  a) que a criação de obra intelectual é objecto do contrato; e
  b) que o direito de autor (ou faculdades neste compreendidas) é atribuído como efeito da criação em execução do contrato.

2. A) Em explicação da concepção monista **alemã** do direito de autor, verificamos que "*Verwertungsrecht*" (que traduzimos por "*direito(s) de exploração económica da obra*") e "*Nutzungsrecht*" (para o que propomos a denotação "*faculdade(s) de utilização patrimonial*" individualizadas) são assim apresentados como *faculdades em que se distingue, mais do que a esfera jurídica em que se constituem, a própria estrutura do direito de autor que seja objecto de atribuição patrimonial*: as primeiras integram o conteúdo do direito patrimonial de autor e permanecem íntegras, apenas sujeitas a oneração, na titularidade do autor-criador; as segundas, fruto de oneração do "Verwertungsrecht" pelo acto atributivo (constitutivo de nova situação jusautoral), *concedidas, mesmo que em exclusivo, sem desmembramento daquele que se reconstitui na sua plenitude assim estas cessem*. Verdadeiramente, só esta explicação – que assimila *todo* o conteúdo (pessoal e patrimonial) do direito de autor a um conjunto de regras de característica uniforme – é compatível a um entendimento deste instituto nos ordenamentos jusautorais germânicos, assim ditos "de concepção monista".

Sob o direito alemão, *não* pode afirmar-se que ocorra *constituição originária do direito de autor na titularidade do empregador* (ou do beneficiário de uma prestação de serviço) - no que constitui tão-só a aplicação da regra geral de *inalienabilidade do direito* de autor, correspondente ao sistema monista que enforma este ordenamento jusautoral. A atribuição de faculdades de direito de autor, que depende de *convenção específica e escrita* (a "Urheberklausel" que referimos) que o estipule, é assim entendida como "disposição antecipada de faculdades sobre *obras futuras*". O conteúdo da atribuição (o conjunto de faculdades assim atribuídas) é definido, salvo estipulação contratual diversa, pelos fins de exploração empresarial corrente do beneficiário da atribuição – no que constitui não mais do que a aplicação do princípio interpretativo "*de atribuição finalista/disposição funcional*", comum a toda a atribuição *voluntária* de faculdades jusautorais; a *excepção* parece conter-se no regime dos *programas de computador* criados em execução de contrato, em que, salvo estipulação em contrário, são atribuídas ao beneficiário *todas as faculdades de exploração económica* do programa assim criado.

B) No direito **francês**, a *não aquisição originária pelo empregador* de quaisquer faculdades de direito de autor nas obras criadas por autor-empregado veda também qualquer *presunção de cedência destas por efeito de contrato*, ainda que este tenha por objecto principal a criação de obras intelectuais e mesmo que se trate de obras criadas no âmbito de giro empresarial principal, estatutariamente definido. A isto, somar-se-á a *impossibilidade legal de uma antedisposição convencional* das mesmas, concomitante à celebração do contrato para criação de obras intelectuais – [em todo o caso, os Autores franceses que perfilham este conjunto de axiomas admitem que a regulação legal neste domínio poderá/deverá evoluir, (pelo menos) no sentido da admissibilidade da *cessão global dos direitos em obras futuras*].

C) Parece prevalecer hoje a opinião segundo a qual, no ordenamento **italiano**, seja a obra criada em execução de contrato de trabalho seja de "contratto d'opera", o direito de autor é adquirido pelo credor da "prestação criativa" a título derivado. A atribuição jusautoral é *efeito conjugado da celebração do contrato para criação de obras intelectuais e da exteriorização* da obra (ou da *aceitação* desta, se se tratar de obra criada em resultado de prestação de actividade não subordinada).

Quando a actividade criadora seja enquadrada numa empresa, para que a atribuição do direito se verifique com a natureza e os efeitos assinalados, é necessário que a obra seja criada *no âmbito* (com recurso a meios e no quadro organizacional) *da empresa por conta de quem (e para os fins da qual) a obra é* criada. Em qualquer caso, a "prestação criadora" deve realizar-se (e ser retribuída) *em execução da actividade contratada que tenha por objecto a criação de obras intelectuais.*

A *atribuição é limitada às faculdades necessárias à satisfação do interesse do credor na base da contratação*, que se deduz por interpretação do contrato, visto (também e se for o caso) o objecto da actividade organizacional que enquadra a "prestação criadora".

D) A *titularidade originária do direito de autor* em obra intelectual criada por autor assalariado, no direito **espanhol**, é do autor-empregado. A *atribuição de faculdades ao empregador é regulada pelo estipulado*, expressamente e por escrito, *no contrato de trabalho* (ou em cláusula a este aposta). Na *falta de convenção, presume-se a cessão de faculdades de utilização* nas obras criadas pelo autor-empregado que possam considerar-se compreendidas no "resultado" da actividade devida sob direcção patronal. Nestes casos – e naqueles em que a *obra é criada sem enquadramento juslaboral* – o efeito atributivo de direito de autor produz-se em relação a todas as obras criadas *segundo instruções do comitente*. O *acto atributivo presumido* da criação de obra intelectual em cumprimento de contrato de trabalho *deve ser interpretado segundo as mesmas regras (atribuição finalista/disposição funcional) que delimitam o conteúdo de toda a atribuição de faculdades jusautorais, i.e.*, atribuem-se apenas as faculdades essenciais à prossecução da actividade em função da qual a obra é criada.

A atribuição de faculdades de direito de autor nos *programas de computador* criados em cumprimento de contrato de trabalho obedece a regras excepcionais, que determinam que *a atribuição jusautoral se verifica independentemente de convenção que a estipule especificamente e que compreende todas as faculdades incluídas no direito patrimonial de autor*.

E) Visto o conjunto de noções que concorrem para a formulação do conceito de "employee" sob o instituto **britânico** do "copyright", verificamos que *este corresponde ao de* (autor-)*empregado que cria a sua obra em execução de contrato que tem por objecto a criação habitual de obras intelectuais*. A particularidade reside na regra de *atribuição originária da titularidade do direito ao empregador*.

Por outro lado, é manifesto que o recurso a noção – deduzida da de criação "in the course of employment" – traduz satisfatoriamente (sob o ponto de vista europeu continental) a ideia de *criação em execução de contrato* que determina a atribuição originária do "copyright" ao empregador. Mais é admitida *convenção que afaste a regra geral* de atribuição do direito.

F) Evidencia-se, na figura das "works made for hire" sob o instituto do "copyright" **norte-americano**, a exigência de uma situação *sui generis* de emprego, ainda que não uniformemente indissociada pela jurisprudência da execução estável e continuada de uma situação com subordinação empregador/empregado. Revela-se também, como regra, a atribuição originária da titularidade do direito ao empregador que já descobríramos no direito britânico.

No entanto, admitida que é também a convenção atributiva do "copyright", é legítima a *ligação do conceito de "work made for hire" à ideia de* criação (funcional), *em cumprimento de deveres contratuais compreendidos nos que emergem especificamente da situação de "employment"*, para a realização de fins próprios do empregador.

3. Fruto da sua subordinação hierárquica, o trabalhador vê a sua prestação conformada pelo empregador (ou pelo seu superior hierárquico) que exerce o poder de direcção referido à actividade criativa subordinada. Significa isto que são as condições concretas de prestação da sua actividade laborativa que devem conformar-se ao poder director patronal; que o objecto dessa prestação deve servir os fins de utilização da obra pelo empregador que contrata a criação: *a prestação criadora do trabalhador subordinado deve, neste sentido, ter o objecto abstractamente prefigurado pelo credor-empregador.*

Ao autor-empregado *não é exigível que prefigure mais do que os objectivos imediatos necessários à satisfação do interesse do credor-empregador*. Para além destes, que dariam a medida da "diligência exigível" no cumprimento pontual da obrigação, toda a atribuição de faculdades de utilização na obra intelectual – *previsivelmente condicionada pelo fim de tal disposição (funcional)* – se antecipa como requerendo convenção específica complementar do vínculo laboral geral.

4. Consideradas as características da prestação de serviço que tenha por objecto a criação de uma ou mais obras intelectuais, não nos parece necessário – nem útil – colar um tipo legal único (*v.g.* a "empreitada") a tal prestação de serviço. Importante é – e nisto sintetizamos a posição que adoptamos – que:

- o autor contratado para criar deve empregar a diligência exigível à consecução do resultado prefigurado no momento da contratação (*deve diligenciar na criação de uma ou mais obras que sirvam os fins na base da contratação*);
- quando crie uma ou mais obras intelectuais no âmbito do contrato celebrado, deve consentir que o comitente utilize a obra ou obras criadas para os fins em que baseou a contratação;
- o conteúdo do direito que é atribuído ao comitente é determinado pelo convencionado, devendo compreender todas as faculdades de utilização da obra ou obras criadas conforme aos fins da utilização pretendida, mutuamente prefigurados no momento da contratação;
- os fins da utilização pretendida podem ser expressamente estipulados, deduzir-se das faculdades de utilização expressamente atribuídas ou de outras circunstâncias que o autor conheça ou deva conhecer como determinantes da contratação (*nomeadamente a actividade usual do comitente ou outra circunstância particular que saiba ou deva saber ter determinado a celebração do contrato*);

- a "entrega" da obra ou obras criadas em execução do contrato é essencial ao cumprimento da obrigação, na medida em que seja exigível ao exercício das faculdades de utilização atribuídas pelo contrato; não obstante, o autor contratado pode "recusar a entrega" ou opor-se à utilização da obra criada, pelo exercício das faculdades pessoais de autor pertinentes.

5. Se um "tarefeiro" ou um "avençado" pela Administração Pública for contratado para a criação de obras intelectuais – ainda que se considere que o escopo da sua acção é o *"interesse público normalmente prosseguido pelos órgãos da Administração Pública, seus titulares, funcionários ou agentes"* –, as regras de direito privado bastarão à regulação da conformação das situações jusautorais que possam assim constituir-se. No que respeita aos que celebrem *contratos de trabalho* (com ou sem termo), parece depararmos com "trabalhadores da Administração Pública excluídos do âmbito da função pública", o que, vista a subordinação hierárquica inerente às situações descritas, indicia a *não especialidade do regime das situações jusautorais que possam conformar-se no exercício das actividades contratadas correspondentes*: para estes, vale pois de pleno o que considerámos na parte final do parágrafo anterior, com as adaptações que se verifiquem impostas pela circunstância de se tratar de *criação em execução de contrato de trabalho*; e não, como ali, de prestação de serviço. Afastada do CDA* a distinção entre prestações criativas em benefício de entes públicos e de entes privados, dir-se-á que, mesmo no caso de funcionários públicos e agentes administrativos, se preenchem os pressupostos que permitem configurar aqui uma, como as demais, *criação (em cumprimento de dever) funcional sujeita às regras gerais de Direito de autor*.

Tudo isto, sem prejuízo da necessária conformação aos fins de *"interesse público"* de cuja prossecução a sua acção criadora poderá ser tributária e que sempre constituirão limitação (suplementar) à exploração *em separado* da obra ou obras que criem em execução daqueles contratos. Relevarão então as "razões de interesse público" *que limitem o normal exercício das prerrogativas jusautorais pelo autor contratado*: muito simplesmente, o autor-"tarefeiro"/-"avençado"/-"funcionário"/-"agente", contratado para criar uma ou mais obras intelectuais (ou que o faça, nomeado, no exercício das suas funções), não poderá fazer da obra qualquer utilização que prejudique os fins (eventualmente "de interesse público") que possam estar na base da sua contratação/nomeação e que a obra possa servir. Porém, nada disto é novo ou estritamente inerente à natureza do vínculo, visto que apenas se acrescenta um limite – que decorre da natureza do comitente, do serviço prestado ou das funções exercidas – que sempre se poderá considerar entre os que condicionam toda a criação (funcional ou contratada) para outrem.

SECÇÃO VII
O contrato de *realização para produção audiovisual* – atribuição convencional (constitutiva) de faculdades de utilização da obra

SUBSECÇÃO I
Delimitação do modelo

60. O contrato de realização e de produção audiovisual – a criação de obra "realizada" em cumprimento de contrato

I – Sem prejuízo dos diferentes pressupostos de que parte a consagração deste instituto num e noutro ordenamentos, reflectidos na dissemelhança de regime de atribuição originária do direito de autor nas obras audiovisuais, o princípio geral aplicável à exploração económica da obra audiovisual transparece, exemplar, do consagrado no direito alemão que estabelece que *as modalidades de utilização consentidas pelos autores das obras se deduzem do "objectivo/ fim do contrato"* ("Vertragszweck"[597]), ilustrado precisamente com as que derivam da atribuição do direito de produção cinematográfica: faculdades de adaptação cinematográfica (§ 88/1 UrhG alemã*); de produção (§ 89); de reprodução e de distribuição dos suportes (§§ 16, 17); e de exibição cinematográfica (§ 19(4)). Muito significativa é também a definição fixada na lei norte-americana que liga estas obras a uma destinação particular: «[...] *séries de imagens relacionadas entre si que se destinam a ser exibidas com recurso a máquinas ou dispositivos adequados,* [...], *acompanhadas ou não de sons,*

---

[597] Esta é, como vimos, *regra geral de interpretação para a atribuição voluntária de faculdades jusautorais*, pelo menos naquele ordenamento, *ex* § 31(5) UrhG alemã*.

independentemente da natureza dos objectos, [...], *nos quais as obras se incorporam»* - cfr. sec. 101 US Copyr.Law*.

II – A ideia de *destinação a uma exploração audiovisual* dos contributos incorporados na obra audiovisual, bem como desta obra considerada no seu conjunto, parece poder deduzir-se – em geral – do contrato de realização/produção audiovisual. Explicamo-la com recurso a algumas ideias simples, em parte já antes afloradas, que a lei de autor portuguesa também espelha:

1) Como vimos, a individualização da obra audiovisual, a própria exteriorização segundo expressão formal artística/audiovisual, depende da sua produção. A obra audiovisual – *criada pelo realizador a partir de um argumento* –, antes de produzida é puro conceito artístico, ideia do realizador, projecto de acção (criadora) que só se concretiza pela sua produção; não existe pois, pelo menos como objecto jusautoral, até se formalizar realizada e ... produzida.

2) Nem se diga que a acção do produtor (do) audiovisual consiste tão-só em proporcionar o enquadramento empresarial (humano, técnico, financeiro) necessário à criação, o que, aliás, sempre a aproximaria da característica das *obras colectivas*. Nos termos expressos do art. 130º CDA*[598], a *perfeição da obra audiovisual*[599], *a sua* versão definitiva, apenas *se estabelece* por acordo entre o realizador e o produtor.

Julgamos poder concluir que *a criação (da obra) audiovisual é "realizada" em cumprimento de contrato*:

a) o(s) respectivo(s) autor(es) cria(m) a obra, segundo expressão formal criativa *sui generis* ("audiovisual"), em cumprimento de um contrato estabelecido com o respectivo produtor;

---

[598] Disposição que consagra norma com paralelo, quase literal, por exemplo na lei de autor *espanhola* (cfr. art. 92/1 LPI esp.*).

[599] Recordamos que, nos termos expressos do art. 140º CDA*, a regulação da produção cinematográfica é feita extensiva *às "obras «produzidas»* – deveria constar antes *«expressas ...»*, visto o disposto no art. 2º/1 CB* – *por qualquer processo análogo à cinematografia"*.

b) as faculdades de exploração audiovisual são atribuídas ao produtor em função de um fim de utilização patrimonial também pré-determinado contratualmente: a sua exploração económica em modalidade audiovisual.

Vejamos como a matéria é tratada em outros ordenamentos jurídicos.

SUBSECÇÃO II

O contrato de realização e a produção audiovisual no confronto de ordenamentos estrangeiros

61. **A lei de autor alemã – adaptação à cinematografia, obra cinematográfica e produtos cinéticos**

I – A principal lei de autor alemã (UrhG alemã*), ao atribuir ao autor de uma obra «*o direito da sua adaptação cinematográfica como integrante do exclusivo jusautoral e a susceptibilidade da outorga de certas faculdades de utilização da obra derivada dessa transformação*» (cfr. § 88 UrhG alemã*[600]), parece partir do pressu-

---

[600] O § 88 UrhG alemã* foi alterado pela chamada *"Gesetz zur Stärkung der vertragslichen Stellung von Urhebern und ausübenden Künstlern"*, de 22-3-2002 (cfr. "Abreviaturas", no inicio deste escrito). Assim, § 88(1): «*Quando o autor autoriza a uma outra pessoa a adaptação fílmica da sua obra, tal implica, em caso de dúvida, a concessão do direito exclusivo de utilizar a obra para os fins da produção fílmica sem alterações, adaptada ou alterada, e de utilizar a obra fílmica, bem como as suas traduções e outras adaptações fílmicas para todos os tipos/modalidades de utilização conhecidos(as).*».

O sentido desta alteração não invalida os comentários formulados ao preceito na versão anterior, porquanto – *ao presumir da atribuição da faculdade de adaptação fílmica a concessão em exclusivo dos direitos de produção fílmica, bem como de todos os inerentes à exploração fílmica/cinematográfica/audiovisual da obra*, onde até então se discriminavam (em 5 alíneas) cada uma das faculdades presuntivamente atribuídas com a concessão do direito de adaptação – mais não faz do que dar uma dimensão mais compreensiva aos *fins da atribuição* operada, em obediência à regra que enforma, no direito alemão, a chamada *"Zweckübertragungstheorie"* – veja-se, no n.º 50, a explicação desta, a propósito do § 31(5) UrhG alemã*.

posto de que a *obra cinematográfica* é "adaptação de obra preexistente", logo uma *obra derivada*. Vejamos se assim é.

II – LOEWENHEIM define adaptação – a partir dos §§ 3 e 23 UrhG alemã* – como «*a criação dependente de outra obra, que adopta traços fundamentais da obra originária, à qual se subordina*»[601]. Como requisitos da protecção da obra adaptada, LOEWENHEIM enuncia a sua criatividade, que «[...] *deve deixar transparecer a obra original, mas deve distinguir-se desta por via de uma força expressiva própria e criativa* ["eigene schöpferische Ausdruckskraft", na expressão original].»[602]. E continua: «*Em regra, não deve exigir-se demasiado do nível de desenvolvimento criativo das adaptações. Está, no entanto, dependente do carácter e da especificidade criativa da obra original*»; para concluir que *o critério de avaliação do nível de desenvolvimento criativo* [o já falado "Gestaltungshöhe"] «*deve medir-se pela concepção dominante no meio, familiarizado com questões literárias e artísticas, enquanto a opinião e vontade do adaptador são irrelevantes*»[603/604].

Deduzimos assim que, segundo este Autor, na expressão *adaptação* – em que a preexistência da obra primitiva (a que é adaptada) permite a distinção da co-autoria que representa uma *criação em*

---

[601] ULRICH LOEWENHEIM, *in "Urheberrecht – Kommentar"* coordenado por G. SCHRICKER, 2ª ed. cit., em anotação ao mesmo § 3, pag. 134 (5).

[602] LOEWENHEIM, *in "Urheberrecht – Kommentar"*, 2ª ed. cit., em comentário ao mesmo § 3 (UrhG alemã*), pags. 136 (11).

[603] Do mesmo Autor, última *ob.* cit., ainda em anotação ao § 3, pags. 136/137 (12).

[604] O mesmo Autor considera que os cortes, resumos, excertos de obras só serão adaptações (protegidas como obras autónomas) quando impliquem uma modificação qualitativa da obra originária. Já a modificação da dimensão de obra preexistente não será considerada adaptação, salvo quando «*conduza a uma alteração qualitativa do carácter, do conteúdo, do conjunto de informação* ["Aussagegehalt"] *da obra original ou quando apresente estrutura criativa própria. Nestes casos, pode encontrar-se na alteração uma expressão criativa própria*» (LOEWENHEIM, *ob.* cit., em anotação ao § 3, pag. 137 (14)). Por outro lado, a interpretação e execução (artísticas) seriam objecto de mera protecção como execução de obra (sob direito conexo), salvo quando pela nova prestação criativa que comporte se distancie da mera interpretação (da obra preexistente) – e, para ilustrar o que considera mera interpretação (de obra), cita a encenação (realização) para palco em teatro [a cargo do encenador, "Theaterregisseur" no original], já que parte de uma obra completa (LOEWENHEIM, *ob.* cit., em anotação ao § 3, pag. 139 (19)).

comum de uma obra original – combina-se o processo criativo (a acção de adaptar) e o resultado deste (a obra adaptada). Por outro lado, as verdadeiras adaptações serão protegidas quando representem não uma *mera modificação* da obra, mas a sua *transformação* que configura a criação de uma nova obra.

III – Segundo SCHACK *a obra cinematográfica* – como "Gesamtkunstwerk"[605] – «*combina prestações criativas e artísticas de muitas pessoas*»[606]. Esperar-se-ia que, como é asseverado pelo mesmo Autor, a doutrina alemã enjeitasse algo como a imputação de autoria desligada da personalidade humana – visto o "princípio do criador" ou "da criação" em que é fundado o ordenamento jusautoral germânico (o *"Schöpferprinzip"*, que antes explicamos)[607].

---

[605] A expressão "Gesamtkunstwerk" não consente uma tradução literal, como "obra de arte total/perfeita" ou "obra de arte total", que escamoteia um *conceito de "obra que atinge perfeição artística suprema"* que parece ter sido perseguida, designadamente por RICHARD WAGNER, no chamado *"drama musical"* em que consistiria a *ópera alemã* deste compositor–libretista no século XIX. Como é explicado por D. Grout / C. Palisca, *in* "A History of Western Music", R.U., 1988, trad. portuguesa ("História da Música Ocidental") por Ana L. Faria, Lisboa, 1997, pags. 644 ss. (*maxime* pag. 646): «*A concepção do drama musical segundo Wagner pode ser ilustrada através de Tristão e Isolda.* [...]. *O ideal que domina a estrutura formal da obra de Wagner é a unidade absoluta entre drama e música, considerados como expressões organicamente interligadas de uma única ideia dramática – ao contrário do que sucede na ópera convencional, onde o canto predomina e o libreto é um mero suporte da música. O poema, a concepção dos cenários, a encenação, a acção e a música são encarados como aspectos de uma estrutura total, ou* Gesamtkunstwerk.» – intercalado nosso.

Entende-se que esta ideia de "plenitude artística" – assim concebida no séc. XIX como consumada na ópera, visto o grau de desenvolvimento dos "processos técnicos (auxiliares) da criação de obras intelectuais" então atingido – se tenha considerado, no séc. XX, como supostamente alcançada pela *cinematografia* que, dada a combinação e profusão de obras (e de expressões formais criativas distintas) utilizadas na sua criação e os processos técnicos a que recorre a sua formalização, passaria a constituir a "nova *obra de arte total*"...; talvez "superada, no início do séc. XXI, pelas *obras criadas com a "assistência" de programas de computador*, cujo regime foi examinado acima.

[606] HAIMO SCHACK, *"Urheber – und Urhebervertragsrecht"*, cit., § 10-IV, pag. 143 (296).

[607] Ainda segundo H. SCHACK, *ob.* cit., § 10-IV, pag. 143 (297): «*A solução óptima para o produtor de lhe atribuir o direito de autor ex lege, como nos EUA, é incompatível com o princípio da criação* ["Schöpferprinzip", no original] *do § 7* [UrhG alemã*] *e com o conceito monista do direito alemão.*» – intercalados nossos.

A resolução do problema da imputação de autoria nas obras cinematográficas surge assim particularmente espinhosa face ao ordenamento jusautoral alemão. SCHACK afirma mesmo: «*O direito alemão omite a resposta à questão difícil sobre quem são os autores do "filme"*»[608]. E continua: «*Só pode interpretar-se o § 89 III UrhG*[609] *no sentido em que os autores das obras preexistentes adaptadas ao cinema não devem pertencer ao círculo dos autores do filme. Na perspectiva dos autores das obras preexistentes, a obra fílmica representa uma adaptação para a qual têm de dar o acordo, na qual, contudo, não adquirem qualquer direito de autor. Portanto, as obras preexistentes não são coligadas para uma exploração fílmica conjunta no sentido do § 9 UrhG, mas são utilizadas pelo produtor que reúne todos os direitos de utilização para a criação de uma nova obra que é o filme como "Gesamtkunstwerk". A separação rigorosa entre os autores das obras preexistentes e os autores da obra fílmica, em que eles próprios participam directamente de forma criativa na produção, é característica do direito alemão.*»[610/611].

---

[608] SCHACK, *ob.* cit., § 10-IV, pag. 143 (298).

[609] Trata-se do § 89(3) UrhG alemã* – preceito legal que no seu n.º 1 regula a atribuição em exclusivo de poderes, pelos "que participam na produção do filme" ao produtor do filme, para a utilização da obra cinematográfica – que estatui que «*o direito de autor nas obras utilizadas na produção da obra cinematográfica, tais como romances, argumento e banda sonora musical, não serão afectados* [por tal atribuição]» – intercalado nosso.

[610] SCHACK, *"Urheber – und Urhebervertragsrecht"*, cit., § 10-IV, pags. 143/144 (298), com intercalado nosso.

[611] Interpretamos também neste sentido o § 23, 2ª parte, UrhG alemã* que estabelece a necessidade de *consentimento do autor da obra originária para a sua adaptação cinematográfica* (mero acto instrumental da sua exploração directa), a par do que aí se estatui, também e nomeadamente, para a *adaptação das bases de dados* (desde a alteração de UrhG alemã* pela IuKDG*). Note-se que a distinção entre esta disposição e a que consta da 1ª parte do mesmo preceito (§ 23 UrhG alemã*), para as restantes *"adaptações ou outras transformações"*, em que a autorização apenas é requerida para a *publicação ou exploração económica da obra adaptada*: nestes termos, no primeiro caso, é requerida autorização para o exercício da própria faculdade *instrumental da exploração económica* da obra (logo para a adaptação cinematográfica); nos demais casos, é tão-só a exploração directa da obra adaptada que requer autorização do autor da obra primígena, deduzindo-se desta a autorização para adaptar.

A explicação desta dicotomia parece dever buscar-se no que chamaremos fim implícito da autorização para estas transformações: a *adaptação cinematográfica de uma obra* traz implícito o consentimento para a sua utilização, não sendo concebível como acto isolado e

IV – É, contudo, aparente a contradição entre a concepção alemã assim exposta, que anunciaria o realizador como único autor da obra cinematográfica – incompatibilidade que SCHACK também assinala [*ibidem*, pag. 144 (298)] – e o que resulta da norma contida no § 65(2) UrhG alemã*, que resultou da transposição para o direito alemão da Directiva 93/98/CEE*[612], nos termos da qual «*o direito de autor nas obras cinematográficas e em obras produzidas por processo análogo ao da cinematografia caduca 70 anos após a morte do último sobrevivente de um conjunto de pessoas* [o realizador principal, o autor do argumento, o autor dos diálogos, o compositor da banda sonora musical composta especialmente para a obra cinematográfica em questão]».

A superação desta incongruência é tentada designadamente por KATZENBERGER: «*A nova regulação* [ex *Directiva 93/98/CEE**] *serve a transposição do art. 2º/2 da Directiva europeia* [...]. *Ela, no entanto, refere-se apenas ao prazo de protecção de obras fílmicas. Não tem como objecto e efeito qualquer definição ou fixação da questão da autoria. Portanto, também doravante a questão sobre se as pessoas referidas no § 65(2), além de outros colaboradores na criação, são autores ou co-autores da obra fílmica deve ser avaliada segundo os critérios do direito alemão vigentes até agora.*»[613]. E acrescenta: «*Segundo opinião dominante, devem ser considerados autores do filme apenas aqueles cooperadores criativos de uma produção cujas prestações integram a obra fílmica de forma indistinguível e que se realizam na obra fílmica como tal durante as filmagens e depois destas.*»[614]. Convenhamos que não resulta evidente desta explicação a pretendida refutação da consagração pela lei de autor alemã de uma regra de *co-autoria* nas obras cinematográficas, que se manifes-

---

meramente preparatório da sua exploração económica; pelo contrário, para a *tradução* (também ela uma *transformação*) de uma obra literária, a mencionada 1ª parte do § 23 UrhG alemã* parece estabelecer a *liberdade de transformação, retirando esta faculdade do exclusivo patrimonial do autor.*

[612] A disposição legal assinalada (§ 65(2)da UrhG alemã*) corresponde à que, em Portugal e também em transposição da Directriz 93/98/CEE* pelo Decreto-lei n.º 334/97, de 27-11, está consagrada no art. 34º CDA*.

[613] PAUL KATZENBERGER, *in "Urheberrecht – Kommentar"* coordenado por G. SCHRICKER, 2ª ed. cit., em anotação 57 *ante* §§ 88 ss., pag. 1385, com intercalados nossos.

[614] P. KATZENBERGER, *ob.* cit., em anotação 61 *ante* §§ 88 ss., pag. 1386.

taria afinal comum à generalidade dos ordenamentos europeus continentais no âmbito da UE. Demais, é o mesmo Autor que assevera: «*Na medida em que colaborem em produções de filmes, são portanto, salvo avaliação discordante em caso individual, em regra co-autores da obra fílmica, para além do realizador, o director de fotografia, o responsável pela montagem, pela iluminação, pelo som, ...*» [bem como todos os demais autores de contributos criativos, do figurinista ao cenografista, ...[615]]. *Este resultado* [da co-autoria] *é facilmente compatível com os §§ 88 e 89* [UrhG alemã*[616]].»[617].

V – Afigura-se então que a distinção entre *obra cinematográfica* e *adaptação cinematográfica*, no direito alemão, parece poder sintetizar-se no seguinte:

1) Os autores da obra cinematográfica (e de todas aquelas *expressas* por processo análogo ao da cinematografia – § 2(1)/6. UrhG alemã*) são todos aqueles que, *com o realizador*, tenham criado obras "*para os fins próprios da cinematografia*"[618].

---

[615] De um longo enunciado de "colaboradores criativos", enunciados por KATZENBERGER, *ob.* cit., em anotação 62, *ante* §§ 88 ss., pags. 1385/1386.

[616] Referido que foi sumariamente já o teor do disposto na norma contida no aqui citado § 89 UrhG alemã*, acrescente-se que o § 88 da mesma regula os "*direitos na adaptação à cinematografia*" de obras preexistentes utilizadas na obra cinematográfica em termos que, aliás, não constituem excepção à *regra de "atribuição finalista"* (*ex* § 31(5) UrhG) que já antes expusemos.
Ver-se-á que tal corresponde ao que sustentamos – também em tese geral sobre o sentido de norma(s) análoga(s) no ordenamento jusautoral português (se bem que com alcance diferente, em interpretação do disposto nos arts. 125º e 127º CDA*). Trata-se da *atribuição pelos titulares de direito de autor de obras utilizadas na obra cinematográfica ao titular do direito de autor nesta dos poderes requeridos pela exploração segundo as modalidades de utilização inerentes a uma exploração audiovisual* (*v.g.* adaptação ou transformação que consistam a produção audiovisual, reprodução e distribuição em/de exemplares da obra audiovisual produzida, *etc.*).

[617] KATZENBERGER, última *ob.* cit., em anotações 70 e 71 *ante* §§ 88 ss., pags. 1388/1389, com intercalados nossos.

[618] Veja-se ULMER, "*Urheber- und Verlagsrecht*", cit., § 115-I, pags. 493 ss., que considera "como partes no contrato cinematográfico [*contrato para adaptação ou produção cinematográfica* – "Verfilmungsvertrag", na expressão original que lhe fazemos corresponder] o *produtor* e, para além do *realizador*, os autores de romances, obras dramáticas, adaptações, bandas sonoras musicais, desenhos e outras obras de artes plásticas e, em geral, todos os que hajam criado obras para o fim da cinematografia". Retoma-se assim a nossa ideia de *criação funcional* que já explicitámos, neste caso também obviamente *ligada "aos fins próprios de uma organização empresarial"*.

[No caso de estes contratarem a sua *produção*, presume-se que *o produtor* ["Filmhersteller", na expressão original] adquire, «*em exclusivo e salvo estipulação em contrário, faculdades de utilização da obra cinematográfica, incluindo a da sua tradução* ["Übersetzungen", no original] *e adaptações ou transformações segundo todos os modos de exploração conhecidos*» – cfr. § 89(1) UrhG alemã*.]

2) A *adaptação à cinematografia* de obra preexistente é uma transformação, um processo para a obtenção de uma obra *derivada* cinematográfica (ou de outra *expressa* por processo análogo) – conforme o disposto no § 88(1) UrhG alemã*.

[Aqui se consagra aquela que referimos como autorização implícita *de* «*utilização da obra na sua forma original ou como adaptação ou transformação para o fim da produção de uma obra cinematográfica*». Nos termos já comentados do § 23, 2ª parte, UrhG alemã*, esta *transformação* requer o consentimento do autor da obra originária – independente da autorização para exploração económica (directa) da obra derivada – no que constitui excepção à regra alemã, deduzida da 1ª parte do mesmo preceito, da *liberdade de transformação*. Neste sentido, parece poder concluir-se que a *adaptação para cinematografia* é já, também, criação de obra (derivada) cinematográfica.]

3) O *produtor cinematográfico*, como beneficiário da atribuição patrimonial de faculdades de utilização ["Nutzungsrechte"] da obra cinematográfica, é também parte dos chamados *contratos de exploração fílmica* ["Filmverwertungsverträge", na expressão original]. A celebração deste importa a atribuição ao produtor de faculdades de utilização das obras cinematográficas por si produzidas (tanto para fins de *exibição pública em sala*, *radiodifusão* ou de *utilização videográfica* com fins didácticos) - § 94 UrhG alemã*.

[A atribuição destes direitos por contrato (a empresas de radiodifusão ou distribuidoras ou proprietárias de salas de exibição cinematográfica ou de produção e distribuição videográfica) compreende a faculdade de multiplicação e distribuição de suportes e de exibição em sala ou de produção e exploração – designadamente pelo aluguer ou venda – de suportes vídeo das referidas obras. Embora ligada à distribuição *dos suportes* da obra, a atribuição desta faculdade revela o produtor, também e nestes termos, como *titular derivado em exclusivo* das faculdades de fixação, reprodução e distribuição da obra cinematográfica que tenha sido previamente autorizado a produzir.]

4) Distintos das *obras cinematográficas*, são os *"filmes"* (obtidos ou *expressos* por processo análogo à cinematização – meros produtos cinéticos) que não são obras cinematográficas, como as meras sequências de imagens e sons sem realização (por exemplo, a gravação e difusão televisiva de representações dramáticas ou de ópera). Comungam, porém, do regime aplicável às adaptações para cinematografia.

[Como escrevemos[619]: «Parece claro que estes *produtos cinéticos*, constituídos por meras *"sequências de imagens ou sequências de imagens ou sons"* ["Laufbilder", no original] – a que refere o § 95 UrhG alemã* –, deverão comungar do regime de toda a produção audiovisual mesmo que *não constituam nem figurem* obras. A lei de autor alemã (no citado § 95 UrhG alemã*) faz aplicar-lhes *mutatis mutandis* o regime das *adaptações para cinematografia* (§§ 88, 90, 91, 93 e 94) e, inevitavelmente, o § 23, 2ª parte, que, recorde-se, presume do consentimento – para, neste caso, gravar/produzir as referidas sequências de imagens (ou de sons e imagens) – a atribuição de faculdades de utilização, incluindo a transformação do referido *produto cinético*».]

62. O instituto do audiovisual no Reino Unido – a aparência de tutela dos sistemas operativos para apresentação de imagens em ecrã

I – O § 9(3) do UK CDPA* estabelece a autoria ["authorship", que em outro lugar deste nosso texto já distinguimos de "the

---

[619] Confronte-se o trecho que dedicamos a esta matéria no nosso *"Filmagem de espectáculos desportivos e «direito de arena»"*, cit., 2.2.-A), pags. 39/40 e respectiva nota (12).

ownership of copyright"[620]] nas «*obras literárias, dramáticas, musicais ou artísticas geradas por computador*"[621], *que reconhece à pessoa que empreende os actos necessários à (sua) criação* ["the person by whom the arrangements necessary for the creation of the work are undertaken", conforme o inciso legal no original]».

Pelo menos parte da doutrina britânica[622] revela aperceber-se que – *maxime* no caso das *"obras destinadas à exibição em ecrã"* ["screen display"], de entre as quais é salientado o exemplo dos *videojogos operados através de computador* – pode ter sido desenvolvido um significativo esforço (*criativo ou não*, ver-se-á[623]), distinguível do que se empregou na elaboração do programa de computador que os torna operativos (acessíveis aos utentes-usuários e, porventura, "interactivos"). O recurso a um programa de computador que produz efeitos visuais e sonoros em *obras audiovisuais digitalizadas* pode requerer um "esforço e engenho" especial. Importa questionar se esse "skill and labour", especialmente necessário à formalização destas obras, deve assimilar-se à que foi julgada merecer tutela específica nas *obras-produto* que vimos serem hoje, por exemplo, as *bases de dados*[624].

---

[620] Cfr. *supra*, n.º 4.

[621] Apreciámos já (cfr. n.º 6, *supra*) se poderá apropriadamente falar-se de *"obras geradas por computador"*.

[622] Por todos, veja-se DAVID I. BAINBRIDGE, *"Intellectual Property"*, cit., Part Two, n.º 8, pags. 172 ss. .

[623] A actividade assim desenvolvida aparece designada como «*resultado de considerável "skill and labour"*», expressão que já procurámos esclarecer *supra*, n.ºs 4 e 18.

[624] Tratamos acima, o estatuto actual das *bases de dados*. Nestas, quando constituam criação autónoma – designadamente dos programas de computador "usados na sua fabricação ou para o seu funcionamento" (*Considerando 23* da Directiva 96/9/CE – DBD*, relativa à protecção jurídica das bases de dados) –, evidencia-se a distinção entre a criação da *obra-base de dados* (objecto de direito de autor) e o *produto base de dados* (objecto de um denominado *direito sui generis*), v.g. quanto aos pressupostos e objecto de protecção. De modo significativo, é o próprio *Considerando 22* DBD* que, a propósito das bases de dados digitalizadas electrónicas, avalia que «[…] podem compreender igualmente dispositivos como os CD-ROM e os CD-I», precisamente dois exemplos de suportes de objectos *multimedia* em que, como veremos, é muito relevante o empreendimento empresarial do produtor a par da actividade criativa do autor. Sobre as *bases de dados digitalizadas* e a sua relação com os programas de computador que as tornam acessíveis e eventualmente interactivas, veja-se também o nosso *"Tutela Jurídica das Bases de Dados…"*, I-4, cit. .

A definição de "sound recording" – que consiste na «*gravação da totalidade ou de uma parte de uma obra literária, artística ou musical, a partir da qual podem produzir-se sons que reproduzem essa obra*» – e, sobretudo, a de "film" – que consiste na «*gravação em qualquer meio, a partir da qual pode ser produzida por qualquer modo uma imagem animada*» – parecem suficientemente compreensivas para incluir a tecnologia digital de fixação e apresentação de *obras audiovisuais*. A admissão da gravação *em qualquer meio* que permita a produção *por qualquer modo* de imagens animadas é de molde a tornar o conceito suficientemente amplo para compreender quer as obras audiovisuais fixadas e operadas através de um programa de computador quer as obras cinematográficas[625]. Para não precipitar conclusões, examinemos mais de perto os requisitos de protecção das obras cinematográficas no ordenamento britânico.

II – parece resultar claro que, no ordenamento britânico:

1) A protecção dos "*films*" é independente do suporte em que se encontrem fixados: abrange os que estejam retidos em película, como os gravados em "videotape" ou em suporte digital.

2) Afigura-se também inequívoco que a tutela destes é independente da das obras que incorporem, seja o argumento original ou adaptado, os diálogos, os cenários ou outra obra artística[626]; a própria *banda sonora musical* merece protecção jusautoral autónoma quando gravada, agora como "sound recording" – sec. 5(1)(b) UK CDPA*.

---

[625] Veja-se, neste sentido e a propósito da comparação dos regimes vigentes no Reino Unido, respectivamente sob a vigência do "Copyright Act" de 1956 e no domínio do actual UK CDPA* (de 1988), LADDIE / PRESCOTT / VITORIA, *"The Modern Law of Copyright and Designs"*, cit., vol. 1, n.º 5.21, que salientam que a sec. 5(2) do UK CDPA* evidencia a qualificação dos "filmes" como *obras de cinematografia* autónomas dos contributos criativos individuais incorporados, sendo em contrapartida pouco exigente quanto ao requisito de *originalidade*.

[626] A sec. 3(3) UK CDPA* estatui explicitamente a independência da tutela de uma obra gravada e a da própria gravação dessa obra, ainda que a fixação tenha sido realizada por pessoa diferente do autor daquela. Por outro lado, é objecto de "copyright" a gravação "fílmica" de uma obra não protegida (por exemplo, uma coreografia que não tenha sido previamente fixada em qualquer suporte).

3) No entanto, a protecção pelo "copyright" da obra fixada em suporte "fílmico" requer que a *animação das imagens «seja inerente à»*[627] sua gravação, *i.e.*, o suporte em que a obra é gravada deve ser apto a proporcionar a sugestão de animação. Como marca da diferença em relação às obras de *fotografia*, a impressão de movimento, causada pelas imagens quando exibidas, é naturalmente também um requisito essencial da tutela da cinematografia.

III – Até à transposição da Directriz 92/100/CE* para o direito britânico, o autor das obras cinematográficas era «*a pessoa* (individual ou colectiva[628]) *que promovesse os actos necessários à sua obtenção/produção*»[629]. Assim, ao contrário do previsto para as obras literárias, dramáticas, musicais ou artísticas – em que a autoria era (e é) estabelecida como pertencente *ao que promove os actos necessários à sua criação* (escritor, director, compositor, pintor, *etc.* (cfr. sec. 9(3) UK CDPA*, na redacção anterior às Regulations de 1996 citt.), o titular originário do "copyright" naquelas obras era, segundo a lei de autor do Reino Unido, o empresário do "filme"[630]

---

[627] Na expressão de LADDIE / PRESCOTT / VITORIA, *"The Modern Law of Copyright and ..."*, cit., n.º 5.21.

[628] A atribuição do "copyright" nas obras "fílmicas" ao que *empreende os actos necessários à sua obtenção/produção* - trate-se de pessoa singular ou colectiva - é questão expressamente resolvida nos "Cinematographic Films Acts, de 1938 e 1948" - conforme texto transcrito em Laddie / Prescott / Vitoria, *ob.* cit., vol. 1, n.º 5.46 -, a propósito da determinação de *quem* é "the maker of the recording or film" a que refere a sec. 9(2)(a) UK CDPA*.

[629] Como já se disse, a transposição desta Directriz da UE (*maxime* do seu art. 2º/2) para o ordenamento jurídico britânico foi operada pelas *"The Copyright and Related Rights Regulations 1996, No. 2967"** (novas secs. 9(2)-(ab) e 10(1A) UK CDPA*).

[630] As subsecs. (2)(a) e (5)(a) da sec. 105 UK CDPA* estabelecem um conjunto de *presunções (juris tantum) da qualidade de autor ou director e da titularidade do "copyright"* para efeitos processuais de defesa dos respectivos direitos. Estas presunções decorrem da menção da qualidade referida nas cópias publicadas do filme, em que sobressai a dicotomia autor *x* realizador ("director", na expressão inglesa) do filme, a qual se estende à contraposição autor/realizador *vs.* titular do "copyright", nas secs. 105(2)(b) e (5)(b). A primeira daquelas evidencia a óbvia desnecessidade da coincidência entre a autoria de obras incorporadas e a realização (autoria) da obra cinematográfica, por um lado e a titularidade *originária* do direito nesta, por outro, que pertence ao *produtor*.

(cfr. secs. 9(2)(a) e 11(2) UK CDPA*), *i.e.*, o seu *produtor*[631], o que fazia destas, a par dos "sound recordings", dos "cable programmes" ou dos "typographical arrangements of a published edition" (já analisados), um exemplo clássico do objecto de *"entrepreneurial works"*[632].

Após a transposição da Directriz 92/100/CEE* para o ordenamento jurídico do Reino Unido, a *obra cinematográfica* (segundo a caracterização inequívoca da expressão "film" dada pelo último parágrafo do n.º 1 do art. 2º da mesma Directriz) é hoje identificada como uma obra de autoria conjunta do *realizador (principal)* e do *produtor* (este último «*a pessoa responsável pela organização* [do empreendimento que leva à sua formalização], *particularmente quanto aos aspectos financeiros*»[633]).

Como também observámos, em exame das *"collective works"* e *"compilations"*, a lei de autor do Reino Unido reconhecia – e reconhece ainda – também a *autoria*, pelos respectivos criadores, dos contributos criativos individuais incorporados na obra cinematográfica[634].

---

[631] Neste sentido, designadamente, COPINGER / SKONE JAMES, *"(On) Copyright"*, 14ª ed., cit., n.º 4-55, em que é considerado que o UK CDPA* retoma o regime do ("Copyright") Act britânico de 1956, que atribuía a titularidade do "copyright" ao "maker" do filme.

[632] Em explicação das características dos *"entrepreneurial works"*, pode confrontar-se o que expomos *supra*, n.ºs 4 e 33.

[633] Assim COPINGER / SKONE JAMES, *"(On) Copyright"*, 14ª ed. (1999), cit., vol. I, n.º 4-58/ -59, pags. 208/209 – intercalados nossos –, que acrescentam (*ibidem*) que «[...] *o produtor é aquele que é assim normalmente entendido pela indústria cinematográfica e não, por exemplo, "the camera operator"*».

[634] Curiosamente, a clara equiparação entre o *autor* (de obra literária, dramática, artística ou musical) e o *realizador da obra cinematográfica* ("director of a copyright film") surge mais nítida nas normas que pretendem consagrar os "moral rights" (secs. 77(1),(6) e 78 UK CDPA*), que lhes são expressamente atribuídos. Não obstante, mesmo o reconhecimento das referidas faculdades de índole *pessoal* dos autores e realizador, *v.g.* o direito à *identificação como autor(es)* ou o direito ao *não desvirtuamento da obra* ("right to object to derogatory treatment" - sec. 80 UK CDPA*) dos acima designados é afastado precisamente quando se trate «do que seja criado *sob autoridade ou direcção do titular originário do "copyright"*, trate-se do *empregador do autor* que crie a obra no âmbito que tenha essa criação por objecto ou *aquele que coordena os actos necessários à produção* de "sound recordings" e "films"» – cfr. secs. 79(3) e 82(1)(a), respectivamente.

IV – No caso das obras em que se combinem imagens (ou sons e imagens) que transmitam, quando exibidas, a *impressão de movimento*, vimos não oferecer dificuldade enquadrá-las no conceito de *obras cinematográficas*, tal como é enunciado pelo direito britânico. Quanto àquelas em que *os elementos incorporados revistam valor informativo intrínseco e sejam individualmente acessíveis*, está hoje plasmada na sec. 3*A* UK CDPA*[635] a sua expressa qualificação como *obras-base de dados*[636]. Nos demais casos, a qualificação como "compilation" parece adequada[637].

V – Concluímos que o direito britânico não busca no *conteúdo* dos "films" as características que justificam a tutela sob o "copyright". O objecto da protecção na cinematografia é, assim, o conjunto das próprias imagens gravadas e não as obras nelas representadas ou utilizadas na sua realização e produção[638]: «*um "film"* [objecto de protecção por "copyright"] *é a gravação de imagens em movimento* [apresentadas com sugestão de movimento), *não é a obra dramática ou outro conteúdo que nele se incorpore(m)*»[639].

Significa isto relevar o *processo cinético* em detrimento da *criatividade*? Julgamos que não: mais próximo da verdadeira característica jusautoral do objecto tutelado, salienta-se a estrutura formal deste, quando exibido, *separando* – como deve separar-se – *a expressão audiovisual da expressão formal das (várias) obras utilizadas em cada obra cinematográfica*.

---

[635] Também aditada pelas *"The Copyright and Rights in Databases Regulations 1997"**.

[636] Veja-se o nosso *"Tutela Jurídica das Bases de Dados (A transposição da Directriz 96/9/CE)"*, I-2/3, cit., e o que fica exposto no n.º 16 deste escrito.

[637] Confronte-se, sobre este conceito, COPINGER / SKONE JAMES, *"(On) Copyright"*, 14ª ed., vol. I, cit., n.º 3-14/ -15, pags. 62 ss. .

[638] Neste sentido, veja-se, por todos, LADDIE / PRESCOTT / VITORIA, *ob.* cit., vol. 1, n.º 5.40, que salientam que o legislador britânico «apenas previne a extensão do "copyright" a cópias da primeira gravação cinematográfica» – cfr. sec. 5(2) UK CDPA*.

[639] Assim W. R. CORNISH, *"Intellectual Property..."*, 4ª ed., cit., n.º 11-26, pag. 427, com intercalados nossos.

63. O direito norte-americano: a tutela da expressão (formal) audiovisual

I – A lei (federal) de autor dos Estados Unidos da América (*"Title 17, United States Code Copyright Laws and Regulations"* – US Copyr.Law*) protege como obras intelectuais as *obras audiovisuais* e, como modalidade destas, as *obras cinematográficas* ("motion pictures"[640]) – secs. 102(a)/(6) e 101 US Copyr.Law*.

As *obras* audiovisuais estão definidas na referida sec. 101 como «*as que consistem em séries de imagens relacionadas que são essencialmente destinadas a* ["intrinsically intended to"] *ser exibidas com recurso a máquinas ou equipamentos/dispositivos como projectores, monitores vídeo, ou equipamento electrónico, em conjunto, se for o caso, com os sons que as acompanham, independentemente da natureza dos suportes materiais, tais como filmes ou videogramas* ["films or tapes"] *em que estejam incorporadas*»[641/642/643/644].

Partindo desta noção legal, são identificados nestas obras os seguintes requisitos específicos de tutela da obra audiovisual[645]:

a) que sejam integrada por *imagens* – e, se for o caso, por sons que as acompanham;

---

[640] A caracterização de "motion pictures" como *obras*, para efeito da lei estadunidense, resulta expressamente da definição que destes dá a sec. 101 US Copyr.Law*.

[641] As locuções *máquinas e equipamentos/dispositivos* ["devices"] reportam-se, nos termos expressos de outro parágrafo da mesma sec. 101 da Us Copyr.Law*, «*aos que sejam conhecidos ou que venham a ser desenvolvidos*».

[642] Devido a mais este "pressuposto da tutela", uma *"exibição de fotogramas (diapositivos) em sequência, desde que relacionados"* seria susceptível de protecção como obra audiovisual – não como *obra cinematográfica*, como se verá. Já não será "audiovisual work" uma *"tira de banda desenhada"* que também é constituída por uma "séries de imagens", mas não implica o recurso a "equipamento específico" para a sua exibição.

[643] Em diferentes "definições" contidas na mesma sec. 101 US Copyr.Law*, é muito claramente marcado o carácter acessório dos registos sonoros que acompanhem as obras audiovisuais que, nesse caso, serão protegidos como parte destas. Com efeito, merecem caracterização autónoma quer os "sound recordings" (como *obras*) quer os "phonorecords" (como suportes materiais), de entre os quais se excepcionam expressamente *"os que acompanhem obras cinematográficas ou audiovisuais"*.

[644] "Films", aqui, no sentido de suporte material de obra.

[645] Assim, expressamente, Nimmer, Melville / Nimmer, David, *"Nimmer on Copyright"*, cit., § 2.09 ss. . No mesmo sentido, veja-se Salokannel, *ob.* cit., n.º 2.2.3.2 .

b) que se encontrem *relacionadas* – pressuposto que consideramos resultar num nível de exigência muito pobre, bastando-se na *relação ou conexão* meramente *instrumental* (simplesmente) *externa dos vários fotogramas*[646];

c) que sejam apresentadas *em série, encadeadas* ["in a series"] – embora não necessariamente *em sequência*, com isto significando que essa "série" de imagens não deve obedecer a uma sequência predefinida[647];

d) e que seja susceptível de ser exibida *através de uma máquina ou equipamento/dispositivo*.

A estes pressupostos de protecção devem ser acrescentados aqueles que são requisitos gerais da tutela no direito norte-americano, a saber:

a) *a originalidade* e *a fixação em suporte*[648];

b) a que acrescentamos, no caso das obras audiovisuais e face à noção legal, a sua destinação (e volta a ganhar forma a ideia de *criação funcional finalista*) à expressão por *meio* audiovisual[649].

---

[646] NIMMER, *"Nimmer on Copyright"*, transcreve o sumário de decisão do "court of appeals" (*"WGN Continental Broadcasting Co. v. United Video, Inc".*, *1982/1987*), segundo a qual foram entendidas «*relacionadas* ["related images"] *e integrando uma única obra audiovisual as imagens que, em teletexto, acompanhavam a radiodifusão de um boletim noticioso, apesar de os elementos contidos na mensagem em teletexto não referirem ao mesmo assunto que o mencionado nesse "bloco noticioso"»* !

[647] Em outra decisão (*"Midway Mfg. Co. v. Artic Int'l, Inc."*, *1983*) cujo sumário é transcrito por NIMMER, *ob.* e loc. citt., é sustentado que «*um videojogo que consista numa "série" de imagens relacionadas, mas que pode ser iniciado de cada vez com apresentação de uma diferente sequência, representa uma unidade para efeito de protecção*».

[648] A fixação em suporte material resulta consagrada *genericamente* na mesma sec. 101 US Copyr.Law*, que estabelece «estar a obra "criada" quando pela primeira vez seja fixada em cópia ou registo sonoro» e na sec. 102(a), proémio, que outorga protecção pelo "copyright" para as «obras [...] fixadas em qualquer *meio* de expressão tangível, conhecido ou que venha a sê-lo ["later developed"], a partir do qual possa ser perceptível, reproduzida, ou por outro modo comunicada, quer directamente quer com recurso a uma máquina ou equipamento/dispositivo».

[649] Uma definição de obra audiovisual de âmbito tão amplo suscita naturalmente diversas hipóteses quanto à sua aplicação.

1) Entre estas, merece realce a da susceptibilidade de protecção, à luz da lei de autor dos EUA, de microfilmes ou microfichas de obras *literárias*, que face à definição

II – As "obras fílmicas" estão previstas na lei de autor estadunidense (sec. 101) como «["motion pictures"] *obras audiovisuais que consistem em séries de imagens relacionadas que, se apresentadas em sucessão, transmitem uma impressão de movimento, em conjunto,*

na sec. 101 daquela lei são as «*obras, que não obras audiovisuais, expressas em palavras, números, ou outros sinais/símbolos verbais ou numéricos, independentemente da natureza do suporte material...*». Para se ter ideia do alargamento da noção de obra *audiovisual* que esta disposição opera, conjugue-se ainda com a contida na sec. 108(h) da US Copyr.Law*, que estabelece a «*liberdade de utilização pelas bibliotecas e arquivos, quando às faculdades de reprodução e de distribuição, de obras musicais, pictóricas, de gravura ou de escultura, ou obras cinematográficas e outras audiovisuais com excepção das obras audiovisuais* [meramente] *noticiosas*»- intercalado nosso.

2) O sentido da disposição, que poderia levar a crer que as obras audiovisuais que figurassem palavras (ou os outros sinais/símbolos gráficos ali referidos) não seriam protegidas como obras audiovisuais, parece dever antes ser o de que as "séries" de imagens, que reunam os pressupostos de tutela acima discriminados, só não serão protegidas como obras audiovisuais quando apenas incorporem *palavras* não acompanhadas de elementos pictóricos ou gráficos (desenhos, gravuras) – neste sentido, veja-se a referida decisão *(WGN Continental Broadcasting Co. v. United Video, Inc.")*, cujo sumário é transcrito por NIMMER, *ob.* cit., (§ 2.09[A], nota 7.1), segundo a qual «os elementos (palavras) contidos no teletexto sobreposto ao "bloco noticioso" constituem parte de uma única obra audiovisual».

3) O teor da norma norte-americana sobre este género de obras permite formular também uma outra hipótese significativa. Os chamados *videojogos* – que consistem em sequências ("series") de imagens (ou de imagens e sons) interactivas, fixadas em suporte digital e animadas e reveladas através de equipamento de descodificação e de exibição próprios – merecerão também a tutela jusautoral desde que revelem «*criatividade em cada um dos fotogramas ou na combinação-em-sequência dos vários fotogramas ou destes e dos efeitos sonoros que eventualmente os acompanhem*» – neste sentido foi proferida decisão por tribunal norte-americano de *Washington D.C.,* em *"Atari Game Co. v. Ralph Oman, Register of Copyrights", 1992,* cujo sumário é transcrito em SALOKANNEL, *ob.* cit., nota 172. É indisfarçável a "transposição" do critério para a protecção pelo direito de autor das obras-*colectânea: a criatividade na escolha ou organização dos elementos incorporados*, que tem por objecto a estrutura formal do conjunto – veja-se, designadamente, o art. 2/5) da Convenção de Berna e o nosso *"Tutela Jurídica das Bases de Dados (A transposição da Directriz 96/9/CE)",* I-4, cit. .

4) Uma outra situação a merecer exame é a que respeita ao facto de a protecção das obras audiovisuais dever ser independente da que mereçam os *programas de computador* que tornam operativo um crescente número daquelas. Esta asserção afigura-se indiscutível, dada a clara demarcação do objecto de protecção de um e de outras.

se for o caso, com os sons que as acompanham». Às características que enunciámos como pressuposto da tutela das obras audiovisuais, deve apenas acrescentar-se que é essencial que transmitam a ilusão de movimento.

Dada a distinção entre *género* (a obra audiovisual) e *espécie* ("motion picture"), resulta também pouco discutível que uma *"série de diapositivos organizada em sequência de imagens inter-relacionadas"* é uma obra audiovisual, mas não um "motion picture" por lhe faltar transmitir a ilusão de movimento.

III – Porventura mais surpreendente é a proposição, expressa por Nimmer[650], segundo a qual um "programa televisivo transmitido *ao vivo"* não é nem "motion picture" nem sequer (dada a comunhão de requisitos) uma obra audiovisual, pois, não obstante a impressão de movimento que transmite, *não se encontra* fixada *em suporte tangível*. Sem prejuízo do reconhecimento do carácter essencial deste requisito genérico de tutela pelo "copyright" face à lei dos EUA – aliás expressamente plasmado, como vimos, nas secs. 101 e 102(a) (proémio) da US Copyr.Law* –, sempre se pode observar da sua falibilidade se admitirmos que a mesmíssima "série-em-sequência de imagens" já será protegida se for simultaneamente gravada em suporte, que nada acrescenta à *criatividade do (eventual) objecto da tutela*. Merece assim mais detido exame o que significa realmente este requisito.

A *fixação (da obra) em suporte material* não implica a sua retenção "em filme (película cinematográfica)", ainda que se trate de *obra cinematográfica*; a obra audiovisual, incluindo os "motion pictures", pode ser gravada em qualquer suporte material, *já conhecido ou que venha a sê-lo, i.e.*, todo o suporte analógico ou digital susceptível de permitir a fixação e reprodução destas obras através de *qualquer* aparelho mecânico, químico ou electrónico adequado.

Mesmo com a maior latitude que é dada à noção de *obra audiovisual*, não é seguramente o equipamento, mecânico ou electrónico, indispensável à sua apresentação nem o suporte, analógico ou digital, em que esta se fixa (necessariamente, segundo a lei norte-americana) que é objecto de protecção neste *género* de obra.

---

[650] Nimmer, *ob. cit.*, § 2.09[C].

IV – Concluímos que a definição da lei de autor dos EUA, tal como a examinámos, salienta o *processo de fixação*, realça o *modo de apresentação*, sublinha a *expressão formal*, mas nada nos diz sobre a característica do objecto que justifica a outorga do "copyright" nas obras audiovisuais. Este facto permite que NIMMER desenvolva a distinção – nem sempre clara para os tribunais norte-americanos, segundo abundante jurisprudência que cita – entre a protecção da obra audiovisual (e do "motion picture") e a do «*objecto por estes representado (por exemplo, um campeonato de atletismo ou uma cirurgia médica filmados)*», concluindo, quanto a nós bem, pela necessária dissociação de uma e de outro[651].

Afigura-se então que, no direito estadunidense, a obra audiovisual é protegida estritamente na originalidade da sua *expressão formal* (combinação de elementos, modo da sua apresentação), independentemente do carácter criativo do *objecto* representado.

V – Considerados os pressupostos e objecto de tutela no *género* obra audiovisual no direito dos EUA, não surpreende que o seu regime, quer quanto à *autoria* quer quanto à *titularidade originária* do "copyright", partilhe do estatuto das "*works made for hire*", pelo menos quanto às que «*foram criadas para* ["commissioned for"] *serem utilizadas como parte de* [...] "*motion picture" ou de outra obra audiovisual*» – cfr. sec. 101 US Copyr.Law*[652].

Não obstante a estatuição expressa do pressuposto da *criatividade* ligado à "authorship" das obras cinematográficas e outras audiovisuais (sec. 102(a)(6) US Copyr.Law*), quer a *autoria* quer a *titularidade originária* da globalidade do "copyright" nas referidas "works made for hire" são expressamente reconhecidas, «*...salvo acordo escrito em contrário, ao empregador ou àquele para quem a obra foi elaborada*» – sec. 201(b) da mesma Lei.

---

[651] NIMMER, *ob.* cit., § 2.09 [F] .

[652] Esta é matéria que trataremos com o desenvolvimento que a sua especificidade merece na economia deste escrito, *infra*, n.º 113-VI. Em benefício da ilustração da breve análise a que agora procedemos, adiantamos que são expressamente designadas por lei "works made for hire": as «*obras criadas* [...] *como parte de "motion picture" ou de outra obra audiovisual* [...] *desde que as partes tenham acordado em documento escrito por estas assinado*» – sec. 101 US Copyr.Law*, com intercalados nossos.

É manifesto que quem *contrata para a criação* de obras audiovisuais é o seu *produtor*, uma vez que, ainda que tal posição jurídica lhe não advenha do *acordo escrito* requerido para a atribuição do "copyright" nas obras *"criadas (para serem utilizadas) como parte na obra audiovisual"*, o mesmo efeito será normalmente produzido em resultado da aplicação da norma do parágrafo imediatamente anterior da mesma disposição da sec. 101 US Copyr.Law*. Nos termos da mesma norma, também é considerada "made for hire" «*a obra* [seja qual for o seu género) *criada por um empregado no âmbito do seu contrato*». Trata-se pois de obras criadas no âmbito e para os fins do contrato (de trabalho, de serviço) que tenha essa criação como objecto; *a prestação devida* é uma *prestação criativa em cumprimento de dever funcional*, que definimos.

VI – Em conclusão, a *aquisição de faculdades jusautorais pelos autores de obras elaboradas como parte de obra audiovisual* poderá tão-só resultar, sob o direito dos EUA, de *atribuição por via contratual* pelo produtor-empregador/comitente, *i.e.*, nada menos que o correspondente simétrico do instituído nos ordenamentos europeus: os criadores da obra audiovisual vêem ser-lhes atribuída a titularidade do direito (neste caso derivada do produtor) *pelo facto da contratação da sua realização/produção*.

64. O direito francês: a obra audiovisual presumida como obra em colaboração

I – O art. L.112-2/6° do CPI fran.* descreve como audiovisuais «as obras cinematográficas e outras obras que consistam em sequências animadas de imagens, com ou sem sonorização»[653]. Esta discriminação de espécies é mitigada no chamado "Code de l'industrie

---

[653] No que bem pode considerar-se o único vestígio de restrição - aliás inexplicável - do objecto de tutela, a lei de autor francesa considera *audiovisual* "apenas" a sequência de imagens animadas (confronte-se esta e, por exemplo, a norma da sec. 101 US Copyr.Law*, em que é outorgada tutela às *"sequências de imagens ou de sons e imagens"*, só se requerendo que transmitam *"impressão de movimento"* os "motion pictures"/obras cinematográficas).

cinématographique" francês (Décret n. 90-66, de 17-1-1990 - art. 4), que, a par das obras cinematográficas, enumera «outras *obras audiovisuais: emissões informativas e noticiosas, variedades, telejogos, retransmissão de eventos desportivos, anúncios publicitários, "tele-shopping", serviços de teletexto*».

Daquela norma do CPI fran.*, mais do que uma noção de obra audiovisual, ressalta a ausência de qualquer requisito de criatividade na *expressão audiovisual* do conjunto, reduzido ao que aparece como um encadeamento incidental de imagens ou de sons e de imagens-em-sequência[654/655]: equivale ao que seria definir um desenho como uma série de traços ou uma obra musical como o alinhamento de notas em pauta que, quando executadas, produzem um som harmonioso, segundo crítica de LUCAS que subscrevemos[656].

Em suma, parece poder extrair-se um único princípio quanto ao *regime* daquelas, no direito francês:

- todas as *obras* em que se encadeiem sequências de imagens (ou sequências de imagens e de sons) comungam do regime das obras cinematográficas[657].

---

[654] Trata-se de uma relação ou conexão (meramente) *instrumental externa* entre as imagens que compõem as obras audiovisuais que, apesar de considerarmos revelar um "nível de exigência de tutela muito pobre", já encontrámos na caracterização legal, doutrinal e jurisprudencial destas obras sob o direito dos EUA.

[655] Consideramos também esta pretensa caracterização legal como *circunstancial* por se basear em *facto puramente incidental ou episódico* e não também por não implicar o *carácter estável, não efémero,* da "sequência de imagens" protegida. Esta última característica, aliás também não relevada da noção francesa - ao contrário do que ocorre nos sistemas de "copyright" (sobretudo no norte-americano, cfr. *supra*, n.º 63) -, poderia resultar da exigência da fixação destas obras em suporte tangível, ausente na generalidade dos sistemas jusautorais ditos de raiz romano-germânica.

[656] Cfr. A. LUCAS, *"Traité de la Propriété Littéraire et Artistique"*, 2ª ed. cit., n.º 130, pag. 126.

[657] Esta conclusão resulta corroborada dos vários textos doutrinais consultados que se debruçam sobre o tema, em que se evidencia que o propósito do legislador francês de 1985 quanto a esta norma foi o de marcar a extensão do âmbito de aplicação das regras da cinematografia a um "universo audiovisual criativo" também ele em expansão. Neste sentido: ANDRÉ FRANÇON, *"Le contrat de production audiovisuelle"*, cit., pag. 71, que a designa «*uma das principais reformas introduzidas pela lei de 3 de Julho de 1985* [reforma de que nasceu o CPI fran.* vigente, nos termos descritos *supra* em "Abreviaturas ..."], *face ao desenvolvimento do audiovisual*»; A. LUCAS, *"Traité de la Propriété Littéraire et Artistique"*, 2ª ed. cit., n.º 130, pag. 126, considera que «*de tão compreensiva, esta noção*

II – Dado que a referida norma legal é pura descrição do *processo técnico* de apresentação da obra – e não é este que, manifestamente, o direito francês elege como objecto de tutela –, não surpreende que o legislador logo tenha cuidado de, mesmo com risco de redundância face ao pressuposto geral de protecção pelo direito de autor (cfr. art. L.112-1 CPI fran.*), qualificar como autor(es) da obra audiovisual «*a*[s] *pessoa*[s] *física*[s] *que realiza*[m] *a criação intelectual da obra*» – art. L.113-7, §1 CPI.

É, pois, com recurso a uma ficção *de processo criativo* que a lei de autor francesa qualifica explicitamente a obra audiovisual como obra em colaboração, em co-autoria *presumida* do autor do argumento[658], do autor da adaptação, do autor dos diálogos, do autor das composições musicais com ou sem palavras especialmente criadas para esta obra e do realizador[659] – cfr. art. L.113-7, § 2 CPI.

---

impede a determinação de um género, [já que] *a exigência de originalidade não permitirá* [ao contrário do que leva a crer a "definição" legal] *que um qualquer programa televisivo mereça a protecção do direito de autor»* - intercalados nossos; CLAUDE COLOMBET, *"Propriété littéraire et artistique et droits voisins"*, cit., n.º 113; P.-Y. GAUTIER, *"Propriété littéraire et artistique"*, cit., n.º 53, que a descreve como uma «*definição curiosa, puramente técnica, aparentemente exaustiva, que começa por enunciar a espécie principal (o cinema) e termina pelo género*»; ANDRÉ BERTRAND, *"Le Droit d'Auteur et les Droits Voisins"*, cit., n.ºs 4.39 e 7.91., que declara simplesmente que «*a expressão "obra audiovisual" substitui o termo "obra cinematográfica" do art. 14 § 2 da Lei de 11-3-1957*» (a lei de autor francesa que antecedeu a que hoje vigora – ver CPI fran.*).

[658] «L'auteur du *scénario*» (art. L.113-7, 1º CPI fran.*), que P.-Y. GAUTIER, *"Propriété littéraire et artistique"*, cit., n.º 55, pag. 87, identifica como o (autor de) "*l'histoire*" e que então melhor se dirá o autor do argumento.

[659] Esta qualificação de *género* (obra em colaboração) não resultou sempre clara no direito francês. Até à entrada em vigor da lei de autor francesa de 11-3-1957 - *que estabelecia no seu art. 14, § 2 a presunção (juris tantum) de co-autoria na obra cinematográfica realizada em colaboração* –, foi debatida a classificação alternativa destas obras como *obras colectivas (do produtor)* ou *obras de encomenda*, «dependendo das circunstâncias concretas em que houvessem sido realizadas e, nestas, do papel dos autores do texto e da banda sonora musical e do modo de divulgação do seu nome e da sua qualidade, bem como das convenções que a tivessem por objecto» – segundo decisão da Cour suprême (Cass., 10-11-1947, D.1947.328, no processo que opôs a empresa produtora austríaca "TOBIS SASCHA" ao estúdio de "l'Étoile", a propósito da obra cinematográfica *"Mascarade"*) exposta em COLOMBET, *"Propriété littéraire et artistique..."*, cit., n.º 112. Esta decisão rejeita ambas as alternativas, considerando que a qualificação como «*obra colectiva* a tomaria como uma espécie de *obra anónima que um editor publica em seu nome, anónima porque é impossível determinar o papel de cada um na composição da obra*», ao passo que, se de

III – Tal *presunção de co-autoria* é interpretada como admitindo prova de "(co-)autoria de *outros* colaboradores" (o responsável da "montagem", o autor do argumento), *i.e.*, todos aqueles que, segundo as características gerais que enformam a obra em colaboração, possam considerar-se "em concertação criadora" com os expressamente designados na lei. A enumeração é, assim, tida por exemplificativa, o que não deixa de ser intrigante face à sua formulação ["presumem-se, *salvo prova em contrário*, co-autores..."] que antes pareceria indicar a admissão de uma qualificação da obra audiovisual conforme à verdade material do processo da sua criação caso a caso[660].

Neste sentido, LUCAS[661] defende que a presunção legal que identifica os "co-autores" poderá obedecer à que sempre resultaria das regras gerais sobre as *obras em colaboração*, pelo que o elenco do art. L.113-7 definiria um *numerus apertus*. Esta posição não surge, todavia, confirmada pelo enunciado exemplificativo a que procede (considera, por exemplo e sem justificar, que apenas certos *auxiliares técnicos*, como o responsável pela montagem ou o director de fotografia, poderiam reclamar essa qualidade).

Sustenta também, aliás contra pelo menos uma parte da doutrina francesa e com fundamento nos antecedentes históricos da norma citada, que também o *produtor* deverá ver-lhe reconhecida a qualidade de co-autor, apenas sob condição da «*originalidade do seu contributo e de se tratar de pessoa física*», o que – convenhamos – é pouco esclarecedor, nomeadamente quanto ao que entende como "*originalidade do contributo do produtor*", pois que, se refere a autoria de um contributo criativo deste, nomeadamente na realização

---

obra de encomenda se tratasse, «tal implicaria – hipótese rara – que os diversos autores, do argumento, dos diálogos, da música, por exemplo, *renunciassem aos seus direitos, e especialmente ao direito ao nome, em benefício dos seus empregadores...*».

[660] Talvez sobretudo por razões ligadas aos antecedentes da formação deste preceito, a que acima aludimos, ver-se-á que pelo menos parte da doutrina francesa usa de uma interpretação bem pouco restritiva do "âmbito de co-autoria" que entende admitido por lei, com excepção do estatuto que reconhece ao produtor, que é geralmente excluído quer da autoria quer da titularidade originária do direito de autor nas obras audiovisuais.

[661] A. LUCAS, *"Traité de la Propriété Littéraire et Artistique"*, 2ª ed. cit., n.º 194, pags. 171/172.

da obra cinematográfica, será como co-autor que se verá investido nessa posição jurídica, sendo irrelevante a sua intervenção empresarial.

Em suma, dir-se-ia que *o único* que é pressuposto como "não autor" é o produtor da obra audiovisual, o que afastaria a caracterização desta como *obra colectiva*. Vejamos se este é o sentido preciso das normas que observámos.

IV – A ficção legal francesa não se resume à presunção de co-autoria dos que verdadeiramente colaboram na criação. No que respeita o direito de autor relativo ao *argumento ou a outra obra adaptada para a obra audiovisual*, é seguida a regra aplicável às obras derivadas (cfr. art. L.112-3 CPI fran.*), segundo a qual se salvaguardam "os direitos dos autores das obras preexistentes objecto de transformação". Ao estabelecer (art. L.113-7, § 3, CPI) que os autores das obras preexistentes transformadas para efeito de utilização em obra audiovisual são (também) presumidos ["assimilés aux", no texto da disposição legal] co-autores, investindo-os de posição jurídica análoga aos dos *verdadeiros* colaboradores, institui-se – já não apenas uma ficção de co-autoria – mas uma verdadeira *"ficção de colaboração"*. Isto, porque está pressuposto o concurso criativo de todos os assim designados (cfr. art. L.113-2, § 1, CPI) que manifestamente não se verifica quanto aos que simplesmente autorizam a utilização de uma sua criação singular na obra audiovisual, sem qualquer contributo criativo nesta[662].

V – Uma análise cuidadosa do preceito (o referido *proémio* do § 2 do art. L.113-7 CPI) esclarece mais. Ao estatuir: «*Presumem-se,*

---

[662] A manifestação desta *fictio legis*, que presume (*juris et de jure*) uma "colaboração" onde esta não existe materialmente, reforça a convicção de que a qualificação da obra audiovisual como obra em colaboração não é provavelmente a que reflecte mais fielmente o processo criativo desta. Quem cria uma obra fora do concurso/conjugação de esforços criativos que caracterizam a obra em colaboração – e normalmente até sem antecipar a criação de uma obra audiovisual que virá a utilizá-la adaptada – não preenche os pressupostos que definem a sua criação como "em co-autoria": uma *comunhão de contributos criativos individuais para um fim que transcende o de cada um dos colaboradores* que – verifica-se mais uma vez – está ligada à ideia já glosada de *criação funcional finalista* (em adimplemento de obrigação assumida para fim específico próprio de terceiro; neste caso, provavelmente, o produtor).

salvo prova em contrário, co-autores da obra audiovisual realizada em colaboração...», a norma não estabelece apenas a *presunção juris tantum de co-autoria* com o sentido que lhe assinalámos reconhecido por parte da doutrina francesa; também se reconhecerá essa qualidade a outros colaboradores criativos que não sejam meros coadjutores técnicos, sem questionar a "qualificação legal" (obra em colaboração)[663]. Ali parece consagrar-se – *tão-só* – o estatuto da obra audiovisual *que seja realizada em colaboração*, o que também deixaria implícito que *outras qualificações* são possíveis quando se demonstre que o *processo criativo* destas obras não corresponde aos paradigma daquela, mas ao de outro *género* de obras[664].

---

[663] LUCAS, *"Traité de la Propriété Littéraire et Artistique"*, 2ª ed. cit., n.º 194, pags. 171/172, admite que certos "auxiliares técnicos" (categoria em que engloba o responsável pela "montagem") possam ver reconhecida a qualidade de co-autores, possibilidade que nega, por exemplo e "sempre com recurso à aplicação das regras relativas às obras em colaboração", a um operador de câmara. GAUTIER, *"Propriété littéraire et artistique"*, cit., n.º 55, considera mesmo ser difícil inverter o sentido da presunção «excepto no que respeita aos *colaboradores técnicos* (assistentes de realização, anotadores/as)». No mesmo sentido, COLOMBET, *ob.* cit., n.º 114, declara a inversão do ónus «excepcional, [só admitida] mediante prova de que certos designados "colaboradores" não teriam verdadeiramente *nada* criado», citando como exemplo o caso em que "o pretenso realizador visse o seu contributo resumido à assistência técnica não criativa «que o reconduziria ao papel de um autêntico *produtor*, cabendo a efectiva realização a um terceiro, por exemplo o *"scénariste"*».

[664] Esta parece, de resto, ser a "fórmula" de indagação que aconselha o melhor critério científico para avaliação da *natureza* de uma dada situação juridicamente relevante, que impõe que o seu enquadramento conceptual não seja um pressuposto da análise, mas se deduza da sua estrutura (conteúdo dos direitos em que se investem os sujeitos relacionados, pressupostos e objecto de tutela).

Sem prejuízo de procurar demonstrar-se ser *contrário à natureza* das obras audiovisuais a sua criação como resultado da actividade de *uma só pessoa* e "ser *mais grave ainda considerá-las como criação do produtor, dado que uma pessoa moral não pode criar obra intelectual [...]"*, não sendo também admissível a *"atribuição convencional da qualidade de autor* [ao produtor], por *esta qualidade estar fora do comércio e ser irrenunciável"* (cfr. COLOMBET, *ob.* cit., n.º 112). LUCAS, *Traité..."*, 2ª ed. cit., n.º 194, pag. 172, considera que o estatuto de *obra em colaboração* se aplica «[...] *em caso de* [se verificar uma] *pluralidade de contribuições*» e que «*o produtor, desde que pessoa física* [vista a letra da lei francesa em comentário], *possa prevalecer-se* [também] *da originalidade do seu contributo para se ver investido da qualidade de co-autor*»; esta uma evidência que, por fim, também COLOMBET, *ob.* cit., n.º 115, reconhece e considera omitida na lei por «supérflua».

Afinal e curiosamente, encontramos nesta norma, que visa estabelecer a titularidade originária do direito de autor nas obras audiovisuais, mais sobre as características da obra audiovisual do que naquela que vimos pretender designá-la.

VI – Deve outrossim combinar-se aquela disposição com outras que completam o enquadramento desta figura (designadamente as dos arts. L.121-5, L.121-6 e L.132-23/-30 CPI fran.*).

Em conjunto, julgamos poder compendiar as seguintes características da *obra audiovisual* no direito francês:

- toda a obra audiovisual deve comungar do regime da obra cinematográfica; excluem-se, assim, do *género* as sequências de imagens sem animação;
- "define-as" legalmente a *apresentação-em-sequência de imagens animadas*, com ou sem sonorização[665], o que releva apenas do "processo" da sua estruturação *técnica* ou da sua comunicação sem nada revelar das características como *obra*; de significativo, manifesta-se naquela "definição" apenas o claro propósito de formular uma noção compreensiva de *todas as técnicas de armazenamento e comunicação de obras (e ou produtos?) audiovisuais,* incluindo as que implicam *digitalização e apresentação multimedia*;
- ao estabelecer a ficção da "obra audiovisual como criação de pessoas físicas em colaboração", presume-se a co-autoria forçosa; parece assim desconsiderar-se a verdade material do processo criativo em concreto que admitiria concebê-las como obras colectivas;

---

[665] Perante a expressão legal «...*imagens animadas, sonorizadas ou não*», é dispensável a demonstração de que a *banda sonora* incorporada na obra audiovisual (*e* nos termos do art. L.113-7, 4° CPI fran.*, "especialmente criada para este fim") é parte integrante desta. Beneficia todavia de um estatuto distinto do que encontrámos em sistemas em que aquelas não eram legalmente identificadas como *obras em co-autoria* e que é próprio dos contributos criativos para as *obras em colaboração* (cfr. art. L.113-3, § 4 CPI). O conteúdo do direito do colaborador quanto ao seu contributo individual surge neste caso, não obstante, mitigado quanto à faculdade *de oposição à utilização da obra audiovisual no seu conjunto"* (cfr. art. L.121-6 CPI).

- a presunção de *co-autoria* em todos os contributos para a obra em colaboração comporta, nas obras audiovisuais face ao direito francês, duas especialidades: a) os *autores do argumento ou de outras obras preexistentes* adaptadas para utilização na obra audiovisual são *presumidos ("juris et de jure") co-autores*, não obstante a ausência de qualquer *colaboração efectiva* sua nesta, que é exigível em todos os demais casos; b) só os autores das *bandas sonoras musicais* especialmente criadas para a obra audiovisual são considerados co-autores desta (excepto se se tratar de *composições musicais adaptadas* que beneficiam do estatuto descrito em *a)*);
- a *fixação em suporte tangível* não é pressuposto de protecção destas obras;
- as obras audiovisuais, no direito francês, *presumem-se obras em co-autoria de um conjunto determinável de sujeitos* que as criem em colaboração; os antecedentes da norma que o consagra indicam que se pretendeu excluir a sua qualificação como *obras colectivas* (visto que só se reconhecem como autores as "*pessoas físicas*" – art. L.113-7,§1 CPI fran.*);
- o postulado anterior implica tão-só que se afasta a autoria do *empresário-da-obra* (designado *produtor* – art. L. 132-23 CPI), mas não também tanto o *exercício por este de todas as faculdades de conteúdo patrimonial* como a *aquisição imediata*, por via convencional, da titularidade em exclusivo de todas as faculdades – não expressamente excluídas – de utilização da obra audiovisual para os fins da sua exploração enquanto tal (como obra una e autónoma do conjunto dos contributos criativos individuais que eventualmente a incorporem) em resultado da *presunção de cessão global do direito patrimonial* – nos termos do art. L.132-24 §1 CPI fran.*[666/667].

---

[666] COLOMBET, *ob. cit.*, n.° 357, recorda que foi rejeitada a proposta de redacção da norma – «[cessão dos] direitos exclusivos de exploração audiovisual *da obra*» em vez da que ficou consagrada «[cessão dos] direitos exclusivos de exploração da obra *audiovisual*» –, que revela a aquisição pelo produtor, pelo "contrato de produção audiovisual", da globalidade do direito patrimonial quanto a «todas as modalidades de exploração possíveis». Exceptuam-se expressamente do objecto da cessão (apenas) as faculdades de *adaptação teatral e, em geral, de adaptação literária*, bem como as de *adaptação gráfica* de obra

VII – O contrato de produção audiovisual, do qual se presume a *cessão do direito patrimonial* em benefício do produtor da obra é, afinal – também sob o direito francês –, uma verdadeira e própria

---

audiovisual (por exemplo, a transformação da obra cinética em banda desenhada, na opinião do mesmo Autor, *ob.* cit., n.º 358) – cfr. art. L.132-24 § 2 CPI.

Segundo LUCAS, *Traité...*", 2ª ed. cit., n.º 638, pag. 499, excluir-se-ia também do exclusivo cedido ao produtor «*toda a exploração de obras derivadas da obra audiovisual* (gráficas, de artes plásticas ou literárias), *uma vez que a citada disposição refere a cessão de direitos (e não de obras)*». No mesmo sentido, FRANÇON, "*Le contrat de production audiovisuelle*", cit., pag. 81.

Muito embora concordemos com a conclusão, o fundamento desta posição não se afigura muito convincente, dado que não se vê que uma *cessão global do direito patrimonial* – nos precisos termos da norma, que, já o vimos, adopta intencionalmente esta formulação – pudesse ver-se despojada de faculdades, como o *direito de transformação*, não expressamente excluídas (por lei ou por convenção que a própria norma do art. L.132-24, §1 admite explicitamente). Por outro lado, já a interpretação do contrato de produção de acordo com a *finalidade* que determinou a criação/realização da obra audiovisual consente que se defenda a limitação da exploração da obra *para os fins estritos que determinaram a sua criação e justificam a cessão global de direitos ao produtor:* este não poderá explorar a obra audiovisual para além dos limites impostos pelo fim do contrato, *i.e.*, aqueles que já condicionariam a sua exploração se se tratasse (como provavelmente acontece na maior parte dos casos) de uma obra criada no cumprimento de contrato para criação de obras intelectuais.

[667] Não deve perder-se de vista os limites impostos quanto à *extensão, finalidade, lugar e duração* do direito transmitido, segundo o *princípio geral* contido no disposto no art. L.131-3 §1 CPI, aplicável a este contrato *ex vi* art. L.132-24 §1. Sobre esta questão, LUCAS, *Traité...*", 2ª ed. cit., n.º 639, pag. 500, recorda decisão da *Cour de cassation (de 22-3-1988, RIDA, Jul.1988)*, nos termos da qual «a cessão não comporta outros limites que os dos próprios direitos [cedidos]». Em apoio de uma interpretação restritiva, LUCAS apela à disposição do art. L.132-25, §1, que determina o «*direito de remuneração* do(s) autor(es) por cada modalidade de exploração» e apontaria para a necessidade de menção formal (de cada uma) das faculdades de utilização cedidas, sob pena de nulidade do contrato de produção que a omitisse.

Pensamos, aliás dando conta das dúvidas que aquele Autor manifesta quanto a tal interpretação, que dificilmente se poderá extrair uma regra de forma de uma norma relativa à remuneração. Por outro lado, não nos parece que a aplicação do *princípio da atribuição finalista (ex vi* art. L.131-3, §1) encontre excepção na consagração de uma cessão global do direito patrimonial neste caso. Simplesmente, debelando as consequências de uma ficção de colaboração na autoria destas obras, afigura-se que o legislador francês reconhece ao utilizador primário da obra audiovisual o conjunto de faculdades *estritamente necessário* à consecução dos fins da sua criação, esta sim subordinada aos interesses que determinaram a sua realização e que, para além dos que são próprios dos seus autores, devem revelar-se pela interpretação do contrato para a sua realização e produção.

condição da sua formalização e perfeição, uma vez que "o seu *acabamento* depende do *consenso sobre a sua versão definitiva* estabelecido entre o realizador (e, eventualmente, os demais co-autores), por um lado e o produtor, por outro", nos termos expressos do art. L.121-5 §1 CPI fran.*[668]. Ora, o "acordo sobre a versão definitiva de uma obra" supõe, além do *consenso contratual para a sua exploração*, a (tomada de) decisão nuclear sobre o *exercício* do direito de divulgação (ou, se assim se entender, do direito *patrimonial* de *primeira publicação*)[669], que deveria indiciar, por lhe ser inerente, a qualidade de *autor* (ou de *titular originário do direito patrimonial* de autor) dos que o exercem e não apenas de titular derivado do direito de exploração económica[670].

65. O direito espanhol: criação em colaboração e cessão presumida do direito

I – O art. 10-d) LPI esp.* inclui as «*obras cinematográficas e quaisquer outras obras audiovisuais que sejam criações literárias, artísticas* [...]» entre as que são «obras objecto de propriedade intelectual». Mais estabelece: *a) devem expressar-se por um conjunto de*

---

[668] Esta presunção de cessão é considerada (veja-se COLOMBET, *ob.* cit., nota 1. ao n.º 356) «*uma peça indispensável do edifício construído pela lei de 1957 e alargado em 1985 ao conjunto das obras audiovisuais* [...], *sem a qual os utilizadores enfrentariam uma indivisão que, na falta de acordo entre o produtor e os autores, o tribunal deveria desfazer à custa de controvérsias e delongas*» – intercalado nosso.

[669] Veja-se art. L.121-2 §1 CPI fran.*. O acordo expresso, assim exigido, envolve o produtor, tanto como os presumíveis "co-autores", para que a obra audiovisual se considere completa – com as consequências que identificamos (*infra*, n.º 67-II) a propósito de regra semelhante no CDA*. LUCAS, *"Traité..."*, 2ª ed. cit., n.º 654, pags. 509/510, sustenta que aquela regra não representa verdadeira atribuição do direito de divulgação, mas «*tão-só do exercício de faculdades de determinação do processo e de fixação das condições de divulgação da obra, que liga preferencialmente ao exercício do direito patrimonial.*».

[670] Este regime explicará, nomeadamente: a) que ao produtor não se exija mais do que uma exploração "conforme aos usos da profissão" (cfr. art. L.132-27 CPI fran.*), em contraponto à obrigação de exploração "permanente e continuada" da obra literária pelo editor (art. L.132-12); e, bem assim, que o "co-autor", que "recuse concluir a sua contribuição para a obra audiovisual, não possa opor-se à utilização nesta da parte da sua contribuição já concluída" (nos termos do art. L.121-6).

imagens associadas, com ou sem sonorização; *b) que estejam destinadas essencialmente à sua divulgação mediante aparelhos de projecção ou quaisquer outros meios de comunicação pública de imagem e som*; *c) que a sua tutela é independente da dos suportes materiais respectivos* (cfr. art. 86 LPI esp.*)[671].

Dos elementos componentes da noção de *obra audiovisual* que se expõe, ressalta da lei espanhola um muito aproveitável critério geral de tutela das obras audiovisuais: *a criatividade da expressão formal num novo meio*. E tão-só – pois, se assim não fora, a obra audiovisual seria apenas protegida: ou enquanto *transformação*, o que não esgotaria as situações conhecidas como susceptíveis de tutela; ou como mera *combinação criativa* de obras, preexistentes ou criadas expressamente para a realização-produção audiovisual, a exemplo das colectâneas ou das novéis obras-base de dados em que o objecto de protecção é a sua *estrutura formal*. Resulta assim, insistimos, da citada norma legal de Espanha uma formulação feliz na distinção conceptual destas obras artísticas.

II – O art. 87 LPI esp.* vem estabelecer – em disposição correspondente à que analisámos no art. L.113-7 §2 do CPI fran.* – a *co--autoria* da obra audiovisual do director-realizador, dos autores do argumento (original ou adaptado), dos diálogos e da banda sonora musical *especialmente criada para a obra audiovisual*.

---

[671] Como já referenciámos – cfr. nota (24), pags. 43/44, ao nosso *"Filmagem de espectáculos desportivos e «direito de arena»"*, cit., 2.2.-D) –, NAZARETH PÉREZ DE CASTRO, in *"Comentarios a la Ley de Propiedad Intelectual"*, *obra coordenada* por RODRIGO BERCOVITZ RODRÍGUEZ-CANO, cit., em comentário III-1C),b) ao art. 86, sustenta que a obra cinematográfica deverá ser original: «*na realização e ordenação do modo de expressão* [...]; *ao captar ou reproduzir realidades prévias na película fílmica, o autor* [não apenas leva essas realidades a um *novo meio*] *entra na disposição da realidade que capta,* [...] *imprimindo-lhe o cunho da sua personalidade na criação de um único original*» – intercalados nossos. Fá-lo, parafraseando BAYLOS (in *"Tratado de Derecho Industrial. Propiedad Industrial. Propiedad Intelectual. ..."*, que cita, *ibid.*), ao caracterizar a obra cinematográfica pela «*preparação e disposição prévia da realidade cuja percepção vai fixar na câmara, e em que o filme se constitui uma sucessão de imagens em movimento, sincronizadas e organizadas com um plano prévio*». Nestes termos, a obra audiovisual resultaria protegida pela criatividade do seu *conteúdo (o conjunto de contributos incorporados)*, que não deve fazer esquecer que o que é específico nestas é *a expressão formal do conjunto através de um novo meio*.

Para desfazer a semelhança assinalada, salientem-se dois pontos não despiciendos.

1) Aquela disposição da lei espanhola presume a co-autoria dos que enumera sem supor a criação em colaboração, *i.e.*, estabelece a *titularidade em comunhão* do direito de autor por vários sujeitos, pela remissão – imperfeita, como se verá – para o regime das obras em colaboração (art. 7 LPI esp.*), independentemente da sua efectiva *criação em colaboração*. Pelo contrário, vimos que a lei de autor francesa qualifica expressamente como co-autores "os que realizem a obra *em colaboração*", o que deixa que se considere a verdade material do respectivo *processo criativo*, nomeadamente nos casos em que *a outros* não designados pela norma, como o produtor, seja reconhecida a colaboração criativa que determina a co-autoria[672].

2) Por outro lado, ao designar os *autores das adaptações* de obras utilizadas na obra audiovisual como co-autores (art. 87/ 2 LPI esp.*), omitindo também – quanto a nós, razoavelmente – a "ficção de colaboração" dos autores de obras preexistentes adaptadas – que, como vimos, o art. L.113-7 §2 CPI fran.* faz comungar da titularidade originária do direito de autor –, a norma espanhola permite que se suspeite do carácter taxativo da enumeração dos que designa autores[673].

---

[672] Vimos que alguma doutrina francesa exclui, sobretudo por razões históricas, a qualificação das obras audiovisuais como obras colectivas, ou seja como criação que envolve necessariamente o *produtor* na sua formalização. Este facto não impede que consideremos, sob a lei de autor francesa, o contrato para a sua produção, não apenas como *fonte da aquisição do conjunto das faculdades de utilização* destas obras, mas também como verdadeira *condição da sua exploração económica*, bem como da sua *perfeição/acabamento* que ligamos ao exercício de uma faculdade de divulgação – cfr. *infra*, n.º 79.

[673] CARLOS ROGEL VIDE, *"Autores, coautores y propiedad intelectual"*, cit., n.º 5-5.1., perante disposição da, hoje revogada pela LPI esp.*, *Ley 17/1966, de 2-6,* sobre "direitos de propriedade intelectual nas obras cinematográficas" (art. 3º), sustentava o carácter não taxativo da enumeração – aliás com fundamento no texto legal expresso – considerando co-autores «todos os que participam criativamente na realização dessas obras». Em qualquer caso, em abono da manutenção de uma tese que reflicta a *verdade material do processo criativo* nas obras audiovisuais, não se vê como possa desprezar-se: por um lado, o contributo criativo, se não de certos "auxiliares técnicos" (como o director de montagem ou o director de fotografia), pelo menos dos autores de programas de computador essenciais à formação (e não apenas à operacionalidade) de muitas obras audiovisuais; e, por outro, o *enquadramento empresarial* proporcionado normalmente pelo produtor.

III – Como se vê, reincide o direito espanhol na técnica, que já reconhecêramos na lei de autor francesa, da "dupla definição" da obra audiovisual: primeiro, quando a enuncia como *género cinético*, acentua o *processo técnico* da sua obtenção e apresentação; depois, quando *presume a co-autoria*, deixa que se estabeleça uma ficção de *processo criativo*.

Em nenhum dos casos, porém, esgota o conceito. A obra audiovisual – e a cinematográfica como modalidade desta – é protegida (também) na criatividade da expressão formal através de um novo meio. Negá-lo é ignorar a identidade da expressão audiovisual como um género próprio ("artístico"), que pode compreender obras (da cinematografia ao objecto *multimedia* digitalizado e "interactivo") que não representam apenas um processo de fixação e comunicação, mais ou menos sofisticado, de obras de "*géneros* tradicionais", e que são mais do que a mera combinação de obras preexistentes ou criadas expressamente para uma utilização conjunta segundo novos modos de utilização.

IV – A norma do art. 92 da LPI esp.* é de teor muito semelhante à que assinalámos consagrada no art. L.121-5 §1 CPI fran.*. Nos termos destas, a obra audiovisual (só) se considerará completa «*quando seja estabelecida a sua versão definitiva, por contrato entre o realizador e o produtor*»; é requerida a *autorização* dos mesmos sujeitos para qualquer «*modificação* da versão definitiva da obra» (art. 92/2 LPI esp.*).

Não é necessário que se recorde o que expusemos em comentário à lei francesa para que seja evidente que, ainda que se negue a *titularidade de direitos pessoais de autor* aos visados (*v.g.* neste caso, o direito de divulgação/inédito e o direito de modificação/defesa da integridade da obra), mesmo que se insista na ficção de *colaboração criativa* nas obras audiovisuais, deve reconhecer-se, também no direito espanhol:

1) pelo menos, a "proeminência" do realizador, entre os co--autores presumidos da obra audiovisual; na verdade – ainda que se considere que o pacto entre produtor e realizador--director, que estabelece a "versão definitiva" da obra, não representa mais do que o exercício de faculdades *patrimoniais*

derivadas do exclusivo de exploração económica que, pelo mesmo contrato, se transfere para o produtor – afigura-se incontestável a séria derrogação que esta regra comporta ao regime geral de exercício de direitos (*em comunhão*) pelos co-autores das obras em colaboração *proprio sensu* – que requer o "consentimento de *todos* os co-autores para divulgação e modificação dessas obras" (art. 7/2 LPI esp.* *ex vi* proémio do art. 87)[674];

2) por outro lado, sendo inequívoco que a lei de autor espanhola nega ao produtor da obra audiovisual a titularidade originária do direito de exploração económica, é inquestionável que a mesma presume a *atribuição em exclusivo ao produtor* de certas faculdades de utilização da obra (de reprodução, de distribuição, de comunicação pública, de autorizar a sua "dobragem e legendagem"[675]) como efeito do contrato para a sua realização e produção (a mesma presunção resulta do «contrato de transformação de uma obra preexistente que não esteja no domínio público» – art. 89 LPI)[676/677/678].

---

[674] Neste sentido, RODRÍGUEZ TAPIA / BONDÍA ROMÁN, *ob. cit.*, comentário IV ao art. 88. PÉREZ DE CASTRO, *in "Comentarios a la Ley de Propiedad Intelectual"*, cit., em comentário VI-4 ao art. 87, embora sustente sempre a *naturalidade* da co-autoria consagrada na lei como a que melhor reflecte o processo criativo destas obras, reconhece um «papel predominante ao realizador-director cuja relevância prática é assumida no âmbito jurídico, manifestada no art. 92 [da LPI]».

[675] Não avaliamos a "legendagem" como exercício de actos compreendidos na faculdade de transformação da obra audiovisual, na medida em que se traduz tão-só um dos seus componentes, o guião – porventura também criativo, mas que deve ser considerado "contributo discriminável para aquela obra complexa" –, sem que se atinja necessariamente a expressão formal audiovisual que é o objecto da tutela.

[676] Na vigência da revogada Lei espanhola 17/1966 sobre "direitos de propriedade intelectual nas obras cinematográficas", estabelecia-se (art. 1º) «[a atribuição do] exclusivo de exploração económica destas obras ao produtor, seus cessionários ou sucessores». Segundo CARLOS ROGEL VIDE, *"Autores, coautores y propiedad intelectual"*, cit., n.º 5-5.3., estabelecia-se assim ali uma cessão legal ou uma cessão obrigatória de origem contratual (*titulada pelos contratos entre autores e produtor*) dos direitos de exploração do filme ou um *mandato tácito* dos co-autores a favor do produtor.

[677] LUIS FELIPE RAGEL SÁNCHEZ, *"Compositores, intérpretes y ejecutantes de la música en el cine"*, cit., n.º 6, pags. 141/142, sustenta – como N. PÉREZ DE CASTRO, *"Las Obras Audiovisuales y las Nuevas Tecnologías"*, cit., pag. 108 – que a LPI esp.* (*maxime* arts. 88 e 89 desta lei de autor de Espanha): «[…] não estabelece uma cessão legal *dos direitos de*

Se a este último efeito acrescentarmos que «*a exploração dos contributos criativos individuais resulta* [pelo contrato de produção – art. 88/2 LPI esp.*] *limitada pela salvaguarda da exploração da obra audiovisual* [pelo produtor]»[679], somos levados a supor que a *criação funcional* e a *atribuição patrimonial finalista* da sua utilização fundem-se como *efeito do* acabamento e exteriorização da obra em cumprimento do contrato *para* a sua realização e produção.

V – E podemos, também a propósito do ordenamento jusautoral espanhol, afirmar princípio geral: o produtor, empresário da obra audiovisual, não traz a esta – é certo – qualquer contributo *criativo*, mas supre o enquadramento empresarial (técnico, financeiro e ... humano) sem o qual a exteriorização da generalidade destas obras não seria exequível[680/681]. Neste sentido e certamente mais por este

---

exploração ao produtor, mas que se reconduz ao sistema de uma cessão contratual ["presumida *juris tantum*"] *visto que são as partes contratantes quem, em definitivo, tem a última palavra neste domínio. Cabe, para tal* [para que a cessão não opere como efeito do contrato, deduzimos], *que no contrato complexo de produção se tenha convencionado que não se cedam em exclusivo ao produtor os direitos* [faculdades] *de exploração.*» - intercalados nossos.

[678] Trata-se, segundo PÉREZ DE CASTRO, *in "Comentarios a la Ley de Propiedad Intelectual"*, cit., em comentário III-3 D) ao art. 88, de uma presunção *juris tantum* e, citando DELGADO PORRAS, *in "Panoramica de la protección Civil y Penal en materia de propiedad intelectual"*, Madrid, 1988, «uma sucessão constitutiva de um novo direito a favor do produtor».

[679] Deve sublinhar-se o paralelo entre esta norma e a do art. 7/3 da LPI esp.* que impõe idêntico limite ao exercício de direitos de utilização das suas contribuições individuais na obra em colaboração - neste caso perante a exploração em comum pelos co-autores. Ora, no que respeita o art. 88/2 citado, é imposta idêntica delimitação negativa, não face à comunhão de autores, mas em relação a um designado não-autor; é irresistível o confronto da posição deste - afinal concomitante à *primeira utilização* da obra - e a do titular *originário* do direito de autor numa obra colectiva.

[680] E reproduzimos – cfr. nota (26) à pag. 44 do nosso *"Filmagem de espectáculos desportivos e «direito de arena»"*, cit., 2.2.-D) – o esclarecedor excerto em transcrição do postulado de RODRÍGUEZ TAPIA / BONDÍA ROMAN, em anotação ao art. 86, pag. 313, dos seus *"Comentarios a la Ley de Propiedad Intelectual"*, cit.: «[...] *a peculiaridade destas obras, em comparação com as obras objecto de edição ou de representação e de execução musical, é que para a sua criação definitiva faz falta um processo de produção industrial que requer a contratação de serviços que reclamam e significam a transmissão de direitos de propriedade industrial*». Este postulado tem ainda o mérito de realçar a *origem contratual* da aquisição – quiçá da própria constituição do exclusivo de exploração económica – nas obras audiovisuais.

motivo do que "para facilitar a interlocução negocial a potenciais utilizadores derivados", não sendo *criador* da obra, o produtor audiovisual (*"empresário do filme"*, na expressão do art. 126º/1 CDA* a que logo referiremos) é o *detentor primário das faculdades de exploração audiovisual da obra*.

66. O direito italiano: a atribuição *ex lege* do exercício de faculdades de utilização

I – Nos termos do art. 2/6 da L.aut.ital.*, são objecto de direito de autor as «*obras da arte cinematográfica, desde que não se trate de simples documentários...*»[682]. Merecem, assim, protecção autónoma como obras de *género próprio* em que a especificidade reside

---

[681] Curiosamente, o mesmo BONDÍA ROMÁN, em edição de 1988 de *"Propiedad Intelectual: su significado..."*, cit., 4.3.3., nota 122, sublinha a «[...] desnecessidade do papel do produtor em grande número de obras cinematográficas, designadamente todas as criadas com subvenção estatal», segundo fenómeno comum em vários países europeus. A este propósito, sempre diremos que, avisadamente dada a experiência recente, por exemplo a lei de autor portuguesa (cfr. art. 13º CDA*, a que depois referiremos, no n.º 74-III), admite "a atribuição do direito de autor, por convenção escrita, à entidade que subsidie obra intelectual". Não são estas, porém, as situações que determinam a posição jurídica do produtor de que tratamos: supõe-se, é claro, que toda a obra audiovisual depende tanto da realização para a sua criação como da produção para a sua exteriorização.

[682] Sobre estes, que a lei designa «semplice documentazione», está reservada a protecção própria das fotografias que sejam mero *objecto de direitos conexos* (nos termos do Título II, arts. 72 ss. (*maxime* arts. 87 ss.) da L.aut.ital.*. Esta tutela está reservada quer aos documentários cinematográficos quer às fotografias que sejam destituídas de *criatividade*, na medida em que constituam mera reprodução da realidade (pessoas, paisagens, eventos) que figuram. A propósito, julgamos merecer sublinhado o trecho de VITTORIO DE SANCTIS / MARIO FABIANI, *"I Contratti di Diritto di Autore"*, cit., n.ºs 87/88 – que já citámos em nota (19), pag. 42 do nosso *"Filmagem de espectáculos desportivos e «direito de arena»"*, cit., 2.2.-C) –, que consideram que o regime das obras cinematográficas se deve considerar extensivo à generalidade das *obras audiovisuais*, mas sublinham que a *exclusão* de tutela pelo direito de autor fere tanto «*semplice documentazione cinematografica* [documentários técnicos ou informativos, sem carácter criativo]» como «*todas as "fixações" de obras já [...] protegidas segundo uma forma representativa própria que venham a resultar numa sequência de imagens em movimento, na medida em que, enquanto tal, são simples documentários de uma obra diferente e autónoma»*; este será o estatuto de «*uma obra teatral que seja fixada para os fins da sua difusão televisiva*» (*ob.* cit., pag. 313, com intercalados nossos).

precisamente na "forma de expressão cinematográfica", que consiste, segundo GRECO / VERCELLONE, «*na apresentação de imagens com duas particularidades: a) as imagens, em vez de serem representadas pela mão humana, são* [...] *impressas em película, através de procedimentos fotográficos ou similares; b) tais imagens, devido à sua exibição em alta velocidade acompanhada da sua projecção em ecrã, suscitam nos espectadores a ilusão de movimento*»[683].

Em ASCARELLI, vemos sublinhar na obra cinematográfica a sua característica de produto industrial em que «*é a própria exteriorização da obra, a passagem de uma visão* in mente retenta *a uma objectivada obra intelectual* ["opera dell'ingegno", no original], *que requer um processo industrial, sem o qual* [...] *não é individualizável*»[684/685].

---

[683] GRECO / VERCELLONE, "*I diritti sulle opere dell'ingegno*", cit., n.° 24, com intercalado nosso.

[684] TULIO ASCARELLI, "*Teoria della Concorrenza...*", tradução espanhola cit. da edição de 1960, XIII – 26, pags. 708 ss., com intercalados nossos.

[685] Parece persistir na doutrina italiana a já conhecida dicotomia entre a valorização do *processo técnico-industrial* de produção destas obras e a da função criativa segundo um novo *modo de expressão*. Importa, porém, que se saliente que aquele (processo) é instrumento indispensável da realização desta (criação), *i.e.*, que a "produção empresarial" da obra cinematográfica não é apenas uma entre as modalidades de fixação ou comunicação de obras, preexistentes ou não, mas, como parte integrante da sua exteriorização, constitui um elemento essencial da sua expressão formal: *a obra cinematográfica implica, logo na sua criação, que seja tida em vista a nova modalidade de expressão que adopta e que exige a sua produção empresarial*. [Esta última ideia é sublinhada por ASCARELLI, ob. cit., ibidem, pag. 708, que estabelece o contraponto entre uma «*novela, em que o autor procede à sua exteriorização pela simples redacção, em que a posterior reprodução respeita a uma obra já individualizada ou à representação de uma obra dramática, por um lado e a exteriorização de uma obra cinematográfica em filme* [película] *que implica uma complexa e custosa produção industrial e uma produção industrial em que os intérpretes dão o seu concurso, que entram eles próprios na individualização da obra e não são instrumento da representação de uma obra já individualizada*» – intercalado nosso.].

Vejamos o seu regime legal no direito italiano.

O art. 44 L.aut.ital.* é expresso no enunciado dos co-autores da obra cinematográfica, a saber, o autor do *argumento*, o autor da *cenografia/encenação* ["autore della sceneggiatura", segundo expressão original], o autor da *banda sonora musical* e o *realizador* [FRANCESCHELLI, "*Posizioni soggettive rilevanti...*", cit., pags. 156 ss., sustenta que este enunciado legal tem «*carácter meramente indicativo* de uma selecção preliminar imperfeita, já que na realidade o verdadeiro e único autor da obra cinematográfica deveria ser o realizador ("il regista"/"direttore artistico")].

II – Em interpretação das disposições legais nucleares aplicáveis à cinematografia[686], pelo menos parte da doutrina italiana não exclui que a aplicação do princípio da autonomia da vontade consente que, *dependendo do tipo contratual* na qual assentem as relações entre co-autores e produtor, possa ser reconhecida a este também a titularidade de faculdades de utilização patrimonial na obra audiovisual. A atribuição da *titularidade* do direito de utilização ao produtor pode resultar, designadamente, da celebração entre este e os autores dos contributos criativos individuais de *contratos (de trabalho, de prestação de serviços) para a criação das obras* que incorporam a obra cinematográfica[687]. Assim, é pelo menos questionável que o produtor

---

Os direitos dos *supra*mencionados deveriam ser exercidos segundo o regime da *comunhão*, seguindo as regras do disposto no art. 10 L.aut.ital.*. Deparam-se dificuldades à aplicação deste regime – tido por próprio das *obras em colaboração* – às obras cinematográficas.

Por um lado, a obra em colaboração (segundo o regime do art. 10 L.aut.ital.*) é definida no direito italiano como «*aquela que é criada com o contributo indistinguível e incindível de várias pessoas*». Ora, como salientam, entre outros, Valerio DE SANCTIS (*"Contratto di Edizione..."*, cit., n.º 9, pags. 30 ss.), UBERTAZZI (*"Il Diritto d'Autore"*, cit., n.º 11) e Vittorio DE SANCTIS / FABIANI (*"I Contratti di Diritto di Autore"*, cit., n.º 89, pag. 315), as obras a que refere o citado art. 10 são *estruturalmente obras de criação simples devidas ao contributo de uma pluralidade de autores*. Nestas não se contam, nomeadamente, as *obras colectivas* e as *obras compostas* (entre estas últimas, as cinematográficas), que são *obras de criação complexa* em que os contributos criativos incorporados não apresentem carácter indistinguível ("indiscriminável no conjunto audiovisual"). Como já ensinava Valerio DE SANCTIS, tratar-se-ia de obras «*de colaboração sucessiva* [vista a distinguibilidade e capacidade de vida separada dos contributos criativos], *em que* [a colaboração] *não se manifesta na fase genética da obra mas na sua apresentação ao público na sua forma unitária, no sentido em que, destacando-se um dos seus contributos, perderia a sua individualidade*» (VALERIO DE SANCTIS, *"Contratto di Edizione..."*, cit., n.º 9, pag. 31, com intercalados nossos). Ser-lhes-ia aplicável, ainda que por analogia, o regime do art. 10 L.aut.ital.*.

Por outro lado, sem prejuízo da eventual aplicação do regime da comunhão aos direitos *pessoais* (ditos *morais*) de autor, resulta também problemática a articulação desta co-autoria com o regime instituído quanto à posição jurídica do produtor da obra cinematográfica.

[686] O art. 45 L.aut.ital.* estabelece que «[...] *o exercício do direito de utilização económica da obra cinematográfica pertence a quem tenha organizado a produção desta* [...]». Em contraponto, o regime consagrado no art. 38 §1 L.aut.ital.* estabelece a atribuição ao *editor (da titularidade originária) do direito de exploração económica na obra colectiva*. Afigura-se não ser casual a diferente expressão de uma e outra norma.

[687] Como salientam GRECO / VERCELLONE, *"I diritti sulle opere dell'ingegno..."*, cit., n.º 76.

adquira *ex lege* mais do que a legitimidade para o exercício do direito de exploração económica. A legitimação do produtor para este *exercício* é outorgada em exclusivo e tem por *objecto* a exploração cinematográfica da obra (cfr. art. 46 §1 L.aut.ital.*).

III – Em confronto das posições jurídicas dos co-autores e do produtor, procuremos determinar o conteúdo do direito de uns e outro.

1) Nos termos do art. 78-*bis* L.aut.ital.* os *produtores de obras cinematográficas ou audiovisuais ou de sequências de imagens em movimento* detêm o exclusivo quanto à *reprodução, distribuição (pôr em circulação), aluguer e comodato de originais ou cópias das obras*. Trata-se da outorga de *direito conexo* relativa à fixação em suporte de uma *obra* (cinematográfica ou audiovisual) ou de *outras sequências de imagens que não sejam objecto de protecção jusautoral*.

2) Mais controversa é a outorga ao produtor cinematográfico, aparentemente apenas em caso de "*cessão do direito de utilização*"[688], de faculdades que – sem implicar a sua *transformação* – representam a exploração da obra cinematográfica em *meio* distinto, como a reprodução em *videocassete*, a sua teledifusão ou retransmissão por cabo.

Como expõe UBERTAZZI, pensamos que o sentido da disposição que poderia pôr em causa a atribuição destas faculdades nestes termos (a contida no art. 46-*bis* L.aut.ital.*, que estabelece o direito a *remuneração equitativa* dos autores por cada utilização da obra cinematográfica que implique a sua comunicação pública por via hertziana, cabo ou satélite, «... *em caso de cessão do direito de difusão ao produtor*») contém em si mesma (em articulação com o disposto no art. 16 L.aut.ital.*), a solução desta questão[689]. Com efeito, ao

---

[688] A expressão "cessão *do direito de utilização*" é também adoptada, segundo a opinião de MARCHETTI / UBERTAZZI, "*Commentario breve al Diritto della Concorrenza*", cit., em anotação VI, pag. 1818, ao art. 18 *bis*/5 L.aut.ital.* (direito exclusivo de *comodato* do original, de cópias ou de suportes da obra), em sentido amplo, aplicando-se também, por exemplo e dada a sua *ratio*, à atribuição de faculdades jusautorais especificadas.

[689] Com notável clarividência, UBERTAZZI, "*Diritto d'autore, cinematografia ed emittenti televisive*", cit., pags. 519 ss., sustenta nomeadamente que: «a) a regra da atribuição

estatuir logo na sua parte inicial ["fermo restando quanto stabilito dall'art. 45, ...", no original] a salvaguarda do regime já analisado de atribuição *ex lege* do exclusivo de exploração cinematográfica ao produtor, a norma citada preserva a inclusão neste do direito de radiodifusão da obra cinematográfica. Ora, o art. 16 L.aut.ital.* consagra expressamente que o direito exclusivo de radiodifusão tem por objecto (qualquer) *um dos meios* de difusão à distância, «*tal como* [...] *a televisão e outros meios análogos e compreende a comunicação pública via satélite e a retransmissão por cabo*». Não pode, pois, deixar de concluir-se que o exercício exclusivo das faculdades limitadas à exploração cinematográfica da obra compreende a radiodifusão por cabo e satélite, bem como a reprodução e distribuição em videocassete. A especificidade da norma do art. 16-*bis* não reside, assim, no título de aquisição (neste caso, a referida "*cessão*" – expressão porventura não aplicada em sentido técnico, como se viu antes – *do direito de radiodifusão*): os co-autores designados no art. 44 (incluindo o *realizador*) terão então direito a uma compensação equitativa, devida pelo produtor ou por cessionário dos direito deste, *qualquer que seja o título* pelo qual a sua contribuição é utilizada por terceiros.

3) Os *autores dos contributos criativos individuais* na obra cinematográfica, além das faculdades *pessoais de menção da designação de autoria e paternidade* (art. 48 L.aut.ital.*), têm ainda o poder de as utilizar separadamente, desde que

---

do exercício exclusivo de exploração cinematográfica (*ex vi* art. 46 L.aut.ital.*) corresponde a um princípio de direito secundário de autor e, em termos mais gerais, de toda a propriedade intelectual relativa a obras de "trabalhadores subordinados ou autónomos", sem que a difusão televisiva pareça evidenciar interesses e exigências particulares que justifiquem uma disciplina especial; b) no campo da propriedade intelectual, o equilíbrio dos interesses patrimoniais da empresa cultural e, respectivamente, do autor/inventor surge habitualmente definido legislativamente pela atribuição da *propriedade intelectual à empresa* e pelo reconhecimento *ao autor/inventor de uma adequada compensação patrimonial*».

Salientamos sobretudo esta última asserção, que nos parece reter a essência da evolução recente do direito de autor num mundo dominado pela tecnologia e pela empresa. A propósito, veja-se também GRECO / VERCELLONE, *"I diritti sulle opere dell'ingegno..."*, n.º 78, pags. 246/247.

sem prejuízo do direito de utilização do produtor (art. 49). Nada merece ser registado de inovador em relação à generalidade das obras de criação complexa em que os contributos criativos individuais incorporados sejam individualizáveis.

4) Mais interessante é, além do já analisado direito a remuneração separada pela radiodifusão hertziana ou por satélite e pela retransmissão por cabo, o direito atribuído (apenas) aos autores da banda sonora musical e da respectiva letra a uma compensação – *ex vi* art. 46 § 3 L.aut.ital.* –, de um direito a uma *remuneração diferenciada (da que auferem pela sua "colaboração" na obra cinematográfica)* que lhes é devida directamente pela exibição pública desta.

A sua justificação deve procurar-se – uma vez que esta remuneração enquadra a exploração económica da obra cinematográfica empreendida pelo produtor (veja-se, no mesmo artigo, §§ 1 e 2) – no facto de a criação do autor da banda sonora musical, como co-autor, ter por fim primário a utilização desta como parte integrante da obra fílmica.

5) O direito de *transformação* da obra produzida depende de autorização dos co-autores, que admite contudo *convenção em contrário* (art. 46 § 2 L.aut.ital.*). É comentado com razão em GRECO / VERCELLONE que este poderia constituir um importante limite ao direito do produtor, uma vez que afastaria do seu *exclusivo* a faculdade de transformação, de índole indiscutivelmente *patrimonial*[690].

No entanto, como os mesmos Autores fazem notar, não se trata aqui de atribuir aos co-autores a faculdade de transformação – que, mais do que mera delimitação negativa do conteúdo do direito do produtor, retiraria grande parte do significado ao disposto logo no §1 do mesmo preceito legal que define como *objecto* do seu direito precisamente a exploração económica da obra cinematográfica produzida[691]. Em rigor e nos termos da própria expressão legal, esta

---

[690] GRECO / VERCELLONE, *ob.* cit., n.º 78, pag. 249.

[691] Basta que se pense que, por exemplo e se assim fosse, a recusa da dobragem em língua estrangeira por um ou mais co-autores poderia por si só paralisar a exploração da obra, ao arrepio de qualquer interpretação, mesmo mitigada, sobre o conteúdo do exclusivo de utilização do produtor.

constitui delimitação negativa do direito do produtor, dando afinal significado à precisão terminológica que foi assinalada a propósito do teor, respectivamente, dos arts. 45 §1 e 46 §1 L.aut.ital.*: «*L'esercizio dei diritti di utilizzazione economica dell'opera cinematografica spetta a chi ha organizatto la produzione* ...»; e «*L'esercizio dei diritti di utilizzazione economica, spettante al produttore,* ...».

Em suma, nos termos da lei de autor italiana, o *exercício* do direito de transformação da obra cinematográfica produzida está condicionado pela necessidade de autorização dos co-autores da obra primitiva. Tal significa que, ainda que se entenda que estes conservam o direito patrimonial de autor – bem como a faculdade de transformar ou autorizar a transformação dos seus contributos criativos individuais (direito que obviamente lhes pertence, nos termos e limites dos arts. 49 e 50 L.aut.ital.*) –, este direito deve considerar-se onerado como efeito da atribuição de faculdades de utilização da obra cinematográfica ao produtor, *para os fins inerentes à exploração da obra (em modalidade) audiovisual*.

IV – Assim,

A) O disposto no art. 47 L.aut.ital.*, ao facultar ao produtor a introdução das *modificações* nas contribuições criativas individuais necessárias à sua adaptação cinematográfica, não implica a investidura deste na titularidade de qualquer faculdade *pessoal*. Trata-se simplesmente do exercício de prerrogativas inerentes ao seu exclusivo patrimonial, que não podem implicar o desvirtuamento (atentado à integridade) daquelas.

B) Enfim, afigura-se acertada a interpretação do art. 50 L.aut.ital.*[692], que consente descortinar na atribuição das faculdades limitadas ao exclusivo de exploração do produtor uma mera *oneração* do exclusivo jusautoral aos co-autores. Se os autores (nos termos da

---

[692] O art. 50 L.aut.ital.* estabelece que «*se o produtor da obra cinematográfica não a completar nos três amos sequentes à entrega da parte literária ou musical, ou não a fizer exibir ["proiettare"] a obra completa nos três anos sequentes ao seu acabamento, os autores destas partes têm o direito de dispor livremente da mesma obra [...hanno diritto di disporre liberamente dell'opera stessa]*» – intercalados nossos.

disposição citada, apenas os dos contributos criativos individuais literário e musical e não também, por exemplo, o realizador, nos termos explícitos da disposição legal citada) "retomam" o exercício livre da exploração da obra cinematográfica, dir-se-á que o exercício exclusivo outorgado *ex lege* ao produtor não representará uma verdadeira atribuição de poderes de utilização (e menos ainda, por maioria de razão, qualquer imputação da titularidade originária de direitos de autor), mas tão-só a *oneração* do direito que àqueles continuaria a pertencer.

A este propósito, Ascarelli[693] sublinha bem o contraponto entre a posição do *editor da obra colectiva* – a quem resulta atribuído *ex lege* (*ex vi* art. 38 §1 L.aut.ital.*[694]) a titularidade originária do direito de autor – e a do *produtor das obras cinematográficas* (e das obras audiovisuais, em geral). Naquela, a atribuição do direito seria efeito do *contrato de edição* celebrado com o autor, segundo uns, das *condições materiais da criação* da própria obra colectiva, para outros; o produtor cinematográfico – ainda segundo Ascarelli – beneficiaria da atribuição do exercício exclusivo de faculdades de utilização como «*consequência, legalmente estabelecida, da função por si desempenhada*»[695].

V – O produtor, "*dado o carácter essencial do seu contributo empresarial para a própria individualização da obra como obra cinematográfica*" deve então, no direito italiano, considerar-se verdadeiro beneficiário de atribuição *constitutiva* das faculdades de utilização patrimonial de (limitadas à) exploração cinematográfica da obra.

Veremos se, no ordenamento jusautoral português o regime aplicável à criação e produção destas obras é ou não assimilável a este.

---

[693] Ascarelli, *ob. cit.*, n.º 26, pags. 714 ss., que rejeita - com fundamento – estarmos perante a atribuição de um "*direito real* (de espécie não identificada) do produtor a par do dos co-autores" ou de um "*direito pessoal*".

[694] Ao *editor da obra colectiva*, face ao direito italiano, cabe (a titularidade de) o direito de utilização desta.

[695] No mesmo sentido, Greco / Vercellone, *ob. cit.*, N.º 78, pag. 249, que consideram mesmo «uma metonímia a expressão *exercício*, quando aplicada nos arts.. 45 e 46 da L.aut.ital.*, ao direito de utilização da obra cinematográfica.

SUBSECÇÃO II

Conformação voluntária da situação jusautoral nas obras audiovisuais

67. Direitos e deveres do produtor da obra audiovisual – *um "empresário" de uma obra colectiva ou o beneficiário de uma atribuição patrimonial*

I – Vittorio DE SANCTIS / Mario FABIANI recusam justificadamente a imputação de titularidade originária do direito de autor ao produtor, o que constitui – *e não apenas face ao ordenamento italiano* – a justificada negação do que seria uma manifesta interpretação *contra legem*. Os mesmos Autores logo acrescentam o que se segue como evidente:

a) que pode faltar ao realizador da obra audiovisual a autonomia organizativa dessa obra, designadamente em todos os casos em que aquele «*dependa do produtor, faltando-lhe aquela liberdade de escolha que é o pressuposto de uma organização e direcção autónomas da obra*»[696];

b) que «[...] *o produtor é cessionário ex contractu dos direitos que constituem a base jurídica da sua realização empresarial. A produção empresarial de um filme pressupõe, sempre, a existência de um pacto e a previsão legal*»[697].

Afirmam assim que o produtor audiovisual, que não é um *titular originário do direito de autor na obra audiovisual*, é: «[por defini-

---

[696] VITTORIO DE SANCTIS / MARIO FABIANI, "*I Contratti di Diritto di Autore*", cit., n.º 89, pag. 317, mais explicam: «*tal só não leva a reconhecer-se nestas obras, quando criativas, a criação de um outro sujeito porque "per fortuna"* [sic no original], *mesmos nestes casos duvidosos, socorrem as presunções* [de titularidade que decorrem da menção da denominação de autoria e do registo] *estabelecidas nos arts. 8 e 103 L.aut.ital.**» - intercalado nosso.

[697] Recordamos que VITTORIO DE SANCTIS / MARIO FABIANI, *ob.* cit., n.º 90, em nota (22) à pag. 318, negam, a partir desta asserção, que se verifique, no quadro do ordenamento jurídico italiano, uma *atribuição originária da titularidade do direito de autor nas obras audiovisuais ao produtor*.

ção legal] *um organizador a quem é confiada a organização da* [e o exercício de faculdades de] *utilização económica da obra cinematográfica* [...]»[698].

E, neste axioma, resumem uma ideia que acolheríamos sem reservas, não fora pensarmos que a atribuição de faculdades (jusautorais) de utilização de uma obra – segundo regime que veremos reflectir também o do Direito de autor português – não representa *cessão* do direito patrimonial ao produtor, mas atribuição constitutiva de faculdades isoladas de utilização em benefício deste: as que respeitam à *exploração audiovisual da obra*[699], como *efeito legalmente presumido do contrato de produção*. Assim, os "co-autores" da obra audiovisual, do mesmo passo em que atribuem o conjunto de faculdades de exploração audiovisual da obra ao produtor, conservam o remanescente do direito patrimonial de autor, precisamente quanto a todas as faculdades de utilização que não respeitem a essa exploração audiovisual (assim, designadamente: quanto à faculdade de *radiodifusão* da obra produzida – art. 127º/3 CDA*; ou quanto à faculdade de *"transformação"* da obra audiovisual – art. 129º/1 CDA*)[700]. Confirmemo-lo.

II – Nos termos do disposto no art. 126º/1 CDA*, «*o produtor é o empresário do filme*»[701]. A mesma disposição legal – no uso, aliás,

---

[698] DE SANCTIS / FABIANI, última *ob. cit.*, n.º 90, pag. 319. Os mesmos Autores, *ibidem*, sublinham mesmo o contraponto entre o regime de atribuição de faculdades de exploração da obra audiovisual (*ex vi* art. 45, §1, L.aut.ital.*) e o que, na mesma Lei, resulta consagrado para as *obras colectivas* (art. 38 L.aut.ital.*, já analisado especialmente), para as *fotografias não criativas realizadas no âmbito de contrato de trabalho* (arts. 88 §2, e 89 L.aut.ital.*) ou para os *programas de computador criados no âmbito de vínculo de trabalho subordinado* (art. 12-*bis* da mesma Lei).

É irresistível salientar o paralelo entre o regime instituído por aquelas disposições e as correspondentes na lei portuguesa para obras de características similares (com excepção das *fotografias não criativas* – que não têm tratamento equivalente ao que lhes dá, por exemplo, tanto a lei autoral alemã como a italiana – cfr. *supra*, notas ao n.º 16-IV e ao n.º 52-II).

[699] Explicamos *infra* o que significamos pela expressão "exploração (em modalidade) audiovisual" – cfr. n.º 68-III.

[700] Faculdades estas que não respeitam à exploração de contributos criativos *individuais*, mas da obra audiovisual *no seu todo*.

[701] A expressão *filme* tem aqui o sentido de obra cinematográfica, como expusemos acima e resulta do art. 7º/4 do Decreto-lei n.º 332/97 também já analisado.

de uma técnica atípica que pretende *descrever* a referida noção de "empresário" – fornece também o *conceito*: «[aquele que] *como tal organiza a feitura da obra cinematográfica, assegura os meios necessários e assume as responsabilidades técnicas e financeiras inerentes*». Ao apontar este "conteúdo" da participação do produtor na formação da obra cinematográfica, a norma leva a crer que *a obra cinematográfica tem o estatuto das obras colectivas*, pelo que o titular originário do direito de autor seria o seu produtor. Não é assim.

Logo o n.º 3 do mesmo art. 126º – ao estabelecer o contraponto entre *produtor* e «...*o titular ou titulares do direito de autor...*» – indicia a não identidade de posições jurídicas, ideia que é confirmada pelo disposto no art. 127º/1 e /2 de que resulta a presunção de atribuição ao produtor de certas faculdades de exploração da obra, derivada da autorização dos autores para produzir: faculdade de fixação, impropriamente designada pela lei "produção do negativo, dos positivos e dos registos magnéticos"; de reprodução em exemplares; e de distribuição/pôr em circulação.

É certo que a lei de autor portuguesa:

- faz depender o «*acabamento da obra do acordo sobre a versão definitiva entre o produtor e o realizador*» (art. 130º CDA*) – disposição que decalca a do art. L.121-5 §1 do CPI francês*[702], e que concluímos representar a *participação do produtor também no próprio processo de criação/formalização da obra*;
- confunde a utilização dos contributos criativos na obra cinematográfica c a exploração cconómica da obra audiovisual (cfr. art. 127º/4, sobre a "*transmissão radiofónica da banda sonora*");
- repete uma equívoca disposição, que encontramos no art. 46-bis da lei de autor italiana (cfr. *supra*, n.º 66-III, em análise desta), que faz depender «*as traduções, dobragens ou quaisquer transformações da obra cinematográfica*» da autorização dos autores (art. 129º CDA*) – no que já vimos dever ser interpretado como a estatuição da *necessidade de autorização*

---

[702] Em comentário a esta norma na lei francesa, pode confrontar-se o exposto *supra*, n.º 64-VII.

dos autores apenas para a transformação dos seus contributos criativos individuais incorporados na obra audiovisual[703];
- mistura também a *autorização para a adaptação cinematográfica* de obra preexistente - uma normal reserva da faculdade de *transformação de criações singulares* (cfr. art. 169º/1 CDA*) – e a convenção para produção da obra cinematográfica (art. 124º).

No entanto, parece claro que, em Portugal – sobretudo nos termos das citadas disposições do art. 127º/1 e /2 CDA* –, se consagra a *atribuição de faculdades jusautorais de exploração audiovisual da obra ao produtor, como efeito presumido do contrato de produção audiovisual celebrado entre os que a lei designa "co-autores" e o produtor da obra*[704].

---

[703] Como bem se entende, não se "*traduzem* ou *dobram*" obras cinematográficas, mas os textos escritos nestas incorporados/utilizados.

[704] VITTORIO DE SANCTIS / MARIO FABIANI, "*I Contratti di Diritto di Autore*", cit., n.º 91, pags. 321/322, alvitram a possibilidade de o direito do produtor audiovisual ser «*um direito conexo a par dos de outros empresários culturais: os produtores de fonogramas (arts. 72 a 78 L.aut.ial.** [na redacção após a modificação pelos D.leg. n. 685, de 16-11--1994, em transposição da Directriz 92/100/CEE*], *dos organismos de radiodifusão (art. 79) e dos do editor (art. 100 a 102 L.aut.ital.** [na redacção após alteração pela L. n. 159, de 22-5-1993]». [...]. Este compreenderia (*ibidem*): «[...] *os poderes exclusivos de autorizar a reprodução directa ou indirecta dos originais e cópias (da obra cinematográfica) de autorizar a distribuição por quaisquer meios (incluindo os meios televisivos) e compreendendo a venda de cópias (e depois também em videocassete) e de autorizar a locação e o comodato*».

São os mesmos Autores (*ibidem*) que logo confrontam dificuldades de harmonização dos direitos dos co-autores e deste "direito conexo", dado que um hipotético conflito de direitos poderia «*paralisar a exploração económica da obra*». Mais sério, como os próprios reconhecem, é o que resulta da óbvia não coincidência de *objecto* do direito que resulta da produção de suportes e daqueloutro que deriva da (con)cessão de faculdades de exploração audiovisual: «*a obra fixada no fonograma tem já uma "objectividade" autónoma que precede a sua gravação no suporte*», admitem VITTORIO DE SANCTIS / MARIO FABIANI.

Ora, como vimos (*supra*, n.º 47), muito embora a titularidade os direitos que advêm da produção audiovisual e da produção dos suportes que fixem obras audiovisuais possam coincidir na titularidade do mesmo sujeito, tal resultará de factos distintos a que correspondem direitos com objecto, conteúdo e natureza também diversos.

III – Deparamos, pois, não com uma *imputação da titularidade originária* do direito ao produtor (como se fosse uma obra colectiva), nem com uma *cessão presumida ex contractu*[705], mas com a atribuição ao produtor (da obra) audiovisual do conjunto de faculdades que correspondem à exploração audiovisual da obra. Esta *atribuição é efeito legalmente presumido do contrato de realização e de produção audiovisual*, que realizador e produtor celebram como verdadeira e própria condição de "formalização" dessa obra. A atribuição do conjunto de faculdades de exploração audiovisual da obra ao produtor advém-lhe dos autores por via negocial.

68. A atribuição ao produtor das faculdades de exploração audiovisual da obra

I – Pela celebração do contrato de realização/produção audiovisual, não se verifica *atribuição originária* ao produtor do complexo de faculdades que integram o direito patrimonial de autor: o direito de autor nas obras audiovisuais constitui-se *íntegro* na titularidade dos (que a lei ficciona como) "co-autores"[706].

II – Em menagem aos interesse que mostra querer proteger, a lei deveria cuidar *não de estabelecer a "(co-)autoria"*, mas a contitularidade originária do direito na esfera jurídica daqueles que são designados "co-autores" da obra audiovisual (cfr. *supra*, n.º 26); na verdade, as razões que subjazem a esta atribuição originária do direito são manifestamente económicas – fixam aqueles que (se) julga deverem

---

[705] Como vemos sustentar Carlos Rogel Vide, *"Autores, coautores y propiedad intelectual"*, cit., n.º 5-5.1., ao confrontar disposição (art. 3º) da – hoje revogada pela LPI esp.* – *Ley 17/1966, de 2-6,* de Espanha, sobre "direitos de propriedade intelectual nas obras cinematográficas".

[706] Oliveira Ascensão, *"Obra audiovisual. Convergência de tecnologias. Aquisição originária do direito de autor"*, cit., n.º 4, pags. 243/244, suscita – em tese geral construída a partir do regime, sob a L.aut.bras.*, da *formação do direito de autor nas obras audiovisuais* – o importantíssimo problema da natureza da atribuição *convencional* de faculdades de utilização das obras intelectuais. Devido à sua importância *nuclear* em construção de tese em conclusão da presente dissertação, tratamos o problema autonomamente – cfr. *infra* n.º 85.

ser remunerados pela utilização dos seus contributos criativos –, e não pessoais-espirituais ligadas a uma genuína paternidade da obra dissimulada por tal ficção.

Curiosamente, esta mesma ideia surge expressa a propósito do sistema jusautoral britânico(!!), que evoluiu da consagração dos "films" como *"entrepreneurial works"* para *"authorial works"*[707].

III – Também não observamos que o contrato de realização/ produção audiovisual opere a *cessão* em benefício do produtor do direito patrimonial de autor nestas obras. É certo que se verifica uma *atribuição* de faculdades jusautorais *por efeito presumido desse contrato*. Contudo, essa atribuição é constitutiva. Vejamos em que termos.

---

[707] O trecho de CORNISH que segue elucida por si: «*O "copyright" num "film" é assim atribuído conjuntamente ao produtor [...] e ao director/realizador principal. Este deve considerar-se o derradeiro híbrido entre os direitos de propriedade intelectual, e demonstra a firme determinação britânica em não subscrever a dicotomia entre direitos de autor e direitos conexos* (W. R. CORNISH, "Intellectual Property: Patents, Copyright, ..." cit., n.º 10-23, -24, pags. 393/394, com intercalados nossos). E continua (*ibidem*, intercalados nossos): «*[...] a mudança do estatuto jusautoral do realizador* [após a transposição da Directriz 92/100/CEE* para o ordenamento jurídico do Reino Unido] *pode ter maiores consequências ideológicas que práticas. Em primeiro lugar, a atribuição de titularidade* [originária] *ao realizador está sujeita à regra geral segundo a qual as obras criadas em execução de "employment"* ["... in the course of employment ...", na expressão original] *estão prima facie na titularidade originária do empregador* ["... are prima facie the property ab initio of the employer", na expressão original]; *e, em segundo lugar, mesmo que os realizadores não criem como empregados* ["... who are comissioned rather than employed...", na expressão original], *devem normalmente esperar atribuir* [voluntariamente – por "assignment"] *o "copyright" ao produtor.*».

BENTLY / SHERMAN retiram ainda outra consequência do particular estatuto das obras cinematográficas sob o direito do Reino Unido: «*[...] a estatuição segundo a qual o produtor e o realizador principal são criadores dos "films" significa que estes são agora considerados "obras de autoria" e já não "obras de empresa" ou mais exactamente uma espécie de híbrido. Por sua vez, isto pode sugerir que para que um "film" seja protegido é necessário que seja original/criativo. Contra isto milita, porém, o facto de as regras que regulam a duração da protecção* (cfr. nova sec. 13B(9) UK CDPA*) *estabelecerem que um "film" pode não revelar o realizador e ainda assim merecer protecção. Dado o que – vista a letra expressa da lei* [as já citadas "The Copyright and Related Rights Regulations 1996, No. 2967"*] *–, se afigura que os "films" não dependem na sua tutela jusautoral do preenchimento do requisito da originalidade.*» (L. BENTLY / B. SHERMAN, "Intellectual Property Law", cit., I-4, 4., pag. 99, com intercalados nossos).

a) É verificável que o produtor audiovisual não adquire o *exclusivo pleno* a que corresponderia uma verdadeira e própria transmissão do direito patrimonial de autor nestas obras que produz. Por efeito (ainda assim, apenas *presumido* – cfr. art. 127º/2 CDA*) do contrato de realização e produção audiovisual, o produtor beneficia da atribuição de faculdades de utilização circunscrita a uma só modalidade de exploração, *a audiovisual*.

[Por *"atribuição de faculdades de utilização segundo modalidade de exploração audiovisual"* significamos que a lei tipifica como presuntivamente atribuídas não mais do que as faculdades estritamente necessárias a essa modalidade de aproveitamento económico da obra. Assim, no ordenamento jusautoral português: o art. 127º/1 e /2 CDA* é explícito na consagração da atribuição dos direitos de *fixação «em negativo, em positivo»*, (significando a fixação em "suporte fílmico[708]"); *de reprodução/multiplicação em «cópias e registos magnéticos»*; *de distribuição/pôr em circulação «pela exibição em salas públicas, salvo estipulação especial»*. Já o direito de *comunicação pública*, designadamente pela radiodifusão – e, acrescentamos, também pela *telecomunicação digital em rede – parece dever entender-se como de atribuição não presumida como efeito normal do contrato de realização/produção audiovisual*, vista a exigência de "autorização (específica, entenda-se) dos autores" para a «... *radiodifusão sonora ou visual da película, a sua comunicação ao público, por fios ou sem fios, nomeadamente por ondas hertzianas, fibras ópticas, cabo ou satélite»* - cfr. art. 127º/3 CDA*[709].]

b) Mais se observa que os "co-autores" da obra audiovisual conservam a generalidade das faculdades de utilização quanto a formas de exploração não especialmente autorizadas pelo

---

[708] "Suporte fílmico" esse, que julgamos dever designar como *todo o que seja apto a fixar obra audiovisual*: película, fono/videograma ou suporte digital ou qualquer outro que o contrato especifique.

[709] Sem surpresa, sobretudo dada a consagração expressa do *princípio da atribuição finalista* pela lei alemã, verifica-se que tal atribuição tem característica análoga, *ex* § 89(1) UrhG alemã*. Assim também nos termos expressos do art. 88/1 LPI esp.*, do art. L.132-24 § 1 CPI fran.* ou do art. 46 § 1 L.aut.ital.*.

contrato de realização/produção – por todos, cfr. art. 127º/3 e /4 CDA* e art. 14-*bis* /2- b) da CB*[710].

[Assim, para já não mencionar a posição dos autores de cada um dos contributos utilizados na obra audiovisual: o direito de autor naqueles permanece na esfera jurídica dos respectivos autores, apenas *limitado no seu exercício* – por todos, cfr. art. 135º CDA*[711].]

c) Por outro lado, verifica-se que o contrato de realização e de produção audiovisual pode ser *resolvido* com fundamento no *não exercício pelo produtor das faculdades atribuídas*. Caso o contrato seja resolvido – visto que o direito de autor na obra audiovisual *caduca* apenas *70 anos após a morte "do último sobrevivente" de entre um conjunto de co-autores* (art. 34º CDA* e art. 2º/2 Directiva 93/98/CEE*) –, o direito patrimonial *reconstitui-se na sua plenitude* na esfera dos "co-autores" – cfr. art. 136º CDA*[712/713].

---

[710] Mais uma vez sem estranheza, verifica-se que tal delimitação tem característica análoga em ordenamentos estrangeiros de raiz romano-germânica. É desnecessária a sua previsão na lei alemã, visto que tal delimitação resultaria sempre do *"Zweckübertragungsprinzip"* – *ex* § 31(5) UrhG alemã*. Ainda assim pode deduzir-se nomeadamente do § 89(2) da mesma Lei que admite a atribuição "antecipada e em separado" do direito de exploração ("Nutzungsrecht") na obra cinematográfica pelo autor a pessoa diferente do produtor. A exigência de autorização pelos "autores" da obra cinematográfica para "outras utilizações" pelo produtor resulta explícita dos termos do disposto no art. 88/1 § 2 LPI esp.*, no art. L 132-24 §§ 2 e 3 CPI fran.* ou do art. 46 § 2 L.aut.ital.*.

Sobre a disposição legal citada da lei de autor espanhola (art. 88/1 LPI esp.*), LUIS F. RAGEL SÁNCHEZ, *"Compositores, intérpretes y ejecutantes de la música en el cine"*, cit., n.º 6, pag. 142, observa que: «[...], *não se presumem cedidos ao produtor todos os direitos de exploração enumerados no art. 17 do T.R.* [art. 17 da LPI esp.*, que enuncia as faculdades patrimoniais compreendidas no direito patrimonial de autor], *mas unicamente os mencionados no art. 88.1 I* [§ 1º do art. 88/1 LPI esp.*] *(reprodução, distribuição e comunicação pública), diversamente do que sucede quando o compositor está ligado por uma relação laboral ao produtor, caso em que se presume que cede a este, com carácter exclusivo, os direitos de exploração (art. 51.2 do T.R.)* [referindo o conjunto de faculdades compreendidas no direito patrimonial], *incluindo o de transformação.*» – intercalados nossos.

[711] Assim também, nomeadamente: o art. 88/2 LPI esp.*; o art. L.132-29 CPI fran.*; o § 89(3) UrhG alemã*; o art. 48 L.aut.ital.*.

[712] Não existe, no ordenamento jurídico de Portugal, norma de teor semelhante à que consagra o § 41(1) UrhG alemã* que prevê, em geral, o *direito de* revogação *da atribuição de faculdades de exploração económica da obra* por não exercício. A regra que se assinala, prevista no art. 136º CDA*, parece contribuir para que se deduza que deparamos, neste

Se ocorresse uma atribuição translativa do direito, ainda que como efeito meramente presumido do contrato de realização/produção audiovisual, a titularidade das faculdades atribuídas ao *produtor não dependeria do seu exercício por este*; também não se observa que a renúncia pelo produtor às faculdades de exploração atribuídas tenha como efeito a extinção destas, senão a sua re-constituição na titularidade dos "co-autores" disponentes. Não se evidencia pois que o contrato de realização e de produção audiovisual tenha como efeito a "transmissão parcial" com desmembramento do direito de autor, mas a sua *oneração* quanto às faculdades atribuídas ao produtor.

69. A atribuição ao produtor de direitos de exploração dos contributos criativos utilizados na obra audiovisual

I – Ressalta ainda um outro aspecto do regime desta particular e complexa modalidade de aproveitamento jusautoral de obra. Trata-se do que entendemos ser mais uma demonstração da tese que sustentamos acima sobre a mera ficção de co-autoria que diversos ordenamentos jusautorais romano-germânicos estabelecem para as obras audiovisuais, escamoteando a consagração do que não é mais do que o reconhecimento da *contitularidade originária* pelos designados "co-autores": a revelação da *atribuição directa ao produtor* (sem mediação dos ditos "co-autores", entenda-se) *de faculdades de utilização de obras* ("preexistentes") *não criadas especialmente para o fim da realização/produção audiovisual*.

---

caso, com aquela que é regra geral sob o direito alemão: por aplicação conjugada dos §§ 29 e 31 UrhG alemã*, *a atribuição em exclusivo de faculdades jusautorais não implica transmissão total ou parcial, mas mera oneração do direito de autor*.

[713] A propósito das normas que regulam a *atribuição de faculdades jusautorais por efeito do contrato de realização/produção audiovisual*, no direito espanhol (ver *supra*), RAGEL SÁNCHEZ, "*Compositores, intérpretes y ejecutantes de la música en el cine*", cit., n.º 6, pag. 144, enuncia teoria geral, que referimos sob reserva visto a natureza (propriedade) que este Autor reconhece no direito de autor: «*O direito de autor, como todo o direito de propriedade, é elástico e propende a reconstituir-se quando cessa a causa que motivou a sua limitação e não a fraccionar-se quando o seu titular se opôs à produção desse efeito.*». Pensamos, contudo e como adiante tentamos demonstrar, que o "não-*desmembramento/ fraccionamento*" do direito de autor não depende da vontade do seu titular, antes sendo inerente à sua natureza.

II – Vimos que a produção audiovisual – *que não é actividade criadora da obra* – depende de autorização dos que a lei designa "autores" destas obras. Contudo, essa "autorização" não é requerida apenas dos ditos "autores da obra cinematográfica/audiovisual", uma vez que a lei (cfr. art. 124º CDA*) faz depender a produção também de «*autorização dos autores das obras preexistentes, ainda que estes não sejam considerados autores da obra cinematográfica* [...]».

Como antecipámos, verifica-se que, *pelo contrato de realização e de produção audiovisual*, o produtor convenciona directamente com os autores das referidas "obras preexistentes" (à realização/criação) também *a exploração cinematográfica de obras não criadas especialmente para expressão audiovisual*. Logo, pelo menos quanto às obras incorporadas que não tenham sido especialmente criadas para a utilização audiovisual, as faculdades para a sua exploração económica em modalidade audiovisual são directamente atribuídas ao produtor – por convenção entre este e os autores desses contributos discrimináveis – sem intervenção dos (legalmente ditos) "autores" da obra audiovisual.

E julgamos encontrada mais uma evidência da hipótese que formulámos em tema deste Capítulo: o contrato de realização e de produção audiovisual é paradigmático da atribuição de faculdades de utilização de obras intelectuais a um não criador – neste caso, o produtor (da obra) audiovisual.

Vejamos se o exemplo consente a formulação de tese aplicável a outras situações de direito de autor.

SÍNTESE EM RECAPITULAÇÃO
O contrato de realização para produção audiovisual

1. A) Afigura-se que a distinção entre *obra cinematográfica* e *adaptação cinematográfica*, no direito **alemão**, parece poder sintetizar-se no seguinte: autores da obra cinematográfica (e de todas aquelas *expressas* por processo análogo ao da cinematografia) são todos aqueles que, *com o realizador*, tenham criado obras "*para os fins próprios da cinematografia*"; a *adaptação à cinematografia* de obra preexistente é uma transformação, um processo para a obtenção de uma obra *derivada* cinematográfica (ou de outra *expressa* por processo análogo); o *produtor cinematográfico*, como beneficiário da atribuição patrimonial de faculdades de utilização da obra cinematográfica, é também parte do chamado *contrato de exploração fílmica* – a celebração deste importa a atribuição ao produtor de faculdades de utilização das obras cinematográficas por si produzidas; distintos das *obras cinematográficas*, são os *"filmes"* (obtidos ou *expressos* por processo análogo à cinematização – meros produtos cinéticos), que não são obras cinematográficas, como as meras sequências de imagens e sons sem realização (por exemplo, a gravação e difusão televisiva de representações dramáticas ou de ópera) – comungam, porém, do regime aplicável às adaptações para cinematografia.

B) O direito **britânico** não busca no *conteúdo* dos "films" as características que justificam a tutela sob o "copyright". O objecto da protecção na cinematografia é o conjunto das próprias imagens gravadas e não as obras nelas representadas ou utilizadas na sua realização e produção: «um *"film"* [objecto de protecção por "copyright"] *é a gravação de imagens em movimento* [apresentadas com sugestão de movimento], *não é a obra dramática ou outro conteúdo que nele se incorpore(m)*». Após a transposição da Directriz 92/100/CEE* para o ordenamento jurídico do Reino Unido, a *obra cinematográfica* (segundo a caracterização inequívoca da expressão "film" dada pelo último parágrafo do n.º 1 do art. 2º da mesma Directriz) é hoje caracterizada como uma obra de autoria conjunta do *realizador (principal)* e do *produtor*; a lei de autor do Reino Unido reconhecia - e reconhece ainda - também a *autoria*, pelos respectivos criadores, dos contributos criativos individuais incorporados na obra cinematográfica.

C) Afigura-se que, no direito **estadunidense**, a obra audiovisual é protegida estritamente na originalidade da sua *expressão formal* (combinação de elementos, modo da sua apresentação), independentemente do carácter criativo do *objecto* representado. Considerados os pressupostos e objecto de tutela no *género* obra audiovisual no direito dos EUA, não surpreende que o seu regime, quer quanto à *autoria* quer quanto à *titularidade originária* do "copyright", partilhe do estatuto das *"works made for hire"*, pelo menos quanto às que «*foram criadas para* ["commissioned for"] *serem utilizadas como* *parte de* [...] *"motion picture" ou de outra obra audiovisual».* Não obstante o estabelecimento do pressuposto da *criatividade* ligado à "authorship" das obras cinematográficas e outras audiovisuais, quer a *autoria* quer a *titularidade originária* da globalidade do "copyright" nas referidas "works made for hire" são expressamente reconhecidas, «...*salvo acordo escrito em contrário, ao empregador ou àquele para quem a obra foi elaborada».* A *aquisição de faculdades jusautorais pelos autores de obras elaboradas como parte de obra audiovisual* poderá tão-só resultar, sob o direito dos EUA, de *atribuição por via contratual* pelo produtor-empregador/comitente, *i.e.*, nada menos que o correspondente simétrico do instituído nos ordenamentos europeus: os criadores da obra audiovisual podem ver ser-lhes imputada a titularidade do direito (neste caso derivada do produtor) *pelo facto da contratação da sua produção.*

D) As obras audiovisuais, no direito **francês**, *presumem-se obras em co-autoria de um conjunto determinável de sujeitos* que as criem em colaboração; os antecedentes da norma que o consagra indicam que se pretendeu excluir a sua qualificação como *obras colectivas* (visto que só se reconhecem como *autores as "pessoas físicas").* O postulado anterior implica tão-só que se afasta a imputação originária do direito de autor ao *empresário-da-obra* (designado *produtor),* mas não também tanto o *exercício por este de todas as faculdades de conteúdo patrimonial* como a *aquisição imediata,* por via convencional, da titularidade em exclusivo de todas as faculdades – não expressamente excluídas – de utilização da obra audiovisual para os fins da sua exploração em resultado da *presunção de cessão global do direito patrimonial.*

E) Sendo certo que a lei de autor **espanhola** nega ao produtor da obra audiovisual a titularidade originária do direito de exploração económica, é inquestionável que a mesma presume a *atribuição em exclusivo ao produtor* de certas faculdades de utilização da obra (de reprodução, de distribuição, de comunicação pública, de autorizar a sua "dobragem e legendagem") como efeito do contrato para a sua realização e produção. Se a este último efeito acrescentarmos que «*a exploração dos contributos criativos individuais resulta* [pelo contrato de produção] *limitada pela salvaguarda da exploração da obra audiovisual* [pelo produtor]», somos levados a supor que a *criação funcional* e a *atribuição patrimonial finalista* da sua utilização fun-

dem-se como *efeito do* acabamento e exteriorização da obra em cumprimento do contrato *para* a sua realização e produção. Não sendo *criador* da obra, o produtor audiovisual é o *detentor primário das faculdades de exploração audiovisual da obra.*
   F) Em **Itália**, o disposto no art. 47 L.aut.ital.*, ao facultar ao produtor a introdução das *modificações* nas contribuições criativas individuais necessárias à sua adaptação cinematográfica, não implica a investidura deste na titularidade de qualquer faculdade *pessoal*; trata-se simplesmente do exercício de prerrogativas inerentes ao seu exclusivo patrimonial, que não podem implicar o desvirtuamento (atentado à integridade) daquelas. Se os autores (dos contributos criativos individuais literário e musical e não também, por exemplo, o realizador, nos termos explícitos da disposição legal citada) "retomam" o exercício livre da exploração da obra cinematográfica, dir-se-á que o exercício exclusivo outorgado *ex lege* ao produtor não representará uma verdadeira atribuição de poderes de utilização (e menos ainda, por maioria de razão, qualquer imputação da titularidade originária de direitos de autor), mas tão-só a *oneração* do direito que àqueles continuaria a pertencer. O produtor, *"dado o carácter essencial do seu contributo empresarial para a própria individualização da obra como obra cinematográfica"* deve então, no direito italiano, considerar-se verdadeiro beneficiário de atribuição das faculdades de utilização patrimonial de (limitadas à) exploração cinematográfica da obra.

   2. É verificável que o produtor audiovisual não adquire o *exclusivo pleno* a que corresponderia uma verdadeira e própria transmissão do direito patrimonial de autor nestas obras que produz. Por efeito (ainda assim, apenas *presumido*) do contrato de realização e produção audiovisual, o produtor beneficia da atribuição de faculdades de utilização circunscrita a uma só modalidade de exploração, *a audiovisual*. Mais se observa que os "co-autores" da obra audiovisual conservam a generalidade das faculdades de utilização quanto a formas de exploração não especialmente autorizadas pelo contrato de realização/produção. Se ocorresse uma atribuição translativa do direito, ainda que como efeito meramente presumido do contrato de realização/produção audiovisual, a titularidade das faculdades atribuídas ao *produtor não dependeria do seu exercício por este*; também não se observa que a renúncia pelo produtor às faculdades de exploração atribuídas tenha como efeito a extinção destas, senão a sua reconstituição na titularidade dos "co-autores" disponentes. Não se evidencia pois que o contrato de realização e de produção audiovisual tenha como efeito a "transmissão parcial" com desmembramento do direito de autor, mas a sua *oneração* quanto às faculdades atribuídas ao produtor.

Pelo menos quanto às obras incorporadas que não tenham sido especialmente criadas para a utilização audiovisual, as faculdades para a sua exploração económica em modalidade audiovisual são directamente atribuídas ao produtor – por convenção entre este e os autores desses contributos discrimináveis – sem intervenção dos (legalmente ditos) "autores" da obra audiovisual.

Concluímos que a atribuição do conjunto de faculdades de exploração audiovisual da obra ao produtor advém-lhe dos autores por via negocial. A situação jusautoral correspondente é delimitada pela *destinação normal* deste género de obras – a qual é, por sua vez, *fixada no próprio contrato de produção* que celebra com o realizador e com os criadores dos contributos a incorporar ou, na falta de estipulação, todas as inerentes à exploração audiovisual da obra.

CAPÍTULO II
Elementos para a construção de um modelo de contrato conformativo da situação jurídica de direito de autor – o *contrato de direito de autor para criação de obras intelectuais*

70. **A objectivação do pressuposto de tutela jusautoral e o princípio de coincidência subjectiva entre a titularidade originária do direito de autor e a autoria – recapitulação das premissas de uma tese**

I – Recordamos o que enunciámos logo no início desta dissertação: observámos que, nos termos expressos da lei, se estatui que a imputação de *autoria* relativa a uma dada obra não coincide necessariamente com a *titularidade originária* do direito de autor.

Não obstante, notámos também, pelo menos no ordenamento jusautoral português, a manifestação de um "princípio de coincidência subjectiva *entre a titularidade originária do direito de autor e a autoria*" (cfr. n.ºs 2 e *18-II*, *supra*).

II – Confrontámos depois situações com relevância jusautoral em que a obra surge sob a aparência do resultado de uma "criação (intelectual) *sem intervenção* (autoria) *humana*", que referenciámos como pretensas *"obras não intelectuais"*. Concluímos que, se "*toda a criação de obra intelectual é humana*", já nem toda a autoria o é. *Sem que se negue a humanidade da criação*, a imputação de autoria já não "reflecte" – se é que alguma vez reflectiu – qualquer "espírito criador": é a intelecção da criatividade da expressão formal do bem imaterial exteriorizado que justifica a caracterização deste como *obra intelectual*; aquela que apenas a inteligência apreende e, por isso também, insusceptível de apropriação.

Fez-se então evidente que a imputação de autoria pode estar desligada da pessoa humana – e abriu-se o caminho à ideia de *autoria (personalizada) de entes meramente jurídicos*.

III – Vimos reclamarem atenção e tratamento especiais os casos em que a *titularidade originária do direito de autor é expressamente deferida por lei* (também) *a entes colectivos*, pessoas meramente jurídicas (como nas "obras colectivas"). Indiciou-se então a progressiva *superação da imputação naturalista da autoria* (autoria-criação intelectual/humana) *em prol de uma autoria que serve tão-só a imputação de titularidade originária do direito de autor*. Relaciona-se esta com objectos a que se reconhece expressão formal criativa, porém julgada digna de tutela sob o direito de autor em benefício de interesses que são cada vez menos os do criador humano individualmente considerado e, muito provavelmente, mais os que favorecem a remuneração de investimentos de empresas que "enquadram" o processo da criação.

Concluímos que a autoria é a qualidade de quem cria uma obra intelectual, mas não coincide necessariamente com a personalidade física. Só o ser humano cria, mas nem só o ser humano é autor. No entanto e apesar do favorecimento assim revelado do investimento que enquadra o processo criador de um número crescente de obras em que o componente técnico é relevante, *a desumanização da autoria não equivale à sua despersonalização*.

IV – Apurámos também que, por vezes, a lei fixa a autoria com vista apenas à legitimação para o exercício originário de faculdades de direito de autor. Tal ocorre nomeadamente nos casos em que, apesar de a obra nascer sem verdadeira concertação criativa, *a lei* estabelece a co-autoria. Por ser fictícia, quando confrontada a verdade material do processo criativo respectivo, essa "co-autoria" não representa mais do que a imputação de "co-titularidade originária" – é o caso nas situações jusautorais respeitantes à criação de obras audiovisuais.

A *verdade material do processo criativo das obra audiovisuais aconselharia que estas fossem encaradas como "obras colectivas"*, enquadradas empresarialmente pelo produtor. Contudo, é inequívoco que é denegada a atribuição de *titularidade originária* do direito de autor ao produtor-empresário: ressalvada a excepção anglo-americana, o direito de autor nas obras audiovisuais *constitui-se íntegro na titularidade dos que a lei ficciona como "co-autores"*.

A constituição da situação jusautoral nas obras audiovisuais segue, então, um modelo exemplar. Ficciona-se a co-autoria de uns quantos (o realizador e outros que tenham criado obras utilizadas na obra audiovisual) com a correspondente imputação da contitularidade originária. Estabelece-se de seguida que, por efeito presumido do contrato de realização e de produção audiovisual – da celebração do qual, recorde-se, depende o reconhecimento do "acabamento" da obra –, *todas* as faculdades pertinentes à exploração audiovisual da obra se constituem na esfera jurídica do produtor.

No entanto, o produtor audiovisual não adquire o *exclusivo pleno* a que corresponderia uma verdadeira e própria *transmissão* do direito patrimonial de autor nas obras que produz, porquanto: os "co-autores" (da obra audiovisual) conservam a generalidade das faculdades de utilização quanto a *formas de exploração não especialmente autorizadas* pelo contrato de realização/produção; como dissemos, o produtor beneficia da atribuição de faculdades de utilização circunscrita a uma só modalidade de exploração, *a audiovisual*. Por outro lado, verifica-se que o contrato de realização e de produção audiovisual pode ser *resolvido* com fundamento no *não exercício pelo produtor das faculdades atribuídas*; caso o contrato seja resolvido – visto que o direito de autor na obra audiovisual *caduca* apenas *70 anos após a morte "do último sobrevivente" de entre um conjunto de co-autores* –, *o direito patrimonial reconstitui-se na sua plenitude* na esfera dos "co-autores". Se ocorresse uma verdadeira atribuição translativa do direito, ainda que como efeito meramente presumido do contrato de realização/produção audiovisual, a titularidade das faculdades atribuídas ao produtor *não dependeria do seu exercício por este*; nem a resolução do contrato pelos "co-autores" implicaria a "reconstituição" da situação jusautoral íntegra na titularidade destes.

Exemplar, a conformação da situação jusautoral nas obras audiovisuais transporta-nos pois para a configuração do que designamos criação em cumprimento de dever funcional. Caracterizámo-la como *aquela que, vinculada e dirigida à satisfação de um interesse alheio ao autor-criador, pode ter por efeito* – da vontade manifestada pelo autor – *a atribuição de faculdades de direito de autor a outrem, aos fins de utilização pelo qual se subordina também a utilização da obra assim criada.*

V – Assinalámos também que a conformação da situação jurídica de direito de autor na generalidade das criações de obras intelectuais "para (os fins de utilização por) outrem" depende da vontade manifestada contratualmente pelas partes envolvidas. Assim, o empregador enquadra empresarialmente a actividade de criação intelectual do seu trabalhador; nesta medida, organiza e dirige o processo de criação, determina-lhe uma função, pode conformar a prestação do trabalhador/empregado impondo-lhe uma disciplina laboral, fornece-lhe os instrumentos de trabalho adequados, se for o caso. Não se segue, porém, que a mera adstrição de origem contratual à criação de obras intelectuais – ainda que de característica juslaboral ("subordinada") – determine *por si só* a constituição, na esfera jurídica do empregador, de direitos de autor sobre os "resultados do trabalho".

Se aquele que "subordina" a sua actividade criativa aos poderes de autoridade e direcção patronais – ou a conforma às instruções do beneficiário de prestação de serviço – se *vincula* apenas *à realização diligente de "prestações criativas"*, nenhum efeito de direito de autor se produz, salvo se o contrato que o vincula à prestação laboral ou "de serviço" compreender também a (ante-)disposição de faculdades de utilização nas obras que venham a ser criadas nesse âmbito. Só neste caso pode, com propriedade, falar-se de contratos (de trabalho, de prestação de serviço) com eficácia jusautoral; é da caracterização geral destes – verdadeiros *contratos de direito de autor* – que nos ocupamos neste escrito.

71. **Criação vinculada de obra futura,** *edição* **de obra futura e contrato para criação de obras intelectuais – a separação do género**

I – Expusemos antes (cfr. *supra*, n.º 11) as razões que nos levam a considerar que obra intelectual é o *objecto* do direito de autor. Em suma, escrevemos: «[...] *a obra intelectual é* [...] *incindível como realidade (imaterial) inteligível*. [...], a "independência entre as várias formas de utilização da obra" (*ex* art. 68°/4 CDA*[714]) não significa a susceptibilidade de aproveitamento não unitário da obra: *a susceptibilidade de atribuição de faculdades isoladas de utilização patrimonial, segundo uma ou mais modalidades consentidas* (a confirmar-se e ainda que concebível como desmembramento do direito de autor, que é tese que não perfilhamos, como se verá), *mais não denota que a ligação da obra no seu todo aos fins de exploração económica do sujeito titular do direito segundo cada uma dessas modalidades de utilização individualmente consideradas*. Por fim, não pode com rigor afirmar-se que o conjunto de faculdades que permitem reconhecer na titularidade do direito de autor uma posição de exclusivo *deixem perceber outro meio de atingir os fins da atribuição desse direito que não seja a própria obra.*».

Confirmamos esta ideia também quando procedemos à caracterização do direito pessoal e ao exame da sua conformação voluntária (cfr. n.ᵒˢ 11 e 84).

Em conjugação com o antes exposto, julgamos poder afirmar-se que a obrigação que emerge do contrato para criação de obras intelectuais tem por objecto uma prestação *de facere*, precisamente a criação de uma ou mais obras intelectuais. Veremos se a obrigação da "entrega da obra" ou obras criadas em execução desse contrato é essencial ao modelo[715/716].

---

[714] Confrontámos a alteração deste preceito do CDA* pela Lei n.º 50/2004, de 24-8. No entanto, o n.º 4 do citado art. 68º não sofreu alteração.

[715] Sobre a *empreitada* – ressalvada a diferente característica acima assinalada (cfr. *supra*, n.º 57), expõe Pedro Romano Martinez, *"Direito das Obrigações (Parte Especial) – Contratos (Compra e venda, Locação, Empreitada)"*, 2ª ed. cit., Parte III, n.º III. § 6, 4., pag. 385: «*A obrigação de entrega* [da obra] *tem natureza instrumental e é acessória do dever de realizar a obra. A realização da obra é uma prestação de facto, e a entrega uma prestação de coisa, instrumental e acessória da primeira.*» – intercalado nosso.

[716] Oliveira Ascensão, *"Direito Civil – Direito de Autor e Direitos Conexos"*, cit., n.º 303-IV, pag. 447, considera que «[no contrato de edição de obra futura] *a obrigação de entrega da obra futura é uma verdadeira obrigação jurídica.*» – intercalado nosso. Contudo, o *efeito constitutivo das faculdades que tipicamente o autor atribui ao editor por efeito da edição, não depende da entrega da coisa que é seu suporte* (o dito "original da obra" – cfr. – art. 89°/1 CDA*): *trata-se de uma prestação correspondente a um dever acessório do autor-comissário, mediante a realização da qual habilita o comitente com os meios necessários à utilização da obra nos termos convencionados.*

II – Dir-se-ia que o contrato para criação de obras intelectuais recai sobre *coisa* (obra) *futura*: a lei civil admite que a obrigação tenha por objecto imediato a prestação de coisa futura (art. 399º C.Civil*); a lei (também civil) de autor portuguesa prevê-o expressamente dentro de condicionalismos precisos (cfr. art. 48º CDA*)[717/718].

Ocorre assimilar a obrigação constituída pelo contrato para criação de obras intelectuais à que tipicamente nasce do contrato de *edição* de coisa futura: precipita-se uma conclusão errónea.

Ainda que o contrato para criação de obras intelectuais possa ter por objecto (a criação de) obra futura, não se segue que *o comitente* (empregador ou não) *assuma tipicamente a obrigação de "editar"* ou qualquer outra ligada à utilização da obra *para si* criada.

O editor pode *contratar a criação de obra futura para edição* ("encomenda a obra para edição") – a lei portuguesa admite-o, dentro de certos limites e prevê até regime específico aplicável (cfr. arts. 85º e 104º CDA*); simplesmente, neste caso o que prevalece é a

---

Como vimos (cfr. *supra*, n.º 48), a alienação do suporte material – consideradas as especialidades e excepções assinaladas quanto à atribuição de faculdades jusautorais específicas (caso da *faculdade de expor a obra*, nas obras de artes plásticas e dos efeitos da *alienação do negativo de obra fotográfica*) – *não é constitutiva de direito de autor*.

[717] Num ordenamento jurídico como o francês – em que se estabelece que «*a cessão global de obras futuras é nula*» (art. L.131-1 CPI fran.*) –, tal disposição tem sido interpretada, desde HENRI DESBOIS, no sentido de considerar que «*o citado art. L. 131-1 proscreve "todas as cessões relativas a duas ou mais obras futuras.*»: assim, por todos ANDRÉ LUCAS, *"Traité de la propriété littéraire et artistique"*, 2ª ed. cit., n.º 507, pag. 414, que considera esta a única concepção que, «*sem disfarçar alguma largueza na interpretação do preceito legal, melhor respeita o sentido da norma.*». O mesmo Autor (*ibidem*) encara, sem a abraçar, a possibilidade de considerar aquela norma ab-rogada por desuso.

[718] INOCÊNCIO GALVÃO TELLES, *"Direito das Obrigações"*, 7ª ed. cit., n.º 16-*e*), pag. 41 e respectiva nota (2), bem salienta que, entre os *bens futuros*, devem contar-se *"coisas ou direitos"* que: «– [...] *ainda não têm existência (sequer começo de existência)*; [...]; [...]; - [...] *já têm existência autónoma mas ainda não pertencem ao sujeito.*» – intercalados nossos.

PEDRO ROMANO MARTINEZ, *"Direito das Obrigações (Parte Especial) – Contratos (Compra e venda, Locação, Empreitada)"*, 2ª ed. cit., Parte I, n.º II. § 3, 2.-I, pag. 61, é específico: «[...]. *O segundo tipo de bens futuros respeita àqueles que são chamados de absolutamente futuros; eles não têm ainda existência material no momento da celebração do contrato. É o que ocorre, mormente, em relação a bens que ainda não se criaram ou que vão ser construídos. Imagine-se que alguém vende* [...] *um quadro que vai pintar; a coisa ainda não tem existência* (in rerum natura)*, mas a compra e venda pode ser ajustada.*

aplicação das regras da edição com importantíssimas consequências que a distinguem da criação para outrem em cumprimento de dever funcional. Entre estas, avulta a que estabelece que, *ao contrário do que resulta da* convenção para criação de obra intelectual, *o contrato de edição de obra futura obriga o editor a "reproduzir, distribuir e vender" a obra criada e entregue em cumprimento desse contrato*[719/720].

---

[719] Em ACÓRDÃO DO SUPREMO TRIBUNAL DE JUSTIÇA, de 29-6-1999, in BMJ*, n.º 488 (1999), pags. 386 ss., de que é Relator AFONSO DE MELO, marca-se a diferença entre *contrato de edição* (*ex* arts. 83º, 85º e 104º/4 CDA* – que regulam a edição, *maxime* a *edição de obras futuras*) e *contrato de prestação de serviço inominado*: «*O art. 83º do Código do Direito de Autor e dos Direitos Conexos* [CDA*] *considera contrato de edição aquele em que o autor concede a outrem, nas condições estipuladas ou previstas na lei, autorização para produzir por conta própria um número determinado de exemplares de uma obra ou conjunto de obras, assumindo a outra parte a obrigação de os distribuir e vender. O contrato de edição pode ter como objecto obras futuras a publicar em fascículos – arts. 85º e 104º, n.º 4, do mesmo Código. "In casu" verificam-se os elementos constitutivos do contrato de edição: reprodução, distribuição e venda da obra* [apud OLIVEIRA ASCENSÃO, *"Direito Civil - Direito de Autor e Direitos Conexos"*, cit., pags. 439 ss. (*maxime* n.º 299, pags. 441/442, e n.º 303, pags. 446-448, acrescentamos nós)]. *A venda dos fascículos da obra do R. era incluída na venda da edição dominical* [de publicação periódica], *esperando com isto o A. aumentar as vendas do jornal e assumindo os riscos da comercialização da obra. Portanto, ao contrário do que entendeu a Relação, a A. e o R. não celebraram um contrato inominado de prestação de serviços, mas um contrato que tem nome (edição) e uma regulação própria no CDADC* [CDA*].» – intercalados nossos.

[720] Uma vez que o *contrato de edição* se vai revelando com tipo próprio que não cabe no objecto desta dissertação, dispensamo-nos de escrutinar o regime de um conjunto de figuras afins, visto que não se aproximam do paradigma da criação para outrem de origem contratual. Assim, também não constitui "edição":

a) o contrato pelo qual o autor produz, por conta própria e assumindo o risco contratual, *um determinado número de exemplares de obra sua, sem qualquer atribuição de faculdades jusautorais, e convenciona com outrem (ainda que um empresário-editor) o seu depósito, distribuição e venda, ainda que contra uma contrapartida pecuniária paga pelo depositário/distribuidor/vendedor, seja esta calculada em valor fixo ou em proporção do preço percebido pelos exemplares vendidos* – trata-se de uma prestação de serviço sem efeitos de direito autor, nos termos expressos do art. 84º/1-b) e /2 CDA*, como notam, por todos: OLIVEIRA ASCENSÃO, *"Direito Civil - Direito de Autor e Direitos Conexos"*, cit., n.º 299-III, b); e VALERIO DE SANCTIS, *"Contratto di Edizione – Contratti di Rappresentazione e di esecuzione"*, cit., n.º 37, pag. 123 (que o caracteriza como «*"contratto librario"* [que] *é um contrato inominado,* [com características] *do depósito,* [locatio operis – "locação d'opera", no original] *e mandato*.».

O contrato de edição – mesmo que "de obra futura" – faz aplicável à criação desta o regime típico que lhe é próprio e que, nomeadamente, não compreende a atribuição de faculdades que permitam configurar a constituição de uma nova situação de direito de autor: *o "comitente/empresário editorial", que contrate para edição a criação de uma ou mais obras* (futuras, não existentes à data da celebração do contrato), *vincula-se a "reproduzir/distribuir/vender" as obras a que venha a aceder em execução de tal contrato, e não adquire outras faculdades jusautorais que não as que lhe advêm como efeito* típico *do contrato de edição*; não há transmissão nem sequer oneração do direito de autor, mas tão-só constituição de faculdades derivadas para os fins típicos da edição com uma correspectiva vinculação do editor a utilizar a obra que não é característica do contrato para criação de obra intelectual como o definimos (cfr. n.º 74, *maxime* n.º 74-V)[721/722].

---

    b) e, bem assim, todo e qualquer contrato em que faltem elementos essenciais do "tipo-edição", designadamente, quando:
      – *falte a atribuição de faculdades jusautorais ao que reproduz ou distribui ou vende a obra*; ou
      – *o risco contratual seja assumido pelo autor*, como notam, por todos: OLIVEIRA ASCENSÃO, *"Direito Civil - Direito de Autor e Direitos Conexos"*, cit., n.º 299-III, *b)*, pags. 441/442, em aplicação do art. 84º/1-b) e /2 CDA*; e VALERIO DE SANCTIS, *"Contratto di Edizione ..."*, cit., n.º 37, pag. 123; ou
      – *o risco contratual seja assumido conjuntamente pelo "empresário-editor" e pelo autor*, que se rege subsidiariamente pelas regras da "*associação em participação*", como assinala OLIVEIRA ASCENSÃO, *"Direito Civil – Direito de Autor e Direitos Conexos"*, cit., n.º 299-III, *a)*, pag. 441, em aplicação do art. 84º/1-a) e /2 CDA* (cfr. arts. 21º ss. Dec.-lei n.º 231/81, de 28-7); e VALERIO DE SANCTIS, *"Contratto di Edizione ..."*, cit., n.º 37, pag. 124 «*contratto "de compte à demi"*, que também *o classifica como "de associação em participação"*, ex art. 2549 C.Civ.ital.*».

[721] OLIVEIRA ASCENSÃO, *"Direito Civil – Direito de Autor e Direitos Conexos"*, cit., n.º 303-I, pags. 446/447, mais afirma a propósito da edição de obra futura: «*Há um contrato de produção e edição da obra futura, e não necessariamente uma encomenda de obra futura. Com a consequência de que uma vez a obra produzida, tudo se passa nos termos de um puro contrato de edição. Nomeadamente, o autor não cede em nada os seus direitos nem os partilha com o editor.*».

[722] Pode confrontar-se o acima citado de OLIVEIRA ASCENSÃO, *"Direito Civil – Direito de Autor e Direitos Conexos"*, cit., n.º 262 (*maxime*, n.º 262-III, pag. 389), em distinção entre (actos de) *transmissão* e *oneração*, por um lado e *meras autorizações*, por outro (cfr. *supra*, em nota ao n.º 116-III), bem como o nosso comentário.

Em definitivo, pode postular-se – e nisto se marca distinção - que o empregador ou o beneficiário da prestação de serviço que celebrem contratos que tenham por objecto a criação de uma ou mais obras intelectuais, *não se obrigam à utilização das obras criadas nesse âmbito segundo qualquer das faculdades que adquiram pelo contrato*.

III – Fica, contudo, um registo importante: *aquele que contrate a criação de obra por outrem* está, *em princípio*, a contratar a criação de obra futura[723/724]. Assim, nos termos do art. 48º CDA, a eficácia atributiva de faculdades jusautorais por contrato para criação de obra intelectual estará *limitada às obras criadas «no prazo máximo de dez anos»*. Para este feito, mais não se pedirá do que a *especificação do "género" de obra ou obras a criar*: e não vemos que possa impor-se – para a identificação de uma ou mais obras "a criar" no âmbito de contrato para criação de obras intelectuais – mais do que é requerido pela exigência geral de *determinabilidade do objecto da prestação, que apontamos poder até deduzir-se designadamente dos fins da atribuição patrimonial*[725]. Isto, é claro, considerada a previ-

---

[723] Mais explica João Calvão da Silva, *"Cumprimento e sanção pecuniária compulsória"*, 4ª ed. cit., n.º 121, pags. 478/479: «*A validade jurídica do contrato relativo à obra da criação, do espírito e do talento, recaindo* [...] *sobre coisa futura, não pode,* [...]*, ser posta em causa, apenas sendo nulo aquele em que o autor transmita ou onere as obras futuras sem prazo limitado –* [...]. *Por conseguinte, o autor assume a obrigação jurídica de criar a obra encomendada pelo cliente no momento da celebração do contrato válido.*» – intercalados nossos. E continua (ibidem, pag. 479): «*Efectivamente, o cliente que contrata com um autor a criação de uma obra intelectual no domínio literário, científico e artístico, quer obtê-la* in natura, *comprometendo-se o autor a criá-la e a entregá-la ao cliente.*».

[724] Problema diferente é determinar se *a eficácia atributiva de faculdades jusautorais (quiçá da própria titularidade originária do direito), pela celebração de contrato para criação de obra intelectuais, constitui antedisposição das faculdades visadas*: a resposta depende do que concluirmos sobre a natureza da atribuição que seja constitutiva de situação de direito de autor.

[725] Oliveira Ascensão, *"Direito Civil – Direito de Autor e Direitos Conexos"*, cit., n.º 256-II, pag. 379, sempre adianta que: «*O art. 44º* [CDA*] *exige a identificação da obra. Daqui resulta que se não podem alienar indiscriminadamente todas as obras de um autor.* [...]. *E também resulta que se não podem alienar todas as obras futuras, a produzir dentro de um prazo estabelecido. A permissão do art. 48º não poderá referir-se a transmissões totais.*» – intercalados nossos. Interpretamos esta asserção, se aplicada à

são do n.º 1 do mesmo art. 48º, salvo se concluirmos que tal atribuição não configura nem uma transmissão nem uma oneração do direito de autor, o que carece do escrutínio que empreenderemos no último Capítulo deste escrito que dedicamos precisamente à determinação da *"natureza da atribuição contratual conformadora da situação jusautoral"*.

72. Inaplicabilidade da noção tradicional de "contrato primário de direito de autor"

I – DIETZ define o "direito dos contratos de autor *stricto sensu*" como: «a parte do direito geral das obrigações respeitante aos direitos de autor, que se caracteriza pelo facto de o autor, na sua qualidade de criador de uma obra, ser directamente parte no contrato.»[726].

---

criação de obra em execução de contrato com esse conteúdo, como significando que *as partes deverão especificar o "género" de obras "a criar"* – para além da manifestação inequívoca da vontade atributiva de faculdades jusautorais (cfr. n.ᵒˢ 57-V, 75 e 85).

Aliás, OLIVEIRA ASCENSÃO (*ibidem*) continua: «*Mais difícil é saber se mesmo uma obra futura determinada pode ser objecto de transmissão total. O escritor aliena os direitos sobre o romance X, que se propõe escrever [...] . Claro que o efeito só se pode produzir quando e se o romance for escrito. Mas poderia entender-se que a identificação da obra suporia uma obra já criada. Não parece haver porém indicações para suportar esta afirmação.*».

[726] ADOLF DIETZ, *"Le Droit Primaire des Contrats d'Auteur dans les États membres de la Communauté Européenne"*, cit., I-1.b) (3), pag. 2. O mesmo Autor (A. DIETZ, *"Le Droit Primaire des Contrats d'Auteur ..."*, cit., I.1.b (3), pag. 3, com primeiro e último intercalados nossos) mais refere, em definição do objecto do estudo que dedica a esta matéria: «*Em consequência, não abordaremos o problema dos contratos em que os co-outorgantes são empresas de "mediação cultural"* ["entreprises du secteur des média de la culture", na expressão original que supomos referir as que, *como adquirentes derivadas de faculdades de direito de autor*, intervêm no processo de exploração das obras intelectuais], *para nos limitarmos aos contratos celebrados pelos autores de obras [...] com os seus co-contratantes primários utilizadores ou intermediários primários (tais como os editores de livros, de revistas e de jornais, de partituras musicais de obras dramáticas ou os organismos de radiodifusão, os produtores de filmes, ..., etc.). Designaremos também este domínio do direito dos contratos de autor em sentido estrito, [...], pela expressão "direito primário dos contratos de autor", porque todos os outros contratos que regem os direitos relativos às obras protegidas são em princípio derivados deste contrato original de exploração ou de valorização primária.*».

A propósito deste enunciado, MARIO FABIANI, expõe: «... *o direito contratual de autor em sentido estrito pode ser definido como aquela parte do direito geral das obrigações e dos contratos que respeita aos direitos dos autores e que se caracteriza pelo facto de o autor, na sua qualidade de criador da obra (e, logo, de titular originário do direito, por disposição do art. 2576 cod. civ.)* [o C.Civ.ital.*], *é directamente parte no contrato*». A esta noção acrescenta a de "direito contratual de autor em sentido amplo" que: «*abarca todas as relações que tenham como objecto os direitos sobre as obras protegidas por direito de autor que respeitam não apenas ao autor mas também a outros sujeitos que tenham a titularidade (de direitos de autor* – "*che ne hanno la titolarità, no original) a título derivado ou por disposição da lei.*»[727]. Nenhuma destas coincide com as que vimos serem características dos contratos (de Direito de Autor) para criação de obras intelectuais.

Temos verificado que, em não poucos casos, é a própria situação jusautoral que se forma na esfera jurídica de sujeitos não criadores (pessoas jurídicas/"autoras", "co-autores" fictícios); outros em que, espartilhado pelos fins de utilização fixados por contrato que vincula à criação, o direito de autor se constitui logo onerado – na esfera jurídica do que cria a obra ou na do que com este contrata a criação (ou nas de ambos, ver-se-á de seguida) – por efeito desse mesmo contrato que vincula à *criação para outrem*. A caracterização tradicional de *"contrato primário"* que descrevemos não esgota pois a análise da atribuição convencional de faculdades de direito de autor que temos empreendido no transcurso desta dissertação.

II – OLIVEIRA ASCENSÃO nota que: «*Contrato de Direito de Autor deveria ser todo aquele de que resultassem efeitos autorais. Mas, olhando atentamente a lei, concluimos que é ignorada essa figura. A lei prevê apenas aquilo a que chamaremos, o contrato "primário" de Direito de Autor: aquele em que o autor originário ou seu sucessor autorizam terceiros a utilizar a obra.*»[728]. Especificamos que nos

---

[727] MARIO FABIANI, *"I contratti di utilizzazione delle opere dell'ingegno"*, cit., n.º 2, pag.2.
[728] OLIVEIRA ASCENSÃO, *"Direito Civil – Direito de Autor e Direitos Conexos"*, cit., n.º 286-I, pag. 423.

ocupa – e apenas, como anunciamos logo no início desta dissertação – averiguar se «a situação jusautoral, aquela que se supõe formada originariamente na titularidade do autor, e se julga conformada primariamente também segundo um arquétipo predefinido quase universalmente sob a Convenção de Berna (CB*), pode afeiçoar-se, quer quanto ao seu conteúdo quer quanto à determinação do sujeito que ocupa essa posição jurídica originária, à vontade contratual do criador da obra intelectual». Tratamos pois de verificar os princípios e regras que ditam a configuração originária da situação jurídica de direito de autor e o papel que a autonomia da vontade assume na sua conformação. Ora – ainda sobre a noção de "contrato primário de direito de autor" que formula, é DIETZ que esclarece: «*Está excluído o domínio em que – em diferente medida conforme o país – os direitos de autor não nascem originariamente na esfera do autor, mas directamente naquela do empregador/empreendedor ou do produtor* [...]»[729]. São precisamente os problemas relacionados com estas situações os que nos motivam, pelo que não aproveitamos da noção de "contrato primário de direito de autor" que – de tão lata – transcende o objecto desta dissertação, alargada que é a *todas* as modalidades de atribuição de faculdades jusautorais pelo autor.

73. Carácter formal e oneroso da atribuição

I – A lei de autor de Portugal afigura-se inequívoca quanto ao *carácter formal* dos actos pelos quais ocorra toda e qualquer atribuição de direito de autor. Assim (o CDA* repete a exigência caso a caso sem critério compreensivo[730]), no que respeita:

---

[729] DIETZ, em anotação (35) ao último excerto citado (de *"Le Droit Primaire des Contrats d'Auteur ..."*, cit., I.1.b (3), pag. 3).

[730] Para dar apenas alguns exemplos, se bem que significativos, veja-se o disposto: no art. 87º/1 CDA*, para o *"contrato de edição"*; no art. 109º/2, para o *"contrato de representação cénica"*; no art. 141º CDA*, para a *"autorização de fixação da obra em fono/videograma/contrato de fixação fono/videográfica"*; no art. 169º/2, para a *"autorização para tradução, arranjo, instrumentação, dramatização, cinematização e, em geral, qualquer transformação da obra"*.

- a *transmissão total do direito de autor*, que a lei requer mesmo que se realize por *escritura pública*, sob pena de nulidade – art. 44° CDA*;
- as ditas *transmissão ou oneração parciais*, com exigência de documento escrito (com reconhecimento notarial das assinaturas[731]), sob pena de nulidade – art. 43°/2 CDA*;
- a *simples autorização* – que não implique transmissão do direito de autor (art. 41°/1 CDA*) – *concedida a terceiro para divulgar, publicar, utilizar ou explorar a obra* – art. 41°/2 CDA*;

---

[731] Como bem salienta OLIVEIRA ASCENSÃO, *"Direito Civil - Direito de Autor e Direitos Conexos"*, cit., n.° 287-II, pags. 424/425, este não é um requisito que respeite à *forma*: «*Respeita à prova e não ao acto em si, pois é posterior. Não há que interpretar no sentido de que o acto deve ser praticado perante notário.*».

Mais recordamos que, por outro lado e nos termos do art. 153° do Código do Notariado de Portugal (C.Not.* - Dec.-lei n.° 207/95, de 14-8, com última alteração registada pelo Dec.-lei n.° 273/2001, de 13-10): foram abolidos os «*reconhecimentos notarias de letra e assinatura, ou só de assinatura, feitos por semelhança e sem menções especiais*»; foi substituída a «*exigência em disposição legal de reconhecimento por semelhança ou sem determinação de espéc*ie» pela indicação, feita pelo signatário, de elementos pertinentes de identificação pessoal – B.I. ou documento equivalente – (cfr. a nova redacção do art. 153°/3 do C.Not. pelo Dec.-lei n.° 250/96, de 24-12, bem como o disposto nos arts. 1° e 2° deste último diploma legal); é agora admitido que as câmaras de comércio e indústria credenciadas, os advogados e os solicitadores façam «*reconhecimentos com menções especiais, por semelhança*» (art. 5° do Dec.-lei n.° 237/2001, de 30-8).

Nestes termos, não vemos que subsista o sentido – se alguma vez o teve - da exigência do "reconhecimento (notarial) de assinaturas", porquanto não descortinamos nenhuma «*circunstância especial que se refira às partes*», pertinente aos contratos conformadores da situação jusautoral, que seja cognoscível por qualquer das entidades agora legitimadas para o reconhecimento e cuja menção seja relevante ou «*verificável em face de documentos exibidos*». Não se perca de vista que o que está em causa é, tão-só, a *prova* do acto, independentemente de qualquer "qualidade" dos sujeitos contratantes: a qualidade de *autor*, como a de *beneficiário da atribuição*, não se "atesta por documentos comprovativos".

Ressalvar-se-ia a exigência de reconhecimento de uma eventual *"qualidade" de titular de órgão estatutário de pessoa colectiva, quando se deparasse,* por exemplo, *a atribuição de faculdades jusautorais a pessoas colectivas*; já no caso das *obras colectivas,* como vimos, a constituição *originária* do direito de autor *na esfera jurídica do "titular da empresa"* não tem, como se observou, origem contratual mas legal, pelo que não se verifica aqui qualquer transmissão ou oneração.

Em todo o caso, nem a validade nem a eficácia jusautoral dos contratos para criação de obras intelectuais depende de "reconhecimento" (em qualquer caso agora já não apenas "notarial") de especiais qualidades dos que os celebrem.

– a *atribuição ao comitente-empresário jornalístico*, em benefício do qual as partes pretendam fazer reverter a atribuição de faculdades jusautorais sobre "obra publicada, ainda que sem assinatura, em jornal ou publicação periódica" com inversão da presunção que beneficia o autor – art. 173º/1 CDA*.

II – Estranha-se a ausência de previsão legal expressa que exija a forma escrita no contrato de realização e de produção cinematográfica/audiovisual. No entanto:

a) sem adopção de forma especial, não se vê como podem «*constar especificamente* [das "autorizações concedidas pelos autores ao produtor"] *as condições de produção, distribuição e exibição da película*» – art. 125º/1 CDA*; considerado o enquadramento geral antes referido, esta é uma exigência de forma *ad probationem*[732]; por outro lado,

b) visto que o art. 139º/1 CDA* determina a «*aplicação* [à realização/produção audiovisual] *dos preceitos legais que regulam a "edição" e a "representação e execução"*»[733], entender-se-ia mal que fosse requerida forma escrita para uma autorização que serve a atribuição – em princípio sem exclusivo – de faculdades para, por exemplo, a ... "adaptação cinematográfica/cinematização" (art. 169º/2 CDA*) *e não assim também para a que atribuísse ao produtor – em princípio com exclusivo – um conjunto bem mais amplo de faculdades de exploração audiovisual da obra (eventualmente) adaptada.*

III – *Nem o art. 14º* CDA* (sede legal da norma nuclear da atribuição *convencional* de faculdades que conformam a situação de direito de autor) *nem o art. 174º* (na medida em que consideramos que constitui regra especial daquela, nos termos expostos) *ou mesmo o art. 165º/2* (que, como vimos, consideramos admitir estipulação contrária à presunção que estabelece) fixam qualquer requisito formal

---

[732] Neste sentido OLIVEIRA ASCENSÃO, *"Direito Civil – Direito de Autor e Direitos Conexos"*, cit., n.º 288-II, pag. 426. Assim também ACÓRDÃO DA RELAÇÃO DE LISBOA, de *13-11-1997*, in Col.Jur.*, t. V (1997), pags. 83 ss. (*maxime* pags. 85/86), que tem como Relator TORRES VEIGA.

para o que alguns consideram ser uma *atribuição (convencional) originária de titularidade do direito de autor a pessoa diferente do autor-criador*.

É certo que sempre poderia recorrer-se à regra geral da consensualidade da declaração negocial – *ex* art. 219º C.Civil*. Vimos também que, para os actos que importem transmissão (total ou "parcial") ou oneração do direito de autor, a lei exige (pelo menos) a forma escrita, sob pena de nulidade[734]; assim também, por exemplo, para actos que expressamente apenas outorgam autorização (como no contrato de "edição" – art. 87º/1 CDA*[735]).

---

[733] Recorde-se, quanto a estas, o disposto nos arts. 87º/1, 109º/2 e 121º/2 CDA*, respectivamente.
Esta técnica (*deficiente*, vista a falta de uniformidade de critérios e ausência de disposição geral compreensiva) é, de resto seguida, na regulação do "*contrato de recitação* (de obra literária)" e do "*contrato de execução* (de obra musical)", no que parece ser interpretação adequada do disposto no art. 121º/2 CDA* (*ex* art. 109º/2), já que se afigura «*compatível com a natureza da obra e da exibição*».
[734] OLIVEIRA ASCENSÃO, "*Direito Civil – Direito de Autor e Direitos Conexos*", cit., n.º 262 (*maxime*, n.º 262-III, pag. 389), enuncia um critério de distinção entre (actos de) *transmissão* e *oneração*, por um lado e *meras autorizações*, por outro: «*A oneração* [como a transmissão – acrescentamos –, sem que nos ocupe aqui a demonstração da *inadmissibilidade das "transmissões parciais"* que não é objecto desta dissertação, mas que sempre se deduzirá do que expomos sobre a insusceptibilidade de desmembramento do direito de autor e do que concluímos adiante sobre a natureza da atribuição originária de faculdades jusautorais] *representa a outorga de uma faculdade de direito de autor. A autorização representa uma vinculação obrigacional a um exercício singular*» – intercalado nosso. E conclui, *ibidem*, pags. 389/390: «*É decisiva a vontade das partes quanto ao tipo de direito que quiseram criar. Essa vontade poderá ser expressa. Pode também ser tácita, havendo que procurar todos os elementos do negócio que a possam revelar. Se todavia nenhuns elementos decisivos se puderem encontrar, supomos poder enunciar os seguintes critérios interpretativos: – se se outorga um direito exclusivo, presume-se que há uma oneração; – se se outorga um exercício singular* [de faculdades isoladas sem exclusivo e eficácia meramente obrigacional], *presume-se que há mera autorização.*» – intercalado nosso. Ainda segundo o mesmo Autor, *ob. cit.*, n.º 262-II, pag. 389, para as faculdades derivadas de uma *mera autorização* «estará excluída a oponibilidade a terceiros própria destes direitos.
OLIVEIRA ASCENSÃO, última *ob. cit.*, n.º 287-III, pag. 425, parece enfim *ligar a exigência de forma especial aos actos que importem atribuição de faculdades de direito de autor*.
[735] Apesar de, neste caso, se consagrar uma "nulidade mista" (na pouco rigorosa expressão vulgarizada), visto que *a nulidade* do contrato de edição *apenas pode ser invocada pelo autor* (art. 87º/2 CDA*), aproximando-a pois do regime da *anulabilidade*, aliás mais compatível com actos não atributivos de direito de autor. Mitigar-se-á assim um dos efeitos perversos da solenidade exigida para uma mera autorização, em nome da tutela do interesse do autor-editando que confia na validade (e eficácia) do contrato celebrado.

Todas as disposições antes examinadas relativas a actos de autorização ou oneração ou transmissão de faculdades jusautorais estabelecem, directa ou indirectamente, o *carácter* oneroso dos actos correspondentes (arts. 44°, 14°/4, 41°/2, 91°/1, 108°/3, 121°/2, 131° e 139°/2, 147°/1). A omissão de tal referência quanto aos actos de oneração deve ser considerada fortuita, porquanto, como nota OLIVEIRA ASCENSÃO: «*Não há razão para as autorizações se presumirem onerosas e as onerações não. Há que pôr o problema da extensão por analogia do princípio do art. 40°/2* [julgamos que refere o art. 41°/2 que é o que verdadeiramente versa o assunto]»[736].

IV – Pensamos, contudo, poder formular princípio geral quanto à matéria que nos ocupa: todos os actos que consubstanciem uma atribuição constitutiva de direito de autor requerem forma escrita. A lei exige-o para todos os actos que impliquem transmissão ("parcial") ou oneração do direito, como condição da sua validade – *ex* art. 43°/2 CDA* – e até para certas ("meras") autorizações de utilização. Não se entenderia que a dispensasse em situações em que o autor convenciona a atribuição a outrem (originária ou derivada, logo se verá) de faculdades de direito de autor que conformam a situação de direito de autor, como acontece no caso previsto no art. 14° CDA*[737]. A exigência de forma especial resulta da própria natureza do acto: ou bem que constitui *oneração do direito de autor* com aplicação da regra geral do art. 43° CDA* ou configura-se uma *transmissão* que, mesmo que "parcial", obedece a igual requisito de validade.

A exigência de escritura pública circunscreve-se aos actos de transmissão total do direito de autor – art. 44° CDA*; tal exigência estender-se-ia à própria atribuição originária convencional de faculdades jusautorais a um não criador se concluíssemos que por esta seria *o próprio direito de autor que se alienaria*, ainda que por acto de "(ante-)disposição", o que veremos não ser o caso.

---

[736] OLIVEIRA ASCENSÃO, *"Direito Civil - Direito de Autor e Direitos Conexos"*, cit., n.° 289-I, pag. 426, com intercalado nosso.

[737] O carácter não formal de negócios jurídicos para criação de obras intelectuais – como o *contrato individual de trabalho* ou uma comum *prestação de serviço* – não obsta à aplicação do princípio: se nada for convencionado, *expressamente e por escrito*, o direito de autor permanece na esfera jurídica do autor; a atribuição de faculdades de direito de autor a um não criador empregador/comitente requer *forma especial para a convenção que a estipule*.

74. Características do contrato conformador da situação de direito de autor

I – Procurámos identificar os elementos que *constantemente* acompanham os actos de *atribuição convencional de faculdades compreendidas* na situação primordial de direito de autor. Como escrevemos, importava para tanto apurar as características *essenciais* da atribuição conformativa das situações jusautorais que se constituem como efeito do cumprimento dos vários contratos examinados. Analisadas as modalidades que reputamos mais importantes, podemos concluir sobre o modelo de *contrato* – com eficácia jusautoral – *pelo qual alguém se vincula à criação de obra intelectual para outrem*.

II – A acção criadora realizada em execução de contrato para criação de obras intelectuais pode constituir actuação subordinada a poderes de autoridade e direcção patronais ou a indicações, instruções e fiscalização do comitente[738]. Vimos que a criação para outrem em execução de contrato não deixa presumir, por si só – com excepções assinaladas (cfr. *infra*, n.os 76 a 78 e 81) –, a atribuição ao comitente de faculdades jusautorais relativas ao "resultado" da actividade ou do serviço prestados (a obra intelectual) – ao contrário do que observámos ocorrer em alguns dos ordenamentos jurídicos analisados (sobretudo os de matriz anglo-americana).

Como se expôs, a actividade subordinada do trabalhador-criador poderá *indiciar*, nos termos gerais de Direito do Trabalho, tão-só a existência do próprio contrato individual de trabalho; nos termos também referenciados, a "subordinação jurídica" do trabalhador não implica necessariamente que a *actividade seja prestada no quadro de uma organização* (com ou sem características empresariais) com cujos fins se confundiriam os de utilização das obras intelectuais assim criadas. No que respeita à configuração originária da situação de direito de autor, os poderes de autoridade e direcção do empregador, bem como quaisquer indicações, instruções ou acção de fiscalização da actividade criadora – tanto em execução de contrato de

---

[738] Por razões por certo compreensíveis, dispensamo-nos de novo enunciado em caracterização de conceitos antes explicados.

trabalho como de prestação de serviço –, mais não servem do que a *conformação dos fins que devem nortear a acção do agente criador*: aqueles que é legitimamente exigível que aquele que é contratado para criar obra intelectual conheça e vise atingir com a criação.

Pensamos que entender que, no primeiro caso, o devedor apenas se obrigaria a um comportamento diligente tendente à prossecução de um determinado objectivo, enquanto no segundo ficaria adstrito à efectiva consecução de um resultado, escamoteia a evidência de que, em qualquer caso, o credor pretende sempre um resultado da prestação – que não é um fim em si mesma[739]. O mais que poderia

---

[739] Como ensina MANUEL GOMES DA SILVA, *"O dever de prestar e o dever de indemnizar"*, cit., n.º 76, pag. 239: «[...] *é um erro prescindir da ideia de resultado para caracterizar certas obrigações. Quando ao devedor se exigem simples cautelas, simples actos de prudência e de diligência, é o fim em vista a directriz que o orienta na determinação dos actos que deve praticar, e desempenha por isso papel importantíssimo na estrutura da obrigação. No que respeita à determinação dos actos exigidos, pode dizer-se, até, que o fim (t)em maior relevo nas obrigações indeterminadas do que naquelas que respeitam a prestações preestabelecidas, por nestas ser menor o campo deixado ao arbítrio do devedor e menor, portanto, a influência que o fim considerado exerce sobre a actividade do sujeito passivo.*» – intercalado nosso.

MÁRIO JÚLIO DE ALMEIDA COSTA, *"Direito das Obrigações"*, 9ª ed. cit., n.º 58, pag. 636, sobre o que designa "um conceito alargado de prestação, em que se abrangem tanto a *acção de prestar* como o *resultado da prestação*", comenta que «... *toda a relevância de tal construção se verifica essencialmente a respeito da definição das situações de impossibilidade do cumprimento.*». Diz fazê-lo na linha de J. BAPTISTA MACHADO – *"Risco contratual e mora do credor ..."*: «[aquele conceito alargado de prestação] *não serve para definir verdadeiramente o conteúdo da obrigação de prestar (o devido, o que está* in obligatione*), mas apenas para definir situações de impossibilidade (temporária ou definitiva) de cumprimento*», apud ALMEIDA COSTA, última *ob.* e loc. citt., em nota (4) às pags. 636/637).

Explica-o também JOÃO CALVÃO DA SILVA, *"Cumprimento e sanção pecuniária compulsória"*, 4ª ed. cit., n.º 18, pag. 78: «*Na medida em que a relação obrigacional está colimada à satisfação do interesse do credor e se dirige justamente à realização de tal interesse, só há cumprimento, em sentido estrito e tecnicamente rigoroso, quando o próprio devedor realiza efectivamente a prestação a que se encontra adstrito e proporciona certo resultado útil ao credor, em conformidade com o programa obrigacional. Dito de outro modo: como o vínculo obrigacional se dirige justamente à satisfação do interesse do credor a que a relação obrigacional está colimada, o cumprimento como actuação da prestação, como realização ou execução do "programa da prestação" a que o devedor está adstrito, abrange não apenas a conduta ou acção de prestar do devedor (*Leistungshandlung*) mas também o resultado da prestação (*Leistungserfolg*), exonerando-se (liberando-se) o devedor quando a prestação desse resultado se tornar impossível,* [...].» – intercalados nossos. E continua esclarecedor (*ob.* cit., em nota (54) ao mesmo n.º 18,

sustentar-se é que, nas ditas "obrigações de meios", no comportamento devido não está compreendida a obtenção de um resultado antecipadamente estabelecido pelas partes: nestas, assim, o interesse do credor satisfar-se-ia, cumprindo-se a obrigação, pela obtenção de um "resultado" menos amplo do que o prefigurado, desde que o devedor usasse da diligência devida para o alcançar: [*se A. for trabalhador contratado para criar uma ou mais obras intelectuais para fins de utilização pelo empregador, o contrato ter-se-á por cumprido se empreender diligentemente na prestação da actividade contratada* – ainda que nada realize –, *mas não pode dizer-se que o interesse do empregador se satisfaz com a diligência estéril do contratado que nada crie*].

III – A criação de obra intelectual em execução de contrato que tenha por objecto a criação de obras intelectuais (de trabalho subordinado, de prestação de serviço) não produz por si só efeito de direito de autor, qual seja a atribuição de direitos de utilização patrimonial da obra intelectual criada segundo qualquer das modalidades de exploração económica que a lei enuncia.

Como procurámos demonstrar, para que ocorra a atribuição de faculdades de direito de autor, deve ser *especificamente convencionada* (ainda que deduzida de factos que indiquem ser esse o consenso

---

pags. 80/81): «Todas as obrigações são obrigações de meios *porque, enquanto instrumentos ou veículos de cooperação entre credor e devedor para conseguir uma vantagem para aquele, requerem sempre a actuação das diligências e meios imprescindíveis à realização dessa vantagem. Vantagem essa que é conseguida pela realização real da prestação, seu momento final, em que a modificação do mundo exterior se traduz num certo efeito material ou jurídico e que será o resultado final da prestação.* […]. Todas as obrigações são, por outro lado, também obrigações de resultado […]. *Todas as obrigações visam, na verdade, a satisfação do interesse creditório (aquele* quid *ou* necessidade *que está entre o sujeito e o bem) na prestação, interesse que justifica a existência da relação obrigacional e em cuja satisfação se vê a obtenção do resultado devido.*» – intercalados nossos.

Também Luís de Menezes Leitão, *"Direito das Obrigações"*, 3ª ed. cit., vol. I, pag. 140, na senda da crítica de Gomes da Silva [*in "O dever de prestar e o dever de indemnizar"*, apud Menezes Leitão, última *ob.* e loc. citt. e nota (299) à pag. 140], aduz: «*Efectivamente, a crítica parece proceder já que em ambos os casos* ["prestação de meios"/"prestação de resultado"] *aquilo a que o devedor se obriga é sempre uma conduta (a prestação), e o credor visa sempre um resultado, que corresponde ao seu interesse* […].» – intercalado nosso.

contratual) *a atribuição de faculdades de utilização determinadas ou determináveis* (material, temporal e espacialmente), *que podem deduzir-se* – em operação lógica de sentido inverso ao da acima descrita – *dos fins da utilização consentida da obra intelectual*.

O contrato (de trabalho, de prestação de serviço) para criação de obras intelectuais que não estipule a atribuição de faculdades de utilização ao comitente não é sequer um contrato de direito de autor, porquanto pura e simplesmente *não produz qualquer efeito de direito de autor*. A estipulação do efeito atributivo é essencial à caracterização: bem o evidencia o consagrado sobre as designadas *"obras subsidiadas"* – conforme o art. 13º CDA*, em estatuição do que assim se faz óbvio mesmo quando, como aqui, não se evidencia uma *criação para outrem* –, na justa medida em que, não obstante a participação (financeira ou outra) no processo criativo, a entidade "que subsidia ou financia por qualquer forma [mesmo] a preparação ou conclusão da obra" *nenhum direito adquire relativo à obra criada senão o formalmente convencionado*.

IV – Verificamos também que *as obrigações nascidas de contratos para criação de obras intelectuais* não quadram um *tipo contratual único*. [Nem este é facto decisivo para a qualificação. Como se explica no trecho lapidar de Carlos da Mota Pinto: «*Os elementos constitutivos da relação contratual,* […]*, não se alinham,* […]*, numa posição de mera contiguidade, de tal modo que a relação contratual viesse a ser uma mera soma ou conjunto de vínculos unificados, apenas, pela identidade de procedência: o facto contratual. Não se trata de uma simples adição de elementos independentes, com mera conexão resultante desse insignificativo dado causal. A estrutura interna da relação contratual é determinada, antes, por uma consideração de carácter funcional. A identidade do fim,* […].»[740]. Adaptada à situação que tratamos, a ideia de *"criação funcional para um fim de utilização da obra por outrem"* revela-se-nos verdadeiramente essencial ao conceito enformador comum a todo o modelo contratual para criação de obras intelectuais com eficácia jusautoral.

---

[740] Carlos da Mota Pinto, *"Cessão da posição contratual"*, cit., n.º 50, pag. 374, com intercalados nossos.

A situação jusautoral revela-se - *nos casos em que o direito de autor se constitui originariamente decomposto em faculdades que integram (também) a esfera jurídica de não criadores* – tanto a partir de prestações típicas de contratos nominados, como da combinação das que correspondem a "tipos" contratuais conhecidos e de elementos específicos que concorrem para conformar situações jurídicas de direito de autor[741]. Entre os contratos de Direito de Autor contam-se assim os que, com eficácia jusautoral, vinculem à criação de obra intelectual para fins de utilização pelo contratante comitente (seja este um empregador ou um beneficiário de uma prestação de serviço).

V – Isto dito, aliás tão-só em repositório sintético do que elaborámos no transcurso desta dissertação, julgamos poder formular as características do modelo de **contrato, com eficácia jusautoral, que tenha por objecto a criação de obras intelectuais**. É então *aquele, escrito e oneroso, pelo qual alguém se vincula a criar uma ou mais obras, num período temporal limitado não superior a dez anos* (art. 48º CDA*), *que tem por efeito a atribuição ao comitente das faculdades de utilização patrimonial exigidas por uma exploração económica da obra ou obras a criar conforme aos fins que determinaram a celebração do contrato*. Independentemente do tipo contratual (ou de elementos de contratos típicos) que adopte, é deste que falamos quando referimos o *contrato que é apto à conformação da situação de direito de autor*.

Cumpre que se determine a natureza da atribuição contratual conformadora da situação jusautoral primordial. Para tanto, examinemos primeiro os *"pressupostos da atribuição contratual conformadora da situação de direito de autor"*.

---

[741] PEDRO PAIS DE VASCONCELOS, *"Contratos Atípicos"*, cit., n.º 31, pag. 212, sustenta que: «*A atipicidade pode se referida aos tipos legais ou aos tipos contratuais em geral.*». Refere aos contratos que – atípicos: «*... podem ser completamente diferentes dos tipos legais, ou ser modificações dos tipos legais, ou ser misturas ou combinações desses tipos.*».

SÍNTESE EM RECAPITULAÇÃO

Um modelo de contrato conformativo da situação jurídica primordial de direito de autor – o contrato para criação de obras intelectuais

1. A situação jusautoral revela-se – *nos casos em que o direito de autor se constitui originariamente decomposto em faculdades que integram (também) a esfera jurídica de não criadores* - tanto a partir de prestações típicas de contratos nominados, como da combinação das que correspondem a "tipos" contratuais conhecidos e de elementos específicos que concorrem para conformar situações jurídicas de direito de autor. Entre os contratos de Direito de Autor, contam-se assim os que, com eficácia jusautoral, vinculem à criação de obra intelectual para fins de utilização pelo contratante comitente (seja este um empregador ou um beneficiário de uma prestação de serviço).

2. Em definição de modelo característico de **contrato, com eficácia jusautoral, que tenha por objecto a criação de obras intelectuais** podemos estabelecer que é *aquele, escrito e oneroso, pelo qual alguém se vincula a criar uma ou mais obras, num período temporal limitado não superior a dez anos* (art. 48º CDA*), *que tem por efeito a atribuição ao comitente das faculdades de utilização patrimonial exigidas por uma exploração económica da obra ou obras a criar conforme aos fins que determinaram a celebração do contrato*. Independentemente do tipo contratual (ou de elementos de contratos típicos) que adopte, é deste que falamos quando referimos o *contrato que é apto à conformação da situação primordial de direito de autor*.

CAPÍTULO III
Conformação da situação de direito de autor nascida da criação de obra intelectual em execução de contrato (os arts. 14º e 15º CDA*) – conclusão

SECÇÃO I
Regime geral

75. Faculdades de direito de autor na esfera jurídica do autor contratado e do comitente

I – Cada vez mais se nos evidencia que, pelo contrato com eficácia jusautoral, que tenha por objecto a criação de obras intelectuais, o beneficiário da atribuição jusautoral não adquire o direito de autor como sucessor jurídico do autor. Pelo contrário e sem prejuízo de *especialidade* que logo notaremos, as regras que auxiliam na interpretação do sentido da declaração negocial ilustram antes que a *atribuição voluntária do direito de autor* (ou, logo se verá, de apenas algumas faculdades neste compreendidas) – *que é efeito do contrato para criação de obras intelectuais* – *comunga de característica de toda a disposição de faculdades jusautorais*: o seu conteúdo é delimitado pelos fins da utilização ou utilizações autorizadas. Pode então dizer-se que, quando em execução de contrato para criação de obras intelectuais, a obra é criada *para os fins de utilização* de outrem.

Como expusemos já, desta característica não decorre que o comitente "cerceie a autonomia criativa", o que só se verificaria se interviesse materialmente no processo criativo, caso em que deparar-íamos com uma *co-autoria*. Tem, porém, uma outra implicação: *inde-*

pendentemente do seu mérito literário, artístico ou científico, a obra criada nestas circunstâncias deve servir os fins que determinaram a contratação para a sua criação.

Para tanto, *os fins (da utilização ou utilizações consentidas) devem ser prefigurados pelo prestador da actividade ou do serviço criativos*, na medida em que se mostrem corresponder aos *pressupostos em que as partes fundam a celebração do contrato* evidenciados pelo convencionado: quer porque estão expressamente estipulados quer porque podem deduzir-se das faculdades de utilização atribuídas[742].

II – Não sustentamos – o que sempre poderia inferir-se das características que apontámos à obra intelectual – que a obra assim criada deva cumprir o "idealizado" pelo comitente como *"resultado objectivo"* desejado mediante a criação, mas que o conteúdo do direito atribuído ao comitente seja conforme às finalidades da exploração económica pretendida, segundo todas as modalidades de utilização que sirvam esses fins: [assim, àquele que for contratado para a elaboração de um "parecer" em esclarecimento de determinada questão jurídica *não é exigível* que se pronuncie no sentido querido pelo comitente, *mas já será devido* que emita uma opinião juridicamente fundamentada e que não se oponha à sua utilização pelo comitente para os fins prefiguráveis que estão na base do contrato][743/744/745/746].

---

[742] Em sentido que corresponde ao da norma que, no direito alemão, regula o que designámos *atribuição funcional de faculdades jusautorais*, clarificada ainda pela nova redacção do § 31(5) UrhG alemã* pela chamada *"Gesetz zur Stärkung der vertraglichen Stellung von Urhebern und ausübenden Künstlern"*, de 22-3-2002, que analisamos no lugar próprio (veja-se n.º 50).

[743] É tão rica como diversificada a construção doutrinária em torno de conceitos como o de "causa (do negócio)" em articulação com os "motivos" prefigurados na "base (da celebração) do contrato". Não cabe aqui mais que referência a algumas destas concepções que auxiliam no esclarecimento do que expomos no corpo deste escrito.

É muito fecunda a elaboração de INOCÊNCIO GALVÃO TELLES sobre a noção de causa do negócio jurídico. Interessa-nos agora o relacionamento que estabelece com os que designa "motivos". Assim I. GALVÃO TELLES, *"Manual dos Contratos em Geral"*, 4ª ed. cit., n.º 154-*a)* a *-d)*, pags. 291/292: «A causa também pode ser concebida subjectivamente. *Deslocada para esse plano é, num sentido amplo, o mesmo que* motivo. *Mas que são os motivos?* Todas as circunstâncias cuja representação intelectual determina o sujeito a querer o acto. Há um motivo típico *e motivos* atípicos *(ou individuais).* […]. *O* motivo típico *não é*

Mais lhe é exigível que não faça dessa sua obra qualquer utilização que possa prejudicar a obtenção dos fins para que foi criada (art. 15º/3 CDA*): [ainda que conserve (algumas das) faculdades de utili-

---

mais do que a causa-função, [...], integrada no processo volitivo do agente. *A função prática da conduta ou é vista num momento objectivo (e abstracto) ou num momento subjectivo enquanto o sujeito também a representa no seu espírito e a prossegue como seu fim ou escopo. O ordenamento jurídico, ao proteger o acto, abstrai, em princípio, do interesse que cada um possa ter na actuação da respectiva função económica ou social, e só a esta atende, em si considerada. Mas, para que a função possa efectivamente actuar, deve integrar-se na vontade, representando-a na mente do agente e solicitando-o a agir. Desta maneira transforma-se em* motivo: *é também um motivo, o último (motivo típico), despojado de quaisquer contingências individuais, comum a todos os que celebram um negócio jurídico de determinada espécie. Temos assim, em resumo: 1º a* causa-função, *que se pode considerar* objectiva *ou* subjectivamente, *e neste segundo caso funciona como motivo típico.»* – intercalados nossos.
Luis Humberto Clavería Gosálbez, *"La Causa del Contrato"*, cit., Parte I-VI, pag. 134, sintetiza em conclusão provisória: «*A causa do contrato, em Direito espanhol (e não só neste) é a função prático-social concreta querida pelos contratantes ao celebrar o negócio, ou seja, aquilo em que consentem, compreendendo-se nesta função o motivo determinante comum aos ditos contratantes ou, pelo menos, admitido/consentido por um ao ser pretendido pelo outro. Não se identifica com o objecto ainda que indubitavelmente tenha estreita relação com este,* [...]. *Tão-pouco se identifica com o conteúdo se entendermos este como clausulado, pois a causa é o realmente querido, haja ou não sido expresso* [...] *em cláusulas;* [...]. [...] *Nem todo o conteúdo verdadeiramente querido pelos contratantes é causa, mas só a parte daquele que constitui o objecto pretendido pelos contratantes.»* – intercalados nossos.

[744] Já Oliveira Ascensão, *"Direito Civil – Teoria Geral"*, vol. III, cit., n.º 79-I, pags. 160/161, observa, porém: «*Subsistem vários entendimentos de causa. Eles estão mais ligados a considerações ex ante ou estruturais da situação jurídica do que a considerações finalísticas, ou de para quê. Assim, a causa pode ser entendida como a base do negócio. A base do negócio são as circunstâncias em que as partes fundaram a decisão de contratar. Representa um estado de coisas que comummente sustentou as estipulações que realizaram,* [...]. *Só num sentido translato podemos designá-la a causa do negócio. Será muito mais a circunstância deste.»* – intercalado nosso.

[745] Vemos com muito interesse para a matéria em apreço a formulação de António Pinto Monteiro, *"Cláusulas limitativas do conteúdo contratual"*, cit. – depois de haver definido a "função económica objectiva correspondente ao tipo contratual" (*ob.* cit., n.º 6.4., pag. 196) como a correspondente a: «[...] *obrigações que constituam precisamente o* elemento de identificação *do contrato celebrado, a sua* causa, *ou seja, a função* económico-social *própria desse contrato.».* Expõe então (*ob.* cit., n.º 6.5., pags. 198/199): «*É certo que não será fácil determinar quais sejam as obrigações* essenciais *de um contrato,* [...]. *Pensamos,* [...], *que serão* essenciais *as obrigações que se mostrem* imprescindíveis, *quer para que seja realizada, como vimos atrás, a* função económica objectiva correspondente ao tipo contratual, *quer para que seja alcançada, acrescentamos agora, a* intenção prática

zação da obra, o referido autor do "parecer", se porventura este for desfavorável às pretensões do comitente, não poderá divulgá-lo com

prosseguida pelas partes. *O critério de decisão deverá assentar, a nosso ver, numa perspectiva do contrato como unidade, em que importa tomar em conta não só o tipo escolhido pelas partes, mas também o* fim contratual *concretamente pretendido. Sabe-se que é o escopo ou* fim contratual *visado pelas partes que* conforma o conteúdo da relação contratual. […]. *Por outras palavras, o fim do contrato –* elemento conformador *da relação contratual, factor determinante do* conteúdo interno *desta relação – orientar-nos-á na decisão do que é (ou não é) essencial para a sua cabal realização. Obrigações essenciais serão aquelas cujo afastamento comprometerá* decisivamente *o fim contratual, frustrando-se, à partida, o escopo pretendido.* […]. *Cremos que o princípio da* boa fé, *e especialmente os arts. 239º e 762º, n.º 2,* [C.Civil*] *fornecem o suporte legal adequado a estas soluções.*» – intercalados nossos.

[746] A propósito, recordamos também o que escrevemos há anos, no nosso "*A causa dos negócios jurídicos*", cit., n.º 2.3., pags. 7/8: «*Numa acepção ampla* […], *abrangendo quer os motivos típicos, quer os atípicos, na causa se sintetizariam todos os factores determinantes da formação dessa vontade. Qualquer deficiente representação da realidade que determina a celebração do negócio pelas partes – quer respeite a circunstâncias anteriores ou contemporâneas (motivos antecedentes), quer posteriores (fim mediato) – redundaria, sendo atinente à vontade, em vício da causa. Por outro lado, aquele que se refere como motivo atípico, ou fim imediato do negócio não representaria mais do que a "subjectivação", com utilidade discutível, daquilo que se designou por causa-função, ou causa como função social típica do negócio.*

Com efeito, […], *nenhuma vantagem pode extrair-se de se entender a causa como factor mobilizador da vontade jurígena das partes. Um motivo típico - o "querer" o efeito prático de um acto cuja função social a lei acolhe - não seria mais do que o individualizar de um factor determinante da vontade, repetido tantas vezes quantas fosse celebrado um negócio do mesmo tipo. Por outro lado, aqueles que se designam por motivos típicos de um negócio, se se descortinam com maior ou menor facilidade naqueles cujo* nomen *e* regime *a lei fixa, dificilmente se descobririam nos negócios jurídicos inominados e atípicos. De facto, se é certo que em relação a estes se poderá sempre configurar a sua função social, ligada à realização de um efeito prático concreto pretendido - e que a lei pode reprovar ou acolher -, difícil será que possam considerar-se "típicos" os motivos determinantes da sua celebração. Dizer que actos diversos podem preencher a mesma função social e económica, que é típica, não é o mesmo que afirmar-se que são típicos - comuns a todos os que visam a realização do mesmo efeito útil - os motivos que determinam a formação da vontade jurígena dos sujeitos.* […].» - os intercalados são novos.

E continuamos, (nossa última *ob.* cit., n.º 3, pags. 9/10): «[…] *Em obediência ao principio da autonomia da vontade, aqui manifestado na liberdade negocial, não existe, de facto, tipicidade quanto aos efeitos jurídicos que a vontade negocial das partes é apta a produzir. Não existe, também, algo como a obrigatoriedade de adopção de forma especial para a declaração. O que acontece é o reconhecimento de finalidades de natureza económica e social que a lei considera atendíveis e merecedoras da sua tutela, em função das quais é atribuída potencialidade jurídica ao consenso de vontades que vise a sua realização.*

prejuízo deste, na medida em que esta utilização contrarie (o que é plausível) os fins do contrato para a sua criação].

III – Assim, aquele que cria para outrem, em execução de contrato, deve conformar-se às utilizações da obra pelo comitente que:
  a) *correspondam às faculdades de utilização expressamente atribuídas*;
  ou
  b) *correspondam aos fins que se deduzam das faculdades de utilização atribuídas* – dir-se-ia que, quando se estipulassem expressamente as faculdades atribuídas, o comitente apenas poderia exercer poderes que nestas se compreendessem; no entanto, são admitidas utilizações segundo faculdades que se deduzam das atribuídas;
  ou
  c) *correspondam às finalidades que expressamente declare querer servir com a criação para outrem.*

Em qualquer caso, *o autor que crie obra intelectual para outrem não poderá exercer qualquer faculdade de utilização que prejudique a obtenção dos fins para que aquela foi criada* – art. 15º/3 CDA*.

Testemos a aplicação de cada um destes enunciados.

Dito de outro modo, a vontade humana é naturalmente apta a produzir efeitos que a lei acolhe e protege, desde que a finalidade prática que assim visa alcançar seja digna de tutela jurídica. Ora, o acordo de vontades que o negócio jurídico traduz é precisamente um dos meios que os sujeitos livremente escolhem de prosseguir cada uma dessas finalidades práticas, que à lei é deixado receber, ignorar ou rejeitar. A função do negócio jurídico é, assim, a de realizar um efeito prático que as partes querem e a lei pode acarinhar. A esta função própria de um acto voluntário que visa obter protecção jurídica para um interesse poderemos chamar causa desse acto e, assim também, "causa do negócio jurídico".» - os intercalados são novos.

E concluímos, (última *ob.* cit., n.º 3.1., pags. 10/11): *«O que a lei faz é definir parâmetros, limites dentro dos quais os sujeitos livremente escolhem os seus escopos e regulam os seus interesses, certos de que estes estarão juridicamente protegidos. O negócio jurídico será, assim, uma forma de auto-regulamentação de interesses. A causa de um negócio não é então a individualização do interesse que concretamente se visa proteger em cada caso – confundir-se-ia assim com os chamados motivos atípicos ou fins mediatos -; não ainda o mero escopo de alcançar tutela jurídica para um interesse - pois que seria assim comum e indiferenciada em relação a todos os negócios jurídicos -; mas o efeito prático, juridicamente acolhido, que um dado acto voluntário é tipicamente apto a realizar.»* – os intercalados são novos.

A) *Se as partes convencionam a atribuição de faculdades de utilização determinadas sem especificarem o fim da atribuição jusautoral*, o beneficiário desta pode utilizar a obra: segundo todas as modalidades de utilização convencionadas; *e* também segundo as que sejam necessárias à realização do fim visado com a atribuição[747], com excepção das faculdades de utilização cuja atribuição esteja *expressamente* excluída pela convenção. [Se *A.*, produtor cinematográfico, contratar *B.* para que realize obra cinematográfica e *B.* autorizar *A.* a exibi-la, é a lei (art. 125º/2 CDA*) que estabelece que *todas* as faculdades de utilização correspondentes à exploração económica (audiovisual) da obra se consideram atribuídas a *A.*[748].].

Deparamos com uma situação em que o autor (realizador) *atribui* faculdades de exploração audiovisual ao comitente (produtor). Exceptuam-se as *faculdades* que correspondem a modalidades de utilização que o comitente, visto o estipulado, não poderia legitimamente esperar exercer e que assim se vêem excluídas dos fins da atribuição convencionada: [no caso em apreço não poderia *A.* arrogar-se, por exemplo, poderes de gravação/produção de videogramas que fixassem a obra realizada][749/750].

Por outro lado, o autor contratado pode limitar convencionalmente as faculdades de utilização atribuídas, *aquém das que se deduziriam dos fins da utilização prefigurados* – parece claro que o art.

---

[747] Neste sentido, aliás incontroverso, também OLIVEIRA ASCENSÃO, *"Atribuição originária do direito de autor à entidade que custeia ou publica uma obra"*, cit., n.º 5-1), pag. 12 – então na vigência do Código do Direito de Autor de Portugal de 1966.

[748] Este é, aliás, um caso já examinado, a *realização/produção audiovisual*, que oportunamente assinaláramos como de *criação funcional em cumprimento de contrato* (precisamente o contrato de realização *e de* produção audiovisual) – cfr. *supra*, n.ºˢ 67 e 68.

[749] Ainda segundo OLIVEIRA ASCENSÃO, *"Direito Civil – Direito de Autor e Direitos Conexos"*, cit., n.º 293-II, pag. 433, quando afirma – em tese geral sobre toda a *"atribuição/disposição funcional"* – uma segunda regra: «*Como todo o negócio, o negócio de direito autoral é finalista: prossegue uma finalidade. E daí as duas vertentes: 1)* […]; *2) o negócio não autoriza nenhuns actos que ultrapassem aquela finalidade.*» – intercalado nosso.

[750] Encontramos o seguinte princípio (geral) de interpretação *aplicável à* atribuição contratual de faculdades jusautorais, plasmado na L.aut.bras.* (art. 49-VI): «*não havendo especificações quanto a modalidade de utilização, o contrato será interpretado restritivamente, entendendo-se como limitada apenas a uma que seja indispensável ao cumprimento da finalidade do contrato.*».

14º/1 CDA* deixa à liberdade contratual a estipulação das faculdades jusautorais constituídas na esfera jurídica de um e outro contraente.

B) *Se os fins da utilização constarem estipulados no contrato para criação de obra intelectual*, o beneficiário da atribuição pode utilizar a obra segundo todas as modalidade de utilização correspondentes aos fins pretendidos e mutuamente aceites, haja ou não estipulação expressa das faculdades de direito de autor atribuídas. Ilustremo-lo.
[Se *A*. contratar *B*. para que este elabore um "parecer" em apoio à sua posição de parte em demanda judicial, *B*. deve obviamente conformar-se a que *A*. o utilize para esse fim específico, ainda que não atribua expressamente quaisquer faculdades de direito de autor: *A*. pode nomeadamente *reproduzi-lo* em número de exemplares e pelas vezes necessários a servir *o fim da criação*, incluindo a sua junção às diferentes peças processuais nas várias instâncias a que recorra no âmbito desse mesmo processo.]
Deparamos com um contrato para criação de obra intelectual *sem atribuição* expressa *de faculdades jusautorais ao comitente*, mas em que *se especificam os fins de utilização pretendidos* – logo, com plena aplicação (também) do art. 15º/1 CDA*.
Devem considerar-se *consentidas todas as utilizações da obra pelo comitente que se mostrem necessárias à realização do fim que determinou a atribuição* (de resto, mal se compreenderia o sentido de uma criação para outrem com a finalidade específica indicada se depois se admitisse a oposição do autor a qualquer utilização da obra que precisamente servisse esse fim)[751].
Nota-se que o art. 15º/1 CDA* não contraria este axioma, visto que prevê: *a)* uma criação para outrem *conservando o criador o direito de autor*; e *b)* ainda assim, admite expressamente que a obra

---

[751] Embora não caiba aqui a análise das *várias modalidades de disposição de faculdades de direito de autor*, julgamos que tem razão OLIVEIRA ASCENSÃO, *"Direito Civil - Direito de Autor e Direitos Conexos"*, cit., n.º 293-II, pag. 433, quando afirma – em tese geral sobre toda a *"atribuição/disposição funcional"* – uma primeira regra: «*Como todo o negócio, o negócio de direito autoral é finalista: prossegue uma finalidade. E daí as duas vertentes: 1) o negócio autoriza, salvo cláusula em contrário, todos os actos que sejam necessários para a obtenção daquela finalidade; 2)* […].» – intercalado nosso.

possa ser «*utilizada (apenas) para os fins previstos na respectiva convenção*». Logo, o comitente (não beneficiário de atribuição patrimonial expressa do direito de autor) pode assim mesmo utilizá-la para os fins previstos na convenção, segundo quaisquer faculdades de direito de autor que sirvam a consecução daqueles.

Consideremos agora situações em que, sem convenção atributiva do direito (ou de faculdades neste compreendidas), falta também a estipulação *dos fins* da atribuição.

C) *Se as partes nada convencionam sobre o conteúdo do acto de atribuição nem especificam as faculdades de utilização atribuídas*, o direito permanece na esfera jurídica do autor (art. 14º/2). Dir-se-ia que, apesar de ter criado *para (os fins de utilização por) outrem*, o autor poderia depois decidir *ad nutum* sobre cada utilização pretendida pelo que com ele contratou a criação. Em desenvolvimento da regra enunciada no ponto anterior, deve, porém, entender-se que o beneficiário da atribuição pode utilizar a obra segundo todas as modalidades que sejam necessárias à realização da finalidade pretendida com a contratação da criação da obra.

[Se *A*. for contratado pelo Ministro *X*., este como membro do Governo, para elaborar "estudo técnico" em consulta sobre matéria determinada de interesse público que envolva o Governo, não poderá opor-se, *se nada houver convencionado que o exclua e ainda que o direito de autor permaneça na sua titularidade*, à sua divulgação, incluindo a sua comunicação pública, em todas as instâncias em que tal controvérsia pública assuma relevância e intervenha um membro do Governo ou representante deste. Já estará vedada qualquer modalidade de exploração comercial do "relatório", bem como, por ex., a comunicação pública do mesmo em palestra para que *X*. tenha sido convidado depois de cessar funções governativas.]. A *identificação do conteúdo da atribuição pode então resultar* – como neste caso – *de factores exógenos à convenção que deixem prefigurar os fins de utilização pretendidos, como os fins estatutários ou a actividade habitual do comitente*.

Como vemos, o princípio mantém-se intacto: *salvo convenção em contrário*, a atribuição *de faculdades jusautorais como efeito de contrato que tenha por objecto a criação de obras intelectuais* compreende todas as modalidades de utilização necessárias à realização dos fins em que as partes basearam a contratação – e apenas estas; por outro lado, *não pode o autor que cria obra intelectual para outrem fazer desta utilização que prejudique a obtenção dos fins para que aquela foi criada.*

IV – Dir-se-á que nada se revelou de específico, nada que não seja comum a toda a disposição de faculdades de direito de autor. Com razão, porque nada há de "específico", salvo no que respeita a delimitação do conteúdo de *faculdades pessoais* de autor e os *direitos de remuneração* correspectivos da sua atribuição (que se presume onerosa, como vimos).

Tratamos autonomamente toda a matéria que respeita à *delimitação convencional do conteúdo direito pessoal de autor*; no que respeita à *faculdade de modificação da obra* (art. 15º/2 CDA*), pode confrontar-se o exposto *infra* (n.º 83-IV e -V). Sobre o "*direito de remuneração especial*" postulamos o que segue.

Ainda que o direito (ou faculdades de utilização determinadas neste compreendidas) se constitua na esfera jurídica do comitente (porque assim se convencionou ou porque tal se deduz da falta de menção que identifica a autoria (art. 14º/1 e /3 CDA*), caso *aquele para quem a obra foi criada faça desta «utilizações ou retire* vantagens não incluídas nem previstas na fixação da remuneração ajustada»*, deve suportar uma remuneração especial – art. 14º/4-b) CDA*; assim também quando a obra criada sirva fins que excedam os prefigurados com a celebração do contrato para criação de obras intelectuais – art. 14º/4-a) CDA*[752].

---

[752] Deve conjugar-se a previsão quanto a esta "remuneração especial" e aquela que sempre é devida ao autor, que tenha onerado ou transmitido o seu direito, quando «[sofra] *grave lesão patrimonial por manifesta desproporção entre os seus proventos e os lucros auferidos pelo beneficiário daqueles actos,* [...]» - cfr. art. 49º CDA*. OLIVEIRA ASCENSÃO, *"Direito Civil – Direito de Autor e Direitos Conexos"*, cit., n.º 417-III, pag. 610, explica bem a relação: «*A razão da lei* [refere o regime consagrado no art. 49º citado] *é tutelar o criador intelectual que seja vítima de grave desproporção entre os seus proventos e o resultado retirado da obra. Essa* ratio *abrange, até por maioria de razão, as hipóteses em que o criador é ameaçado de ficar mais desprotegido, por nem sequer lhe ser atribuída originariamente a titularidade do direito.*» – intercalado nosso. E conclui (*ibidem*): «*Só podem surgir dificuldades na obra feita para outrem. E isto porque o art. 14º/4-b) absorve várias das finalidades que se retirariam do art. 49º.* [...]. *Mas na medida em que o*

Não significa isto que o autor perca o poder de se opor a utilizações não consentidas nos termos que explicamos nos parágrafos anteriores, sob pena de admitir que, em todos os casos em que ocorresse criação de obra intelectual para outrem, ... *seriam admitidas todas as utilizações pretendidas pelo comitente, desde que remunerasse "especialmente" o autor*. O direito de "remuneração especial", previsto no art. 14º/4 CDA*, tem conteúdo preciso e pressuposto claro: incide sobre a contrapartida de uma utilização *lícita*.

Assim, em qualquer caso, estas utilizações "... *não incluídas nem previstas* ..." deverão deduzir-se dos fins da utilização concedida, ou seja, não podem extravasar o conteúdo da atribuição jusautoral. Justificam uma "remuneração especial", na medida em que proporcionam vantagens patrimoniais não prefiguradas no momento da contratação, mas não fazem livre a utilização da obra.

V – Enunciamos então as conclusões neste domínio:

1) Para que o comitente que contrate a criação de obras intelectuais adquira faculdades de direito de autor, a vontade atributiva deve ser expressa ou deduzida do consentimento na utilização da obra sem menção da designação que identifica a autoria – art. 14º/1 e /2 CDA*.
Como bem se entenderá, afirmar que deve ser inequívoca a intenção de atribuir faculdades jusautorais a outrem não equivale a descortinar qualquer exigência de *especificação do conteúdo do acto atributivo*, que pode verificar-se ou não: se ocorrer especificação das faculdades atribuídas, deve limitar-se a estas o conteúdo das utilizações consentidas (o que também pode retirar-se do disposto no art. 43º/1 CDA*, aplicável à "transmissão e oneração parciais" do direito de autor); se faltar (ou na parte em que falte), a declaração negocial deve ser interpretada segundo as regras que seguem.

---

conteúdo do art. 49º não parece ficar esgotado pela previsão do art. 14º/4-b) (porque se aplica ainda a utilizações ou vantagens incluídas e previstas na remuneração ajustada) o art. 49º é aplicável ainda à obra feita para outrem.». Não desenvolvemos o tratamento desta matéria.

2) Independentemente do seu mérito literário, artístico (ou científico), a obra criada para outrem em execução de contrato deve servir os fins na base do contrato para a sua criação.
O conteúdo da atribuição jusautoral pode deduzir-se dos fins que as partes prefiguram ao contratar (que conheçam ou devam conhecer) e que a obra cuja criação foi contratada deve servir – esta é a própria essência da caracterização da prestação devida quando é contratada a *criação funcional*.
3) Salvo convenção em contrário, a criação de obra intelectual em execução de contrato compreende a atribuição de todas as modalidades de utilização necessárias à realização dos fins em que as partes basearam a contratação.
Mais sustentamos que a extensão definida como âmbito material deste acto marca também o seu limite, *i.e.*, a atribuição de faculdades jusautorais como efeito de contrato para criação de obras intelectuais compreende todas as modalidades de utilização necessárias à realização dos fins que determinaram a contratação – e apenas estas; esta regra é válida ainda que o direito de autor não pertença ao comitente – art. 15º/1 CDA*.
4) O autor que cria para outrem em execução de contrato poderá utilizar a obra contanto que "tal utilização não prejudique a obtenção dos fins para que foi criada" – art. 15º/3 CDA*.
Dir-se-ia que esta regra supõe que confrontamos sempre uma atribuição jusautoral *em exclusivo*. Não é assim que o princípio deve formular-se: se é verdade que toda a *oneração* do direito de autor deve ter carácter exclusivo (*ex* art. 43º/3 CDA*), nem toda a criação funcional implica sequer convenção atributiva de faculdades jusautorais; a injunção legal implica que *o "não prejuízo da obtenção dos fins para que a obra foi criada" seja observado pelo autor com ou sem atribuição de faculdades jusautorais ao comitente e, no caso de este adquirir faculdades de direito de autor, quer esta aquisição tenha carácter exclusivo ou não*.
5) Em qualquer caso e ainda que o direito de autor (ou faculdades neste compreendidas) se constitua na esfera jurídica do comitente, é devido o pagamento ao autor de uma "remuneração especial": *a)* quando a obra criada sirva fins que excedam

os prefigurados com a celebração do contrato para criação de obras intelectuais; *b)* por utilizações que proporcionem vantagens ao comitente "não incluídas nem previstas na fixação da remuneração estipulada".

Estas utilizações "... *não incluídas nem previstas* ..." deverão deduzir-se dos fins da utilização concedida, ou seja, não podem extravasar o conteúdo da atribuição jusautoral, sob pena de incurso em utilização ilícita da obra.

VI – As regras acima formuladas, que determinam a qualificação das atribuições patrimoniais de direito de autor como finalistas, consubstanciam *princípio de interpretação da declaração negocial*; decaem perante *manifestação de vontade que as contrarie em obediência ao princípio da autonomia da vontade*.

Este postulado – já confirmado no direito alemão perante princípio análogo que rege a *atribuição voluntária de faculdades jusautorais* segundo o "Zweckübertragungsprinzip" (a que já referimos por várias vezes – veja-se nomeadamente o exposto no n.º 50-III) – revela-se conforme ao conjunto de disposições aplicáveis assinaladas no ordenamento jusautoral português em obediência ao princípio da *liberdade contratual*[753]. Ao contrário da lei de autor alemã que o formula com carácter geral (segundo interpretação constante do § 31(5) UrhG alemã*), não existe disposição paralela na lei de autor de Portugal – com a importante particularidade da regulação legal aplicável aos contratos relativos à utilização de *programas de computador* que examinamos adiante.

---

[753] Sobre o assunto, pode confrontar-se o exposto por OLIVEIRA ASCENSÃO, *"Direito Civil – Direito de Autor e Direitos Conexos"*, cit., n.º 293-II/-III, pags. 433/434.

SÍNTESE EM RECAPITULAÇÃO

Conformação da situação de direito de autor nascida da criação de obra intelectual em execução de contrato (os arts. 14º e 15º CDA*) – conclusão (regime geral)

1. *Se as partes convencionam a atribuição de faculdades de utilização determinadas sem especificarem o fim da atribuição jusautoral*, o beneficiário desta pode utilizar a obra: segundo todas as modalidade de utilização convencionadas; *e* também segundo as que sejam necessárias à realização do fim visado com a atribuição, com excepção das faculdades de utilização cuja atribuição esteja *expressamente* excluída pela convenção.

2. *Se os fins da utilização constarem estipulados no contrato para criação de obra intelectual*, o beneficiário da atribuição pode utilizar a obra segundo todas as modalidade de utilização correspondentes aos fins pretendidos e mutuamente aceites, haja ou não estipulação expressa de que resulte a atribuição do direito de autor – art. 15º/1 CDA*.

3. *Se as partes nada convencionam sobre o conteúdo do acto de atribuição nem especificam as faculdades de utilização atribuídas*, pareceria que, presumida a não atribuição do direito de autor ao comitente (art. 14º/2), o autor poderia depois decidir *ad nutum* sobre cada utilização pretendida pelo que com ele contratou a criação. Em desenvolvimento da regra enunciada no número anterior, deve, porém, entender-se que o beneficiário da atribuição pode utilizar a obra segundo todas as modalidades que sejam necessárias à realização da finalidade pretendida com a contratação da criação da obra. A *identificação do conteúdo da atribuição pode resultar de factores exógenos à convenção que deixem prefigurar os fins de utilização pretendidos, como os fins estatutários ou a actividade habitual do comitente*.

4. Caso *aquele para quem a obra foi criada faça desta «utilizações ou retire vantagens não incluídas nem previstas na fixação da remuneração ajustada»*, deve suportar uma remuneração especial –

art. 14°/4-b) CDA*; assim também quando a obra criada sirva fins que excedam os prefigurados com a celebração do contrato para criação de obras intelectuais - art. 14°/4-a) CDA*.

Não significa isto que o autor perca o poder de se opor a utilizações não consentidas nos termos que explicamos nos parágrafos anteriores, sob pena de admitir que, em todos os casos em que ocorresse criação de obra intelectual para outrem, ... *seriam admitidas todas as utilizações pretendidas pelo comitente, desde que remunerasse "especialmente" o autor*. O direito de "remuneração especial", previsto no art. 14°/4 CDA*, tem conteúdo preciso e pressuposto claro: incide sobre a contrapartida de uma utilização *lícita*.

5. Segundo o princípio da atribuição finalista/disposição funcional: *salvo convenção em contrário, a* atribuição *de faculdades jusautorais como efeito de contrato que tenha por objecto a criação de obras intelectuais* compreende todas as modalidades de utilização necessárias à realização dos fins em que as partes basearam a contratação – e apenas estas; por outro lado, *não pode o autor que cria obra intelectual para outrem fazer desta utilização que prejudique a obtenção dos fins para que aquela foi criada* – art. 15°/3 CDA*.

SECÇÃO II
Regimes particulares

SUBSECÇÃO I
A (falta de) menção de autoria

76. Regime na falta de menção que identifique a autoria – em geral

I – Como vimos, na generalidade dos casos, a atribuição de faculdades jusautorais como efeito de contrato para criação de obras intelectuais depende de convenção que estipule especificamente essa atribuição: *a criação da obra para os fins pré-determinados pelo que contrata a criação indicia a sua destinação para uma utilização por outrem, mas não é suficiente para investir um não criador na titularidade originária do direito de autor* (ou de faculdades neste compreendidas). A regra é, sob a Convenção de Berna (CB*), em Portugal como na generalidade dos ordenamentos compulsados de raiz latino-germânica:

- *se o autor criar obra em execução de contrato e nada houver sido convencionado quanto à conformação da situação jusautoral* (a que se forma com a exteriorização da obra segundo expressão formal criativa), o direito de autor constitui-se na esfera jurídica do autor, não na daquele para quem a obra foi criada.

Vimos também que os preceitos legais aplicáveis são explícitos na exigência de convenção *específica* que tenha como efeito a atribuição de faculdades de direito de autor ao comitente da obra criada em execução de contrato para criação de obras intelectuais: (Art. 14º/1:

«... a titularidade do direito [...] determina-se de acordo com o que tiver sido convencionado»); para que se verifique a atribuição com eficácia jusautoral em benefício do contratante não-criador, a vontade do autor deve manifestar-se nesse sentido (Art. 14°/2: «*Na falta de convenção, a titularidade do direito de autor [...] pertence ao criador intelectual.*»)[754]; esta é uma presunção *juris tantum*, em termos que esclarecemos de seguida[755].

II – A atribuição de faculdades de utilização da obra intelectual pode *presumir-se do consentimento pelo autor para a utilização da obra pelo empregador ou comitente sem menção da designação que identifica a autoria* (nos termos do art. 14°/3 CDA*). A vontade do autor *que consinta na utilização da sua obra pelo comitente sem menção da autoria* deve resultar inequívoca, o que não implica que o declare *expressamente*[756]: a vontade pode deduzir-se de actos que permitam inferir o consentimento na utilização da obra sem menção

---

[754] Neste sentido, pode confrontar-se ACÓRDÃO DA RELAÇÃO DE LISBOA, de 2-7-2002, in Col.Jur.*, t. IV (2002), pags. 64 ss. (*maxime* pag. 65), que tem como Relator RUA DIAS, no trecho em que expõe: «[...] *a regra geral é, pois, a de que a atribuição da titularidade do direito de autor, sob o aspecto patrimonial, é determinada em função do acordo celebrado entre o criador e a entidade que encomenda a obra ou por conta de quem ela é feita, havendo assim que proceder em cada caso concreto a uma análise dos termos do acordo".*» – intercalado nossos.

[755] Esta posição é, em parte, contrária à que – a propósito da norma do art. 14°/2 CDA* – propugna LUIZ FRANCISCO REBELLO, "*Código do Direito de Autor e dos Direitos Conexos (Anotado)*", 3ª ed. cit., em anotação 2. ao Artigo 165°, pag. 222: «*A discriminação que, por força deste preceito, era imposta aos autores das obras fotográficas foi corrigida pela Lei n.º 114/91; mas mesmo assim a solução encontrada diverge da que o n.º 2 do art. 14º postula, uma vez que a presunção iuris et de iure a favor do criador, ali consagrada, é neste caso favorável ao terceiro (entidade patronal ou comitente), ainda que se trate de uma mera presunção tantum iuris,* [...]» – intercalado nosso.

[756] OLIVEIRA ASCENSÃO, "*Direito Civil – Direito de Autor e Direitos Conexos*", cit., n.º 292-II, pag. 431, vai mais longe: «*De várias maneiras as leis procuram organizar a tutela do contraente intelectual.* [...]. *O Código de 1966* [Código do Direito de Autor de Portugal, de 1966, revogado pelo CDA*] *organizava esta tutela através da exigência de que os actos de disposição fossem expressos. Essa exigência repetia-se de figura para figura. É uma posição de todo errónea. Todo o acto tem o seu conteúdo, tem o seu espírito. Procurar nele apenas o que é expresso significa transformar os actos de disposição de direitos derivados em actos literais. Isto não significa mais no Direito de Autor que em qualquer outro ramo, e tanto prejudica o autor como os utentes. O Código de 85* [CDA*] *aboliu generalizadamente a exigência do carácter expresso.*» – intercalados nossos.

da designação que identifica autoria, que *não é o mesmo que "presumi-la" da inércia ou da ausência de oposição à exploração económica por outrem*⁷⁵⁷.

Em primeiro lugar e se outra razão não houvesse em abono deste entendimento, porque se trata (cfr. *infra*, n.º 81-III) de *renúncia (revogável) ao exercício de uma faculdade pessoal* (a de "*menção de designação que identifica a autoria*" inconcebível sem o seu consentimento.

Depois, porque, independentemente da referida menção, não pode perder-se de vista que está em causa a utilização de uma obra por alguém que não pode empreendê-la licitamente sem o consentimento do titular originário do direito. O consentimento na utilização da obra pelo comitente deve então deduzir-se, nestes casos, de actos que o indiciem (seja, por ex., a "entrega" da obra para utilização sem assinatura, seja convenção genérica que preveja toda a divulgação sem menção de autoria ou com menção de autoria pelo comitente, seja outro facto concludente).

Ainda que de atribuição de "titularidade originária" se tratasse, resultaria *contra legem* (consideradas as regras dos n.ᵒˢ 1 e 2 do art. 14° CDA*, acima interpretadas) admitir que, de uma utilização de

---

⁷⁵⁷ INOCÊNCIO GALVÃO TELLES, *"Manual dos Contratos em Geral"*, 4ª ed. cit., n.º63-*c)*, pag. 136, sobre o que designa "manifestação *indirecta* de vontade", explica: «*Manifestação tácita será a* indirecta [...]. *Pressupõe-se aqui um* comportamento meramente fáctico ou *uma* manifestação negocial expressa, *de natureza linguística ou operacional, donde se infere,* por via mediata, *mas* com toda a probabilidade, *a* existência doutra vontade, também negocial» – intercalados nossos.

ANTÓNIO MENEZES CORDEIRO, *"Tratado de Direito Civil Português – I (Parte Geral)"*, t. I, 2ª ed. cit., § 27.°, n.° 121-I, pag. 340, também esclarece: «*Não deve confundir-se declaração tácita com inacção ou com ausência de declaração: a "declaração tácita" é, na verdade, uma "declaração indirecta", autonomizada, enquanto tal, numa classificação tradicional* [...]. E continua, última *ob.* cit., n.° 121-II, pag. 341: «*A natureza formal de uma declaração não impede que ela seja tacitamente emitida; como dispõe o artigo 217°/2 do Código Civil, requer-se, então, que a forma prescrita tenha sido observada quanto aos factos de que se deduza a declaração em causa.* [...]: *só é legítimo descobrir declarações negociais, ainda que tácitas, quando haja verdadeira vontade, dirigida aos efeitos e minimamente exteriorizada, ainda que de modo indirecto. Particularmente condenável é, num prisma científico, o recurso a* ficções negociais, *ou seja, a imputação de determinados efeitos jurídicos a uma declaração inexistente, como forma de aplicar soluções que poderiam ser obtidas através de um negócio.*» – intercalados nossos.

uma obra intelectual por um não criador empreendida sem menção da designação que identifica autoria, se poderia presumir não apenas o consentimento para essa omissão (excepcional, visto o regime geral de tutela do direito pessoal de autor) como, em consequência desta, também a atribuição de faculdades de utilização. Estabelecer-se-ia, se assim fosse, uma dupla presunção – de licitude da utilização, primeiro; depois, de que essa utilização, presuntivamente consentida, também deixaria deduzir a atribuição de faculdades jusautorais ao comitente – que: nem o regime-regra *formalmente* anuncia («[a titularidade] *determina-se de acordo com o que houver sido convencionado...*» / «*... na falta de convenção, a titularidade pertence ao criador da obra...*»); nem os princípios gerais admitem (*v.g.* o "princípio de coincidência autoria/titularidade originária do direito de autor", antes explicado – cfr. n.os 2 e *18-II, supra*).

Aliás, *caso não fosse exigível que o autor prestasse o seu consentimento na utilização sem menção de autoria*, presumir-se-ia então sempre (mal) que consentia na utilização da sua obra pelo beneficiário de tal atribuição independentemente do fim ou para qualquer fim *pretendido sem o seu conhecimento ou escrutínio*, o que contrariaria, enfim, as regras que apontamos consagradas para toda (e, por maioria de razão, dado o seu âmbito, esta) *disposição funcional*.

É também certo que, quando autorizada a utilização da obra por um não criador, tal não equivale, por si só, a *consentir na sua utilização com menção de designação da autoria do beneficiário da atribuição*: atribuem-se faculdades de utilização da obra, não se dispõe assim da sua autoria.

III – Concluímos que, para que se verifique a atribuição de faculdades jusautorais a um não criador-comitente *presumida da falta de menção da designação que identifica a autoria*, se exige que se manifeste a vontade de o autor autorizar a utilização da obra sem a menção da autoria/paternidade; aliás, não sendo verificável essa sua vontade, dificilmente se distinguiria esta situação de uma vulgar utilização *não autorizada*.

O autor que cria "por conta de outrem" não aliena a sua faculdade pessoal de exigir a menção da designação que o identifica como criador da obra intelectual, faculta a utilização da sua obra por aquele que contratou a criação – *presume-se então a atribuição de faculdades de direito de autor ao comitente.*

77. Regime na falta de menção que identifique a autoria (continuação) – obras colectivas e obras em colaboração

I – Esteja ou não mencionada a designação que identifica a autoria, trate-se ou não de obra criada em cumprimento de dever funcional, ainda que a titularidade do direito de autor nessa criação incorporada pertença ao seu criador (e não também à empresa que enquadre a *obra colectiva* e que é sempre titular originária do direito nesta, como vimos), a atribuição de faculdades jusautorais como efeito de contrato para criação de obras intelectuais não se presume da (autorização para) incorporação de contributos criativos individuais em obra colectiva, *quando desacompanhada de declaração de vontade* nesse sentido (podendo também ser presumida da falta de menção de autoria).

II – Expusemos já a nossa posição sobre o tema (cfr. *supra*, n.º 41), que aqui aplicamos ao ponto em análise.

1) Recordamos que o direito de autor na *obra colectiva* se constitui originariamente na titularidade da entidade titular da empresa que "empreende na sua criação e em nome de quem é divulgada" – art. 19º/1 CDA*. Lembramos também que o direito de autor nos *contributos individuais discrimináveis criados para a utilização em obra colectiva* constitui-se originariamente de acordo com o convencionado (como qualquer criação *para (os fins de utilização por) outrem* – art. 14º/1 CDA*. Assim, se se tratar de contributos individuais discrimináveis criados (logo) para a utilização em obra colectiva e *nada for convencionado*, o direito permanece na titularidade do autor desses contributos criativos – art. 14º/2 CDA* –, salvo se puder deduzir-se, da sua utilização sem menção da designação de autoria individual, a vontade de disposição funcional de faculdades jusautorais – art. 14º/3 CDA*. Nenhuma especialidade cabe assim registar em relação ao regime de toda a criação funcional.

2) Está reservada ao titular do direito de autor na obra colectiva ("jornal ou outra publicação periódica"[758]), a "entidade titular da empresa", a utilização de contributos individuais criativos *como parte integrante da obra colectiva* (em todas as utilizações que compreendam a da obra colectiva que integram) – art. 173º/2 CDA*[759]. É regra que decorre também do *"princípio da unidade de exploração da obra colectiva"* (cfr. *supra*, n.os *37-II* e 41-III).

3) Salvo convenção em contrário, todas as faculdades correspondentes a uma utilização *"em separado"* (independente da exploração da obra colectiva) dos contributos incorporados em obra colectiva permanecem na titularidade do seu criador – arts. 19º/2 (18º/2) e 173º/1 CDA*. Confirma-se o que antes enunciámos como princípio geral: *a autorização para incorporação de obra individual em obra colectiva (uma utilização de obra própria em obra alheia) não tem, por si só, efeito atributivo de faculdades jusautorais sobre a utilização "em separado" dos contributos discrimináveis incorporados, salvo se assim for convencionado.*

4) Se o contributo individual para obra colectiva for criado em execução de contrato, a atribuição do direito de autor ao titular da empresa exige ainda convenção específica que a determine – arts. 14º/1 e 174º/1 CDA*.

5) A falta da menção que identifica a autoria individual em contributo criativo individual utilizado em obra colectiva deixa presumir a atribuição de faculdades jusautorais ao empresário-empregador (também) quanto à sua utilização "em sepa-

---

[758] Referimos a aplicação desta regra às obras (presuntivamente colectivas – *ex* art. 19º/3 CDA*) "jornais ou outras publicações periódicas", porquanto aquela resulta directamente do regime especial previsto no art. 173º CDA*. Julgamos, contudo, e porque precisamente *este não é um regime excepcional*, a regra pode aplicar-se a todos os contributos criativos individuais discrimináveis utilizados em obras colectivas.

[759] Não nos parece assim que a situação descrita – e que o art. 173º/2 CDA* citado regula – constitua "limitação ao direito de autor do criador do contributo individualizado", visto que é da (utilização da) *obra colectiva "como um todo autónomo"* que se trata, não do somatório das contribuições criativas que a integram (contra LUIZ FRANCISCO REBELLO, *"Código do Direito de Autor e dos Direitos Conexos (Anotado)"*, 3ª ed. cit., em anotação 2. ao Art. 173º, pag. 229).

rado" – arts. 14º/3 e 174º/4 CDA*[760]. Como expusemos (cfr. *supra*, n.º 41-III-2), este último preceito legal não consagra excepção em relação ao disposto no art. 14º: não deixa de estabelecer que a *presunção da atribuição de faculdades de utilização ao empresário-empregador, em consequência da falta de menção da designação de autoria, pode ser contrariada por convenção.*

III – A previsão (no art. 17º/3 CDA*) da divulgação ou publicação da obra em colaboração *"apenas em nome de alguns dos colaboradores"*, seguida da *"presunção (juris tantum) de que os não designados cederam os seus direitos àquele(s) em nome de quem a obra é divulgada ou publicada"*, não exclui a atribuição originária em comunhão da titularidade do direito de autor[761]. Impressiona-nos especialmente a circunstância de a lei presumir tal "cedência" da «*divulgação* da obra em nome ...», que refere a momento em que o direito de autor já se constituiu – nos termos gerais, pela formalização da obra.

Em nossa opinião, o que se verifica nestes casos será, consoante o que demonstre a análise em concreto da vontade dos sujeitos, não uma alienação do direito de autor aos colaboradores que divulguem, mas:

a) um mandato revogável para o exercício de faculdades de exploração económica, análogo ao que configura a situação prevista para as obras divulgadas ou publicadas anonimamente ou sob pseudónimo (art. 30º CDA*);

---

[760] A propósito, recordamos o que expusemos *supra*, n. 41-III: «*É certo que o facto de o autor-criador realizar a obra no quadro dessa organização empresarial delimita, por si só, o conteúdo da situação jusautoral constituída pela criação da obra para a integração, porquanto subordina a sua utilização ao "princípio da unidade de exploração da obra colectiva no seu todo" (como resulta do art. 174º/2). Mas tal não constitui mais do que a aplicação – "particularizada", visto o fim de incorporação em obra colectiva – da regra interpretativa comum a toda a atribuição finalista/disposição funcional.*».

[761] Em sentido diferente, veja-se OLIVEIRA ASCENSÃO, "Direito Civil – Direito de Autor e Direitos Conexos", cit., n.º 83-II/III, pags. 130-132, que sustenta nomeadamente que: se a *"cedência"* (e não *"transmissão"*) é anterior à criação, ocorrerá uma atribuição originária do direito de autor aos restantes colaboradores; se a *"cedência"* é posterior haveria renúncia ao direito pelo colaborador não mencionado como autor no momento da divulgação em benefício dos restantes.

b) a renúncia ao direito na comunhão por um ou mais colaboradores comuneiros em benefício dos restantes, nos termos gerais acima apontados que, excepcionalmente, a lei faz aqui presumir da falta de menção de designação de (co)autoria.

Acompanhamos neste ponto a doutrina italiana, sob égide de VALERIO DE SANCTIS, sobre disposição da L.aut.ital.*[762].

Embora admitamos a *renúncia voluntária* ao direito na comunhão por um dos colaboradores em benefício dos restantes, não nos parece que esta caiba na previsão do citado art. 17º/3 CDA*. A presunção de "cedência" ali contida decorre da *"ausência de menção da designação que identifica a autoria"* de um ou mais co-autores, que é revelada apenas no momento da divulgação ou publicação da obra. Logo, neste caso, o direito de autor constituiu-se, pela criação em concertação, originariamente na titularidade de *todos* os co-autores, pelo que a previsão da norma a faz inaplicável às hipóteses de

---

[762] (Art. 9 § 1 L.aut.ital.*): «*Quem tenha representado, executado ou publicado uma obra anónima, ou pseudónima, tem legitimidade para fazer valer os direitos do autor, enquanto este não se tenha revelado.*», aliás em seguimento do estabelecido no art. 15/3 CB*) – de teor semelhante ao do art. 30º/1 CDA*. Sustenta aquele Autor (VALERIO DE SANCTIS, *"Contratto di Edizione – Contratti di Rappresentazione e di esecuzione"*, cit., n.º 8, pags. 24/25) que: «[A divulgação da obra anónima ou sob pseudónimo] *não tem qualquer relevância quanto à titularidade originária dos direitos correspondentes. Contudo, àquele que houver representado, executado ou publicado uma obra anónima, ou pseudónima, é admitido que faça valer os direitos do autor, enquanto este não se revele. A lei atribui então, nesta hipótese, ao que publica a obra a representação do autor, mas não o investe* [na titularidade] *do direito deste último. Não se trata, pois, de uma sub-rogação fictícia na qualidade de autor, mas tão-só de um mandato ex* lege *para tutela dos direitos relativos à obra, que compreende, antes de mais, a legitimação activa como pressuposto da acção. Evidentemente, o que publica (por ex. o editor, o empresário), age frequentemente também por conta própria, como titular, a título derivado, desses direitos (patrimoniais), mesmo que para o seu exercício.*». No mesmo sentido, GIANNINI / AMMENDOLA, *apud* P. MARCHETTI / L. C. UBERTAZZI, *in "Commentario breve al Diritto della Concorrenza"*, cit., pag. 1796, em anotação I-1 ao art. 9 "legge autore" (L.aut.ital.*).

OLIVEIRA ASCENSÃO, *"Direito Civil – Direito de Autor e Direitos Conexos"*, cit., n.º 100-II / -III, pag. 153, reconhecendo também que não se evidencia qualquer *atribuição de titularidade ao representante* do autor anónimo ou que publica sob pseudónimo nem se suscitando qualquer problema quanto à *paternidade da obra*, considera que se consagra uma *legitimação para o exercício do direito*. Acompanhamo-lo quando acrescenta (*ibidem*) que os poderes atribuídos consentem na representação quer das *faculdades patrimoniais* quer das *pessoais*.

atribuição *originária*, que defendemos *só* dever abranger a globalidade do direito na comunhão.

IV – Por outro lado, o direito pessoal de autor é irrenunciável e intransmissível, nos termos gerais, o que sempre suscita os problemas que podem decorrer da não coincidência entre a titularidade destes e dos direitos patrimoniais em todos os casos em que vimos ser admitida a alienação dos últimos a terceiros não colaboradores.

Entendemos, contudo, que não se levantam aqui questões particulares em comparação com as que respeitam à articulação entre o *exercício limitado de direitos pessoais* – que permanecem indissociáveis da esfera jurídica dos autores – e a titularidade (e exercício) do direito de autor e de faculdades patrimoniais, quando atribuídas, a título originário ou derivado, a pessoa diferente[763/764]. Tratamos especificamente deste problema no Capítulo seguinte.

---

[763] A questão não merece, aqui assim, tratamento específico que reservamos para o Capítulo seguinte deste escrito, sem que deixemos de adiantar que, nos casos de *renúncia ao direito de autor por um dos colaboradores em benefício dos demais*, o direito pessoal que (também) nasce na comunhão, nesta permanece, acrescendo na esfera jurídica dos restantes colaboradores comunheiros.

[764] Já José Alberto Vieira, *"A estrutura do direito de autor..."*, cit., n.º 26, pags. 90/91, divisa diferentes âmbitos de aplicação das regras do art. 17º/1 CDA* (com remissão para o regime da *contitularidade* de direitos) e do art. 18º/1 do mesmo Código (que apela aos princípios da *boa fé* para composição de divergências de vontade dos co-autores quanto à utilização da obra). Fá-lo com apelo sobretudo à letra do disposto no último destes preceitos legais, depois de pretender reconhecer na menção à *"divulgação, publicação, exploração e modificação da obra feita em colaboração"* referências, respectivamente, aos direitos pessoais de *inédito* e de *modificação*. Assim, segundo este Autor: «*Nestes* [os direitos patrimoniais], *porque o seu conteúdo é divisível* [embora este Autor não o expresse, acreditamos que se refere às *faculdades patrimoniais de utilização* e não ao direito patrimonial que temos por indivisível pelas razões antes explicadas] *não choca a aplicabilidade das regras da compropriedade, e, por consequência, o exercício do direito processa-se em função de uma quota, base de funcionamento da regra da maioria. No conteúdo pessoal essa regra é absurda, pois se a titularidade ainda pode ser partilhada, e é-o nestes casos, não pode ser quantitativamente dividida para efeitos de exercício. O direito pessoal não se coaduna com a participação por quotas, nem com o exercício segundo a regra da maioria. Por isso, o princípio é, realmente, outro: a boa fé.*» – intercalado nosso.

Como procurámos demonstrar, e sem prejuízo da concordância quanto à aplicabilidade das regras da boa fé *também* quanto ao exercício de *faculdades pessoais* de autor nas obras em colaboração, não cremos necessária esta separação de regimes segundo a

SUBSECÇÃO II

Conformação convencional da situação jurídica de direito de autor nas bases de dados e nos programas de computador

78. A conformação convencional da situação jusautoral nas obras-base de dados e nos programas de computador

I – O essencial do regime que a lei portuguesa consagra quanto à *conformação contratual* da situação jusautoral originária relativa às obras-base de dados (Decreto-lei n.º 122/2000, de 4-7, em transposição da DBD*) e aos programas de computador (Decreto-lei n.º 252/ 94, de 20-10, em transposição da DPC*) *criados em execução de contrato para criação de obras intelectuais* é em grande parte assimilável, com duas particularidades de vulto, ao que definimos para a generalidade das obras intelectuais.

No que aqui mais nos interessa, a DPC* (art. 2º/3) estabelece que «*só o empregador ficará habilitado a exercer todos os direitos de natureza económica relativos ao programa assim criado* ["programa de computador criado por um trabalhador por conta de outrem, no exercício das suas funções ou por indicação do seu empregador"], *salvo disposição contratual em contrário.*» – intercalado nosso. A DBD* (*Considerando* 29) prevê que «[«nada impede os Estados--membros de especificarem na respectiva legislação que»], *quando uma base de dados for criada por um empregado no exercício das suas funções ou por indicação da sua entidade patronal só esta estará habilitada a exercer todos os direitos patrimoniais relativos à base de dados assim criada, salvo disposição contratual em contrário.*» – intercalado nosso. Evidenciam-se disposições congénitas, que ainda assim suscitaram problemas curiosos na transposição pelas legislações estaduais europeias como sumária e pontualmente apon-

---

natureza dos direitos em causa, que suscitaria, aliás, problemas sérios quanto à sua aplicação em todos os casos em que as faculdades pessoais podem interferir no exercício dos direitos patrimoniais. Julgamos também que a posição citada não tem correspondência *no sentido objectivo* da norma citada, que expressamente refere «*a publicação e a exploração da obra*».

támos⁷⁶⁵. Examinemos agora a regulação em Portugal, com referência um pouco mais alargada à conformação de toda a situação jusautoral originária nascida da criação destes novéis bens jusautorais.

II – Em geral, a lei portuguesa citada, em transposição da DBD*, é pouco inovadora. A norma do art. 5º/1 do Dec.-lei n.º 122/2000 anuncia-o: «*São aplicáveis às bases de dados referidas no artigo anterior* [relativo às "*obras*-base de dados] *as regras gerais sobre autoria e titularidade vigentes para o direito de autor.*».

A mesma lei (art. 5º/2 Dec.-lei 122/2000) acrescenta: «*Presumem-se obras colectivas as bases de dados criadas no âmbito de uma empresa.*». Julgamos que esta não é disposição completamente inútil – consideradas designadamente as que nos permitiram a construção dogmática sobre as *obras colectivas/obras de empresa* (cfr. *supra, maxime* n.º 39), apenas porque contém presunção análoga à do art. 19º/3 CDA* para "*jornais e outras publicações periódicas*"⁷⁶⁶. Ao admitir *prova em contrário* como esta, apenas vem juntar uma *nova espécie* ao "género *obra colectiva*", reincidindo numa técnica de qualificação legal que não se afigura saudável: ou bem que a *obra*-base de dados é, consideradas as condições materiais da sua criação, *naturalmente* uma obra colectiva (como julgamos acontecer usualmente, aqui com a particularidade de o empresário-titular do direito de autor ser normalmente o *produtor* da base); ou bem que se demonstra assim não ser, e não é esta "presunção (*juris tantum*) de género" que por si só faz aplicável o regime das obras colectivas.

Dado que as disposições do art. 3º do Dec.-lei n.º 252/94, acima referenciado em regulação da autoria e titularidade nos *programas de computador* no ordenamento jurídico português, reproduzem textualmente o disposto nos n.ᵒˢ 1 e 2 do citado art. 5º do Dec.-lei 122/2000, vale quanto a estes o acima exposto⁷⁶⁷.

---

[765] Em especial, confronte-se por todos o assinalado (*supra*, n.º 50-II) quanto ao resultado de transposição da DPC* no ordenamento jurídico alemão.

[766] Sobre esta "*presunção*", pode confrontar-se o exposto por OLIVEIRA ASCENSÃO, "*Direito Civil – Direito de Autor e Direitos Conexos*", cit., n.º 78-II, bem como a apreciação que o mesmo Autor acrescenta em nota (1) à pag. 125.

[767] Regista-se a posição de PEDRO ROMANO MARTINEZ, "*Relações Empregador Empregado*", cit., n.º II-2, pag. 197: «*Sendo o programa de computador realizado no âmbito*

III – Vista a remissão expressa para as normas que, no CDA*, regulam a atribuição de faculdades jusautorais *derivadas*, observamos que a norma do n.º 2 do art. 18º do Dec.-lei 122/2000 (correspondente à consagrada no n.º 2 do art. 11º do Dec.-lei 252/94), sob epígrafe "*Autonomia privada*", não regula a atribuição *originária* do direito de autor. À matéria em exame importam antes, em especial: o art. 11º /1 e /3 e o art. 3º/3 a /5 do Dec.-lei n.º 252/94 (para os programas de computador); o art. 18º/1 e o art. 5º/3 a /5 do Dec.-lei n.º 122/2000 (para as obras-base de dados). Passamos ao seu exame.

IV – No que respeita ao consagrado, respectivamente, no art. 11º/1 Dec.-lei 252/94 e no art. 18º/1 Dec.-lei 122/2000, de teor literal idêntico, limitam-se a consagrar regra que, como pode confrontar-se, entendemos ser *de aplicação geral* a todos os contratos de direito de autor[768], a saber:

a) que o conteúdo das obrigações nascidas de contratos para criação de obras intelectuais – mesmo os que podem contar-se entre as modalidades de prestação de serviço – não quadram um *tipo contratual único*;
b) que a conformação convencional da situação jusautoral primordial revela-se tanto a partir de prestações típicas de con-

---

de uma empresa presume-se obra colectiva [...]. *Relativamente a programas de computador, a presunção de se tratar de uma obra colectiva não depende de ter havido uma pluralidade de criadores. Deste modo, se um único trabalhador da empresa criar um programa de computador, há uma presunção legal quanto à qualificação da obra como colectiva.*» – intercalado nosso. Como expusemos, não é este o elemento que consideramos decisivo na qualificação de uma obra como *colectiva*.

[768] MANUEL LOPES ROCHA, "*Contratos de licença de utilização e contratos de encomenda de «software»*", cit., pag. 698, observa mesmo: «*Dada a dualidade jusautoral/ contratual presente na comercialização do* software, *veremos que nos contratos de desenvolvimento de* software, *ainda que a licença de utilização esteja muitas vezes presente como matriz essencial, são possíveis ilimitadas formulações contratuais que a integram. Mais: se neste plano da vinculação entre as partes se pode ir ao extremo da cessão de todos os direitos cindíveis da personalidade do seu autor* [como se verá, não partilhamos desta particular concepção], *através de actuação voluntária do titular da obra em causa, desaparecendo, então, a matriz de que partimos, já na licença de* shrink-wrap [sobre a qual refere que "o «contrato» aqui estabelecido é-o preferencialmente entre o *software producer* e o adquirente do *software*"], [...], *avultará muito mais o elemento jusautoral* [...].» – intercalados nossos.

tratos nominados, como da combinação das que correspondem a "tipos" contratuais conhecidos e elementos – esses sim paradigmáticos – que concorrem para conformar *especificamente* situações jurídicas de direito de autor[769].

Nada pode, pois, apontar-se de específico em normas como as dos preceitos legais citados que determinam a «*aplicação das regras gerais dos contratos e as disposições dos contratos típicos em que se integram ou ofereçam analogia*», salvo que – precisamente porque são de índole geral – *bem poderiam constituir a pedra angular de uma regulação dos* (de todos os) *"contratos de direito de autor"* que falta no instrumento legal fundamental, o Código de Direito de Autor e dos Direitos Conexos de Portugal (CDA*).

V – Encontramos uma disposição que merece realce particular no citado n.º 3 do art. 11º Dec.-lei n.º 252/94: trata-se de uma *regra de interpretação da declaração contratual* «*de maneira conforme à boa fé e com o âmbito justificado pelas finalidades do contrato*» (*in casu*, nos contratos relativos a programas de computador) – esta sem paralelo *textual* no diploma que estabelece o regime das obras-base de dados.

Lembra em particular o, já por nós comentado, princípio de interpretação aplicável a todos os contratos de direito de autor, inspirado no "Zweckübertragungsprinzip" formulado a propósito do ordenamento jurídico alemão – especialmente a partir da norma do § 31(5) UrhG alemã*: revela-se a propósito da *interpretação* da declaração negocial enformadora dos contratos de direito de autor em geral e dos *contratos para criação de obras intelectuais* em particular (cfr. *supra*, n.º 50-IV). Nos termos desta: *as regras que determinam a qualificação* – como finalistas – *das atribuições patrimoniais de direito de autor consubstanciam* (tão-só) *um princípio de interpretação da declaração negocial; decaem perante manifestação de vontade que as contrarie em obediência ao princípio da autonomia da vontade* (cfr. *supra*, n.º 75-VI).

---

[769] Trata-se de proposições cuja fundamentação tem vindo a ser construída no transcurso desta dissertação, porquanto versam o seu objecto principal. Retomamo-las adiante. Neste sentido pode também confrontar-se o exposto por OLIVEIRA ASCENSÃO, *"Direito Civil – Direito de Autor e Direitos Conexos"*, cit., n.º 283, pag. 419.

Como referimos no ponto anterior, também nada pode apontar-se de específico nesta norma, salvo que – precisamente porque de índole geral *bem poderia constituir mais um dos fundamentos de uma regulação dos* (de todos os) *"contratos de direito de autor"* que também falta no CDA*.

Já o regime aplicável aos *programas de computador e às obras--base de dados criados* em execução de contrato justifica exame mais minucioso.

VI – Começamos pelo que não é inovador. Estabelece-se:

– que *a atribuição de faculdades jusautorais ao comitente quando estas obras sejam criadas em execução de contrato para criação de obras intelectuais* se estabelece de acordo com o convencionado (parte final do n.º 3 do art. 5º do Dec.-lei n.º 122/2000, para as obras-base de dados e no n.º 3, *in fine*, do art. 3º do Decreto-lei 252/94, para os programas de computador)[770];

– que, *quando tal atribuição invista o comitente na titularidade de faculdades jusautorais,* tal não exclui o direito a remuneração especial do autor-criador: *a)* quando a obra criada sirva fins que excedam os prefigurados com a celebração do contrato para criação de obras intelectuais; e *b)* por utilizações que proporcionem vantagens ao comitente "não incluídas nem previstas na fixação da remuneração estipulada" (n.º 4 do art. 5º do Dec.-lei n.º 122/2000, para as obras-base de dados e no n.º 4 do art. 3º do Decreto-lei 252/94, para os programas de computador).

O confronto destas disposições e do que concluímos em *tese geral* sobre a atribuição voluntária de faculdades jusautorais relativas

---

[770] Pouco rigorosos, os textos legais citados recorrem a expressões como «*programa de computador/bases de dados criado(s) por empregado, no exercício das suas funções, ou segundo instruções emanadas do dador de trabalho, ou criadas por encomenda*», a que acrescentam referência a «*o destinatário da base de dados/do programa de computador*». São equívocas e de valor jurídico quase nulo, porquanto deveriam ater-se às que, se bem que pouco precisas, são já familiares e identificariam os institutos tratados e o que está plasmado no art. 14º CDA* a que inequivocamente reportam; preferiu-se – mal – a aproximação à letra das Directivas que transpõem.

a obras criadas em execução de contratos evidencia a coincidência do regime (cfr. n.ᵒˢ 40, *74-III* e 75).
Registam-se duas particularidades.

VII – Em normas de teor idêntico (no n.º 3 do art. 5º do Dec.-lei n.º 122/2000, para as obras-base de dados e no n.º 3 do art. 3º do Decreto-lei 252/94, para os programas de computador), é consagrada uma significativa inversão da presunção *de atribuição originária da titularidade do direito ao autor*[771]. Assim: se nada for convencionado – e, é claro, se nada for convencionado em contrário –, constituem-se originariamente na esfera jurídica do empregador ou do comitente (se não a *titularidade*[772]) pelo menos um conjunto significativo de faculdades patrimoniais de autor. Como expusemos, esta regra consente *estipulação diversa*, nos termos do art. 14º/1 CDA*, dado que a excepção que consagra se dirige à previsão do art. 14º/2 e tão-pouco se compreende na ressalva que aquele n.º 1 anuncia (a que respeita ao regime do art. 174º CDA*, antes analisado). A inversão desta presunção não invalida, porém, que o direito de autor, ainda que assim reconhecido na esfera jurídica do que contrata a criação da obra-base de dados e do programa de computador, seja atribuído segundo os princípios e regras que caracterizam – como vamos descobrindo – toda a situação jusautoral conformada convencionalmente.

Importante é a circunstância de aqui se *inverter a presunção, caso falte a convenção que estipule a atribuição*; não se exclui *que se convencione a* atribuição originária do direito *ao autor*.

---

[771] Como também aponta LUIZ FRANCISCO REBELLO, *"Código do Direito de Autor e dos Direitos Conexos (Anotado)"*, 3ª ed. cit., em anotação 2. ao Artigo 165º, pag. 222, esta é uma *presunção juris tantum*. Mantemos a discordância, que antes apontámos (*supra*, n.º 76-I e nota pertinente), quanto à consideração que o mesmo Autor (*ibidem*) aí também formula sobre a característica da presunção consagrada no art. 14º/2 CDA*.

[772] Merece nota a circunstância de o legislador português, na transposição das Directrizes Comunitárias (DPC* e DBD*), ter *adaptado* a formulação «*o empregador ficará habilitado a exercer todos os direitos patrimoniais ...*» para «*os direitos patrimoniais [...] pertencem ao empregador [etc.]*». Como a "situação de *pertença* de um direito", normalmente ligada à sua titularidade, é mais expressiva do que rigorosa, julgamos que acaba por deixar aberta a via para a construção que formulamos *em tese geral* sobre a natureza e eficácia destas atribuições (ainda no n.º 85, *infra*).

VIII – Também revelador do regime *excepcional* consagrado para os programas de computador, é o preceito do art. 36º/2 CDA* (com redacção pelo Decreto-lei n.º 334/97, de 27-11, simultânea à revogação do art. 4º do Dec.-lei 252/94 pelo art. 4º daquele diploma legal). Nos termos daquela disposição legal, determina-se a *extinção do direito de autor nos programas de computador, em que «a titularidade do direito haja sido atribuída originariamente a pessoa diferente do criador,* [...] *70 anos após a data da sua primeira publicação ou divulgação».*

É certo que – visto até o paralelismo na estatuição da norma aplicável às *obras colectivas* (cfr. art. 32º/2 CDA*) – poderia sustentar-se que tal disposição só se aplicaria precisamente aos programas de computador que revestissem as características daquelas. Contudo, a própria sucessão de normas (o art. 4º/2 do Dec.-lei 252/94, agora assim revogado, também não estabelecia qualquer distinção) indica que a norma regula a extinção do direito de autor em todos os casos *em que*, com ou sem titularidade originária por empresa, *o direito se tem por atribuído a qualquer pessoa diferente do autor-criador.*

Assim, não valem neste caso – *excepcionalmente*, repetimo-lo – as considerações que formulamos sobre a *natureza da* generalidade *das atribuições convencionais de faculdades jusautorais como efeito de contrato.*

IX – Por fim, relevando por certo do carácter utilitário destas obras, consagra-se a inaplicabilidade da regra que – no n.º 2 do art. 15º CDA* e segundo o entendimento que justificamos já no Capítulo seguinte em análise da *"delimitação do conteúdo do direito pessoal"* – condiciona *o exercício da faculdade (pessoal) de modificação desta ao "acordo expresso" do autor*, o que, aliás, reforça a ideia de *atribuição originária* ao comitente da titularidade do direito de autor (ou de faculdades neste compreendidas) - no n.º 5 do art. 5º do Dec.-lei n.º 122/2000, para as obras-base de dados e no n.º 5 do art. 3º do Decreto-lei 252/94, para os programas de computador[773/774].

---

[773] Pensamos que tem razão P. ROMANO MARTINEZ, *"Relações Empregador Empregado"*, cit., n.º II-2, pag. 197, quando analisa: *«Contrariamente ao disposto no art. 15º, n.º 2, do CDA, a empresa pode introduzir modificações no programa de computador sem o acordo do seu criador* [...], *na medida em que as necessidades de adaptação* [julgamos

X – O regime excepcional descrito nos parágrafos anteriores – comum, como vimos, aos *programas de computador e às obras-base de dados criadas em execução de contrato para criação de obras intelectuais* – parece revelar um padrão em relação a todas as obras em que a "marca" pessoal espiritual da autoria se evidencia menos, e mais o componente técnico ou organizacional do processo criador: *a menos óbvia ligação genética destas obras intelectuais a uma acção individual-espiritual consente que* – excepcionalmente – *a mera circunstância de serem criadas para outrem determine a atribuição originária (presumida) ao comitente do núcleo das faculdades de exploração económica da obra.*

SÍNTESE EM RECAPITULAÇÃO
Regimes particulares

1. Para que se verifique a atribuição de faculdades jusautorais a um não criador-comitente *presumida da falta de menção da designação que identifica a autoria*, exige-se que se manifeste a vontade de o autor autorizar a utilização da obra sem a menção da autoria/paternidade; aliás, não sendo verificável essa sua vontade, dificilmente se distinguiria esta situação de uma vulgar utilização *não autorizada*.

O autor que cria "por conta de outrem" não aliena a sua faculdade pessoal de exigir a menção da designação que o identifica como criador da obra intelectual, faculta a utilização da sua obra por aquele

---

que refere a "modificação"] *de tais programas à multiplicidade de utilizações possíveis se sobrepôs, por imperativo prático, ao direito do criador. A solução justifica-se, porque a protecção devida a quem realiza um programa de computador não se pode equiparar àquela que se estabeleceu para os autores,* [...].» – intercalados nossos.

[774] Rui Saavedra, *"A protecção jurídica do software e a Internet"*, cit., II-8.9.-d), pags. 223-227, avalia bem a medida da excepção (*inversão da presunção de atribuição da titularidade originária em benefício do empregador/comitente*). Já não é explícito quanto ao que aqui verdadeiramente se depara – uma *limitação ao direito pessoal* do autor do programa, no que respeita o *exercício da faculdade pessoal de modificar a obra* –, ao enunciar (*ibidem*, pag. 227): «*O direito moral à integridade da obra não pode aqui ser invocado pelo criador do programa, havendo pois um limite ao seu exercício.*» – intercalado nosso.

que contratou a criação – *presume-se então a atribuição de faculdades de direito de autor ao comitente.*

2. O regime excepcional – comum aos *programas de computador e às obras-base de dados criadas em execução de contrato* – parece revelar um padrão em relação a todas as obras em que a "marca" pessoal espiritual da autoria se evidencia menos, e mais o componente técnico ou organizacional do processo criador: *a menos óbvia ligação genética destas obras intelectuais a uma acção individual-espiritual consente que* – excepcionalmente - *a mera circunstância de serem criadas para outrem determine a atribuição originária (presumida) ao comitente do núcleo das faculdades de exploração económica da obra.*

CAPÍTULO IV
Conformação da situação de direito de autor nascida da criação de obra intelectual em execução de contrato (continuação) – as faculdades *pessoais* de autor

79. Direito de divulgação ("ao inédito")

I – Na faculdade jusautoral de índole pessoal que designamos direito de divulgação – que preferimos à, quanto a nós menos compreensiva *"direito ao inédito"*[775] –, compreendem-se os poderes do autor de *divulgar* (levar ao conhecimento público), de *não* divulgar e de divulgar *se*, *como* e *pelo modo* que entender, embora não arbitrariamente, como se explicará.

Em distinção entre esta *faculdade pessoal de autor* e as noções de "divulgação" e "publicação", cuja distinção legal tem sede no art. 6º/1 CDA* (*ex* art. 3/3 CB*)[776], OLIVEIRA ASCENSÃO reconduz a ideia de "primeira divulgação" à de "primeira publicação", considerando-as, com base no disposto no art. 68º/2-a) CDA*, como "um primeiro passo para a utilização patrimonial da obra, eficaz quando realizada com o consentimento – se exigido legalmente – ou sem a oposição do autor"[777/778].

---

[775] Em desenvolvimento deste tema, pode confrontar-se OLIVEIRA ASCENSÃO, *"Direito Civil – Direito de Autor e Direitos Conexos"*, cit., pags. 170 ss. e o nosso *"O direito pessoal ..."*, cit., págs. 71 ss., em enunciado que retomamos e reformulamos adiante.

[776] Reconhecemos não o ter feito suficientemente no *nosso "O direito pessoal ..."*, cit., justificando em parte a crítica de OLIVEIRA ASCENSÃO, última *ob.* cit., pag. 158, nota (1).

[777] OLIVEIRA ASCENSÃO, *"Direito Civil – Direito de Autor e Direitos Conexos"*, cit., n.º 103-II, pag. 158.

[778] Por todos, pode confrontar-se uma síntese reveladora desta controvérsia no Direito comparado em DIEGO ESPÍN CÁNOVAS, *"Las facultades del derecho moral de los autores y artistas"*, cit., Parte II, II-2, pags. 69-73.

A faculdade de divulgação é pedra angular e pressuposto de todo o direito *pessoal*, porquanto "liberta" a obra para o comércio jurídico com consequências que logo se apreciarão. Propomos desde já algumas ideias:

a) aquele que *manifesta por sinais inequívocos a vontade de divulgar obra* sua exerce o direito de divulgação;
b) se a obra houver sido criada em execução de contrato - que tenha por efeito a atribuição ao não criador contratante de faculdades de direito de autor sobre essa –, a obra deixa de considerar-se "inédita" apenas pela *"revelação por actos inequívocos da vontade de divulgar ou publicar"*, nos termos que depois expomos: *torna-se* – então e só então – *susceptível de ser utilizada* segundo as faculdades atribuídas por convenção;
c) não é utilizável pelo comitente *algo que o respectivo autor*, que ainda não divulgou, *considera "não divulgável"*[779/780]: o comitente, que haja adquirido faculdades de utilização por efeito do contrato e da exteriorização de obra intelectual, só pode exercê-las se não lhe for oposto o "ineditismo" da obra.

---

[779] Julgamos expressivo o seguinte trecho de João Calvão da Silva, *"Cumprimento e sanção pecuniária compulsória"*, 4ª ed. cit., n.º 122, pag. 484: «[...] *o argumento do direito moral de autor, como justificação da não aplicação da técnica coercitiva nas obrigações que exijam especiais qualidades artísticas ou científicas, só começa a ter sentido no caso de autor que se recusa a acabar obra já em estado adiantado de realização ou a entregar obra já terminada mas que julga "indigna de si"*, [...]. *Isto porque, num como noutro caso, há já uma obra criada, obra inacabada ou imperfeita, sem dúvida, em todo o caso uma obra, já que esta "é independente da sua divulgação, publicação, utilização ou exploração (art. 1º, n.º 3, do Código de Direito de Autor). Mesmo assim, no caso de obra inacabada, não deixa de estar em causa a liberdade de criação pessoal da parte não criada.»* – intercalado nosso.

[780] Adriano de Cupis, *"Os direitos de personalidade"*, cit., VI-3., pags. 314-318, sustenta o *carácter patrimonial* desta faculdade, muito embora revele a fragilidade desta posição ao admitir: «[...] *não somente os direitos de* publicação *da obra de engenho mas também os de* utilização *da obra publicada não podem ser objecto de penhor, penhora e arresto, nem por acto contratual, nem por via de execução enquanto respeitem pessoalmente ao autor. Trata-se de poderes transferíveis; mas enquanto respeitem pessoalmente ao autor, a determinação, positiva ou negativa, relativa à difusão da obra [...], não pode ser atribuída aos credores. Em todo o caso esta característica pessoal não prejudica a natureza patrimonial do direito.»* (ob. cit., pag. 318, com intercalados nossos).

Assim, por exemplo e no que mais interessa ao objecto desta dissertação, se alguém atribuir ao que com ele contrata a criação de uma ou mais obras intelectuais faculdades que compreendam a sua publicação, tal atribuição verifica-se como mero efeito da celebração do contrato nos termos que expusemos. Mas o exercício desse poder sempre dependerá da demonstração da divulgação/quebra do ineditismo da obra ou obras que venham a exteriorizar-se: se o contrato incide sobre *obra ou obras "a criar", pode o autor opor ao comitente* – nos termos e com as consequências que apontamos de seguida – *que determinado objecto revelado não é ainda a obra completa, acabada, perfeita que é objecto do contrato*, desde que – e enquanto – do mesmo (objecto) não faça ou consinta utilização que demonstre o contrário (a *"manifestação por sinais inequívocos da vontade de divulgar"*) – cfr. art. 50º CDA*.

II – Na faculdade pessoal com as características apontadas, cabem os poderes de:

- *quebrar o ineditismo da obra ou preservá-lo*, divulgando-a ou não ("direito ao inédito" em sentido estrito);
- *recusar ou consentir nova divulgação*, quando, por exemplo após o exercício consequente do direito de retirada, a obra regressa à esfera íntima do autor e a *destinação* de utilização que conceda ulteriormente volta a submeter-se apenas ao seu livre arbítrio[781].

Os contornos do direito ao inédito em sentido estrito nunca seriam suficientes para explicar este último inquestionável poder do autor, já que pela "quebra do ineditismo" original o direito se consumiria pelo seu exercício, esgotando-se.

---

[781] Admitimos que a arbitrariedade da decisão de uma nova divulgação encontre os seus limites nos pressupostos e fins que tornaram admissível a "retirada" (cfr. *infra* "direito de retirada"), traçando aqui a fronteira do *abuso de direito*.

A. Lucas, *"Traité de la propriété littéraire et artistique"*, 2ª ed. cit., n.º 388, pag. 320, afirma mesmo: «*A recusa de divulgação inspirada em considerações estranhas ao direito moral será sancionada como abuso de direito de não-divulgação, ou por aplicação da noção de fraude* [à lei], *e os juizes poderão mesmo superá-la determinando a execução específica.*» – intercalado nosso.

Não pode, também, afirmar-se que se trata neste caso da mera manifestação de direitos patrimoniais: o autor limitar-se-ia então a poder consentir (ou não) na continuação da utilização da obra. Na verdade, após a "retirada" da obra, o seu estatuto jurídico é verdadeiramente idêntico ao do inédito (veja-se adiante o exposto sobre a *"impenhorabilidade da obra não divulgada"* e, sobretudo, a *"insusceptibilidade de execução específica por incumprimento de contrato para criação de obras intelectuais"*). Qualquer outro entendimento inutilizaria os próprios fins da "retirada" nos termos que adiante descrevemos e julgamos ser pacificamente aceites. E assim se indicia como "divulgar" a obra não implica o esgotamento do direito de divulgação, sublinhando-se a distinção[782].

Uma outra evidência do carácter não patrimonial dos interesses tutelados pela atribuição desta faculdade ao autor, encontramo-la na previsão do ilícito penal por violação deste direito: o crime de usurpação (art. 195º/2-a) CDA*) em que incorre aquele que "divulgar ou publicar obra não divulgada nem publicada, ainda que *não* se proponha obter vantagem económica", que revela que se preenche o tipo criminal pela *divulgação ilícita*, independentemente de se traduzir em qualquer utilização patrimonial da obra ou, sequer, em actividade preparatória ou instrumental da sua exploração económica[783].

---

[782] Na linha do exposto por ADOLF DIETZ, *"Moral rights and technological challenge"*, cit., V, pag. 553.

[783] JOSÉ DE OLIVEIRA ASCENSÃO, *"Direito Penal de Autor"*, cit.,, n.º 7-II, pag. 23, especificamente sobre esta alínea a) do n.º 2 do art. 195º CDA* ("divulgação não autorizada"), expõe: «*O objecto é a obra* [...] *não divulgada nem publicada pelo seu autor. Trata-se por isso da violação do direito ao inédito. Mas acrescenta-se: "ou não destinada a divulgação ou publicação".* [...]. *Terá de se supor obra já divulgada, mas que o autor actualmente não destina à divulgação. Caso taxativo será o da obra que o autor retirou da circulação pelo exercício do direito de retirada.*» – intercalados nossos. Parece-nos mais uma construção em abono do reconhecimento de que *é o direito pessoal* – assim manifestamente não "esgotado" pela *"quebra do ineditismo" da obra – que se atinge mesmo após prévia utilização patrimonial (post* "quebra do inédito"), sem o que a "retirada" não faria sentido (cfr. *infra*, n.ᵒˢ 79 e 80).

No entanto, o mesmo Autor (*ibidem*) não liga a previsão à violação *apenas do direito pessoal*: «*A especialidade só surge quando não há objectivo de vantagem económica. Mesmo assim, nunca se cai numa mera violação do direito pessoal, porque há sempre a utilização, que em termos de Direito de Autor é patrimonial mesmo não havendo fim lucrativo.*». Concordamos que a utilização da obra é sempre reflexo do exercício de faculdades

III – Quando tratamos da *delimitação do conteúdo das faculdades pessoais de autor em consequência da atribuição convencional de faculdades de utilização*, não pode deixar de impressionar a conciliação entre os princípios e regras que pautam a *disposição funcional* e a *inalienabilidade do direito pessoal* consagrada na lei. É logo a propósito da faculdade pessoal de divulgação/direito ao inédito que o problema se manifesta: *contratada a criação de obra intelectual para (utilização por) outrem*, no âmbito de contrato que tenha por objecto a criação de obras intelectuais, *pode o autor recusar lícita e eficazmente a "tradição da obra" em termos que inviabilizem a sua utilização pelo comitente nos termos acordados*?

Identificados os elementos para a definição do modelo de contrato que conforma a situação primordial de direito de autor, julgamos poder afirmar que:

a) pela sua celebração, alguém se vincula a criar uma ou mais obras que sirvam os fins de utilização em que as partes fazem assentar a contratação (cfr. n.º 75-III);

b) o contrato pode ter por efeito a atribuição ao comitente (se não da titularidade originária do direito patrimonial – logo se verá) das faculdades jusautorais de utilização patrimonial exigidas por uma exploração económica da obra ou obras a criar conforme àqueles fins (cfr. n.º 75-III);

c) uma vez criada a obra, o autor deve praticar os actos que propiciem a utilização de acordo com as faculdades atribuídas: uma vez que essa, como objecto do direito de autor, é *o meio* pelo qual as faculdades atribuídas podem exercer-se, deve nomeadamente "entregar" a obra em condições que permitam a exploração (cfr. n.ºˢ 71-I e 79-I/-II).

Nos termos enunciados, a atribuição das faculdades jusautorais é mero efeito do contrato que o estipule, pelo que a constituição do direito (logo se verá com que conteúdo) na esfera jurídica do comitente deve ter-se por operada imediatamente no momento da formação da situação jurídica de direito de autor: não está já em causa a

---

patrimoniais – já o evidenciámos acima; contudo, ainda que a previsão do "tipo penal" se mostre alargada à violação do exclusivo de exploração económica, afigura-se-nos claro que o núcleo jusautoral atingido pelo ilícito é o da *faculdade pessoal de divulgação*.

atribuição do direito patrimonial (ou de faculdades neste compreendidas), mas tão-só *a oponibilidade de faculdades pessoais pelo autor* que impeça a utilização *da obra pelo comitente*[784].

IV – Em primeiro lugar, deve observar-se que a lei portuguesa identifica claramente o momento da divulgação/quebra do ineditismo como aquele em que *"(o autor) revela por actos inequívocos o propósito de a divulgar"* (art. 50º/2 CDA*). A obra só então se torna penhorável, o que, além do mais, demonstra que o direito de divulgação se revela oponível *erga omnes*, subtraindo a obra não divulgada (ou "retirada de circulação") a toda e qualquer utilização patrimonial não querida pelo autor.

Dito isto, julgamos que, dadas as características do direito pessoal e o conteúdo desta faculdade, *o autor, que haja criado a obra em execução de contrato*, apenas poderá evitar a utilização nos termos convencionados caso não tenha «*manifestado por sinais inequívocos a intenção de divulgar ou publicar*» que poderá deduzir-se, nomeadamente, de actos pelos quais revele "*completa*" a obra criada[785]: oporá então eficazmente nestas circunstâncias – e nestas circunstâncias apenas[786] – o seu direito ao inédito (faculdade de não divulgar),

---

[784] Como explica OLIVEIRA ASCENSÃO, *"Direito Civil – Direito de Autor e Direitos Conexos"*, cit., n.º 111-III, pag. 171: «*O direito ao inédito [...] é caracterizado por uma marca pessoal. Idêntica nos parece ser a situação de todo o titular originário, que não seja o criador intelectual: não tem o direito ao inédito. A empresa que encomenda um estudo de sua própria reestruturação pode querer publicá-lo ou, o que é mais provável, reservá-lo para a sua exclusiva orientação. Mas isso não é um direito de personalidade, é um direito ligado à utilização da obra.*» – intercalado nosso.

[785] Não conhecemos nem vemos que possa objectivar-se o conceito de "obra completa". Quem, além do autor, pode determinar a "perfeição" da *sua* obra? Ora, se só ele pode revelá-lo, como retirar ao seu total arbítrio a "entrega" da obra, por ex. em cumprimento de contrato ou para penhora? Precisamente, só invocando que "manifestou por sinais inequívocos a intenção de a divulgar". E assim nos vemos devolvidos à primeira ideia.

[786] No direito francês, segundo interpretação do que considera jurisprudência firmada, ANDRÉ LUCAS, *"Traité de la Propriété Littéraire et Artistique"*, 2ª ed. cit., n.º 388, pag. 320, sustenta: «*Admite-se [...] que o autor possa invocar o direito de divulgação para se subtrair às obrigações nascidas do "contrato de encomenda"* [no original, "contrat de commande" que tem significado preciso que focámos a propósito da "encomenda de obra publicitária" no ordenamento jurídico francês – *supra*, n.º 43-II], *salvo quanto à sua responsabilidade civil contratual. Nesse caso, porém, o direito comum das obrigações teria permitido atingir, na prática, o mesmo resultado.*» – intercalado nosso.

sem que o comitente possa «*arrestar ou penhorar o direito de autor*» – por aplicação conjugada do disposto nos arts. 50º e 195º/2-a) CDA*. Não se eximirá à *responsabilidade por incumprimento do contrato* que o vinculava à criação; mas não *poderá ser compelido à entrega da obra* – que considere inacabada/incompleta e em relação à qual não tenha revelado os referidos "sinais inequívocos" de divulgação[787/788/789].

Em termos mais simples, sustentamos que aquele que contrata a *publicação* de obra que criou não pode opor-se à sua utilização segundo as faculdades atribuídas ao outro contraente (visto que a "quebra do ineditismo está pressuposta). Já sobre aquele que *é contratado para criar* obra(s) para (os fins de utilização por) outrem,

---

[787] OLIVEIRA ASCENSÃO, *"Direito Civil – Direito de Autor e Direitos Conexos"*, cit., n.º 115-III, pag. 176, já formula esta ideia, muito embora fiel à sua concepção de base, segundo a qual: «[...] *pode ter-se perdido o direito de inédito em relação a obras inéditas. Basta que o autor tenha revelado por sinais inequívocos o seu propósito de as divulgar (art. 50º/2). Isto acontece necessariamente quando já contratou com terceiro a divulgação da obra.*» – intercalado nosso. Não concordamos pelas razões que se podem deduzir da nossa concepção sobre o conteúdo do direito de divulgação.

[788] JOÃO CALVÃO DA SILVA, *"Cumprimento e sanção pecuniária compulsória"*, 4ª ed. cit., n.º 122, pags. 484/485, considera, pensamos que apropriadamente: «*Já tem total sentido o argumento do direito moral de autor no caso de recusa de entrega da obra acabada – por, no soberano critério do autor, não traduzir todas as suas qualidades e capacidades* [...] –, *porquanto, como direito inalienável, irrenunciável e imprescritível, confere ao seu titular* o poder exclusivo de divulgar ou manter inédita a obra [...]. *É que, no momento da celebração do contrato de encomenda de obra futura, o criador não dispõe dos poderes concedidos para tutela dos direitos morais sobre a sua obra, os quais "não podem ser objecto de transmissão nem oneração, voluntárias ou forçadas" (art. 42º [do CDA*])*. [...]. *Por outro lado, pode ainda aduzir-se o seguinte: se o autor de obra divulgada ou publicada pode retirá-la a todo o tempo da circulação, contanto que tenha razões morais atendíveis* [...], *por maioria de razão deve poder recusar a entrega de obra criada que entenda não reflectir as suas qualidades,* [...] – *embora, obviamente, com a obrigação de indemnizar os danos causados*. [...], *no fundo, a recusa de entrega da obra não passa do exercício da faculdade de não divulgação.*» – intercalados nossos.

[789] Como expõe VALERIO DE SANCTIS, *"Contratto di Edizione - Contratti di Rappresentazione e di esecuzione"*, cit., n.º 37, pags. 124/125: «[...], *uma vez que um contrato de edição não pode ser executado senão com a entrega ao editor de um manuscrito pronto para publicação, a "próxima obra" de um autor não pode ser senão aquela que o autor considere "madura" para publicação.*». E aqui reencontramos mais uma nota em afirmação da tese que temos sustentado (desde 1990 – cfr. o nosso *"O direito pessoal de autor no ordenamento jurídico português"*, cit., III-1., 4.2.4.1., pags. 92/93) a propósito da "quebra do ineditismo" da obra.

dir-se-á que atribui as faculdades de utilização correspondentes por mero efeito do contrato em relação a todas as obras que crie nesse âmbito, *mas o seu exercício depende da divulgação destas: contratar para criar não constitui "sinal inequívoco" da vontade do autor de divulgar o que venha a criar* (que no momento da contratação estará ainda indeterminado); como expusemos, já obriga a diligenciar na criação e obriga também à "entrega" das obras assim criadas (sob pena de incurso em responsabilidade contratual); mas *não constitui presunção da perfeição da obra, nem acto que, por si só, constranja à quebra do ineditismo*.

Depois de divulgada a obra – entenda-se, *depois de quebrado o ineditismo*, visto que o direito de divulgação se tem por exercido embora "não esgotado" –, o autor que tenha atribuído a outrem faculdades de utilização *apenas poderá obstar à exploração económica da obra conforme aos fins da utilização consentida pelo exercício do direito de retirada*. Vejamos em que termos.

80. Direito de retirada

I- Consagrado no art. 62º CDA*, pelo "direito de retirada" – também designado "de arrependimento" – é reconhecido ao criador da obra intelectual o *poder de interromper a "circulação" da obra* [*sic*, no texto da lei], *impedindo novas utilizações ou a continuação de utilizações em curso*. Nos termos expressos da lei, para o exercício do direito de retirada é necessário que o criador invoque "razões morais atendíveis" (art. 62º CDA*).

Para o exercício deste direito - *sempre gravoso para terceiros, na medida em que se justifica pelo curso ou iminência de uma utilização lícita da obra que se trata de interromper* – é exigível que se deparem *critérios mínimos objectivos* que permitam ponderar a razoabilidade ("*atendibilidade*") da acção pretendida[790]. É defensável

---

[790] Em todo o caso, sempre se deverão salientar opiniões que vão fazendo curso, segundo as quais o direito de retirada poderia licitamente ser fundado no que se designam "razões (puramente) éticas, estéticas ou ideológicas" (!?) do criador da obra intelectual. É então erigida como paradigma destes fundamentos a "mudança de convicções políticas ou ideológicas do autor" que não mais se reflectiriam na(s) sua(s) anterior(es) obra(s), cuja circulação poderia então interromper.

o recurso à figura do "abuso de direito", já que conduz também à pesquisa dos fins sociais e económicos da sua atribuição[791].

II – Em delimitação dos pressupostos de exercício desta faculdade *pessoalíssima*[792], sempre se revelará ilícito *o exercício do direito de retirada se o autor autorizar posteriormente outras (ou idênticas) utilizações da obra sem a modificar* ou *sem que se alterem as circunstâncias que motivaram a retirada*. Reflectindo este último pressuposto, parece dever admitir-se a retirada de uma ou mais obras pelo seu autor na pendência de uma situação política ou social de excepção, aceitando-se a sua nova divulgação sem modificações *se e quando* tal "situação de excepção" se mostre ultrapassada.

Em casos menos excepcionais e salvo melhores critérios que permitam uma mais segura *objectivação das "razões morais"* invocadas, deverão ponderar-se estas e os danos (patrimoniais e morais) que a continuação da exploração da obra possa, previsível e prova-

---

Francamente, não percebemos a diferença entre este hino à tibieza de convicções e o puro arbítrio: quem, ao longo da vida e mesmo sem renegar "princípios sagrados" de outrora, não pode invocar ter alterado as suas convicções ideológicas mais elementares, não modifica as suas convicções estéticas – vejam-se as várias "fases" de certos percursos literários ou artísticos –, não revê e adapta os seus valores de conduta e intervenção a novas realidades? E poderão as obras de cada momento ir sendo sucessivamente "retiradas" por criadores que entretanto se declaram "arrependidos", causando a mais que certa lesão de interesses de terceiros? Estamos seguros que não podem, se apenas forem invocadas razões, ditas "morais", que só sejam cognoscíveis no foro íntimo de cada um.

[791] Também OLIVEIRA ASCENSÃO, *"Direito Civil – Direito de Autor e Direitos Conexos"*, cit., n.º 114-I, pag. 174, observa com razão: «*Este é um domínio em que é de recear o abuso de direito. O autor tem esta faculdade excepcional para a defesa da sua personalidade; não é um poder arbitrário. Se o usa por exemplo para conseguir um aumento da remuneração contratada há abuso de direito, e como tal o autorizado não está vinculado a cessar a utilização ou a permitir a retirada da obra.*». Enunciámos já os pressupostos para o exercício desta faculdade pessoal no nosso *"O direito pessoal de autor no ordenamento jurídico português"*, cit., III-2, 1.1. a 2.2., pags. 102-105.

[792] Sobre o carácter *pessoalíssimo* desta faculdade de direito de autor, sustentamos ainda o que expusemos no nosso *"O direito pessoal de autor no ordenamento jurídico português"*, cit., III-2, 3., pags. 108/109.

OLIVEIRA ASCENSÃO, *"Direito Civil - Direito de Autor e Direitos Conexos"*, cit., n.º 114-II, pag. 174, afirma: «*O direito de retirada é o reverso do direito ao inédito,* […]. *Só cabe também a quem tiver o direito ao inédito; essa pessoa é unicamente o criador intelectual. Só ele pode ser o juiz dessas razões* [as "razões morais atendíveis"]» – intercalados nossos. Julgamos indiscutível a insusceptibilidade de disposição do direito de retirada.

velmente, causar ao autor, confrontando-os com o *prejuízo social e cultural* que a retirada manifestamente provoque[793].

Sublinhamos o "*prejuízo social e cultural*", sempre mais dificilmente mensurável mas apesar de tudo bem identificável pelo senso comum, já que a reparação dos *danos patrimoniais* se autonomiza como consequência do exercício deste direito. Sendo verdade que a lei subordina o direito de retirada à reparação dos prejuízos patrimoniais causados pelo seu exercício («*desde que indemnize ...*», no texto da disposição legal citada), parece-nos bom de ver que este não é pressuposto – como é a atendibilidade das "razões morais invocadas" («*contanto que* [as] *invoque...*», também no texto da lei). A obrigação de indemnizar por danos causados pela "retirada" é mera consequência possível do acto: a obrigação de indemnizar depende sempre do reconhecimento da titularidade de um direito de indemnização que seja exercido contra o(s) obrigado(s)[794].

Assim, o que (justificadamente) "retira" a obra poderá ficar obrigado a indemnizar os lesados que provem direito a reparação, respondendo o seu património nos termos gerais da *responsabilidade civil por (f)actos lícitos*[795/796].

III – Expusemos já no número anterior (cfr. n.º 79-IV) as condições e consequências do exercício do direito de retirada, oponível a qualquer titular de faculdades patrimoniais de utilização da obra,

---

[793] Nesta linha de raciocínio, deveriam ser bem mais ponderosas, para que se "atendessem", as *razões morais* invocadas para a retirada de obras de Vieira da Silva do que as que tornam admissível, por exemplo, a interrupção da circulação dos escritos do autor destas linhas.

[794] Aliás, de outro modo e dada a conhecida "pré-insolvência crónica" da generalidade dos "autores", a condição de indemnizar para retirar a obra inutilizaria na prática a investidura na titularidade do direito.

[795] Sem prejuízo do disposto no art. 114º CDA*, nos termos do qual, quando a retirada resulte de decisão judicial que imponha a supressão de passos da obra, se exclui o dever de indemnizar, já que a retirada "forçada" não resulta de acto próprio.

[796] Como também observa OLIVEIRA ASCENSÃO, "*Direito Civil – Direito de Autor e Direitos Conexos*", cit., n.º 114-I, pag. 174: «*Observa-se todavia que o normal exercício do direito de retirada não é um acto ilícito. Tecnicamente, haverá uma revogação dos negócios celebrados. As indemnizações a que houver de proceder não se alicerçam numa ideia de ilícito do autor.* [...]. *Há antes uma situação mais de responsabilidade por acto lícito.*» – intercalado nosso.

impedindo o seu exercício ou impondo uma interrupção de exploração em curso da obra.

Acrescentamos que o direito de retirada não implica obviamente o desapossamento ou desapropriação dos suportes materiais, ainda que no caso das chamadas "obras de exemplar único". Assim, por exemplo, o adquirente do direito de exposição de "obra de arte plástica" pela aquisição do seu suporte (art. 157º/2 CDA*), caso lhe seja oposto (licitamente) o direito de retirada pelo autor, apenas fica impedido de a utilizar patrimonialmente, designadamente expondo-a, em nada sendo afectados os direitos reais sobre o *corpus mechanicum*. O direito de retirada atinge apenas as faculdades patrimoniais de utilização (em curso ou já consentida, mas não efectivada[797]) da obra. Os pressupostos da sua oponibilidade ao comitente de obra criada em execução de contrato são, como vimos, comuns aos que tornam este direito oponível a qualquer titular de faculdades de utilização.

81. Direito à menção da designação que identifica a autoria

I – Sem consagração em norma única genérica, o "direito à menção da designação que identifica a autoria" está expressamente reconhecido a propósito de cada uma das modalidades de utilização da obra[798]. Pensamos que a deficiente técnica assim evidenciada, não impede que se entenda que está consagrada genericamente uma faculdade pessoal de autor à menção da designação. As razões que subjazem à sua consagração, enfatizadas nas implicações da presença ou ausência dessa menção em casos muito significativos já analisados (cfr. *supra*, n.ºs 21, 76 e 77), bem como o facto de estar prevista como de observância genérica também para as utilizações livres (cfr. art. 76º/1-a) CDA*[799]), apoiam esta posição.

---

[797] Assim quando o direito de divulgação deixou de ser apto a impedir a utilização da obra – já autorizada («*manifestada por actos inequívocos a intenção de divulgar ou publicar...*»), mas ainda não concretizada.

[798] Veja-se, a título de exemplo, o disposto nos arts 97º, 115º/4, 122º-1, 134º, 142º, 154º, 160º/1, 161º/1, 167º/1, 168º/2, 171º CDA* .

[799] Confrontámos a alteração deste preceito do CDA* pela Lei n.º 50/2004, de 24-8. No entanto, a alínea a) do n.º 1 do citado art. 76º não sofreu alteração.

A faculdade pessoal que tratamos compreende o *poder do criador da obra intelectual de exigir que, em caso de utilização da obra, seja feita menção da designação que o identifica como autor*. "*Designação*", na medida em que a lei faculta ao autor a sua identificação através do seu próprio nome, de pseudónimo ou de sinal convencional que escolha para o efeito.

É frequente a confusão entre esta faculdade jusautoral e o *direito ao nome*. Este último, um direito de personalidade evidentemente independente da tutela da obra como criação intelectual, aparece até desastradamente consagrado no Código do Direito de Autor português (arts. 28° e 29° CDA*) sob uma aparência equívoca, como notámos já (cfr. *supra*, n.° 7). Impedir a falsa imputação da autoria a quem não criou (art. 29°/3 CDA*) ou tornar indisponível a utilização do próprio nome por terceiros (parte final do mesmo n.° 3 do art. 29°) não reflecte qualquer tutela específica do direito de autor, mas simplesmente a protecção geral do *direito de personalidade* ao nome: o nome de cada um é bem jurídico inerente à sua personalidade, cujo regime reveste as características de todos os demais (art. 72° do C.Civil*) – excepto por não ser inato –, não merecendo que se lhe assinale qualquer particularidade por o seu titular haver criado obras protegidas pelo Direito de Autor[800].

II – A relevância da menção da designação – «...*sempre que possível*», ou «...*quando não resulte praticamente impossível ou muito gravoso*»[801] – resulta evidenciada não tanto da duvidosa presunção de titularidade do direito de autor "em nome" do designado

---

[800] Aliás, como deveria ser óbvio, "ser autor" não é um dado ontológico. Em previsão algo absurda pelo empirismo a que recorre, o que o art. 29°/1 CDA* previne é a maior probabilidade de um "notório zé-ninguém" adoptar, para identificar a autoria de obra sua, um nome *mediatizado* como ilustre de outrem - provavelmente um "habitual criador" de obras intelectuais que o legislador referencia como «*personagem célebre da história das letras, das artes ou das ciências*»(!?), "valorizando" supostamente assim todos os produtos do seu "trabalho intelectual". Veja-se como as aspas quase se esgotam para identificar tanto empirismo reunido num único suposto comando geral e abstracto, quando, neste caso, a questão será mesmo mais de lesão da fé pública do que até propriamente de protecção do nome do dito "personagem célebre".

[801] Como pode depreender-se de normas como as dos arts 76°/1-a) e 154° CDA*.

como tal na obra (art. 27º/2 CDA*[802]), mas especialmente quando, através de presunções legais – cfr. arts. 14º/3 e 17º/3 CDA* –, se consubstancia excepção prevista no art. 11º CDA*. Nestes casos – nomeadamente quando *a obra seja criada em execução de contrato com esse objecto* ou quando se trate de *obra em colaboração em que um (ou alguns) dos colaboradores não esteja identificado como tal* –, entendemos que o direito pessoal permanece na titularidade do criador, o que suscita uma questão nova: poderá também o comitente que contrata a elaboração de um discurso a um "ghost writer" apor-lhe menção de designação própria que deixe presumi-lo como autor?

Não se aplica o já examinado art. 29º CDA* (*maxime* o seu n.º 3 com diferente previsão e sentido). Assim, na medida em que não cause lesão a terceiros que confiem na autoria como um valor essencial àquela alocução, não se vê que: aquele que, ao contratar a criação, atribui faculdades de utilização ao comitente não possa, no mesmo âmbito, consentir na menção de autoria de outrem em obra sua. E quanto à "ilusão" dos destinatários de tal comunicação pública, se bem ponderarmos, será que ficam mais iludidos sobre a autoria os ouvintes de um discurso proferido por quem não o escreveu se faltar *qualquer menção* de autoria do que se esta for mencionada como sendo do locutor? Assim não sendo, concluímos que pode ser autorizada a menção de autoria alheia em obra própria – ressalvada a observância de princípios de ordem pública que sempre limitam a autonomia contratual[803] –, desde que tal se convencione expressa-

---

[802] Expusemos já a nossa posição sobre o significado desta *presunção "de autoria"* – cfr. *supra*, n.º 5.

[803] Sem que caibam aqui considerações em tese sobre a aplicação dos "princípios de ordem pública" neste domínio (por todos, veja-se: JOSÉ DE OLIVEIRA ASCENSÃO, *"Direito Civil – Teoria Geral"*, vol. I, cit., n.º 49, pags. 91-93 e vol. II, 2ª ed. cit., n.º 171, pags. 319-321; ANTÓNIO MENEZES CORDEIRO, *"Tratado de Direito Civil Português – I (Parte Geral)"*, t. I, 2ª ed. cit., § 39º, n.º 176-I, pags. 507/508), sempre se dirá que *violaria princípios essenciais da ordem jurídica a menção (ainda que consentida pelo autor) de autoria própria em obra alheia que defraudasse uma especial expectativa de terceiros em relação à obra assim divulgada, como quando o mencionado como autor se atribuísse assim qualidades (artísticas, literárias ou científicas) que não são as suas.*

É certo que – sobretudo para aqueles que sempre vêem na obra intelectual o glosado "reflexo da personalidade do autor" – toda a menção de autoria que não a do autor representaria sempre, ainda que expressamente consentida, uma usurpação inadmissível; simplesmente, é a própria lei que consente na auto-limitação voluntária (revogável) até de direitos de

mente (não se entenderia que, na falta de estipulação, se tivesse por admitido já nem só a utilização da obra *sem* menção de autoria, mas também a menção de autoria *alheia*); o efeito na presunção de autoria (aliás já indiciado em preceitos como o do art. 27º/2 CDA*) é previsivelmente o mesmo que decorre da falta de qualquer menção sobre a autoria da obra.

Como vimos, a falta da menção de qualquer designação que identifique a autoria – ou, como vemos agora, a menção de autoria alheia – deixa presumir a atribuição do direito patrimonial de autor (ou de faculdades neste compreendidas) a favor dos co-autores mencionados (art. 17º/3 CDA*), ou do comitente se se evidenciar a criação por contrato com esse objecto (art. 14º/3 CDA*). É matéria já versada (cfr. *supra*, n.ᵒˢ 76 e 77).

III – Analisados os exemplos acima assinalados e a situação jusautoral pertinente às "*obras anónimas*" (art. 30º CDA*), afigura-se que, independentemente dos efeitos apontados, em todos esses casos o criador renuncia à menção da designação. Significará isto que renuncia ou aliena esta faculdade pessoal? Pensamos que não.

Em todos os casos descritos, é constituída voluntariamente a obrigação de não revelar a identidade do autor com a divulgação da obra. Tal obrigação tanto pode ser assumida no interesse deste como no dos co-autores da *obra em colaboração*, do comitente nas *obras criadas em execução de contrato* ou, no caso das *obras anónimas*, do que «*representa o autor*» (nos termos do art. 30º/1 CDA*). Temos, assim, a renúncia ao *exercício* desta faculdade de exigir menção da designação que identifica o criador da obra, mas *não a renúncia à faculdade pessoal correspondente*, como evidencia também o preceito do art. 30º/2 CDA* que permite ao autor de obra anónima «... *a todo o tempo revelar a sua identidade e a autoria da obra*» cuja

---

personalidade (cfr. art. 81º C.Civil*) e, no que nos ocupa, prevê expressamente a divulgação de obra intelectual *sem menção de autoria* a que atribui até, como se viu, importantes consequências na conformação da situação jusautoral pertinente. Sempre reiteraremos que não vemos – *salvo violação de "princípios de ordem pública"* – diferença sensível entre a utilização de uma obra com ocultação da verdadeira autoria (pela omissão da sua menção, que a lei prevê) e a menção de autoria própria em obra alheia: uma e outra podem induzir no mesmo equívoco, pelo que concluímos que o autor pode (assim também) limitar voluntariamente o exercício desta sua faculdade pessoal.

aplicação, por exemplo, às obras em colaboração já fundamentámos em outro lugar (cfr. n.º 77)[804].

Em qualquer caso, a todo o tempo pode o criador-titular revelar, assim também, a sua autoria (paternidade), exigindo menção da designação que o identifique. Incorrerá, porventura e se tiver assumido voluntariamente a obrigação do anonimato, em *responsabilidade contratual*, devendo indemnizar. E nada mais, já que se trata de uma faculdade indisponível.

82. Direito de reivindicar a paternidade da obra

I- O direito de reivindicar a paternidade da obra pelo seu autor integra, com o direito à defesa da integridade desta, o núcleo dos poderes que a lei constantemente aponta ao direito pessoal (cfr. art. 6º *bis* da Convenção de Berna e arts. 9º/3 e 56º/1 CDA*).

Encontramos a explicação no facto de o direito à integridade permitir preservar a identidade objectiva da obra, enquanto o direito à paternidade garante que a obra se defina como *a* criação intelectual exteriorizada de um sujeito individualizado[805]. E deparamos com

---

[804] Não se trata aqui verdadeiramente de uma qualquer "anomalia" na atribuição desta faculdade pessoal de autor.

Nos termos do art. 30º CDA*, como já vimos, o criador da obra intelectual que pretenda ocultar a paternidade de uma dada obra – ou o terceiro, em princípio interessado na utilização, que pretenda obter o mesmo efeito – conseguí-lo-á pela publicitação da obra em nome do que a divulga.

Evidentemente, não se trata aqui de qualquer atribuição desta faculdade pessoal de autor, mas, para que não se perca o objectivo visado pelo anonimato, da simples atribuição de poderes de *representação* ao que divulga que sempre actuará em nome do autor, o qual, de resto, a todo o tempo pode revogá-los e revelar a sua qualidade e posição jurídica. Nada impede que consideremos – sob pena de se inutilizar o mesmo efeito pretendido pelo anonimato e dado que o que divulga aparece assim como primeiro legitimado para o exercício do direito de autor – que a representação abrange as faculdades que integram o direito pessoal, sem prejuízo de – precisamente pela revogação dos poderes conferidos ao que divulga – o criador se reservar uma avaliação última dessa conduta.

[805] É controversa, mas muito interessante, a perspectiva espelhada em ACÓRDÃO DA RELAÇÃO DE LISBOA, de 6-7-2000, in Col.Jur.*, t. IV (2000), pags. 134 ss. (*maxime* pag. 134), de que é Relator MIRANDA JONES: «*O interesse que a norma do art. 196º CDADC* [art. 196º CDA* (*Contrafacção*)] *quis proteger não é o do autor da obra, da prestação, fonograma, videograma ou emissão de radiodifusão que foi utilizada por outrem como*

mais um elemento importante para a caracterização da situação jusautoral: a obra, *aquela* obra, desliga-se do seu autor pela sua exteriorização/formalização como bem jurídico autónomo dos da sua personalidade, mas não *da sua esfera jurídica precisamente pela conservação das faculdades pessoais que permitem preservá-la enquanto tal*. O direito à integridade garante a *identidade objectiva da obra*, o direito de reivindicar a paternidade assegura que esta se *individualize subjectivamente*.

II – Tratámos antes das principais consequências juspatrimoniais ligadas à reivindicação da paternidade da obra, designadamente no que respeita ao seu reflexo na imputação de autoria (cfr. *supra*, n.ºs 5, 76, 77 e 81).

O criador da obra intelectual *pode*, assim, *reivindicar a todo o tempo a autoria da sua obra, independentemente das vicissitudes que sofram as faculdades jusautorais pertinentes*[806]. É precisamente a *autoria* ("paternidade") *da obra intelectual* que o criador reivindica, não a titularidade do direito de autor que pode até ser atribuída a outrem, nos termos que definimos.

Ora, como vimos (*supra*, n.º 5-III), não é uma presunção de autoria que o mencionado art. 27º/2 CDA* estabelece, mas uma presunção de titularidade *do direito de autor deduzida da designação que o menciona como criador da obra intelectual*: a menção de um designado como autor permite imputar-lhe presuntiva titularidade do direito correspondente; o verdadeiro criador pode ter a sua qualidade obnubilada voluntariamente, sem que isso implique (ou possa implicar) renúncia à paternidade da obra, mas apenas a *vontade atributiva* do direito (patrimonial) de autor (ou de faculdades neste compreendidas).

---

sendo sua; o que a lei pretendeu proteger com a incriminação destes comportamentos é a confiança da genuinidade e integridade das obras. O titular do interesse que a lei quis especialmente proteger não é pois um particular, individualmente considerado, mas o do Estado como colectividade».

83. Defesa da integridade da obra: direito de preservar a integridade; direito de modificação

Direito de preservar a *integridade* da obra

I – O direito de defesa da integridade da obra aparece descrito como o que reconhece no autor o poder de se opor a «*mutilação, deformação ou outra modificação (da obra) e, em geral, a todos os actos que a desvirtuem e possam afectar a honra ou reputação do autor*» (art. 56º/1 CDA*). E voltamos ao empirismo e a uma deslocada tentativa de impor a tutela da personalidade pelo direito de autor.

Na verdade, que importância ou sentido útil releva da oposição do autor a "*mutilação*", "*deformação*" ou – acrescentou mesmo o legislador ao art. 56º/1 na sua revisão pela Lei n.º 114/91, de 3-9 – "*destruição*" da obra? Tal oposição, a admitir-se, não respeitaria certamente a faculdades jusautorais justificadas pela tutela de um bem imaterial e do seu aproveitamento económico (seria ainda menos pertinente ao desfrute "cultural ou estético" da obra cuja fruição é por natureza insusceptível de constituir *exclusivo* de aproveitamento de qualquer índole); atingiria normalmente prerrogativas *reais* de um proprietário de coisa corpórea! *Não se "mutilam" nem "destruem" obras* – mesmo as ditas de "exemplar único" –, mas apenas as *coisas que as suportam materialmente*[807].

---

[806] Em ACÓRDÃO DA RELAÇÃO DE LISBOA, de 2-7-2002, in Col.Jur.*, t. IV (2002), pags. 63 ss. (*maxime* pag. 65), de que é Relator RUA DIAS, cita-se LUIZ FRANCISCO REBELLO [*apud* "*Introdução ao Direito de Autor*", vol. I, cit., pags. 163 ss. e "*Código do Direito de Autor e dos Direitos Conexos (Anotado)*", 2ª ed. (1998), pag. 100], na parte em que este expõe: «*Na sua vertente positiva, o direito à paternidade analisa-se na exigência de que o nome do autor da obra seja mencionado sempre que esta for publicada ou divulgada, ou em termos mais genéricos, em todas as utilizações que dessa obra forem feitas.*».

[807] RABINDRANATH CAPELO DE SOUSA, "*O Direito Geral da Personalidade*", cit., § 6º-3.5.,II), pags. 242/243, aponta: «[…] *mas as criações tuteladas como bens da personalidade estão sujeitas, embora muito circunscritamente a uma determinada utilização* (v.g. *a citação*) *no interesse geral,* […]. […] *muitos dos poderes inerentes às criações, como a sua divulgação ou aproveitamento,* […], *podem não dever ter lugar, ou só podem exercer-se parcialmente, face a particulares relações entre o criador e certas pessoas ou perante determinadas ligações da obra a terceiras pessoas,* v.g. *por razões de defesa da privacidade* […], *quer mesmo por razões patrimoniais.*» – intercalados nossos. E explica (*ibidem*, em nota (550) à pag. 243, em análise de exemplo «*se o proprietário de uma obra de arte*

Em contrapartida, o autor já poderá ser afectado, e muito, pela citação truncada e fora do contexto de construções literárias suas ou pela associação não autorizada de uma sua obra à expressão literária, plástica ou musical de ideias que lhe são estranhas. E o que têm em comum todos estes empreendimentos que escapa totalmente àqueles? Eles implicam a utilização da sua obra, desvirtuando a sua essência criativa.

É neste último caso – e apenas neste –, como supremo juiz da perfeição e destinação da sua obra, que o criador pode eficaz e justificadamente intervir. Fá-lo-á então *com invocação* [bastante] *de que a obra resulta desvirtuada ou a sua honra e reputação ofendidas pela alteração não consentida: atendendo aos propósitos pessoais visados pelo autor e revelados pelo modo da sua divulgação, poderá o tribunal ajuizar da medida em que a alteração pretendida os afecta.* É este o domínio em que pode actuar a "defesa da integridade": como *faculdade* (pessoal de autor) *de oposição à utilização da obra segundo expressão formal não correspondente à que revelou* ("completa", "perfeita" – cfr. art. 50º/1 CDA*, já comentado) *no momento da sua exteriorização e subsequente divulgação.*

II – E que dizer do "limite" imposto à oposição do autor, apenas legitimada segundo a lei quando "*o desvirtuamento possa afectar a sua honra e reputação*"? Quem poderá, além do próprio criador de uma dada obra intelectual, julgar – e, o que é mais importante, decidir – se ela resulta "desvirtuada, afectando a sua honra e reputação"? Admitir que a objectivação destes limites, para além do mínimo que permite identificar o abuso de direito, é deixada ao critério e decisão de terceiros, equivale a destituí-lo pura e simplesmente da titularidade deste direito pessoal[808].

(do corpus mechanicum*) a poderá destruir (e com ela o seu* corpus mysticum*)»*: «*Tudo dependerá, nos termos do art. 335º do Código Civil, do peso relativo dos interesses ligados ao direito moral de autor à integridade da obra e dos interesses concernentes ao direito de propriedade da obra.*». Julgamos poder perceber-se do exposto que formulamos outra premissa (sobre a "susceptibilidade de «*destruição da* obra») e outra conclusão.

[808] OLIVEIRA ASCENSÃO, *"Direito Civil – Direito de Autor e Direitos Conexos"*, cit., n.º 119-I, pag. 180, parece dispor em sentido diverso. «*Logo a uma primeira vista resulta que a lei não quer aqui estabelecer nada que se pareça com uma soberania do autor sobre*

O criador é – só pode ser – o juiz último das modificações na obra que se entenda desvirtuá-la. A referência à sua (dele) "honra e reputação" só sublinha a pessoalidade do juízo: o dele, que foi o árbitro e primeiro decisor da sua perfeição e da oportunidade e do modo da sua divulgação e que não poderá deixar de ser o mesmo que determina o que afecta ou não a essência do que criou; é, afinal, isto que confere ao direito pessoal o declarado conteúdo ou referência éticos, que não faz sentido ligar à defesa do "bom nome" do criador para a qual é bastante a tutela dos bens (inatos) da sua personalidade.

E nada disto é desmentido pela apreciação de algumas particularidades deste regime.

III – Examinemos alguns desses casos.

A) O autor, que decide soberanamente o que afecta a integridade da sua obra, não vê diminuído o seu direito de oposição a modificações que entenda desvirtuá-la quando uma "avaliação crítica" por terceiros, ainda que pretensamente objectivada pela unanimidade, julgue "beneficiá-la": *o mérito* (estético, cultural, *etc.*), *que não nos dá a medida da protecção jusautoral, também não serve para aferir da admissibilidade da oposição ao desvirtuamento* da obra.

---

a utilização da obra. Não são todas e quaisquer modificações que são consideradas violações da integridade da obra, mas apenas aquelas que prejudiquem a obra ou atinjam a honra ou a reputação do autor.». E explicita (*ob.* cit., n.º 119-II, pag. 181): «*O autor não poderá [...] invocar o direito à integridade da obra em casos em que não estiver em causa a sua reputação ou honra, ou em que a obra não possa sair prejudicada – maxime, se sair beneficiada*» – intercalados nossos.

ANTÓNIO DE ALMEIDA SANTOS, *"Ensaio sobre o Direito de Autor"*, cit., pags. 193-199, conclui que é o «*juiz que, em face da oposição do demandado e tendo em consideração a hipersensibilidade dos artistas, se pronunciará sobre a sua* [do fundamento da oposição à modificação] *consistência*».

Pela nossa parte, sustentamos hoje o que a este propósito escrevemos há anos (veja-se o nosso *"O direito pessoal de autor no ordenamento jurídico português"*, cit., III-4, 3.1.1., pag. 130), em que concluímos: «*[...] existe uma "quase-presunção" de que as alterações não desejadas pelo autor desvirtuam a obra: se as quisesse, tinha-as introduzido antes de divulgar, se lhe não tivessem ocorrido ou se entendesse justificarem-se por circunstâncias novas, consentia nelas.*».

B) No que respeita a "mutilação", "deformação" ou "destruição" dos exemplares da obra, já o dissemos, o poder de oposição repousa no domínio dos direitos reais. *Só a utilização (pública) de exemplar adulterado da obra poderá* – e nos improváveis casos em que a obra e o seu suporte se possam identificar por associação – *justificar a pouco potente actuação do direito de defesa da integridade*. As excepções, certamente pouco significativas, nem sequer relevam das chamadas "obras de exemplar único", mas apenas quando a obra – ideia formalizada – se torne insusceptível de reconstituição a partir da destruição dos (de todos os) seus suportes materiais[809].

IV – Duas outras importantes situações permitem a formulação de novos contributos para a *caracterização da situação jusautoral primordial*.

A) A norma do art. 169º/4 CDA* - nos termos da qual o autor que consentiu a transformação da obra deve conformar-se com as modificações ("que não a desvirtuem") exigidas "pelo fim próprio da utilização a que se destina a transformação" – nada invalida do que expusemos e contribui, por outro lado, para o enunciado de mais um princípio importante.

A autorização para transformar uma obra deixa deduzir que o autor se conforma a modificações por terceiros que se considerem implícitas na ("exigida" pela) transformação (para outra expressão formal) consentida[810]. Assim:

– *o autor que autoriza a* transformação – nomeadamente aquele que, por ex., atribui a outrem o poder de adaptar obra literária sua ao cinema – *exerce uma faculdade de índole patrimonial*;

---

[809] Ocorre-nos o caso da obra cinematográfica cuja "realização/produção" muito complexa a faria "perdida" (insusceptível de reconstituição formal) com a destruição de todos os suportes em que se encontrasse fixada.

[810] Pela *transformação*, consentida no exercício de faculdades patrimoniais cujo direito pode também ser transferido, é criada uma nova obra a partir da que se adapta (caso da tradução ou da adaptação cinematográfica de obra literária). Ao *modificar* a obra nada se cria de novo, já que também nada se acrescenta à *essência criativa original que, preservada na obra transformada, se adultera modificando*. Na linha deste raciocínio, sustentamos a que julgamos patente natureza pessoal do "direito de modificação". [Veja-se também o nosso *"O direito pessoal de autor no ordenamento jurídico português"*, cit., III-4, 2.2., pags. 126-128].

– *consente implicitamente nas* modificações (faculdade pessoal) *que a utilização da obra transformada implique*; não obstante,
– *o autor reserva-se*, porém, a *oposição* (defesa da integridade) *a modificações que, mesmo supostamente implícitas, necessárias ou exigidas pela transformação, entenda desvirtuarem a sua obra.*

[É suposto – salvo exemplos, algo intrigantes, a que se tem assistido em certas práticas experimentais ditas de "cinema" ou "teatro", mas que se aproximam da pura narração literária – que a cinematização ou encenação dramática de obras literárias implique a adaptação a "linguagens narrativas" próprias destes géneros artísticos diferentes das da literatura. O mesmo se passa com a (boa) tradução, dadas as especificidades idiomáticas. O autor que consente a adaptação sujeita-se às modificações na obra exigidas pelos "códigos de expressão"/ forma criativa do novo género (ou do novo idioma). Conhece-as – ou deve conhecê-las e conformar-se à adaptação – e, nessa medida, autoriza-as. Reserva-se, porém, o direito de, perante o resultado final, razoavelmente avaliar se tais modificações atingem a integridade da obra, podendo opor-se-lhes nesse caso. Julgamos, contudo, que tal só será admissível se, para além das modificações exigidas pela modalidade ou modalidades de exploração económica autorizadas, se demonstrar "atingida a essência criativa" que vimos permitir identificar objectivamente a obra (só o caso concreto particularizado permitirá tal aferição).]

E revela-se aqui uma importante consequência da atribuição de faculdades de utilização (patrimonial) a terceiros na conformação da situação jusautoral: *neste caso* – que interessa muito particularmente a esta nossa dissertação –, *evidencia-se que a faculdade pessoal subsiste na titularidade do autor-criador. Na medida em que sejam impostas pela utilização conforme aos fins da atribuição patrimonial*, o consentimento do autor na modificação de obra sua, que criou para outrem, pode estar expresso ou deduzir-se da própria convenção atributiva dessas faculdades patrimoniais (a parte final do n.º 2 do art. 15º consente este entendimento). No entanto, os termos expressos do disposto no art. 15º/2 CDA* – em sentido aliás coincidente ao do disposto, *com carácter geral*, no art. 59º/1 e /2 CDA* –, para os casos em que o autor atribuiu faculdades de utilização ao comitente, não consentem que se iluda a admissibilidade de um "juízo derradeiro", pelo autor, sobre a integridade ou desvirtuamento da obra modificada por "exigência" da sua transformação[811].

B) As "exigências" *técnicas* (ou, dever-se-á dizer, *económicas*) próprias da obra de arquitectura ou "obras de arte incorporadas", nascidas para a sua aplicação funcional, consagram *a que se diria* uma excepção (art. 60º/3 CDA*). Subordina-se ali a integridade à funcionalidade, mas permite-se ao autor que enjeite a menção de autoria[812] – *sem que haja renúncia ao direito*, já que a obra é essencialmente outra.

Pode formular-se esta como regra geral? Julgamos que, com o mesmo efeito prático, pode articular-se em termos ligeiramente diversos:

a) *ao atribuir a outrem faculdades de utilização patrimonial da obra* – designadamente por efeito de convenção em contrato para criação de obras intelectuais –, *o autor deve conformar-se*, como expomos em tese geral, *à utilização pelo beneficiário dessa atribuição conforme aos fins que a determinam*;

b) nesta medida, deve conformar-se às modificações que se deduzam consentidas pela convenção – e apenas a estas (art. 15º/2 CDA*).;

---

[811] Em ACÓRDÃO DA RELAÇÃO DE LISBOA, de 9-6-1994, in Col.Jur.*, t. III (1994), pags. 113 ss. (*maxime* pag. 114), de que é Relator CARVALHO PINHEIRO, considera-se mesmo: «*a modificação da obra por terceiro só se admite com o consentimento do seu autor (cfr. arts. 15º n.º 2 e 59º n.º 2 do CDADC [CDA*]. E porque tal modificação visa uma especial forma de utilização da obra, deve a autorização – cuja onerosidade se presume – ser prestada por escrito, expressamente (cfr. art. 41º n.º 2 do CDADC). Considera-se, realmente, que a alteração não autorizada de obra alheia viola simultaneamente um direito moral e um direito patrimonial do seu autor. Há, pois, dois interesses cuja ofensa, por aquele que modifica a obra, se traduz juridicamente em dois desvalores diferentes: um interesse moral, consistente na preservação da criação original do autor, cuja personalidade se projecta na obra [...]; e um interesse material, patrimonial, referente à contrapartida, ao correspectivo a que o autor da obra teria direito pela sua autorização [...]*» – intercalados nossos.

[812] Neste sentido OLIVEIRA ASCENSÃO, *"Direito Civil – Direito de Autor e Direitos Conexos"*, cit., n.º 123-III, pag. 187: «*Antes de mais, o autor pode "repudiar a paternidade". Mas esta expressão não deve ser entendida em sentido técnico. Não há uma renúncia ao direito de autor, que aliás está já adquirido pelo arquitecto e não se perde pelo facto das modificações: pois a obra modificada é ainda a mesma obra, por aplicação do art. 2º/2. Tudo se limita à proibição da invocação do nome do autor pela outra parte.*».

c) *qualquer modificação para além dos limites antes definidos não consente a sua utilização com imputação da respectiva autoria ao criador da obra primitiva.*

Tal não impede que, a partir da obra cuja utilização seja atribuída, *o beneficiário da atribuição*, depois de a haver modificado, utilize o "resultado" dessa sua acção como obra sua[813]. Mas esta não é verdadeira excepção ao princípio antes enunciado, porquanto, *alterada a estrutura formal que a identifica objectivamente e abandonada a menção de autoria na obra primitiva modificada*, pura e simplesmente deparamos com uma nova obra, realizada a partir daquela, cuja autoria é unicamente imputável ao utilizador que a alterou[814].

Direito de *modificar* a obra

V – Do exposto anteriormente, pode antecipar-se que entendemos o direito de modificação – *direito de introduzir ou autorizar modificações na obra* – com fundamento idêntico ao do direito de defesa da integridade, comunicando-se-lhe, até com maior intensidade como veremos, a natureza pessoal: *o que pode opor-se a modificações na obra, pode consentir nestas ou não se lhes opor*[815] – é o que prevê, por exemplo, o art. 59º/1 CDA*.

Parece poderem desfazer-se facilmente alguns equívocos relacionados com a natureza pessoal/patrimonial deste direito, aliás em termos análogos aos acima expostos sobre a faculdade de defesa da integridade da obra: *o que autoriza a utilização da obra cuja* transformação *consentiu* (*v.g.* os casos de *transformação* focados) *exerce uma faculdade patrimonial*; já exerce o seu direito pessoal de modifi-

---

[813] Mal se entenderia, por exemplo, que, se um designado "ghost writer" escrevesse um discurso para ser lido por quem o contrata, este não pudesse introduzir alterações *que o modificassem*: simplesmente, não poderá, neste caso, identificar o novo escrito com a obra e autoria primitivas.
Neste sentido, muito embora com formulação em termos sensivelmente distintos, parece-nos intervir OLIVEIRA ASCENSÃO, *"Direito Civil – Direito de Autor e Direitos Conexos"*, cit., n.º 124-III a –V, pags. 188/189.

[814] Visto que o comitente deve utilizar a obra no âmbito dos fins da atribuição que o consente, deve deduzir-se que a atribuição das faculdades correspondentes a essa utilização compreende a faculdade de (assim) a *transformar*.

cação ao consentir que se modifique a obra – em termos análogos ao que ocorreria, então em exercício do direito de defesa da integridade, se se opusesse à modificação. Nada impede que, pelo mesmo acto (de autorização de utilização da obra modificada), se manifestem simultaneamente as *duas* faculdades[816].

VI – Questão diversa é a da autonomia do direito de modificação. Pode o criador da obra intelectual impor modificações em obra cuja utilização autorizou, determinando, por exemplo, que se altere o escrito cuja edição e circulação/distribuição contratou ou a obra cinematográfica cuja exibição lícita decorre já? Cremos que não.

O exercício do direito *de modificar* a obra pelo seu criador/ titular não sobrestá às utilizações consentidas: *para modificar terá de interromper a circulação da obra com a "forma" em que a divulgou e, para que possa interrompê-la, deverá apresentar as "razões morais atendíveis" que lhe permitiriam a* "retirada"[817].

84. Conclusão

I – Ocupou-nos, visto o objecto desta dissertação, *a configuração de cada uma das faculdades pessoais de autor*, especialmente *quando a situação de direito de autor se constitua* (ou se constitua também, como se verá) *na esfera jurídica de pessoa diferente do autor*.

II – Nas *obras criadas no âmbito de contrato para criação de obras intelectuais*, a lei estabelece fundamentalmente que, nestes casos,

---

[815] Vimos até, conforme exposto acima, que, ainda que implicitamente consinta em "modificações exigidas pela transformação autorizada", o autor se reserva o direito de oposição àquelas que ainda assim desvirtuem a obra originária (cfr. parte final do n.º 4 do art. 169º CDA*).

[816] O que – segundo entendemos – leva OLIVEIRA ASCENSÃO, *"Direito Civil – Direito de Autor e Direitos Conexos"*, cit., n.º 182-II, pag. 269, a defender que: «*Seria até bom que se usassem palavras diferentes para distinguir o direito pessoal do direito patrimonial*», o que, nos termos enunciados, não julgamos necessário.

[817] Aliás, dissemo-lo acima, a "necessidade" justificada de modificar pode ser exemplo de um motivo atendível da retirada e medida do abuso deste direito em caso de nova divulgação da obra.

o "direito de autor" poderá ser originariamente atribuído por convenção expressa a pessoa diferente do criador da obra intelectual (art. 14º/1 CDA*); presume-se ser também essa a vontade das partes caso na obra falte a menção da designação que identifica o verdadeiro criador (art. 14º/3). Nos demais casos, segue-se a regra geral do art. 11º CDA* (cfr. art. 14º/2)[818].

Nos casos em que o direito de autor é convencionalmente atribuído ao credor da prestação criadora, dito "comitente", a atribuição circunscreve-se ao respectivo conteúdo patrimonial e, *ainda assim, limitada à finalidade que a determinou*[819/820]. Por outro lado, não concebemos (nem as "referências éticas" para o seu exercício justificam, como vimos) que o direito de autor possa constituir-se amputado do núcleo de faculdades de índole pessoal – situação aliás não prevista nas leis de autor sob a CB* (por todos, cfr. art. 6-*bis*/1 CB*).

---

[818] OLIVEIRA ASCENSÃO (*"Direito Civil - Direito de Autor e Direitos Conexos"*, cit., n.º 129-IV, pags. 195/196, com intercalados nossos), contudo, sustenta: «*O titular originário que não for o criador intelectual não tem o direito pessoal de autor. Não tem o direito à integridade [...], pois a sua honra e reputação não estão em causa. Não tem o direito de retirada. Pode exercer os poderes correspondentes ao direito ao inédito, de modificação, ao nome e à paternidade. Mas supomos que nestes casos se trata de meros poderes patrimoniais.*» – intercalado nosso. A fundamentação que apresenta (*ibidem*) não altera a nossa posição: «*Não há direito ao inédito, mas o poder patrimonial de divulgar a obra. Pode fazer as modificações que entender, mas como exercício de direito patrimonial. Indica o seu nome como autor e pode exigir de terceiros a menção da designação* [de autoria], *bem como reivindicar a paternidade da obra. Só aqui poderíamos encontrar algo que restasse, como faculdades pessoais. Poderiam caber mesmo a pessoa colectiva. [...]. São faculdades desgarradas, como as que cabem ao inventor que não recebeu a patente – e não há que falar num direito pessoal do inventor.*».

[819] Situação essa – limitação convencional da utilização pela estipulação da sua destinação ou deduzida da própria convenção de atribuição do direito – que sempre podemos verificar ser comum ao dito credor e ao próprio criador, independentemente de a titularidade do direito pertencer a um ou ao outro (cfr. art. 15/1 e /3 CDA*).

[820] Mesmo num ordenamento jurídico, como o alemão – que, como vimos, veda a transmissão do direito de autor (incluindo o direito patrimonial), apenas consentindo na concessão (atribuição constitutiva) de faculdades jusautorais isoladas –, também ADOLF DIETZ, *in "Urheberrecht – Kommentar"*, coordenado por GERHARD SCHRICKER, 2ª ed. cit., em anotação I-4, pag. 249 (17) *ante* §§ 12 ss. UrhG alemã*, refere que a irrenunciabilidade e indisponibilidade do direito pessoal não obsta a que, no contexto da exploração económica da obra, possam ser transferidas certas faculdades ou se abdique da sua reivindicação, *só sendo intransferível o núcleo fundamental do direito pessoal*.

Se considerarmos que o criador da obra intelectual conserva, assim e sempre, a titularidade do conjunto de faculdades que integram o direito pessoal, antecipar-se-á a dificuldade que revestirá o seu *exercício* quando se encontre afastado de qualquer utilização patrimonial da obra. Mas será esta "dificuldade" diferente da que se sentiria em caso de transmissão total do direito patrimonial; ou quando, sob pena de perder o principal objectivo da sua opção, o autor tenha escolhido divulgar anonimamente? E em algum destes casos alguém questiona que o criador da obra conserva o direito pessoal na sua plenitude? Pensamos que não, pelo que, em conclusão, formulamos as seguintes regras:

1) *O autor, que haja criado a obra em execução de contrato para criação de obras intelectuais apenas poderá evitar a utilização nos termos convencionados caso não tenha «manifestado por sinais inequívocos a intenção de divulgar ou publicar» que poderá deduzir-se nomeadamente de actos pelos quais revele "completa" a obra criada*: oporá então eficazmente nestas circunstâncias – e nestas circunstâncias apenas – o seu direito ao inédito (faculdade de não divulgar). *Depois de divulgada a obra* – entenda-se, depois de quebrado o ineditismo, visto que sustentamos que o direito de divulgação se tem por exercido embora "não esgotado" –, *o autor que tenha atribuído a outrem faculdades de utilização apenas poderá obstar à exploração económica da obra, conforme aos fins da utilização consentida, pelo exercício do direito de retirada.*

2) O direito de retirada é reconhecido ao criador da obra intelectual como *poder de interromper a "circulação" da obra impedindo a utilização por comitente, bem como novas utilizações ou a continuação de utilizações em curso. Revelar-se-á ilícito o exercício do direito de retirada se o autor autorizar posteriormente outras (ou idênticas) utilizações da obra sem a modificar* ou *sem que se alterem as circunstâncias que motivaram a retirada.*

3) O direito à menção da designação que identifica a autoria integra o *poder do criador da obra intelectual de exigir que, em caso de utilização da obra, seja feita menção da designação*

que o identifica como autor. Como vimos, a falta da menção de qualquer designação que identifique a autoria – ou, como vemos agora, a menção de autoria alheia – deixa presumir a atribuição do direito patrimonial de autor (ou de faculdades neste compreendidas) a favor dos co-autores mencionados (art. 17º/3 CDA*), ou do comitente se se evidenciar a criação por contrato com esse objecto (art. 14º/3 CDA*). Pode assim constituir-se voluntariamente a obrigação de não revelar a identidade do autor com a divulgação da obra. Tal obrigação tanto pode ser assumida no interesse deste como no dos co--autores da obra em colaboração, do comitente nas obras criadas em execução de contrato ou, no caso das obras anónimas, do que «representa o autor». Admite-se então a *renúncia* ao exercício *desta faculdade de exigir menção da designação que identifica o criador da obra, mas não a renúncia à* faculdade *pessoal correspondente*: o autor pode a todo o tempo revelar a sua identidade e a autoria da obra.

4) O direito a reivindicar a paternidade da obra intelectual reserva ao respectivo criador o *poder de reivindicar a todo o tempo a autoria de obra sua, independentemente das vicissitudes que sofram as faculdades jusautorais pertinentes*. A menção de um designado como autor permite imputar-lhe presuntiva titularidade do direito correspondente; o verdadeiro criador pode ter a sua qualidade obnubilada voluntariamente, sem que isso implique (ou possa implicar) renúncia à paternidade da obra.

5) A) O direito de defesa da integridade da obra representa *faculdade de oposição à utilização da obra segundo expressão formal não correspondente à que revela no momento da sua exteriorização e subsequente divulgação*. Não obstante, *ao atribuir a outrem faculdades de utilização patrimonial da obra* – designadamente por efeito de convenção em contrato para criação de obras intelectuais –, *o autor deve conformar-se*, como expomos em tese geral, *à utilização pelo beneficiário dessa atribuição conforme aos fins que a determinam*; nesta medida, deve conformar-se às modificações que se deduzam consentidas pela convenção – e apenas a estas (art. 15º/2 CDA*); *qualquer modificação para além dos limites antes*

definidos não consente a sua utilização com imputação da respectiva autoria. Sem que tal constitua verdadeira excepção ao princípio antes enunciado, *alterada a estrutura formal que a identifica objectivamente e desfeita a imputação de autoria da obra primitiva modificada*, pura e simplesmente deparamos com uma nova obra, realizada a partir daquela, cuja autoria é unicamente imputável ao utilizador que a alterou.

6) O direito de modificação – direito de introduzir ou autorizar modificações na obra tem fundamento idêntico ao do direito de defesa da integridade: o que pode opor-se a modificações (não consentidas) na obra, pode consentir nestas ou não se lhes opor. O que autoriza a utilização da obra cuja transformação consentiu exerce uma *faculdade patrimonial*; e exerce o seu direito pessoal de modificação ao consentir que se modifique a obra: nada impede que, pelo mesmo acto (de autorização de utilização da obra modificada), se manifestem simultaneamente as duas faculdades. O exercício do direito de modificar a obra pelo seu criador/titular não sobrestá às utilizações consentidas: *para modificar terá de interromper a circulação da obra com a "forma" em que a divulgou e para que possa interrompê-la deverá apresentar as "razões morais atendíveis" que lhe permitiriam a retirada.*

SÍNTESE EM RECAPITULAÇÃO

Conformação convencional das faculdades pessoais de autor

1. *O autor, que haja criado a obra em execução de contrato para criação de obras intelectuais*, apenas poderá evitar a utilização nos termos convencionados caso não tenha «*manifestado por sinais inequívocos a intenção de divulgar ou publicar*» que poderá deduzir-se, nomeadamente, de actos pelos quais revele "*completa*" a obra criada: oporá então eficazmente nestas circunstâncias – e nestas circunstâncias apenas – o seu direito ao inédito (faculdade de não divulgar).

Aquele que contrata a *publicação* de obra que criou não pode opor-se à sua utilização segundo as faculdades atribuídas ao outro contraente (visto que a "quebra do ineditismo está pressuposta). Já sobre aquele que *é contratado para criar* obra(s) para (os fins de utilização por) outrem, dir-se-á que atribui as faculdades de utilização correspondentes por mero efeito do contrato em relação a todas as obras que crie nesse âmbito, *mas o seu exercício depende da divulgação destas*: *contratar para criar não constitui "sinal inequívoco" da vontade do autor de divulgar o que venha a criar*; como expusemos, já obriga a diligenciar na criação e obriga também à "entrega" das obras assim criadas (sob pena de incurso em responsabilidade contratual); mas *não constitui presunção da perfeição da obra, nem acto que, por si só, constranja à quebra do ineditismo.*

2. O direito de retirada atinge apenas as faculdades patrimoniais de utilização (em curso ou já consentida mas não efectivada) da obra. Os pressupostos da sua oponibilidade ao comitente de obra criada em execução de contrato são comuns aos que tornam este direito oponível a qualquer titular de faculdades de utilização.

3. Pode ser autorizada a menção de autoria alheia em obra própria, desde que tal se convencione expressamente; o efeito na presunção de autoria (aliás já indiciado em preceitos como o do art. 27º/2 CDA*) é previsivelmente o mesmo que decorre da falta de qualquer menção sobre a paternidade da obra. A menção de um designado como autor permite imputar-lhe presuntiva titularidade do direito correspondente; o verdadeiro criador pode ter a sua qualidade obnubilada voluntariamente, sem que isso implique (ou possa implicar) renúncia à paternidade da obra.

Como vimos, a falta da menção de qualquer designação que identifique a autoria – ou, como vemos agora, a menção de autoria alheia – deixa presumir a atribuição do direito patrimonial de autor (ou de faculdades neste compreendidas) a favor dos co-autores mencionados (art. 17º/3 CDA*), ou do comitente se se evidenciar a criação por contrato com esse objecto (art. 14º/3 CDA*).

4. Ao atribuir a outrem faculdades de utilização patrimonial da obra – designadamente por efeito de convenção em contrato para criação de obras intelectuais –, *o autor deve conformar-se*, como expomos em tese geral, *à utilização pelo beneficiário dessa atribuição conforme aos fins que a determinam*; nesta medida, deve conformar-se às modificações que se deduzam consentidas pela convenção – e apenas a estas (art. 15º/2 CDA*).; *qualquer modificação para além dos limites antes definidos não consente a sua utilização com imputação da respectiva autoria.*

5. O que autoriza a utilização da obra cuja transformação consentiu exerce uma *faculdade patrimonial*; e exerce o seu direito pessoal de modificação ao consentir que se modifique a obra: nada impede que, pelo mesmo acto (de autorização de utilização da obra modificada), se manifestem simultaneamente as duas faculdades.

CAPÍTULO V
Natureza da atribuição contratual conformadora da situação jusautoral primordial

85. Uma atribuição constitutiva

I – *Observamos que, nos termos expressos da lei, se estatui que a imputação de autoria relativa a uma dada obra não coincide necessariamente com a titularidade originária do direito de autor. Verificamos também que, por vezes, a lei ficciona a autoria com vista apenas à legitimação para o exercício originário de faculdades de direito de autor.* Motivou-nos a descoberta do universo de situações jusautorais em que o *direito de autor não se constitui originariamente na esfera jurídica de pessoas físicas* ou *se constitui, no seu todo ou quanto a um importante conjunto de faculdades compreendidas, na esfera jurídica de um não criador*. A aparência indiciava o fenómeno, mas não deixámos de procurar demonstrá-lo e, uma vez demonstrado, explicá-lo. A confirmar-se que o direito de autor podia formar-se na titularidade de pessoas meramente jurídicas, estava aberto o caminho para considerar a *fonte* dessa atribuição.

Do exame, sobressaíram dois conjuntos de situações: as que se formavam com a exteriorização das genericamente designadas *obras colectivas*; e aquelas em que a lei prevê que «*a titularidade do direito de autor se determina de acordo com o que houver sido convencionado* (pelos que contratam a criação de obra *"por encomenda ou por conta de outrem"*)» – *ex* art. 14º/1 CDA*, em óbvia, até pela sua inserção sistemática, "disposição expressa contrária" à regra plasmada na primeira parte do art. 11º do mesmo Código.

A) O primeiro conjunto de situações foi tratado quando analisámos a conformação originária da situação jusautoral nas (genericamente designadas) *obras colectivas*. Concluímos:

– «A formação da situação de direito de autor na titularidade de uma organização personalizada não é efeito de acto jurídico constitutivo ou translativo do direito de autor, é *consequência natural do próprio processo criativo* que culmina no facto da exteriorização (segundo expressão formal criativa) da obra colectiva.».

– «Em qualquer dos casos, [...], a "anomalia" nesta sede seria persistir em negar a realidade que evidencia que este *género jusautoral* não é criação de um sujeito isolado nem de um conjunto mais ou menos articulado de sujeitos individualizados, mas o resultado de um empreendimento de cariz empresarial.» (cfr. *supra*, n.º 39).

E fica um dos fundamentos da nossa tese: *nas obras colectivas, a imputação da titularidade originária do direito de autor a uma pessoa meramente jurídica não tem como pressuposto uma ficção legal nem tão-pouco uma atribuição voluntária do direito de autor no conjunto inteiro das faculdades pessoais e patrimoniais que o integram, mas uma imputação de autoria que é natural consideradas as condições materiais de criação dessas obras*. Assim, a conformação da situação jusautoral nas obras colectivas *não é efeito de atribuição convencional* de faculdades jusautorais; representa o reconhecimento pela lei de que a titularidade originária do direito de autor deve – *segundo a regra normal* que erigimos em princípio fundador (*"princípio de coincidência entre a titularidade originária do direito de autor e a autoria"* – cfr. *supra*, n.ºs 2 e *18-II*) – corresponder à autoria (colectiva) que as condições materiais de criação ditam como verdadeira[821].

B) A propósito do segundo conjunto de situações assinalado, anuncia-se algo distinto: a constituição do direito de autor (por facto material, a exteriorização da obra segundo expressão formal criativa)

---

[821] Sobre o *conteúdo* do direito de autor nas obras colectivas, designadamente no que respeita as *faculdades pessoais*, pode confrontar-se o exposto *supra*, n. 11-II.

aparenta ser concomitante à aquisição por outrem (pessoa física ou não) – se não da titularidade originária do direito – pelo menos de faculdades de utilização da obra conforme aos fins da atribuição.

O reconhecimento da objectivação do pressuposto de tutela e a verificação de que a imputação de autoria é, em última análise, uma inferência jurídica permitiram que partíssemos de premissas diferentes das que habitualmente comprometem a análise deste tema. Reconhecer que o pressuposto de tutela sob o direito de autor é a intelecção da criatividade da expressão formal da obra – e não a individualização de um "espírito criador" (por vezes materialmente indeterminável, outras juridicamente irrelevante como quando a lei ficciona certas "(co)autorias") – permite-nos configurar situações jusautorais sem autoria humana. Mas estas não coincidem – ou não coincidem necessariamente – com as que vimos conformadas originariamente por contrato:

– naquelas, a autoria resulta do reconhecimento por lei da preponderância da acção colectiva ("empresarial") sobre o conjunto das contribuições humanas (se individualizáveis) ou de ficção legal que imputa a autoria (também) a não criadores (como em certas obras "em colaboração");
– nestas, não se questiona (necessariamente, visto que podem ser criadas obras colectivas e obras em colaboração *para outrem/"por conta de outrem"*) a autoria pelo criador humano, é a titularidade originária do direito de autor (ou de faculdades neste compreendidas) que pode ver-se atribuída a pessoa diferente do autor, com quebra aparente do *"princípio de coincidência subjectiva"* que formulámos.

II – A definição de um modelo de CONTRATO DE DIREITO DE AUTOR, que releve da AUTONOMIA CONTRATUAL NA CONFORMAÇÃO DA SITUAÇÃO JUSAUTORAL, implica que se determine a natureza da atribuição contratual conformadora.

OLIVEIRA ASCENSÃO – a propósito das normas que, na lei de autor brasileira (L.aut.bras.*), regulam a atribuição do direito de autor na obra audiovisual[822] – indaga: «*Será possível pactuar a atribuição originária do direito de autor a pessoa diferente da que resultaria do funcionamento dos princípios gerais?*»[823]. A questão tem particular acuidade porquanto toca o cerne da *natureza da atribuição* de faculdades relacionadas com a exploração da obra audiovisual pelo produtor por efeito do contrato de realização/produção audiovisual – exemplo que consideramos paradigmático da criação funcional em execução de contrato. E discorre o mesmo Autor (última *ob.* e *loc. citt.*): «*É verdade que é o acordo com o criador intelectual que provoca a aquisição da obra pelo terceiro. Mas a intervenção desse acordo não implica que a aquisição do direito seja uma aquisição derivada: não há na altura do acordo ainda obra audiovisual, logo não há nenhum direito de autor que possa ser transferido. O direito só surge com a criação da obra: então é automaticamente encabeçado no terceiro-beneficiário, portanto a título originário e não derivado.*»[824].

---

[822] A L.aut.bras.* (*"Lei n.º 9610, de 19-2-1998, da República Federativa do Brasil"*, que substitui a *"Lei n.º 5988, de 14-12-1973"*) determina no seu art. 16 que são «co-autores da obra audiovisual o autor do assunto ou argumento literário, musical ou lítero-musical e o director» – e *não já também o produtor*, como previa a revogada Lei n.º 5988 (art. 16º).

A L.aut.bras.* é omissa na regulação *geral* da atribuição do direito de autor por contrato que tenha por objecto a criação de obra intelectuais, ao contrário da que revogou (cfr. art. 36º da Lei n.º 5988: «*se a obra intelectual for produzida em cumprimento de dever funcional ou de contrato de trabalho ou de prestação de serviços, os direitos de autor, salvo convenção em contrário, pertencerão a ambas as partes, conforme estabelecido pelo Conselho Nacional de Direito Autoral.*»). Esta última mais estabelecia, em disposição significativa sobre *a natureza da* (eventual) *atribuição de direitos a não criador por efeito de contrato para criação de obra* intelectuais, que o direito *patrimonial* de autor se reconstituiu na esfera jurídica do autor *em caso de não exercício, em certo prazo, dos direitos de publicação pelo comitente* (cfr. art. 36º § 2º da Lei n.º 5988: «*O autor recobrará os direitos patrimoniais sobre a obra encomendada, se esta não for publicada dentro de um ano após a entrega dos originais, recebidos sem ressalvas por quem a encomendou.*».

[823] JOSÉ DE OLIVEIRA ASCENSÃO, *"Obra audiovisual. Convergência de tecnologias. Aquisição originária do direito de autor"*, cit., n.º 4, pag. 244, aqui a propósito de um texto legal e de um *género* de obras específicos, mas em que a formulação doutrinária é exemplar em ilustração de tese geral.

[824] É muito vasta a elaboração doutrinária sobre a *eficácia das situações jurídicas*. Sumariamos apenas algumas entre as formulações que julgamos impressivas.

Não questionamos – como aliás afirmamos por mais de uma vez no transcurso desta dissertação – que o direito de autor se constitua (sempre e só) com a exteriorização da obra segundo expressão formal

---

INOCÊNCIO GALVÃO TELLES, *"Algumas considerações sobre o conceito jurídico de sucessão"*, cit., pag. 119, expõe a distinção entre *aquisição derivada* translativa e constitutiva. «*A aquisição derivada comporta duas variantes, pode ser* translativa *ou* constitutiva. *A primeira está em correlação com a perda, a segunda com a limitação do direito. Num caso, adquire-se um direito* antigo, *que passa de pessoa a pessoa, objecto de verdadeira* translação; *no outro caso, adquire-se um direito* novo, *constituído sobre a base do anterior que fica correspondentemente reduzido.*». E continua (*ibidem*, pag. 120): «*Tanto num caso como no outro, o direito do novo titular está condicionado pelo do antigo, quanto à sua* existência, extensão e modalidades. *Porque a aquisição é* efeito *da perda ou limitação, aquela não pode desenvolver-se para além dos limites desta* [no que faz aplicação do brocardo *nemo plus juris ad alium transferre potest quam ipse haberet*].». – intercalado nosso.

JOÃO DE CASTRO MENDES, *"Teoria Geral do Direito Civil"*, vol. I, cit., n.º 100-II, pag. 497 – depois de enunciar a distinção entre aquisição originária e aquisição derivada assente no "critério da relação": «[…] *a aquisição é derivada se decorre de uma relação pessoal entre o adquirente e outra pessoa* [aquisição fundada numa "relação preexistente"]» (intercalados nossos) –, declara preferir a que se baseia no "critério da causalidade": «[que] *define aquisição derivada como a que é efeito imediato da perda relativa ou da limitação de um direito preexistente.*» (intercalados nossos).

Também CARLOS DA MOTA PINTO, *"Teoria Geral do Direito Civil"*, 3ª ed. cit., n.º 90-II, pag. 361, elabora na distinção segundo um «critério de causalidade *que vê a aquisição derivada como consequência de um direito anterior, ao invés da aquisição originária onde não existe qualquer ligação causal entre a perda ou diminuição de um direito e aquisição.*». Assinale-se que este Autor (*ob.* e loc. citt., pag. 360) referencia a "*aquisição de direitos de autor pela criação literária, artística ou científica, etc.*" entre os «*casos de aquisição originária* (como já fizera Castro Mendes, última *ob.* cit., n.º 100-III, pag. 499, referindo este a "*atribuição do direito de autor pela criação intelectual*"). Referem, no entanto, a aquisição pelo autor-criador que resulta do facto da criação exteriorizada da obra intelectual, independentemente de qualquer celebração prévia de contrato para criação de obra intelectuais.

JOSÉ DE OLIVEIRA ASCENSÃO, *"Direito Civil – Teoria Geral"*, vol. III, cit., n.º 66-II/-III, pags. 140/141, sobre o que designa "vicissitudes das situações jurídicas" («*repercussões no domínio das situações* [jurídicas] *resultantes dos factos*»), estabelece um quadro de correspondência (aproximada): *1)* entre constituição e aquisição originária; *2)* entre transmissão, por um lado e aquisição derivada e perda relativa, por outro; *3)* entre extinção e perda absoluta. Explica depois (última *ob.* cit., n.º 67-I, pags. 141/142): *1)* «*O momento em que uma situação jurídica surge é o da constituição. Por definição, a situação jurídica, ao constituir-se, não se identifica com qualquer situação preexistente. Na outra classificação dir-se-á que a aquisição foi originária. Não deriva de situação nenhuma anterior.*». Continua (última *ob.* cit., n.º 71-I, pags. 146/147, com intercalados nossos): *2)* «*A transmissão*

criativa; a situação jusautoral não preexiste a este (f)acto. Mais acrescentamos até que, nos casos em que o autor cria *para outrem em execução de contrato* – que estipule a atribuição de faculdades de direito de autor ao comitente –, aquele acto é (também) acção porquanto, dissemo-lo já, a «*atribuição de faculdades de utilização a entidade diferente do criador, é finalista, na medida em que a vontade que mobiliza o acto criador produz efeitos jurídicos que ultrapassam a simples constituição do direito de autor na esfera jurídica de um determinado sujeito, porquanto delimitam também o conteúdo desse direito.*» (cfr. *supra*, n.ᵒˢ 1-III e 75-VI). E não há aqui contradição. O autor que contrata a criação de obra intelectual, em execução de negócio jurídico com as características apontadas, vincula-se a criar *para (os fins de utilização da obra por) outrem*; como efeito do contrato, constitui-se na esfera jurídica do comitente o conjunto de

---

implica uma aquisição derivada e uma perda relativa. A aquisição é derivada, porque o transmissário recebe o direito tal como se encontrava na esfera jurídica do transmitente, [...]. [No que também faz aplicação do brocardo *nemo plus juris ad alium transferre potest quam ipse haberet*, o qual é contrariado em situações de aquisição *a non domino*, ilustradas nomeadamente por Emilio Betti, *"Teoria Geral do Negócio Jurídico"*, t. I, cit., Cap. Introd.-4, pag. 54]. *Há por outro lado uma* perda relativa. *O transmitente perde o direito, deixa de o ter. Mas a perda é relativa, porque o direito não se extingue. Passa antes para a esfera jurídica do transmissário. Não é porém exactamente o mesmo direito,* [...], *porque há que contar com a incidência do próprio título de transmissão, do alienante para o adquirente.*». E termina (Oliveira Ascensão, última *ob.* cit., n.º 73-I, pag. 150): *3) «Não será extinção a mera perda relativa, porque então a situação passa para outro sujeito. Só nos interessa a perda absoluta. O titular deixa de a ter e ela não passa para mais ninguém.*».

António Menezes Cordeiro, *"Tratado de Direito Civil Português – I (Parte Geral)"*, t. I, 2ª ed. cit., § 22.º, n.º 94-I, pag. 288, refere: «*Tendo em conta a ordenação, perante a situação jurídica, da eficácia, pode falar-se em eficácia* constitutiva, transmissiva, modificativa e extintiva: – *constitutiva, caso se forme (se constitua) uma situação antes inexistente na ordem jurídica:* [...]; – *transmissiva, sempre que uma situação já existente, na ordem jurídica, transite da esfera de uma pessoa para a de outra;* - *modificativa, na hipótese de uma situação centrada numa determinada pessoa aí se conservar com alterações no seu conteúdo;* [...]; *- extintiva:* [...], *na eventualidade de se dar o desaparecimento, da ordem jurídica, de uma situação antes existente:* [...].» – intercalados nossos. E explica depois os termos da qualificação que prefere: (*ob.* cit., n.º 94-II, pag. 289): «*A doutrina comum chama à constituição, "aquisição originária" e à transmissão, "aquisição derivada": trata-se, efectivamente, de designações equivalentes entre si, enfocando embora os fenómenos pelo prisma das esferas jurídicas.* [...]» – intercalado nosso.

faculdades de direito de autor correspondente ao estipulado ou aos fins da atribuição patrimonial. É pois verdade que, nestas circunstâncias, *a situação jurídica de direito de autor encabeçada pelo comitente constitui-se imediatamente* (com a exteriorização da obra) *na esfera jurídica deste* pela conjugação do facto criador e do efeito do contrato para criação de obras intelectuais que o estipule.

Tal implica que esta se considere uma *aquisição originária* se for demonstrado que o direito do comitente não se funda em direito anterior[825/826/827/828]. Ora, se é verdade que o direito de autor se cons-

---

[825] Como elucida EMÍLIO BETTI, *"Teoria Geral do Negócio Jurídico"*, t. I, cit., Cap. Introd.-4, pag. 58: «[...] *não tem sentido perguntar-se se tem carácter derivado, ou não, a aquisição que o credor faz em relação ao devedor, pelo simples efeito da obrigação que este assume para com ele.* [...]. *Na verdade, o devedor, embora colocando-se em condições de executar uma prestação e de incorrer numa responsabilidade se não a executar, não perde ainda, nem limita, qualquer direito seu: ou seja, não dispõe.*» – intercalado nosso.

[826] Como expõe MANUEL DE ANDRADE, *"Teoria Geral da Relação Jurídica"*, vol. II, cit., n.º 56, pags. 13/14: «[...], *à constituição de direitos corresponderá sempre a sua aquisição por alguma pessoa. Mas a inversa, se pode ser verdadeira para a aquisição originária de direitos, não o é certamente para a aquisição derivada. Na constituição de direitos trata-se sempre de direitos que surgem* ex novo, *ainda que porventura sobre a base dum direito anterior. Ao passo que a aquisição derivada de direitos, se pode ter por objecto direitos que surjam* ex novo, *pode versar também sobre direitos preexistentes, que apenas mudam de titular,* [...]*»* - intercalados nossos. O mesmo Autor (*ibidem*, pag. 24) considera logo depois que: «*Portanto a aquisição de direitos constitui uma categoria mais ampla do que a constituição de direitos. Pode haver aquisição – mesmo derivada – de um direito que não existia ainda e que se constitui simultaneamente com a aquisição por determinada pessoa.*».

OLIVEIRA ASCENSÃO, *"Direito Civil – Teoria Geral"*, vol. III, cit., em nota (205) ao n.º 67-I, pag. 142, observa: «*As discrepâncias que referimos atrás* [ao advertir ser "apenas aproximada" a correspondência que estabelece entre, nomeadamente, *constituição* (de uma situação jurídica) e *aquisição derivada* (de um direito ou posição jurídica)] *manifestam-se todavia no facto de poder haver modalidades de constituição a que corresponde todavia uma aquisição derivada.*» - intercalado nosso.

[827] Também EMÍLIO BETTI, *"Teoria Geral do Negócio Jurídico"*, t. I, cit., Cap. Introd.-4, pags. 56/57, assevera: «[...], *por aquisição derivada não deve entender-se somente a aquisição de um direito preexistente. Pode haver aquisição originária de um direito preexistente, e, inversamente, pode dar-se a aquisição derivada de um direito novo. Efectivamente, a aquisição pode ser originária, tanto no caso de o direito nascer ex* novo *com a aquisição (como no caso da ocupação de* res nullius)*, quer ele preexista à própria aquisição (como no caso da prescrição aquisitiva). Vice-versa, a aquisição pode ser derivada não só quando se adquire o mesmo, idêntico direito que preexistia noutros, mas também quando se adquire um direito novo, que anteriormente não existia como tal, mas*

titui *sempre* na esfera jurídica do autor, aparente é também que *o comitente adquire o conjunto de faculdades voluntariamente atribuídas em momento coincidente com o da constituição do direito de autor*, precisamente por efeito do contrato que o estipule – *ex* art. 14º/1 CDA*.

III – Por outro lado, deve também apurar-se um outro aspecto de importância capital: *se o direito de autor que o comitente adquire*, nos termos antes descritos, *apresenta uma configuração idêntica ao que se forma, pelo acto da criação de obra intelectual exteriorizada, na titularidade originária do autor-criador*[829/830]. Tal não bule com o carácter originário da aquisição: poderá acontecer – e desvendamos o princípio da conclusão – que *o direito de autor se forme na esfera jurídica do autor logo espartilhado pelo conjunto de faculdades que atribui(u) ao comitente pela convenção*.

Pelo contrário, se o direito de autor se devesse haver por constituído originariamente na titularidade do autor-criador e, *por efeito do*

---

que, no acto da sua atribuição, pressupõe um outro direito já existente, do qual ele depende (por ex., na constituição de usufruto ou de servidão).» – intercalado nosso.

[828] Não acompanhamos pois o postulado de OLIVEIRA ASCENSÃO, *"Direito Civil – Direito de Autor e Direitos Conexos"*, cit., n.º 92-I, pag. 143: «*Logo do critério básico do art. 14º/1* [CDA*], *com a sua remissão para a autonomia privada, resulta que a obra pode ser originariamente atribuída a pessoa diversa do criador intelectual. Temos portanto um caso mais desta natureza, a somar ao da obra colectiva. Aqui, fundar-se-ia em convenção que o estabelecesse.*».

[829] Ainda segundo MANUEL DE ANDRADE, *"Teoria Geral da Relação Jurídica"*, vol. II, cit., n.º 56, pag. 16: «*Naquela* [aquisição derivada translativa] *o direito adquirido é o mesmo que já pertencia ao anterior titular.* […].» – intercalado nosso.

[830] Vários incisos legais referem estar em causa «*a* [atribuição convencional da] *titularidade do direito de autor*» (por todos, cfr. art. 14º/1 CDA*); curiosamente e sem que daí possa retirar-se mais do que uma remota indicação, não formulam uma categórica afirmação de *"titularidade originária do direito de autor pelo comitente"* (no texto da lei – e com a já comentada excepção do art. 165º/2 CDA* e a especial inversão de presunção, também já notada, no art. 174º/4 –, o mais que registamos são formulações como: «*Na falta de convenção, presume-se que a titularidade do direito de autor* […] *pertence ao seu criador intelectual.*» (art. 14º/2 CDA*); «*… quando o direito de autor pertença ao criador intelectual, …*» (art. 15º/1); «*Ainda que a titularidade do conteúdo patrimonial do direito de autor pertença àquele para quem a obra é realizada, …*» (art. 14º/4); «*O direito de autor sobre trabalho jornalístico* […] *pertence ao autor.*» (art. 174º/1). Mas, seja qual for, como se sabe a qualificação legal não vincula o intérprete.

contrato para criação de obras intelectuais, transmitido para o comitente, o direito deste teria de apresentar conteúdo idêntico *ao que caracteriza a situação jusautoral* na esfera jurídica do autor. O direito haver-se-ia assim por transmitido ao comitente e deparariamos com uma *aquisição translativa*, uma situação jurídica com *eficácia transmissiva* (já existente na ordem jurídica e que transitaria da esfera do autor para a do comitente)[831].

Se o direito de autor se constituísse originariamente apenas na esfera jurídica do comitente que tivesse contratado a criação: ou bem que *o autor-criador se apresentaria destituído de quaisquer faculdades jusautorais* – o comitente apareceria como *titular originário* único *do direito*; ou então *o conjunto de faculdades jusautorais que pertencesse ao autor teria como pressuposto o direito de autor do comitente* – a situação jusautoral encabeçada pelo autor *constituir-se--ia a partir daquela do comitente, subordinar-se-lhe-ia filiada, daquela dependeria a sua conformação e existência*.

Ora, o que se passa é diferente de qualquer dos cenários traçados.

A) É verificável que (pelo menos) o núcleo do *direito pessoal de autor* permanece na esfera jurídica do autor, ainda que limitado quanto ao exercício de certas faculdades, nos termos expostos (cfr. *supra*, *maxime* n.º 84) – evidenciam-no disposições, como a do art. 15º/2 CDA* (tal como as do art. 59º/1 e /2 do mesmo Código), que, além de *subordinarem a utilização da obra modificada aos fins da atribuição* («... e só pode exercer-se ...»), condicionam *o exercício da faculdade (pessoal) de modificação desta ao "acordo expresso" do autor-criador*. Dir-se-á que o mesmo se poderia concluir já de outras disposições (como as dos arts. 9º/3, 42º ou 56º/2 CDA*). Assim será, mas o que resulta insofismável é que, *não estando previsto* – nem pelo CDA* (cfr. art. 9º/1) nem pela CB* (cfr. art. 6-*bis*/1)

---

[831] Em ACÓRDÃO DO SUPREMO TRIBUNAL DE JUSTIÇA, de *15-12-1998, in* Col.Jur.*, t. III-S.T.J. (1998), pags. 148 ss. (*maxime* pag. 149), de que é Relator RIBEIRO COELHO, enuncia-se a distinção, em confronto dos arts. 40º e 41º CDA*: «*Enquanto que a autorização não afecta a extensão dos direitos de autor sobre a sua obra, sendo ela própria uma forma de os mesmos serem exercidos pelo seu titular, já a transmissão e a oneração envolvem, aquela uma privação translativa do anterior para o novo titular, esta uma compressão na órbita do titular anterior de uma aquisição originária a favor do novo titular.*».

- *que a situação jusautoral possa constituir-se amputada do conjunto de faculdades que integram o direito pessoal de autor*, fica explicado porque não concebemos a constituição da situação jusautoral na titularidade originária (exclusiva) de um não autor.

B) A proposição anterior não impediria, contudo, que se configurasse uma das outras hipóteses que formulámos: que, *constituída originariamente na esfera jurídica do autor-criador, a situação jusautoral* logo se transmitiria *para o comitente*[832] (interpretação que vimos acolhida face a vários ordenamentos comparados e que, em Portugal, deve conformar-se quer à regra de intransmissibilidade do núcleo pessoal do direito de autor quer à admissibilidade da transmissão total do direito patrimonial de autor). Esta não é, porém, explicação compaginável às regras que vimos caracterizarem a atribuição funcional do direito como efeito de contrato para criação de obras intelectuais (*maxime* n.ᵒˢ 40 e 75).

Vimos que, *por convenção, o autor contratado pode limitar as faculdades de utilização atribuídas, aquém das que se deduziriam dos fins da utilização prefigurados*: como procurámos demonstrar, é deixada à liberdade contratual a estipulação das faculdades jusautorais constituídas na esfera jurídica de um e outro contraente (art. 14º/1 CDA*); demais, *convencionado o conteúdo da atribuição, deve presumir-se que o comitente apenas poderá exercer poderes que nestas se compreendam* (art. 15º/1 CDA*). Ora, a presunção da limitação das faculdades atribuídas ao comitente ao convencionado não abona, decerto, a configuração de uma *transmissão* do direito de autor tal qual se constitui na esfera jurídica do autor.

Mais concluímos que, mesmo sem uma *interpretação restritiva* do acto dispositivo que beneficie o comitente, as regras que fazem desta uma *atribuição finalista* (que sustentamos comum, com especialidades, a toda a *disposição funcional* de faculdades de direito de autor – cfr. *supra*, n.º 75), determina que: *salvo convenção em con-*

---

[832] Em esclarecimento da terminologia adoptada, recorremos ainda a Manuel de Andrade, *"Teoria Geral da Relação Jurídica"*, vol. II, cit., n.º 56, pag. 17: «*No sentido amplo deste último termo* ["transmissão de direitos"] *os dois conceitos* ["aquisição derivada" e "transmissão de direitos"] *equivalem-se. Mas em sentido estrito a transmissão coincide apenas com a aquisição derivada translativa.*» - intercalados nossos.

trário, a atribuição *de faculdades jusautorais como efeito de contrato para criação de obras intelectuais* compreende todas as modalidades de utilização necessárias à realização dos fins em que as partes basearam a contratação – e apenas estas. Mais, *não pode o autor que cria obra intelectual para outrem fazer desta utilização que prejudique a realização dos fins para que aquela foi criada* (art. 15º/3 CDA*). Por outro lado, visto que o direito de autor na obra *caduca 70 anos após a morte do autor* (art. 31º CDA* e art. 1º/1 Directiva 93/98/CEE*, segundo regra geral que aqui não sofre excepção), a cessação (por exemplo, por renúncia[833]) das faculdades atribuídas na esfera jurídica do comitente não implica a extinção do direito de autor.

Aqui chegados, resulta mais clara a configuração da situação jurídica de direito de autor que se conforma com a criação de obra intelectual em execução de contrato.

IV – Na situação jusautoral formada a partir da criação de obra intelectual em execução de contrato para criação de obras intelectuais:

1) O direito de autor forma-se na titularidade do autor-criador, como revela a circunstância de conservar na sua esfera jurídica:
   a) pelo menos todas as faculdades pessoais (limitadas no seu exercício, como vimos no Capítulo anterior);
   b) e todas aqueloutras que não se tenham por atribuídas (tal é estipulado).
2) O conjunto de faculdades na esfera jurídica do comitente é adquirido em simultâneo à constituição do direito de autor.
3) O conjunto de faculdades que assim se forma na esfera jurídica do comitente não tem conteúdo idêntico ao que se reconhece na titularidade originária do autor-criador: neste per-

---

[833] Como já assinalámos a propósito das *obras audiovisuais*, não existe, no ordenamento jurídico de Portugal, norma de teor semelhante à que consagra o § 41(1) UrhG alemã* que prevê, em geral, o *direito de revogação da atribuição de faculdades de exploração económica da obra por não exercício*. Como naquele caso, julgamos aqui aplicável aquela que é regra geral sob o direito alemão, antes examinada: que (por aplicação conjugada dos §§ 29 e 31 UrhG alemã*), *a atribuição em exclusivo de faculdades jusautorais não implica transmissão total ou parcial, mas mera oneração do direito de autor*.

manece o núcleo indisponível do direito pessoal de autor, se bem que limitado pelo não prejuízo das faculdades de utilização patrimonial atribuídas; as faculdades atribuídas ao comitente compreendem todas as necessárias à realização dos fins da atribuição (as explicitamente convencionadas e as que destas se deduzem também necessárias à realização desses fins), mas não incluem quaisquer outras: trata-se de uma *aquisição constitutiva (nasce uma nova situação jurídica, gerada daquela)*[834].

4) Em consequência, o direito do autor não se fracciona, fica *onerado* pelas faculdades atribuídas[835].

5) A cessação (por exemplo, por renúncia) das faculdades atribuídas na esfera jurídica do comitente não implica a extinção do direito de autor, senão que o direito patrimonial se reconstitui na sua plenitude na esfera do autor[836].

---

[834] Como explica ANTÓNIO MENEZES CORDEIRO, *"Tratado de Direito Civil Português – I (Parte Geral)"*, t. I, 2ª ed. cit., § 22.º, n.º 94-III, pag. 289: «*Em certas hipóteses, um efeito pode revelar-se, em simultâneo, constitutivo e modificativo* [como, segundo exemplo que o mesmo Autor (*ibidem*), "a constituição de uma hipoteca a favor do credor hipotecário pelo proprietário de um terreno, que assim constitui o direito de hipoteca e modifica a sua própria situação de propriedade, a qual, a partir de então, passará a estar onerada pela garantia"]. *Fala-se, a tal propósito, em "aquisição derivada constitutiva"* [...] *o que não é totalmente exacto.*» - intercalados nossos. E assim é, segundo MENEZES CORDEIRO (*ob.* e loc. citt., em nota (608) à mesma pag. 289), porquanto: «*De facto, não há dificuldade em fazer depender uma* constituição *da preexistência de situações anteriores; não há transmissão porque estas não transitam de esfera.*».

[835] Como observa (OLIVEIRA ASCENSÃO, *"Direito Civil – Teoria Geral"*, vol. III, cit., n.º 71-IV, pag. 148): «*Da transmissão se deve distinguir a oneração. Dá-se esta quando um direito fica restringido no seu conteúdo em consequência da atribuição de um direito novo sobre o mesmo objecto a outra pessoa.* [...]. *O titular do direito onerador faz uma aquisição derivada, porque o seu direito se funda no direito onerado; mas não há transmissão, há antes constituição, porque o direito onerador é um direito constituído ex novo.* [...]. *À constituição, neste caso, corresponde uma aquisição derivada, e não uma aquisição originária. Por força do que se chama a* elasticidade *do direito onerado, esse direito retoma a totalidade* [do conteúdo primitivo] *quando o direito onerador se extingue.*» - intercalados nossos.

[836] Ainda OLIVEIRA ASCENSÃO, *"Direito Civil – Teoria Geral"*, vol. III, cit., n.º 73-II, pags. 150/151, relaciona: «*O princípio geral da disponibilidade das situações jurídicas implica que, em princípio, ninguém é obrigado a manter uma situação jurídica contra a sua vontade.* [...]. *O princípio tem aplicação a propósito da* renúncia. [...]. *Quando os direitos não são disponíveis não são também renunciáveis. É o que se passa com os*

V – A situação primordial de direito de autor conformada contratualmente configura a oneração do direito constituído na esfera jurídica do autor pelas faculdades que, em momento coincidente ao da constituição da situação jusautoral, se formam na titularidade do que com aquele contrata a criação como efeito da convenção atributiva. Verifica-se uma atribuição constitutiva de faculdades jusautorais de utilização patrimonial da obra intelectual correspondentes às modalidades de exploração consentidas.

SÍNTESE EM RECAPITULAÇÃO

Natureza da atribuição conformadora da situação jusautoral de origem convencional

1. O reconhecimento da objectivação do pressuposto de tutela e a verificação que a imputação de autoria é, em última análise, uma inferência jurídica permitiram que partíssemos de premissas diferentes das que habitualmente comprometem a análise deste tema. Reconhecer que o pressuposto de tutela sob o direito de autor é a intelecção da criatividade da expressão formal da obra – e não a individualização de um "espírito criador" (por vezes materialmente indeterminável, outras juridicamente irrelevante como quando a lei ficciona certas "(co)autorias") – permite configurar situações jusautorais sem autoria humana. Mas estas não coincidem – ou não coincidem necessariamente – com as que vimos conformadas originariamente por contrato:

- naquelas, a autoria resulta do reconhecimento por lei da preponderância da acção colectiva ("empresarial") sobre o conjunto das contribuiçoes humanas (se individualizáveis) ou de

direitos de personalidade, ou em geral com direitos de entidades que a lei pretende proteger particularmente como o trabalhador ou o consumidor. Mas pode-se renunciar ao exercício de uma faculdade já concretizada contida no direito. [...].» – intercalados nossos. E, como o mesmo Autor observa logo depois, última *ob.* cit., n.º 73-III, pag. 151: «*A renúncia funciona normalmente como causa de extinção duma situação jurídica, [...]. Mas a renúncia pode ser parcial. Pode atingir apenas um trecho duma situação jurídica, mas esta permanecer. Então a renúncia não funcionou como causa de extinção, mas como causa de modificação duma situação jurídica.»* – intercalado nosso.

ficção legal que imputa a autoria (também) a não criadores (como em certas obras "em colaboração"),
- nestas, não se questiona (necessariamente, visto que podem ser criadas obras colectivas e obras em colaboração *para outrem/"por conta de outrem"*) a autoria pelo criador humano, é a titularidade originária do direito de autor (ou de faculdades neste compreendidas) que pode ver-se atribuída a pessoa diferente do autor, com quebra do *"princípio de coincidência subjectiva"* que formulámos.

2. O autor que contrata a criação de obra intelectual, em execução de contrato com as características apontadas, vincula-se a criar *para (os fins de utilização por) outrem*; como efeito do contrato, constitui-se na esfera jurídica do comitente o conjunto de faculdades de direito de autor correspondente aos fins da atribuição patrimonial. É pois verdade que, nestas circunstâncias, *a situação jurídica de direito de autor encabeçada pelo comitente constitui-se imediatamente* (com a exteriorização da obra) *na esfera jurídica deste* pela conjugação do facto criador e do efeito do contrato que tenha por objecto a criação de obras intelectuais que o estipule.

Tal implica que esta se considere uma *aquisição originária* se for demonstrado que o direito do comitente não se funda em direito anterior. Ora, se é verdade que o direito de autor se constitui *sempre* na esfera jurídica do autor, aparente é também que *o comitente adquire o conjunto de faculdades voluntariamente atribuídas em momento coincidente com o da constituição do direito de autor*, precisamente por efeito do contrato que o estipule – ex art. 14º/1 CDA*.

3. É verificável que (pelo menos) o núcleo do *direito pessoal de autor* permanece na esfera jurídica do autor, ainda que limitado quanto ao exercício de certas faculdades, nos termos expostos – evidenciam-no disposições, como a do art. 15º/2 CDA* (tal como as do art. 59º/1 e /2 do mesmo Código), que, além de *subordinarem a utilização da obra modificada aos fins da atribuição* («... *e só pode exercer-se* ...»), condicionam *o exercício da faculdade (pessoal) de modificação desta ao "acordo expresso" do autor-criador*. Dir-se-á que o mesmo se poderia concluir já de outras disposições (como as dos arts. 9º/3, 42º ou 56º/2 CDA*). Assim será, mas o que resulta insofismável é que, *não estando previsto* – nem pelo CDA* (cfr. art. 9º/1) nem pela CB* (cfr. art. 6-*bis*/1) – *que a situação jusautoral possa constituir-se amputada do conjunto de faculdades que integram o direito pessoal de autor*, fica explicado porque não concebemos a constituição da situação jusautoral na titularidade originária (exclusiva) de um não autor.

A proposição anterior não impediria, contudo, que se configurasse uma das outras hipóteses que formulámos: que, *constituída originariamente na esfera jurídica do autor-criador, a situação jusautoral logo se transmitiria para o comitente* (interpretação que vimos acolhida face a vários ordenamentos comparados e que, em Portugal, deve conformar-se quer à regra de intransmissibilidade do núcleo pessoal do direito de autor quer à admissibilidade da transmissão total do direito patrimonial de autor). Esta não é, porém, explicação compaginável às regras que vimos caracterizarem a atribuição funcional do direito como efeito de contrato para criação de obras intelectuais.

4. Vimos que, *por convenção, o autor contratado pode limitar as faculdades de utilização atribuídas, aquém das que se deduziriam dos fins da utilização prefigurados*: como procurámos demonstrar, é deixada à liberdade contratual a estipulação das faculdades jusautorais constituídas na esfera jurídica de um e outro contraente (art. 14º/1 CDA*); demais, *convencionado o conteúdo da atribuição, deve presumir-se que o comitente apenas poderá exercer poderes que nestas se compreendam* (art. 15º/1 CDA*). Ora, a presunção da limitação das faculdades atribuídas ao comitente ao convencionado não abona, decerto, a configuração de uma *transmissão* do direito de autor tal qual se constitui na esfera jurídica do autor.

5. A situação de direito de autor conformada contratualmente configura a oneração do direito constituído na esfera jurídica do autor pelas faculdades que, em momento coincidente ao da constituição da situação jusautoral, se formam na titularidade do que com aquele contrata a criação como efeito da convenção atributiva. Verifica-se uma atribuição constitutiva de faculdades jusautorais de utilização patrimonial da obra intelectual correspondentes às modalidades de exploração consentidas.

TESES

I. Constituição da situação jusautoral

1ª – O facto constitutivo da situação jusautoral primordial é a exteriorização da obra intelectual segundo expressão formal criativa. É, pois, facto material jurígeno.

Visamos estabelecer que a vontade do autor não opera senão na determinação da titularidade originária do direito de autor ou na conformação do conteúdo do direito.

2ª – O pressuposto de tutela sob o Direito de autor é a criatividade da expressão formal inteligível nas obras intelectuais. Verifica-se, contudo, uma progressiva maior apreciação do investimento (financeiro, técnico, também humano) no processo criativo, em detrimento da valorização da criatividade da expressão formal – cada vez menos inteligível em novéis objectos (como as bases de dados e os programas de computador) chamados à vizinhança das obras intelectuais tradicionais.

Visamos estabelecer que a maior consideração pela remuneração do investimento na criação (e produção) de obras intelectuais lança os fundamentos de uma ordem jusautoral: em que autoria se reconhece também em empresas; em que a situação jurídica de direito de autor se constitui, em número crescente de casos, na titularidade daqueles (não autores) para quem a obra é criada em cumprimento de dever funcional.

II. Autoria e paternidade da obra

3ª – O Direito imputa a autoria de uma obra a determinado sujeito – presumindo-a ou ficcionado-a – com o único fito de o investir na titularidade do direito de autor. Sublinha-se a tendência para a progressiva superação da imputação naturalista da autoria

(autoria-criação intelectual/humana) em prol da imputação (legal) de uma autoria que serve tão-só a determinação da titularidade originária do direito de autor.

Visamos estabelecer um "princípio de coincidência subjectiva entre autoria e titularidade originária do direito de autor"; a aquisição originária de faculdades jusautorais por pessoa diferente do autor – por efeito de acto atributivo anterior à formação do direito – só quebrará este princípio se se verificar que o direito de autor deixa de constituir-se (também) na esfera jurídica do autor.

4ª – Verificamos que a lei estabelece a autoria de (apenas) alguns dos que criam, por exemplo, a obra audiovisual; também admite que a autoria se reconheça a pessoas jurídicas. E não temos assim desumanizada a criação, porque só o ser humano cria; temos, isso sim, desumanizada a autoria, porque nem sempre o que cria é reconhecido como autor. Não temos – também assim – despersonalizada a autoria, porque a ninguém senão a pessoas (jurídicas) é imputada a autoria.

Visamos estabelecer que a autoria – que seria a qualidade do que cria uma obra intelectual – não é apenas um dado natural correspondente à verdade material do processo criativo, mas sobretudo uma inferência jurídica: autor de uma obra é aquele que a lei investe nos poderes correspondentes à titularidade originária do direito de autor.

III. Objecto e conteúdo do direito de autor

5ª – O direito de autor esgota-se nas modalidades de aproveitamento económico que resultam da imputação das faculdades de utilização patrimonial relativas à obra, independentemente da sua aplicação a um outro objecto com valor económico e jurídico próprios. A utilidade de uma obra intelectual, objecto de direito de autor, é: do ponto de vista prático-aplicado/industrial, ... nenhuma, pois que só é passível de desfrute espiritual-inteligente; e, do ponto de vista jurídico, apenas aquela que proporciona a sua exploração económica segundo as modalidades que a lei prevê, independentemente das aplicações que possa ter quando integrada em outras obras ou outros objectos à utilização dos quais fique associada. A obra intelectual é, assim, não mais do que a expressão formal dada a um objecto que a acção de um sujeito exterioriza e faz perceptível à inteligência de outros sujeitos; ora, aquilo que só a inteligência apreende é, por natureza, inapropriável.

Visamos demonstrar que o estabelecimento da percepção inteligente da criatividade da expressão formal de uma obra como fundamento de tutela o objectiva e, ao objectivá-lo, separa a obra dos bens da personalidade, alargando a esfera de actuação da vontade sobre os direitos que lhe respeitem.

6ª – Considerada a obra como bem imaterial, autónomo da personalidade e insusceptível de apropriação, a atribuição voluntária de faculdades jusautorais representa não mais do que a outorga de poderes de utilização da obra intelectual ligados à sua exploração económica segundo uma ou mais entre as faculdades de utilização que se compreendem no direito de autor. O conjunto de faculdades que permitem reconhecer na titularidade do direito de autor uma posição de exclusivo não deixam perceber outro meio de atingir os fins da imputação desse direito que não seja a própria obra.

Visamos estabelecer que a obra intelectual – e não qualquer outro bem, material ou imaterial – é o objecto do direito de autor (das faculdades pessoais como das patrimoniais), alargando a esfera de actuação da vontade na conformação de situações jurídicas que lhe respeitem (logo) desde o momento da formação da situação jusautoral.

7ª – As faculdades que compõem o direito pessoal de autor são reconhecidas para garantir a genuinidade e integridade da obra tal como o autor entendeu divulgá-la – não para defesa da personalidade do autor. Negá-lo – sustentando que tais faculdades não chegariam a constituir-se quando a obra fosse, por exemplo, colectiva ou quando algumas das faculdades de direito de autor se constituíssem originariamente na esfera jurídica de um não autor - seria torná-la vulnerável a uma exploração económica apenas determinada pelo interesse dos seus utilizadores nos limites do definido pelos fins das utilizações consentidas, sem qualquer consideração de índole ética pela (preservação da) sua expressão formal criativa original ou pela imputação da sua autoria. Uma pessoa meramente jurídica pode (e deve) conformar a sua actuação a princípios éticos; assim como pode (e deve) preservar os resultados da sua actuação - sejam estes produtos, serviços ou obras intelectuais – e opor-se a intervenções que atentem contra o conteúdo dos direitos privativos de que seja titular e que se constituam sobre o resultado da sua actividade.

Nesta medida, nada obsta à titularidade por uma "empresa" de direitos pessoais sobre a obra colectiva de que é autora e cujas "referências éticas", se assim lhes quisermos chamar, lhe cabe interpretar como afinal sucede em relação a todas as manifestações externas da vontade instrumental das pessoas meramente jurídicas. Se o direito pessoal de autor é, por definição e característica, inerente à pessoa do autor, identificada a obra colectiva como uma obra (de autoria) de empresa, só a esta cabe originariamente a titularidade desse direito.

Visamos estabelecer que a titularidade originária de faculdades pessoais de autor pertence ao autor, seja este pessoa humana ou meramente jurídica. Mais visamos estabelecer a admissibilidade da limitação voluntária do exercício do direito pessoal quando a situação jusautoral surja onerada pela atribuição de faculdades jusautorais a pessoa diferente do autor; no último caso, o beneficiário desta atribuição exerce, em nome do autor, faculdades integradas no direito pessoal, nos termos que adiante se estabelecem.

IV. A origem não voluntária de situações jusautorais paradigmáticas

8ª – Nas obras em colaboração, muito embora possa perfeitamente configurar-se um acordo anterior à criação que determine a co-titularidade originária de obras criadas por diferentes autores, não se verificará verdadeira co-autoria se faltar a concertação de acções criadoras de que resulte obra una.

Visamos estabelecer que, não obstante, em certos casos, a titularidade originária do direito de autor resulta da imputação legal de autoria (fictícia, tendo em conta a verdade material do processo criativo) a um conjunto variável de sujeitos que a lei pretende beneficiar pela outorga do exclusivo jusautoral. Significativamente, nesses casos (como nas obras audiovisuais) o direito assim constituído encontra-se onerado, logo desde o momento da exteriorização ("acabamento") da obra, pela contratação da exploração desta por um empresário (produtor) que enquadra a criação, a quem – logo também e como efeito do próprio contrato (de realização e de produção audiovisual) – é atribuído o conjunto de faculdades de exploração da obra audiovisual.

9ª – A obra colectiva é, por natureza e estatuto legal constante, um bem jusautoral autónomo, independente das contribuições criativas individuais naquela utilizadas (que a incorporem/integrem). A obra colectiva não nasce da iniciativa, ainda que concertada, dos sujeitos cujas contribuições criativas a incorporam. Não é, assim, uma obra de criação plural, mas uma criação singular (e, sobretudo e talvez com maior propriedade, de *autoria singular* individual ou colectiva) que constitui uma situação jurídica complexa, em que se combinam as posições jurídicas dos autores dos contributos individuais – incluída a do director/coordenador da obra –, por um lado e a da entidade titular da obra colectiva, por outro; aqueles não partilham a titularidade do direito de autor na obra colectiva considerada no seu todo.

Visamos estabelecer que a autoria – e não apenas a titularidade originária do direito de autor pertence à entidade titular da empresa que organiza e divulga a obra colectiva; como criação independente dos contributos criativos nela utilizados, esta imputação de autoria não é apenas formal, corresponde à verdade material do processo criativo respectivo. A formação da situação de direito de autor nas obras colectivas, na titularidade de uma organização, não é também efeito de acto jurídico constitutivo ou translativo do direito de autor originário, é consequência natural do próprio processo criativo que culmina no facto da sua exteriorização segundo expressão formal criativa.

V. A criação (em cumprimento de dever) funcional. Características do modelo de contrato para criação de obras intelectuais

10ª – A criação em cumprimento de dever funcional é aquela que, vinculada e dirigida à satisfação de um interesse alheio ao autor-criador, pode configurar, por efeito de contrato celebrado entre autor e comitente, a atribuição de faculdades de direito de autor a este último, aos fins do qual se subordina a utilização da obra assim criada. Decompondo a noção, na criação em cumprimento de dever funcional verifica-se:

a) que a acção criadora é vinculada ao cumprimento de uma obrigação que compreende a realização de prestações criativas;
b) que a realização do interesse do credor implica, normalmente também, que a este se atribuam faculdades de utilização da obra intelectual assim criada – esta atribuição pode ser efeito de contrato, anterior à criação, que o estipule;
c) que tal atribuição subordina a utilização da obra, desde o momento da sua exteriorização formal/constituição do direito de autor, aos fins pré-determinados pelo credor da prestação criativa.

Visamos estabelecer que, quando cria obra intelectual em cumprimento de dever funcional, o autor se vincula voluntariamente à satisfação de um interesse de outrem (comitente); a satisfação desse interesse implica a atribuição – conforme aos fins visados pela (contratação da) criação – de faculdades de utilização da obra ao comitente; as obras criadas nesse âmbito devem servir os fins de utilização prefigurados pela (contratação da) criação; o autor que assim crie deve conformar a exploração da obra aos fins que visa satisfazer pela criação nesse âmbito. Estes axiomas estão reflectidos nas regras a que obedece a conformação voluntária da situação primordial de direito de autor (cfr. 13ª).

11ª – Fruto da sua subordinação hierárquica, o trabalhador contratado para a criação de obras intelectuais vê a sua prestação conformada pelo empregador (ou pelo seu superior hierárquico) que exerce o poder de direcção, mas apenas quanto às condições concretas (temporais, espaciais, instrumentais) em que esta é realizada. A criação de obra intelectual em execução de contrato de trabalho implica também que o objecto de tal prestação laboral deve servir os fins de utilização da obra prefigurados pelo empregador que contrata a criação. Ao autor-empregado não é exigível que prefigure mais do que os objectivos imediatos necessários à satisfação do interesse do credor-empregador. Para além destes, que dariam a medida da "diligência exigível" no cumprimento pontual da obrigação, toda a atribuição de faculdades de utilização na obra intelectual – previsivelmente condicionada pelo fim de tal disposição (funcional) – se antecipa como requerendo convenção específica complementar do vínculo laboral geral. O dever de "entrega" da obra ou obras criadas neste âmbito reflecte tão-só o princípio juslaboral de alienidade dos resultados da prestação do trabalhador.

Consideradas as características da prestação de serviço que tenha por objecto a criação de uma ou mais obras intelectuais, não nos parece necessário – nem útil – colar um tipo legal único (*v.g.* a "empreitada") a tal prestação de serviço.

Importante é – e nisto sintetizamos a posição geral que adoptamos – que:

- o autor contratado para criar deve empregar a diligência exigível à consecução do resultado prefigurado no momento da contratação (*deve diligenciar na criação de uma ou mais obras que sirvam os fins na base da contratação*);
- quando crie uma ou mais obras intelectuais no âmbito do contrato celebrado, deve consentir que o comitente utilize a obra ou obras criadas para os fins em que baseou a contratação;
- o conteúdo do direito que é atribuído ao comitente é determinado pelo convencionado, devendo compreender todas as faculdades de utilização da obra ou obras criadas conforme aos fins da utilização pretendida, mutuamente prefigurados no momento da contratação;
- os fins da utilização pretendida podem ser expressamente estipulados, deduzir se das faculdades de utilização expressamente atribuídas ou de outras circunstâncias que o autor conheça ou deva conhecer como determinantes da contratação (*nomeadamente a actividade usual do comitente ou outra circunstância particular que saiba ou deva saber ter determinado a celebração do contrato*);
- a "entrega" da obra ou obras criadas em execução do contrato é essencial ao cumprimento da obrigação, na medida em que seja exigível ao exercício das faculdades de utilização atribuídas pelo contrato; não obstante, o autor contratado pode "recusar a entrega" ou opor-se à utilização da obra criada, pelo exercício das faculdades pessoais de autor pertinentes.

Visamos estabelecer que, nas obras criadas em execução de contrato, para que a conformação desse direito se verifique segundo modelo diferente do que resulta da lei – que, como regra, imputa a titularidade originária do direito íntegro ao autor –, é necessário que a vontade atributiva de faculdades de direito de autor se manifeste especificamente nesse sentido, expressamente ou deduzida de comportamento do autor a que a lei ligue esse efeito: a convenção com eficácia jusautoral assoma assim como autónoma.

VI. Conformação da situação de direito de autor nascida da criação de obra intelectual em execução de contrato (os arts. 14º e 15º CDA*). A delimitação convencional das faculdades pessoais de autor

12ª – A conformação convencional da situação primordial de direito de autor segue o seguinte modelo:

1) Para que o comitente que contrate a criação de obras intelectuais adquira faculdades de direito de autor, a vontade atributiva deve ser expressa ou deduzida do consentimento na utilização da obra sem menção da designação que identifica a autoria – art. 14º/1, /2 e /3 CDA*.
   Afirmar que deve ser inequívoca a intenção de atribuir faculdades jusautorais a outrem não equivale a descortinar qualquer exigência de *especificação do conteúdo do acto atributivo*, que pode verificar-se ou não: se ocorrer especificação das faculdades atribuídas, deve limitar-se a estas o conteúdo das utilizações consentidas (o que também pode retirar-se do disposto no art. 43º/1 CDA*, aplicável à "transmissão e oneração parciais" do direito de autor); se faltar (ou na parte em que falte), a declaração negocial deve ser interpretada segundo as regras que seguem.
2) Independentemente do seu mérito literário, artístico (ou científico), a obra criada para outrem em execução de contrato deve servir os fins na base do contrato para a sua criação.
   O conteúdo da atribuição jusautoral pode deduzir-se dos fins que as partes prefiguram ao contratar e que a obra cuja cria-

ção foi contratada deve servir – esta é a própria essência da caracterização da prestação devida quando é contratada a *criação funcional*.
3) Salvo convenção em contrário, a criação de obra intelectual em execução de contrato compreende (a atribuição de faculdades correspondentes a) todas as modalidades de utilização necessárias à realização dos fins em que as partes basearam a contratação.
Mais sustentamos que a extensão definida como âmbito material deste acto marca também o seu limite, *i.e.*, a atribuição de faculdades jusautorais como efeito de contrato para criação de obras intelectuais compreende todas as modalidades de utilização necessárias à realização dos fins que determinaram a contratação – e apenas estas; esta regra é válida ainda que o direito de autor não pertença ao comitente – art. 15º/1 CDA*.
4) O autor que cria para outrem em execução de contrato poderá utilizar a obra contanto que "tal utilização não prejudique a obtenção dos fins para que foi criada" – art. 15º/3 CDA*.
Dir-se-ia que esta regra supõe que confrontamos sempre uma atribuição jusautoral *em exclusivo*. Não é assim que o princípio deve formular-se: se é verdade que toda a *oneração* do direito de autor deve ter carácter exclusivo (*ex* art. 43º/3 CDA*), nem toda a criação funcional implica sequer convenção atributiva de faculdades jusautorais; a injunção legal implica que o *"não prejuízo da obtenção dos fins para que a obra foi criada" seja observado pelo autor com ou sem atribuição do direito de autor ao comitente e, no caso de este adquirir faculdades de direito de autor, quer esta aquisição tenha carácter exclusivo ou não.*
5) Em qualquer caso e ainda que o direito de autor (ou faculdades neste compreendidas) se constitua na esfera jurídica do comitente, é devido o pagamento ao autor de uma "remuneração especial": *a)* quando a obra criada sirva fins que excedam os prefigurados com a celebração do contrato para criação de obras intelectuais; *b)* por utilizações que proporcionem vantagens ao comitente "não incluídas nem previstas na fixação da remuneração estipulada".

Estas utilizações "... *não incluídas nem previstas* ..." deverão deduzir-se dos fins da utilização concedida, ou seja, não podem extravasar o conteúdo da atribuição jusautoral, sob pena de incurso em utilização ilícita da obra.

6) As regras acima formuladas, que determinam a qualificação das atribuições patrimoniais de direito de autor como finalistas, consubstanciam *princípio de interpretação da declaração negocial*; decaem perante *manifestação de vontade que as contrarie* em obediência ao princípio da autonomia da vontade.

Visamos estabelecer que a atribuição de faculdades jusautorais conformadora de uma nova situação de direito de autor é efeito de convenção que o estipule e delimitada no seu conteúdo quer pelo expressamente estipulado, quer pelos fins de utilização também estipulados ou deduzidos da convenção atributiva.

13ª – Para que se verifique a atribuição de faculdades jusautorais a um não criador-comitente presumida da falta de menção da designação que identifica a autoria, exige-se que se manifeste a vontade de o autor autorizar a utilização da obra sem a menção da autoria/paternidade; de outro modo, dificilmente se distinguiria esta situação de uma qualquer utilização não autorizada.

Visamos estabelecer que o autor que cria para outrem/"por conta de outrem" e autoriza a utilização da obra pelo comitente sem menção da autoria não aliena a paternidade da obra, faculta a utilização desta por aquele que contratou a criação – presume-se então a atribuição de faculdades de direito de autor ao comitente.

14ª – O regime excepcional – comum aos programas de computador e às obras-base de dados criadas em execução de contrato – parece revelar um padrão em relação a todas as obras em que a "marca" pessoal espiritual da autoria se evidencia menos, e mais o componente técnico ou organizacional do processo criador: excepcionalmente, a mera circunstância de serem criadas para outrem determina a atribuição originária (presumida) ao comitente do núcleo das faculdades de exploração económica da obra.

Visamos estabelecer que, nestes casos, o reconhecimento da preponderância do investimento empresarial sobre a acção criadora humana – já assinalado em exame do "deslocamento" do fundamento de tutela jusautoral – foi suficiente para determinar a alteração das regras que enquadram a conformação da situação de direito de autor.

15ª – Aquele que é contratado para criar obra(s) para (os fins de utilização por) outrem atribui as faculdades de utilização correspondentes por mero efeito do contrato em relação a todas as obras que crie nesse âmbito, mas o seu exercício depende da divulgação destas pelo autor. Contratar para criar não constitui "sinal inequívoco" da vontade de divulgar o que venha a criar-se: obriga, como expusemos, a diligenciar na criação e obriga também à "entrega" das obras assim criadas, sob pena de incurso em responsabilidade contratual; mas não constitui presunção da perfeição da obra, nem acto que, por si só, constranja à quebra do ineditismo.

Pode ser autorizada a menção de autoria alheia em obra própria, desde que tal se convencione expressamente; o efeito na presunção de autoria (aliás já indiciado em preceitos como o do art. 27º/2 CDA*) é previsivelmente o mesmo que decorre da falta de qualquer menção sobre a autoria da obra. A menção de um designado como autor permite imputar-lhe presuntiva titularidade do direito correspondente. O verdadeiro criador pode ter a sua qualidade obnubilada voluntariamente, sem que isso implique (ou possa implicar) renúncia à paternidade da obra; trata-se de limitação voluntária revogável ao exercício de um direito pessoal.

Como vimos, a falta da menção de qualquer designação que identifique a autoria – ou, como vemos agora, a menção de autoria alheia - deixa presumir a atribuição do direito patrimonial de autor (ou de faculdades neste compreendidas) a favor dos co-autores mencionados (art. 17º/3 CDA*), ou do comitente se se evidenciar a criação por contrato com esse objecto (art. 14º/3 CDA*).

Ao atribuir a outrem faculdades de utilização patrimonial da obra – designadamente por efeito de convenção em contrato para criação de obras intelectuais –, o autor deve conformar-se à utilização pelo beneficiário dessa atribuição conforme aos fins que a determinam; nesta medida, deve conformar-se às modificações que se deduzam consentidas pela convenção – e apenas a estas (art. 15º/2 CDA*).

Qualquer modificação para além dos limites antes definidos não consente a sua utilização com imputação da respectiva autoria. O que autoriza a utilização da obra cuja transformação consentiu exerce uma faculdade patrimonial; e exerce o seu direito pessoal de modificação ao consentir que se modifique a obra: nada impede que, pelo mesmo acto (autorização de utilização da obra modificada), se manifestem simultaneamente as duas faculdades.

Visamos estabelecer que a criação de obra intelectual para (os fins de utilização por) outrem implica a limitação voluntária do exercício de faculdades pessoais de autor. A medida desta limitação é dada pelos fins da utilização consentida.

VII. Natureza da atribuição jusautoral conformadora da situação primordial de direito de autor

16ª – Se o direito de autor se devesse haver por constituído originariamente na titularidade do autor-criador e, por efeito do contrato para criação de obras intelectuais, transmitido para o comitente, o direito deste teria de apresentar conteúdo idêntico ao do autor: o direito haver-se-ia assim por transmitido ao comitente e depararíamos com uma aquisição translativa, uma situação jurídica com eficácia transmissiva (já existente na ordem jurídica e que transitaria da esfera do autor para a do comitente). Se o direito de autor se constituísse originariamente apenas na esfera jurídica do comitente que tivesse contratado a criação: ou bem que o autor-criador se apresentaria destituído de quaisquer faculdades jusautorais – o comitente apareceria como titular originário único do direito íntegro; ou então o conjunto de faculdades jusautorais que pertencesse ao autor teria como pressuposto o direito de autor do comitente – a situação jusautoral encabeçada pelo autor constituir-se-ia a partir daquela do comitente, subordinar-se-lhe-ia filiada, daquela dependeria a sua conformação e existência. Ora, o que se passa é diferente de qualquer dos cenários traçados.

Na situação jusautoral formada a partir da criação de obra intelectual em execução de contrato para criação de obras intelectuais:

a) O direito de autor forma-se na titularidade do autor-criador, como revela a circunstância de conservar na sua esfera jurídica pelo menos todas as faculdades pessoais (limitadas no seu exercício, como vimos) e todas aqueloutras que não se tenham por atribuídas (quer porque não estipuladas na convenção quer porque não deduzidas dos fins da atribuição).

b) O conjunto de faculdades na esfera jurídica do comitente é adquirido em simultâneo à constituição do direito de autor. O autor que contrata a criação de obra intelectual, em execução de contrato com as características apontadas, vincula-se a criar *para (os fins de utilização por) outrem*; como efeito do contrato, constitui-se na esfera jurídica do comitente o conjunto de faculdades de direito de autor correspondente aos fins da atribuição patrimonial. É pois verdade que, nestas circunstâncias, *a situação jurídica de direito de autor encabeçada pelo comitente se constitui imediatamente* (com a exteriorização da obra) *na esfera jurídica deste*, pela conjugação do facto criador e do efeito do contrato para criação de obras intelectuais que o estipule.

c) O conjunto de faculdades que assim se forma na esfera jurídica do comitente não tem conteúdo idêntico ao que se reconhece na titularidade originária do autor-criador. Permanece na esfera jurídica deste o núcleo indisponível do direito pessoal de autor, se bem que limitado no seu exercício pelo não prejuízo (do exercício) das faculdades de utilização patrimonial atribuídas. As faculdades atribuídas ao comitente compreendem todas as necessárias à realização dos fins da atribuição (as explicitamente convencionadas e as que destas se deduzem também necessárias à realização desses fins), mas não incluem quaisquer outras.

d) A cessação (por exemplo, por renúncia) das faculdades atribuídas na esfera jurídica do comitente não implica a extinção do direito de autor, senão que o direito patrimonial se reconstitui na sua plenitude na esfera do autor.

Visamos estabelecer que, na situação jusautoral formada a partir da criação de obra intelectual em execução de contrato para criação de obras intelectuais, o direito, na titularidade do autor, surge originariamente onerado pelo conjunto de faculdades que se devam ter – em obediência às regras sobre a sua conformação que acima enunciámos – por constituídas na esfera jurídica do comitente.

Em conclusão, a situação primordial de direito de autor conformada contratualmente configura a oneração do direito constituído na esfera jurídica do autor pelas faculdades que, em momento coincidente ao da constituição da situação jusautoral, se formam na titularidade do que com aquele contrata a criação como efeito da convenção atributiva. Verifica-se uma atribuição constitutiva de faculdades jusautorais de utilização patrimonial da obra intelectual correspondentes às modalidades de exploração consentidas.

BIBLIOGRAFIA

ABRANTES, José João Nunes – *Os Direitos dos Trabalhadores na Constituição*, in "Direito do Trabalho – Ensaios", Lisboa, 1995
– *Do Direito Civil ao Direito do Trabalho. Do Liberalismo aos Nossos Dias*, in "Direito do Trabalho – Ensaios", Lisboa, 1995
– *Contrato de Trabalho a Termo*, in "Estudos do Instituto de Direito do Trabalho", vol. III, Coimbra, 2002

ABREU, Jorge M. Coutinho de – *Da Empresarialidade (As Empresas no Direito)*, Coimbra, 1996 (reimpressão 1999)
– *Curso de Direito Comercial, vol. I (Introdução, Actos de comércio, Comerciantes, Empresas, Sinais distintivos)*, 3ª ed., Coimbra, 2002; *vol. II (Das sociedades)*, Coimbra, 2002

ACADEMIA DAS CIÊNCIAS DE LISBOA (Vários) – *Centenário da Convenção de Berna*, (sessão comemorativa), Lisboa, 1987

ALBALADEJO, Manuel – *Compendio de Derecho Civil*, 4ª ed., Barcelona, 1981
– *Derecho Civil, II – Derecho de Obligaciones* – vol. 1º *(La obligación y el contrato en general)*, 10ª ed., Barcelona, 1997
– *Derecho Civil, II – Derecho de Obligaciones* – vol. 2º *(Los contratos en particular y las obligaciones no contratuales)*, 10ª ed., Barcelona, 1997
– *Derecho Civil, III – Derecho de Bienes* – vol. 1º *(Parte general y derecho de propiedad)*, 8ª ed., Barcelona, 1994

ALMEIDA, Carlos Ferreira de – *Conceito de publicidade*, in "Boletim do Ministério da Justiça" (BMJ), n.º 349, Lisboa, Out. 1985
– *Contratos de Publicidade*, in "Scientia Ivridica", t. XLIII, n.ºs 250-252, 1994
– *Relevância Contratual das Mensagens Publicitárias*, in "Revista portuguesa de Direito do Consumo", n.º 6, Coimbra, Jun. 1996
– *Introdução ao Direito Comparado*, 2ª ed., Coimbra, 1998
– *Contratos I, (Conceito – Fontes – Formação)*, 2ª ed., Coimbra, 2003

ALMEIDA, Geraldo da Cruz – *O Direito Pessoal de Autor no Código de Direito de Autor e dos Direitos Conexos*, in "Estudos em Homenagem ao Professor Doutor Manuel Gomes da Silva", Coimbra, 2001

ALPA, Guido – *Princípios Gerais e Direito dos Contratos Um Inventário de Dicta e de Questões*, in "Contratos: Actualidade e Evolução", Porto, 1997

ALVAREZ ROMERO, Carlos – *La Propiedad Intelectual*, 2ª ed., Madrid, 1979

AMARAL, Diogo Freitas do – *Curso de Direito Administrativo*, vol. II, 2ª ed., (reimpressão) 2002 (com a colaboração de LINO TORGAL)

AMMENDOLA, Maurizio; UBERTAZZI, Luigi Carlo – *Il Diritto d'Autore* (ver UBERTAZZI, L. C.)
ANDRADE, José C. Vieira de – *Os Direitos Fundamentais na Constituição Portuguesa de 1976*, Coimbra, 1983
ANDRADE, Manuel A. Domingues de – *Teoria Geral da Relação Jurídica*, Coimbra, vol. I *(Sujeitos e Objecto)*; vol. II *(Facto Jurídico, em especial Negócio Jurídico)*, (4ª reimp., 1974, da), Coimbra, 1960
ANELLI, Jorge H. – *Derechos de autores dramaticos. Autonomia privada*, in "Num Novo Mundo do Direito de Autor?", t. I, Lisboa, 1994
ANTEQUERA PARILLI, Ricardo – *Las obras creadas por encargo y bajo relación de trabajo*, in "Num Novo Mundo do Direito de Autor?", t. I, Lisboa, 1994
ASCARELLI, Tulio – *Teoría della Concurrenza e dei Beni Immateriali*, Milão, 1956
– *Teoría de la Concurrencia y de los Bienes Inmateriales* (tradução da 3ª ed. de 1960, por E. VERDERA e L. SUAREZ-LLANOS), Madrid
ASCENSÃO, José de Oliveira – *As Relações Jurídicas Reais*, Lisboa, 1962
– *A Tipicidade dos Direitos Reais*, Lisboa, 1968
– *Atribuição originária do direito de autor à entidade que custeia ou publica uma obra* (separata de *"Autores"*, Boletim da Sociedade de Escritores e Compositores Teatrais Portugueses), Lisboa, 1970
– *Direito de tradução e direitos do tradutor na lei portuguesa*, in BMJ, n.º 275 (separata), Lisboa, 1978
– *Uma inovação na lei brasileira: o direito de arena* (separata da Revista Direito e Justiça – vol. I), Lisboa, 1980
– *O regime do contrato de tradução*, in "Revista da Faculdade de Direito da Universidade de Lisboa", Ano XXVI (separata), 1985
– *A teoria finalista e o ilícito civil*, in "Revista da Faculdade de Direito da Universidade de Lisboa", Lisboa, 1987
– *A protecção jurídica dos programas de computador*, in ROA, Ano 50 – I, Abr. 1990
– *Direito Civil – Direito de Autor e Direitos Conexos*, Coimbra, 1992
– *Direito Comercial*, Lisboa, vol. I *(Institutos Gerais)*, 1998/99; vol. II *(Direito Industrial)*, 1994; vol. III *(Títulos de Crédito)*, 1992; vol. IV *(Sociedades Comerciais)*, 2000
– *Direito Penal de Autor,* Lisboa, 1993
– *Direito Autoral*, 2ª ed., Rio de Janeiro, 1997
– *O projecto de Código da Propriedade Industrial – Patentes, modelos de utilidade e modelos e desenhos industriais*, in "Revista da Faculdade de Direito da Universidade de Lisboa", vol. XXXVIII, n.º 1, Coimbra, 1997
– *O princípio da prestação: um novo fundamento para a concorrência desleal?*, in "Concorrência Desleal" (obra colectiva sob coordenação do mesmo Autor), Coimbra, 1997
– *Direito de autor e direitos fundamentais*, in "Perspectivas Constitucionais (nos 20 anos da Constituição de 1976)" (obra colectiva organizada por JORGE MIRANDA), vol. II, Coimbra, 1997
– *Novas tecnologias e transformação do Direito de Autor*, in "Nuevas Tecnologías y Propiedad Intelectual" (obra colectiva sob coordenação de Carlos ROGEL VIDE), Madrid, 1999

– *Sociedade da informação*, in "Direito da Sociedade da Informação" – vol. I, Coimbra, 1999
– *A recente lei brasileira dos direitos autorais, comparada com os novos Tratados da OMPI*, in "Revista da Faculdade de Direito da Universidade de Lisboa", vol. XL, n.ᵒˢ 1 e 2, Coimbra, 1999
– *Direito Civil – Reais*, 5ª ed. (reimp.), Coimbra, 2000
– *O Direito – Introdução e Teoria Geral (Uma perspectiva Luso-Brasileira)*, 11ª ed., Lisboa, 2001
– *Direitos de autor e conexos inerentes à colocação de mensagens em rede informática à disposição do público*, in "Estudos sobre Direito da Internet e da Sociedade da Informação", Coimbra, 2001 [já antes publicado em: "ROA", Ano 58-III, Dez. 1998; "Estudos Jurídicos e Económicos em homenagem ao Prof. Doutor João Lumbrales", Coimbra, 2000]
– *E agora? Pesquisa do futuro próximo*, in "Estudos sobre Direito da Internet e da Sociedade da Informação", Coimbra, 2001 (já antes publicado em "Sociedade da Informação – Estudos Jurídicos", Coimbra, 1999)
– *Direitos do utilizador de Bens Informáticos*, in "Estudos sobre Direito da Internet e da Sociedade da Informação", Coimbra, 2001
– *Os direitos de autor no domínio das telecomunicações*, in "Estudos sobre Direito da Internet e da Sociedade da Informação", Coimbra, 2001
– *As novas tecnologias e os direitos de exploração das obras intelectuais*, in "Estudos sobre Direito da Internet e da Sociedade da Informação", Coimbra, 2001 (já antes publicado em "Rev. da Associação Brasileira de Propriedade Intelectual", n.º 47, São Paulo, Jul.-Ago. 2000)
– *Obra audiovisual. Convergência de tecnologias. Aquisição originária do direito de autor*, in "Estudos sobre Direito da Internet e da Sociedade da Informação", Coimbra, 2001
– *O Direito de Autor no Ciberespaço*, in "Estudos sobre Direito da Internet e da Sociedade da Informação", Coimbra, 2001 (já antes publicado em "Portugal-Brasil Ano 2000", Coimbra 2000)
– *Concorrência desleal*, Coimbra, 2002
– *Direito Civil – Teoria Geral*, – vol. I *(Introdução. As pessoas. Os bens)*, 2ª ed., 2000; vol. II *(Acções e Factos Jurídicos)*, 2ª ed. 2003; vol. III *(Relações e Situações jurídicas)*, 2002, Coimbra

ATIYAH, P. S. – *An Introduction to the Law of Contract*, 5ª ed., Oxford, 1995
AULETTA, Giuseppe G. *Del Marchio del Diritto d'Autore sulle Opere dell'Ingegno Letterarie e Artistiche*, in "Commentario del Codice Civile", Livro V, 2ª ed. (a cargo de MANGINI, Vito), Bolonha/Roma, 1977
AUSSY, Charles – *Du Droit Moral de l'Auteur*, Auxerre, 1911
BAINBRIDGE, David I. – *Intellectual Property*, Londres, 1992, (reimp. 1993)
– *Software and Copyright Law – Databases*, 3ª ed., Londres, 1997
BAPPERT, Walter; MAUNZ, Theodor; SCHRICKER, Gerhard – *Verlagsrecht – Kommentar*, 2ª ed., Munique, 1984 (ver Schricker, G. – *Verlagsrecht – Kommentar*, 2ª e 3ª ed.)
BARRELET, Denis; EGLOFF, Willi – *Le Nouveau Droit d'Auteur (Commentaire de la loi fédérale sur le droit d'auteur et les droits voisins)*, Berna, 1994

BARROS, Manuel J. B. de Oliveira – *Tradução e Direito de Autor*, in "Colectânea de Jurisprudência", t. V-1994
BARRY, Donald (e outros) – *Contemporary Soviet Law*, Haia, 1974
BAUDEL, Jules-Marc – *La Législation des Étas-Unis sur le Droit d'Auteur (étude du statut des oeuvres littéraires et artistiques, musicales et audiovisuelles, des logiciels informatiques et de leur protection par le copyright)*, Bruxelas – Paris, 1990
BAYO, J. G.; BUSTAMANTE, Lino – *Autor (Derecho de)*, in "Nueva Enciclopedia Juridica", Tomo III, Barcelona, 1931
BEIER, Friedrich-Karl – *The Principle of «Exhaustion» in National Patent and Copyright Law of some European Countries*, in "Revista da Faculdade de Direito de Lisboa", Lisboa, 1991
BELLEFONDS, Xavier L. de - *A Informática e o Direito* (tradução de *"L'Informatique et le Droit"*, por Isabel M. Brito ST. AU BYN), Lisboa, 2000
BENTLY, Lionel; SHERMAN, Brad – *Intellectual Property Law*, Oxford, 2001
BERCOVITZ RODRÍGUEZ-CANO, Rodrigo – *Derecho de Autor y Destruction de la Obra Plastica*, in "Anuario de Derecho Civil", t. XXXIX, 1986
– *La protección jurídica de las bases de datos*, in *"pe.i.* – Revista de Propiedad Intelectual", Madrid, n.º 1, Jan.-Abr. 1999
BERCOVITZ RODRÍGUEZ-CANO, Rodrigo (*coordenador*) - *Comentarios a la Ley de Propiedad Intelectual*, 2ª ed., Madrid, 1997
(contributos de: CABANILLAS SÁNCHEZ, A.; CARAMÉS PUENTES, J.; CARRASCO PERERA, A.; CASAS VALLÉS, R.; CAVANILLAS MÚGICA, S.; DELGADO ECHEVERRÍA, J.; DÍAZ ALABART, S.; ENTRE-SOTOS FORNS, M.D.; ERDOZAIN LÓPEZ, J.C.; GALÁN CORONA, E.; GARCÍA RIVAS, N.; GAYA SICILIA, R.; GETE-ALONSO Y CALERA, M. DEL C.; GIL RODRÍGUEZ, J.; GOMÉZ LAPLAZA, C.; GONZÁLEZ CAMPOS, J.D.; GUZMÁN ZAPATER, M.; HERNÁNDEZ MORENO, A.; HERRERO GARCÍA, M.J; HUALDE SÁNCHEZ, J.J.; LACRUZ BERDEJO, J.L.; MARCO MOLINA, J.; MARÍN LÓPEZ, J.J.; DE AGUIRRE Y ALDAZ, C.M.; MARTÍNEZ ESPÍN, P.; MÉNDEZ GONZÁLEZ, F.-P.; MORENO CATENA, V.; PABLO CONTRERAS, P.; PÉREZ DE CASTRO, N.; DE ONTIVEROS BAQUERO, C.P.; RIVERO HERNÁNDEZ, F.; RODRÍGUEZ TAPÍA, J.M.; TORRES GARCÍA, T.F; TORRES LANA, J.A.; VALLÉS RODRÍGUEZ, M.; VENTURA VENTURA, J.M.; ZORNOZA PÉREZ, J.)
BERTRAND, André R. – *Le Droit d'Auteur et les Droits Voisins,* Paris/Milão/Barcelona/Bona, 1991
– *Le Droit d'Auteur et les Droits Voisins*, 2ª ed., Paris, 1999
BETTI, Emílio – *Teoria Geral do Negócio Jurídico* – t. I, II e III (tradução portuguesa, por FERNANDO DE MIRANDA, da 3ª reimp. da 2ª edição italiana "Teoria General del Negozio Giuridico", Turim), Coimbra, 1969
BIANCA, C. Massimo – *Diritto Civile* – vol. III *(Il Contratto)* (reimp. da 1ª ed. de1984, actualizada), Milão, 1998; vol. VI *(La proprietà)*, Milão, 1999
BITTAR, Carlos Alberto – *Direito de Autor na Obra Feita sob Encomenda*, São Paulo, 1977
– *Interpretação no direito de autor*, in "Revista Forense", São Paulo, Abr./Jun., 1979
– *A Tributação do Direito de Autor*, in "Boletim da Faculdade de Direito da Universidade de Coimbra", vol. LVII, Coimbra, 1981 (separata)
– *A Lei de Direitos Autorais na Jurisprudência*, São Paulo, 1988

BONDÍA ROMÁN, Fernando – *Propiedad Intelectual: su significado en la sociedad de la información*, Madrid, 1988
— *Comentarios a la Ley de Propiedad Intelectual* (ver TAPÍA, J. M. Rodriguez)
BOYTHA, György – *The Development of Legislative Provisions on Author's Contracts*, in "Columbia – VLA Journal of Law & the Arts", vol. 12, n.º 2, 1988
— *National Legislation on Author's Contracts in Countries Following European Legal Traditions*, in "Copyright", Out. 1991
BRACAMONTE, Ortiz – *Derechos de los artistas y autonomia privada*, in "Num Novo Mundo do Direito de Autor?", t. I, Lisboa, 1994
CAETANO, Marcello – *Manual de Direito Administrativo*, vol. II, 10ª ed. (4º reimp., Coimbra, 1991) (revista e actualizada pelo Prof. Doutor DIOGO FREITAS DO AMARAL)
— *Princípios fundamentais do Direito Administrativo* (reimp. da edição Brasileira de 1977 / 2ª reimp. Portuguesa), Coimbra, 2003
CAMPOS, Diogo Leite de – *A Subsidiariedade da Obrigação de Restituir o Enriquecimento*, Coimbra, 1974
CANARIS, Claus-Wilhelm – *Grundrechte und Privatrecht*, Berlim/Nova Iorque, 1999
CANOTILHO, J. Gomes; MOREIRA, Vital– *Constituição da República Portuguesa Anotada*, 3ª ed. (revista), Coimbra, 1993
CARNAXIDE, Visconde de – *Tratado da Propriedade Literária e Artística*, Porto, 1918
CAROSONE, Oscar – *Sul Sistema del Diritto di Autore nell'Ordinamento Italiano*, in "Rivista di Diritto del Lavoro", Ano XX, Milão, 1968
CARREAU, Caroline – *Propriété intellectuelle et abus de droit*, in "Propriétés Intellectuelles (mélanges en l'honneur de André Françon)", Paris, 1995
CARVALHO, António Nunes de – *Ainda sobre a Crise do Direito do Trabalho"*, in "II Congresso Nacional de Direito do Trabalho - Memórias", Coimbra 1999
CARVALHO, Orlando de – *Os direitos de personalidade do autor*, in "Num Novo Mundo do Direito de Autor?", t. II, Lisboa, 1994
— *Negócio jurídico indirecto*, in "Escritos – páginas de Direito" - I, Coimbra, 1998
CARVALHO, António Nunes de; PINTO, Mário; MARTINS, Pedro Furtado – *Comentário às Leis do Trabalho* (ver MÁRIO PINTO e outros)
CASTAN TOBEÑAS, Jose – *Derecho Civil Español, Comun y Foral*, t. 2 – *Derecho de Cosas*, vol. 1º *(Los derechos reales en general. El dominio. La posesión)*, 14ª ed. (revista e actualizada por CANTERO, G. Garcia), Madrid, 1992
— *Derecho Civil Español, Comun y Foral*, t. 3 – *Derecho de Obligaciones (La Obligacion y el Contrato en general)*, 16ª ed. (revista e actualizada por CANTERO, G. Garcia), Madrid, 1992
CASTRO Y BRAVO, Federico de – *El Negocio Juridico*, (reimp. da ed. 1971), Madrid, 1985
CATALDO, Vincenzo Di – *Banche-dati e diritto sui generis: la fattispecie costitutiva*, in "Annali italiani del diritto d'autore, della cultura e dello spettacolo (AIDA)" – VI, Milão, 1997
CAUPERS, João – *Situação jurídica comparada dos trabalhadores da Administração Pública e dos trabalhadores abrangidos pela legislação regu1adora do contrato individual de trabalho*, in "Revista de Direito e de Estudos Sociais (RDES)", Lisboa, Ano XXXI, n.ᵒˢ 1 e 2, Jan.-Jun. 1989
CENNI, Daniela – *La formazione del contratto tra realità e consensualità*, Pádua, 1998

Centro de Estudos Judiciários / Sociedade Portuguesa de Autores (Vários) – *Direito de Autor: Gestão e Prática Judiciária*, SPA, Lisboa, 1989
Chaves, António – *Direito de Autor*, vol. I – *Princípios Fundamentais*, Rio de Janeiro, 1987
Chimienti, Laura – *Lineamenti del Nuovo Diritto d'Autore (Directive Comunitarie e Normative Interna)*, Milão, 1997
Cian, Giorgio; Trabucchi, Alberto – *Commentario Breve al Codice Civile*, 5ª ed., Pádua, 1997
Clavería Gosálbez, Luis Humberto – *La Causa del Contrato*, Bolonha, 1998
Colombet, Claude – *Grands Principes du Droit d'Auteur et des Droits Voisins dans le Monde (Approche de droit comparé)*, Paris, 1990
– *Propriété Littéraire et Artistique et Droits Voisins*, 8ª ed., Paris, 1997
Copinger / Skone James (coordenadores: Skone James, E.P.; Mummery, J.; Rayner James, J.E.; Garnett, K.M.; Nimmer, D.) - *Copinger and Skone James on the Law of Copyright*, 13ª ed., Londres, 1991 (veja-se "Nota" à 14ª ed.)
Copinger, W.; Skone James (coordenadores principais: Garnett, K.; Rayner James, J.; Davies, G.) – *Copinger and Skone James on the Law of Copyright*, 14ª ed., Londres, 1999
[NOTA: como se explica no "Prefácio", pag. ix, desta 14ª edição, esta é uma obra que foi objecto de sucessivas edições durante 130 anos, mais precisamente desde a 1ª edição, em 1870, em que foi publicada *"The Law of Copyright"*, esta sim então coordenda por Walter Copinger; os novos coordenadores principais optaram, *«não obstante o aditamento de não menos do que 11 diferentes direitos ao "copyright" original»*, por manter o título originário da obra, que referenciam completo como *"Copinger and Skone James on the Law of Copyright"*; pela justificada enorme divulgação que a obra merece com esta referência, citá-la-emos sempre no texto principal da nossa obra como «Copinger / Skone James, *"(On) Copyright"*»]
Cordeiro, António Menezes – *Direitos Reais*, vols. I e II, Lisboa, 1979
– *Direito das Obrigações*, Lisboa, 2 vols., 1980
– *Da natureza do direito do locatário*, in ROA, Ano 40 - I, II, Lisboa, 1980
– *Da boa fé no Direito Civil* – 2 vols., Lisboa, 1984
– *Manual de Direito do Trabalho*, Coimbra, 1991 (reimp. 1994)
– *Da Responsabilidade Civil dos Administradores das Sociedades Comerciais*, Lisboa, 1997
– *Cláusulas Contratuais Gerais* (ver Costa, Mário Júlio de Almeida)
– *Tratado de Direito Civil Português* - I - t.. I *(Parte Geral)*, 2ª ed., Coimbra, 2000; - t. II *(Coisas)*, 2ª ed., Coimbra, 2002
– *O Levantamento da Personalidade colectiva no Direito Civil e Comercial*, Coimbra, 2000
– *Manual de Direito Comercial*, vol. I, Coimbra, 2001
Cordeiro, António Menezes (coordenador) – *Direito das Obrigações*, 3º vol. *(Contratos em especial)*, 2ª ed., Lisboa, 1991
(contributos de: Albuquerque, P.; Carneiro da Frada, M. A.; Menezes Leitão, L.; Redinha, J.; Romano Martinez, P.)
Cordeiro, Pedro – *A Lei n.º 114/91, de 3 de Setembro – Comentário às Alterações ao Código do Direito de Autor e dos Direitos Conexos*, Lisboa, 1992

CORDEIRO, Pedro; ROCHA, Manuel Lopes – *Protecção jurídica do «software»*, Lisboa, 1995
CORNISH, William Rodolph – *Auteurs et new equities en droit anglais*, in "Propriétés Intellectuelles (mélanges en l'honneur de André Françon)", Paris, 1995
– *Intellectual Property: Patents, Copyright, Trade Marks and Allied Rights*, 3ª ed., Londres, 1996
– *Cases and Materials on Intellectual Property*, 2ª ed., Londres, 1996
– *Intellectual Property: Patents, Copyright, Trade Marks and Allied Rights*, 4ª ed., Londres, 1999
CORREIA, António A. Ferrer – *Erro e Interpretação na Teoria do Negócio Jurídico*, Coimbra, 2ª ed., 1985
CORREIA, António A. Ferrer; MESQUITA, Manuel Henrique – *Anotação (de Acórdão do STJ) – A obra intelectual como objecto possível do contrato de empreitada; direito de o dono da obra desistir do contrato e efeitos da desistência*, in ROA, Ano 45, Lisboa, Abr. 1985
CORREIA, José Manuel Sérvulo – *Legalidade e autonomia contratual nos contratos administrativos*, Coimbra, 1987
COSTA, Mário Júlio de Almeida – *História do Direito Português*, 3ª ed., Coimbra, 1996
– *Cláusulas de inalienabilidade*, in "Contratos: Actualidade e Evolução", Porto, 1997
– *Nótula sobre o Regime das Cláusulas Contratuais Gerais (após a revisão do diploma que instituiu a sua disciplina)*, Lisboa, 1997
– *Direito das Obrigações*, 9ª ed. (revista e aumentada), Coimbra, 2001
– *Noções Fundamentais de Direito Civil*, 4ª ed., Coimbra, 2001 (revista e actualizada)
– (com a colaboração de HENRIQUE SOUSA ANTUNES)
COSTA, Mário Júlio de Almeida; CORDEIRO, António Menezes – *Cláusulas Contratuais Gerais. Anotação ao regime do Decreto-lei n.º 446/89, de 25 de Outubro*, Coimbra, 1986
CRISCUOLI, Giovanni – *Il Contratto (itinerari normativi e riscontri giurisprudenziali)*, Pádua, 1992
CUPIS, Adriano de – *Os Direitos da Personalidade* (tradução portuguesa do italiano por A. VERA JARDIM e A. M. CAEIRO), Lisboa, 1961
– *Il Diritto del Editore*, in "Studi e Questioni di Diritto Civile", Milão, 1974
DAVIES, G.; GARNETT, K.; RAYNER JAMES, J. – *Copinger and Skone James on the Law of Copyright* (ver COPINGER, W.; SKONE JAMES)
DELGADO, Antonio – *La obra colectiva: un hallazgo o un pretexto?*, in "Num Novo Mundo do Direito de Autor?", t. I, Lisboa, 1994
DELP, Ludwig – *Der Verlagsvertrag*, Munique, 1994
DERIEUX, Emmanuel – *Journalisme et droit d'auteur*, in "Propriétés Intellectuelles (mélanges en l'honneur de André Françon)", Paris, 1995
– *Droit de la Communication*, 3ª ed., Paris, 1999
DESANTES, José Maria – *La Relación Contractual entre Autor y Editor*, Pamplona, 1970
DESBOIS, Henri – *Le Droit d'Auteur en France*, 2ª ed., Paris, 1966 (mise à jour, 1973)
DESBOIS, Henri; FRANÇON, André; KÉRÉVER, André – *Les Conventions Internationales du Droit d'Auteur et des Droits Voisins*, Paris, 1976
DIETZ, Adolf – *Das Droit Moral des Urhebers im neuen französischen und deutschen Urheberrecht*, Munique, 1968
– *Le Droit d'Auteur dans la Communauté Européene*, Bruxelas, 1978

- *The Possible Harmonization of Copyright Law within the European Community*, *in* "International Property and Copyright Law (IIC)", vol. 10, n.º 4, Munique, 1979.
- *Letter from the Federal Republic of Germany – Report on the development of Copyright between 1972 and 1979*, (First Part), *in* "Copyright", Fev. 1980
- *Letter from the Federal Republic of Germany – Report on the development of Copyright between 1972 and 1979*, (Second Part), *in* "Copyright", Mar. 1980
- *United States and Soviet Copyright Systems: an Essay in Comparison, in* IIC, vol. 12, n.º 2/1981
- *Le Droit Primaire des Contrats d'Auteur dans les États Membres de la Communauté Européenne (situation législative e suggestions de réforme)*, Munique, 1981 (edição policopiada de *"Das primäre Urhebervertragsrecht in den Mitgliedstaaten der Europäischen Gemeinschaft"*, disponibilizada pela OMPI* -SG-CULTURE/4/81-FR)
- *Letter from the Federal Republic of Germany – The Development of Copyright between 1979 and the beginning of 1984*, First Part, *in* "Copyright", Nov. 1984
- *Letter from the Federal Republic of Germany – the development of Copyright between 1979 and the beginning of 1984*, (Second Part), *in* "Copyright", Dez. 1984
- *La protección de los derechos morales y la Convención Universal sobre Derecho de Autor, in* "Boletin de derecho de Autor" (UNESCO), vol. 21-n.º3, 1987
- *El Derecho de Autor en España y Portugal* (versão espanhola de Rámon Eugénio López Sáez, revista pelo Autor de *Das Urheberrecht in Spanien und Portugal*, 1989), Madrid, 1992
- *L'evoluzione dell diritto d'autore nella Repubblica Federale Tedesca, 1989 - 93, in* AIDA - II, 1993
- *Moral rights and technological challenge, in* "Num Novo Mundo do Direito de Autor?", t. II, Lisboa, 1994
- *Le probléme de la durée de la protection adéquate du droit d'auteur sous l'aspect de la réglementation des contrats d'auteur, in* "Propriétés Intellectuelles (mélanges en l'honneur de André Françon)", Paris, 1995
- *Copyright in the Modern Technological world: mere industrial property right?, in* "Journal, Copyright Society of the USA", vol. 39 - n.º2, 1991
- *Tendances de l'Évolution du Droit d'Auteur dans les Pays d'Europe Centrale et Orientale, in* "Revue Internationale du Droit d'Auteur (RIDA)", n.º155, 1993
- *Chronique d'Allemagne – L'évolution du Droit d'Auteur en Allemagne de 1993 jusqu'au millieu de 1997* (Première partie), *in* RIDA, n.º 175, Jan. 1998
- *Urheberrecht – Kommentar* (coordenado por Schricker, G.), 2ª ed. – ver SCHRICKER, Gerhard

DÍEZ-PICAZO, Luis – *Fundamentos del Derecho Civil Patrimonial:* vol. I – Introducción. Teoria del Contrato, 4ª ed., 1993; vol. II – *Las Relaciones Obligatorias*, 4ª ed., 1993
- *Sistema de Derecho Civil*, vol. I – Introducción. Derecho de la Persona. Autonomia Privada. Persona Juridica*,* 8ª ed. (2ª reimp.), Madrid, 1994
- *Fundamentos del Derecho Civil Patrimonial*, vol. I *(Introduccion – Teoria del Contrato)*, Madrid, 5ª ed., 1996

DÍEZ-PICAZO, Luis; GULLÓN, Antonio – *Sistema de Derecho Civil*, vol. II – *(El Contrato en general. La relación obligatoria. Contratos en especial. Cuasi contratos. Enriquecimientos sin causa. Responsabilidad extracontractual)*, 7ª ed., Madrid, 1995

Dock, Marie-Claude – *La Convention Universelle sur le Droit de l'Auteur – revisée à Paris le 24 juillet 1971*, in "Hommage à Henri Desbois", Paris, 1974

Dreier, Thomas – *Urheberrecht und digitale Werkverwertung (Die aktuelle Lage des Urheberrechts im Zeitalter von Internet und Multimedia)* – (Gutachten), Bona, 1997
– *Adjustment of Copyright Law to the Requirements of the Information Society*, in IIC, vol. 29, n.º 6/Set.1998

Edelman, B. – *Le Droit Moral dans les Oeuvres Artistiques*, in "Recueil Dalloz Sirey de Doctrine, de Jurisp. et de Legislation", Paris, 1962

Eiranova Encinas, Emilio – *Código Civil Alemán – Comentado (BGB)* (Introducción: Prof. DR. Dr. h. c. mult. Hein Kötz), Madrid/Barcelona, 1998

Encabo Vera, Miguel A. – *Las Obras Multimedia*, in "Nuevas Tecnologías y Propiedad Intelectual" (obra colectiva sob coordenação de Carlos Rogel Vide – ver Rogel Vide, C.), Madrid, 1999

Enneccerus, Ludwig; Kipp, Theodor; Wolff, Martin – *Tratado de Derecho Civil* – Tomo I – *Parte General* II - vol. 1 e 2, por Enneccerus, L.; Nipperdey, Hans C. (tradução espanhola da 39ª ed. alemã – *"Lehrbuch des Bürgerlichen Rechts"* –, por González, Blas P.; Alguer, J.), 3ª ed., Barcelona, 1981
– *Tratado de Derecho Civil* – Tomo II – *Derecho de Obligaciones* I, por Enneccerus, L; Lehmann, Heinrich (tradução espanhola da 35ª ed. alemã, por González, Blas P.; Alguer, José), 2ª ed., Barcelona, 1954

Escarra, Jean; Rault, Jean; Hepp, François – *La Doctrine Française du Droit d'Auteur*, Paris, 1937

Espín Alba, Isabel – *Contrato de Edición Literaria*, Granada, 1994

Espín Cánovas, Diego – *Las facultades del derecho moral de los autores y artistas*, Madrid, 1991
– *Los derechos del autor de obras de arte*, Madrid, 1996

Fabiani, Mario – *Rapporto tra proprietario ed editore – Cessazione del rapporto, etc* (comenário de Acórdão), in "Il Diritto di Autore", ano LVIII, 1987
– *Diritto di Autore e Autonomia Contratualle*, in "Il Diritto di Autore", ano LXIII, 1992
– *La présentation de l'oeuvre au public et le droit moral de l'auteur*, in "Propriétés Intellectuelles (mélanges en l'honneur de André Françon)", Paris, 1995
– *I contratti di utilizzazione delle opere dell'ingegno (Arti figurative, cinema, editoria, informatica, musica, radio e televisione, teatro)*, in "Raccolta Sistematica di Giurisprudenza Commentata", 8 (coordenada por Giulio Levi), 2ª ed. (completamente revista e actualizada), Milão, 2001

Fabiani, Mario; Sanctis, Vittorio M. de – *I Contratti di Diritto di Autore*, in "Trattato di Diritto Civile e Commerciale" (coordenado por Cicu, A.; Messineo, F.; Mengoni, L.), vol. XXXI, t. 1, Milão, 2000

Fernandes, António Monteiro – *Direito do Trabalho*, 11ª ed., Coimbra, 1999

Fernandes, Francisco Liberal – *Autonomia colectiva dos trabalhadores da Administração Pública. Crise do modelo de emprego público*, Coimbra, 1995

Fernandes, Luís A. Carvalho – *Teoria Geral do Direito Civil* – II – *(Fontes, Conteúdo e Garantia da Relação Jurídica)*, 3ª ed. (revista e actualizada), Lisboa, 2001

Ferrara, Francesco – *Teoria de las Personas Jurídicas* (tradução espanhola da 2ª ed. italiana por Eduardo Orejero y Maury), Madrid, 1929

FERRI, Giuseppe – *Creazioni Intellettuali e Beni Immateriali, in* "Studi *in* Memoria di Tullio Ascarelli" – II, Milão, 1969
— *Concorrenza Sleale e Diritto d'Autore, in* "Il Diritto di Autore – Volume Celebrativo del Cinquantenario della Rivista – Racolta di Studi in Omaggio a Valerio de Sanctis", Milão, 1979
FERRI, Luigi – *L'Autonomia Privata*, Milão, 1959
— *Autonomia Privata, Libera Iniziativa Economica e Programmazione, in* "Studi *in* Onore di Gioachino Scaduto – Diritto Civile" – I, Pádua, 1970
FICSOR, Mihály – *Copyright for the digital era: the WIPO INTERNET treaties*, 1997
FISCHER, Hermann Josef; REICH, Steven A. – *Urhebervertragsrecht*, Munique, 1994
FONTAINE, Marcel; GHESTIN, Jacques – *Les éffets du Contrat à L'Égard des Tiers (comparaisons franco-belges)*, Paris, 1992
FRADA, Manuel Carneiro da – *«Vinho Novo Em Odres Velhos»? A responsabilidade civil das "operadoras de Internet" e a doutrina comum da imputação de danos, in* ROA, Ano 59 - II, Lisboa, Abr. 1999
FRANCESCHELLI, Remo – *Posizioni soggettive rilevanti nell'ambito dell'opera cinematografica, in* "Rivista Dir. Ind." - I, 1960
— *Trattato di Diritto Industriale - Parte Generale*, vol. I, Milão, 1960
FRANÇON, André – *La Propriété Littéraire et Artistique*, Paris, 1970
— *Le contrat de production audiovisuelle, in* RIDA, n.º 127, 1986
FRANÇON, André; DESBOIS, Henri; KÉRÉVER, André – *Les Conventions internationales du Droit d'Auteur et des Droits Voisins* (ver DESBOIS, H.)
FRANZONI, Massimo – *La responsabilità del Provider, in* AIDA, VI-1997
FRASSI, Paola A. E. – *Creazioni Utili e Diritto d'Autore*, Milão, 1997
FRIGNANI, A. – *I Contratti di Licenza nel Diritto Italiano, in* "Il Diritto di Autore – Volume Celebrativo del Cinquantenario della Rivista – Racolta di Studi in Omaggio a Valerio de Sanctis", Milão, 1979
FROMM, Friedrich K.; NORDEMANN, Wilhelm (FROMM/NORDEMANN) - *Urheberrecht: Kommentar zum Urheberrechtsgesetz und zum Urheberrechtswarnehmungsgesetz; mit den Texten der Urbeherrechtsgesetze Österreichs und der Schweiz*, 9ª ed. (ver Nordemann, W. – FROMM/NORDEMANN)
GALGANO, Francesco – *Diritto Civile Commerciale*, vol. II – Le Obligazioni e I Contratti, t. 1, 2ª ed., Pádua, 1993
— *Il negozio giuridico*, 2ª ed., Milão, 2002
GALVÃO, Sofia; SOUSA, Marcelo Rebelo de – *Introdução ao Estudo do Direito* (ver MARCELO REBELO DE SOUSA)
GARCIA-AMIGO, Manuel – *La Cesión de Contratos en el Derecho Español*, Madrid, 1964
GARNETT, K.; RAYNER JAMES, J.; DAVIES, G. – *Copinger and Skone James on the Law of Copyright* (ver COPINGER, W.; SKONE JAMES)
GARRETT, Almeida – *Obras de Almeida Garrett*, vol. I, Porto
GAUTIER, Pierre-Yves – *Le mandat en droit d'auteur, in* "Propriétés Intellectuelles (mélanges en l'honneur de André Françon)", Paris, 1995
— *Propriété Littéraire et Artistique*, 2ª ed., Paris, 1996
GEESTERANUS, H. G. J. Maas – *Le Droit Moral de l'Auteur dans la legislation moderne, in* "Bulletin de la Société de Legislation Comparé", t. 61, Paris, 1932
GENDREAU, Ysolde – *Le Droit de Reproduction et l'Internet, in* RIDA, n.º 178, Out./1998

GIANNINI, Amadeo – *Il Diritto d'Autore*, Florença
– *La Convenzione di Berna sulla Proprietà Letteraria*, Roma, 1933
– *Note sul Diritto d'Autore*, in "Rivista del Diritto Commerciale", Milão, Ano 50
GOMES, Júlio Manuel Vieira – *O conceito de enriquecimento forçado e os vários paradigmas do enriquecimento sem causa*, Porto, 1998
– *Deve o trabalhador subordinado obediência a ordens ilegais?*, in "Trabalho e Relações "Laborais - Cadernos Sociedade e Trabalho", n.º 1, Lisboa, 2001
– *Algumas observações sobre o contrato de trabalho por tempo indeterminado para cedência temporária*, in "Questões Laborais", Ano VIII, n.º 17, Coimbra 2001
GÓMEZ SEGADE, José Antonio – *Propuesta de Directiva sobre Determinados Aspectos de los Derechos de Autor y los Derechos Afines en la Sociedad de la Información*, in "Nuevas Tecnologías y Propiedad Intelectual", Madrid, 1999
– *El derecho de autor en el entorno digital*, in "Revista General de Legislación y Jurisprudencia", (III Época) ano CXLVI, n.º 3, Madrid, Mai./Jun. 1999
GÓMEZ SEGADE, José Antonio; BOUZA, Miguel Ángel – *Videojuegos: algunos problemas de derecho de autor*, in "Creaciones Audiovisuales y Propiedad Intelectual (cuestiones puntuales)", Madrid, 2001
GONÇALVES, Luiz da Cunha – *Tratado de Direito Civil* – vol. IV, Coimbra, 1931
GONZÁLEZ DE ALAIZA CARDONA, José Javier – *La propuesta de Directiva relativa a la Armonización de Determinados Aspectos de los Derechos de Autor y Derechos Afines en la Sociedad de la Información: Nuevas Perspectivas para el Derecho de Autor*, in "pe.i. – Revista de Propiedad Intelectual", Madrid, n.º 2, Mai.-Ago. 1999
GOUTAL, Jean-Louis – *Présomption de Titularité des Droits d'Exploitation au Profit des Personnes Morales: la Cour de Cassation maintient sa jurisprudence*, in RIDA, n.º 175, 1998
GRECO, Paolo – *I Diritti sui Benni Immateriali*, Turim, 1948
GRECO, Paolo; VERCELLONE, Paolo – *I Diritti sulle Opere dell'Ingegno*, in "Trattato di Diritto Civile Italiano", vol. 11º, t.3, Turim, 1974
GULLÓN, Antonio – *Sistema de Derecho Civil* – I e II (ver DÍEZ-PICAZO, Luís)
GUTIERREZ-SOLAR BRAGADO, Eduardo – *Consideraciones Juridicas sobre el Derecho Moral de los Autores de Peliculas y la Publicidad emitida durante su teledifusion*, in "La Ley", 3, Madrid, 1991
– *Transmisión de los Derechos de Explotación de la Obra del Creador Asalariado*, in "Revista General de Legislacion y Jurisprudencia", ano CXLIX, n.º 1, Madrid, Ja.-Mar. 2002
HAAS, Lothar – *Das neue Urhebervertragsrecht*, Munique, 2002
HERCULANO, Alexandre – *Opúsculos* - t. 1 – *Questões públicas: Política;* t. 2 – *Questões públicas: Sociedade, Economia, Direito*, (ed. em 2 vols.), Lisboa, 1983/84
HERTIN, Paul W.; NORDEMANN, Wilhelm; VINCK, Kai – *Droit d'Auteur International et Droits Voisins* (ver NORDEMANN, W.)
HÖRSTER, Heinrich E. – *A Parte Geral do Código Civil Português (Teoria Geral do Direito Civil)*, Coimbra, 1992 (reimp.)
HUBMANN, Heinrich – *Urhebervertragsrecht und Urheberschutz*, in UFITA (Archiv fuer Urheber- Film- Funk und Theaterrecht), n.º 74, 1995
JEANNOT, Claude – *La notion d'intérêts personnels et l'écrivain, essai de définition*, Lausana, 1960

JEHORAM, Hehman Cohen – *Freedom of expression in copyright law*, in "European Intellectual Property Review", vol. 6, 1984
— *La place de l'auteur dans la société et les rapports juridiques entre les auteurs et les entreprises de divulgation*, in "Le Droit d'Auteur", Nov. 1978
— *Licenses in Intellectual Property – A Review of Dutch Law*, in "European Intellectual Property Review", Jan. 1980, vol. 2
— *Urheber und Werke: zwei Kernbegriffe des niederländischen Urheberrechts*, in "Gewerblicher Rechtsschutz und Urheberrecht – Internationaler Teil (GRUR – International)", Jan. 1/1991
— *Hybrids on the borderline between copyright and industrial property law*, in RIDA, n.º 153, Jul. 1992

JOÃO PAULO II – *Centesimus Annus (Carta Encíclica do Sumo Pontífice, S. S. João Paulo II, no centenário da Rerum Novarum)*, Secrteariado Geral do Episcopado, Lisboa, 1991

JORGE, Fernando Pessoa – *O mandato sem representação*, Lisboa, 1961 (reimp., Coimbra 2001)
— *Ensaio sobre os Pressupostos da Responsabilidade Civil*, Lisboa, 1972 (reedição)
— *Lições de Direito das Obrigações*, Lisboa, 1975-76

JOSSELIN-GALL, Muriel – *La notion de contrat d'exploitation du droit d'auteur. Approche de droit comparé*, in "Bulletin du droit d'auteur", vol. XXVI, n.º 4, 1992
— *Les contrats d'exploitation du droit de propriété littéraire et artistique – étude de droit comparé et de droit international privé*, Paris, 1995

KASER, Max – *Direito Privado Romano* (em tradução da edição alemã – *Römisches Privatrecht* –, Munique, 1992, por SAMUEL RODRIGUES/FERDINAND HÄMMERLE), Lisboa 1999

KATZENBERGER, Paul – *General Principles of the Berne and the Universal Copyright Conventions – GATT or WIPO? New Ways in the International Protection of Intellectual Property* (Symposium at the Ringberg Castle, Jul. 13-16, 1988), *in* IIC Studies (Studies in Industrial Property and Copyright Law), vol. 18, Munique, 1989
— *TRIPs and Copytight Law*, in IIC Studies (Studies in Industrial Property and Copyright Law) – *From Gatt to TRIPs*, Munique, 1996
— *Urheberrecht – Kommentar* (coordenado por Schricker, G.), 2ª ed. – ver SCHRICKER, Gerhard

KATZENBERGER, Paul; KUR, Annette – *TRIPs and Intellectual Property*, in IIC Studies (Studies in Industrial Property and Copyright Law) – *From Gatt to TRIPs*, Munique, 1996

KÉRÉVER, André – *Le Droit d'Auteur en Europe Occidentale*, in "Hommage à Henri Desbois", Paris, 1974
— *La determinazione dell'autore dell'opera*, in "Il Diritto di Autore", ano LXIII, 1992
— *La Directive du Conseil européen du 11 mars 1996 concernant les bases de données (la protection juridique)* - European Association for the Advancement of Teaching and Research in Intellectual Property (relatório de reunião anual do ATRIP), Casablanca, Set. 1996
— *Les nouveaux traités de l'OMPI: Traité de l'OMPI sur le droit d'auteur et Traité de l'OMPI sur les interprétations et exécutions, et les phonogrames*, in "Bulletin du droit d'auteur", vol. XXXII, n.º 2, UNESCO, Abr.Jun./1998

KÉRÉVER, André; DESBOIS, Henri; FRANÇON, André – *Les Conventions Internationales du Droit d'Auteur et des Droits Voisins* (ver DESBOIS, H.)
KOUMANTOS, Georges – *Règles générales sur les contrats de droit d'auteur dans la nouvelle loi hélénique*, in "Propriétés Intellectuelles (mélanges en l'honneur de André Françon)", Paris, 1995
– *Les bases de données dans la directive communautaire*, in RIDA, n.º 171, Jan.1997
KUR, Annette; KATZENBERGER, Paul – *TRIPs and Intellectual Property* (ver KATZENBERGER, P.)
LABRA, Victor Blanco – *Contratos cinematográficos, in* "Num Novo Mundo do Direito de Autor?", t. I, Lisboa, 1994
LACRUZ BERDEJO, Jose L. (com REBULLIDA, F. Sancho; SERRANO, A. Luna; ECHVERRIA, J. Delgado; HERNANDEZ, F. Rivero; e ALBESA, J. Rams) – *Elementos de Derecho Civil III – Derechos Reales* – vol. 2º (Derechos Reales Limitados – Situaciones de Cotitularidad), 2ª ed., Barcelona, 1991
LACRUZ BERDEJO, Jose L. (com REBULLIDA, F. Sancho; SERRANO, A. Luna; ECHVERRIA, Jesus Delgado; HERNANDEZ, F. Rivero; ALBESA, J. Rams; OLIVAN, V. Mendoza) – *Elementos de Derecho Civil II – Derecho de Obligaciones* – vol. 2º *(Contratos y Cuasicontratos – Delito y Cuasidelito)*, 3ª ed. (redigida, a partir de reimp. em 1990 da 2ª ed. de 1985 - 87, por Francisco A. S. Rebullida, Jesús Delgado Echeverria, Joaquim Rams Albesa, Francisco Rivero Hernandéz), 3ª ed., Barcelona, 1995
LACRUZ BERDEJO, José L. (com REBULLIDA, F. Sancho; SERRANO, Agustin Luna, ECHEVERRIA, Jesus Delgado; HERNANDEZ, F. Rivero; ALBESA, J. Rams) – *Elementos de Derecho Civil II – Derecho de Obligaciones* – vol. 1º *(Parte general. Teoria General del Contrato)* – (redigida, a partir de reimp. em 1990 da 2ª ed. de 1985 - 87, por Francisco A. S. Rebullida, Jesús Delgado Echeverria, Joaquim Rams Albesa, Francisco Rivero Hernandéz), 3ª ed., Barcelona, 1994
LACRUZ BERDEJO, Jose L. (com SERRANO, A. Luna, ECHVERRIA, J. Delgado e OLIVAN, V. Mendonza) – *Elementos de Derecho Civil III – Derechos Reales* - vol. 1º *(Posesion y Propiedad)*, 3ª ed., 1990 (reimp. revista, Barcelona, 1991)
LADDIE, Hugh; PRESCOTT, Peter; VITORIA, Mary – *The Modern Law of Copyright and Designs*, vol. 1, 2ª ed., Londres/Dublin/ Edimburgo
LALIGANT, Olivier – *La Divulgation des Oeuvres Artistiques, Littéraires et Musicales en droit positif français*, Paris, 1983
LE TARNEC, Alain – *Manuel de la Propriété littéraire et artistique*, Paris, 1966
LEE, Karen D.; LEWINSKI, Silke von – *The Settlement of International Disputes in the Field of Intellectual Property* (ver LEWINSKI, S. von)
LEHMANN, Heinrich – *Allgemeiner Teil des Bürgerlichen Gesetzbuches*, 9ª ed., Berlim, 1955
LEITÃO, Luís Teles de Menezes – *O enriquecimento sem causa no Direito Civil*, Lisboa, 1996
– *A responsabilidade civil na Internet, in* ROA, Ano 61 - I, Lisboa, Jan. 2001
– *Direito das Obrigações – vol. I (Introdução. Da constituição das obrigações)*, 3ª ed., Coimbra, 2003; vol. II *(Transmissão e extinção das obrigações. Não cumprimento e garantias do crédito)*, 2ª ed., Coimbra, 2003
LEWINSKI, Silke von – *Il diritto di autore fra GATT/WTO e WIPO* (tradução por Rosaria ROMANO), *in* AIDA – VI, 1997

LEWINSKI, Silke von; LEE, Karen D. – *The Settlement of International Disputes in the Field of Intellectual Property*, in IIC Studies (Studies in Industrial Property and Copyright Law) – *From Gatt to TRIPs*, Munique, 1996

LIMA, Fernando Andrade Pires de; VARELA, João M. – *Código Civil Anotado* (ver VARELA, João de Matos Antunes)

LINDON, Raymond – *Le Droits de la Personalité (Droit Moral)*, in Dictionnaire Juridique, Dalloz, Paris, 1983

LLOBET AGUADO, Josep I – *El Deber de Información en la Formación de los Contratos*, Madrid, 1996

LOEWENHEIM, Ulrich – *Copyright in Civil Law and Common Law Countries: a Narrowing Gap*, in AIDA - III, 1994

– *Urheberrecht – Kommentar* (coordenado por Schricker, G.), 2ª ed. – ver SCHRICKER, Gerhard

LOPES, Fernando Ribeiro – *Trabalho subordinado ou trabalho autónomo: um problema de qualificação*, in "Revista de Direito e de Estudos Sociais (RDES)", Lisboa, n.º 1, 1987

LORITZ, Karl-Georg; ZÖLLNER, Wolfgang – *Arbeitsrecht (ein Studienbuch)* (ver ZÖLLNER, Wolfgang)

LUCAS, André – *Le droit de l'informatique*, Paris, 1987

– *Propriété Littéraire & Artistique (précis)*, Paris, 1994

– *Droit d'auteur et multimédia*, in "Propriétés Intellectuelles (mélanges en l'honneur de André Françon)", Paris, 1995

– *Droit d'auteur et numérique*, Paris, 1998

LUCAS, André (coordenador) – *Code Civil (Annoté)*, Paris, 1998-99 (com actualização em 1999)

LUCAS, André; LUCAS, Henri-Jacques – *Traité de la Propriété Littéraire et Artistique*, Paris, 2ª ed., 2001

[NOTA: conforme precisão dos Autores – cfr. "Sommaire*", pag. XI: ANDRÉ LUCAS redigiu a Parte I (pags. 57 a 722) e o "Livro Segundo" da Parte II (pags. 975 a 1035); H.-J. LUCAS redigiu o "Livro Primeiro" da Parte II (pags. 723 a 974 – nas citações, respeitaremos esta precisão]

MACHADO, Nuno Miguel Pedrosa – *Sobre as Cláusulas Contratuais Gerais e Conceito de Risco*, in ROA, Ano

MAGALHÃES, Barbosa de – *Propriedade Literária*, in "Seara Nova" – n.º 1000 – 1007, 1946

MANSANARES SAMANIEGO, José Luis – *La ley alemana sobre el derecho de autor y otros derechos analogos protegidos*, in "Poder Judicial", 2ª época, n.º 26, Jun./1992

MANSO, Eduardo Vieira - *Direito Autoral*, São Paulo, 1980

MARCHETTI, Piergaetano – *Commentario Breve al Diritto della Concorrenza* (ver Ubertazzi, L. C.)

MARCO MOLINA, Juana de – *La Propiedad Intelectual en la Legislacion Española*, Madrid, 1995

MARQUES, J. A. Garcia; MARTINS, A. G. Lourenço – *Direito da Informática*, Coimbra, 2000

MARQUES, José Dias – *Noções Elementares de Direito Civil*, Lisboa, 7ª ed., 1992

MARTINEZ, Pedro Romano – *Cumprimento defeituoso, em especial na compra e venda e na empreitada*, Coimbra, 2001 (reedição com rformulação gráfica de obra publicada em 1994)

– *Os grandes tipos de contratos de direito de autor, in* "Num Novo Mundo do Direito de Autor?", t. I, Lisboa, 1994
– *Relações Empregador Empregado, in* "Direito da Sociedade da Informação" – vol. I, Coimbra, 1999
– *Direito das Obrigações (Parte Especial) – Contratos (Compra e venda, Locação, Empreitada)*, 2ª ed., Coimbra, 2001
– *Trabalho subordinado e trabalho autónomo, in* "Estudos do Instituto de Direito do Trabalho", vol. I, Coimbra, 2001
– *Tutela da actividade criativa do trabalhador, in* "Trabalho e Relações Laborais – Cadernos Sociedade e Trabalho", n.º 1, Lisboa, 2001
– *Direito do Trabalho*, Coimbra, 2002
MARTINS, A. G. Lourenço; MARQUES, J. A. Garcia – *Direito da Informática* (ver MARQUES, J. A. Garcia)
MARTINS, Pedro Furtado – *A Crise do Contrato de Trabalho, in* "Revista de Direito e de Estudos Sociais", Ano XXXIX, n.º 4 - Out. - Dez. - 1997
MARTINS, Pedro Furtado; PINTO, Mário; CARVALHO, António Nunes de – *Comentário às Leis do Trabalho* (ver MÁRIO PINTO e outros)
MAZEAUD, Henri et Léon; MAZEAUD, Jean – *Leçons de Droit Civil*, t. 2, 2º vol. *(Biens)*, 5ª ed., Paris, 1976
MEDICUS, Dieter - *Schuldrecht I - Allgemeiner Teil*, 11ª ed., Munique, 1999; *Schuldrecht II - Besonderer Teil*, 9ª ed., Munique, 1999
MELLO, Alberto de Sá e – *A causa dos negócios jurídicos* - Relatório na disciplina de Direito Civil, no Mestrado em Ciências Jurídicas da FDL *(não publicado, disponível no acervo da Biblioteca da Faculdade de Direito da Universidade de Lisboa)*, Lisboa, 1984
– *Modelos de Utilidade, Modelos e Desenhos Industriais - sua relação com o direito de autor* – Relatório na disciplina de Direito Comercial/Propriedade Industrial, no Mestrado em Ciências Jurídicas da FDL *(não publicado, disponível no acervo da Biblioteca da Faculdade de Direito da Universidade de Lisboa)*, Lisboa, 1987
– *O direito pessoal de autor no ordenamento jurídico português*, Lisboa, 1990
– *Manual de Princípios Fundamentais de Direito do Trabalho para PME*, Lisboa, 1998
– *Tutela Jurídica das Bases de Dados, in* "Revista de la Facultat de Derecho de la Universidad Complutense de Madrid", n.º 90, 1998-99
– *Bases de Dados. A Tutela Jurídica Europeia, in* "Nuevas Tecnologías y Propiedad Intelectual", Madrid, 1999
– *Tutela Jurídica das Bases de Dados (A transposição da Directriz 96/9/CE), in* "Direito da Sociedade da Informação" - vol. I, Coimbra, 1999
– Os *multimedia – regime jurídico (Enquadramento, estrutura e natureza dos direitos nos objectos ditos "multimedia"), in* "Direito da Sociedade da Informação" – vol. II, Coimbra, 2001
– *Situação jurídica laboral – Notas para a definição de um paradigma, in* "Trabalho e Relações "Laborais - Cadernos Sociedade e Trabalho", n.º 1, Lisboa, 2001
– *Filmagem de espectáculos desportivos e «direito de arena», in* "Creaciones Audiovisuales y Propiedad Intelectual (cuestiones puntuales)", Madrid, 2001

MELÓN INFANTE, Carlos – *Tratado de Derecho Civil – Apéndice – Código Civil Aleman (BGB*)*, (em tradução directa do alemão com notas e indicação das alterações até 1950), Barcelona, 1994

MENDES, João de Castro – *Direito Comparado*, Lisboa, 1982-1983 (lições policopiadas com a colaboração de ARMINDO RIBEIRO MENDES e de MARIA FERNANDA RODRIGUES)
– *Introdução ao Estudo do Direito*, Lisboa, 1994 (edição revista pelo Professor Doutor Miguel Teixeira de Sousa)
– *Teoria Geral do Direito Civil* (de harmonia com as lições dadas ao ano jurídico de 1978-1979), vols. I e II, Lisboa, 1995

MESQUITA, José de Andrade – *Direitos Pessoais de Gozo*, Coimbra, 1999

MESQUITA, Manuel Henrique – *Obrigações reais e ónus reais*, Coimbra, 1990 (2ª reimp., Coimbra, 2000)

MESQUITA, Manuel Henrique; CORREIA, A. Ferrer – *Anotação (de Acórdão do STJ) – A obra intelectual como objecto possível do contrato de empreitada; direito de o dono da obra desistir do contrato e efeitos da desistência* (ver CORREIA, A. Ferrer)

METAXAS-MARANGHIDIS, George – *Intellectual Property Laws of Europe* (obra colectiva), Bruxelas, 1995

MIRANDA, Jorge – *A Constituição de 1976*, Lisboa, 1978
– *Direito Constitucional – Direitos Fundamentais* (lições policopiadas, ao 2º ano da FDL), Lisboa, 1984
– *Protecção Internacional dos Direitos do Homem – Direitos Fundamentais em Especial* (lições, policopiadas, ao 5º ano da FDL), Lisboa, 1987
– *A Constituição e os direitos de autor*, in "Direito e Justiça", VII-I, 1994
– *Manual de Direito Constitucional*, t. IV *(Direitos Fundamentais)*, 3ª ed., Coimbra, 2000

MONNET, Pierre – *Dictionnaire Pratique de Propriété Littéraire*, Paris, 1962

MONTEIRO, António Pinto – *Erro e vinculação negocial (a propósito da aplicação do bem a fim diferente do declarado)*, Coimbra, 2002
– *Cláusulas limitativas do conteúdo contratual*, in "Estudos de Direito da Comunicação", Coimbra, 2002
– *Cláusulas limitativas e de exclusão da responsabilidade civil*, Coimbra, 2003 (reimpressão de obra publicada em 1985)

MONTEIRO, António Pinto (coordenador) – *As Telecomunicações e o Direito na Sociedade da Informação (Actas do Colóquio organizado pelo Instituto Jurídico da Comunicação da Faculdade de Direito da Universidade de Coimbra - IJC)* (obra colectiva), Coimbra, 1999
– *Estudos de Direito da Comunicação (IJC)* (coligação de obras), Coimbra, 2002

MOREIRA, Vital; CANOTILHO, J. Gomes – *Constituição da República Portuguesa Anotada* (ver CANOTILHO, J. Gomes)

MOSCOSO DEL PRADO, Xavier – *Derechos de alquiller y préstamo. Sistemas de recaudación*, in "Num Novo Mundo do Direito de Autor?", t. I, Lisboa, 1994

MOURA, Paulo Veiga e – *Função Pública – regime jurídico, direitos e deveres dos funcionários e agentes*, 1º vol., 2ª ed., Coimbra, 2001

NEVES, Ana Fernanda – *Relação Jurídica de Emprego Público*, Coimbra, 1999

NIMMER, Melville B.; NIMMER, David – *Nimmer On Copyright (A Treatise on the Law of Literary, Musical and Artisitic Property, and the Protection of Ideas)* – vol. 1, Los

Angeles, 1995; vol. 3, Los Angeles, 1995 [NOTA: esta obra é editada em fascículos que são objecto de actualização tendencialmente anual; a última a que acedemos – ao vol. 3, cap. 8D *"Moral Rights"* – contém actualizações em 2000, referenciadas: Rel.51-5/00 Pub.465]

NORDEMANN, Wilhelm (coordenador) (FROMM/NORDEMANN) – *Urheberrecht: Kommentar zum Urheberrechtsgesetz und zum Urheberrechtswarnehmungsgesetz; mit den Texten der Urbeherrechtsgesetze der früheren DDR, Österreichs und der Schweiz* (continuado por Wilhelm NORDEMANN, Kai VINCK, Paul W. HERTIN; iniciado por Friedrich Karl FROMM e Wilhelm NORDEMANN), 8ª ed., Estugarda/Berlim/Colónia, 1994

– *Urheberrecht: Kommentar zum Urheberrechtsgesetz und zum Urheberrechtswarnehmungsgesetz; mit den Texten der Urbeherrechtsgesetze Österreichs und der Schweiz* (continuado por Wilhelm NORDEMANN, Kai VINCK, Paul W. HERTIN; iniciado por Friedrich Karl FROMM e Wilhelm NORDEMANN), 9ª ed., Estugarda / Berlim / Colónia, 1998

NORDEMANN, Wilhelm; VINCK, Kai; HERTIN, Paul W. – *Droit d'Auteur International et Droit Voisis, dans les pays de Langue allemande et les États membres de la Communauté Européene – Commentaire* (tradução da edição alemã – *"Internationales Urheberrecht und Leistungsschutzrecht der deutschsprachigen Länder unter Berücksichtigung auch der Staaten der Europäischen Gemeinschaft – Kommentar"*, Düsseldorf, 1977 – por J. TOURNIER), Bruxelas, 1983

NORONHA, Fernando – *O Direito dos Contratos e seus Princípios Fundamentais (autonomia privada, boa-fé, justiça contratual)*, São Paulo, 1994

O.M.P.I. – *Guia da Convenção de Berna*, 1980

OLAVO, Carlos – *Concorrência desleal e Direito Industrial, in* "Concorrência Desleal", Coimbra, 1997

– *Contrato de Licença de Exploração de Marca, in* ROA, Ano 59 - I, Lisboa, Jan. 1999

OPPO, Giorgio – *Diritto dell'Impresa (Scritti Giuridici - I)*, Pádua, 1992

ORDUÑA MORENO, Francisco – *Contratos concluidos mediante condiciones generales de la contratación, in* "Contratación y Consumo", Valencia, 1998

OTERO, Paulo – *Conceito e Fundamentos da Hierarquia Administrativa*, Coimbra, 1992

PADILLA, C. Baretic de – *Le Droit d'Auteur et l'utilisation des banques de données dans l'enseignement et la recherche en Amérique Latine* (relatório de reunião anual do ATRIP – European Association for the Advancement of Teaching and Research in Intellectual Property), Casablanca, Set. 1996 -

PALOMAR MALDONADO, Evaristo – *Preliminares para un replanteamiento del estudio de la naturaleza juridica del Derecho de Propiedad Intelectual, in* "Revista General de Legislacion y Jurisprudencia", ano CXXXVII, n.º 4, Madrid, Abr. 1988

PEREIRA, Alexandre Dias – *Informática, Direito de Autor e Propriedade Tecnodigital*, Coimbra, 2001

– *Patentes de software – sobre a patenteabilidade dos programas de computador, in* "Direito Industrial", vol. I, Coimbra, 2001

PEREIRA, António Maria – *Títulos das Publicações Periódicas* – (separata da ROA), Lisboa, 1951

– *O Direito de Autor e a sua Duração* – (separata da ROA), Lisboa, 1953

– *Propriedade Literária e Artística, in* ROA, Ano 40, Agosto de 1980

PEREIRA, Joel T. Ramos – *Direito da Internet e Comércio Electrónico*, Lisboa, 2001
PEREIRA, Mário Alves – *Código do Trabalho Intelectual – (Anotado)*, 1951
PÉREZ DE CASTRO, Nazareth – *A Propósito del Coloreado de Peliculas*, in "Actualidad Civil", n.º XXXVIII, 1990 – 3
– *Las Obras Audiovisuales y las Nuevas Tecnologías*, in "Nuevas Tecnologías y Propiedad Intelectual" (ver ROGEL VIDE, C.), Madrid, 1999
– *Las Obras Publicitarias em el Ámbito de la Propiedad Intelectual. Su Específica Referencia en el Artículo 90*, in "pe.i. - Revista de Propiedad Intelectual", Madrid, n.º 2, Mai.-Ago. 1999
– *«Remakes» de películas y autores de la versión* original, in "Creaciones Audiovisuales y Propiedad Intelectual (cuestiones puntuales)", Madrid, 2001
– *Legislación sobre Propiedad Intelectual*, 5ª ed., Madrid, 2001 (sob direcção de BERCOVITZ RODRÍGUEZ-CANO, RODRIGO)
PEREZ ONTIVERO, Carmen – *Derecho de Autor: La facultad de decidir la divulgacion*, Madrid, 1993
PEREZ SERRANO, Nicolas – *El Derecho Moral de los Autores*, in "Anuário de Derecho Civil" – Tomo, I fasc. I, Madrid, 1949
PERULLI, Adalberto – *Il Lavoro Autonomo – Contratto d'Opera e Professioni Intellettuali*, in "Trattato di Diritto Civile e Commerciale", vol. XXVII t. 1 (coordenado por CICU, A.; MESSINEO, F.; MENGONI, L.), Milão, 1996
PICARD, E. – *Le Droit Pur*, Paris, 1899
PINTO, Carlos Alberto Mota – *Cessão da Posição Contratual*, Coimbra, 1982 (reimpressão)
– *Teoria Geral do Direito Civil*, 3ª ed., Coimbra, 1985 (12ª reimpressâo)
PINTO, Mário – *Direito do Trabalho*, Lisboa, 1996
PINTO, Mário; MARTINS, Pedro Furtado; CARVALHO, António Nunes de – *Comentário às Leis do Trabalho*, vol. I, Lisboa, 1994
PIOLA-CASELLI (e outros) – *Diritti d'Autore*, in "Novissimo Digesto Italiano" – vol. V, Turim
– *Trattato del Diritto di Autore*, Turim, 1927
PITTA, Pedro – *O Domínio Público*, Lisboa, 1932
PLAISANT, Robert – *Les Conventions relatives au Droit Moral de l'Auteur*, in "Hommage à Henri Desbois", Paris, 1974
– *Le Droit des Auteurs et des Exécutants*, Paris 1970
POUILLET, Eugéne – *Traité de Propriété Littéraire et Artistique*, 3ª ed., Paris, 1908
PRESCOTT, Peter; LADDIE, H.; VITORIA, M. – *The Modern Law of Copyright and Designs* (ver LADDIE, H.)
PROENÇA, José C. Brandão – *A Resolução do Contrato no Direito Civil (do enquadramento e do regime)*, Coimbra, 1982
RAGEL SÁNCHEZ, Luis Felipe – *Manual de Derecho Civil – Derecho de Obligaciones y Contratos*, Cáceres, 1997 – *(Actualización)*, Cáceres, 1999
– *Estudio Legislativo y Jurisprudencial de Derecho Civil: Obligaciones y Contratos*, Madrid, 2000
– *Compositores, intérpretes y ejecutantes de la música en el cine*, in "Creaciones Audiovisuales y Propiedad Intelectual (cuestiones puntuales)", Madrid, 2001
RAMALHO, Maria do Rosário Palma – *Da Autonomia Dogmática do Direito do Trabalho*, Coimbra, 2000

– *Relação de Trabalho e Relação de Emprego*, in "Estudos em Homenagem ao Professor Doutor Inocêncio Galvão Telles", vol. I *(Direito Privado e Vária)* (Estudos organizados pelos Professores Doutores António MENEZES CORDEIRO, Luís MENEZES LEITÃO e Januário da COSTA GOMES), Coimbra, 2002

RAMS ALBESA, Joaquim – *Comentarios al Código Civil y Compiliaciones Forales*, t. V, vol. 4-A, Madrid, 1994

RAYNER JAMES, J.; DAVIES, G.; GARNETT, K. – *Copinger and Skone James on the Law of Copyright* (ver COPINGER, W.; SKONE JAMES)

REBELLO, Luiz Francisco – *Natureza Jurídica dos Direitos de Autor*, in "Jornal do Foro", n.º 88, 1949
– *Visita Guiada ao Mundo do Direito de Autor* (separata da ROA), Lisboa, 1974
– *Observações sobre o Projecto do novo Código do Direito de Autor*, in "Memórias da Academia das Ciências de Lisboa - Classe de Letras)" – t. XVII, Lisboa, 1976
– *Protecção Jurídica dos Programas de Computador*, in "Memórias da Academia das Ciências de Lisboa (Classe de Letras)" – t. XXIII, Lisboa, 1983
– *Introdução ao Direito de Autor*, vol. I, Lisboa, 1994
– *Código do Direito de Autor e dos Direitos Conexos (Anotado)*, 3ª ed., Lisboa, 2002
– *Telecomunicações e direito de autor*, in "As Telecomunicações e o Direito na Sociedade da Informação" (coordenador desta, que integra obras coligadas de vários Autores: ANTÓNIO PINTO MONTEIRO), Coimbra 1999

REBELLO, Luiz Francisco *(coordenador)* – *Comunicação Pública de Emissões de Rádio e Televisão* (colectânea de obras e outros escritos), Lisboa, 1993

RECHT, Pierre – *Le Droit d'Auteur, une nouvelle forme de propriété*, Bruxelas, 1969

REHBINDER, Manfred – *Das Urheberrecht im Arbeitsverhältnis*, Berna, 1983
– *Urheberrecht: ein Studienbuch*, 12ª ed. (iniciada e editada até à 6ª edição por HEINRICH HUBMANN, «*Urheber- und Verlagsrecht*»), Munique, 2002

REICH, Steven A.; FISCHER, Hermann Josef – *Urhebervertragsrecht* (ver FISCHER, Hermann J.)

REINBOTHE, MARTIN-PRATT; LEWINSKI, S. von – *The new WIPO treaties: a first resumé*, in "European Intellectual Property Review", vol. 19 - n.º 4, 1997

REIS, Miguel – *O Direito de Autor no Jornalismo*, Lisboa, 1999

REISCHL, G. – *La Protection de la Propriété Industrielle et Commerciale et le Droit d'Auteur dans le Marché Comun*, in "Cahiers de Droit Européen", 18ᵉ. année, 1982

RENAULT, Charles-Édouard – *Le Droit de l'édition est-il applicable à Internet?*, in "LÉGIPRESSE – Revue Mensuelle du Droit de la Communication", Paris, n.º 155 - Out.1998

RIBEIRO, Joaquim de Sousa – *O Problema do Contrato (as cláusulas contratuais gerais e o princípio da liberdade contratual)*, Coimbra, 1999

ROCHA, Manuel Lopes – *Contratos de licença de utilização e contratos de encomenda de "software"*, in "Num Novo Mundo do Direito de Autor?", t. II, Lisboa, 1994

ROCHA, Manuel Lopes; CORDEIRO, Pedro – *Protecção jurídica do «software»* (ver CORDEIRO, Pedro)

ROCHA, Margarida de Almeida – *Novas Tecnologias de Comunicação e Direito de Autor*, SPA, Lisboa, 1986

RODRÍGUEZ TAPÍA, José Miguel – *La Cesión en Exclusiva de Derechos de Autor*, Madrid, 1992

RODRIGUEZ TAPÍA, José Miguel; BONDÍA ROMÁN, Fernando – *Comentarios a la Ley de Propiedad Intelectual*, Madrid, 1997

ROGEL VIDE, Carlos – *Autores, Coautores y Propiedad Intelectual*, Madrid, 1984

– *El Derecho de Distribuicion de las Obras del Espiritu y su Extincion en el Derecho Comunitario y en el Español*, in "Revista de Derecho Privado", Out. 1992

– *Contratos de derecho de autor. Figuras especificas o Derecho común? La cuestion en relación con el contrato de edición en Derecho Español*, in "Num Novo Mundo do Direito de Autor?", t. I, Lisboa, 1994

– *Derecho de Obligaciones y Contratos*, Barcelona, 1997

– *Nuevos Estudios sobre Propiedad Intelectual* (coligação de obras deste Autor), Barcelona, 1998

– *Obras "Multimedia" en Soporte Material y Propiedad Intelectual*, in "Sociedade da Informação - Estudos Jurídicos", Coimbra, 1999

– *Internet y derecho de autor*, in "Derecho sobre Internet – 11.", ed. electrónica (www.derechosobreinternet.com - ISBN: 84-95628-11-2), Madrid, 2000

– *Derechos de autor y programación televisiva*, in "Revista General de Legislación y Jurisprudencia", (III Época) ano CXLVIII, n.º 3, Madrid, Jul./Set. 2001

ROGEL VIDE, Carlos (*coordenador*) – *Nuevas Tecnologías y Propiedad Intelectual*, Madrid, 1999

(contributos de: CASTRO CASTRO, C.; GÓMEZ SEGADE, J.A.; OLIVEIRA ASCENSÃO, J. DE; ENCABO VERA, M.A.; VATTIER FUENZALIDA, C.; PÉREZ DE CASTRO, N.; CASTÁN PÉREZ GOMEZ, A.; MARTÍN VILLAREJO, A.; VEGA VEGA, A.; SÁ E MELO, A. de)

– *Creaciones Audiovisuales y Propiedad Intelectual*, Madrid, 2001

ROJAHN, Sabine - *Urheberrecht – Kommentar*, (coordenado por Schricker, G.) 2ª ed. - ver SCHRICKER, Gerhard

ROPPO, Enzo – *O Contrato* (tradução de *Il Contratto*, 1977, por Ana COIMBRA e Manuel JANUÁRIO GOMES), Lisboa, 1988

ROUBIER, Paul – *Droits Intellectuels ou Droits de Clientèle?*, in "Revue Trim. de Droit Civil", XXXIV

SÁ, José Almeno de – *Liberdade no Direito de Autor: a caminho das condições gerais do contrato*, in "Num Novo Mundo do Direito de Autor?", t. I, Lisboa, 1994

– *Cláusulas Contratuais Gerais e Directiva sobre Cláusulas Abusivas*, Coimbra, 1999

SAAVEDRA, Rui – *A protecção jurídica do software e a Internet*, Lisboa, 1998

SACCO, Rodolfo; NOVA, Giorgi de – *Il Contratto*, Turim, 1996

SALOKANNEL, Marjut – *Ownership of rights in Audiovisual Productions (A comparative study)*, Haia, Londres, Boston, 1997

SANCTIS, Lorenzo de – *Opera dell'ingegno su commissione – Diritti del committente* (comentário de Acórdão), in "Il Diritto di Autore", ano LVIII – 1987

SANCTIS, Valerio de – *Tentativi di Estensioni del Diritto di Autore: I Cosidetti "Droits Voisins"*, in "Rivista del Diritto Commerciale", Milão, ano 53, 1955

– *En Matière de Transmission du Droit d'Auteur*, in "Études sur la Propriété Industrielle, Littéraire, Artistique (mélanges Marcel Plaisant)", Paris, 1960

– *La cour constitutionnelle italienne et le droit d'auteur*, in "Hommage à Henri Desbois – Études de propriété intellectuelle", Paris, 1974

– *Contratto di Edizione – Contratti di Rappresentazione e di esecuzione* (nuova edizione reveduta ed aggiornnata dall'Autore *in* collaborazione con il Prof. MARIO FABIANI) – *in* "Trattato di Diritto Civile e Commerciale" (coordenado por CICU, A.; MESSINEO, F.; MENGONI, L.), vol. XXXI, t. 1, Milão, 1984
– *Autore (diritto de)*, *in* "Enciclopedia del Diritto" – vol. IV, Milão
SANCTIS, Vittorio M. de; FABIANI, Mario – *I Contratti di Diritto di Autore* (ver FABIANI, M.)
SANTOS, António de Almeida – *Ensaio sobre o Direito de Autor* (separata do vol. XI ao suplemento do Boletim da Faculdade de Direito de Coimbra), Coimbra, 1955
SAVATIER, René – *Le Droit de l'Art et des Lettres*, Paris, 1953
SCHACK, Haimo – *Urheber- und Urhebervertragsrecht*, 2ª ed. (neubearbeitete), Tübingen, 2001
SCHRICKER, Gerhard – *Legal Relations Between Authors, Editors and Publishers of Periodicals Under German Law*, in IIC, vol. 16, n.º 4/1985
SCHRICKER, Gerhard (*coordenador e co-autor*) – *Urheberrecht – Kommentar*, Munique, 1987 (contributos de: DIETZ, Adolf; GERSTENBERG, Ekkehard; HAb, Gerhard; KATZENBERGER, Paul; KRÜGER, Christof; LOEWENHEIM, Ulrich; MELICHAR, Ferdinand; REINBOTHE, Jörg; ROJAHN, Sabine; SCHRICKER, Gerhard; V. UNGERN-STERNBERG, Joachim; VOGEL, Martin; WILD, Gisela)
– *Urheberrecht - Kommentar*, 2ª ed. (neubearbeitete), Munique, 1999 (contributos de: DIETZ, Adolf; GERSTENBERG, Ekkehard †; GÖTTING, Horst-Peter; HAb, Gerhard; KATZENBERGER, Paul; KRÜGER, Christof; LOEWENHEIM, Ulrich; MELICHAR, FERDINAND; REINBOTHE, Jörg; ROJAHN, Sabine; SCHRICKER, Gerhard; UNGERN-STERNBERG, Joachim V.; VOGEL, Martin; WILD, Gisela)
SCHRICKER, Gerhard; BAPPERT, Walter; MAUNZ, Theodor – *Verlagsrecht – Kommentar*, 2ª ed. (ver BAPPERT, W.; MAUNZ, T.)
SCHRICKER, Gerhard; BAPPERT, Walter; MAUNZ, Theodor – *Verlagsrecht – Kommentar (zum Gesetz über das Verlagsrech vom 19.6.1901)*, 3ª ed. (neubearbeitete), Munique 2001
SCHULZE, Erich – *Urhebervertragsrecht*, Berlim, 2ª ed., 1982
– *Alcune considerazioni a proposito della Carta del Diritto di Autore*, *in* "Il Diritto di Autore – Volume Celebrativo del Cinquantenario della Rivista – Racolta di Studi *in* Omaggio a Valerio de Sanctis*, Milão, 1979
– *The Exploitation of Mechanical Reproduction Rights in the Single European Market*, *in* "Copyright World", n.º 46, 1994/1995
SCHULZE, Marcel – *Materialen zum Urheberrechtsgesetz (Texte-Begriffe-Begründungen)*, Weinheim/Nova Iorque/ Basileia/Cambridge/Tóquio, 1993
SCHUSTER, Santiago – *Transmisión y sucesión*, *in* "Num Novo Mundo do Direito de Autor?", t. I, Lisboa, 1994
SCIBOZ, Georges; GILLIÉRON, Pierre-Robert – *Code Civil Suisse et Code des Obligations (Annotés)*, 5ª ed., Lausana, 1993 (3ª reimp., 1996)
SERRA, Adriano Paes Vaz – *A Revisão Geral do Código Civil*, *in* BMJ, n.º 2, Lisboa, Set. 1947
– *Cessão da Posição Contratual*, *in* BMJ, n.º 49, Lisboa, Jul. 1955
– *Cessão de Créditos e de Outros Direitos*, *in* BMJ, número especial, Lisboa, 1955
– *Novação*, *in* BMJ, n.º 72, Lisboa, Jan. 1958
– *Expromissão*, *in* BMJ, n.º 72, Lisboa, Jan. 1958
– *Promessa de liberação e contrato a favor do credor*, *in* BMJ, n.º 72, Lisboa, Jan. 1958
– *Assunção de dívida*, *in* BMJ, n.º 72, Lisboa, Jan. 1958

SHERMAN, Brad; BENTLY, Lionel – *Intellectual Property Law* (ver BENTLY, L.)
SILVA, João Calvão da – *Anotação (de Acórdão do STJ) – Direitos de Autor, Sanção pecuniária compulsória e cláusula penal*, in ROA, Ano 47-I, Abr. 1987
 – *Cumprimento e sanção pecuniária compulsória*, 4ª ed., Coimbra, 2002
 – *Sinal e contrato-promessa*, 9ª ed. (revista e aumentada), Coimbra, 2002
 – *Concessão Comercial e Direito da Concorrência (Parecer)*, in "Estudos Jurídicos (Pareceres)" (coligação de obras deste Autor), Coimbra, 2001
SILVA, Manuel Gomes da – *O Dever de Prestar e o Dever de Indemnizar*, vol. I, Lisboa, 1944
SILVA, Mário Moreira da Silva – *Código do Direito de Autor (Anotado)*, 1966
SILZ, Édouard – *La Nature Juridique du Droit Moral de l'Auteur – son fondament, ses limites*, in "Revue Trimestrielle de Droit Civil", XXXII, Paris, 1933
SKONE JAMES; COPINGER – *Law of Copyright* (ver COPINGER)
SOARES, F. Luso – *A Questão da Legitimidade Processual em matéria de Direitos de Autor*, SPA, Lisboa, 1989
SOCIEDADE PORTUGUESA DE AUTORES – *Protecção do Título de Jornal* (colectânea de Pareceres de: CORREIA, A. Ferrer; SERENS, M. Nogueira; ASCENSÃO, José de Oliveira; PEREIRA, António Maria; REBELLO, Luíz Francisco), Lisboa, 1989
SOCIÉTÉ DES AUTEURS ET COMPOSITEURS DRAMATIQUES – *Dossier Colorisation*, (colectânea), Paris, 1986 – 88
SOLÉ RESINA, Judith – *Los Contratos de Servicios y de Ejecución de Obras (Delimitación jurisprudencial y conceptual de su objeto)*, Madrid, 1997
SOUSA, Luísa Lopes – *Do Contrato de Publicidade*, Lisboa, 2000
SOUSA, Marcelo Rebelo de; GALVÃO, Sofia – *Introdução ao Estudo do Direito*, 5ª ed., Lisboa, 2000
SOUSA, Rabindranath V. A. Capelo de – *O Direito Geral da Personalidade*, Coimbra, 1995
SPADA, Paolo – *Banche di dati e diritto d'autore (il «genere» del dititto d'autore sulle banche di datti)*, in AIDA – VI, 1997
STOLFI, Giuseppe – *Teoria del Negocio* Jurídico (traducción y notas del Derecho Español por Jaime Santos Briz), Madrid, 1959
STOLFI, Nicola – *Il Diritto di Autore*, Milão, 1932
STRÖMHOLM, Stig – *Le droit moral de l'auteur (en droit Allemand, Français et Scandinave*; Estocolmo - vol. I, 1967; vol. II – 1, , 1967; vol. II – 2, 1973
 – *Le Refus par l'Auteur de Livrer une Oeuvre de l'Esprit*, in "Hommage à Henri Desbois", Paris, 1974
STROWELL, Alain – *Droit d'Auteur et Copyright (Divergences et convergences – Étude de droit comparé)*, Bruxelas – Paris, 1993
TELLES, Inocêncio Galvão – *Aspectos comuns aos vários contratos*, in BMJ, n.º 23, Lisboa, Mar. 1951
 – *Contratos Civis (Projecto completo de um título do futuro Código Civil português e respectiva Exposição de Motivos)*, in BMJ n.º 83, Lisboa, Fev. 1959
 – *Algumas considerações sobre o conceito jurídico de sucessão*, in "Revista da Faculdade de Direito da Universidade de Lisboa", Ano XIX, 1965
 – *Direito das Obrigações*, 7ª ed. revista e actualizada), Coimbra, 1997
 – *Manual dos Contratos em Geral* (refundido e actualizado), Coimbra, 4ª ed., 2002

– *Erro sobre a base do negócio jurídico*, in "Estudos em Homenagem ao Prof. Doutor Raúl Ventura", vol. II *(Direito Comercial, Direito do Trabalho e Vária)* (Estudos organizados pelos Professores Doutores José de Oliveira Ascensão, Ruy de Albuquerque, Martim de Albuquerque, e Pedro Romano Martinez), Lisboa, 2003

Thompson, Eduard – *La Protection Internationale du Travail des Droits des Artistes Interpétes ou Exécutants: Quelques problémes actuels*, in "Revue Internationale du Travail", vol. 107, Genebra, 1973

Trabucchi, Alberto – *Instituzioni di Diritto Civile*, 40ª ed., Pádua, 2001

Trabucchi, Alberto; Cian, Giorgio – *Commentario Breve al Codice Civile* (ver Cian, G.)

Trebilcock, Michael J. – *The Limits of Freedom of Contract*, Cambridge/Massachusets/Londres, 1993

Troller, Alois – *Der Verlagsvertrag (Kommentar zum Schweizerischen Zivilgesetzbuch)* – tomo V *(Das Obligationenrecht)*, 3ª ed. do Cap. V 3a, art. 380/393 (separata), Zurique, 1976

– *Précis du Droit de la Propriété Immatérielle* (tradução francesa de Troller, Kamen; Vesely, Vladimir J.), Basileia/ Estugarda, 1978

– *Immaterialgüterrecht*- t. I, 3ª ed., 1983; t. II, 3ª ed., Basileia/Frankfurt am Main, 1985

Troller, Kamen – *Manuel du droit suisse des biens immatériels* – t. I, II, 2ª ed., Basileia/ Frankfurt-am-Main, 1996

Tuhr, Andreas von – *Derecho Civil* - vol. I 1 – *(Los derechos subjetivos y el patrimonio)* (tradução espanhola directa da edição alemã *"Der allgemeine Teil des deutschen bürgerlichen Rechts", 1946)*, Madrid/Barcelona, 1998

– *Derecho Civil* – vol. I 2 - *(Las personas)* (tradução espanhola directa da edição alemã *"Der allgemeine Teil des deutschen bürgerlichen Rechts", 1946)*, Madrid/Barcelona, 1999

– *Tratado de las Obligaciones* – t. I e II, (traduzido do alemão – sem indicação de data da edição ou de título original – por Roces, W.), (reimp. da 1ª ed.), Madrid, 1999

Ubertazzi, Luigi Carlo – *Raccolte electtroniche di dati e diritto d'autore: prime reflessione*, in "Foro italiano" – IV, 1984

– *Copyright Protection of Computer Data Bases in Italy*, in IIC, vol. 16, n.ᵒˢ 1-6/1985

– *Alle origini piemontesi del diritto italiano d'autore*, in AIDA – I, 1992

– *Il Diritto d'Autore*, Turim, 1993 (7ª reimp. 1998)

– *Diritto d'autore, cinematografia ed emittenti televisive*, in AIDA - VI, 1997

Ubertazzi, Luigi Carlo; Marchetti, Piergaetano – *Commentario Breve al Diritto della Concorrenza (Antitrust, Concorrenza, Sleale, Publicità, Manchi, Brevetti, Diritto d'Autore)*, Pádua, 1997

Ulmer, Eugen – *Sur la cinématographie et le droit d'auteur (rapport compl.)*, in "Le Droit d'Auteur", Ano 64, 1954

– *L'œuvre cinématographique et ses auteurs*, in "Études sur la Propriété Industrielle, Litéraire, Artistique (mélanges Marcel Plaisant)", Paris, 1960

– *La notion d'œuvre em matiére de droit d'auteur et l'art moderne*, in "Le Droit d'Auteur", Abr. 1969

– *Problèmes de droit d'auteur découlant de la mémorisation dans l'ordinateur et de la récupération d'œuvres*, in "Le Droit d'Auteur", Fev. 1972

– *La protection par le droit d'auteur des oeuvres scientifiques en général et des programmes d'ordinateur en particulier*, in RIDA, Out. 1972
– *Le Droit de Suite et sa Réglementation dans la Convention de Berne*, in "Hommage à Henri Desbois", Paris, 1974
– *Die Immaterialgüterrechte im internationalen Privatrech*, Munique, 1975
– *Some Thoughts on the Law of Copyright Contracts*, in IIC, vol. 7, n.º 2/1976
– *La Notion d'Oeuvre, en Matière de Droit d'Auteur et l'Art Moderne*, in "Le Droit d'Auteur", 82, n.º 4, n.º 79, Abr. 1969
– *Problèmes découlant de l'utilisation d'ordinateurs et d'appareils analogues pour la mise en mémoire, et la récupération d'œuvres protégées par le droit d'auteur*, in "Le Droit d'Auteur", Jul./Ago. 1979
– *Urheber- und Verlagsrecht*, Berlim/ Heidelberg/Nova Iorque, 3ª ed. (neubearbeitete), 1980
Unesco – *ABC do Direito de Autor*, Unesco, 1981, Lisboa, 1984 (tradução de *"The ABC of Copyright"*, Unesco, 1981, por Wanda Ramos)
Ungern-Sternberg, Joachim V.– *Urheberrecht – Kommentar* (coordenado por Schricker, G.), 2ª ed. – ver Schricker, Gerhard
Valancogne, François – *Le Titre de Roman, de Journal, de Film – sa protection*, Paris, 1963
Varela, João de Matos Antunes – *Ensaio sobre o conceito do modo*, Coimbra, 1955 – *Alterações legislativas do direito ao nome*, in "Revista de Legislação e Jurisprudência", n.ºˢ 3688 e segs., (anos 114 a 116), Coimbra, 1963
– *Parecer sobre a prestação de obra intelectual (em consulta sobre Acórdão do STJ relativo à qualificação jurídica do contrato celebrado entre a FILFORM e a RTP)*, in ROA, Ano 45-I, Abr. 1985
– *Sobre o contrato-promessa*, 2ª ed., Coimbra, 1989
– *Das Obrigações em geral*, Coimbra – vol. I, 10ª ed., Coimbra, 2000; vol. II, 7ª ed., 1999
Varela, João de Matos Antunes; Lima, Fernando Andrade Pires de – *Código Civil Anotado*, Coimbra, vol. I - 4ª ed., 1987; vol. II - 4ª ed., 1997; vol. III - 2ª ed. (reimp.), 1987; vol. IV – 2ª ed., 1992; vol. V - 1995; vol. VI - 1998 (vols. I e III com a colaboração de Mesquita, Manuel Henrique)
Vasconcelos, Pedro Pais de – *Contratos Atípicos*, Lisboa, 1994
– *Teoria Geral do Direito Civil* – vol. I, Lisboa, 1999; vol. II, Coimbra, 2002
Vattier Fuenzalida, Carlos – *Notas sobre los Contratos electrónicos*, in "Nuevas Tecnologías y Propiedad Intelectual" (ver Rogel Vide, C.), Madrid, 1999
Vaunois, Louis – *L'Évolution du Droit Moral*, in "Études sur la Propriété Industrielle, Littéraire, Artistique – (mélanges Marcel Plaisant)", Paris, 1960
Veiga, António Jorge da Motta – *Lições de Direito do Trabalho*, 8ª ed. (revista e actualizada), Lisboa, 2000
Ventura, Raúl – *Convenção de Arbitragem e Cláusulas Contratuais Gerais*, in ROA, Ano 46 - I, Lisboa, 1986
Vercellone, Paolo; Greco, Paolo – *I Diritti sulle Opere dell'Ingegno* (ver Greco, P.)
Vicent Chuliá, Francisco – *Contratos de Transmisión de Derechos sobre Bienes Immateriales*, in "Compendio Crítico de Derecho Mercantil", t. II, Barcelona, 1990

VICENTE, Dário Moura – *Lei aplicável à responsabilidade pela utilização ilícita de obras disponíveis em redes digitais*, in "Direito da Sociedade da Informação" – vol. III, Coimbra, 2002
– *Direito Internacional de Autor*, in "Estudos em Homenagem à Professora Doutora Isabel de Magalhães Collaço" – vol. I, Coimbra, 2002 (separata)
VIEIRA, José Alberto – *A estrutura do direito de autor no ordenamento jurídico português*, Lisboa, 1992
– *Notas gerais sobre a protecção de programas de computador*, in "Direito da Sociedade da Informação" – vol. I, Coimbra, 1999
– *Obras geradas por computador e direito de autor*, in "Direito da Sociedade da Informação" – vol. II, Coimbra, 2001
VINCK, Kai; NORDEMANN, Wilhelm; HERTIN, Paul – *Droit d'Auteur International et Droits Voisins* (ver NORDEMANN, W.)
VITORINO, António de Macedo – *Esboço de uma concepção sobre a natureza jurídica do direito de autor*, in "Revista da Faculdade de Direito da Universidade de Lisboa", Lisboa, 1992
– *As licenças: uma análise de direito português e de direito comparado*, in "Num Novo Mundo do Direito de Autor?", t. I, Lisboa, 1994
– *A Eficácia dos Contratos de Direito de Autor*, Coimbra, 1995
VIVANT, Michel – *Code de la Propriété Intellectuelle (Annoté)*, Paris, 1996
VOGEL, Martin – *Urheberrecht – Kommentar* (coordenado por Schricker, G.), 2ª ed. – ver SCHRICKER, Gerhard
XAVIER, Bernardo da Gama Lobo – *Curso de Direito do Trabalho*, 2ª ed., Lisboa/São Paulo, 1993 (com aditamento de actualização, 1996)
– *O despedimento colectivo no dimensionamento da empresa*, Lisboa/São Paulo, 2000
ZÖLLNER, Wolfgang; LORITZ, Karl-Georg – *Arbeitsrecht (ein Studienbuch)*, 5ª ed. (reformulada), Munique, 1998

ÍNDICE

Nota Prévia 7

Abreviaturas de uso frequente 9

INTRODUÇÃO – em explanação dos pressupostos e do objecto e método
da dissertação 17
    I – Prólogo 17
    II – Objecto e método 20

PARTE I
CONFIGURAÇÃO ORIGINÁRIA DA SITUAÇÃO JURÍDICA DE DIREITO DE AUTOR

Capítulo I – Constituição do direito de autor e configuração da situação jusautoral .. 27
    Secção I – A constituição do direito de autor pela criação de obra intelectual 27
      1. Constituição do direito de autor – a criação de obra intelectual como acção ... 27
      2. Coincidência subjectiva entre autoria e titularidade originária do direito
        de autor – esboço de um princípio 36
      Síntese em recapitulação 43
    Secção II – Autoria e titularidade originária do direito de autor 45
      3. Criação de obra intelectual e autoria 45
      4. A noção de autoria em confronto sob o instituto do "copyright"
        ("authorial works" e "entrepreneurial works") 53
      5. Valor jusautoral da imputação de autoria 60
      6. A pretensa autoria despersonalizada – as impropriamente ditas obras
        não intelectuais ("criadas por computador") 63
      Síntese em recapitulação 68
    Secção III – Objecto do direito de autor 71
      7. Delimitação do objecto de tutela sob o direito de autor 71
      8. Fixação em suporte material e (in)susceptibilidade de apropriação
        da obra intelectual – confronto sob o instituto do "copyright" 80
      9. Apropriação, uso e utilização da obra: refutação do conceito
        de "propriedade de obra intelectual" 84
      10. Objecto do direito de autor – resenha doutrinária comentada:
         a obra intelectual como objecto de direitos subjectivos 91

11. Objecto do direito de autor (faculdades pessoais e patrimoniais)
   – conclusão. Noção de direito de autor 98
Síntese em recapitulação 107
Capítulo II – O pressuposto de tutela sob o direito de autor: a intelecção da criatividade da expressão formal da obra e o investimento na respectiva criação (e produção) 113
Secção I – A expressão formal criativa 113
   12. Criatividade da expressão formal de uma obra intelectual - conceito 113
   13. Criatividade e "engenho e esforço intelectual" – cotejo conceptual
       sob o instituto do "copyright" 118
   Síntese em recapitulação 124
Secção II – Da possível emergência de novos pressupostos de tutela 126
   14. Da subsistência dos pressupostos tradicionais de tutela – considerações
       gerais 126
   15. A expressão formal criativa nos programas de computador 128
   16. Tutela da produção de bases de dados – o investimento empresarial como
       pressuposto, o conteúdo informativo (imaterial) como objecto de exclusivo 133
   Síntese em recapitulação 145
Secção III – Conclusão: um provável novo fundamento de tutela sob o direito
   de autor 147
   17. Pressupostos de tutela sob a "Directiva para a sociedade da informação" 147
   18. A objectivação do pressuposto geral de tutela jusautoral 151
   Síntese em recapitulação 155

PARTE II
A ORIGEM NÃO VOLUNTÁRIA DE SITUAÇÕES JUSAUTORAIS
PARADIGMÁTICAS

Capítulo I – A criação plural por pessoas físicas 159
Secção I – Em particular, a conformação da situação jusautoral nas obras
   em colaboração 159
   19. A criação em colaboração 159
   20. A co-autoria material enformadora da situação jusautoral nas obras
       em colaboração 162
   21. A contitularidade originária do direito de autor nas obras em colaboração 165
   22. Exercício conjunto de faculdades de utilização da obra em colaboração
       pelos contitulares originários do direito de autor - as "regras
       da compropriedade" e os "limites segundo a boa fé" 168
   23. Indivisibilidade da comunhão – o princípio da unidade de exploração
       das obras em colaboração 175
   Síntese em recapitulação 178
Secção II – Uma construção paradigmática: a contitularidade originária
   do direito de autor nas obras audiovisuais – uma ficção legal de co-autoria 181
   24. A obra audiovisual e os respectivos contributos criativos individualizáveis
       – a pretensa co-autoria na obra audiovisual 181
   25. A produção audiovisual 192
   26. "Co-autoria" ou contitularidade originária? 196
   Síntese em recapitulação 201

Capítulo II – O direito de autor constituído na titularidade de pessoas jurídicas
– a obra colectiva 203
Secção I – Enquadramento 203
 27. Noção de obra colectiva (e de obra-colectânea) 203
 28. Elementos do "género" obra colectiva - primeiro enunciado 206
 Síntese em recapitulação 206
Secção II – A constituição do direito de autor na obra colectiva no confronto
de vários ordenamentos jurídicos 209
 29. O paradigma do direito alemão - do "personalismo naturalista"
  ao "dono do empreendimento" 209
 30. O direito alemão (continuação) - o "dono do empreendimento criativo"
  como empresário da obra 213
 31. O direito francês: a combinação de individualidades criativas e a iniciativa
  empresarial 214
 32. O direito espanhol: a presunção de cedência dos direitos dos colaboradores
  individuais 217
 33. O direito britânico: autoria da empresa ou direitos conexos empresariais
  (ainda o "entrepreneurial copyright") 221
 34. O direito estadunidense: as "complilations" e as "collective works" 228
 35. A especificidade do sistema holandês – a titularidade da empresa
  e a criação funcional de contributos integrados na obra colectiva 235
 36. O direito italiano: a atribuição "directa e imediata" do direito de autor
  a pessoas jurídicas empresariais 237
 Síntese em recapitulação 244
Secção III - Exploração económica da obra colectiva 248
 37. O "princípio da unidade de exploração" da obra colectiva - enunciado 248
 38. Estrutura e natureza da situação jusautoral nas obras colectivas 251
 Síntese em recapitulação 254
Secção IV - A obra colectiva como "obra (intelectual) de empresa" 257
 39. Síntese dogmática 257
Síntese em recapitulação 265

PARTE III
A CONFORMAÇÃO VOLUNTÁRIA DA SITUAÇÃO
JURÍDICA PRIMORDIAL DE DIREITO DE AUTOR

Capítulo I – A criação "em cumprimento de dever funcional" – noção e modelos 269
Secção I – A noção e o conceito básicos 269
 40. A "criação em cumprimento de dever funcional" (o art. 14º/1 CDA*)
  – caracterização geral 269
 Síntese em recapitulação 273
Secção II – O concurso criativo sob enquadramento empresarial – os *contributos
criativos para obra colectiva* 274
 41. O concurso criativo em realização de obra colectiva como modelo de criação
  em cumprimento de dever funcional – titularidade do direito de autor nos
  contributos integrados (em exemplo: a utilização de obras discrimináveis
  em publicações periódicas) 274

Subsecção I – Em particular – o contrato *para criação publicitária* 280
42. A mensagem publicitária como contributo criativo para obra colectiva 280
43. Titularidade do direito de autor nas "obras publicitárias" criadas em execução de contrato para uma "agência" (empresa de publicidade) 284
44. Contrato para criação (de mensagem) publicitária 287
Síntese em recapitulação 294
Secção III – A *coligação de obras* como acto constitutivo de uma nova situação jusautoral 295
45. Delimitação de conceitos 295
46. Uma situação jusautoral nova de origem voluntária 299
Síntese em recapitulação 304
Secção IV – Fonte da situação jusautoral (conexa) constituída pela *produção de suportes que fixam obras* – o investimento empresarial e o contrato para fixação fono/videográfica 305
47. A produção de suportes de obras – em particular, o investimento empresarial e o contrato para fixação fono/videográfica 305
Síntese em recapitulação 314
Secção V – A *alienação de suporte material de obra* como acto conformador de uma nova situação jusautoral 316
48. Exame de um modelo particular: as obras fotográficas criadas em execução de contrato 316
Síntese em recapitulação 320
Secção VI – Criação funcional em execução de *trabalho subordinado* e de *prestação de serviço* – autonomia criativa e subordinação jurídica 321
Subsecção I – Enquadramento 321
49. Trabalho e serviço para-criativos – determinação da prestação devida 321
Subsecção II – Trabalho e prestação de serviço para criação de obras intelectuais (continuação) – confronto de ordenamentos jurídicos estrangeiros 326
50. Direito alemão: oneração do direito de autor e atribuição finalista de faculdades de utilização da obra 326
51. Direito francês: titularidade originária e inalienabilidade do direito pelo autor ... 337
52. Direito italiano: aquisição derivada do direito pelo comitente 340
53. Direito espanhol: atribuição finalista presumida do contrato 347
54. Direito britânico: atribuição originária do direito ao empregador 353
55. Direito estadunidense: atribuição da titularidade do direito determinada pela convenção 356
Subsecção III – O trabalho criativo subordinado 358
56. Subordinação juslaboral e criação de obras intelectuais: a prestação de trabalho criativo – *incorporação empresarial da actividade laboral e poder de direcção, heterodeterminação da função e indeterminação do conteúdo da prestação devida, actuação finalista do trabalhador e exigibilidade da prefiguração dos fins da actividade, alienidade dos resultados do trabalho* 358
Subsecção IV – A prestação de serviço criativo (a dita "encomenda de obra") 373
57. (A)tipicidade do modelo *(mandato, empreitada, prestação de serviço inominada)* 373
Subsecção V – A "relação jurídica de emprego público" e situações de direito de autor nascidas de contratos celebrados com entes públicos 386

58. O regime nas obras criadas por "trabalhadores da Administração Pública e demais agentes do Estado e outras entidades públicas" 386
59. O regime nas ditas "obras oficiais" 400
Síntese em recapitulação 403
Secção VII – O contrato de *realização para produção audiovisual* – atribuição convencional (constitutiva) de faculdades de utilização da obra 410
Subsecção I – Delimitação do modelo 411
60. O contrato de realização e de produção audiovisual – a criação de obra "realizada" em cumprimento de contrato 412
Subsecção II – O contrato de realização e a produção audiovisual no confronto de ordenamentos estrangeiros 412
61. A lei de autor alemã – adaptação à cinematografia, obra cinematográfica e produtos cinéticos 412
62. O instituto do audiovisual no Reino Unido – a aparência de tutela dos sistemas operativos para apresentação de imagens em ecrã 419
63. O direito norte-americano: a tutela da expressão (formal) audiovisual 425
64. O direito francês: a obra audiovisual presumida como obra em colaboração 430
65. O direito espanhol: criação em colaboração e cessão presumida do direito 439
66. O direito italiano: a atribuição *ex lege* do exercício de faculdades de utilização .. 445
Subsecção II – Conformação voluntária da situação jusautoral nas obras audiovisuais 453
67. Direitos e deveres do produtor da obra audiovisual – *um "empresário" de uma obra colectiva ou o beneficiário de uma atribuição patrimonial* 453
68. A atribuição ao produtor das faculdades de exploração audiovisual da obra 457
69. A atribuição ao produtor de direitos de exploração dos contributos criativos utilizados na obra audiovisual 461
Síntese em recapitulação 462
Capítulo II – Elementos para a construção de um modelo de contrato conformativo da situação jurídica de direito de autor - o *contrato de direito de autor para criação de obras intelectuais* 467
70. A objectivação do pressuposto de tutela jusautoral e o princípio de coincidência subjectiva entre a titularidade originária do direito de autor e a autoria – recapitulação das premissas de uma tese 467
71. Criação vinculada de obra futura, *edição* de obra futura e contrato para criação de obras intelectuais – a separação do género 470
72. Inaplicabilidade da noção tradicional de "contrato primário de direito de autor" 476
73. Carácter formal e oneroso da atribuição 478
74. Características do contrato conformador da situação de direito de autor ... 483
Síntese em recapitulação 488
Capítulo III – Conformação da situação de direito de autor nascida da criação de obra intelectual em execução de contrato (os arts. 14º e 15º CDA*) – conclusão 489
Secção I – Regime geral 489
75. Faculdades de direito de autor na esfera jurídica do autor contratado e do comitente 489
Síntese em recapitulação 501

Secção II – Regimes particulares 503
Subsecção I – A (falta de) menção de autoria 503
76. Regime na falta de menção que identifique a autoria – em geral 503
77. Regime na falta de menção que identifique a autoria (continuação) – obras colectivas e obras em colaboração 507
Subsecção II – Conformação convencional da situação jurídica de direito de autor nas bases de dados e nos programas de computador 512
78. A conformação convencional da situação jusautoral nas obras-base de dados e nos programas de computador 512
Síntese em recapitulação 519
Capítulo IV – Conformação da situação de direito de autor nascida da criação de obra intelectual em execução de contrato (continuação) – as faculdades *pessoais* de autor 521
79. Direito de divulgação ("ao inédito") 521
80. Direito de retirada 528
81. Direito à menção da designação que identifica a autoria 531
82. Direito de reivindicar a paternidade da obra 535
83. Defesa da integridade da obra: direito de preservar a integridade; direito de modificação 537
84. Conclusão 544
Síntese em recapitulação 548
Capítulo V – Natureza da atribuição contratual conformadora da situação jusautoral primordial 551
85. Uma atribuição constitutiva 551
Síntese em recapitulação 563

TESES

I – Constituição da situação jusautoral 569
II – Autoria e paternidade da obra 569
III – Objecto e conteúdo do direito de autor 570
IV – A origem não voluntária de situações jusautorais paradigmáticas 572
V – A criação (em cumprimento de dever) funcional. Características do modelo de contrato para criação de obras intelectuais 573
VI – Conformação da situação de direito de autor nascida da criação de obra intelectual em execução de contrato (os arts. 14º e 15º CDA*). A delimitação convencional das faculdades pessoais de autor 576
VII – Natureza da atribuição jusautoral conformadora da situação primordial de direito de autor 580

BIBLIOGRAFIA 583